2012儒学国际学术研讨会论文集

北京师范大学人文宗教高等研究院
香港树仁大学中国语言文学系◎编

中国社会科学出版社

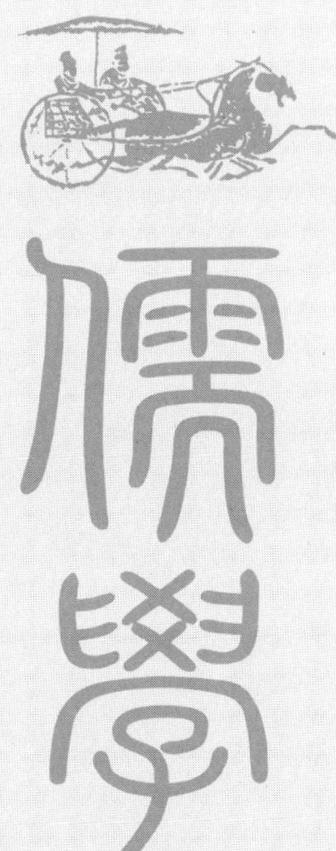

图书在版编目(CIP)数据

2012 儒学国际学术研讨会论文集／北京师范大学人文宗教高等研究院、香港树仁大学中国语言文学系编．—北京：中国社会科学出版社，2016.10

ISBN 978－7－5161－7528－6

Ⅰ.①2… Ⅱ.①北… ②香… Ⅲ.①儒学－国际学术会议－文集 Ⅳ.①B222.05－53

中国版本图书馆 CIP 数据核字(2016)第 018038 号

出 版 人 赵剑英
责任编辑 任 明
特约编辑 乔继堂
责任校对 周 昊
责任印制 何 艳

出 版 中国社会科学出版社
社 址 北京鼓楼西大街甲 158 号
邮 编 100720
网 址 http：//www.csspw.cn
发 行 部 010－84083685
门 市 部 010－84029450
经 销 新华书店及其他书店

印刷装订 北京市兴怀印刷厂
版 次 2016 年 10 月第 1 版
印 次 2016 年 10 月第 1 次印刷

开 本 710×1000 1/16
印 张 31.5
插 页 2
字 数 516 千字
定 价 95.00 元

目　　录

致　辞

尊敬的许嘉璐院长，尊敬的各位嘉宾，尊敬的各位学者：

首先，让我代表香港树仁大学，向各位不辞辛劳来参加儒学国际学术研讨会，为大会增辉，表示热烈的欢迎和衷心的感谢。祝福各位身体好！精神好！

儒学价值及其精神内涵，越来越得到广泛的认同与赞赏。儒学不仅伴随中华民族走过了几千年历史，创造了灿烂的东方文明，成为中华民族宝贵的精神财富；以它的伟大价值，也必将走向世界，为全人类带来光辉的前途，成为世界人民的精神瑰宝。

儒学提供了与西方文化不同的理念与价值观。它在个人方面，注重道德伦理，提升人的精神品格；在社会方面，注重群体人际关系，打造和谐社会；在国际方面，提倡睦邻友好、互利互惠，谋求建立和谐共荣的世界；在异型文化之间，主张互相尊重、包容、吸纳，共同丰富人类文明。它已成为建设美好世界、为人类发展开辟光明未来的不可或缺的重要指导思想，具有广泛的应世价值和迫切的现实意义。

《论语》里面记载了儒学创始人孔子的几句话。一曰：“仁者爱人。”要爱别人；一曰：“己所不欲，勿施于人。”自己不想要的东西，不要加在别人头上；一曰：“己欲立而立人，己欲达而达人。”自己要树立，也要让别人树立，自己要发展，也要让别人发展。试想一下，如果人人把这些奉为行为准则，社会会变成什么样子？如果各国政要把这些奉为国策准则，世界会变成什么样子？简单的话语，就充分显示了儒学的伟大价值。

香港树仁大学以“敦仁博物”为校训，创校方针就是弘扬中华传统文化。本校中文系成为最先创办的重点系，即以国学为重点。今天举办的儒学研讨会，仍是此一方针的贯彻。不久的将来还会开办以儒学为中心的研究生课程。希望继续得到各位学者的关注和支持。

愿各位在港生活愉快！谢谢各位。

胡鸿烈

2012 年 5 月 17 日

论儒家的政治哲学及其正义论

郭齐勇
武汉大学

摘　要　儒家在正义观上的"应得"和"配得"观念，以及机会公平、对"最不利者"的关爱及其制度建构方面，均可以与西方正义观念相呼应。此即儒家正义论的最有特色的内涵，乃实质的正义。儒家对政治权力的源头、合法性、权力分配与制衡等，有其系统论说、制度与实践。儒家重视社会力量的培植、社会自治、士大夫参政及言路开放。儒家的"道德的政治"就是要坚守政治的应然与正当性。中国传统文化，特别是儒家学说中的政治正当性，即认为政治权力之根源在天、天命、天道，之根据、本位在人民、老百姓、农工商，之基础是广阔的民间社会空间、民间力量及其自治，之指导、参与、监督与言责则在士人。由此可得出人民是政治的主体，士大夫是（监督）政治的主体。道德仁义系统、仁政学说及以上四方面为中心的儒家的政治哲学在今天还有极高的价值。中国传统的政治文明中（包含理念、制度、实践、民俗诸层面）的许多遗产，值得人们认真地去思考与创造性转化。

关键词　儒家　正义　天　民本　社会自治　共治天下

儒家有没有政治哲学，有没有关于政治正义的看法？可不可以用今天的政治正义学说来诠释传统儒家的观念？我们的回答是肯定的。我近年来特别关注儒家政治哲学、儒家与自由主义的对话问题，已有几篇拙文讨论过儒家的正义论①，本文在此基础上进一步申论之。

---

①　参见郭齐勇《儒家的公平正义论》，《光明日报》2006 年 2 月 28 日理论版；郭齐勇：《孟子与儒家的正义论》，《儒林》第三辑，山东大学出版社 2006 年版；郭齐勇：《先秦儒家论公私与正义》，载郭齐勇主编《儒家文化研究》第二辑（儒家政法思想与现代经学研究专号），生活·读书·新知三联书店 2008 年版；郭齐勇：《先秦儒学关于社会正义的诉求》，《解放日报》2009 年 1 月 11 日理论版；郭齐勇：《〈周礼·地官司徒〉、〈礼记·王制〉中有关社会公正的论述》，载蔡方鹿主编《经学与中国哲学》，华东师范大学出版社 2009 年版。

我承认传统政治与现代政治有质的差别，其根本差别在于人权，即个体人是否享有政治自由与独立的政治权利。现代政治来源于西方政治，现代西方自由主义政治学的基础是自由理性主义、原子式个人主义（中性的）与社会契约论等，[①] 而前现代的政治学说则与此不同，那是时代的限制。

权利概念起源于自然法学说和人的自然本性学说。后者由亚里士多德所主张，认为“政治的公正有些是自然的，有些是约定的。自然的公正对任何人都有效力，不论人民承认或不承认。约定的公正……一旦定下了，……就变得十分重要了”[②]，而“人类自然是趋向于城邦生活的动物（人类在本性上，也正是一个政治动物）”[③]，这与前者实质上是一致的。而前者最早由古希腊晚期斯多葛学派提出，遵循自然法被奉为最重要的人生规范，该学派哲学家克吕西波强调，我们的目的“可定义为顺从自然而生活”[④]，这些思想为中世纪阿奎那继承，把自然法作为上帝永恒法用来规范人类行为的法则，但人多有义务而几无权利[⑤]。荷兰近代哲学家格老秀斯在《战争与和平法》中提出权利概念[⑥]，认为人类在自然状态下拥有以理性为基础的自然法，其中自然法既规范人类生活，也赋予人类各种自然权利，这些自然权利也是道德权利，是神圣不可侵犯的天赋人权，认为权利也就是使正义得以实施，即应得的东西为应得的人所得到。他提出了八条自然权利：生存权、躯体不受侵犯权、自由权、支配权（主要指物权）、平等权、对罪犯的惩罚权、守约权、权利转让权以及结盟权。[⑦]

---

① 顾肃在讨论自由主义的理论基础时指出，自由理性主义、个人主义、社会契约论、功利主义、道德多元主义是最为重要的。他说，罗尔斯总结的自由主义的基本原则是：自决原则、最大限度的平等自由、多元主义、中立性、善的原则、正当对善的优先性等。他总结斯皮兹临终遗言关于自由主义基本原则的十条时说：“简言之，自由主义把自由价值置于其他价值之上，强调尊重人，不可轻信权力和权威，坚持宽容和民主政治，接受真理、理性和社会变迁，但也要学会妥协和保持批判精神。这些可谓自由主义之精华所在。”见顾肃《自由主义基本理念》，中央编译出版社 2003 年版，第 3—4 页。

② 亚里士多德：《尼各马可伦理学》，廖申白译，商务印书馆 2003 年版，第 149 页。

③ 亚里士多德：《政治学》，吴寿彭译，商务印书馆 1965 年版，第 7 页。

④ 苗力田等编译：《古希腊哲学》，中国人民大学出版社 1989 年版，第 611 页。

⑤ 参见阿奎那《阿奎那政治著作选》，马清槐译，商务印书馆 1963 年版，第 110—118 页。

⑥ 参见［荷］格老秀斯《战争与和平法》，何勤华等译，上海人民出版社 2005 年版，第一篇第一章。

⑦ 同上。

在自然法学派看来，由于自然权利或道德权利比约定权利及其中的法定权利更根本，因此应当成为法定权利的基础或根据，如法定权利背离自然权利，公民有不服从法律或破坏法律的权利。权利概念经过霍布斯、洛克、卢梭、斯宾诺莎、康德等人的阐释发展，后来以法律形式出现在《美国权利法案》、《法兰西人权宣言》、《联合国人权宣言》等重要的政治宣言中，成为西方现代民主政治制度的基石。①

中国 19 世纪从西方引进权利概念之前，古代中国同西方社会一样有着发达的财产、契约等私权制度，但尚无西方现代民主政治制度意义上的权利概念。从《诗经》中的“氓之蚩蚩，抱布贸丝”②，《周礼》中的“听称责以傅别”、“听取予以书契”、“听买卖以质剂”③，自先秦至于清末三千年来有关通过各种动产和不动产的“书契”进行交易和设定实在财产权属的制度，都是政府协调保护宗法封建或君主集权等级名分制度的一种管理办法，没有法律自主性意义上的权利概念，更多的是群体道德责任主体意义上的权利和义务意蕴。类比意义上的权利更多地诉诸君子（士以上阶层）的个人道德修养和公共治理原则上，庶民没有平等的法律地位和明确的法律主体意识。古代中国“权”、“利”连用，较少的时候是动宾词组，指权衡利害，例如，“君子知夫不全不粹之不足以为美也……是故权利不能倾也，群众不能移也”（《荀子·劝学》）；大多是指权势和货财，如“夫民之情，朴则生劳而易力，穷则生知而权利。易力则轻死而乐用，权利则畏法而易苦”（《商君书·算地》）。在这个意义上，权利与西方的权力（power）和利益（interest 或 goods）对应。直到 1864 年由清政府总理衙门刊印的《万国公法》一书，用“权利”一词来翻译 rights，表达 rights 在法律含义中对国家或个人的权力和利益方面的界定，才有了中西可以基本互通的权利概念。④

我们应如何看待中国古代政治思想、学说与制度及实践中的若干问题呢？我的看法是：第一，不妨以西方政治哲学中的理念为参照系去透视、

① 参见张传有《伦理学引论》，人民出版社 2006 年版，第 297—305 页。

② 李学勤主编：《十三经注疏标点本·毛诗正义·卫风·氓》，北京大学出版社 1999 年版，第 228 页。

③ （清）孙诒让撰：《周礼正义·天官·小宰》，中华书局 1987 年版，第 167 页。

④ 参见金观涛、刘青峰《观念史研究：中国现代重要政治术语的形成》，中文大学出版社 2008 年版。

反观中国传统政治文化资源，发掘其中可以与今天的民主政治相接殖与会通的因素，把这些因素调动出来为今天的中国政治改革所用；第二，进一步发现中国传统所有、而西方现代所无的优秀政治文化的观念、智慧、方略、制度架构、机制及民间土壤等，并予以创造性的转化。

一 从西方政治正义视角来看儒家

我较为系统地研究过孔子、孟子、《周礼》与《礼记》若干篇目中的政治思想，发掘了其中所涉及的“实质正义”的若干内容。

从孔子的政治哲学来看：他肯定、尊重老百姓的生存权与私利，强调民生问题，并以之谓为“公”；他不反对私利，但反对以权谋私；针对世卿世禄的制度，主张从民间“举贤才”与“有教无类”，开放教育与政治，此即机会公平与公共权利向民间敞开的大事，也即肯定民众的受教育权与参与政治的权利；他强调责任伦理、信用品性、廉洁奉公，乃作为对为政者、士大夫在公共事务中的道德要求；他有关君臣的权责之相互的要求，含有政治分工与制约的萌芽；他提倡中正平和的治政理念。孔子为政思想中的正义内涵奠定了儒家实质正义的基调。

关于孟子的政治哲学：首先，涉及生存权、财产权的“制民恒产”论，“是故明君制民之产，必使仰足以事父母，俯足以畜妻子，乐岁终身饱，凶年免于死亡”[①]，土地、赋税、商业政策之平等观，“王如施仁政于民，省刑罚，薄税敛，深耕易耨”[②]，“易其田畴，薄其税敛，民可使富也；食之以时，用之以礼，财不可胜用也”[③]；其次，养老、救济弱者、赈灾与社会保障的制度设计，“所谓西伯善养老者，制其田里，教之树畜，导其妻子，使养其老”[④]，“昔者文王之治岐也，耕者九一，仕者世禄，关市讥而不征，泽梁无禁，罪人不孥。老而无妻曰鳏。老而无夫曰寡。老而无子曰独。幼而无父曰孤。此四者，天下之穷民而无告者。文王

① （宋）朱熹撰：《四书章句集注》，中华书局1983年版，第211页。

② 同上书，第206页。

③ 同上书，第356页。

④ 同上书，第355页。

发政施仁，必先斯四者”①；再次，教育公平，平民参与政治的制度安排及作为村社公共生活的庠序乡校，“尊贤使能，俊杰在位，则天下之士皆悦而愿立于其朝矣”②，“谨庠序之教，申之以孝悌之义，颁白者不负戴于道路矣”③；最后，尊重民意、察举，官守、言责与官员自律，防止公权力滥用的思想及革命论，“国君进贤，如不得已，将使卑踰尊，疏踰戚，可不慎与？左右皆曰贤，未可也；诸大夫皆曰贤，未可也；国人皆曰贤，然后察之；见贤焉，然后用之。左右皆曰不可，勿听；诸大夫皆曰不可，勿听；国人皆曰不可，然后察之；见不可焉，然后去之。左右皆曰可杀，勿听；诸大夫皆曰可杀，勿听；国人皆曰可杀，然后察之；见可杀焉，然后杀之。故曰，国人杀之也。如此，然后可以为民父母”④，“民为贵，社稷次之，君为轻，是故得乎丘民而为天子，得乎天子为诸侯，得乎诸侯为大夫。诸侯危社稷，则变置”⑤，“贼仁者谓之贼，贼义者谓之残，残贼之人谓之一夫。闻诛一夫纣矣，未闻弑君也”⑥。孟子的仁政民本思想，堪称古代中国政治实质正义的典范。

《周礼·地官·司徒》、《礼记·王制》中有关社会公正的论述，涉及的内容很广，包括：荒政，对灾民的赈济及其制度化；养老恤孤扶弱的制度安排；颁职事及居处、土地、赋税、商业之制度与政策；选贤与能的主张与制度诉求；以德教为主，强调刑罚的慎重与刑罚的程序化，隐私与私人领域的保护问题等。这些社会公正从制度上保障平民的基本权利，是具有中国特色的实质正义。

儒家善于继承前朝的典章制度，并与时推移，加以适当的因革损益，使之合于当世，便于应用。其伦常之道，有助于社会的秩序化、和谐化、规范化，其生聚教训之策，更足以内裕民生而外服四夷。内裕民生应视为安邦之本。儒家讲礼乐伦理教化，虽在实行时会打一些折扣，但大体上与民众的稳定和平、淳化风俗的要求相适合。社会要繁荣发展，秩序化、和谐化是基本的要求。礼教使社会秩序化，乐教使社会和谐化。在分配经济

① （宋）朱熹撰：《四书章句集注》，中华书局 1983 年版，第 218 页。

② 同上书，第 236 页。

③ 同上书，第 212 页。

④ 同上书，第 220—221 页。

⑤ 同上书，第 367 页。

⑥ 同上书，第 221 页。

资源的过程中，在财产与权力的再分配过程中，儒家满足人民的一个基本公正合理的要求，强调民生，制民恒产，主张惠民、富民、教民，缩小贫富差距，对社会弱者、老弱病残、鳏寡孤独和灾民予以保护。其推行的文官制度、教育制度，为平民、为农家子弟提供了受教育及参与政治的机会。这个文官制度，就成了我们的一个国本，它使历代各级政治有了新鲜血液，有了民间基层人士的参与。这种制度的建构本身，是儒家理念促成的。这个制度文明背后的理念，是维系人心，协调社会人心的以“仁爱”为核心的价值系统。

我认为，中国传统的政治文明中（包含观念、制度、实践、民俗诸层面）的许多遗产，值得人们认真地去思考，尤其是应放在具体历史环境中去考察，真正体会到古人的用心，其中不乏与西方自由主义相沟通的要素。例如，以西方政治正义论来看儒家的公私观、公义论，便不难看到，不仅孔孟儒家关于利益（权利）的分配应根据人的德行、才能和贡献而有等级之别（德、才、位、禄、用相称）的思想，与亚里士多德的“配得”观念或按德行分配的“分配正义”观念具有很强的内在相通性，而且当孔子提出“有教无类”、主张尊重一切人的生命权和幸福权时，其实在一定意义上也蕴涵着亚里士多德的总体的正义的概念的含义。

儒家提倡的以“仁”为内核、以“德教”为前提的礼法等级秩序，权利不是平等地享有，儒家的王道仁政思想主张君王治下的道德责任和政治责任。“天下为公”（《礼记·礼运》），天有好生养民之德，君王作为天之子，受命于天，“修己以安百姓”（《论语·宪问》），带领群臣一起去实现大同之世的天职。除非政府严重失职不能眷顾生民的生命权和发展权，老百姓应各尽其责，安分守己。试以儒家忠恕之道来说明。儒家的“恕”道，即“己所不欲，勿施于人”（《论语·颜渊》），意味人之尊严和基本权利，人人有之，不欲人夺，推己及人，故应当保护所有人的基本权利不受侵犯、不受非人对待、保持人的尊严和无害他人的各种自由。儒家的“忠”道，即“己欲立而立人，己欲达而达人”（《论语·雍也》），主张以德行和才能为标准，人民都有学为君子、参与公共政治的机会，通过公共权力调配和群体内部协调，保证每个人各尽其用、皆有所养。

如果以此来看，儒家力图通过礼义教化和规范来防止社会分配的严重不均，维护、保障老幼鳏寡孤独等贫弱者的利益的思想以及“荒政”中对灾民的救济等，则与罗尔斯正义观中关于应该有利于社会的最少受惠者的最大利益的主张，不无契合之处；而孔子有教无类等思想，及作为儒家文化重要体现和成果的文官制、科举制等，与罗尔斯的第二个正义原则中所提出的在机会公平均等的条件下，权力和地位向所有人开放的要求更有着强烈的共鸣。[①] 儒家的理念及由儒家推动的制度安排中，有大量的与之相会通的因素，似不可轻忽放过。

以上的详细论证见本文的第一个注中所列之拙作，兹不赘述。以下我则从较广泛的范围，讨论儒家政治哲学的一般问题，这些都与正义论相关联。

二　儒家论政治权力的源头和合法性

今天我们讲的政治正义问题，首先是政治权力的来源、政权合法性的基础、权力的分配与再分配、制度架构中的权力制衡等，这都是现代论域中的问题。假如我们实地考察儒家传统，亦不难从中看到其中有一些独特的智慧，实涉及以上诸方面。儒家经典五经中保留了中国文化源头的若干史料，其中有未经分化的，作为宗教、政治、伦理、教育之本的若干内容。在一定意义上，五经是中国政治、教育之本。

“天”、“昊天”、“上帝”、“帝”、“天命”是夏、商、周三代的王权政治合法性的来源与根据。从《尚书·舜典》的资料中，我们不难看到，舜在接替尧担任首领时，主持了庄严肃穆的宗教仪式，首先祭祀“上帝”天神，然后祭祀其他自然神灵。这种虔敬的宗教仪式也是舜在政治、军事上取得统治的合法性的象征。夏禹征服三苗，夏启讨伐有扈氏，都是假天与天神的命令为根据的。

---

① 详见郭齐勇《中国儒学之精神》第五讲，复旦大学出版社 2009 年版，第 139—167 页。又，姚大志在《导读：从“正义论”到“新正义论”》中指出，罗尔斯更强调平等的价值。罗氏认为，最大的平等是对处于社会底层，拥有最少的权力、机会、收入与财富的人，即“最不利者”的帮助。“一种正义的社会制度，应该通过各种制度性安排来改善这些‘最不利者’的处境，增加他们的希望，缩小他们与其他人之间的差距。这样，如果一种社会安排出于某种原因不得不产生某种不平等，那么它只有最大程度地有助于最不利者群体的利益，它才能是正义的。”见［美］罗尔斯《作为公平的正义——新正义论》，姚大志译，上海三联书店 2002 年版，附录，第 447 页。

有扈氏威侮五行，怠弃三正，天用剿绝其命。今予惟恭行天之罚。……用命，赏于祖；弗用命，戮于社。（《尚书·甘誓》）

商汤在讨灭夏桀的动员会上发表誓词：

格尔众庶，悉听朕言。非台小子，敢行称乱，有夏多罪，天命殛之……夏氏有罪，予畏上帝，不敢不正。（《尚书·汤誓》）

足见殷商继承了夏代的“上帝”、“天神”崇拜观，也继承了以“天命”神权作为政治合法性根据的做法。

在盘庚迁都的几个文诰中，我们已经能感受到道德性的诉求。“呜呼！古我前后（君主）罔不惟民之承，保后胥戚，鲜以不浮于天时。殷降大虐。先王不怀厥攸作，视民利用迁。”[①]“今我民用荡析离居，罔有定极。尔谓朕曷震动万民以迁。肆上帝将复我高祖之德，乱（治理）越（于）我家。朕及笃敬，恭承民命，用永地于新邑。”[②] 盘庚说，从前我的先王没有不尽心爱护人民的，臣民也互相体谅，无不顺从天意行事。以前上天降灾给殷，先王不敢留恋旧都，为保护人民的利益而迁都。又说，我们遇到大水灾，人民没有安居之处。我为什么要兴师动众迁都呢？上帝降大灾，是叫我们迁到新都，恢复高祖的事业，兴隆我们的国家。我很诚恳小心地顺着上帝的命令去办事，我很尽心地去拯救人民。在盘庚的这些训诫中，已包含了尊重民意、民利和当政者的笃诚敬业精神，有了一点点人文主义的萌芽。

及至周代，作为附属国的小邦周取代大殷商，其政治的合法性仍以上帝、天神之命为根据。周武王死后，成王年幼，周公代行王政，在讨伐三监和武庚等的叛乱时，曾以《大诰》布告天下，政治动员仍然用夏、商的老办法：

已！予惟小子不敢替上帝命。天休（嘉美之意）于宁王（宁王

---

① 李学勤主编：《十三经注疏标点本·尚书正义·盘庚中》，北京大学出版社1999年版，第235—236页。

② 同上书，第243—244页。

即文王），兴我小邦周。宁王惟卜用，克绥受兹命。今天其相民，矧亦惟卜用。呜呼！天明畏（即威），弼我丕丕基！（《尚书·大诰》）

在殷周之际的革命中，较之夏殷两代的主政者，周公等人的观念发生了一定的变化，即把“以祖配天”发展成“以德配天”，把血缘性的祖宗崇拜，发展为政治与道德性的祖宗崇拜，把外在性的天神崇拜，逐渐内在化、道德化。这些变化对整个中国哲学思想史的走向起了决定性的作用。这也是儒家之所本。

周初人进一步有了人文的自觉。这种自觉源于他们以小邦而承受大命，又面临内外部的叛乱，总结夏殷两代的“天命”得而复失的教训，不能不有一种忧患意识。强大的夏、殷王朝分别在桀、纣手中一朝败亡，说明“天命”是可以转移、变更的。周公在《多方》中指出，作为“民主”（民之主）的君王，由天与天命选定，但由天授命的“民主”是可以改易的，主要看君王的行为；在《多士》中，大谈“革命”的理论，殷革夏命，周革殷命；在《康诰》中，告诫康叔“惟命不于常”，命是可以更改的；关键是主政者要“明德”、“敬德”。他指出，文王能够“明德慎罚”，即修明自己的德行，小心谨慎地处理刑罚事务，不敢欺侮鳏寡孤独，勤恳、诚敬、审慎、敬畏、任用、尊重贤人，惩罚坏人，其德行在人民中非常显著，上帝知道了，降给他灭殷的大任。在《召诰》中，周公指出，“我不可不监于有夏，亦不可不监于有殷”。夏殷灭亡的教训是“不敬厥德，乃早坠厥命”，因而“皇天上帝改厥元子兹大国殷之命”。夏、殷违背了天道，因而丧失了天命。周公告诫成王“不可不敬德”，“王其疾敬德。王其德之用，祈天永命”。周人把天神与鬼神作为人间政治与道德的立法者、评判者，使人们崇拜的对象有了可以认识的内容，在宗教神学里加入了尽人事的理性活动。他们改造夏殷两代的王权神授论，不仅创造天子说，假天神权威为王权的合理性作论证，而且创造天命转移论，假天神权威对君主的权力作出一定的限制和道德的约束，又赋予君主不仅治理人民，而且教化人民的双重责任。

周初人认识到“天命靡常”（《诗经·大雅·文王》），“皇天无亲，惟德是辅”（《左传·僖公五年》引《周书》）；“天惟时求民主”，人主只有敬慎其德，治理好国家，“保享于民”才能“享天之命”（《尚书·多方》）。徐复观指出：周初人的“敬”、“敬德”、“明德”的观念，是一种充满责任感的忧患意识，从把责任、信心交给神转而为自我担当。“战战兢兢，如临深渊，如履薄冰。”（《诗经·小雅·小旻》）这种由警惕性而来，精神敛抑集中，对政务、事业的谨慎、认真，对自己的行为负责的心理状态，不同于宗教的虔诚。这不是消解主体性，而是自觉、主动、反省地凸显主体的积极性与理性作用。这是中国人文精神最早的表现，是以“敬”为动力的、具有道德性格的人文主义或人文精神。①

周公提出的“敬德保民”、“敬德安民”等一系列人道主义的思想是非常深刻的，在社会实践中起过一些作用。从考古发掘上看，周代与殷代很大的不同，是人殉与人牲的现象大大减少。周初的统治者已认识到人民的生命、生活与人民的意志、意向的重要性，将其抬高到与天命同等的地位，要求统治者应通过人民生活去了解天命。也就是说，天意是通过民意来表现的，王者要以民为镜，从民情中去把握天命。这就是“天视自我民视，天听自我民听”（《孟子》引《泰誓》）；“民之所欲，天必从之”（《左传·襄公三十一年》引《泰誓》）；“古人有言曰：人无于水监，当于民监”（《尚书·酒诰》）。

周公制礼作乐，有一系列经济政治制度的建构。中国史不同于欧洲史，既没有古代希腊、罗马那样的典型的奴隶制，也没有经历过像欧洲中世纪那样的领主封建制，而是从井田制的生产方式发展为小农经济以及地主经济的生产方式。西周的井田制，是贵族占有村社的土地制度，即有共同耕作的“公田”，“公田”的收入用于祭祀和公益事业。又有一夫受田百亩等。在井田制基础上，古代村社组织有十、百家，或称邑、里，或称“社”与“村社”，最初村社中管理公务的领袖，是由选举产生的三老、啬夫等。古代村社的公共生活在庠、序、校等公共建筑中进行，这就是议政、集会与活动的场所，以后变成古代的学校。祭社和祭腊是最热闹的群众性活动。② 西周初期的宗法制度，其要点是立子立嫡（嫡长子继承）之制、封建（封邦建国）子弟之制、庙数（即宗庙祭祀）之制和同姓不婚之制。这些制度殷代也都实行过，不过周初以此纲纪天下，成为根本大法，按大宗与小宗、血亲与姻亲的关系确立远近亲疏的名分等级，解决权力与财产的分配与再分配问题，以祖宗崇拜、宗法关系来维系其统治。

---

① 参见徐复观《中国人性论史》（先秦篇），商务印书馆 1987 年版，第 20—25 页。

② 参见杨宽《西周史》，上海人民出版社 1999 年版，第 185—204 页。

与上述诸制度相关联的道德的内容，即尊尊、亲亲、贤贤、男女有别等。从《康诰》表达的周人的道德思想中，可知当时特别强调“孝”与“友”，已有了“父慈”、“子孝”、“兄友”、“弟恭”的内容。其所强调的上天赋予的“民彝”，即老百姓的内在的法则，是趋向“孝”、“友”等的道德。与孝、友等道德规范不合，则需要强制性的刑、罚。这也就开始了我国历史上统治者长期提倡的“德主刑辅”的治理社会之方略，不过当时并没有明确地这么提。

如前所述，昊天上帝崇拜和祖宗崇拜的逐渐结合，从“以祖配天”到“以德配天”的觉醒，是三代宗教、政治、伦理发展的趋势。那个时候，宗教、政治、伦理是密切结合在一起的“礼”。夏、殷、周的“礼”有其继承性和变革性。殷周之际的变革，使传统天命论得到新生，增加了敬德保民、努力人事、谨慎尽责的内容，把民意提升到天命的高度，因之给中国早期人文精神打上了道德的自主性和内在性的烙印。

中国政治的根源即在于此，无此则无我们第一节谈到的儒家的公平正义观。

三　儒家论政治权力的分配和制衡

与政治权力的来源和合法性相对应，儒家的天命说也是限制君权的一个民间舆论监督和心理震慑机制。周公鉴于小邦周灭亡大殷商的历史教训，认识到“天命靡常”，“天听自我民听、天视自我民视”，评价统治者政治行为善恶及其政绩优劣的标准，是人民的体会感受和生存状况，天命不是固定不变的，而是会在当政者失其天职时，根据人民的意志来转移到善德善政的统治集团。君民关系犹如荀子所说，“庶人安政，然后君子安位。传曰：‘君者，舟也；庶人者，水也；水则载舟，水则覆舟’”。（《荀子·王制》）故周公苦口婆心告诫成王“天命不僭，卜陈惟若兹”（《尚书·大诰》）、叮咛康叔“惟乃丕显考文王，克明德慎罚”（《尚书·康诰》）。

> 呜呼！封，汝念哉！今民将在只遹乃文考，绍闻衣德言。往敷求于殷先哲王用保乂民。汝丕远惟商成人者，宅心知训。别求闻由古先

> 哲王，用康保民。弘于天，若德裕乃身，不废在王命！（《尚书·康诰》）

天命不会有丝毫差错，不可心存侥幸，过去夏殷因败德暴政失去天命，文王武王俊德王道赢得天命，只有遵循明德慎罚之旨意，敬天保民，天命才可以延续对小邦周的眷顾。周公以“惟德是辅”的政治哲学理念制礼作乐，作为治国方针，来警惕和规范君王政治行为，周政是以能延续七百余年之久。

孟子的汤武革命说，是对统治者的道德震慑和政治劝诫。

> 齐宣王问曰：“汤放桀，武王伐纣，有诸？”孟子对曰：“于传有之。”曰：“臣弑其君可乎？”曰：“贼仁者谓之贼，贼义者谓之残；残贼之人，谓之一夫。闻诛一夫纣矣，未闻弑君也。”（《孟子·梁惠王下》）
>
> 齐宣王问卿。孟子曰：“王何卿之问也？”王曰：“卿不同乎？”曰：“不同。有贵戚之卿，有异姓之卿。”王曰：“请问贵戚之卿。”曰：“君有大过则谏，反复之而不听，则易位。”王勃然变乎色。曰：“王勿异也。王问臣，臣不敢不以正对。”王色定，然后请问异姓之卿。曰：“君有过则谏，反复之而不听，则去。”（《孟子·万章下》）

孟子认为“汤放桀，武王伐纣”，是诸侯诛杀无道的暴君，而不是弑君的行为，这样就赋予人民讨伐败德君王、推翻无道王朝的权利。这是对君权最严厉的威慑和制约。“易位”，同汤武革命，乃可使王“勃然变乎色”，其对诸侯君王的震慑力量可知，作为士的卿对君王权力的制衡作用可知。

在春秋时代，礼坏乐崩，“孔子惧，作春秋，春秋，天子之事也”（《孟子·滕文公下》）。孔子有德无位，通过修《春秋》，以王道褒贬天下，实质上做了与“汤武革命”同样的王者功业。“昔者禹抑洪水而天下平，周公兼夷狄、驱猛兽而百姓宁，孔子成《春秋》而乱臣贼子惧。”（《孟子·滕文公下》）孟子把孔子修《春秋》与大禹治水、周公平天下相提并论，奉为三圣。《春秋》也成了后世儒家在不同时代阐发政治哲学，批评现实政治，实施德政教化的一部重要经典，儒家借以检验统治者政治行为，监督、批评和建言，掌握了规范历代政治正当性的话语权。

汉儒董仲舒借阐释《春秋》中孔子的微言大义，提出天命说、灾祥说和三纲五常，来规范政权的正当性和身份的道德性，把自然灾变和人事怪异都与君王道德及政治优劣紧密联系在一起，无时无处不在提醒君王和统治阶层修德任贤，施行德政，造福万民。

中西政治文化的传统不同，胡秋原认为，乃定型于两汉与罗马帝国。中国所以为中国，汉儒对礼与法的解决，实有决定的影响。罗马族类复杂，阶级制度很严，其领土扩大很多，方法靠武力征服，目的则在于经济特权。“罗马之扩张，是由许多武人带兵各自去开疆扩土的，他们照例各自随意在殖民地征税，即以其财富武力，回国争权……逐渐形成军人干政乃至专政之局……罗马‘将军政府’及其法律，实在比秦还坏，亦终不免于灭亡……武力征服在中国历史上素不占重要地位。除乱世以外，军人干政之局是很少的。”① 汉代文治政府的建立，在当时及尔后很长一段时间的世界文明史上，都是无人企及的典范，这是儒家的功劳！

古代礼乐刑政的配制，礼乐是文化，有价值。“礼”是带有宗教性、道德性的生活规范。在“礼”这种伦理秩序中，亦包含了一定的人道精神、道德价值。荀子推崇“礼”为“道德之极”、“治辨之极”、“人道之极”，因为“礼也者，贵者敬焉，老者孝焉，长者弟焉，幼者慈焉，贱者惠焉”（《荀子·大略》），即“礼”的目的是使贵者受敬，老者受孝，长者受悌，幼者得到慈爱，贱者得到恩惠。在贵贱有等的礼制秩序中，含有敬、孝、悌、慈、惠诸德，以及弱者、弱小势力的保护问题。“夫礼者，自卑而尊人，虽负贩者，必有尊也，而况富贵乎？富贵而知好礼，则不骄不淫；贫贱而知好礼，则志不慑。”（《礼记·曲礼上》）孔子批评有的为政者对百姓“动之不以礼”（《论语·卫灵公》），强调爱惜民力，“使民也义”（《论语·公冶长》），“节用而爱人，使民以时”（《论语·学而》）。这里又提到对负贩、贫贱等弱者的尊重和对等的施报关系。过去我们对“礼不下庶人”（《礼记·曲礼上》）的理解有误，据清代人孙希旦的注释，“礼不下庶人”说的是不为庶人制礼，而不是说对庶人不以礼或庶人无礼制可行。古时制礼，自士以上，如冠礼、婚礼、相见礼等都是士礼，庶人则参照士礼而行，婚丧葬祭的标准可以降低，在节文与仪物诸方面量力而行。

---

① 胡秋原：《古代中国文化与中国知识分子》，学术出版社 1988 年版，第 459 页。

胡秋原说，汉初政府大体无为，没有大的问题。武宣帝时，研究仪礼的后苍曾有“推士礼而致于天子”之说。“明堂和推致之说，都有民主意义。前者是议而后治，后者视天子亦士耳。”① 汉式政治是以皇帝意志为政、神意为政、民意为政三种政治的折中。儒家对礼乐的鼓吹，《周礼》的研究，虽未成功，“然而汉儒做到了几件事情：（一）遏止了秦式刑法政治；（二）建立了汉代平民参政政治，相对的限制了皇权，亦即维护了民权；（三）秦代以来杂祀并兴，汉初方士参加制礼，益使人神杂糅；自西汉之末至东汉大为整饬，使祭祀合理化；（四）不断批评秦法，使刑法人道化；（五）儒家伦理观念普及。此结果有二；（六）郑玄等以礼并法，自此有‘礼法’之称，并开后来制度之学（唐人仿周礼定六典，至明清六部犹仿《周官》）；自庄子至两汉，《春秋》为经世之书，此后礼学成了经世之学大宗了（如曾国藩所云）；（七）随家族制度之巩固，士礼复兴，至六朝大盛。”② 秦政之后，儒家与政府不断地斗争与联合，代表平民利益的儒家的政治诉求不断被吸纳到国家制度法典之中，董仲舒起了很大的作用，而从《盐铁论》到《白虎通》则代表了这一过程。汉代以后的礼制保留了相当大的民间空间，为汉代及日后的开明专政起了一定的保障作用。

儒家在实际上减缓了传统社会专制统治者对百姓剥削的残酷性。而由儒家推动、建构的君相制、三省六部制，一直到谏议制、监察制、回避制以及一系列整饬官德吏制的方法，至今仍有意义。余英时指出，关于君权相权。在宋代，王安石把相权扩大了，而从监察御史刘黻论度宗“内批”不合法来看，皇权并非无限制；在唐宋制度上，“君权的‘枢机’是出令，但这个‘令’从‘参试’、‘封驳’到‘施行’却属三省，也只有经过这层层的程序，皇帝的‘令’才取得合法性。但总领三省的职权则属于宰相”。“可见君权、相权的分际与运作程序在宋代确有客观的标准。……朱熹一则曰：人主与百官‘各有职业，不可相侵’，再则曰：皇帝‘独断’即使‘有当于理’，也‘非为治之体’。这两句话尤其锋芒毕露，已达到了传统体制下批判皇帝专制（‘独断’）的极限。细玩其语气，朱熹似乎一方面承认治天下的权源（‘制命’）属于皇帝，但另一方面又强调‘百执事’的职权（统称为‘相权’）有其相对的自主性，虽‘人

① 胡秋原：《古代中国文化与中国知识分子》，学术出版社 1988 年版，第 462 页。

② 同上书，第 463—464 页。

主’也‘不可相侵’。不但如此，即使是从权源处发出来的‘制命’，最后仍当由‘大臣’（丞相、参知政事、知枢密院）和‘给舍’（门下给事中、中书舍人）反复讨论，‘以求公议之所在’。这段话可以看作朱熹用制度的语言来描述宋代皇帝和士大夫‘同治天下’的格局。”① 制度语言与理想语言不同，因为制度是现行的，当时正在运作之中；违制虽不可免，但终属例外。朱熹的话不是完全脱离实际的空言，余英时据此认为，“君尊臣卑”的距离已大为缩短。可见中国古代的官制是十分丰富的宝藏，不乏对权力的制衡与监督等制度建构。以上充分说明了儒家是通过天神崇拜、天命论与革命论、民间舆论的震慑，特别是文治政府及其制度，来批评、监督、限制君权的。

四 儒家与社会自治、士大夫参政及言路开放

传统中国是儒家式的社会，是小政府大社会的典型。传统中国的社会管道、中间组织很多，例如以宗族、家族、乡约、义庄、帮会、行会（到近代转化为商、农、工会）等为载体，以民间礼仪、节日与婚丧祭祀活动，村社活动，学校、书院讲学活动，士农工商的交往等为契机，在一定意义上就是社会自治、地方自治的。② 从某种意义上说，传统社会的空间比 20 世纪 50 年代之后的社会空间大得多。传统中国绝非由政府包打天下，而主要靠血缘性的自然团体及其扩大化的社会各团体来治理社会，这些团体自身就是民间力量，它们也保护了民间社会与民间力量，包含家庭及私人空间。它们往往与政权力量相抗衡又相协调，在平衡政权力量的同时，又起到政权力量所起不到的多重作用，如抑制豪强、协调贫富、保障小民生存权、教化民众、化民成俗、安顿社会人心等，又起到慈善机构的作用，扶助、救济贫弱，支持农家、平民子弟接受教育、走上仕途等，乃

---

① 余英时：《朱熹的历史世界：宋代士大夫政治文化研究》（上），生活·读书·新知三联书店 2004 年版，第 233—234 页。

② 干春松在《制度化儒家及其解体》（中国人民大学出版社 2003 年版）一书的前两章集中讨论了“儒家的制度化和制度的儒家化”，详论礼法制度的背景、基础与内涵，其中有关皇权、绅权、地方权力的关系，以及学校制度、选举制度的讨论极富启发性。干先生在《制度儒学》（上海人民出版社 2006 年版）一书中又有进一步深入的探讨。

至对抗专制政府的恶法与法家以国家权力破坏亲情及私人领域的若干做法。[①]

儒家强调知识分子在社会政治中的指导作用，甚至提出士大夫与皇帝共治天下的主张。除为直接参政而抗争之外，儒家有其言责，批判与主动建言，为广开言路而抗争。传统社会中儒家的政治参与和批评，绝非摆设，亦非无关痛痒。

余英时有多种论著讨论知识分子、士与中国文化问题，对汉代、宋代的知识人有深入的研究。根据西方学术界的一般理解，所谓“知识分子”，除了献身于专业工作以外，同时还必须深切地关怀着国家、社会、以至世界上一切有关公共利害之事，而且这种关怀又必须是超越于个人（包括个人所属的小团体）的私利之上的，他们具有一种宗教承当的精神。余英时说：“熟悉中国文化史的人不难看出，西方学人所刻划的‘知识分子’的基本性格竟和中国的‘士’极为相似……‘士’作为一个承担着文化使命的特殊阶层，自始便在中国史上发挥着‘知识分子’的功用。”[②] 余英时追根溯源，指出：“孔子来自中国文化的独特传统，代表‘士’的原型。他有重‘理性’的一面，但并非‘静观瞑想’的哲学家；他也负有宗教性的使命感，但又与承‘上帝’旨意以救世的教主不同。”[③] 毋庸置疑，中国的“士”兼具两重性格，更近于西方近代的“知识分子”。

杜维明也讨论了俄罗斯、西欧各国与美国的知识分子的定义及特色，例如与政治运作所要求的权力结构保持距离，抗议已成为知识分子精神中的一种典型品格。而在现实性上根据一定时空条件可能演变、体现为增进市民社会（美）、社会批评（英）、文化反省（法）、民族一体化（德），或直指政治上层建筑（俄）。杜维明进而认为，东亚读书人的理想，为讨论公共领域内的知识分子理想提供了一种更有价值的参考。“在儒家传统中，关心政治、参与社会及对文化的关注，是读书人最鲜明的特征。中国的‘士大夫’、日本的‘武士’以及朝鲜的‘两班’（包括文官与武官），

---

① 详见郭齐勇主编《儒家伦理争鸣集——以“亲亲互隐”为中心》，湖北教育出版社 2004 年版；郭齐勇《亲亲互隐观念、亲属容隐制度在古代及现代的意义》，载郭齐勇《中国哲学智慧的探索》，中华书局 2008 年版。

② 余英时：《士与中国文化》，上海人民出版社 1987 年版，自序第 2—3 页。

③ 同上书，自序第 8 页。

他们不仅仅致力于自身的修养，而且担负着齐家、治国乃至平天下的重任。”①受儒家传统熏陶的知识分子，只要身处其位，就具有凭其权力与声望维护社会秩序的责任，努力实现改善人类的生活条件并且更有效地实现太平与繁庶的大同理想。也就是说，东亚传统的书生、君子、士人与西方知识分子不仅基本相同，而且有自身的特色。

在一定意义上，皇权与知识分子儒生的关系常常出现拉锯战，知识分子儒生代表老百姓的诉求，反映人民心声，伸张人民权益。胡秋原举汉初知识分子的奋力抗争，指出刘邦集团并不尊重知识分子，唯懔于秦亡教训，多少能接受忠告，这才使其政权渐次安定，而知识分子的势力也逐渐壮大，终有儒家之勃起。胡秋原肯定陆贾、贾谊、贾山的批判与指导，指出贾山力图恢复古代言论自由政治公议之制。《汉书·贾山传》：“古者，圣王之制，史在前书过失，工诵箴谏，瞽诵诗谏，公卿比谏，士传言谏，庶人谤于道，商旅议于市，然后君得闻其过失而改之，所以永有天下也。尊三老于太学，举贤以自辅弼，求修正之士使直谏之。秦政力并万国，地夺于刘氏者，秦王贪狼暴虐，残贼天下，穷困万民，以适其欲也。退诽谤之人，杀直谏之士，是以导谀偷，合苟容，天下已溃，莫之告也。”“愿定明堂，造太学，修先王之道。”胡秋原引用以上材料后指出：“汉人所谓明堂太学，确有将此一古制，变为一种议会政治的意思。”② 汉代儒家知识分子通过各种举贤任能的途径，以类似西方议会政治的方式，上达民意，下施仁政，为民请命，为民谋福。

汉代刘邦及以后，皇室在秦政反思中保持警惕，逐渐寻求与知识分子的广泛合作。尤其是汉武帝采纳董仲舒开太学养士和察举官吏的建议后，汉代已经孕育出以儒家知识分子为骨干的文治政府或士治政府这样的皇权和知识分子合作模式。

徐复观认为，知识分子与政治的关系，唐宋以前与以后有很大的区别。以汉代为例，西汉从贤良方面得的人才比较多，东汉从孝廉方面得到的人才比较多。其中透露出来的历史意义是：士人的仕途，不是出于士人对政治的趋附莽竞，可以养士人的廉耻；士人的科别行能，出于乡曲的清

---

① 杜维明著，郭齐勇、郑文龙编：《杜维明文集》第五卷，武汉出版社 2002 年版，第 601 页。

② 胡秋原：《古代中国文化与中国知识分子》，学术出版社 1988 年版，第 320 页。

议，是社会与政府共人事进退之权，无异于政府把人事权公之于社会，不仅使士人不能脱离社会，而且含有民主的意义，调剂了大一统的专制气氛；士人要取得乡曲的称誉，必须砥砺品节，士人砥砺品节，又可激励乡曲。“所以中国文化的精神，不仅通过辟举的标准而使其在士人身上生根，并且可由此而下被于社会，深入于社会……而乡下儒生，一旦举荐登朝，即可慷慨与朝贵辩论国家大政……所以‘直言极谏’，便始终成为两汉取士的另一重要科目……这不仅在政治上可以通天下之情，而且也可以把皇帝的地位向社会抑平，以伸张士人的气概。”① 因此他认为，汉代的选举制度虽有流弊，但其基本精神是趋向真正民主之路，是中国知识分子和政治关系最为合理的时代，也是中国文化成就最大的时代。

从以上有关秦汉史，特别是汉代政法史的讨论中，我们可知中国政治制度文明的传统，是儒家知识人积极建设的，其中皇权、地方权势与知识人的张力是明显的。

钱穆先生认为，以儒家精神为指导、士治政府为主要形式的中国古代政体，自当属于一种民主政体，只不过是有别于西方现代民主的中国式之民主政治。“当知中国政府虽无国会，而中国传统政府中之官员，则完全来自民间。既经公开之考试，又分配其员额于全国之各地。又考试按照一定年月，使不断有新分子参加。是不啻中国政府早已全部由民众组织，则政府之意见，不啻即民间之意见。”② 钱穆认为，当代中国政治的出路，应当接续士治政府的人道精神，通过士的学术和教育来谋出路。“中国传统的士人政府，乃使政府成为一士人集团，学术与政治，并无严格划分，而政治常受学术领导。学术命脉则寄托在教育上，教育精神则寄放于自由民间。”③ 中国政治现代化，必须在继承中国传统政治人道精神的基础上，通过中西先进文明制度的消化吸收，才能嫁接到中国本土文化和人事上。中国传统政治中的郡县统一体制及其文治政府体现的人道政治，还将是其世界政府的未来形式，是当代中国政治和西方政治将来要借鉴与努力发展的方向。④

---

① 徐复观：《中国知识分子的历史性格及其历史的命运》，载徐复观等著、周阳山编《知识分子与中国》，时报文化出版企业有限公司 1980 年版，第 207—208 页。

② 钱穆：《文化与教育》，广西师范大学出版社 2004 年版，第 82 页。

③ 钱穆：《国史新论》，生活·读书·新知三联书店 2001 年版，第 111 页。

④ 参见吴龙灿《秦政成败决在人道：钱穆政治哲学管窥》，载东吴大学印行《钱穆研究暨当代人文思想国际学术研讨会论文集》，钱穆故居，2010 年，第 69—92 页。

余英时认为，关于士大夫与君王共治天下，宋代知识人尤为自觉。余英时缜密地讨论了宋代士大夫的政治文化，认为宋代的士不但以文化主体自居，而且也发展了高度的政治主体的意识。理学家们以各种方式抑制君权，伸张士权，在君民、公私论上类似于西方契约说。他从政治文化的角度系统而全面地检讨了道学（或理学）的起源、形成、演变及性质，将理学放回到它原有的历史脉络中重新加以认识。余英时指出，吕大钧、大临兄弟建立的“乡约”、范仲淹首创的“义庄”，“同是地方性的制度，也同具有以‘礼’化‘俗’的功能。它们同时出现在 11 世纪中叶，表示士大夫已明确认识到：‘治天下’必须从建立稳定的地方制度开始。……这本是儒家的老传统，即所谓‘儒者在本朝则美政，在下位则美俗’。（《荀子・儒效》）但北宋士大夫所面对的是一个转变的社会结构，他们不得不设计新的制度来重建儒家秩序，无论是王安石的‘新法’、吕氏‘乡约’或范氏‘义庄’，虽有全国性与地方性之异，都应作如是观。”“与皇帝‘同治’或‘共治’天下是宋代儒家士大夫始终坚持的一项原则。熙宁三年神宗正式接受了‘共定国是’的观念，则象征着皇权方面对这一基本原则的认可……‘同治’或‘共治’所显示的是士大夫的政治主体意识；他们虽然接受了‘权源在君’的事实，却毫不迟疑地将‘治天下’的大任直接放在自己的身上。在这一意义上，‘同治’或‘共治’显然是‘以天下为己任’加精神在‘治道’方面的体现。”①

余英时疏理了道统与政统、“道”与“势”的关系，指出，“道”源自礼乐传统，基本上是一个安排人间秩序的文化传统；中国古代知识分子一开始就管的是凯撒的事，后世“以天下为己任”、“天下兴亡，匹夫有责”的观点即源于此；他们不仅代表道，而且相信“道尊于势”。② 正如余英时所说，“道”缺乏具体的形式，知识分子只有通过自爱、自重才能尊显其所代表的道。

儒家有以“天”或“德”抗位的传统和批判的精神，乃至孟子所谓“闻诛一夫纣，未闻弑君也”。（《孟子・梁惠王下》）儒家的政治文化资源中的民本思想、民贵君轻思想、民有思想、民富思想、官与民同享同乐思

---

① 余英时：《朱熹的历史世界：宋代士大夫政治文化研究》（上），生活・读书・新知三联书店 2004 年版，第 219—220、229 页。

② 参见余英时《士与中国文化》，上海人民出版社 1987 年版，第 107、119—121 页。

想、载舟覆舟思想等，是可以作出现代转化与现代诠释的。儒家有很多思想、价值可以与民主政治相连接或作铺垫。“以人民为主体”的思想当然与传统社会的“以民为本”的思想有质的差异，现代社会的“民主”与传统社会的“民本”也有内涵的不同，但不能说两者之间完全没有联系。

中国古代的士人、儒生、君子与古希腊到近现代的西方知识分子之间有深刻的一致性，甚至在政治参与、相对文明的政治制度的设计与政治实践方面，中国传统知识分子比西方知识分子有过之而无不及。儒家知识人是民间百姓的代表，他们的政治理念、制度设计、实践精神、道德勇气等方面的遗产，至今对我们建构以人民为主体的政治文明有很大的参考意义，是中国政治民主化的重要资源。西方知识分子为知识而知识，为真理而真理的追求值得我们中国知识分子效仿。

“五四”以来，有关中国社会政治文化的理解，有关中国知识分子，特别是儒家的理解上，不少人有误会，有简单化、想当然、缺乏理性分析的倾向。从以上的讨论中，我们知道，政治制度与知识分子的境遇之间、知识分子的状况与国民精神的状况之间息息相关。中国传统政治文化有自身优长与特色，其中良性制度的建构来自传统士人的抗争、积极运作与设计；知识分子的精神代表了国家、民族的精神，中国传统知识分子有自己正道直行的精神与人格；今天，民主政治架构是唯一可以保障知识分子的地位与尊严的制度架构，有此才有政治、教育、学术的独立，言路的通畅，自由人格的申张，才能促进知识分子在社会上全面发挥其积极作用；现当代知识分子对中国的发展自有其责，知识分子应当检讨自己的思想言行，成为真正的有骨气、有自尊、有品格的中国知识分子；在现代中国，应继承光大传统，在新的时代培养更多的公众知识分子，真正代表民意，参与、推动现代化的健康发展。

五　儒家的“道德的政治”及其现代转化

儒家政治哲学的核心是“仁义”价值及其向政治社会推广的“仁政”学说。

陈荣捷特别重视孟子的仁义并举、仁义内在的理论。指出：“为什么孟子要将仁义放在一起讲呢？这正是由于孟子同样重视仁的本质，也重视仁的应用……孟子坚持‘天之生物也，使之一本’（《孟子·滕文公章句上》第五章），即道德生活只有一根，不同意将仁义分成内外。受《中庸》的影响，孟子也很重视仁的本质。但是孟子尽力忠实于孔子的原意。他说：‘仁，人心也；义，人路也。’（《孟子·告子章句上》第十一章）又说：‘仁，人之安宅也；义，人之正路也。’（《孟子·离娄章句上》第十章）显然，正路需要一个过程顺序，这里顺序包含重要性或差等性的相对性。仁包含了所有的人伦关系，然而正是‘义’区分了这些关系。换句话说，儒家的‘仁’之普遍性和特殊性都受到了高度重视。”① 也就是说，“义”对“一体之仁”的重要性，在于补充、丰富了道德的秩序性、差等性、相对性、殊异性。无论是作为个体内在道德性的“仁”“义”，抑或是作为社会规范性道德的“仁”“义”，相互对待与补充，兼顾了普遍性和特殊性。“仁”是内在精神，“义”是行事的准则。“义”德亦可以说是“仁”德的具体分别，敬（爱）其所当敬（爱），行其所当行。人们对父母、夫妻、兄弟、亲戚、邻人、陌生人，对门内门外，对公事私事，对家、国、天下，每人的担当、责任、义务不同，行仁有一定的范围、等级、边界、节度、分寸感。“义”是对事情应当与否的判断及由此而引发的行为，有应当、正当性的义涵。“义者宜也”，又是合宜、得宜、恰当。②

董仲舒对儒家仁义和德治思想的创造性诠释，对儒学德教思想在汉代的制度化落实方面起到了重要的作用。

> 是义与仁殊，仁谓往，义谓来；仁大远，义大近；爱在人，谓之仁，义在我，谓之义；仁主人，义主我也；故曰：仁者，人也，义者，我也，此之谓也。君子求仁义之别，以纪人我之间，然后辨乎内外之分，而著于顺逆之处也。是故内治反理以正身，据礼以劝福，外治推恩以广施，宽制以容众。孔子谓冉子曰：治民者，先富之而后加教。语樊迟曰：治身者，先难后获。以此之谓治身之与治民所先后不同焉矣。诗曰：“饮之食之，教之诲之。”先饮食而后教诲，谓治人

---

① 陈荣捷：《儒家的“仁”之思想之演进》，载姜新艳主编《英语世界中的中国哲学》，中国人民大学出版社 2009 年版，第 23 页。

② 参见郭齐勇著《中国儒学之精神》，复旦大学出版社 2009 年版，第 121—122 页。

也；又曰："坎坎伐辐，彼君子兮，不素餐兮！"先其事，后其食，谓治身也。《春秋》刺上之过而矜下之苦，小恶在外弗举，在我书而非之。凡此六者，以仁治人，义治我；躬自厚而薄责于外，此之谓也。（《春秋繁露·仁义法》）

仁是爱他人，义是正自身。对统治阶层的君子而言，必须做到正己爱人，修身为本，推己及人，博施而泛爱众。而对普通老百姓而言，则要体谅、宽容，"仓廪实而知礼节，衣食足而知荣辱"（《史记·管晏列传》）。先富后教，首先要保证老百姓的生存权，在此基础上再谈发展。董仲舒认为，"仁贪之气，两在于身"，"今万民之性，有其质而未能觉，譬如瞑者待觉，教之然后善"（《春秋繁露·深察名号》），老百姓有善质，但必须通过教化才能实现。

然则王者欲有所为，宜求其端于天。天道之大者在阴阳。阳为德，阴为刑；刑主杀而德主生。是故阳常居大夏，而以生育养长为事；阴常居大冬，而积于空虚不用之处。以此见天之任德不任刑也。（《汉书·董仲舒传》）

凡以教化不立而万民不正也。夫万民之从利也，如水之走下，不以教化堤防之，不能止也。是故教化立而奸邪皆止者，其堤防完也；教化废而奸邪并出，刑罚不能胜者，其堤防坏也。古之王者明于此，是故南面而治天下，莫不以教化为大务。立太学以教于国，设庠序以化于邑，渐民以仁，摩民以谊（义），节民以礼，故其刑罚甚轻而禁不犯者，教化行而习俗美也。（《汉书·董仲舒传》）

王者不仅首先要修德正自身，作为万民的道德楷模，而且要实现德政，设立学校。用礼乐文明、儒家经典教化老百姓，使得人人"有耻且格"（《论语·为政》），走向"无讼"的大同治世。

儒家主张的政治是"道德的政治"，这常常引起人们的诟病，但我们认为，人们恰好应当追求道德的政治而摒斥、批判不道德的政治。儒家的政治理念最强调的就是其应然，即正当性，其中我们不难分析出不脱离一定时空条件下的实质正义，儒家为此而不断为人民去争取与追求。儒家强调对人，特别是人民的尊重。其天下大同、天下为公的社会理想与社会正义观、公私义利观，儒家的仁爱、民本、民富、平正、养老、恤孤、济赈、民贵君轻、兼善天下、和而不同、食货、仁政及德治主张、入世情怀、参与精神等，在今天还有极高的价值，是中国当下政改与民主政治建设的重要精神资源。

关于儒家的民本思想，前文已经说过，尽管与今天的人权、权利意识、主权在民的思想不可同日而语，但也不能轻率地对待之，乃至有人认为民本不过就是君本，甚至比君本更坏，是对帝王专制的伪饰与无病呻吟而已。假如这样来对待传统政治资源，那我们就无话可说。以理性来分析的学者则不会如此，如金耀基关于儒家民本主义有相当好的诠释①，李明辉将其归纳为："一、人民是政治的主体；二、人君之居位，必须得到人民之同意；三、保民、养民是人君的最大职务；四、'义利之辨'旨在抑制统治者的特殊利益，以保障人民的一般权利；五、'王霸之辨'意涵：王者的一切作为均是为人民，而非以人民为手段，以遂行一己之目的；六、君臣之际并非片面的绝对的服从关系，而是双边的相对的约定关系。"② 这对于传统与现代的对话很有启发性。而关于现代人权与儒家传统，李明辉经过分析、比较，认为美国学者帕尼卡（R. Panikkar）曾归纳出《世界人权宣言》的三项哲学预设，一是普遍人性，二是个人之尊严，三是民主的社会秩序，"在这三项预设当中，前两项预设无疑可在儒家思想（尤其是孟子思想）中发现有利的思想资源"。③ 此外，民本思想不难与第二代人权概念衔接，存有的连续性观点可以支持第三代人权的"环境权"，义利之辨、先义后利可以呼应罗尔斯的正当对于善的优先性。总之，"儒家传统的确包含现代'人权'概念的若干理论预设，而不难与人权思想相接榫……儒家传统也为源自近代西方的'人权'概念提供了另一个诠释角度与论证根据"。④

儒家学说中的政治正当性，即认为政治权力之根源在天、天命、天道，人们理应有所敬畏、谨慎与忧患；其根据、本位在人民、老百姓、农工商，他们是政治的主人；其基础是广阔的民间社会，民间力量及其自治，在现代更应开放民间社会，鼓励民间社会、社团的成长，积极发挥其

① 参见金耀基《中国民本思想史》，台湾商务印书馆 1993 年版。

② 李明辉：《儒家视野下的政治思想》，台大出版中心 2005 年版，第 96 页。

③ 同上书，第 81 页。

④ 同上书，第 98 页。

主体性，并加以协调；其指导、参与、监督与言责则在士人，今天则更应强调知识分子的自重、自尊与积极参与。由此可得出人民是政治的主体，士大夫是政治的主体的结论。道德仁义系统、仁政学说及以上四点为中心的儒家的政治哲学在今天还有极高的价值。

中国传统的政治文明中（包含观念、制度、实践、民俗诸层面）的许多遗产，值得人们认真地去思考与创造性转化。例如，古代制度文明中有很多东西我们还没有认真清理，其中制度层面的消化吸收是政治文明建设的任务之一；民间组织与自治，士人积极参与及儒学传统所倡导的公共性与公共品德是公民社会的人的成长与全面发展的基础，也是现代性政治的基本内容。公民道德的重建也离不开儒家文化的土壤，而儒家的人禽之辨、公私义利之辨、君子小人之辨、天理与人欲之辨，对今天重建官德、整饬吏治腐败有积极意义。

《论语》成书新探

李建国
国家语委

摘　要　《论语》为先秦古籍，其缘何为书，如何成书，何时成书，编纂者究为何人，如此等等，汉以来学者或语焉不详，或莫衷一是。爰及晚近，大抵以为孔门德行、文学科弟子追论夫子之言而作，最终由曾子门徒而完成。本文根据孔子教学传输方式，《论语》内容结构，弟子言论统计，参以史实，酌以情理，认为：《论语》一书乃孔门弟子回忆其师的纪念文集；初编成于孔子去世后弟子三年居丧期间，子贡主其事，子夏、曾子等促其成；最终经曾子弟子稍加增益而成。

关键词　《论语》　传输方式　内容分析　子贡　祛疑

一　《论语》成书源流概述

《论语》为先秦古籍，《礼记·坊记》已有称引可证："《论语》曰：'三年无改于父之道，可谓孝矣。'"司马迁《史记·仲尼弟子列传》："学者多称七十子之徒，誉者或过其实，毁者或损其真，钧之未睹其容貌，则论言弟子籍，出孔氏古文近是。余以弟子名姓文字，悉取《论语》弟子问，并次为篇，疑者阙焉。"司马迁根据孔氏古文《论语》弟子问作《列传》，共载录"显有年名及受业闻见于书传"者 35 人，"无年及不见于书传"者 42 人，共 77 弟子，与《孔子家语》所载人数相同，唯公良孺、秦商、颜亥、叔仲会 4 人《家语》有事迹而《史记》阙焉。至于《论语》的成书，司马迁只字未提。最早论及《论语》的匡衡，也只是说"及《论语》、《孝经》，圣人言行之要，宜究其意"。[①] 其后刘向奉命领校

① 《汉书·匡衡传》，中华书局 1962 年版，第 3343 页。

秘书，撰述《别录》，始称《论语》“皆孔子弟子记诸善言也”[①]；其子刘歆说得更全面：“《论语》者，孔子应答弟子、时人及弟子相与言而接闻于夫子之语也。当时弟子各有所记，夫子既卒，门人相与辑而论撰，故谓之《论语》。”[②] 及至东汉，王充说：“夫《论语》者，弟子共纪孔子之言行”[③]；郑玄说：“仲弓、子夏等所撰定”。《论语崇爵谶》说：“子夏六十四人共撰仲尼微言，以当素王”；赵岐说：“七十子之畴，会集夫子所言，以为《论语》”。[④] 从两汉学者的这些说法中，可得出下列几点共识。

1. 《论语》成书于孔子去世之后。

2. 《论语》内容包括孔子应答时人和应答弟子之语，弟子相与言而接闻于孔子之语，以及少数孔门弟子之语。

3. 《论语》由仲弓、子夏、子游等及孔门弟子六十余人共同编纂。

至于《论语》缘何而纂？具体纂于何时？纂述者竟为何人？两汉学者言之未详。及至魏晋时期，傅玄说“昔仲尼既殁，仲弓之徒追论夫子之言，谓之《论语》”，[⑤] 方揭示《论语》缘起于“仲弓之徒追论夫子言，谓之《论语》”，是门弟子回忆先师的言论汇集，对《论语》一书编纂的时间、宗旨及性质有了新的认识。但纂述者“仲弓之徒”仍是一个概数。到了唐代，柳宗元精研《论语》，发现《论语》中收有曾子临终之言，遂著《论语辨》，认为：“曾参少孔子四十六岁；曾子老而死；是书记曾子之死，则去孔子也远矣。曾子之死，孔子弟子略无存者矣。吾意曾子弟子之为之也。”[⑥] 沿着这个思路，宋代的程颐在曾子弟子之外，又加上有子弟子，以为“成于有子、曾子之门人，故其书独二子以子称”。[⑦] 但《论语》中尚称冉有为冉子、闵子骞为闵子者，又当何说？

晚近以来，学界考论古今，大抵认为《论语》为孔门弟子于孔子去

---

① 何晏《论语序》引。见《十三经注疏·论语注疏序》，中华书局 1980 年版，第 2454 页。

② 《汉书·艺文志》，第 1717 页。

③ 王充：《论衡·正说篇》，中华书局 1954 年版，第 272 页。

④ 陆德明《经典释文·叙录》引，该书《论语音义》又称“郑玄云：仲弓、子游、子夏等撰”，增加了子游。见刘宝楠《论语正义·附录·郑玄认语序逸文》，中华书局 1954 年版，第 431 页。

⑤ 《文选·辩命论》，注引《傅子》语，中华书局 1977 年版，第 748 页。

⑥ 《柳河东集》卷四，上海人民出版社 1964 年版。

⑦ 朱熹：《论语序说》引程子语。见《四书集注》，凤凰出版社 2008 年版，第 41 页。

世后编撰，“著笔当开始于春秋末期，而编辑成书则在战国初期”。[①]有学者更据古史辨派顾颉刚先生认为《论语》有关修养的意味极重，政治的意味很少，断定编者应该是孔子的德行和文学两科的门人。更有学者据《论语》所记时代最晚之事是曾子之死，曾子死于公元前436年，因此断定这一年为《论语》结集时间的上限；而《坊记》乃子思所记孔子言论，子思死于公元前402年，所以断定这一年为《论语》结集时间的下限。根据后一种推断，《论语》当结集于公元前436—前402年这34年之间；其原始资料虽然记录于孔子的直系弟子，但其结集者当包括再传弟子，甚至主要是再传弟子。这样一来，《论语》的编纂，则纯为曾子及其门人子思之徒所为作。事实果然如此吗？我研读《论语》，根据此书编写结构、载录内容，参以史实，斟酌情理，于《论语》的编纂宗旨、编纂时间和编纂者其人，提出新的看法。难免管窥蠡测，失之偏颇，幸有达者，理而正之。

二　孔子言论传输方式

孔子博学多闻，弟子心悦诚服，师生相得，情同父子。子曰：“二三子以我为隐乎？吾无隐乎尔。吾无行而不与二三子者，是丘也。”（《述而》，下引《论语》同此，只具篇名，不另出注。）于师之言行举止、音容笑貌、仪容形态，无不谨记而传述之，以垂后世。例如《乡党》篇，于孔子在不同场合之仪态音容、交接应对、居处进退、衣食住行，莫不详备。至于书中重复记录者，朱熹在《宪问》“不患人之不己知，患其不能也”章注中认为：“凡章指同而文不异者，一言而重出也；文小异者，屡言而各出也。此章凡四见，而文皆有异，则圣人于此一事，盖屡言之，其丁宁之意亦可见矣。”[②]其实这正是《汉志》所说“当时弟子各有所记”所致。孔子之殁也，弟子思慕不已，追思先师前言往行，闻见必录，文不避复，故多处记录而文字有异也。这些记载，大抵包括传述、记诵和笔记三种方式。

---

① 杨伯峻：《论语译注导言》，中华书局1958年版，第5页。

② 朱熹：《四书集注》，第153页。

1. 口耳授受，相互传述。孔子开私学之先，“自行束脩以上”“有教无类”，弟子多起微贱：“颜子居陋巷，死有棺无椁。曾子耘瓜，其母亲织。闵子骞著芦衣，为父推车。仲弓父贱人。子贡货殖。子路食藜藿，负米，冠雄鸡，佩猳豕。有子为卒。原思居穷阎，敝衣冠。樊迟请学稼圃。公冶长在缧绁。子张鲁之鄙家。虽不尽信，要之可见。”① 当时简重帛贵，文献简册存世有限，故孔子教学当以口耳传授为主。孔子自称：“吾非生而知之者，好古，敏以求之者也。”又说：“信而好古，述而不作，窃比于我老彭。”朱熹《论语集注》云：“述，传旧而已。作，则创始也。”述即传述，作则不凭空创作：“盖有不知而作者，我无是也。多闻，择其善者而用之，多见而识之，知之次也。”（《述而》）孔子讲述，弟子传述，受之于师而习之于己。曾子自述其学习“文、行、忠、信”四科时也说：“吾日三省吾身，为人谋而不忠乎？与朋友交而不信乎？传不习乎？”朱熹云：“尽己之谓忠。以实之谓信。传谓受之于师。习谓熟之于己。曾子以此三者日省其身，有则改之，无则加勉，其自治诚切如此，可谓得为学之本矣。而三者之序，则又以忠、信为传习之本也。”可见口耳传述是主要的学习方式。孔子要求弟子要“学而不厌”，要“学而时习之”，就是要不时传述、讲习、演练之，在熟悉理解的基础上，做到举一反三，知类通达。否则，“不愤不启，不悱不发，举一隅不以三隅反，则不复矣”（《述而》）。如子贡、子夏之学《诗》即是。《学而》载：“子贡曰：‘贫而无谄，富而无骄，何如？’子曰：‘可也；未若贫而乐，富而好礼者也。’子贡曰：‘《诗云》：“如切如磋，如琢如磨”，其斯之谓与？’子曰：‘赐也，始可与言《诗》已矣，告诸往而知来者。’”《八佾》：“子夏曰：‘“巧笑倩兮，美目盼兮，素以为绚兮”何谓也？’子曰：‘绘事后素。’曰：‘礼后乎？’子曰：‘启我者，商也，始可与言《诗》已矣。’”在传述过程中，不但师生教学相长，弟子之间或弟子与其门人之间，也会相互切磋，指陈得失，查漏补缺，以臻于善。孔子弟子中颜渊最为聪颖好学，“闻一以知十”，得孔子真传，多次受到乃师赞扬：“回也，其心三月不违仁。其余则日月至而已矣。”（《雍也》）“子曰：‘与回言终日，不违如愚。退而省其私，亦足以发。回也不愚！’”（《为政》）说明颜渊择善专守，悟性极高，私下里与同窗切磋学问，皆有心得。孔子所说的“朋友

① 钱穆：《先秦诸子系年》，商务印书馆2002年版，第96页。

切切、偲偲”（《子路》），曾子所说的“以文会友，以友辅仁”（《颜渊》），也都是指弟子在传习师说中相互磋商、增益其所不能而言的。正因为传述法如此重要，所以当孔子发牢骚说“予欲无言”时，子贡立即担心地说：“子如不言，则小子何述焉?”（《阳货》）

《论语》一书中，记录孔门弟子传述师言处至多。有传述亲闻于师言的，如《颜渊》：“司马牛忧曰：‘人皆有兄弟，我独亡。’子夏曰：‘商闻之矣：死生有命，富贵在天。君子敬而无失，与人恭而有礼，四海之内，皆兄弟也。君子何患乎无兄弟也?’”《子张》：“曾子曰：‘吾闻诸夫子：人未有自致者也，必也亲丧乎!’”“曾子曰：‘吾又曾闻诸夫子：孟庄子之孝也，其他可能也；其不改父之臣与父之政，是难能也。’”有弟子转相传述师言的，如《颜渊》：“樊迟问仁。子曰：‘爱人。’问知。子曰：‘知人。’樊迟未达。子曰：‘举直错诸枉，能使枉者直。’樊迟退，见子夏曰：‘乡也吾见于夫子而问知，子曰：“举直错诸枉，能使枉者直。”何谓也?’子夏曰：‘富哉言乎！舜有天下，选于众，举皋陶，不仁者远矣。汤有天下，选于众，举伊尹，不仁者远矣。’”《子张》：“子夏之门人问交于子张。子张曰：‘子夏云何?’对曰：‘子夏曰：“可者与之，其不可者拒之。”’子张曰：‘异乎吾所闻：君子尊贤而容众，嘉善而矜不能。我之大贤与，于人何所不容？我之不贤与，人将拒我，如之何其拒人也?’”《子罕》：“大宰问于子贡曰：‘夫子圣者与？何其多能也?’子贡曰：‘固天纵之将圣，又多能也。’子闻之，曰：‘大宰知我乎！吾少也贱，故多能鄙事。君子多乎哉？不多也。’牢曰：‘子云：“吾不试，故艺。”’”

2. 默而识之，躬亲实践。孔子自认非生而知之者，而是学而知之者，所以主张“多闻，择其善者而从之；多见而识之”（《述而》）。他说：“默而识之，学而不厌，诲人不倦，何有于我哉?”（《述而》）又说：“温故而知新，可以为师矣。”（《为政》）都是要求弟子深思熟虑，记诵不忘。子夏所说：“日知其所亡，月无忘其所能，可谓好学也已矣”（《子张》），也是这个意思。孔门弟子中，颜渊不但悟性极高，而且记性超人，不用详加解说，便能“闻一以知十”。孔子曾夸奖颜渊说：“回也，非助我者，于吾言无所不说。”又说：“吾与回言终日，不违如愚。退而省其私，亦足以发。回也不愚。”（《为政》）子路虽然不如颜渊聪颖好学，并且认为“有民人也，有社稷也，何必读书，然后为学”（《先进》），但对师言亦是牢记不忘的。《子路》："子曰：'衣敝缊袍，与衣狐貉者立，而不耻者，其由也与？"不忮不求，何用不臧？"'子路终身诵之。"记诵法应该是孔门主要传授方法。

《汉书·艺文志》："古之学者耕且养，三年而通一艺，存其大体，玩经文而已，是故用日少而蓄德多，三十而五经立也。"所以孔子说："古之学者为己，今之学者为人。"（《宪问》）"为人"是浮华炫耀于他人，"为己"是进德修为于自身，而修身进德是第一位的。因此孔子要求"庸德之行，庸言之谨，有所不足，不敢不勉，足则不敢尽"①，言顾行，行顾言，言行一致，学以致用。《颜渊》："颜渊问仁。子曰：'克己复礼为仁。一日克己复礼，天下归仁焉。为仁由己，而由人乎哉？'颜渊曰：'请问其目。'子曰：'非礼勿视，非礼勿听，非礼勿言，非礼勿动。'颜渊曰：'回虽不敏，请事斯语矣。'"又："仲弓问仁。子曰：'出门如见大宾，使民如承大祭。己所不欲，勿施于人。在邦无怨，在家无怨。'仲弓曰：'雍虽不敏，请事斯语矣。'"颜渊和仲弓都是孔门德行的翘楚，力行仁义，守死善道。至于入仕从政的弟子，同样恪守师命，一丝不苟。如子游任职武城时即是："子之武城，闻弦歌之声。夫子莞尔而笑，曰：'割鸡焉用牛刀？'子游对曰：'昔者偃也闻诸夫子曰："君子学道则爱人，小人学道则易使也。"'子曰：'二三子！偃之言是也。前言戏之耳！'"（《阳货》）门弟子经过反复传习、演练、习得，于夫子之言论了然于心，终身难以忘怀。

3. 及时笔录，书而记之。孔子为师，以德服人，弟子奉若圣人。《孟子·公孙丑上》："昔者子贡问于孔子，曰：'夫子圣矣乎？'孔子曰：'圣则吾不能，我学不厌而教不倦也。'子贡曰：'学不厌，智也；教不倦，仁也。仁且智，夫子既圣矣。'"故对孔子的言行举止，音容仪表，观察细微，并加记录，如《论语·乡党》篇所载即是。又《卫灵公》："子张问行。子曰：'言忠信，行笃敬，虽蛮貊之邦，行矣。言不忠信，行不笃敬，虽州里，行乎哉？立则见其参于前也，在舆则见其倚于衡也，夫然后行。'子张书诸绅。"据《史记·仲尼弟子列传》载，此事发生在孔子师徒困于陈、蔡间，当时困顿不堪，仓促之间，情急之下，子张将孔子的话书于大带子上。据钱穆《先秦诸子系年》考订，子张年少，属后进弟子，

① 朱熹：《四书集注》，第22页。

未与于陈、蔡之厄，此事当在孔子返鲁之后。即便如此，平日弟子听讲受学，或接闻师言，事后从容笔记之事，亦属当然。《孔子家语·五刑解》载：

> 冉有问于孔子曰："先王制法，合刑不上于大夫，礼不下于庶人。然则大夫犯罪不可加以刑，庶人之行事不可以治于礼乎？"孔子曰："不然。凡治君子以礼御其心，所以厉之以廉耻之节也。故古之大夫，有坐不廉污秽而退放之者，不谓之不廉污秽而退放，则曰'簠簋不饬'。有坐淫乱男女无别者，不谓之淫乱男女无别，则曰'帷幕不修也'。有坐罔上不忠者，不谓之罔上不忠，则曰'臣节未著'。有坐罢软不胜任，则曰'下官不职'。有坐干国之纪者，不谓之干国之纪，则曰'行事不请'。此五者，大夫既自定有罪名矣，而犹不忍斥然正以呼之也，既而为之讳，所以愧耻之。是大夫之罪其在五刑之域者，闻而谴发，则白冠氂缨，盘水加剑，造乎阙而自请罪。君不使有司执缚牵掣而加之也。其有大罪者，闻命则北面再拜，跪而自裁，君不使人捽引而刑杀之也，曰'子大夫自取之耳，吾遇子有礼矣。'以刑不上大夫，而大夫亦不先其罪者，教使然也。所谓礼不下庶人者，以庶人遽其事而不能充礼，故不责之以备礼也。"冉有跪然免席曰："言则美矣，求未之闻。"退而记之。①

但在当时历史条件下，简牍笨重而丝帛昂贵，孔门弟子多出寒微，未必时时事事皆能笔记之也。故子张、冉有之笔录之法，只是孔门弟子传输师言之一法，未必如某些学者说的是"孔子弟子确有作笔记的习惯，这正是日后孔门弟子们将所记孔子言行录结集成《论语》一书的基础"。如果真有弟子的详细笔记，则《论语》的编纂就不会是现在所看到的样子。

三 《论语》的内容结构分析

1.《论语》以《学而》开篇，示孔子一生为学，学道、修道、守道

---

① 《百子全书》，浙江古籍出版社 1998 年版，第 19 页。

之事迹，以《尧曰》结束，示孔子祖述尧舜、宪章文武，憧憬德政之治；以“子曰”开其首，由十五而志于学始，复以“子曰”终其书，年及老而悟道知命。《学而》篇以“子禽问于子贡”、子贡称颂孔子德行始，《子张》篇复以子禽问子贡、子贡颂扬孔子德行终。首篇首章与终篇终章头尾照应，确是有意为之。《为政》篇有子张问干禄，终篇《尧曰》复载子张问政，且记录孔子为政言论最为全面详细，亦非随意编排。

2.《学而》篇除孔子言论8章外，尚载有子3章，曾子2章，子贡2章，子夏1章。《子张》篇全载门弟子之言，其中子夏10章、子贡6章、曾子4章、子张3章、子游3章，无有子言论。子贡、子夏、曾子之言贯彻始终，足见三人在孔门的地位非同一般，而有子的言论始有终无，耐人寻味。据《孟子·滕文公上》载：

> 昔者孔子没，三年之外，门人治任将归，入揖于子贡，相向而哭，皆失声，然后归。子贡反，筑室于场，独居三年，然后归。他日，子夏、子张、子游以有若似圣人，欲以所事孔子事之，彊曾子。曾子曰：“不可。江汉以濯之，秋阳以暴之，皜皜乎不可尚已。”

《史记·仲尼弟子列传》载：

> 孔子既没，弟子思慕，有若状似孔子，弟子相与共立为师，师之如夫子时也。他日，弟子进问曰：“昔夫子当行，使弟子持雨具，已而果雨。弟子问曰：‘夫子何以知之？’夫子曰：‘《诗》不云乎？“月离乎毕，俾滂沱矣。”昨暮月不宿毕乎？’他日，月宿毕，竟不雨。商瞿年长无子，其母为取室。孔子使之齐，瞿母请之。孔子曰：‘无忧，瞿年四十后当有五丈夫子。’已而果然。敢问夫子何以知此？”有若默然无以应。弟子起曰：“有子避之，此非子之座也！”①

据此分析，孔子刚去世时，弟子因思慕其师，以有若“状似孔子”（又说以有子之言似孔子），不顾曾子的反对，“相与共立为师”；后来实践证明其学识浅薄，不能应对弟子之问，故被废黜师位。由此可推知：

① 《史记》，中华书局1959年版，第2216页。

《论语》初成之时，当在孔子去世不久，有子地位非同一般，故《学而》篇载有子言论最多；其后以不孚众望，既离师座，在曾子门人编定《论语》时，《子张》篇即不复载录有子之言矣。

3. 曾子之言集中于《泰伯》篇，是曾子临终前的遗言；其他篇所载曾子之言，有紧承孔子而言者，似是有意为之。如《颜渊》："子贡问友。子曰：'忠告而善道之，不可则止，毋自辱焉。'"接着就有曾子曰："君子以文会友，以友辅仁。"《宪问》："子曰：'不在其位，不谋其政。'"紧承其后，就有"曾子曰：'君子思不出其位。'"朱熹《四书集注》："此《艮卦》之象辞也。曾子盖尝称之，记者因上章之语而类记之也。"但我更倾向于是曾子的门弟子有意强调学统、提升其师的地位所为。

4.《子张》篇各章记录孔子去世后弟子之言论行事，内涵颇丰。

一是孔子之学博大精深，因材施教，门弟子各得一端，不能遍观尽识，故孔子去世后，弟子间异说渐呈，门户已开。如记载子张与子夏论交之辩："子夏之门人问交于子张。子张曰：'子夏云何？'对曰：'子夏曰："可者与之，其不可者拒之。"'子张曰：'异乎吾所闻：君子尊贤而容众，嘉善而矜不能。我之大贤与，于人何所不容？我之不贤与，人将拒我，如之何其拒人也？'"又如子游与子夏为学本末之争："子游曰：'子夏之门人小子，当洒扫、应对、进退，则可矣。抑末也，本之则无。如之何？'子夏闻之曰：'噫！言游过矣！君子之道，孰先传焉？孰后倦焉？譬诸草木，区以别矣。君子之道，焉可诬也？有始有卒者，其惟圣人乎！'"再如子游、曾子对子张佞而少仁之责："子游曰：'吾友张也，为难能也。然而未仁。'""曾子曰：'堂堂乎张也，难与并为仁矣。'"这说明孔子逝世不久，弟子分门别户已肇其端。此后诸弟子之门人，各私其师，自尊师说，而讥讽他人。故《韩非·显学篇》："自孔子之死也，有子张之儒，有子思之儒，有颜氏之儒，有孟氏之儒，有漆雕氏之儒，有仲良氏之儒，有孙氏之儒，有乐正氏之儒……儒分为八。"①

二是除子贡从政外，其他五人都致力于教学授徒，各人的专业特点已露端倪。如曾子治孝道："曾子曰：'吾闻诸夫子：人未有自致者也，必也亲丧乎！'""曾子曰：'吾闻诸夫子：孟庄子之孝也，其他可能也；其不改父之臣与父之政，是难能也。'""孟氏使阳肤为士师，问于曾子。曾

① 《百子全书》，浙江古籍出版社 1998 年版，第 538 页。

子曰：‘上失其道，民散久矣。如得其情，则哀矜而勿喜。’”子夏攻文献：“子夏曰：‘虽小道，必有可观者焉；致远恐泥，是以君子不为也。’”“子夏曰：‘日知其所亡，月无忘其所能，可谓好学也已矣。’”“子夏曰：‘博学而笃志，切问而近思，仁在其中矣。’”“子夏曰：‘百工居肆以成其事，君子学以致其道。’”子张好义理：“子张曰：‘士见危致命，见得思义，祭思敬，丧思哀，其可已矣。’”“子张曰：‘执德不弘，信道不笃，焉能为有？焉能为亡？’”

三是子贡之言分量最重，意义非常：（1）称颂孔子博学多能，学无常师：“卫公孙朝问于子贡曰：‘仲尼焉学？’子贡曰：‘文武之道，未坠于地，在人。贤者识其大者，不贤者识其小者。莫不有文武之道焉。夫子焉不学？而亦何常师之有？’”（2）替孔子辩诬正名：“叔孙武叔语大夫于朝曰：‘子贡贤于仲尼。’子服景伯以告子贡。子贡曰：‘譬之宫墙，赐之墙也及肩，窥见室家之好；夫子之墙数仞，不得其门而入，不见宗庙之美，百官之富。得其门者或寡矣！夫子之云，不亦宜乎！’”（3）摒除对孔子的攻讦诬蔑：“叔孙武叔毁仲尼。子贡曰：‘无以为也！仲尼不可毁也。他人之贤者，丘陵也，犹可逾也；仲尼，日月也，无得而逾焉。人虽欲自绝，其何伤于日月乎？多见其不知量也！’”（4）祛疑解惑：“陈子禽谓子贡曰：‘子为恭也，仲尼岂贤于子乎？’子贡曰：‘君子一言以为知，一言以为不知，言不可不慎也！夫子之不可及也，犹天之不可阶而升也。夫子之得邦家者，所谓立之斯立，道之斯行，绥之斯来，动之斯和。其生也荣，其死也哀，如之何其可及也？’”对来自外部权贵的攻击和来自内部弟子的质疑，做出及时的回应，集中为孔子辩诬、正名、讼德、歌功，极尽追捧之能事，有力地捍护和提升了孔子的声名和威望。

5.《论语》弟子言论及接闻夫子之言的统计分析

弟子之言	师徒接问之言	累计
子贡　9	25	34
子路	29	29
子夏　11	5	16
曾子　12	1	13
子张　3	8	11
子游　4	3	7
颜渊　1	5	6
樊迟	5	5

续表

弟子之言	师徒接问之言	累计
有子　4		4
仲弓	3	3
原宪	3	3
司马牛	2	2
公西华	2	2
冉有	2	2
宰我	2	2
闵子骞　2		2
伯鱼	2	2
曾皙	1	1
漆雕开	1	1
巫马期	1	1
颜路	1	1
季子然	1	1
南宫适	1	1
子牢	1	1

《论语》载录孔子与时人、弟子言论及弟子接闻于孔子的言论。书中所涉弟子均为及门弟子，略分“先进”与“后进”两辈。先辈弟子主要是孔子去鲁前后受教从学者，大体以小孔子三十多岁以下者为主；后辈弟子则多为孔子返鲁后受学者，大体以小孔子三十多岁以上者为主。收录弟子言论最多的是子贡，计 34 章；其次是子路，计 29 章，第三是子夏，计 16 章；第四是曾子，计 13 章；第五是子张，计 11 章；第六是子游，计 7 章。子贡、子路为前辈弟子，子夏、子游、曾子、子张为后辈弟子。是时子路已死，其余五人中，子贡年纪最大（少孔子 31 岁），其次是子夏（少孔子 44 岁），再次是子游（少孔子 45 岁），最小是曾子（少孔子 46 岁）和子张（少孔子 48 岁）①。据此可以推断，此五人者，乃治理孔子丧事之中坚，故载其言论行事亦多于他人。子贡年辈最高，与孔子过从最密，闻见最多，情谊亦最深。其余四人年龄相若，秉性各异，意气亦盛，议论亦多相左。

① 钱穆:《先秦诸子系年·孔子弟子通考》，第 81—86 页。

四 《论语》的编纂和成书

孔子晚年，已感弟子离散，交游零落，知我者稀："从我于陈蔡者，皆不及门。"（《先进》）鲁哀公十二年（前483），孔子的儿子伯鱼年50而死。老年丧子，人之大不幸，孔子之悲可知。翌年，爱徒颜渊英年早逝（前521—前481）。颜渊视孔子如父，志同道合，情深义重。孔子失去学术传人，无限悲恸。《先进》篇有五章专录此事：

> 季康子问："弟子孰为好学？"孔子对曰："有颜回者好学，不幸短命死矣！今也则亡。"
>
> 颜渊死，颜路请子之车以为之椁。子曰："才不才，亦各言其子也。鲤也死，有棺而无椁，吾不徒行以为之椁。以吾从大夫之后，不可徒行也。"
>
> 颜渊死。子曰："噫！天丧予！天丧予！"
>
> 颜渊死，子哭之恸。从者曰："子恸矣！"曰："有恸乎！非夫人之为恸而谁为！"
>
> 颜渊死，门人欲厚葬之，子曰："不可。"门人厚葬之。子曰："回也视予犹父也，予不得视犹子也。非我也，夫二三子也。"

鲁哀公十四年春，狩大野，叔孙氏车子钽商获麟兽，以为不祥。孔子看后，知道是乱世不该出现的瑞兽，于是叹道："河不出图，雒不出书，吾已矣夫！"皇天不佑，己道不行，理想破灭，孔子的精神已颓。翌年，曾经的忠实卫士子路（前542—前480）被害于卫。在接二连三的悲痛打击下，年已72岁的孔子终于病倒了。《史记·孔子世家》：

> 明岁（前480年），子路死于卫。孔子病，子贡请见。孔子方负杖逍遥于门，曰："赐，汝来何其晚也？"孔子因叹，歌曰："太山坏乎！梁柱摧乎！哲人萎乎！"因以泣下。谓子贡曰："天下无道久矣，莫能宗予。夏人殡于东阶，周人于西阶，殷人两柱间。昨暮予梦坐奠两柱之间，予始殷人也。"后七日卒。——孔子葬于鲁城北泗上，弟

子皆服三年。三年心丧毕，相诀而去，则哭，各复尽哀；或复留。唯子贡庐于冢上，凡六年，然后去。弟子及鲁人往从冢而家居者百有馀室，因命曰孔里。

由《史记》的载录可知：一是及门弟子中，子贡最先获知孔子病重，赶来探视。二是子贡接受孔子遗嘱，负责办理孔子后事。《礼记·檀弓》："孔子之丧，门人疑所服。子贡曰：'昔者夫子之丧颜渊，若丧子而无服，丧子路亦然，请丧夫子若丧父而无服。'"众弟子接受子贡的意见，心丧三年而无服。三是子贡在三年丧后，又单独筑庐守丧三年。四是弟子居丧之地为孔里。此后，弟子风流云散，各奔前程。《史记·儒林列传》："自孔子卒后，七十子之徒散游诸侯，大者为师傅卿相，小者友交士大夫，或隐而不见。"由此可见，前人言《论语》为"门人相与辑而论撰"也好，"弟子共纪孔子言行"也罢，还是"子夏六十四人共撰仲尼微言"，或"仲弓之徒相与追论夫子之言"，只有在为孔子居丧期间才具备时空条件和可操作性。这次居丧，是孔门弟子空前绝后的大集结，也是孔子去世后唯一一次大会聚。先进、后进的弟子及再传弟子，从四面八方赶来赴丧，相聚一堂，共同追忆先师的前言往行，道德学问，以寄哀思。来去有先后，言语有多寡，门人并皆记录，故不嫌长短，不避重复。在追忆先师的言论行事的同时，为了永久的纪念，也为了统一师说，光大师门，弘扬师道，他们遵从先师教言，以"事死如事生，事亡如事存"、"善继人之志，善述人之事"为至孝①，编纂纪念文集，就成为顺理成章的事情了。陆德明《经典释文·叙录》说："夫子既终，微言已绝。弟子恐离居以后，各生意见，而圣言永灭，故相与论撰。因辑时贤及古明王之语，合成一法，谓之《论语》。"这是符合历史事实的。事实上，孔子去世后，弟子流散四方，分门别户，再无"相与论撰"之可能了。

《论语》除《子张》篇独载孔子去世后及门弟子的言论行事，其他19篇皆记孔子生前之言行，因此可断定，《论语》初编成于孔子三年丧期当无疑义。至于《泰伯》篇载录的五章曾子之语：

曾子有疾，召门弟子曰："启予足！启予手！《诗》云：'战战兢

---

① 朱熹：《四书集注·中庸章句》，第26页。

兢，如临深渊，如履薄冰。’而今而后，吾知免夫！小子！”

曾子有疾，孟敬子问之。曾子言曰：“鸟之将死，其鸣也哀；人之将死，其言也善。君子所贵乎道者三：动容貌，斯远暴慢矣；正颜色，斯近信矣；出辞气，斯远鄙倍矣。笾豆之事，则有司存。”

曾子曰：“以能问于不能，以多问于寡，有若无，实若虚，犯而不校，昔者吾友尝从事于斯矣。”

曾子曰：“可以托六尺之孤，可以寄百里之命，临大节而不可夺也，君子人与？君子人也。”

曾子曰：“士不可以不弘毅，任重而道远。仁以为己任，不亦重乎？死而后已，不亦远乎？”

显系曾子临终遗言或怀旧之语，是其弟子于曾子死后增补的。我们从《里仁》篇可以窥见此一玄机：“子曰：‘参乎！吾道一以贯之。’曾子曰：‘唯。’子出。门人问曰：‘何谓也？’曾子曰：‘夫子之道，忠恕而已矣。’”此章记录孔子生前与曾参的对话，门弟子不可能尊称曾参为“曾子”；孔子治丧期间所撰的《论语》初编也不可能有此称谓；只有在孔子逝世、曾子独立门户后，其弟子方可以“子”称师；也只有在这时候，其弟子在《论语》初编里植入曾子临终言论、并统一了全书曾参的称谓才成为可能。

五 《论语》的编纂者

前人言《论语》之编纂者，均为概数或约数，不足为凭。我以为，编纂纪念文集事体重大，必有主其事者。此人当为：（1）从学多年的及门弟子；（2）才能过人，世事洞明，人情练达，足以服众；（3）与孔子过从甚密，情深义重；（4）服膺孔子，尊师重道，追捧其师，不遗余力；（5）具有聚众出书的物质条件。在亲与其事的弟子中，我认为，唯子贡堪当此任。

子贡名称端木赐（前520—前450），字子贡。卫国人。小孔子31岁，而小颜回1岁。观孔子与回孰愈之问，可见两人才质在孔门中相伯仲：“子谓子贡曰：‘女与回也，孰愈？’对曰：‘赐也，何敢望回？回也，闻一以知十；赐也，闻一以知二。’子曰：‘弗如也。吾与女弗如也。’”（《公冶长》）孔子去鲁之卫，子贡年二十四，始从游于孔子。其后孔子困于陈蔡间，颜渊、子贡、子路从。及孔子返鲁，而子贡去卫仕鲁。自鲁哀公七年至十六年夏孔子卒，子贡仕鲁已九年。孔子卒，子贡庐墓六年而去，当在哀公二十一年。其后遂归卫。孔子卒时，子贡时年四十二，孔门高弟长于子贡而尚在者，唯高柴、冉有，皆以居官不在庐墓之列。居丧弟子中以子贡之年最长，又亲受恩师遗命主治丧事，故弟子三年之丧“若丧父而无服”，皆依子贡之见而定；三年治任离去时，复入揖于子贡。盖子贡以年辈、威望，既主丧事，亦当主倡《论语》编纂之事宜，当是情理中所有事。

（一）子贡其人其才

1. “赐也敏”，机敏好学，告往而知来，是庙堂之才。

子贡敏而好学，举一反三，触类旁通：“子贡曰：‘贫而无谄，富而无骄，何如？’子曰：‘可也。未若贫而乐，富而好礼者也。’子贡曰：‘《诗云》“如切如磋，如琢如磨”，其斯之谓与？’子曰：‘赐也，始可与言《诗》已矣，告诸往而知来者。’”（《学而》）虽然颖悟略逊于颜回，但机敏过之，善于察言观色，巧言应对。《卫灵公》：“子曰：‘赐也，女以予为多学而识之者与？’对曰：‘然。非与？’曰：‘非也！予一以贯之。’”又：“子贡问曰：‘有一言而可以终身行之者乎？’子曰：‘其恕乎！己所不欲，勿施于人。’”子贡具有经世之略，是庙堂之才。《公冶长》：“子贡问曰：‘赐也何如？’子曰：‘女，器也。’曰：‘何器也？’曰：‘瑚琏也。’”瑚琏是古代宗庙祭祀用的贵重的器具。《左传·成公十三年》：“国之大事，唯祀与戎。”孔子嘉许子贡为祭祀用器，乃国家栋梁之才。然而子贡虽机敏过人，但不能守诎。《孔子家语·六本》：

> 子夏问于孔子曰：“颜回之为人奚若？”子曰：“回之信贤于丘。”曰：“子贡之为人奚若？”子曰：“赐之敏贤于丘。”曰：“子路之为人奚若？”子曰：“由之勇贤于丘。”曰：“子张之为人奚若？”子曰：“师之庄贤于丘。”子夏避而问曰：“然则四子何为事先生？”子曰：“居，吾语女。夫回能信而不能反，赐能敏而不能诎，由能勇而不能怯，师能庄而不能同。兼四子者之有以易，吾弗与也。此其所以事吾

而弗贰也。"①

2. "赐也达"，知类通达，洞察世事。《雍也》："季康子问：'仲由可使从政也与？'子曰：'由也果，于从政乎何有？'曰：'赐也可使政也与？'曰：'赐也达，于从政乎何有？'曰：'求也可使从政也与？'曰：'求也艺，于从政乎何有？'"《孔子家语·致思》：

孔子北游于农山，子路、子贡、颜渊侍侧。孔子四望，喟然而叹曰："于斯致思，无所不至矣。二三子各言尔志，吾将择焉。"子路进曰："由愿得白羽若月，赤羽若日，钟鼓之音，上震于天，旌旗缤纷，下蟠于地，由当一队而敌之，必也攘地千里，搴旗执馘，唯由能之。使二子者从我焉。"夫子曰："勇哉！"子贡复进曰："赐愿使齐楚合战于漭瀁之野，两垒本望，尘埃相接，挺刃交兵，赐著缟衣白冠，陈说其间，推论利害，释二国之患，唯赐能之。使二子者从我焉。"夫子曰："辩哉！"颜回退而不对。孔子曰："回来。汝奚独无愿乎？"颜回对曰："文武之事，则二子者既言之矣，回何云焉？"孔子曰："虽然，各言尔志也。小子言之。"对曰："回闻薰莸不同器而藏，尧桀不共国而治，以其类异也。回愿明王圣主辅相之，敷其五教，导之以礼乐，使民城郭不修，沟池不越，铸剑戟以为农器，放牛马于源薮，室家无离旷之思，千岁无战斗之患，则由无所施其勇，而赐无所施其辩矣。"夫子凛然曰："美哉，德也！"子路抗手而问曰："夫子何选焉？"孔子曰："不伤财，不害民，不繁词，则颜氏之子有矣。"②

3. 赐也"方人"，品鉴人物，激扬清浊。《宪问》："子贡方人。子曰：'赐也，贤乎哉？夫我则不暇！'"《先进》："子贡问：'师与商也孰贤？'子曰：'师也过，商也不及。'曰：'然则师愈与？'子曰：'过犹不及。'"《孔子家语·弟子行》载：

① 《百子全书》，第11页。

② 《百子全书》，第4页。

卫将军文子问于子贡曰："吾闻孔子之施教也，先之以《诗》《书》，而导之以孝悌，说之以仁义，观之以礼乐，然后成之以文德。盖入室升堂者七十有余人。其孰为贤?"子贡对以不知。文子曰："以吾子常与学贤者也，何为不知?"子贡对曰："贤人无妄，知贤即难，故君子之言曰知莫难于知人。是以难对也。"文子曰："若夫知贤莫不难，今吾子亲游焉，是以敢问。"子贡曰："夫子之门人，盖有三千就焉，赐有逮及焉，未逮及焉，故不得徧知以告也。"文子曰："吾子所及者，请问其行。"子贡对曰："夫能夙兴夜寐，讽诗崇礼，行不贰过，称言不苟，是颜回之行也。孔子说之以诗曰：'媚兹一人，应侯顺德，永言孝思，孝思惟则。'若逢有德之君，世受显命，不失厥名，以御于天子，则王者之相也。……不畏强御，不侮于寡，其言循性，其都以富，材任治戎，是仲由之行也。孔子和之以文，说之以诗曰：'受小拱大拱，而为下国骏庬。'荷天子之龙，不戁不悚，敷奏其勇，强乎武哉!"①

4. "赐不受命，而货殖焉"。《先进》："子曰：'回也其庶乎，屡空。赐不受命，而货殖焉；亿则屡中。'"颜渊崇信师命，守道不渝，"得一善则拳拳服膺而弗失之矣"②，但家徒四壁，箪食瓢饮，生活贫困。子贡能独立思考，审时度势，通权达变。如对商纣王的评价就曾提出质疑："纣之不善，不如是之甚也。是以君子恶居下流，天下之恶皆归焉。"（《子张》）他不完全听信师言，一般孔门弟子，走的是"仕而优则学，学而优则仕"的路子，子贡则另辟蹊径，走的是"学而优则商，商而优则仕"的路子。他追随孔子，自卫至鲁，读书之余，货殖经商，预测商机，精准无误，很快发家致富。《史记·货殖列传》："子赣既学于仲尼，退而仕于卫，废著鬻财于曹鲁之间。七十子之徒，赐最为饶益。"③ 但有重物轻礼、以身发财的倾向。孔子在世时已有讽谕："子贡欲去告朔之饩羊。子曰：'赐也！尔爱其羊，我爱其礼。'"（《八佾》）颜渊也曾告诫他："吾闻诸夫子，身不用礼，而望礼于人，身不用德，而望德于人，乱也。夫子之

---

① 《百子全书》，第7页。

② 朱熹：《四书集注·中庸章句》，第20页。

③ 《史记》，第3258页。

言，不可不思焉。”① 但子贡特立独行：“我不欲人之加诸我也，吾亦欲无加诸人。”（《公冶长》）按照孔子的忠恕之道，君子应当以财发身，富而好礼，不但应做到“己所不欲，勿施于人”，推己及人，而且能“己欲立而立人，己欲达而达人”，由己及物。这才可以称得上是仁义行的君子。子贡最多只能“恕”而不能“忠”，所以孔子说：“赐也，非尔所及也。”

5. 赐也“侃侃如也”。善于辞令，出使专对，不辱君命。春秋时期有赋《诗》言志的风气，引用《诗》句传情达意，完成外交使命。故孔子以《诗》教学，“不学《诗》，无以言”（《季氏》）；“诵《诗》三百，授之以政，不达；使于四方，不能专对，虽多，亦奚以为？”（《子路》）子贡《诗》学成绩出色，能告往知来，复以利口能辩列为言语之冠，外交能力杰出。《孔子家语·屈节解》载，鲁国危难之时，孔子派子贡出使他国，以救父母之邦。不料“子贡一出，存鲁，乱齐，破吴，强晋而霸越。子贡一使，使势相破，十年之中，五国各有变”。故孔子说：“夫其乱齐存鲁，吾之初愿。若强晋以敝吴，使吴亡而越霸者，赐之说也。美言伤信，慎言哉！”“美言伤信”，说明子贡之外交，稍逊诚信，已开战国纵横家游说之先。

子贡以口才著称，有时难免言过其实，孔子亦每诎其辩，并预见自己死后，子贡的道艺将日益衰減。《孔子家语·六本》载：

> 孔子曰：“吾死之后，则商也日益，赐也日损。”曾子曰：“何谓也？”子曰：“商也好与贤己者处，赐也悦不若己者处。不知其子视其父，不知其人识其友，不知其君视其所使，不知其地视其草木。故曰与善人居，如入芝兰之室，久而不闻其香，即与之化矣。与不善人居，如入鲍鱼之肆，久而不闻其臭，亦与之化矣。丹之所藏者赤，漆之所藏者黑，是以君子必慎其所与处者焉。”②

又据《孔子家语·七十二弟子》载：

> （子贡）家富累金，常结驷连骑以造原宪。宪居蒿庐蓬户之中，

---

① 《百子全书》，第23页。

② 《百子全书》，第11页。

与之言先王之义。原宪衣弊衣冠，并日蔬食，衎然有自得之志。子贡曰："甚矣，子之病也！"原宪曰："吾闻无财者谓之贫，学道不能行者谓之病。吾贫也，非病也。"子贡惭，终身耻其言之过。①

《史记·仲尼弟子列传》亦有类似的记载。

（二）子贡与孔子

子贡从师受学于孔子居卫期间，以其聪明好学、察言观色、机敏应变、出色的办事能力，深得孔子喜爱。孔子的爱徒中，师生相得，情同父子者，唯颜渊、子贡两人耳。两人年相若，智相若，于乃师情相若，而命运则大相径庭。孔子最中意颜渊，称赞颜渊不遗余力，是因为师徒志同道合："用之则行，舍之则藏，惟我与尔有是夫！"（《述而》）颜渊尊师重道，服膺孔子，循规蹈矩，惟命是从：颜渊喟然叹曰："仰之弥高，钻之弥坚，瞻之在前，忽焉在后。夫子循循然善诱人：博我以文，约我以礼，欲罢不能。既竭吾才，如有所立卓尔。虽欲从之，末由也已！"（《子罕》）《论语》记录颜渊的言论远少于子贡，除了他短命早死，主要因为他"闻一以知十"，于师言"无所不悦"而又"不违如愚"，很少发问。子贡不同，既敏而好学，又不耻下问，所以《论语》载录他的言论最多。孔子有许多私密话，只对子贡说。比如孔子谆谆教导弟子要做"人不知而不愠"的君子，但他自己却怀才不遇，感慨英雄无用武之时："子曰：'莫我知也夫！'子贡曰：'何为其莫知子也？'子曰：'不怨天，不尤人，下学而上达。知我者，其天乎！'"（《宪问》）子贡深知孔子的抱负，所以他巧妙地设问道："有美玉于斯，韫椟而藏诸？求善贾而沽诸？"孔子果然回答说："沽之哉！沽之哉！我待贾者也！"（《子罕》）他也深知孔子的道德操守，当孔子说"君子道者三，我无能焉：仁者不忧，知者不惑，勇者不惧"时，子贡立即揭秘说："夫子自道也。"（《宪问》）孔子有时候心情郁闷，发发牢骚，也是对子贡说的："子曰：'予欲无言。'子贡曰：'子如不言，则小子何述焉？'子曰：'天何言哉？四时行焉，百物生焉；天何言哉？'"（《阳货》）师生间的互动交谈，也以子贡为深刻："子贡曰：'君子亦有恶乎？'子曰：'有恶。恶称人之恶者，恶居下流而讪上

---

① 《百子全书》，第29页。

者，恶勇而无礼者，恶果敢而窒者。’曰：‘赐也亦有恶乎？’‘恶徼以为知者，恶不孙以为勇者，恶讦以为直者。’”（《阳货》）

子贡对孔子知之既深，爱之愈甚。孔子生前，子贡极尽追捧之能事。《论语》载子贡首次言论即是称颂其师的：“子禽问于子贡曰：‘夫子至于是邦也，必闻其政，求之与？抑与之与？’子贡曰：‘夫子温、良、恭、俭、让以得之。夫子之求之也，其诸异乎人之求之与？’”（《学而》）在外交场合，当吴国的大宰问道：“夫子圣者与？何其多能也？”子贡立刻回答：“固天纵之将圣，又多能也。”（《子罕》）《孟子·公孙丑上》载：“昔者子贡问于孔子曰：‘夫子圣矣乎？’孔子曰：‘圣则吾不能，我学不厌而教不倦也。’子贡曰：‘学不厌，智也；教不倦，仁也。仁且智，夫子既圣矣！’”

孔子死后，对于不明真相、不了解孔子甚或有意攻讦孔子的言论，子贡都予以坚决的回击，竭尽全力地维护师道尊严，宣传和扩大孔子及其学说。前举《子张》篇四章子贡的言论即是。又《孟子·公孙丑上》亦载子贡曰：“观其礼而知其政，闻其乐则知其德，自百世而下，等百世而王，未之能易。自生民以来，未有如夫子者也。”

子贡历仕鲁、卫之卿①，官高财富，寿终于齐。司马迁在《史记·货殖列传》叙中不无感慨地说：“子贡结驷连骑，束帛之币以聘享诸侯，所至，国君无不与之分庭抗礼。夫使孔子名布扬于天下者，子贡先后之也。此所谓得势而益彰者乎？”

由上分析，子贡既有资历、声望，也有能力，更有财力，主办丧事，倡议编纂纪念文集。他的这一倡议，顺乎人情，得乎人心，因此子夏、子游、曾子、子张们一致拥护，全力支持，《论语》初编得以成书。刘宝楠《论语正义》曰：“要之《论语》之作，不出一人，故语多重见。而编辑成书，则由仲弓、子游、子夏，首为商定。故传《论语》者，能知三人之名。郑君习闻其说，故于序标明之也。”② 刘氏揭示《论语》的编撰有“首为商定”者可谓慧眼，但强调仲弓、子游、子夏而忽略子贡、曾子，则是未得一间。

---

① 《史记·儒林列传》“子夏居于西河，子贡终于齐”，司马贞《索隐》“案：子夏为魏文侯师。子贡为齐、鲁聘吴、越，盖亦卿也。而宰予亦仕齐为卿。馀未闻也”，第 3116 页。

② 刘宝楠：《论语正义·附录·郑玄论语序逸文》，见《诸子集成》，第 431 页。

六 祛疑

自汉儒以仲弓、子夏之徒为《论语》的编撰者以来，后世多因袭其说，于子贡不置一词。其后学者更据仲弓、子夏列为孔子门德行、文学之冠，因而推论《论语》系此两科再传弟子所为作。此不得不加辨明。

1. 孔子以“四科教学”系后人误读，重道轻艺遂成传统。《先进》：“子曰：从我于陈、蔡者，皆不及门也。德行：颜渊、闵子骞、冉伯牛、仲弓；言语：宰我、子贡；政事：冉有、季路；文学：子游、子夏。”朱熹《四书集注》曰：“弟子因孔子之言，记此十人，而并目其所长，分为四科。”又引程子（颐）之言曰：“四科乃从夫子于陈、蔡者尔，门人之贤者固不止此。曾子传道而不与焉。故知十哲，世俗论也。”[①] 是宋人因袭汉唐“四科”之说，唯不限此十贤。马一浮先生说：“分科之说，何自而起？起于误解《论语》‘从我在陈’一章。记者举此十人，有德行、言语、政事、文学诸目，特就诸子才质所长言之，非谓孔门设此四科也。”[②] 马一浮先生在辨析四科之误时说：《论语》“言‘执礼’不及《乐》者，《礼》主于行，重在执守，行而乐之，即《乐》，以《礼》统《乐》也。言兴《诗》不及《书》者，《书》以道事，即指政事，《诗》通于政，以《诗》统《书》也。《易》为《礼》、《乐》之原，言《礼》、《乐》则《易》在其中。故曰，明则有礼乐，幽则有鬼神也。《春秋》为《诗》、《书》之用，言《诗》、《书》，则《春秋》在其中。故曰‘《诗》亡然后《春秋》作也。’”[③] 今按：马说甚是。《史记·孔子世家》叙：“孔子删《诗》、《书》，定《礼》、《乐》，晚而赞《易》、修《春秋》，及门之徒三千，身通六艺者七十有二人。”《汉书·艺文志》：“六艺之文：《乐》以和神，仁之表也；《诗》以正言，义之用也；《礼》以明体，明者著见，故无训也；《书》以广听，知之术也；《春秋》以断事，信之符也。五者，盖五常之道，相须而备，而《易》为之原。”又据《庄子·天运篇》载：

---

① 朱熹：《四书集注》，第 119 页。

② 马一浮：《复性书院讲录卷二》，《中国现代学术经典·马一浮卷》，河北教育出版社 1996 年版，第 139 页。

③ 同上书，第 43 页。

“孔子谓老聃曰：丘治《诗》、《书》、《礼》、《乐》、《易》、《春秋》六经，自以为久矣，孰知其故矣。”又《天下篇》：“《诗》以道志，《书》以道事，《礼》以道行，《乐》以道和，《易》以道阴阳，《春秋》以道名分。”湖北郭店出土竹简《六德》，篇中说：“观诸《诗》、《书》，则亦在矣；观诸《礼》、《乐》，则亦在矣；观诸《易》、《春秋》，则亦在矣。”六艺尽载先王之道，义理咸通，司马迁、班固所叙，盖统言孔门弟子所学，自是不误；马一浮先生所说，亦是精微独到。我以为，考诸孔子一生行事，早年当沿用周代大学之教，以《诗》、《书》、《礼》、《乐》四教为主，故《述而》说：“子所雅言，《诗》、《书》、执礼，皆雅言也。”又说：“兴于《诗》，立于《礼》，成于《乐》。”（《泰伯》）虽未明言《书》教、《乐》教，而《论语》答问已多涉及。如《为政》：“或谓孔子曰：‘子奚不为政？’子曰：‘《书》云：“孝乎惟孝，友于兄弟，施于有政。”是亦为政，奚其为为政？’”《宪问》：“子张曰：‘《书》云“高宗谅阴，三年不言。”何谓也？’子曰：‘何必高宗？古之人皆然。君薨，百官总己以听于冢宰三年。’”此是《书》教之事。《乐》教之事，《论语》载之甚多，此不备述。至于《春秋》、《易》二书之教，当是孔子晚年从教之事，故传《易》、《春秋》者仅子夏一人而已。

又《述而》：“子以四教：文，行，忠，信。”此就教学宗旨和培养目标而言。文为六艺之文，即子路所谓“何必读书，然后为学”之简帛之文。子夏、子游于文献最为娴熟，发明章句，始于子夏。行、忠、信属于道德。行是学道力行，得于道而践于行，礼、乐之旨归，所谓“立于礼，成于乐”。故颜渊问礼、问政，并为德行之冠，后世尊为复圣。忠、信是立身处世之本，《诗》、《书》所教，皆所以习语言，通政事，培养交际、从政能力。春秋时期有赋《诗》言志的风气，必须熟读《诗经》，方能从事外交宴飨活动。

孔子教学，“志于道，据于德，依于仁，游于艺”。（《述而》）学道进德是第一位的。孔子也自许：“文，莫吾犹人也，躬行君子，则未之有得。”（《述而》）所以《论语》中孔子对颜渊、仲弓备加推崇。但后儒据此分列四科之教，认为编撰《论语》者乃仲弓为首之德行科和子夏为首的文学科弟子所为，未免居于一隅。

2. 重道轻艺、重义轻利、重学轻商的思维惯性和偏见，抹杀了子贡的地位和作用。孔子崇尚仁义，“罕言利与命与性”（《子罕》），说是

“放于利而行，多怨”（《里仁》），故重义而轻利：“不义而富且贵，于我如浮云。”（《述而》）他教导弟子：“君子喻于义，小人喻于利。”（《里仁》）主张：“义以为质，礼以行之，孙以出之，信以成之。”要做“君子儒”：“君子谋道不谋食，耕也，馁在其中矣；学也，禄在其中矣。君子忧道不忧贫。”（《卫灵公》）孔门后进之弟子，尊崇师说，由重道而轻艺，重义而轻利，至于重学而轻商。他们的正途如子夏所说，是“仕而优则学，学而优则仕”，而孔门弟子中，唯子贡不用师命，走的是“学而优则商，商而优则仕”的路子。“道不同不相为谋”，子贡理所当然地被视为另类而受排斥。崔述《考信录》云：

> 《春秋传》多载子路、冉有、子贡之事，而子贡尤多，曾子、游、夏皆无闻焉。《戴记》则多记孔子没后曾子、游、夏之言，而冉有、子贡罕所论著。盖圣门中子路最长，闵子、仲弓、冉有、子贡则其年若相班者。孔子在时，既为日月之明所掩，孔子没后，为时亦未必甚久。而子贡当孔子世，已显名于诸侯，仕宦之日既多，讲学之日必少，是以不为后学所宗耳。若游、夏、子张、曾子，则视诸子为后起，事孔子之日短，教学者之日长，是以名言绪论，多见于孔子没后也。①

崔氏所言，可谓一语破的。子贡之不见称于学林，良有以也。

又钱穆《先秦诸子系年·孔子弟子通考》：

> 余考孔门弟子，盖有前后辈之别。前辈者，问学于孔子去鲁之先，后辈则从游于孔子返鲁之后。如子路，冉有，宰我，子贡，颜渊，闵子骞，冉伯牛，仲弓，原宪，子羔，公西华，则孔门之前辈也。游，夏，子张，曾子，有若，樊迟，漆雕开，澹台灭明，则孔门之后辈也。虽同列孔子之门，而前后风尚，已有不同。由，求，予，赐志在从政，游，夏，有，曾乃攻文学，前辈则致力于事功，后辈则研精于礼乐。此其不同一也。……孔门四科，此惟文学一科属后进，馀则皆先进。……大抵先进浑厚，后进则有棱角。先进朴实，后进则

---

① 崔述：《考信录》。

务声华。先进极之为具体而微，后进则别立宗派。先进之淡于仕进者，蕴而为德行。后进之不博文学者，矫而为玮奇。此又孔门弟子前后辈之不同，而可以观世风之转变，学术之迁移者也。”①

孔门之先进弟子从学于孔子去鲁之先，跟从孔子周游列国，志于拨乱反正之用世之学，多致力于事功；后进弟子从学于孔子返鲁之后，孔子已知“吾道已矣”，专力于教学授徒，故弟子多精研学问。世事变迁，风气转移，故子贡不为后学所宗，亦使后人无视于子贡在主倡、编撰《论语》中的作用。钱氏所论甚有理据，唯“孔门四科”之分，于孔子教学不符。

3. 儒者经邦治国的用世情结，障蔽了《论语》成书的真相。孔子时代，周代礼乐尚未完全崩坏，“非天子不议礼，不制度，不考文”，大体维持着“车同轨，书同文，行同伦”的局面。但是天下大乱已势不可免，故“虽有其位，苟无其德，不敢作礼乐焉；虽有其德，苟无其位，亦不敢作礼乐焉”②。儒家之徒认为孔子生不逢时，是“虽有其德而无其位”、未能被天子推荐而主政的“素王”，而且孔子以布衣称名天下，为后世所宗，“自天子、王侯，中国言《六艺》者折中于夫子，可谓至圣矣”。③更是激发了读书人相时而动、建功立业的政治热情，寄托了经世致用的人文情怀。仲弓与颜渊并为德行之最，孔子称“回之为人也，择乎中庸，得一善则拳拳服膺而弗失之矣”，谓仲弓“雍也可使南面”（《雍也》），彼二人正被视为孔学正传，故为后学所宗。两汉经学，古文经学视孔子为圣人，今文经学尊孔子为素王，其尊孔重道是一致的。这样一来，在经学占统治地位的两千多年中，仲弓、子夏等被视为《论语》的编撰者，子贡反被湮没于历史的迷雾中不为后世所知便是十分自然的了。悲夫！

七　结语

《论语》为孔门弟子相与追忆其师所作，系回忆性的纪念文集。孔子

---

① 钱穆：《先秦诸子系年·孔子弟子通考》，第94—95页。

② 朱熹：《四书集注》，第34页。

③ 《史记·孔子世家》，第1947页。

逝世后，众弟子从四面八方云集阙里居丧，是孔门弟子的空前绝后的大聚会，具备追忆其师的天时、地利、人和的条件，其后绝无此机遇。子贡以其资历、声望、才智、财力、与夫师弟情谊，并受孔子遗命，操办丧事，倡议编纂纪念文集，统一师说，光大师门，自是情理中事，《论语》初编成于此时，顺理成章。孔门弟子传输师说，主要是记述于心口和笔书于简帛，故众人追忆之言语文字，容或长短不一，间有不同，并不避重复。三年心丧毕，同门离散，分处诸侯之国，各以其所能授弟子，其中曾子、子夏最为名世，而《论语》终编，出于曾子门人之手。子贡独居丧六年，自鲁返卫，官高财富，聘享诸侯，与国君分庭抗礼；因其从政经商，疏离学林，故不为同门所重；但以其权位财势，“使孔子名布扬于天下者，子贡先后之也”。故子贡在捍卫孔子、弘扬孔学、编纂《论语》等方面，居功至伟。此今人不可不知也。

“马克思”加“孔子”：进步及其局限
——关于中国现代思想文化和理论的思考

张曙光
北京师范大学

改革开放以来的中国大陆，“马克思”充当了新的意识形态最无可争议的符号，“毛思想”、“邓三科”（邓小平理论、三个代表、科学发展观），都可以视为“马克思主义中国化”的不同阶段的产物。在此期间，孔子及其儒学越来越引起民间和官方的重视，孔子重新成为中国文化的象征和让世界了解中国的名片。在大陆，马克思与孔夫子的共处或“联盟”，无疑是有进步意义的重大思想文化现象，它表明“现代”与“传统”、“激进”与“保守”等长期呈现的二元对立关系，已经发生某种程度的和解。但目前大陆的思想理论却存在着严重的混乱、空洞和滞后的问题；现有的思想资源并未得到充分的整合和重构，甚至许多重要的合理的思想资源，仍然为国家主导意识形态所拒斥，而许多早就被证伪的或似是而非的理论，却受着特殊的保护并被反复地宣传，严重地困扰着国人的思想和实践，影响着社会转型及相关战略和策略的制定与实施。能够卓有成效地引导中国社会发展的思想理论和文化观念系统，亟待确立。

本文先就马克思和孔子所代表的两种主张与学说及其各自在现代中国的命运，给予论述，以便为上述任务的实现作出必要的清理和铺垫。

一

马克思和孔子有着遥远的时代间隔和文化间隔。孔子出生于公元前552年，逝世于公元前479年，那是中国“礼崩乐坏”的春秋末期。马克思出生于1818年的德国，逝世于1883年的英国，一生主要生活在资本主义迅速发展的所谓“维多利亚女王时代”，这个时代也是阶级矛盾和由资本主义殖民活动导致的民族矛盾相当激烈的时期。正像许多近代西方学者一样，马克思是知道孔夫子的，但所知有限。他在 1842 年的一篇文章中提到的“中国人”是孔夫子，作为《易经》的阐释者；后来在《德意志意识形态》中转述法国空想社会主义者卡贝的话中有作为古代思想家的孔夫子，主张“财产共有的原则”。看来，马克思对“孔夫子”是有好感的，只不过这是经过西方启蒙文化解读和想象的孔夫子的形象。

马克思与孔夫子作为两种迥然不同的思想文化的代表和思想家的相遇，是在中国近现代史中。为了救国救民，对外打倒“帝国主义”，对内铲除“封建主义”，实现民族独立和社会改造，中国近代以来有一大批人接受了“马克思列宁主义”这一主张激进革命的现代社会和政治学说，在它的指导下，他们从事“新民主主义革命”并取得了胜利；随后又在它的旗帜下展开“社会主义革命”与建设。在这个历史阶段，孔孟儒学被视为落后甚至反动的“封建”意识形态受到越来越严厉的批判，马克思列宁主义则充当了与中国传统文化决裂、打倒孔孟之道的武器。到了“文化大革命”时期，“毛泽东思想”成为“活的”马克思列宁主义。

现在，中国共产党对“马克思列宁主义”的理解已发生了一定变化，并为孔子及儒学恢复了名誉，使之作为民族文化的代表。我们把“马克思”与“孔子”放在一起，旨在通过他们，理解中国近代以来的变化和当今这个社会转型期的思想文化的特点。

以我观察，当前大陆思想界存在着以下不同的理论见解和取向。

一是主要从事马克思主义研究的学者，原则上都主张批判地吸取古今中外一切合理的、有价值的思想文化资源，并反过来促进马克思主义自身的发展。但对于儒学的态度很不一致，其中既有认为儒学属于“封建”意识形态因而持否定态度的，也有主张将儒学的政治属性与文化和学术属性区分开来，有选择地继承的。还有一些过去反对儒学的人希望中国的马克思主义与中国传统文化联合起来，共同抵制西方的自由主义或新自由主义。

二是坚持自由主义理念的学者，或者与中国传统的思想文化特别是儒学开展对话，在“自由”与“仁爱”之间寻找结合点，对马克思主义则持批判态度，或者主张自由主义与马克思主义的联合，继续批判儒家代表的“威权意识”、“家族传统”。

三是以新儒家为代表的中国传统文化的研究者和教育者，或者直接与西方文化特别是自由主义对话，或者与马克思主义展开互动。

上述理论取向几乎都涉及马克思主义与儒学的关系，但其中的理论是非问题远未厘清，而这又与理论之外的问题相关。近几年，在大陆的某些学术会议上，常常出现这样的场面，当某些人声称马克思是我们的祖宗，不能丢时。另一些人就感觉蒙受了侮辱，说：中国人的祖宗是孔子，马克思怎么是中国人的祖宗？感情上的这一对立，倒是清楚地说明，孔子在今天的重新"走运"，是中华民族逐步高涨的民族认同、文化认同使然；它也在一定程度上反映了当代中国政治的特点，即不能不正面借助并充分利用民族文化传统资源，让其为建构"有中国特色的社会主义"提供支持。要实现这一目标，无论是推崇马克思抛弃孔子，还是肯定孔子丢掉马克思，似乎都不可能。但同时也导致了民族的文化认同与官方希望的政治认同之间的某种龃龉。

孔子是中国民间第一个教育家、思想家。西汉以来，孔子的思想更是支配了多数中国人，甚至塑造了中国人的意识和性格，比较能代表中国传统文化。在西方人的观念中，Confucius 就是中国的圣人，甚至作为中国人的代称；Confucianism 则是中国文化的核心内容。如果说在中国近代历史上，在五四新文化运动及其影响下，被历代统治阶级不断包装的孔孟儒学越来越明显地暴露出"缘饰"专制政治的意识形态性质，阻碍着中国社会的根本变革，并因而遭到中国人自己的激烈批判，那么，改革开放以来，随着中国经济的崛起和社会全面发展的需要，中国传统文化特别是儒学在许多国人眼里则呈现出超越时代的民族性和有益于"世道人心"的人文价值。

在社会大变革时期，的确需要"斗争性"、"革命性"强的思想学说，当社会进入和平发展时代，讲求"宽容"、"和谐"的观念及学说就会受到欢迎。中国的历史经验还特别提供了"打天下"与"坐天下"不同的道理，即"逆取而以顺守之"。① 贾谊在《过秦论》中检讨秦二世而亡的原因时亦说："仁义不施，攻守之势异也。"就此而言，无论是在春秋战国时期还是在近代以来的社会大变革时期，明显地具有保守性格，重视等级秩序、中庸之道的儒学被边缘化甚至饱受冲击，社会进入稳定发展时期则受到普遍的重视，这种遭遇自有其必然性与合理性。当然，中国近代以

① 司马迁：《史记 · 郦生陆贾列传》，中华书局 1959 年版，第 2699 页。

来的社会转型及其所面对的东西方两大文明的关系，当代中国所要建立的以市场经济为基础的公民社会，与中国传统社会有着巨大的、质的区别。所以，中国的思想界既要认真考虑前人所总结的经验的合理性，又不能停留在他们的认知水平上。

显然，中国新民主主义革命的成功和中华人民共和国的建立都不是靠孔孟儒家，而是靠马克思主义的指导——但这里的马克思主义是由中国革命者所理解和选择的马克思主义，与中国的革命实践相结合的，即中国化的马克思主义。"列宁主义"作为马克思主义发展的新阶段受到高度重视，"毛泽东思想"的形成和确立，表明了中国的一批革命者在接受马克思主义时的鲜明的主体性和选择性。

那么，在马克思主义中国化的过程中，孔子及其儒学是否起了作用呢？不仅起了作用，还是很大的作用——后面详论。此其一。其二，即使马克思主义在很大程度上中国化了，从而切实地发挥了指导中国革命的作用，它是否就为中国的民众建立起了精神家园？显然不是如此。我们知道，马克思主义是致力于"人类解放"的，而这个解放在马克思主义创始人看来不是思想活动，而是现实的历史活动，是由工业、商业、农业、交往状况促成的。所以，他们认定，对实践的唯物主义者即共产主义者来说，全部问题都在于使现存世界革命化，实际地反对并改变现存的事物。① 因而马克思主义首先是一种现代的社会批判和变革的理论，——用西方学者的话说，它是现代社会的"病理学"，而不是关于个人身心修养、道德教化和心灵慰藉的学问。

显然，马克思的理论虽然具有鲜明的西方思想文化特点，但服膺它的中国人并不是把它作为文化，而是作为哲学社会科学的"武器"来理解和使用的。马克思主义在现代中国所形成的思想和学术谱系，主要也是关于政治思想、社会科学的理论，其哲学也主要作为世界观方法论受到重视。它固然能够使投身"无产阶级革命"的人们在革命中实现其意志和价值，也给广大民众以精神上的引导和鼓舞。但是，中国人在日常生活中所寻求的人生意义，他们的情感和信仰诉求，毕竟要受制于在几千年间形成的深层的文化心理结构，有中国传统的特点，如重视人伦日用，讲究合乎情理，主张不偏不倚，热爱和平、追求和谐等。这也是早已被人们断定

① 参见《马克思恩格斯选集》第 1 卷，人民出版社 1995 年版，第 74—75 页。

进入“历史博物馆”的孔孟儒学，仍然与普通百姓的生活和精神世界发生着内在联系的原因，虽然他们未必都读过《论语》、《孟子》等儒家经典。

二

我们说，孔子在今天的时来运转，是当代中国社会发展的某种要求，同样，马克思主义在中国之所以产生巨大的影响，也是处于特定国际境遇中的中国社会的要求使然。通过苏俄，通过列宁的转换，马克思主义得到中国一批知识分子的高度认同，这一事实表明中国人所接受的马克思主义，是已经具有某种“东方”色彩或特点的马克思主义，马克思与孔夫子的“相遇”，也是在“马克思主义中国化”的过程中发生的。

历史表明，在最初传入中国的各种西方学说及其思想理念中，最能打动中国人的学说是揭示“物竞天择”、“适者生存”的达尔文的进化论。进化论似乎让我们明白了，中华民族在近代之所以落得四分五裂、任人宰割，是因为你衰败了，成了弱者甚至“病夫”；你要在这个弱肉强食的世界上生存下来，就要振作起来，成为强者。为了救亡图存而学习西方，就是学习民族和国家由弱变强的道理和方法。正如严复早在 1895 年根据斯宾塞的学说所提出的：“生民之大要三，而强弱存亡莫不视此：一曰血气体力之强，二曰聪明智虑之强，三曰德行仁义之强，是以西洋观化言治之家，莫不以民力、民智、民德三者断民种之高下，未有三者备而民生不优，亦未有三者备而国威不奋者也。”① 所以，中国的要务即在于“鼓民力、开民智、新民德”。反观只会讲“仁义道德”的儒学，则其陈旧、迂腐、软弱简直暴露无遗。

马克思的思想最初被介绍到中国来，也与这种进化论或进步论分不开。

汉语中的马克思和《共产党宣言》中的一些观点，最早见于 1899 年 3 月《万国公报》上刊登的英国学者基德所著《社会进化》一书的前三章，其由英国传教士李提摩太节译、蔡尔康撰文。从 19 世纪末到 1919 年

---

① 《严复集》第 1 册，中华书局 1986 年版，第 18 页。

"五四"运动，马克思和恩格斯的社会主义和唯物史观，主要经由日文的翻译和转译，除了日本学者，中国学者也发挥了很大作用。如很早就翻译过《共产党宣言》的马君武，他曾撰文比较社会主义与进化论，认为社会主义突出人们结合为社会与自然环境斗争。因而，社会主义与进化论可以统一起来，对进化论的逻辑已有一定的超越。

陈独秀1915年创刊《新青年》，在开篇的《敬告青年》中，他提出"新青年"之"六义"，即"自主的而非奴隶的，进步的而非保守的，进取的而非退隐的，世界的而非锁国的，实利的而非虚文的，科学的而非想象的"。他号召新青年除旧布新，"旧"的即中国传统文明，"新"的则是由欧美代表的"近代文明"，即欧洲启蒙运动以来的自由、平等、博爱观念和进步学说。在同一期的《法兰西人与近代文明》中，他极其热情地赞颂了法兰西人对近代文明的贡献，认为近代文明所以能够风靡世界，一新社会，全赖三大理论，一是人权说，二是进化论，三是社会主义。人权说重点讲法国的《人权宣言》对人的解放作用；进化论讲达尔文的"生存竞争"、"优胜劣汰"之格言，"昭垂于人类"，而达尔文的进化之说"本诸法兰西人拉马克"；社会主义则讲超越政治革命的社会革命，因为生存竞争，资本会导致新的不平等，这是近代文明的缺点，而谋社会革命之社会主义，则是"反对近世文明之欧罗巴最近文明"。其说始于法兰西革命时的巴贝夫（Babeuf），主张废弃所有权，行财产共有制，未为当世所重。"十九世纪之初，此主义复盛兴于法兰西。圣西孟（Saint－Simon）及傅里耶（Fonrier），其最著称者也。彼等所主张者，以国家或社会为财产所有主，人各从其才能以事事，各称其劳力以获报酬，排斥违背人道之私有权，而建设一新社会也。其后数十年，德意志之拉萨尔（Lassalle）及马克思（Karl Marx），承法人之师说，发挥而广大之。资本与劳力之争愈烈，社会革命之声愈高。欧洲社会，岌岌不可终日。财产私有制虽不克因之遽废，然各国之执政及富豪，恍然于贫富之度过差，绝非社会之福。于是谋资本、劳力之调和，保护工人，限制兼并，所谓社会政策是也。"① ——陈独秀已经认识到"社会主义"理念是对"进化论"的扬弃和超越。

"五四"运动前后，马克思主义、社会主义开始在中国知识界产生较

① 《青年杂志》第1卷第1号，1915年9月15日。

大影响，《新青年》以大篇幅宣传苏俄革命和马克思主义，如李大钊在《新青年》发表《Bolshevism 的胜利》并连载《我的马克思主义观》，该文重点论述了马克思的唯物史观、阶级竞争说和经济学思想。1920 年，陈望道全文翻译了《共产党宣言》。当时国际形势的变化有力地推动了中国自身的变革思潮的发展。

当时国际上的大事变，一是西方第一次世界大战，暴露了资本主义世界内部的冲突和问题，甚至一些西方人都感到西方文化在没落；加之中国作为战胜国却仍然被列强随意摆布、欺凌，不仅激起中国人强烈的义愤，也让中国人对西方文明的看法起了变化。再就是苏俄爆发了布尔什维克领导的“十月革命”。这个革命使原来作为列强之一的沙皇俄国，转变成“苏维埃社会主义国家”；苏维埃政权一成立，就宣布废除沙俄与中国签定的不平等条约。

中国近邻的这一变化，对中国的影响实在是太大了，它让那些为中国寻找出路，但感觉始终在黑暗中跋涉的仁人志士，突然看到了光明的前景。如屡受挫折的孙中山先生就受到很大鼓舞，他在 1918 年致列宁和苏维埃政府的信中说：“中国革命党对贵国革命党所进行的艰苦斗争表示十分钦佩，并愿中俄两党团结共同斗争。”后来又明确表示“法美共和国皆旧式的，今日唯俄国为新式的；吾人今日当造成一最新式的共和国”。[①]进一步发展了原来的“革命”思想和“三民主义”思想，提出了人们熟知的三大政策。那些完全接受了马克思列宁主义的人和一批年轻的知识分子，更是主张“彻底”的革命，不仅是结束帝制，搞资产阶级革命，还要到工厂、农村去，发动中国底层的民众搞社会主义革命。道理似乎显而易见：资本主义对于当时的中国来说固然是“先进”的制度，但它仍然是一种压迫性的制度，使中华民族陷入危亡之中，而社会主义才是废除剥削与压迫，使人人平等的制度，并且已经在中国的近邻出现，那么，无论是为了救亡，还是为了振兴，中国为何不效法苏俄，直接进行社会主义革命，毕其功于一役？在 20 世纪初，这一观点使许多知识分子成为社会主义的拥护者。

可见，当时的国际局势有力地将中国的思想潮流推向了“激进”的方向。这一政治上的激进，与中国反动势力的顽固和传统社会巨大的惰性

---

① 参见《孙中山选集》，人民出版社 1981 年版，第 507 页。

分不开，也与传统的大同理想和平均主义联系在一起，它既成为中国革命的强大动力，也导致了中国后来历史的严重吊诡。

——历史证明，中国后来所建立的“社会主义”制度，和苏联一样，是受到西方资本主义严重挑战的东方民族“自救”的形式，在逻辑上并不高于西方资本主义。而由于这种现实的社会主义不能不借助传统的国家集权形式并受到实际的经济与文化条件的制约，因而呈现出与西方资本主义国家错综复杂的关系。

一个基本的事实是，自汉武帝独尊儒术以来，在中国两千年的历史中，为王权政治所支持的经学化的儒学以正面的形象支配了中国的主流意识，形成了强大的思想文化传统。因而，为了铲除专制制度，使社会发生根本的变革，就必须选择一条从西方大力引进现代的思想文化和制度性因素，并与传统的思想文化特别是孔孟儒学决裂的道路。

从 1916 年起，《新青年》就开始大量刊登批孔孟之道的文章。有的温和，有的严厉，兹不详述。所不同者，陈独秀、李大钊等以马克思唯物史观对孔子进行批判，对孔子能够给予一定的历史分析。如陈独秀所言，“孔子不言神怪，是近于科学的。孔子的礼教，是反民主的。人们把不言神怪的孔子打入了冷宫，把建立礼教的孔子尊为万世师表，中国人活该倒霉”；又说，“孔子的礼教不废，人权民主自然不能不是犯上作乱的邪说，人权民主运动不高涨，束手束足意气消沉安分守己的奴才，哪会有万众一心反抗强邻的朝气？”①

陈独秀、李大钊等马克思主义者坚决反对孔子礼教，其一在于它的社会和时代性质。陈独秀说：孔子生长在封建时代，所提倡之道德，封建时代之道德也；所垂示之礼教，封建时代之礼教，封建时代之生活状态；所主张之政治，封建时代之政治。其范围不越少数君主贵族之权利与名誉，于多数国民之幸福无与焉。② 而社会要进化，不得不打破天经地义自古如斯的成见，创造新的观念。李大钊也依据唯物史观指出：“孔子的学说所以能支配中国人心有二千余年的原故，不是他的学说本身具有绝大的权威，永久不变的真理，配作中国人的‘万世师表’，因他是适应中国二千

① 转引自丁守和主编《中国近代启蒙思潮》下卷，社会科学文献出版社 1999 年版，第 137、139 页。

② 转引自王中江等选编《新青年》，中州古籍出版社 1999 年版，第 144 页。

余年来未曾变动的农业经济组织反映出来的产物，因他是中国大家族制度上的表层构造，因为经济上有它的基础。”又说，“现在经济上生了变动，他的学说，就根本动摇，因为他不能适应中国现代的生活，现代的社会”。[①] 其二，还在于中国政治的黑暗、反动及其对孔子的利用：“请看近数十年的历史，每逢民主运动失败一次，反动潮流便高涨一次；同时孔子便被人抬高一次。”[②]

这两个原因，特别是后面这种情况，导致大批进步学者坚持反对孔孟儒学。他们本来知道，五四运动所要打倒的“孔家店”，其实是被历代统治者筑起来的“圣庙”，虽有孔子及其弟子的牌位，却不复有先秦儒学的真精神。用鲁迅的话说，孔子死了以后，“种种的权势者便用种种的白粉给他来化妆，一直抬到吓人的高度”。然而时代不同了，现代那些继续把孔夫子当作“敲门砖”用的权势者“所以都明明白白地失败了。岂但自己失败而已呢，还带累孔子也更加陷入了悲境”。[③]为了把假孔子与真孔子区别开来，作为共产党创始人之一的张申府后来曾有“打倒孔家店，救出孔夫子”之主张。然而，在当时的情况下，孔子已被定格，社会上一般人心目中的孔子是孔子的各种脸谱，一心改变旧中国的热血青年，已把“孔子”视为旧思想、旧文化和旧秩序的代表，必须打倒而后快；另一些维护中国传统文化的人士，则捍卫孔子思想的至高地位，坚决不容西学和马克思主义取代。因此，人们把马克思与孔夫子完全对立起来，也就不奇怪了。

马克思与孔夫子无疑有着显著的差异，有属于历史时代的，也有属于思想文化的。马克思立足于现代工业生产和由资本主义所开辟的世界历史，在批判旧世界中发现新世界，由人类自身的革命实践开显人类最后解放的前景；而孔夫子则立足于中国传统的家族组织和农耕生产，以西周的礼乐文明为社会理想。即使如此，在马克思主义中国化的过程中，却不难发现儒家的身影。

---

① 《李大钊文集》下，人民出版社1984年版，第174、184页。

② 转引自丁守和主编《中国近代启蒙思潮》下卷，社会科学文献出版社1999年版，第137页。

③ 《鲁迅选集》第4卷，人民出版社1983年版，第168—170页。

三

近代以来，由于西方文明的冲击和中国自身变革的内在要求，经学化的儒学随着中国帝制的被推翻而土崩瓦解。那么，儒家传统思想在中国近代化的过程中是否已中断了、终结了？

从显性的层面，可以说自从人们认定中西之争根本上属于古今的时代差异，以孔孟儒家为核心的中学的命运也就被注定了，这就是被批判和否定。中国近代史上的三大运动，既是中国自身变革的逐步深入，也是儒家从中心到边缘的三次转移。

洋务运动的理论基础是凭借经世致用的传统讲“中体西用”。但坚持中体之“三纲”，西学之“用”就不可能凸显。甲午海战失败，原则上宣告了中体西用的破产。接着戊戌变法，政治上变君主专制为君主立宪，思想文化上还是打孔子的旗号。但这已经是被近代化的孔子。这里要特别说一下康有为和谭嗣同。康有为对孔子推崇备至，称孔子“为神明，为圣王，为万世作师，为万民作保，为大地教主。生于乱世，乃据乱世而立三世之法，而垂精太平。……立《春秋》新王行仁之制。其道本神明，配天地，育万物，泽万世，明本数，系末度，大小精粗，六通四辟，无乎不在”。[①] 康有为要把儒学宗教化，立孔子为教主。这既是为了政治上保皇，也有出于文化认同、民族复兴的考虑。康有为为了救治人心、抵御外教，早就有立孔教的思想。但是问题在于，他虽然把君主专制的政治与传统文化作了一定的区分，但还是让文化为其政治目标服务。1912 年他支持其弟子陈焕章成立孔教会，把保教与保国视为一体，为复辟帝制造舆论。袁世凯这样的野心家则充分利用当时的复辟、复古思潮。袁世凯 1913 年年初颁布《整饬伦常令》，声称“中华立国，以孝弟忠信礼义廉耻为人道之大经”；接着通令恢复学校祀孔；次年 9 月他又率文武百官到孔庙祭孔，大搞尊孔读经活动。

上述倒行逆施，更增加了那些反对帝制、主张共和的人们对孔孟儒学的反感。谭嗣同痛斥三纲五伦对民众之荼毒，大声疾呼“冲决网罗”。这

① 刘梦溪主编：《中国现代学术经典・康有为卷》，河北教育出版社 1996 年版，第 341 页。

种彻底的精神和激进的态度，必定激励那些反对王权专制的人，将斗争的矛头指向儒家。但谭嗣同在孔子儒学与荀子的学说之间做了一个切割，他要荀子把中国专制愚民的罪名背起来，他的名言是“二千年来之政，秦政也，皆大盗也；二千年来之学，荀学也，皆乡愿也。惟大盗利用乡愿；惟乡愿工媚大盗。二者交相资，而罔不托之于孔。被托者之大盗乡愿，而责所托之孔，又乌能知孔哉?”① 这样的看法有一定道理，汉武帝所独尊的儒术，即董仲舒推崇的儒家，与孔子本人的思想已有相当的距离，而较为接近荀子。但是，荀子毕竟不是孔子的叛徒，不是法家，只能说是有法家倾向的儒家。孟子与荀子各自构成孔子思想的一翼，孟子重仁义、民本，荀子则重礼法、隆君，但思想体系仍然属于儒家，把所谓荀学从儒学中剥离出来，是不可能的。

那么，谭嗣同批荀保孔的真正合理性何在？我认为他其实是要把专制政治的文化作为一个痂皮或毒瘤从中华传统文化的肌体上切割下来，从而让中国传统文化的本真精神得以开显并发扬光大。然而，他指认荀学就是这种政治化的文化，就把问题简单化了。他的这一看法也未能挽救孔子。清末民初的孔子虽然不是真孔子，儒家也不是原教旨的儒家，但孔子这样一个符号和整个儒家，连同封建帝制，已经处于风雨飘摇之中。还需注意的是，康有为要把孔子儒家立为宗教，是仿照基督教，他认为由于“气”的原因，孔子之教不出中国，而佛教与耶稣则可以肆行于地球。在谭嗣同的《仁学》中，地位最高的不是孔子，而是佛祖。他们的思想眼界在一定程度上越出了中国传统文化的藩篱。

到五四运动时期，为了民族救亡和社会变革，中国的先进分子已明确地选择了一条革新文化、改造传统的道路；凡主张新文化运动者必定要批判孔孟儒家，批判传统思想文化。应当说，新文化运动本身就利用了中国的旧文化，尤其是民间文化、说唱文化的资源，这从当时出现的“白话文”和大量的翻译词语中即可看出。但白话文和这些词语所蕴涵的新观念能否真正进入中国普通百姓的头脑，并切实地对他们的生活产生影响，殊非易事。当时许多人都认识到，中国人“头上的辫子”虽然剪掉了，但“头脑里的辫子”却未剪掉。只要没有新的生产方式，就不可能改变中国汪洋大海般的小农生产和家族结构，传统思想文化也就难以得到根本

① 谭嗣同：《仁学》，中州古籍出版社1998年版，第169页。

的改变。事实上，“五四”新文化运动对于传统伦理政治思想的改革，其影响只在大都市的学术界，而各地的政治与家族制度并没有动摇多少；“拜孔教”也在各地和乡村复活着。这又说明少数大都市里学术界的力量之小，努力之不足，任务之未了①。显然，“拜孔教”在中国是有土壤的，要改良这个土壤太不容易了。而中国人真正需要的，是既能“服”中国的水土又能给予改良的西方思想文化。

于是，除了孙中山先生结合西方民主思想提出的“三民主义”，一批中国知识分子将马克思列宁主义作为首要的思想选项。

产生于西方的马克思主义有着普世的眼光，马克思认定开辟了世界历史的资本主义将为社会主义所取代，并为此呼唤全世界被压迫的阶级和民族团结起来进行斗争。这极大地鼓舞了中国的先进分子。马克思同“传统的所有制关系和传统观念”“彻底决裂”的主张，也得到一批决心彻底推翻旧世界的中国知识分子的高度认同，其中，也就包括对作为封建传统观念的儒家的批判。可以说，批判作为“政治文化”的经学化的儒学，不止是为马克思主义指导中国的革命清扫道路，也是中国文化自我革新的需要。而整体性地否定儒家，把它生活儒学、人文儒学的一面也否定，则不能不导致对民族文化传统的严重破坏。

在 20 世纪 30 年代中期之后，毛泽东成为中国共产党的最高领导。马克思主义与中国传统文化在毛泽东身上都有很深的影响。

“五四”运动之前，和中国的多数读书人一样，青年毛泽东也是把孔子当圣人看待的，并主张学习国学。这时他即使对孔子有一些批评，也是枝节的、不系统的，因为孔孟儒学是当时包括湖湘文化在内的中国文化的主流。那时的毛泽东“独服曾文正”，曾国藩是严守孔孟之道的。在长沙读书时的毛泽东 1917 年发表于《新青年》上的《体育之研究》一文，在肯定教育应“德智体”并重的前提下，特别强调了体育的重要性；而为了反驳体能与思想不能两全的论调，他说孔子七十二而死，未闻其身体不健，并照样称孔子为圣人。后来，在“五四”运动的影响下，毛泽东进一步吸收自由、民主思想，并加入反孔的新思潮中，他说：“像我们反对孔子，有很多别的理由。单就这独霸中国，使我们思想界不能自由，郁郁

---

① 转引自丁守和主编《中国近代启蒙思潮》下卷，社会科学文献出版社 1999 年版，第 124—125 页。

做二千年偶像的奴隶，也是不能不反对的。”但在“五四”时期，他对孔子思想及其时代问题仍然感到很不明确，所以，他提议“问题研究会”所列第四个问题即“孔子问题”，第五个问题是“东西文明会合问题”。1920 年 3 月，他在致周世钊信中说自己“于种种主义，种种学说，都还没有得到一个比较明了的概念，想从译本及时贤所做的报章杂志，将中外古今的学说刺取精华，使他们各构成一个明了的概念”。①

这之后，毛泽东受到新思潮，特别是马克思列宁主义的影响，逐步改变了对孔子和国学的看法。在新民主主义革命时期，他虽然认定孔子是“封建时代”文化的代表，但主张将其当作历史遗产批判地加以继承。如 1942 年，毛泽东与匡亚明谈话时就强调，孔子是两千年前的伟大人物，思想中有积极的东西，也有消极的东西，要批判地继承和发扬。但就当时的革命运动来说，它是属于第二位的事情。“第一位的用以指导革命运动的是马克思主义理论。特别是当时重庆方面正在大搞什么‘尊孔读经’，他们靠孔夫子，我们靠马克思，要划清界限，旗帜鲜明。所以他认为对孔夫子最好是暂时沉默，既不大搞批判，也不大搞赞扬。”②

可见，“马克思”与“孔夫子”在中国的对立，固然是不同时代的两种思想文化体系的对立，同时直接涉及共产党与国民党在政治上、意识形态上的对立与斗争。在当时的边区内部，为了促进家庭与社会的和谐，毛泽东重新解释孔夫子的“父慈子孝”，他说“我们还要提倡父慈子孝。过去为了这件事，我还和我的父亲吵了一架，他说我不孝，我说他不慈，我说应该父慈第一，子孝第二，这是双方面的。如果父亲把儿子打得一塌糊涂，儿子怎么样能够孝呢？这是孔夫子的辩证法。今年庆祝三八妇女节，提出建立模范家庭，这是共产党的一大进步。我们主张家庭和睦，父慈子孝，兄爱弟敬，双方互相靠拢，和和气气过光景”。③ 历史地看，相对于源远流长的民族文化，政治固然是暂时的，但是作为社会矛盾的集中反映，不同的政治却能够给文化提供不同的用途，并引导文化发生不同的变化。

毛泽东真正把他理解的马克思主义与孔夫子完全对立起来，是在大陆

① 转引自许全兴《毛泽东与孔夫子》，人民出版社 2003 年版，第 289—290 页。

② 引自匡亚明《孔子评传》，齐鲁书社 1985 年版，第 474 页。

③ 《毛泽东文集》第 3 卷，人民出版社 1996 年版，第 115—116 页。

建政之后，并且伴随着批《武训传》、批俞平伯的《红楼梦》研究、反“右”等一系列文化运动和政治运动，毛泽东越来越出于政治斗争和权力斗争的需要来看待历史和传统文化了。评价文学、历史、哲学等人文社会科学的是非正误，他所理解的政治超标准成了最高的甚至唯一的标准。毛泽东 1953 年与梁漱溟就工人农民问题辩论时，说“孔夫子的缺点，就是不民主，没有自我批评的精神，有点像梁先生。‘吾自得子路而恶声不入于耳’、‘三盈三虚’、‘三月而诛少正卯’，很有些恶霸作风，法西斯气味。我愿朋友们，尤其是梁先生，不要学孔夫子那一套，则幸甚！”①

但时易势移，为了现实政治的需要，毛泽东很快就对秦始皇的“集权”与“专制”大加称赞。如他在 1958 年中共八大二次会议上说：“秦始皇是个厚今薄古的专家”，林彪插话：秦始皇焚书坑儒。毛泽东接着说：“秦始皇算什么？他只坑了四百六十个儒，我们坑了四万六千个儒。我们镇反，还不是杀掉一些反革命的知识分子吗？我与民主人士辩论过，你骂我们是秦始皇。不对，我们超过秦始皇一百倍。骂我们是秦始皇，是独裁，我们一贯承认，可惜的是，你们说得不够，往往要我们加以补充。”随着毛泽东“左”倾思想日益严重，“阶级斗争”的弦越绷越紧，他也越来越明确地将孔子定性为“奴隶主阶级”的思想代表，他发动的“文化大革命”，孔子及其儒学首当其冲，被当作“封建主义”的毒草和垃圾横加扫荡。林彪事件之后，他知道了林彪尊孔，床头还挂着“克己复礼”的条幅，就说，尊孔反法，国民党是如此，林彪也是如此。是否反儒崇法，成为政治上正确与否的一大标准。而在这时，马克思主义也被纳入极“左”的思想体系和政治路线中，为以“以阶级斗争为纲”、“无产阶级专政下的继续革命”提供“理论根据”，强化着表面上“激进”、“革命”，实际上僵化和封闭的政治观念和社会体制，成为被后人诟病的“马列教条”。

那么，孔子及其儒家文化，真的被扫地出门，不起作用了吗？物质的、器物的文化可以毁灭甚至不留痕迹，如北京的城墙，但我们对思想的精神的文化却做不到这一点，尤其是在产生这种思想文化的社会土壤和条件依然存在的情况下。

的确，在以阶级斗争为纲的时代，在“文化大革命”中，马克思主

---

① 引自许全兴《毛泽东与孔夫子》，人民出版社 2003 年版，第 322 页。

义与法家、与秦始皇结合在一起。但是，更为深入的考察表明，儒家文化传统的作用仍然不能低估。在整个中国现代社会运动和政治活动中，儒家一直发挥着显性与隐性的作用。正如马克思所说："人们自己创造自己的历史，但是他们并不是随心所欲地创造，并不是在他们自己选定的条件下创造，而是在直接碰到的、既定的，从过去承继下来的条件下创造。一切已死的先辈们的传统，像梦魇一样纠缠着活人的头脑。"① 也如伽达默尔所言："即使在生活受到猛烈改变的地方，如在革命的时代，远比任何人所知道的多得多的古老东西在所谓改革一切的浪潮中仍保存了下来，并且与新的东西一起构成新的价值。"② 下面试予分析论述。

由于千百年的传播和运用，《论语》、《孟子》等儒家经典中的许多格言及其思想，已内化为中国人的思维方式和价值观念。其中，尤以历代仁人志士表现出来的道义承担为儒学最为显性的正面作用。道义的内涵即由孔孟荀三代儒家所倡导所践行的仁道，"己欲立而立人，己欲达而达人"及其"守死善道"的执着。儒家的仁道在后人那里进一步形成"天下兴亡，匹夫有责"的担当意识，具体地体现为忠君爱国、匡扶社稷、兴利除弊、除暴安良、抵御外侮的行为。在特殊情况下，也包括孟子所说的汤放桀、武王伐纣式的"革命"。在孟子看来，"贼仁者谓之贼，贼义者谓之残。残贼之人，谓之一夫。闻诛一夫纣矣，未闻弑君也"。主张"君有大过则谏，反复之而不听，则易位"。③ 儒家所主张的"革命"属于"天命"的转移，即"替天行道"，"有道伐无道"，革命的结果是王权的再造。近代革命论则上承儒家革命论，而又融合了西方近代政治革命思想，如邹容《革命军》所论："闻之 1688 年英国之革命，1775 年美国之革命，1870 年法国之革命，为世界应乎天而顺乎人之革命，去腐败而存良善之革命，由野蛮而进文明之革命，除奴隶而为主人之革命。牺牲个人以利天下，牺牲贵族以利平民，使人人享其平等自由之幸福。"④

李大钊以"铁肩担道义，妙手著文章"自励，而"道德文章"正是

---

① 《马克思恩格斯全集》第 8 卷，人民出版社 1965 年版，第 121 页。

② ［德国］伽达默尔：《真理与方法》（上卷），洪汉鼎译，上海译文出版社 2004 年版，第 363 页。

③ 《孟子·梁惠王下》；《孟子·万章下》。

④ 引自丁守和主编《中国近代启蒙思潮》（上卷），社会科学文献出版社 1999 年版，第 376 页。

中国士人的自我期许。“致君尧舜上，再使风俗醇”（杜甫）。只不过原来要做帝王师的学者们，现在要联合民众革帝制的命了。近代以来虽然政治成为主题，但儒家以道德主政治的传统或德治传统，也深深地影响着近代的革命者。近代的革命者、从政者虽然深知政治的现实性、利害性，但为了革新政治，往往要突出新道德对新政治的范导作用，将政治道德化、道德政治化。以世界大同、天下为公理解“社会主义”的革命者，更具有道德理想主义的情怀，力求按照完美的理想再造社会。由此带来的负面社会后果即“道德乌托邦”的灾难，甚至远大于积极的正面的社会文化进步。

道义的承担在儒家的理念中还联系着天命意识、圣王心态，天命意识和圣王心态对近代先进分子和革命者影响颇大，天命在身成为使命在肩，圣王心态转换为再造历史的革命家的情怀。这不同于一般的“天下兴亡，匹夫有责”，而是实现“内圣外王”。按儒家性善论，确立圣贤的道德人格，不是少数人的特权，而是人人可为的事情。然而，人人可为非人人乐为，人人能为。有此道德人格而又能承担大任，则难能可贵。孔子有“天生德于予”之自信；孟子则讲“尽其心者，知其性也；知其性者，则知天矣”。[①] 孟子颇有“进取”的狂者气象，不仅自谓“上下与天地同流”的“大丈夫”，并且宣称“当今之世，如欲平治天下，舍我其谁?”北宋王安石以孟子之心为心，以孔孟道统自任，所以他后来在推行变法时才会表现出“天命不足畏，祖宗不足法，人言不足恤”的大无畏精神。宋明理学特别是陆王心学将心体确立为第一原理，更突出了成圣的旨趣。王阳明被贬龙场，于异常困苦之中，自问“圣人处此，更有何道?”其所悟者，乃吾性自足，不须外求，充分挺立内在的道德主体性。儒家本来主张人人可以成为圣贤，但如认定天将降大任于斯人，“吾曹不出如苍生何”，则必产生无量意志，且容易滋生独断倾向。

在发生沧桑巨变的近代，革命的“狂者”蔚成气候。这一点，我们从作为政治人物的康有为、孙中山身上不难发现，而毛泽东更是突出的代表；章太炎、熊十力、梁漱溟则是学者之代表。相应地，中国的广大民众特别是农民，虽然会在革命中形成一定的“阶级的主体性”，但他们的基本生存方式决定了他们不可能完全相信自己的力量，而总是盼望出现

① 《孟子·尽心上》。

"大救星"，大救星也是大家长。中国历史上的农民造反、起义与拥立"新王"、建立新王朝，总是联系在一起的。家长制的传统与中国革命者的圣人心态结合起来，就势必造成个人崇拜。"文化大革命"中毛泽东自己参与的造神运动显然就是这一结合的产物。

有论者指出："依循心学的成圣精神，辅之以公羊学家的圣人改制精神，就构成了宗教化的、追求现世完美性的革命精神及其制度创新的政治文化风格。'内圣外王'论尤为显明地表达了儒生之政治使命的宗教性。毛泽东的革命精神的气质正是这种儒教革命的精神。"① 从中国历史传统的角度看，此话有相当的道理。至于有人说，"文化大革命"的源头是"五四"运动的激进思潮，则值得一辨。基本的事实是，"文化大革命"的极左并非知识分子们自发的"激进"，相反，它是青年学生和处于体制下层的民众在毛泽东的发动和领导下，开展的改造"资产阶级知识分子"进而打倒"资产阶级当权派"的运动。并且，"五四"运动在文化上虽然批判中国的"旧"文化，但同时大量地吸收西方的"新"文化，而"文革"则不论中西，只要属于文化"大传统"，即被贴上"封、资、修"的标签悉数加以扫荡，完全沦为一种历史虚无主义的野蛮行径，它只能说是"五四"运动的异化形态。

我们还要看到，中国传统的思想文化虽然为儒家主导，儒、释、道、法却互补互斥、各胜擅场，法家始终被统治者作为密而不宣的武器，法家的理性态度和讲求事功的旨趣也得到许多改革者和务实派的赞同；佛教与道教在民间的影响甚至超过儒家。在某种适宜的外部环境下，儒、释、道、法就会分化开来并发挥不同的作用。而体现在诸如《水浒传》、《三国演义》、《西游记》、《三侠五义》和各种戏剧、评书等民间文学中的"小传统"，则往往是儒、释、道、法各种思想观念的混合物，富含底层人民的生存智慧和正义感，但也弥漫着"哥们义气"、"快意恩仇"等非理性的严重负面问题。由于近代的社会巨变和动荡，革命者特别是马克思主义者要根本推翻旧世界，发动民众闹革命，毛泽东更是重视思想文化宣传的内容和形式要为民众所"喜闻乐见"，于是，小传统显示出极大的活力，甚至进入原来大传统的位置。在马克思主义的中国化的过程中小传统发挥了很大的作用，这种作用同样具有两重性。

---

① 刘小枫：《儒教与民族国家》，华夏出版社 2007 年版，第 118 页。

过去，我们虽然认识到并强调了马克思主义“普遍真理”必须与中国具体实际的结合，但是对于包括儒家传统在内的中国传统思想文化在西学东渐和马克思主义中国化过程中的正负两方面的影响，并不十分清楚。客观上，长期处于家族本位和小农经济环境中的中国人，对于在希腊理性文化和基督教宗教信仰文化的思想传统中，在文艺复兴和宗教改革的传统中，在工商社会和世界历史的基础上产生的马克思主义及其社会主义，不可能不发生一定的误读、曲解；在马克思主义中国化的过程中，也会受到儒家和法家的影响，这都难以避免。“我注六经”与“六经注我”，往往构成解释学的相互纠缠。

问题在于，我们对此能否有清醒的认识并保持批判的态度，即一方面，全面准确地理解马克思主义创始人的文本，努力进入他们理论的视界，用他们的眼光发现和批判中国传统文化中专制的、奴化的、小农的思想意识；另一方面，批判地看待曾经行之有效的实践形式，坚持在实践的发展中推进马克思主义和中国现代化事业的进步。改革开放的实践，不仅极大地拓展了我们的视野，使我们能够直接地观察现代资本主义社会，而且通过建立市场经济和加入世界贸易组织，实际地进入“现代世界体系”（沃勒斯坦）内部，这使我们对马克思主义创始人的思想理论有了新的体认。如果说在改革开放之前，我们从马克思那里学到的主要是“阶级斗争”、“无产阶级专政”和“计划经济”的话，那么改革开放以来，我们所发现和重视的却是“三大社会形态”、“世界普遍交往”和“人的自由全面发展”的思想理论了。

但显然，只是靠这些一般的宏观的论点，远不足以指导和解答中国的现代化及其发展的重要问题，马克思、恩格斯对他们所处时代的资本主义市场经济有自己独特的研究，也在一定程度上把握住了其内在矛盾运动的逻辑，并认为“股份制”推动了资本的“社会化”，资本主义的“议会民主”和“宪政”也都可以利用，但马克思的整个分析框架还是建构在“资本主义私有制”与“社会主义公有制”的二元区分之上的。马克思主义是早期资本主义的产物，反映了那个时代的社会分裂和对立，并依据其历史辩证法提出了一种完全超越资本主义的社会构想。这里既有基于经验事实的分析，也有体现革命愿望的设想，而关于历史终极目的——走出史前史的真正的历史——的哲学形而上学则发挥着最高思想引领的作用。马克思主义本身并非不存在问题，包括中国在内的国际共产主义运动中发生的严重问题，特别是以“无产阶级专政”的名义搞集权专制，践踏法律，以及与传统彻底决裂的“乌托邦”式的文化和政治运动。马克思本人的思想是负有一定责任的，也可以说有一定的“原罪”。当然，主要的问题是东方的革命者很难超越自身的历史规定和民族传统去理解和发展马克思主义。

今天时代的社会发展，既在某些方面超越了马克思的理论，又在另外的方面滞后于马克思的理论。马克思主义是西方资本主义强悍的批判者，其追求公平正义的思想旨趣也给人以理想的鼓舞，但是，面对具有现实合理性的市场经济社会，它必须给自己提出新的理论定位。而要成为这一社会的指导思想，它就必须经过一个从激进的批判与革命到建设性地谋划现代社会秩序的转换。在今天，我们必须注意区分马克思主义创始人的思想理论中的“活”的东西与“死”的东西。

反过来，我们对儒家理解的重心也悄悄发生了变化，如，不是看重孔孟在当时具体说了什么，不是他们对社会秩序的具体设计，而是从中国文化传承、建构的角度看他们推展、贡献了什么。这样，我们重视于孔子及其儒学的，自然就是“仁”而不是“礼”了。①

由此可见，一个多世纪以来，特别是改革开放以来，中国的文化传统已在很大程度上实现现代转换，而中国的现代化也借助甚至渗透了中国的传统，从而体现出鲜明的中国特色。当代中国正在走出传统与现代、激进与保守二元对立的格局。为了建构中国人的精神家园，政府近年提出马克思主义的大众化、生活化问题，因而也就有许多人试图把马克思主义与儒家思想文化整合在一起。但是，我们必须明确：第一、马克思主义作为现代社会批判的激进革命的思想体系，与中国传统文化毕竟有着质的区别，我们不能无视这个区别。从理论上说，只有使两者保持必要的张力，形成互动的关系，才有利于马克思主义与中国传统文化的发展。第二、马克思主义和中国儒家，前者旨在批判和超越市场经济社会，后者却是小农社会的产物，它们与我们今天所处的时代特别是中国大陆社会转型，究竟构成一种什么样的关系并能够发挥什么样的作用，尚需我们进一步认真思考和研究。

① 这只要看看20世纪如蔡尚思等一大批服膺马克思主义的学者认定孔子及其儒家的核心概念是“礼”而不是“仁”，现在学者们大都不再作如是观，即可了然。

说仁

彭林
清华大学

仁乃儒家道德之核心概念。然仁之名，并非儒家所创。其出现及至成为最缜密之学术范畴，经历数百年之淬砺。研究这一变迁过程，对于认识儒学史及其于今日之使命，至为必要。

一　孔子何以“述而不作”

无论何人，均不能随心所欲地创造历史，而只能在既定之历史现实之下，行其所能，犹如任何高明，均不能自擢其发，飞天而去。孔子为深谙此道者。子曰：“述而不作，信而好古，窃比于我老彭。”朱子《集注》：“述，传旧而已。作，则创始也。”朱子云，孔子删定《六经》“皆传先王之旧，而未尝有所作也”。

孔子此语，后人多以孔子自谦解之，其实不然。夫子不作，自有缘由，而其述之功，未必在作下，故朱子又云，“然当是时，作者略备，夫子盖集群圣之大成而折衷之。其事虽述，而功则倍于作矣”。朱子所言，却不可移。

最得夫子之意者，朱子而外，莫如章实斋学诚，其《文史通义》所论最为通达精到，氏云：

> 道有自然，圣人有不得不然。其事同乎？曰：不同。道无所为而自然，圣人有所见而不得不然也。圣人有所见故不得不然，众人无所见则不知其然而然。孰为近道？曰：不知其然而然即道也。非无所见也，不可见也。不得不然者，圣人所以合乎道，非可即以为道也。圣人求道，道无可见，即众人之不知其然而然，圣人所借以见道者也。

章氏认为，道乃人类不可得见之自然法则，众人之所为，每每有不知其然而然地合于道者，其大端有二，一为社会组织之嬗变，往往有必由之路，由部落而部落联盟，进而至于国家，制度愈益繁密，此尧、舜、禹、汤、文、武以来相沿之迹，周公制作之所由；二为思想观念之演进，人之所以为人，乃先具孝亲、友爱、质朴、真诚、正直、守信等善行，进而形成理念、范畴，转益为社会风尚，推动历史进步，此自周公之后，孔子、孟子之所为。身具美德之众人，多不知其然；圣人知其然，故求道不得不求于众人，章氏云，“即众人之不知其然而然”，“借以见道”。章氏又云：“学于圣人，斯为贤人。学于贤人，斯为君子。学于众人，斯为圣人。”①

周公为尧舜以来典制之集大成者。孟子云“孔子之谓集大成者”，章氏解之云：“集之为言萃众之所有而一之也。”夫子之功，在于萃聚众人之合于道之善言善行为一体，此说与朱子所言相契。

二　夫子“三达德”取自春秋前贤

众人之善，乃孔子学说之源头活水。今读《论语》，而知夫子所论德目，无不取自社会生活，几无私创。此孔学之所以与民众生活血脉相连，生生不息，至今跃动于民间之根本原因。今以“三达德”为例，试为言之。

夫子每每以智、仁、勇并提，三者综合兼备，即是君子形象：“知者不惑，仁者不忧，勇者不惧。”（《子罕》）三者，夫子极其推尊，而自谦无其一：“君子道者三，我无能焉，仁者不忧，智者不惑，勇者不惧。”（《宪问》）又云：“好学近乎知，力行近乎仁，知耻近乎勇。”（《中庸》）并直言为美德：“智、仁、勇三者，天下之达德也。”（《中庸》）

智、仁、勇三德，于孔子之前，即已传播于世，广为人知。以三者相提并论，亦非始创于夫子，《国语》已屡有所见（或作武、达、勇，语意不异），殆为当时恒语，夫子承继之阐扬之而已。此事似鲜有论及者，今揭之如下：

---

① 上引章学诚二语，均见《文史通义》内篇二《原道上》，中华书局四部备要本。

申生曰："仁不怨君，智不重困，勇不逃死。"（《晋语二》）

郤至曰："武人不乱，智人不诈，仁人不党。"（《晋语六》）

公族穆子曰："今无忌智不能匡君，使至于难，仁不能救，勇不能死，敢辱君朝以忝韩宗，请退也。"（《晋语七》）

公子絷曰："战胜大国，武也；杀无道而立有道，仁也；胜无后害，智也。"（《晋语三》）

晋孙谈之子周适周，"言敬必及天，言忠必及意，言信必及身，言仁必及人，言义必及利，言智必及事，言勇必及制，言教必及辩，言孝必及神，言惠必及和，言让必及敌。"（《周语下》）

夫敬，文之恭也；忠，文之实也；信，文之孚也；仁，文之爱也；义，文之制也；智，文之舆也；勇，文之帅也；教，文之施也；孝，文之本也；惠，文之慈也；让，文之材也。（《周语下》）

（魏）绛之智能治大官，其仁可以利公室不忘，其勇不疚于刑，其学不废其先人之职，若在卿位，外内必平。（《晋语七》）

包胥曰："夫战，智为始，仁次之，勇次之。"（《吴语》）

可见，智、仁、勇三德，或与敬、忠、信、孝、惠、让等融为一体，或者自成一体，广为时人所称引，已然成为社会公认之德目。智、仁、勇并提，亦多次见诸《左传》：

因人之力而敝之，不仁；失其所与，不知；以乱易整，不武。（僖公三十年）

奔死免父，孝也；度功而行，仁也；择任而往，知也；知死不辟，勇也。（昭公二十年）

违强陵弱，非勇也；乘人之约，非仁也；灭宗废祀，非孝也；动无令名，非知也。（定公四年）

时贤之所以热衷讨论智仁勇等道德范畴，并将其与家国命运相联系，原因有二，一是天下大乱，陪臣执国命之时势使然，知识界为拯救时弊，挽回颓势，不得不将家国之前途寄予人之良知；二是周公制礼作乐遗响犹在，道德意识犹为社会贤达所秉持。而在大众层面，善行始终不觉，乃出于自然而然，并非刻意而为。此孔子沿用此类道德概念，乃是不得不然，必须承继。

三　仁为至德，成于孔子

殷商与西周尚未出现“仁”之观念。通检卜辞，并无仁字。西周铜器数量虽众，金文之中亦未有一见。《尚书》之《仲虺之诰》、《太甲下》、《武成》均有仁字，而三篇皆伪古文；《太誓中》有“予有乱臣十人，同心同德。虽有周亲，不如仁人”语①，亦不可取信。然《金縢》云“予仁若考，能多材多艺，能事鬼神”，确有“仁”字。

《金縢》周公云“予仁若巧”，《鲁世家》作“旦巧”，并无“仁”字；俞樾则读“仁”为“佞”。清华简作“是年若巧”，整理者称“年”当读为泥纽真部之“佞”，与俞说合，甚是。今本《金縢》“仁”字或为后世窜入，或为“佞”之借字，与“仁义”字无关。周公首倡德治，而重心在于国家典制之确立，由《尚书》诸诰均无“仁”字可知，其时此概念尚未形成。

仁之概念，始出于春秋之世，已由上文可知。春秋乱世，朝纲失坠，时局纷乱，君子为拯救时弊，不得不将社会之希望寄托于人类之良知，褒贬人物，判断国家治乱，渐开以道德评价为风尚，此于《国语》时有所见：

> 内史兴曰：“且礼所以观忠、信、仁、义也，忠所以分也，仁所以行也，信所以守也，义所以节也。忠分则均，仁行则报，信守则固，义节则度。”（《周语上》）
>
> 富辰曰：“章怨外利，不义；弃亲即狄，不祥；以怨报德，不仁。夫义所以生利也，祥所以事神也，仁所以保民也。不义则利不阜，不祥则福不降，不仁则民不至。古之明王不失此三德者，故能光

① 《书序》云：“惟十有一年，武王伐殷。一月戊午，师渡孟津，作《太誓》三篇。”而孔壁《书》无《太誓》；今文《太誓》刘歆云得自民间，文字与《礼记》、《孟子》、《墨子》、《左传》等所引《太誓》多异。“予有乱臣十人，同心同德。虽有周亲，不如仁人”一语，然《论语·泰伯》、《左传》成公二年君子曰、襄公二十八年鲁叔孙穆子语、昭公二十四年周苌弘语等所引《太誓》，均无“不如仁人”。

有天下，而和宁百姓，令闻不忘。”（《周语中》）

邵公曰：“吾三逐楚君之卒，勇也；见其君必下而趋，礼也；能获郑伯而赦之，仁也。”（《周语中》）

襄公曰：“夫仁、礼、勇，皆民之为也。以义死用谓之勇，奉义顺则谓之礼，畜义丰功谓之仁。”（《周语中》）

子高曰：“唯仁者可好也，可恶也，可高也，可下也。好之不偪，恶之不怨，高之不骄，下之不惧。不仁者则不然。人好之则偪，恶之则怨，高之则骄，下之则惧。骄有欲焉，惧有恶焉，欲恶怨偪，所以生诈谋也。”（《楚语下》）

或举“忠、信、仁、义”，或列“义、祥、仁”，或说“仁、礼、勇”，纷然杂陈，而皆为德目，则毫无二致。《左传》论仁，亦在在多有：

文子曰：“楚囚，君子也。言称先职，不背本也；乐操土风，不忘旧也；称太子，抑无私也；名其二卿，尊君也。不背本，仁也；不忘旧，信也；无私，忠也；尊君，敏也。仁以接事，信以守之，忠以成之，敏以行之。事虽大，必济。”（成公九年）

公族穆子曰：“恤民为德，正直为正，正曲为直，参和为仁。如是则神听之，介福降之。”（襄公七年）

穆姜曰：“元，体之长也；亨，嘉之会也；利，义之和也；贞，事之干也。体事足以长人，嘉德足以合礼，利物足以和义，贞固足以干事。”（襄公九年）

夫乐以安德，义以处之，礼以行之，信以守之，仁以厉之，而后可以殿邦国。（襄公十一年）

叔向曰：先王“闲之以义，纠之以政，行之以礼，守之以信，奉之以仁；……诲之以忠，耸之以行，教之以务，使之以和，临之以敬，莅之以强，断之以刚”。（昭公六年）

文子言“仁、信、忠、敏”，公族穆子论“德、正、直、仁”。或说“体事、嘉德、利物、贞固”；或云“乐、义、礼、信、仁”，叔向所言更多：“义、政、礼、信、仁；……忠、行、务、和、敬、强、刚。”多达十二项。诸家之说，彼此交错，所指或异。

上引诸说，多包含仁，然仁与其他诸德并立，并无特殊地位，甚至所见甚小，略如后人所说之“厚道”。子服景伯曰：“小所以事大，信也；大所以保小，仁也。”[①] 臼季曰：“出门如宾，承事如祭，仁之则也。”[②]君子曰：“酒以成礼，不继以淫，义也；以君成礼，弗纳于淫，仁也。”[③] 仁之为德，多偏狭于保护弱小或者恭敬。

孔子之述古，绝非简单袭用前朝遗言，其必有内在之价值判断，《诗》原本有三千，夫子选其十之一；《书》有数百，夫子择其精要之篇而已。其不中道者，扬而弃之。此为选择性继承，旨在萃取其精华。二是利用为社会所认同之德目范畴，重新诠释，规范之、完善之，使之层次分明，有学术纵深。如《国语》、《左传》言仁处尤多，然细一味之，内涵游移，不易把握，如：“杀其弟而立其兄，兄德我而忘其亲，不可谓仁。”（《晋语三》）“为人者，爱亲之谓仁；为国者，利国之谓仁。”（《晋语一》）“杀身以成志，仁也。”（《晋语二》）大抵而言，仁乃上宽厚、惠爱于下之谓。

孔子所言之仁，意蕴深厚。

其一，仁为人生之最佳境界，高于生命：“好仁者，无以尚之。”（《里仁》）“志士仁人，无求生以害仁，有杀身以成仁。”（《卫灵公》）君子以仁立身，拳拳服膺，即便颠沛造次，亦不离须臾：“君子去仁，恶乎成名。君子无终食之间违仁，造次必于是，颠沛必于是。”（《里仁》）仁为民生最必须之品格：“民之于仁也，甚于水火。”（《卫灵公》）

其二，仁统领诸德。子张问“仁”于孔子。孔子曰：“能行五者于天下，为仁矣。”“请问之？”曰：“恭、宽、信、敏、惠。恭则不侮，宽则得众，信则人任焉，敏则有功，惠则足以使人。”（《阳货》）其后，孟子提出仁、义、礼、智四端之说：“无恻隐之心，非人也；无羞恶之心，非人也；无辞让之心，非人也；无是非之心，非人也。”（《公孙丑上》）亦以仁包其余三端。至宋儒，直以仁为天之全德，其源盖出于此。

其三，仁者爱人。仁者以己度人，与天下人为一体：“唯仁者，能好人，能恶人。”（《里仁》）“夫仁者，己欲立而立人，己欲达而达人。能

---

① 《左传》哀公七年。

② 《左传》僖公三十三年。

③ 《左传》庄公二十二年。

近取譬，可谓仁之方也已。”（《雍也》）

其四，仁者并非素朴之天性，乃是博学、深思之后而备具之文化自觉：“博学而笃志，切问而近思；仁在其中矣。”（《微子》）“志于道，据于德，依于仁，游于艺。”（《述而》）“克己复礼为仁。一日克己复礼，天下归仁焉。”（《颜渊》）“士不可以不弘毅，任重而道远。仁以为己任，不亦重乎，死而后已，不亦远乎。”（《泰伯》）

其五，仁为人生必备之修养，乃引领其余诸德者。“苟志于仁矣，无恶也。”（《里仁》）“刚毅、木讷，近仁。”（《子路》）“不仁者，不可以久处约，不可以长处乐。仁者安仁，知者利仁。”（《里仁》）“仁者必有勇；勇者不必有仁。”（《宪问》）子曰：“君子而不仁者有矣夫？未有小人而仁者也！”（《宪问》）

其六，人皆可以为仁者。仁者境界高远，然最切近于人生，并非不可企及，但凡能笃行之者，皆能优入圣域：“仁远乎哉？我欲仁，斯仁至矣。”（《述而》）

仁为人之善端善行，久为春秋诸贤所赞扬，后为夫子萃取而廓充之，成为中国人之最高德行。明乎此，则我辈今日提倡儒学，终极目的在提升人性之品质，而不在故弄玄虚，高谈阔论，可毋庸置疑矣。

孟子“百亩之粪”、“粪其田而不足”解

陈鸿森
台湾中央研究院

摘　要　《孟子·万章下》:“百亩之粪，上农夫食九人，上次食八人”;《滕文公上》:“凶年，粪其田而不足，则必取盈焉”，此两“粪”字，历来注家不得其解，说皆迂曲难通。本文论证《孟子》两“粪”字皆当读为“播”。而“百亩之粪”，《礼记·王制》作“百亩之分”，“分”即“粪”字之假借;《论语·微子篇》:“四体不勤，五谷不分”，此“分”字亦“粪”之假，皇侃《疏》云:“分，播种也。”是六朝时古义犹有存者。本文以《孟子》、《王制》、《论语》之文相证发，钩稽“粪”字久已湮霾之古义。

关键词　孟子　百亩之粪　粪其田而不足　论语　五谷不分

《孟子·万章下》记孟子回答北宫锜问“周氏班爵禄”之制时，述及“庶人在官者”所受之禄，系依耕者一夫百亩上下田则所获之率而定:

> 耕者之所获，一夫百亩，百亩之粪:上农夫食九人，上次食八人，中食七人，中次食六人，下食五人。庶人在官者，其禄以是为差。[①]

此文为研究古代社会经济极重要之史料。其中“百亩之粪”一语，为此文关键之词，却历来不得确解，今列较具代表性诸说如次:

> (一)赵岐《注》:“百亩之田，加之以粪，是为上农夫，其所得谷，足以食九口。”[②]
>
> (二)朱熹《集注》:“一夫一妇，佃田百亩，加之以粪，粪多而力

① 《孟子注疏》卷十上，嘉庆间阮氏南昌府学刊本，第5页。

② 同上。

勤者，为上农。”①

（三）宋翔凤《赵注补正》云：“凡治田，当先治其芜秽。《杨恽传》曰：‘田彼南山，芜秽不治。’言不粪也。”②

（四）焦循《正义》：“同受此百亩之田，而其所得谷，或足以食八口，或足以食七口，以至仅能食六口五口，所以多寡不一者，以粪种培溉之有殊也。《地官·草人》：‘掌土化之法，以物地相与宜而为之种。凡粪种，骍刚用牛，赤缇用羊，坟壤用麋，渴泽用鹿，咸潟用貆，勃壤用狐，埴垆用豕，疆檃用蕡，轻檃用犬。’《秋官·薙氏》：‘掌杀草，若欲其化也，则以水火变之。’注云：‘谓以火烧其所芟萌之草，已而水之，则其土亦和美矣。’《月令》：季夏‘烧薙行水，利以杀草，如以热汤。’是其一时著之，此皆粪饶之事也。”③

赵岐以“加之以粪”解“粪”字，朱熹《集注》因之，即“施肥”之意；宋翔凤则本《说文》“粪”字训“除”之义，④以“除秽”作解。焦循以“粪饶之事”解之，盖本《广雅·释诂》“粪，饶也”以立说，⑤而以《周官·地官·草人》之“粪种”和《秋官·薙氏》、《礼记·月令》之“杀草”为其事。按《地官》草人所掌“土化之法”，乃古代土壤改良术；⑥至于“粪种”，则系一溲种法，⑦古人用以杀虫蝗之子及“使稼耐旱”；而

① 朱熹：《孟子集注》卷十，台北艺文印书馆1969年《无求备斋孟子十书》景宋刊本，第5页。

② 宋翔凤：《孟子赵注补正》卷五，光绪十七年《广雅丛书》本，第21页。

③ 焦循：《孟子正义》，中华书局1987年点校本，第689页。

④ 《说文》：“粪，弃除也。”段玉裁《说文注》云：“按‘弃’亦‘粪’之误，亦复举字之未删者。粪方是‘除’，非‘弃’也。”（经韵楼本，四篇下，第1页。）

⑤ 王念孙：《广雅疏证》卷四下，《续修四库全书》本，第18页。

⑥ 《周官·地官》郑注云：“土化之法，化之使美，若氾胜之之术也。”孙诒让《周礼正义》云：“土化之法，即草人之官法。谓土地硗瘠，则察其土质所含异同赢朒，粪拥和齐，而变其质，化之使和美也。”（中华书局1987年点校本，第1181—1182页。）此即今土壤改良之义也。

⑦ 《周礼·草人》“凡粪种，骍刚用牛，赤缇用羊”云云，郑玄引郑司农云：“用牛，以牛骨汁渍其种也，谓之粪种。”郑玄亦言：“凡所以粪种者，皆谓煮取汁也。”是二郑以“粪种”为煮骨汁以浸种子。《齐民要术·种谷篇》述其法甚详：“取马骨，锉一石，以水三石，煮之三沸；漉去滓，以汁渍附子五枚，三四日去附子，以汁和蚕矢羊矢各等分，挠令洞。洞如稠粥，先种二十日，时以溲种，如麦饭状。常天旱燥时，溲之立干。……天阴雨则勿溲；六、七溲而止，辄曝，谨藏勿令复湿。至可种时，以余汁溲而种之，则禾稼不蝗虫；无马骨，亦可用雪汁。雪汁者，五谷之精也，使稼耐旱。”又述氾胜之之术：“锉马骨，牛羊猪麋鹿骨，以雪汁三斗，煮之三沸，取汁以渍附子”云云，其说尤详尽。盖古人以为煮其汁而渍之，可杀虫子，使稼物免于虫害也。

《薙氏》及《月令》之“杀草”，则是草肥施用之方。①焦循所称“此皆粪饶之事”，所包甚广，诸凡能增进庄稼收获者，殆皆属之。按此四家之说，皆由“粪”字训诂义著想，务求其通；惟细绎诸说，其义皆不无滞碍。盖赵、朱二注所谓“加之以粪”、宋氏“除秽”，或焦循“粪饶”之说，此皆耕者农作所当为者；而农务百端，非止各家偏举施肥、除秽、粪种之事而已。盖孟子此文本答周代庶人在官者俸禄之问，无由特别提及施肥、除秽等农作。抑赵注以“加之以粪”为上农专属之事，朱熹更益以“力勤”一项足成其义，此尤蛇足，盖此文“百亩之粪”四字，本直贯“上”、“上次”、“中”、“中次”、“下”五等田则，而非专指上农言。复据《礼记》郑注：“农夫皆受田于公，曰肥墽有五等，收入不同也。”②是五等田之分，本依土地肥瘠以定其差等，非据其所加之“粪”或所施之“力”为分别。要之，耕者莫不欲其收获之丰，诸家所言施肥、力勤、除秽、粪饶之事，虽关乎收成之多寡，然此取决于农功之勤惰；而国家分别五等田，本依土地肥瘠定其差等，岂以耕者勤惰为考量？上引诸家所解，皆不免望文生训，殆非《孟子》此文本义。

余意此文“粪”字当读为“播”，王弼、河上本《老子》四十六章：“天下有道，却走马以粪”，傅奕本“粪”字作“播”，③此二字通用之例也。余疑“粪”、“播”二字本为一字之别体，④从釆古者无别。按《说文》云：“粪，粪除也。从𠬞，粪釆也。官溥说：似米而非米者，矢字。”⑤许慎以“粪”为会意字，引官溥“粪矢”之说以通其义，即“粪”所以训“除”者，以“除秽”为义也。今按“粪”字所从之“釆”，未能必为“粪矢”之形，⑥且先秦典籍罕以“粪”为“粪矢”字者，先民造字之初

① 《月令》郑注：“薙，谓迫地芟草也。此谓欲稼莱地，先薙其草，草干烧之。至此月大雨，流水潦畜于其中，则草死不复生，而地美可稼也。”（《礼记注疏》卷十六，阮氏南昌府学本，第11页。）

② 《礼记注疏》卷十一，第5页。

③ 毕沅《老子道德经考异》据傅奕本作“播”，云：“河上公、王弼‘播’作‘粪’。”（《经训堂丛书》本，卷下，第6页。）

④ 按甲骨有“粪”字，而诸家考释未见有释“播”之字；金文则有“播”无“粪”。

⑤ 段玉裁：《说文解字注》四篇下，第1页。

⑥ 孔广居《说文疑疑》尝论官溥说之非：“‘粪’训弃除，弃除之物多矣，何独‘矢’邪？矢虽是米所化，然与矢（森按：‘矢’疑‘米’字之讹）绝不相似，何云‘似米非米’邪？……他书传中都借用‘矢’，俗又作‘屎’，从未见以‘釆’为‘矢’字也。”（光绪九年《许学丛书》本卷下，第11页。）按孔氏所疑是也。

何独以此为义？此官溥以后起义傅会为说耳，许慎以会意解“粪”字，殆非其朔谊。余意“粪”字当从𦥑，番声，①与“播”字从手番声者同。“粪”字属文部韵，“番”属元部，虽元音不同，然元、文之字时有通用者，如颁、班通用，即其例也。《山海经·海内南经》：“桂林八树，在番隅东”，郝懿行《笺疏》云：“刘昭注《郡国志》‘南海郡番禺’，引此经云‘桂林八树，在贲禺东’；《水经·浪水》注及《文选·游天台山赋》注引此经并作‘贲禺’，又引郭注云：‘贲禺，音番隅’，今本脱郭音五字。”②则“贲”、“番”二字古音近同甚明；“贲”字属文部，“番”属元部，此亦元、文二部相通之例也。据此，则《孟子·离娄》“卒之东郭播间”，③“播”即“坟”字可知。又，《方言》卷十三：“冢，秦晋之间谓之坟，……或谓之釆。”此文“釆”字，自郭璞《方言注》已不得其解；戴震谓“釆”字或作“采”，④则其字即“播”字无疑。此并可证文、元二部古相通，然则播、粪二字通用似无疑义矣。帛书《老子》乙本卷前古佚书《十六经·三禁》：“天道寿寿，番于下土，施于九州”，⑤以“番”为“播”字；又《淮南子·齐俗》：“譬若播棊丸于地”，刘文典《集解》云：“《意林》引‘播’作‘翻’。”⑥又《水经》“河水过蒲阪”，郦注引《帝王世纪》：“舜都蒲阪，或言都平阳及潘”，全祖望谓《汉书·地理志》“上谷郡潘县”及《水经·漯水篇》之“潘水”，并即《帝王世纪》“潘”字之讹。⑦又《曲礼》“凡为长者粪之礼”，⑧《释文》本作“拚”，

① 戴侗、孔昭孔并以“粪”字谐“釆声”，（戴侗《六书故》，乾隆四十九年李鼎元师竹斋校刊本，第 50 页；孔说见孔广居《说文疑疑》引，卷下，第 11 页。）是前儒固有以此字为“谐声”者。

② 郝懿行：《山海经笺疏》，《续修四库全书》本，第十篇，第 1 页。森按：今本脱去郭音者，殆后人以“贲”、“番”音别而妄删之。

③ 《孟子注疏》卷八下，第 11 页。

④ 戴震《方言疏证》，《续修四库全书》本，卷十三，第 20 页。郭璞《注》云：“古者，卿大夫有采地；死，葬之，因名也。”此望文生义耳，盖古人葬必有坟，岂独以卿大夫采地为名？钱绎《方言笺疏》读“釆”为“宰”，亦未得之。

⑤ 中国国家文物局古文献研究室编：《马王堆汉墓帛书（一）》，文物出版社 1980 年版，第 74 页。

⑥ 刘文典：《淮南鸿烈集解》，中华书局点校本 1989 年版，第 351 页。

⑦ 全祖望：《经史问答》卷九，《续修四库全书》本，第 17 页。

⑧ 《礼记注疏》卷二，第 7 页。

云：“本又作‘粪’。”①以“潘”之为“瀵”之例证之，则“撲”即“播”字可知。上文言“播”、“粪”本为一字，此可为旁证矣。

《说文》：“播，种也。”《孟子》“百亩之粪”，“之”字意犹“所”，《诗·都人士》：“行归于周，万民所望”；《贾子·等齐篇》引此诗“所”字作“之”；又《韩非子·十过篇》：“平公曰：寡人之好者，音也”，《史记·赵世家》“之”字作“所”，②并其例也。“百亩之粪”犹言“百亩所种”，《孟子》此文所述者，周制依土地肥瘠之等，以定五等田百亩所种可食养之人数，以此为“庶人在官者”俸禄等差之依据。

《礼记·王制》亦有其文，文字与《孟子》微异：

> 制农田百亩，百亩之分：上农夫食九人，其次食八人，其次食七人，其次食六人，下农夫食五人。庶人在官者，其禄以是为差也。③

郑注于“百亩之分”下云：“分，或为粪。”俞樾《礼记异文笺》云：

> 注：“分，或为粪。”按《孟子》正作“粪”，赵注即以“粪”字解之；郑此注不为“粪”字作解，则虽存异文而不从也。④

郑注但言“分，或为粪”，知《礼记》古本有作“粪”字者，二字音同通假。郑不解“分”字，故后世注疏家如孔颖达《礼记正义》、朱彬《礼记训纂》、孙希旦《礼记集解》等，皆不解“分”字，盖如字读之。独翟灏《四书考异》引《礼记解义》云：

> 《王制》言“百亩之分”，《孟子》言“百亩之粪”者，盖“分”以均之而存乎法，“粪”以治之而存乎力，法出乎上，力出乎下，其言亦互相备也。⑤

---

① 陆德明：《经典释文》卷十一，《抱经堂丛书》本，第3页。

② 义见裴学海《古书虚字集释》，商务印书馆1935年版，第735页。

③ 《礼记注疏》卷十一，第5页。

④ 《清经解续编》卷一三五五，第7页。

⑤ 《清经解》卷四八〇，第7页。

此不知“分”、“粪”二字通用，强生分别，曲为之说耳，盖《孟子》言“一夫百亩”，《王制》亦言“制农田百亩”，则“百亩”之数本为定制，皆“均之而存乎法”者，岂《孟子》所言“百亩”独不然？其以“百亩之粪”为“治之而存乎力”者，谓《孟子》百亩食养之口其等差系依耕夫“治之而存乎力”，则依农功之勤惰而定，此沿赵岐、朱熹之误而臆说之。

《解义》所以有此臆解，盖“粪”、“分”二字古义久已湮失，故高明如钱大昕者，反谓《孟子》“百亩之粪”，“‘粪’字当依《王制》作‘分’”。①惟如其说，百亩既属定制，此文迳作“一夫百亩，上农夫食九人，上次食八人，中食七人”云云，文意明白，不烦更言“百亩之分”矣。实则此文所以必言“百亩之粪”（“百亩所种”）者，正较量上下之田百亩所获，以定“庶人在官者”俸禄之等差，以其在官而不事农作也。

复考《孟子》之书“粪”字凡二见，另一处见于《滕文公上》：孟子答滕文公问，论及古代税制得失，引述龙子之言，谓“治地莫善于助，莫不善于贡”，孟子进而申论“贡”制根本缺失乃在于：

> 贡者，挍数岁之中以为常。乐岁，粒米狼戾，多取之而不为虐，则寡取之；凶年，粪其田而不足，则必取盈焉。为民父母，使民盻盻然，将终岁勤动，不得以养其父母，又称贷而益之，使老稚转乎沟壑，恶在其为民父母也？②

历来学者于此文“凶年，粪其田而不足”一语，同样不得确解，各以意说之：

> 赵岐《注》：“至于凶年饥岁，民人粪治其田，尚无所得，不足以食。”③
>
> 朱熹《集注》：“粪，拥也。”④
>
> 焦循《正义》：“凶年，即饥岁也。《礼记·月令》：‘季夏：大

① 钱大昕：《十驾斋养新录》卷三，《续修四库全书》本，第13页。

② 朱熹《孟子注疏》卷五上，第7页。

③ 同上。按十行本“粪”下脱“治”字，据阮氏《校勘记》引宋本补。

④ 朱熹：《孟子集注》卷五，第6页。

雨时行，烧薙行水，利以杀草，如以热汤，可以粪田畴，可以美土疆。’孔氏《正义》云：‘粪，壅苗之根也。’蔡云：‘谷田曰田，麻田曰畴。言烂草可以粪田使肥也。’是‘粪其田’即是‘治其田’，故云‘粪治其田’。”①

诸家之说并牵强拘系。赵注以“粪治”二字作解，盖由“粪除”引申为“整治”之意，然核其说，此解必增“尚无所得”一句，文意乃足，不免增文解经之嫌。朱熹以“拥”字解之，然“粪”字无“拥”之训，盖本《月令·正义》解为“壅苗之根”（详下焦书引）。而焦循仍以杀草、壅苗之根等“粪饶之事”解此“粪”字，核之《孟子》本文，实滞碍难通。按“凶年，粪其田而不足，则必取盈”句，与上文“乐岁，粒米狠戾，多取之而不为虐，则寡取之”文义相对，其言“取盈”、“寡取”二者皆就官家课粮言之，乐岁丰收，“多取之而不为虐”，然官方仅按其常数课粮；而凶年荒歉，终年所获田谷，“粪其田而不足”，官方课粮仍其常数取足之，则人民且不得食以自存。此文论述主体为“乐岁”、“凶年”课粮多寡，此与“杀草”、“粪田”、“壅苗之根”等农作何涉？实则此文“粪”字亦当读“播”，言凶年所获之谷，播其田且犹不足，奈何亦仍常数课征之，如此将尽夺民食，壮者“不得以养其父母”、“老稚转乎沟壑”。孟子认为贡制徒“较数岁之中以为常”，不能变通，无论丰年、荒岁所课粮谷皆同，此绝非良制。盖孟子主王政，首在保民，尤以安定民生经济为要务。如此解之，则《孟子》两“粪”字皆读为“播”，文从字顺，显较旧解为愈也。

“粪”之为“播”，尚可于《论语》证之。《论语·微子篇》记：

子路从而后，遇丈人以杖荷蓧。子路问曰：“子见夫子乎？”丈人曰：“四体不勤，五谷不分，孰为夫子？”植其杖而芸。②

今人解此章“五谷不分”一句，多从朱熹《集注》之说：

① 《孟子正义》，第339页。

② 《论语注疏》卷十八，阮氏南昌府学刊本，第5页。

> 分，辨也。五谷不分，犹言不辨菽麦尔。责其不事农业，而从师远游也。①

朱熹解“五谷不分，犹言不辨菽麦”，实未得确诂。按孔子所处之时代，系以农业为主体的社会，孔门既以“多识于草木鸟兽”为训，五谷形状各异，不易混同，故朱熹以前《论语》注家绝无训“分”为“辨”者，王夫之《论语稗疏》斥之曰：“五谷之形状各殊，岂待勤四体以耕者而后辨哉？但云‘不辨菽麦’，正复为丈人嗤耳”。②惟王氏固能攻朱注之失，然其解“分”字为“细别其种”，不免增文解谊，且其说亦嫌枝蔓。③清代诸儒昧于此“分”字为假借，如字读之，故其说多歧。④今按此文“分”字，读与《王制》“百亩之分”同，即《孟子》“百亩之粪”之“粪”，为“播种”之意。考《释文》引郑玄《论语注》云：“分，犹理。”⑤又何晏《集解》引包咸之说云：“不勤劳四体，不分殖五谷”，⑥是东汉时其义已歧。惟皇侃《论语义疏》云：“分，播种也。”又言“当今

---

① 朱熹：《论语集注》卷九，嘉庆十六年吴志忠景宋刊本，第12页。

② 王夫之：《论语稗疏》卷十三，《清经解续编》本，第19页。

③ 王夫之云：“分者，细别其种也。均此一谷而种自不等，宜迟宜早，宜燥宜湿，宜肥宜瘠，各有材性。农人必详审而谨记之，不尔则早迟同亩，刈获难施，燥种入湿，其稼不实；湿种入燥，小旱即槁；肥种入瘠，结实无几；瘠种入肥，叶丰穗萎，故非老农不能区别以因土宜也。”（《论语稗疏》卷十三，第19页。）如此解，则丈人岂意在向仲尼诧逞其能播善种乎？

④ 宋吕本中《紫微杂说》（森按：此书旧题吕祖谦撰，非是，《四库总目》卷一二一已辨之）云：“‘四体不勤，五谷不分’，荷蓧丈人自谓也，言我方患四体不勤，五谷不分，孰能知夫子耶！”（中华书局1985年点校本，第15页。）《四库总目》称吕氏此说“颇有所见”，清代学者颇韪斯说，如朱彬《经传考证》、刘宝楠《论语正义》者是；周亮工《因树屋书影》亦以二语为丈人自道。然此说实非，果此二语为丈人自道，则与下文“植其杖而芸”之文自相抵牾矣。俞樾《论语平议》亦以此二语为丈人自道，惟俞氏知吕说有破绽，因曲为弥缝，云：“两‘不’字并语词，‘不勤’，勤也；‘不分’，分也。”（卷三十一，第24页。）然此说亦不能无病，盖凡作此说者，于“孰为夫子”一语，不得不增一“知”字为“孰知为”，推“我”而之“他”，说乃可通，其非确解甚明。皇《疏》、朱注以此二语为斥子路之语，亦非。诸说唯皇《疏》引袁桥《论语注》言：“其人已委曲识孔子，故讥之四体不勤，不能如禹、稷躬殖五谷，谁为夫子而索耶！”（卷九，第29页。）说为得之。又按，皇《疏》引袁桥“不能如禹、稷躬殖五谷”云云之说，则袁氏犹知“分”为“播植”之义。余意何晏引包咸之说“不勤劳四体，不分殖五谷”，此“分殖”疑“播殖”之意，故六朝时犹存“分”字训“播种”之说。

⑤ 陆德明：《经典释文》卷二十四，第20页。

⑥ 《论语注疏》卷十八，第5页。

乱世，汝不勤劳四体，以播五谷”云云，[①]则相传古义六朝尚有存者。惟“分”字何以训“播种”，前人多不憭，故皇侃此义前儒类皆无取焉。《论语》此文所记，乃当时逸民讥仲尼不事生产而徒游说设教也。《庄子·盗跖篇》亦载盗跖斥仲尼：“尔作言造语，妄称文武，……多辞缪说，不耕而食，不织而衣，摇唇鼓舌，擅生是非”云云，[②]其讥讽仲尼之意正同，盖“孔子以前，不仕而又别不事生产者，实未闻有人”。[③]

上文以《孟子》、《王制》、《论语》之文相证发，知《孟子》“百亩之粪”、“凶年粪其田而不足”，二“粪”字当读为“播”；而《王制》“百亩之分”及《论语》“五谷不分”，二“分”字与“粪”通假，亦即“播”字。《尚书·禹贡》“北播为九河”，此“播”字训“分”，即二字互训之例也。

［附记］此余大学毕业后所撰第一篇学术论文，近偶阅及之，虽30年前旧稿，觉其说尚不无可存，暇日因删其繁芜，略加点窜，引书改以近时寻常见之本。30年碌碌而过，学未加进，徒滋愧恧耳。2012年元月。

---

① 皇侃:《论语集解义疏》卷九，《知不足斋丛书》本，第29页。

② 郭庆藩:《庄子集释》，中华书局1961年点校本，第991—992页。

③ 冯友兰语，说见《中国哲学史》，商务印书馆1935年版，第73页。

“存身全行”与“爱敬自然”
——魏晋时期《孝经》的历史语境及哲学诠释

汪中文　施穗钰
台湾嘉南药理科技大学

摘　要　所谓“存身全行”，是以尊重“遗体”——“父母遗留给我的身体”的概念为前提，它不仅是基于“全而归之”的心理，也是备全德行以显耀父母的孝子心志。透过魏晋“生孝/死孝”的时代议题，可以说明魏晋士群对《孝经·开宗明义章》“身体发肤受之父母，不敢毁伤，孝之始也。立身行道，扬名后世，以显父母，孝之终也”的理解与实践。

至于“爱敬自然”，则是魏晋思想家论述“礼之本意”的主要脉络。透过对《孝经·士章》“资于事父以事母而爱同，资事父以事君而敬同”与《丧亲章》“生事爱敬，死事哀戚”的诠释与阐述，以及居丧礼重心从“礼制”转移到“礼意”的时代共识，可以说明魏晋士群对“孝”的谛解：乃立基于“情真”所展现的“非名”意态——“不以名为教”。

故本文写作，以史料征引与经典诠释两种方法，并绾合“毁不灭性，存身全行”与“称情直往，爱敬自然”两方面进行论述。意欲呈现魏晋士群的孝道践履，既是对传统《孝经》思想的接受，也透显了“反真致诚”之时代新义。

关键字　魏晋　《孝经》　《论语》　《庄子》　《世说新语》

一　前　言

魏晋士群普遍存有“存身以行道”的想法，这一点与“遗体”概念——珍重父母所遗留给我的身体，密切相关。这种想法反映在对伯夷、叔齐评价，从"以死显节"转变成"可以不死"的态度。例如，曹魏王肃（195—256）在考虑出处进退问题时，即标志"身体"的重要性，其言：

〔无以有己为人子者，〕注：身，父母有之也。〔无以恶己为人臣者〕注：言听则仕，不用则退，保身全行，臣之节也。（《孔子家语·观周》注）①

要知，王肃曾表述"世乱则隐道为行，然亦不忍为隐事"（《三恕》注，第314页）的想法，故知他所谓"保身"并非"贪生"的消极义。

据此，一般未能理解"宝身"深义，而轻易评断曹魏王昶（?—259）《家诫》内容不外乎贪生自全以保门第冠冕的看法②，可谓失之准精。理由之一，王昶破题即言："夫人为子之道，莫大于宝身全行，以显父母"③；"宝身"，显示了他对《孝经·开宗明义章》"身体发肤受之父母，不敢毁伤，孝之始也"的接受。依郑玄注："父母全而生之，已当全而归之"、"故行孝以不毁为先，扬名为后"（《孝经正义》，第11页），恰好说明了"宝身全行"的意涵：珍重父母所遗留给我的身体，不仅是基于"全而归之"的心理，也是备全德行以显耀父母的心志；此即"孝"的实践。理由之二，王昶《家诫》最后以"行事九思"告诫弟子，其中一项就是"进仕尚忠节"。那么，他所谓"若夫山林之士，夷、叔之伦"、"虽可以激贪励俗，然圣人不可为，吾亦不愿也"一段④，并非出于惧祸

① 参见韩格平主编《魏晋全书》下册，吉林文史出版社2006年版，第318页。

② 例如，康世昌即认为："宝身"在"引道子弟学一种'永全福禄'的处世哲学"、"用意在保此冠冕于不坠"。参见康世昌《汉魏六朝"家训"研究》（私立中国文化大学，中国文化大学中文研究所博士论文，1996年4月），第111—116页。但我认为：太原晋阳王氏"八叶继轨，轩冕莫与为比焉"是事实，即便子弟有王国宝之"骄蹇不遵法度"或王绥的"鄙而无行"，但就子孙就立身行事之"忠公慷慨"、"言不及私"品格来看，整体而言仍可称之"世传清德"、"士林扬则"（《晋书》卷七十五，第1969、1995页）。凡本文所引，参见房玄龄等撰《晋书》（中华书局1987年版）；并随文以"《晋书》卷/页"形式夹注标示。

③ 王昶行传及《家诫》，参见《三国志》卷二十七。本文所引《三国志》皆见陈寿撰、裴松之注《三国志》（中华书局2002年版），并以随文夹注标示。

④ 又譬如皇甫谧撰集的《高士传》，他依爵禄不能移其志、威势不能屈其身的标准，共选录九十人，但也清楚表示"执节若夷、齐"者不录。这就透露了魏晋人对伯夷、叔齐之死的评价有了转变。

私心即可得证。至于“不可为”、“吾不愿”，则是王昶提示子孙要清楚认知：究竟是基于何种信念或价值，才会舍弃不顾先人遗留给我的身体。

换句话说，魏晋士群“可以不死”的实质内涵，是他们对《孝经》的接受与“存身全行”的实践。从这个角度，可以反省历来从“务求自全”以维护门阀之避祸自私心态来看待魏晋士群的谬误看法。

其次，魏晋人物多半有着“涉历众书”、“博综典籍”的相同知识背景。以曹魏钟会（225—264）的学习历程为例，史载：“……年四岁授《孝经》，七岁诵《论语》，八岁诵《诗》，十岁诵《尚书》，十一诵《易》……”（《三国志》卷28/第785页）由此可知，《孝经》乃魏晋知识分子的启蒙经典文本。

然而，《孝经》又不局限于童蒙读本的意义。例如，晋朝皇甫谧（215—282）预写遗嘱，其《笃终论》交代子孙：“平生之物，皆无自随，唯赍《孝经》一卷，示不忘孝道”（《晋书》卷51/第1418页）。皇甫谧的举动，是具有典范意义的，像梁朝沈麟士（419—503）预写的终制《遗令》即言：“依士安用《孝经》”，士安即皇甫谧的字。不唯如此，沈麟士年幼因手误伤而流泪，自谓：“此本不痛，但遗体毁伤，感而悲耳。”及其年长，又注疏《孝经》、《丧服》等多部经典（《南史》卷76/第1892页）。事实上，沈麟士的诸种行为亦与东晋儒者范宣相似（详下文）。那么，《孝经》在魏晋士群的生活场域及文化意涵之重要性，已不言可喻。从这个角度，则可以反省历来以晋篡魏，故无法倡“忠”遂使“以孝治天下”沦为政治口号的意见。

基于上述问题意识，本文写作脉络有二：一是“毁不灭性，存身全行”，此乃扣紧魏晋士群尊重“遗体”以“存身全行”的想法；二是“称情直往，爱敬自然”，此由魏晋居丧礼所展开对“礼之本意”与“孝之真义”的追问。相关论题透过史料征引与经典诠释两种方法进行阐述，目的在于呈现魏晋士人对《孝经》文本的接受与孝亲价值的践履，既是传统思想的积淀也内蕴着时代的精神特色。

二　问题与脉络

西晋傅玄（217—278）《傅子》记载了发生于汉末骇人听闻的事件，

文载：

> 汉末有管秋阳者，与弟及伴一人，避乱俱行，天雨雪，粮绝，谓其弟曰：“今不食伴，则三人俱死”，乃与弟共杀之，得粮达舍，后遇赦无罪。此人可谓善士乎？孔文举曰：“管秋阳爱先人遗体，食伴无嫌也。”（《补遗上》《全晋文》卷49）①

孔融（153—208）对此事件的看法，亦同样惊骇世人。此处且不论法律责任或“贪生”、“杀生”的道德争论，先把重点放在“食伴无嫌”四字，这意味着“食伴”是为了“保存先人遗留给我的身体”而“不得不”采取的举动。可以说，这起因战乱而生的悲剧，孔融是从“爱遗体”而非“食人”的角度来看待的。

事实上，魏晋的两项重要时代议题，就是由“保存先人遗留给我的身体”的“遗体”概念衍生而来。其一，缘于战乱因素导致骨肉离散，而有“父母乖离”的论题②。此中，不只是为父母服丧与否的问题，更迫切的问题更在父母久无音讯应视为生存，既不能服丧，则子女成婚之期遥遥。依晋荀组所见：“推一身承一宗之重，传祖考遗体，无心婚娶，遂令宗祀绝灭于一人，及犯不孝莫大无后之罪，此实难处。”故“宜以王法断之，令举哀制服勤三年，凶不过三年。”（《议定父子生离哀制表》《全晋文》卷31）其说重点在“不使绝后”。简言之，我的“身体”非我一己之私，它从祖考而来具有担负“承”而后“传”的任务。其二，忠孝优位顺序的问题③。譬如，“桓公入峡，绝壁天悬，腾波迅急。乃叹曰：‘既为忠臣，不得为孝子，如

---

① 本文所引皆参见严可均辑、何宛屏等审订《全晋文》（商务印书馆1999年版），并以随文夹注标示。

② 《全晋文》辑有多篇题目“父母乖离”与“父母乖离不知存亡议”，可参见。

③ 相关问题，详见施穗钰《舍身或存身——魏晋士群对忠孝优位的抉择与践履》（发表于“国际儒学论坛”，嘉南药理科技大学通识教育中心主办，2011年10月28日）。此篇文章以“嵇绍之死”为典型事件，讨论魏晋士群践履“义在致死”与“奉养子道”时所面临“责任不相容”之伦理困境；而此情境冲突，便是政治上“我身非己有”之“忠”与道德上“身体发肤受之父母，不敢毁伤”之“孝”的如缕纠葛。

何？'"（《世说·言语》）[①] 这件事是东晋永和二年（346）桓温（312—373）率军伐蜀，其置身于长江三峡天险所发之慨叹。要知，"士"乃魏晋时期政治参与及文化活动的主要成员，故"忠臣—孝子"的情境冲突乃魏晋士群无可回避的现实问题。因此，桓温"如何"之叹，并非贪生畏死，他之所以在意念上稍有迟疑，不过是思索着身处险境如何才得以存留父母赋予自己的生命而已。

要知，身体及其存在乃是"我"个人意向得以传达的载体。这一点，从《世说》里"身"字与称代词"我"的用法相同的[②]，得以证明。那么，魏晋尊视孝友者选择以"宝身全行"谨慎地担负起承传先人之志的责任，亦是其"自我意识"的展现。唯有先确认这一点，方能以正确无误的论述视角，还原《孝经》思想在魏晋时期的发展样貌。以下，分述之。

（一）毁不灭性，存身全行

以居丧礼为讨论主轴，最能显现魏晋士群对"孝"的别解与新义。所谓的时代新义，就是环绕着《孝经》与《礼记》的不同论述而展开，可用下列事件作为发展标记并予以深究。

其一，东汉末戴良居母丧不依俗礼，并发惊骇流俗之论。史载：

> 及母卒，兄伯鸾居庐啜粥，非礼不行，良独食肉饮酒，哀至乃哭，而二人俱有毁容。或问良曰："子之居丧，礼乎？"良曰："然。礼所以制情佚也，情苟不佚，何礼之论！夫食旨不甘，故致毁容之实。若味不存口，食之可也。"论者不能夺之。（《后汉书》卷83/页2773）

非议者之所以无法反驳戴良，其原因在于他所提出"食之可也"的论据，乃出自于《礼记·问丧》"痛疾在心，故口不甘味，身不安美也"，

① 关于桓温，年十八即手刃江彪兄弟三人以报父仇，可谓孝。其后，都督四州、北伐石氏，虽有安定中原之功勋，但亦废帝乱政，显露篡位之野心。因此，史家对他的评价不一。本文仅从"忠臣/孝子"的角色冲突论述，至于桓温的历史定位，详见田馀庆《桓温的先世和桓温北伐问题》，《东晋门阀政治》，北京大学出版社2005年版。

② 参见徐震堮《世说新语校笺》，文史哲出版社1989年版，第499页。

郑玄对此的注释为：“言人情之中外相应”①；事实上，这也是《孝经·丧亲章》所谓“食旨不甘，此哀戚之情”的相同表述。那么，戴良与其兄既然“俱有毁容”，就说明他确有恻怛之情与痛疾之实。意即，戴良从“口不存味”强调哀戚存心比居礼仪制的奉行来得重要，这种重视本心真情的做法，开启了魏晋居丧礼简的风气之先②。

其二，魏阮籍（210—263）居母丧，虽饮酒食肉却又显“毁瘠骨立，殆致灭性”（《晋书》卷49/页1361）。值得留意的是，晋文王司马昭（211—265）为阮籍缓颊的理由是：“有疾而饮酒食肉，固丧礼也！”（《世说·任诞》）他提供“合于礼”的论据来自于《礼记·曲礼》“不胜丧乃比于不慈不孝”的说法，居丧饮酒食肉“乃虑其不胜丧而为之也”。其中，“比”字意味着“本心实非为不孝”（《礼记集解》，第76页）。正因如此，东晋孙盛（302—373）《魏氏春秋》才着眼于阮籍的骨立毁性，而有“性至孝”的史家评论（《任诞》注）。这意味着两晋时期对于“孝”的评价判准，逐渐从遵从居丧礼制的孝“行”转移到“哀毁骨立”所体现的孝“心”③。

不应忽略，无论孝心或孝行，都是以居丧礼为场景。那么，注意到裴楷前往吊唁阮籍母丧所发的言论，裴楷曰：“阮方外之人，故不崇礼制；我辈俗中人，故以仪轨自居。”他以“俗中/方外”来区别居丧轨仪礼典的遵守与否，具有将“方”字“礼制”意涵显题化的意义。与此同时，也因为他懂得阮籍“越情纵礼”激愤行为背后所蕴涵的“真情实意”之本心，故当时众人对于裴楷的论点，给予“两得其中”的评价（《任

① 本文所引《礼记》皆参见（清）孙希旦撰，沈啸星、王星贤点校《礼记集解》，中华书局1998年版，第1350页。以下所引《礼记》皆以随文夹注标示。

② 戴良为了让母亲高兴，常学驴鸣娱乐之，此种另类的“行孝”方式，其本心却符合《孝经·纪行章》所谓孝子事亲“养则致其乐”的意思。故说，戴良的刻意，乃意在凸显礼仪本质为真情实感，这在魏晋时期便是“称情直往”向“情礼兼到”的发展脉络。

③ 不过，同样是居丧饮酒食肉，阮简却受到不同的评价。据戴逵《竹林七贤论》所载：“（阮简）以旷达自居。父丧，行遇大雪寒冻，遂诣浚仪令，令为它宾设黍臛，简食之，以致清议，废顿几三十年。”（《世说·任诞》注）所谓的“清议”乃是类近于“乡论”、“正论”的同义词，是带有贬义性质的人物评论。换言之，透过众人的眼睛，阮籍与阮简的区别是显而易见的。因此，对于余嘉锡“自司马昭保持阮籍，而礼法废。波靡不返，举国成风，纪纲名教，荡焉无存”的强烈看法（《笺疏》，第726页），本文认为这并非司马昭单以政治力量可以操纵的。毕竟，阮籍因丧母而吐血数升、过度哀恸几乎死去，乃不争事实。

诞》)。事实上，阮籍“情真即礼之本意”的态度，在西晋持续发酵并逐渐凝聚成“称情备礼”的时代共识。

其三，西晋王戎（234—305）居大丧而不备礼制，正好与和峤（？—292）以礼法自持形成对比。史载：

> 王戎、和峤同时遭大丧，俱以孝称。王鸡骨支床，和哭泣备礼。武帝谓刘仲雄曰：“卿数省王、和不？闻和哀苦过礼，使人忧之。”仲雄曰：“和峤虽备礼，神气不损；王戎虽不备礼，而哀毁骨立。臣以和峤生孝，王戎死孝。陛下不应忧峤，而应忧戎。”(《世说》《德行 17》)

王戎的不拘礼制表现在“饮酒食肉，或观奕綦”；和峤的遵循礼制则以“量米而食”、“寝苫食粥”的自持法度来呈现（《晋书》卷 43/页 1233)。晋武帝看到的是和峤的遵礼尽哀，但刘毅（？—285）却从王戎毁悴哀恸、消瘦露骨所潜藏的危及生命的可能性来看。其中，注意徐震堮对于“王戎‘简要’”的解读——“知礼法之本而所行者简”、“所重性情而汰落仪节”①。也就是说，王戎依性情发为汰简仪节的“不备礼”行为，乃是先以对礼法之本的认知为前提的。于是，借由王戎与和峤“不备礼/备礼”的对比，逼显出西晋时期对“礼之本意”的追问。

要知，刘毅乃“纯孝至素，著在乡闾”(《晋书》卷 45/页 1279)，故其看法之具有强度说服力。从他的评论还可解读出两点时代讯息：第一，当刘毅并称“死孝”与“生孝”时，这意味着：不论是完备居丧之“礼”的孝行或重视哀戚之“情”的孝心，二者都是以“孝亲之真”为基始的。第二，“生孝”原意是对长者生前的“色养致敬”；“死孝”则是对已逝长者的“丧必尽哀”。但在刘毅的使用脉络，则由被孝敬对象的生死转移到致敬尽孝的行为主体；“生孝”，是他对《孝经·丧亲章》“毁不灭性”观点的接受；“死孝”则是他对“反本真”、“致已诚”时代精神之阐发。

换言之，刘毅的评语不在判别谁为“真孝”，反而点明了西晋对于“孝”的两种诠解进路的交融。这一点，正好由当时人对于王戎神情憔悴的分歧看法中，得以推知。根据《世说》所记的两条资料可知：一是，“世祖及时谈以此贵戎”(《德行》注)“贵”字透露，因居丧过礼、毁几灭性，

① 参见徐震堮《世说新语校笺·赏誉》，第 11—12 页。

而有获致海内称誉的可能①。二是，裴楷所说：“若使一恸果能伤人，濬冲必不免灭性之讥。”（《德行》）②“讥”字意味着：王戎因极尽悲恸而“伤”（耗损身体甚至危及生命），那么将不免受到讥评。但关键在于，裴楷既能以“冥外护内”之姿态相契于阮籍心意（《任诞》），又何以发此言论？看来，刘毅以“哀毁骨立”评为“死孝”，固有时代意趣于其中；然而裴楷的疑虑，也说明了魏晋当世视“毁顿灭性”为“不孝”的意见，始终未曾中断过。至此，“哀毁灭性”就变成了这样的问题：它究竟是展现孝子情真的时代新义抑或是悖离传统思想的不孝举动？

试看南朝刘孝标（462—521）解释“灭性之讥”所引用的注文：

> 《曲礼》曰：“居丧之礼，毁瘠不形，视听不衰，不胜丧，乃比于不慈不孝。”《孝经》曰：“毁不灭性，圣人之教也。”（《世说·德行》注）

根据《曲礼上》所载可知，居丧期间的两要点：其一、可允许羸瘦，但不可骨露外现；其二、若遇有疾病是允许饮酒食肉的。所以，孔颖达《孝经正义》对“不胜丧，乃比于不慈不孝”的解释是：“不留身继世，是不慈也。灭性，又是违亲生时之意，故云不孝。不云‘同’而云‘比’者，此灭性本心，实非为不孝。”这说明，王戎固然以此真诚“本心”而获得时论称誉；与此同时，依传统儒家“留身以继世”观点而来的批评，也未曾间断过。

事实上，有关“毁不灭性”的想法，恰好呈显魏晋士群对传统儒家经典接受的重要意义。除了《孝经》外，还有两条线索：一、《荀子·礼论》所谓“量食而食之，量要而带之，相高以毁瘠，是奸人之道，非礼义之文也，非孝子之情也，将以有为者也”，“其立哭泣、哀戚也，不至于隘慑伤生，是礼之中流也”③。“有为”二字，意指若以毁伤身体而求得

① 例如，参与撰写《晋礼》的荀顗“年踰耳顺，孝养蒸蒸，以母忧去职，毁几灭性，海内称之”（《晋书》卷39/第1150页）。

② 林丽真从“合不合乎自然本性”解读“灭不灭性”（《论魏晋的孝道观念及其与政治、哲学、宗教的关系》），本文则倾向从儒家经典接受的角度来诠释。另，《晋书》对此事载为“裴楷往吊之”，但本文依余嘉锡所考（《笺疏》，第23页），认为以裴楷的身分发此言较为恰适。

③ 参见（清）王先谦《荀子集解》（全二册），中华书局2007年版，第364页。

名声的做法，既不符孝子情思也非“以礼节情”合于中道的行为。二、《礼记·祭义》所谓“父母全而生之，子全而归之，可谓孝矣。不亏其体，不辱其身，可谓全矣。”（《礼记集解》，第1228页）完整的表述，即是曾子：“身也者，父母之遗体也”、“父母既没，慎行其身，不遗父母恶名，可谓能终矣。”（第1226页）对此，汉末高诱曾以“私犹独”注解“身者非其私有也”，又云：“行道不从邪径，为免没溺畏险之害，故曰能全支体。”可见高诱从“不亏其身，不损其形”来定义“孝”①；这又与“遗体”观念密切相关。

简言之，魏晋士群从“存身全行”的角度，首先确认了“灭性不孝”②，继而从“遗体”——“留身以继世”的意涵，申述了“毁不灭性”的说法；以上种种都与《孝经·开宗明义章》“身体发肤受之父母，不敢毁伤”的思想密切相关。其中，注意到“‘不敢’毁伤”的“敬慎”意涵，这是曹魏何晏（？—249）《论语集解》对“孝”诠释的主要脉络，故其谓“毁不灭性”或“孝子不妄为非，唯疾病，然后使父母忧”③，皆着眼于为人子者，应当敬慎自居而不损伤其身，方可谓之“孝”。此外，东晋陶潜（365—427）《士孝传赞》所谓“夫能敬慎若斯，而灾患及者，未之有也”，也说明了“不敢忘父母，不敢毁伤，孝之始也”的“不敢”，乃指“敬慎”之意④。

以上诸说，以魏晋实例辅证之。

其一，东晋范宣乃精善《三礼》的儒者⑤，八岁时因误伤手指而大啼：“身体发肤，不敢毁伤”（《世说·德行》）。可见，他之所以哭啼并

---

① 参见陈奇猷《吕氏春秋校释·孝行览》，华正书局1988年版，第737—738页。

② 《晋书·孝友传》记载晋桑虞“毁瘠过礼，日以米百粒用糁藜藿，其姊谕之曰：‘汝毁瘠如此，必至灭性，灭性不孝，宜自抑割。’”（卷88/第2291页），便直接说出：若因父丧哀恸导致几近损害性命，实则“不孝”。

③ 何晏注分见《为政》“孟武伯问孝”与《子张》“丧致乎哀而止”两条（《集释》，第84、1326页）。本文所引《论语》及各家注解，皆参见程树德撰，程俊英、蒋见元点校《论语集释》，中华书局2006年版，并以随文夹注标示。

④ 还可以注意到，陶渊明于《士孝传赞》指出“士”的“纯孝”，具有“荣亲”、“化民”、“悟主”之效（《全晋文》卷112）。本文认为这与《孝经》内容以及《晋书·孝友传》对“孝感”的论述方式是相应合的，值得再深入探究。

⑤ 范宣著有《礼记》二卷，从严可均《全晋文》卷一百三十所收录的文章，皆可见范宣对于丧服、谅暗与墓祭诸问题的商议观点。

非不能忍痛；他对身体的自觉重视乃源于对《孝经》思想的接受。据此而论，范宣批评"逮晋之初，竞以裸裎为高"的社会风气（《晋书·儒林》，卷91/第2360页），其高亢激动的情绪，或许蕴藏的是他对身体的独特看法：我的身体，是父母所遗留给我的；若流于赤身露体，既是不敬慎也是不孝。

其二，东晋"学为儒宗"的孟陋，其"丧母，毁瘠殆于灭性，不饮酒食肉十有余年"。值得注意的是，对于孟陋几近送命的哀恸行为，其亲友族人劝阻的理由是"圣人制礼，令贤者俯就，不肖企及。若使毁性无嗣，更为不孝也"。而后，孟陋被劝服并由此而闻名海内（《晋书·隐逸》，卷94/第2443页）。这不是单一的个案，早在曹魏，李敏因战争失联，其子李信却坚信其父仍存人世，故"情若居丧而不聘娶"，燕国徐邈同样劝之以"不孝莫大于无后，何可终身不娶乎！"李信遂娶妻生子李胤后，仍如居丧礼（《三国志》卷8/页253）。此二例，都以"我身，乃父母之遗体"，作为说服当事人从吉婚聘的有力理由。

总言之，我的身体，非我一己之私，它从祖考而来故具担负"承"而后"传"的任务。因此，"毁不灭性，留身继世"，不仅是魏晋士群对《孝经·丧亲章》的理解，更是他们在战乱离散时代背景下的具体实践。

（二）称情直往，爱敬自然

"孝敬尽礼"四字，可谓精练了樊迟"问孝"孔子以"生事之以礼，死葬之以礼，祭之以礼"的回答（《为政》），它显示了孝与敬及孝与礼之间的连结。以孝为连结点，魏晋思想家对"敬—孝—礼"的诠释观点，遂从对居丧礼制仪式的遵循转向强调自然爱敬之情，换句话说，魏晋士群立基于"情真"所展现的"非名"意态——"不以名为教"所作出对"孝"的谛解，也正是其迥异于汉代名教的根柢之所在。

首先，就曹魏刘劭"爱敬自然"与《孝经》的关连性来看。刘劭《人物志·八观篇》"人道之极，莫过爱敬"一句①，显示他有意将

① 本文所引刘劭《人物志》及刘昞注，参见任继愈、傅璇琮主编《文津阁四库全书·第280册·子部》，商务印书馆2005年版。

“爱”、“敬”标志为人伦关系的最高德行与最重要之准则所在；这显然跳脱了量材授官的政治眼光，故在汉魏思想形态转换之际，有其特殊意义。刘劭对“爱”与“敬”的论述如下：

> 盖人道之极，莫过爱敬。是故，《孝经》以爱为至德，以敬为要道。《易》以感为德，以谦为道。《老子》以无为德，以虚为道。《礼》以敬为本，《乐》以爱为主。然则人情之质有爱敬之诚，则与道德同体，动获人心，而道无不通也。(《八观》)

其中有几点需要说明：一、所谓“《孝经》以爱为至德，以敬为要道”，显示刘劭对《孝经·士章》“资于事父以事母而爱同，资于事父以事君而敬同”的接受与掌握。然而，由于刘劭先行确立了“人情之质有爱敬之诚”的前提——爱与敬乃人与生俱来的真实内在情性，于是当“我”以本具的“爱”、“敬”之情与他人交往时，也能得到他人同样诚心的感应。尤其注意到，刘劭此处并不以爱父或敬君来区别，因此当他将“物顺理通”的基本原则维系在“爱”与“敬”之时，显然他意图将原本属于亲子间的无利害、无计较关系，拓及横向平列的他人。换句话说，“人道之极”之实质意涵，乃以“情真”为底蕴，最后聚焦于“齐”、“治”乃至协和的人我关系。

二、注意到刘昞将“爱敬之诚”注解为“笃于慈爱”。要知，“慈”的本义就是“爱”，那么，这满溢的爱包括了：父对子的怜爱（子对父的敬爱)、君对臣的慈爱（臣对君的忠敬)、夫妻之间的恩情爱意、兄弟间的恭敬悌爱以及同志友朋间的相知友爱。足见，刘劭所论的爱敬对象乃扩及于“我”之外的“他”人；各种社会关系的连结，就凝聚在“我”对“他”无所分别、不具利害关系的真切深爱。不过，在横向的人际交往中，难以避免爱憎夹杂的“亲爱”之惑①，因此必须存有对“他者”的升举之情，以作为“我”内在礼敬情感得以发用的对象，并借此兴起自

① 刘劭通常将“亲爱”放在夹杂主观“爱恶”之情的语脉下使用，《人物志》出现两次：一是《七谬》“亲爱同体而誉之”，二是《接识》“有亲爱之情，称举之誉”；指的都是“偏材之人”对“同体之人”的亲近与喜好。

我的向上之情①。不过，单纯的礼敬难以避免“严离”、“难久”的疑虑，是以，刘劭最后仍回到“《乐》之爱”的主轴，以形成一种相续无间的爱敬之情。换言之，即便爱敬是“相资相须”的关系，但从“爱”所内具之“意厚”、“深感”、“情通”的特点来看，显然较之于“敬”更具优位性。

三、传统的思想多谓“礼”主“敬”、“乐”主“和”，刘劭却说“《乐》以爱为主”，其中转折为何？不当忽略这样的事实：刘劭曾于魏明帝景初年间（237—239）上疏：“以为宜制礼作乐，以移风俗，著《乐论》十四篇。”（《三国志》卷21/页620）只可惜，《乐论》已佚失。倘若考虑刘劭写作《乐论》的经验，那么推论得远一点，或许从《乐记》“乐者异文合爱者也”，可以勾勒出刘劭将“乐主和”置换成“乐主爱”的用意。所谓“异文合爱”的意思是，乐能使各种异质归趋于和谐；“乐”与“爱”之可以并论，原因在二者本质——“和”的相通之处②。简言之，作为人伦之道的爱与敬，显然是先去除了对他人的喜恶爱憎之情，而返回要求“我”自身的心境的“平和”才成立。在这个意义上，可以说刘劭意在要求去除任何可能对本真情感产生“伪”、“妄”的变因。唯有如此，不掺杂利害与计较的“厚爱”，正是使“人—我”有着深感情通的互动交流，并使“彼—此”关系趋向稳定和谐的重要力量。

如上所述，刘劭“爱敬自然”的观点，实质上论及《孝经》“以孝治天下”则“天下和平，灾害不生”的可能性；尤其，他还把孝治的主词从“明王”置换成任何一个具有爱敬之诚的个体。毋庸置疑，刘劭的看法，彰显了魏晋时期个体自觉的精神。

其次，曹魏何晏（190？—249）与王弼（226—249）均对《论语》“林放问礼之本。子曰：‘大哉问！礼与其奢也，宁俭。丧与其易也，宁戚’。”有所表述。

---

① 《人物志》中“气清而朗者谓之文理，文理也者，礼之本也”、“简畅而明砭，火之德也”（《九徵》），这两句的意思是：礼，外显为对他人的恭敬之意，此升举之情如火之升物；火气又具有使人明朗简畅之用。这种比配五行五德五常与形体关系所进行的论述，可略见刘劭“征神见貌”与“即行以知德”的思路。详见唐君毅《中国哲学原论·原性篇》，台湾学生书局1989年版，第154—158页。

② 关于《乐论》论“和”，参见徐复观《中国艺术精神》，台湾学生书局1992年版，第15—17页。

何晏的看法是："言礼之本意失于奢，不如俭也。丧失于和易，不如哀戚也。"（《八佾》注，第 145 页）此乃以"奢"、"俭"的礼仪繁文与"哀"、"戚"的内在情感相对举。[①] 简言之，不论丧礼的丰俭或赞币的厚薄，都要发自于我内心的"戚感"与"敬意"。故"子游问孝"一段，何晏："孟子曰：养而不爱，豕畜之也。爱而不敬，兽畜之也。"（《为政》"子游问孝"注，第 86 页）所谓"豕之"乃"不以礼相待"之意。这可视为何晏以"爱敬"之情为对《礼记·祭义》"尊亲—弗辱—能养"的理解角度。至于王弼则言："时人弃本崇末，故大其能寻礼本意也。"（第 144 页）故知他所说的"本"，乃从"礼之本意"——"礼的根本意义"来解说[②]。所以，王弼对"孝弟也者。其为仁之本与"的看法是："自然亲爱为孝，推爱及物为仁"（《论语·学而》注，第 15 页）。足见王弼关于仁义孝慈的问题，皆从发自内心真情实感之"本"的角度证成[③]；并由"性其情"的脉络，将"性"界定为"朴"、"真"的自然质性。

另外，注意到何晏对"君子笃于亲，则民兴于仁"的看法，其注：

> 兴，起也。君能厚于亲属，不遗忘其故旧，行之美者也，则民皆化之。起为仁厚之行，不偷薄。（《泰伯》注，页 515）

引文说明了仁者"行之盛"的内容以及"仁之功"之效益；二者结合即是己立立人的"为仁路径与方法"——"仁者之行。方，道也。但

---

① "易"字有两种解释：一是"平易"，如履平地使人心轻放；二是"治办"，依衾棺椁一切治办而哀情不足。意即：奢过于文饰而流于浮华；俭不及于过程仪节而嫌于质朴。奢乃外有余而内不足；内不足则本失矣，故重点在"与彼宁此"以求"本"。参见钱穆《论语新解》，生活·读书·新知三联书店 2002 年版，第 55 页。

② 楼宇烈根据《玉函山房辑佚书》作"寻礼本意"四字，故本文做如是解。参见楼宇烈《老子周易王弼注校释》，华正书局 1983 年版，第 634 页。

③ 王弼于《老子指略》说："绝仁非欲不仁也，为仁则伪成也"与《38》注："仁义发于内，为之犹伪"，即表明他所绝弃的是可尚可尊"为仁之名"。"为而伪成"是因为"仁"发为具体行为时，始终是有对象性及其局限的。偏私之为也是一种伪。此可借王弼定义"自然亲爱为孝"来证明。《论语》出现多次弟子"问孝"而夫子回答有异，王弼的看法是："问同而答异者，或攻其短，或矫其时失，或成其志，或说其行。"（《为政》注，第 90 页）也就是说"敬养"、"色难"等都是具体的"孝行"，虽与"自然亲爱为孝"同属"孝"的性质，但具体的孝行是有所局限的，故要以"无名"——无仁义之德目称谓，作为返璞归真的方法。

能近取譬于己，皆恕己所欲而施之于人。”（《雍也》注，第428页）何晏扣紧“近取”二字，诠释了行仁之“道”之具体意义，于此贴近了“可供人行”的“道路”本义。事实上，最切近人们生活并且可于其中体现仁德真情的事件，就是丧与祭，其言：

> 慎终者，丧尽其哀也；追远者，祭尽其敬。人君能行此二者，民化其德而皆归于厚也。（《学而》注，第37页）

何晏以“尽敬”与“致敬”为“祭”的核心，故谓“故不致肃敬于心，与不祭同”（《八佾》注，第176页）。“致”字的重点，还不只是亲临与祭吊丧而已，更在于“我”的到场以致献出满怀诚敬之意。也正是基于这种心理而说：“丧者哀戚，饱食于其侧，是无恻隐之心。”（《述而》注，第450页）这是将“我”的同理心外显为“未尝饱食”的行为，以表示对他人悲怆的感同身受。尤其，在“君能一而民化”的关系中，之所以可以产生“民德归厚”之效，根本原因就在于“我”致祭虔敬心意的对象乃一已逝的祖先或亲友；现实地说，死者已矣，因此这样的致祭并不挟杂任何功利因素，唯是一片真情流露故而能醇厚。这样的想法，可谓魏晋思想家对《孝经》“孝治天下”之所以可能的论述脉络。

最后，看西晋郭象（252—312）《庄子注》的诠释。

《庄子》文本于《大宗师》篇中，着重处理了两种重要的人伦关系：一是，子桑户死，其“莫逆于心，相与为友”的孟子反、子琴张却编曲鼓琴“相和而歌”；二是，以居丧之道闻名鲁国的孟孙才，竟有“母死，哭泣无涕”的行为。这两段文字，除了透露对死生之理的了悟之外，还环绕着世俗丧礼所逼显出对“礼之真意”之内容的讨论。

先就子桑户之死一段分析。前往助丧的子贡以“敢问临尸而歌，礼乎？”提问，表达了他对“临尸而歌”的不解与惊讶。郭象对“是恶知礼意！”的看法是：

> 人哭亦哭，俗内之迹也。齐死生，忘哀乐，临尸能歌，方外之至也。夫知礼意者，必游外以经内，守母以存子，称情而直往也。若乃矜乎名声，牵乎形制，则孝不任诚，慈不任实，父子兄弟，怀情相欺，岂礼之大意哉！（《大宗师》注，第267页）

郭象从“寻至理以遣死生之累”的角度，论述了“齐生死”乃对“‘在世’或‘去世’”状态改变都能保持安然自适的深意[①]。但这里的重点是，郭象点出了“礼的真意”即以“任诚”、“任实”为其底蕴。引文中“守母存子”，乃郭象借用了王弼“崇本”、“存诚”的说法，并把“礼之真意”定位在首出于内心真实情感；此即“称情直往”——合于本性真情的界定，是从不矜持孝名与不执着定则的态度来确保“情之真”。

次就孟孙才“其母死，哭泣无涕，中心无戚，居丧无哀”一段来说[②]。颜回以“有无其实而得其名者乎?”提问，意思是孟孙才之母死而“无涕”、“不戚”、“不哀”的表现，难道不算徒有虚名吗?[③] 孔子答以“尽之矣，进于知矣”，即表明孟孙才不但尽礼、知礼，更有胜于此者。特别的是，郭象注：“鲁国观其礼，而颜回察其心”（《庄子》注，第274页），便将原本颜回有惑不解的样貌，翻转成直能透达孟孙氏心意之实的形象。

另外，《庄子》里“演门有亲死者，以善毁爵为官师，其党人毁而死者半”一段[④]，原意是宋国演门有个人的父母死了，因憔悴哀毁被视为大孝而封以官爵，造成其乡里的仿效以致身体毁伤而死者泰半。由一“爵”字透露了庄子对人性异化的反思；汉末“以名为教”丛弊滋生，莫不是此寓言的实证。郭象注以“慕赏而孝，去真远矣，斯尚贤之过也。其波荡伤性，遂至于此”（《外物》注，第945页）同样申述了由营求企慕举动反而造成“去真伤性”的论点。有鉴于此，郭象还从忘人爵之贵贱，申论了孝的真义在“色养”，其注：

---

① 郭象“尽死生之理”的想法，以及魏晋士人如何安顿“自己的将亡”与“故友的离世”诸问题，详见施穗钰《深达存亡之理的魏晋士群》，收入赖俊雄主编《再思生命哲学与文学》，书邦出版社2009年版，第203—228页。

② 可以用来对比的是，《礼记·檀弓下》所载：“颜丁善居丧。始死，皇皇焉如有求而弗得；及殡，望望焉如有从而弗及；既葬，慨焉如不及其反而息”，郑玄注：“皆哀悼在心之貌”，即可知孝子纯慕之情，不必由“哀”、“哭”字以显现。

③ 《世说·赏誉》所载：杜乂父亲的墓穴崩塌，按理儿子应哀恸不已，但杜乂却显得“哀容不称”，于是庾亮以“弘治至羸，不可以致哀”为由，并再次强调“弘治哭不可哀”，为杜乂解除众多送殡宾客的疑惑。当然，杜乂与孟孙才的“不哀”有层次上的区别，但就旁观的众人而言，居丧哀哭乃自然之事。

④ 本文所引，皆参见郭庆藩撰、王孝鱼点校《庄子集释》，中华书局1982年版。

> 夫养亲以适，不问其具。若能无系，则不以贵贱经怀，而平和怡畅，尽色养之宜矣。……夫无系者，视荣禄若蚊虻鸟雀之在前而过去耳，岂有哀乐于其间哉！（《寓言》“曾子再仕而心再化”注，第955页）

曾参为养亲而仕，可谓“禄养”。蚊虻鸟雀，则是以体态小大比喻俸禄的多寡。不过，事亲之事既与利禄之具无涉，故应无系于爵位贵贱、俸禄多寡，而是行为主体在举手投足间处处流露以对待父母的真诚敬重之神态为重。郭象以孝敬尽礼为“孝”的本义，呼应了儒者事亲色养以求适的想法。

郭象的讲法，可旁证于晋朝皇甫谧。由于皇甫谧年少游荡无度，他的叔母任氏因而叹曰：“《孝经》云：‘三牲之养，犹为不孝。’……无以慰我。”（《晋书》卷51/第1409页）其中，任氏引用《孝经·纪孝行章》之语，此举说明她所认知的“孝”，并非指三牲大礼的“物养”。另外，“无以慰我”则是她以继母身份表露对皇甫谧人身安全的担心（可能因其游荡惹事以致态度矜高或参与逆乱，甚至受刑身亡），这亦与魏晋时期重视“遗体”的想法相符。

综览上述，魏晋思想家皆以“孝，立基于真情”为诠释脉络。因此，从“称情直往，爱敬自然”的角度，更能解读出魏晋“致诚反真”的时代精神。与此同时，直从尊亲之道乃人伦之本的角度，将可对一般视晋朝篡魏政权，因而无法提倡“忠”遂只能宣扬“以孝治天下”的意见①，给予深度的反省。

① 唐长孺以“名教之本应是忠孝二事”的立场主张：“自汉以至三国君亲之间是容许有所选择的”，但由于晋朝政权取得的方式，使得“忠”无从谈起；而门阀制度的确立，又使得“孝”的实践在经济与政治获得很大的利益。于是“亲先于君，孝先于忠的观念得以形成”。参见《魏晋南朝的君父先后论》《魏晋南北朝史论拾遗》（台版，出版者不详，1982年），第243—244页。本文认为：“忠”应回到“忠于人”的脉络：忠于君、忠于民，一切都以“尽己之谓忠”的想法为基始。况且，对大多数未曾出仕的魏晋人而言，凡言及“人伦”必定从尊亲孝友论之。本文围绕居丧礼展开的论题，就说明魏晋人对“孝”的重视，是出于生活情境的切身需要，并非单靠政治力可以左右的。

三 结 论

本文以史料征引与经典诠释两种方法，着重梳理两条脉络：一是，魏晋士群以尊重敬慎的态度，看待父母遗留给“我”的身体之“遗体”概念；这是基于传承先人的心志而非避祸求自全的消极。二是，由居丧礼所展开“礼之本意”的诠释；不论完备居丧之“礼”或重视哀戚之“情”，都以“孝亲之真”为基始。前者乃魏晋战乱频仍而有的历史语境；后者则提出迥异于汉代“以名为教”的哲学诠释。综合两方面，并以“尽己本心至情的自然而然”为谛解，方能完整呈现魏晋士群对《孝经》思想的接受与实践。

本文写作的意义在于，魏晋这个政权更迭、战争频仍的时期，其伦常之所以能维系、道德之所以能不亡，正有赖于当时“孝为人之本”的共识。即便现在已走入云端科技时代，但孝道思想与家庭价值并未随之而消减。若资鉴于此，将有助于促进儒学核心价值的现代反思。

从“新外王”到“新内圣”：一个“后新儒学”的向度

林安梧
慈济大学

摘　要　本论文旨在针对“内圣”与“外王”这组概念，对比于“新儒学”与“后新儒学”，做一总的回顾与思考。当代新儒家不同于以往儒家的内圣直通外王之道，改而强调由“内圣”开出“新外王”，特别经过一“良知的自我坎陷”以开出“知性主体”，并以此而开出现代化的民主、科学。我则认为应该有一大进展，这是经由“新外王”的学习，进而启其“内圣”，有一新内圣之发展可能。这些论题将涉及“方法论之本质主义”（methodological essentialism）与“方法论之约定主义”（methodological conventionalism）的差异；另外，也涉及“历史的发生次序”“理论的逻辑次序”“实践的学习次序”三者的差异。

本文首先溯及20世纪以来所引发的思考，对比地呈现出“后新儒学”与“新儒学”的总体异同。再者，指出第三波的儒学革命主张的是“民主宪政，公义为主”“多元而一统”，此不同于往昔第一波之“宗法封建，人伦为亲”的“大一统”，也不同于第二波之为“帝皇专制，忠君为上”的“大统一”。在此新局下当有一崭新之思考也。吾人以为儒学该从“道德的形而上学”转为“道德的人间学”，由“心性修养”转而强调“社会正义”，在重视“君子”之前，更得重视“公民”概念。这已经不是如何从“内圣”开出“新外王”的思考，而是如何在“新外王”的学习过程里，调理出“内圣”，并由此“新内圣”再调理于“新外王”之中。“内圣”与“外王”是交与为体用的，这种“两端而一致”的船山式的思考，正是后新儒学思考的特点之一。

疏理传统，面对“血缘性纵贯轴”三纲之限制，解开此中所涵之“道的错置”，经由“公民”与“君子”之对比与厘清，朝向“公民社会”之建立。从“内圣—外王”到“外王—内圣”的结构性转换，是伴随着儒学的现代性与后现代性而开启的，这是儒学不得不具有的转化与创造。

关键词 多元一统 本质主义 约定主义 道的错置 公民社会 君子 两端而一致 船山 身心一如

一 楔子

自20世纪90年代后期，我体会到整个时代已有了巨大的变化，原先的新儒学面对的存在处境及其所升起的问题意识已大有变革，我认为承继新儒学当有一崭新的开启，面对实存的新境域，寻到新的问题意识，这应是“后新儒学”的年代了。起先由“护教的新儒学”与“批判的新儒学”① 的对比，我写了篇文章。之后在1994年2月写了“后新儒学论纲”②，并在当年4月间，趁访美之便，在杜维明教授所主持的哈佛大学的儒学讨论会上，第一次演绎了这个想法。往后，我顺此论纲，继续发展，写了不少文章，做了不少讲论。经过了这近二十年，自不免愈清楚起来了。

“后新儒学”之不同于“新儒学”者何在？我曾有一表格以应之③。大体说来，“新儒学”所重在“心”“主体性”，而后新儒学则重在“气”“生活世界”。在方法论上“新儒学”重在“方法论的本质主义”（meth-

① 此文原在1996年12月的第四届当代新儒学国际会议上发表，后收入林安梧《牟宗三前后：当代新儒学哲学思想史论》第十二章“牟宗三先生之后：‘护教的新儒学’与‘批判的新儒学’”，台湾学生书局2011年版。

② 1997年4月间，在由成功大学中国文学研究所举办的“第一届台湾儒学国际学术研讨会”上，我写了《咒术、专制、良知与解咒——对“台湾当代新儒学”的批判与前瞻：对于〈后新儒家哲学论纲〉的诠解》，同年国际中国哲学会，在韩国汉城的东国大学召开，我亦在会上宣读了此文的修订版。之后，我又修订了几处，而刊登于《鹅湖》第二十三卷第四期（1997年10月，台北）。后来收入林安梧《儒学革命论：后新儒家哲学的问题向度》第三章，台湾学生书局1998年版。

③ 此表格绘于林安梧《“新儒学”、“后新儒学”、“现代”与“后现代”——最近十年来的省察与思考之一斑》一文，刊于《鹅湖》第30卷第12期，2005年6月第360期，第8—21页。

odological essentialism），而后新儒学则为“方法论上的约定主义”（methodological nominalism）。在道德哲学上，新儒学强调“道德先验论”，以“陆王哲学”为主导，后新儒学则强调“道德发展论”，以“船山哲学”为主导，前者重在“超越的分解”，而后者重在“辩证的综合”。新儒学最关心的是“如何开出现代化”，并主张“良知的自我坎陷以开出民主科学”，而后新儒学则强调在“现代化学习过程里，如何重新调理”，主张“文化的互动与融通，以调剂民主科学”。新儒学所重在“心灵修养的境界圆善”，并“以圣贤教言之诠释为核心”；后新儒学则重在“社会正义的公民道德”，并渐转“以历史社会总体之诠释为核心”。在宗教哲学方面，新儒学偏向于“否定巫教之信仰价值”，并主张“巫教”与儒学之断裂性，主张“良知”超迈一切；而后新儒学则偏向于“肯定巫教之信仰价值”，主张巫教与儒学之连续性，主张“良知、专制、咒术”有其纠结。新儒学强调“主体的开出”，这是由“内圣”而“外王”；后新儒学则强调要厘清“道的错置”，并主张由“外王”而“内圣”。

“新儒学”与“后新儒学”的对比，这当然不只是时间先后的对比而已，而是有一内容的发展性、批判性关系。2003 年 5 月《牟宗三先生全集》出版了，我认为这标志着牟宗三哲学的完成，但这并不标志着牟宗三哲学的结束；相反的，它标志着牟宗三哲学的崭新起点。这崭新起点是一转折，是一回返，是一承继，是一批判，是一发展。[①]

二 第三波的儒学革命：“民主宪政，公义为主”“多元而一统”

无疑地，该是再一波儒学“革命”的年代了。说是“再一波”，这便意味着以前也有过好几回的儒学革命，而现在又到了新的一个阶段。没错！最早的原始儒学诞生于“周代”，大行于“两汉”，又重复于“宋明”，再生于“现代”。周代重的是“宗法封建，人伦为亲”的“大一统”格局，到了汉代以后，一直到民国以前则是“帝皇专制，忠君为上”

---

① 我曾有《迎接“后牟宗三时代”的来临——〈牟宗三先生全集〉出版纪感》之作，刊于《鹅湖》第 28 卷第 9 期，总号 333，2003 年 5 月，请参看。

的“大统一”格局。民国以来，发展到现在，可应该是“民主宪政，公义为主”的“多元而一统”的格局。

孔子完成了第一波“革命”，使原先所重“社会的阶层概念”的“君子”转成了“德性的位阶概念”的“君子”，使“君子修养”成了“人格生命的自我完善过程”，当然这是在亲情人伦中长成的。以我这些年来所常用的学术用语来说，这是在“血缘性的自然连结”下长成的“人格性的道德连结”①。语云“人人亲其亲，长其长，而天下平”②，“书云：孝乎惟孝，友于兄弟，施于有政，是亦为政，奚其为为政”③；就这样，孔子主张“为政以德”④，强调“政治是要讲道德的”。孔子这一波革命，要成就的不只是“家天下”的“小康之治”；他要成就的更是“公天下”的“大同之治”，像《礼记·礼运·大同篇》讲“大道之行也，天下为公”，《易传·乾卦》讲“乾元用九，群龙无首，吉”，这说的是因为每个人生命自我完善了，人人都是“真龙天子”，人人都有“士君子之行”，当然就不需要“谁来领导谁”，这是“群龙无首”的真义⑤。有趣的是，现在世俗反将“群蛇乱舞”说成“群龙无首”。不过，这倒也可见孔子的“道德理想”毕竟还只是“道德理想”，并未真正实现过。

第二波革命，则是相应于暴秦之后，汉帝国建立起来了，这时已经不再是“春秋大一统”的“王道理想”，而是“帝国大统一”的“帝皇专制”年代了。帝皇专制彻底地将孔老夫子的“圣王”思想，做了一个现实上的转化，转化成“王圣”。孔夫子的理想是“圣者当为王”这样的“圣王”，而帝皇专制则成了“王者皆为圣”这样的“王圣”。本来是“孝亲”为上的“人格性道德连结”，转成了“忠君”为上的“宰制性政治连结”。这么一来，“五伦”转成了“三纲”，原先强调的是“父子有亲、君臣有义、夫妇有别、长幼有序、朋友有信”，帝制时强调的是“君

① 关于“血缘性纵贯轴”之提法，包括“血缘性自然连结”、“人格性道德连结”、“宰制性政治连结”，此说约成于20世纪90年代，请参见林安梧《儒学与中国传统社会之哲学省察》，台北幼狮文化1996年版。

② 语出《孟子·离娄》。

③ 语出《论语·为政》。

④ 同上。

⑤ 我此说多得力于春秋公羊学，特别是熊十力的《原儒》，我曾应明文书局创办人李润海先生之邀为彼重版之《原儒》做导论，著为《熊十力的孤怀弘毅及其〈原儒〉的义理规模》，此文收入林安梧《牟宗三前后：当代新儒家哲学思想史论》第四章，台湾学生书局2011年版。

为臣纲，父为子纲，夫为妇纲”。显然地，原先“五伦”强调的是“人”与“人”的“相对的、真实的感通”；而后来的“三纲”强调的则是“绝对的、专制的服从”。原先重的是“我与你”真实的感通，帝制时重的是“他对我”的实际控制，儒家思想就在这两千年间逐渐“他化”成“帝制式的儒学”①。

不过，第三波革命来了，1911 年两千年的帝皇专制被推翻了。孙中山开启了民主革命，但如他所说“革命尚未成功，同志仍须努力”，不过这“民主革命”总算向前推进了近一百年；如此一来，使华人不可能停留在帝皇专制下来思考，华人想的不能只是帝制时代下的“三纲”，也不能只是春秋大一统的“五伦”，而应是“公民社会、民主宪政”下的“社会正义”如何可能②。

强调“社会正义”应是第三波儒学的重心所在，但这波儒学来得甚晚，以前在救亡图存阶段，为了面对整个族群内在心灵危机，强调的是以“心性修养”为主而开启了“道德的形而上学”。现在该从“道德的形而上学”转为“道德的人间学”，由“心性修养”转而强调“社会正义”，在重视“君子”之前，更得重视“公民”的概念。一言以蔽之，该是第三波儒学革命的阶段了，这是“公民儒学”的革命。这是“后新儒学”必然要走出的一遭③。

三　后新儒学思考的特点：“两端而一致”

大体来说，后新儒学的发展颇有取于王夫之“两端而一致”道器相须相辅的理论思考，这是由“道德的超越形式性”之哲学（如程、朱），而“道德的内在主体性”之哲学（如陆、王），进一步而强调一“道德的存在历史性”之哲学，他可以视作总结了宋明理学，批判、融通之后的

---

① 此帝制式之儒学含有一“道的错置”之成分，请参见林安梧《道的错置：中国政治传统的根本困结》，台湾学生书局 2003 年版。

② 我关心此已阅十数年矣，请参见林安梧《儒家伦理与现代社会》一书，言实出版社 2005 年版。

③ 此可参见林安梧《儒学转向：从“新儒学”到“后新儒学”的过渡》，台湾学生书局 2006 年版。

进一步发展[①]。1986 年之后，我并未专力从事船山学之研究，但船山学一直是我学问构成的最重要来源之一。我深深为他将历史性、社会性、道德性熔铸一体的思考所折服。我尤是更为肯定，儒者之学不能停留于“以心控身”而当进一步调适而上溯到“身心一如”，这才是康庄大道。

这样的思考是：将人的生命主体之源与所谓的伦理仪则关联起来处理，将宇宙造化之源与客观的制度规章关连起来处理；这是将“身”关联着“心”，并将“心”形着于“身”而成就者。此亦可以理解为“心”、“身”互为体用的哲学思考。[②]

“身”、“心”互为体用，一者“身”以藏心，“心”以发身；再者，“心”以藏身，“身”以发心。这就是所谓的“交藏”、“交发”，互为体用的思考。“身”之藏心，这是“具体而实存”的藏，是以此活生生之实存而具体化的身将“心”具体化、实存化、内在化，经由此进一步才可能“心”以发身，这样的“发”是将原先普遍、绝对之真实的心融入具体而实存之境域，身心通而为一。“心”以藏身，这是“本体而根源”的藏，是将此活生生之实存而具体化的身，藏于本体之源的“心”，经由此，进一步才可能“身”以发心，这样的“发”是将此本体之源的心经由具体而实存的身，显露出来，身心通而为一。将此“身心交藏交发”的互为体用过程，再推扩为“身、家”、“家、国”、“国、天下”亦皆为交藏交发、互为体用的过程；若以“内圣、外王”两者论之，亦为交藏交发、互为体用也。

当代新儒学对于“心性论”与“道统论”的再提出，为的是摆落中国历史的业力习气，一如宋明理学心学一系是以“良知”为内在的主体，而这亦是超越的道体，它作为一切生发创造之源。不同于康德的“穷智见德”，而当代新儒学则主张“以德摄智”，此中有一明显之有趣对比[③]。如

---

① 这思想发轫于20 世纪80 年代初，多受西方之历史哲学、社会哲学启发，自1986 年写定《王船山人性史哲学之研究》以来（该书由台北东大图书公司刊行于1987 年），船山的本体发生学式的思考、两端而一致的思考，一直深深影响着我。历史哲学多蒙郭博文教授、徐先尧教授之启发，船山学则多蒙曾昭旭教授、牟宗三教授、蔡仁厚教授、张永俊教授之启发。

② 此段所论以及以下该节所述，主要采自林安梧《从“以心控身”到“身心一如”：以王夫之哲学为核心兼及于程朱、陆王的讨论》（《国文学报》第三十期，第77—96 页，台湾师范大学国文学系，2001 年6 月）。

③ 请参见林安梧《牟宗三的康得学与中国哲学之前瞻——格义、融通、转化与创造》，2005 年8 月《鹅湖》第31 卷第2 期，总号362，第12—24 页，台北。

此一来，我们发现当代新儒学将心性主体理论化、超越化、形式化、纯粹化，这与原先儒学之重真存实感、社会实践便有了极大的分隔。

其实，相对而言，儒家的人学不应是“以心控身”，而应是“身心一体”之学。它之所以成了“以心控身”，这与帝皇专制、巫祝咒术与道德良知的诡谲纠结密切相关[①]。须得经由历史社会总体的深度理解，我们才能真切地展开一专制与咒术的瓦解活动；如此，我们才能摆脱原先专制意识型态所主导的封闭型的心性修养论。进一步，我们才能从“心性修养论”为核心的儒学，发展为以“社会正义论”为核心的儒学；我们才能从原先的主体性哲学解开而发展为处所哲学与场域哲学，而存有三态论便在这样的过程中逐步构成。

当然，原先当代新儒学强调“良知的自我坎陷以开出知性主体，进而涵摄民主与科学”，这样的思考亦因之有了新的转折，因为真正重点在于学习民主与科学，这是一学习次序，与理论的次序有别，与历史发生的次序亦当区别开来。我们应该就在现代化的过程中，调理出新的心性之学、新的道德实践方式。我们若强化地说，这已不是“由内圣如何开出外王”的思考，反而是“如何由外王而调适内圣”的反思[②]。总的说来，牟先生高度地发挥了“道德智体”，强调“智的直觉”之可能，这多少带着启蒙智光的理想。在理论上，这大体做的是“形而上保存”的功夫，而且是在“道德智识化”的思考下所做成的。熊十力的体用哲学强调直入造化之源、境识一体而不分，经由理论的诠释与转化，我因之阐发此中所含之“存有三态论”。其实，在思考的回溯与转进之中，船山“两端而一致”的思考，对我的启发极大，他让我疏通了“两层存有论”的可能限制，让我正视由体用哲学往存有三态论的路径，有着崭新可能。从道器不二、理气不二、理欲不二、理势不二，摆脱了以心控身的格局，强调身心如一；进而，也用两端而一致的思考，重新审视了“传统”与“现代”，重新审视了“内圣”与“外王”，不再总以“心性修养论”为核心，而该摆置在以“社会正义论”为基础，重新思考儒学的可能。我愿

① 请参见林安梧《儒学革命论》第五章“第三章、咒术、专制、良知与解咒——对‘台湾当代新儒学’的批判与前瞻：对于《后新儒家哲学论纲》的诠解”，台湾学生书局1998年版。

② 林安梧：《解开“道的错置”——兼及于“良知的自我坎陷”的一些思考》，1999年3月，《孔子研究季刊》1999年第一季总第53期，第14—26页，中国孔子基金会主办，齐鲁书社，山东济南。

意期待，由牟宗三而熊十力，由熊十力再上溯至王船山①，不辜负船山先生“六经责我开生面，七尺从天乞活埋”② 的深心孤愤！

四　后新儒学“外王—内圣”的思考建构

如前所论，后新儒学与新儒学的身心论是有所不同的，而这影响到存有论、实践哲学、政治哲学，乃至两性论种种，都有着类型学上的转变，当然，最明白的就表现在对于“内圣”与“外王”概念理解上的差异，以及两者次第关系之异同。不顺服于“内圣—外王”的思考，而强调另一种崭新可能的是“外王—内圣”，这是我多年来的思考之一。我认为这是继续当代新儒学所强调的“由内圣开出外王”的进一步思考，是一“后新儒学的新思考”③。我强调要回溯到“内圣—外王”的原型思考来衡量，以《大学》所说“壹是皆以修身为本”作为起点，指出“身心一如”的基本向度，做出“内外通贯”“心物不二”的论断④。进而，对于儒学的“人性本善论”的“论”做出阐释，指出它与“血缘性纵贯轴”的基本结构：血缘性的自然连结、人格性的道德连结、宰制性的政治连结，密切相关。再者，我顺此强调要进而瓦解“三纲”所含的“男性中心”“父权中心”“君权中心”的思考，才得解开“道的错置”；重新面对人之做为一“活生生实存而有”的存在，以其恻怛的存在真实感通之

① 又吾于2001年9月参加由武汉大学主办之“熊十力思想与传统文化国际学术研讨会”，再度提出由“牟宗三”而“熊十力”而“王船山”的思考，请参见林安梧《“牟宗三”到“熊十力”再上溯“王船山”的可能》，《鹅湖》第27卷第7期，总号319，2001年1月，台北。该文收录于林安梧《牟宗三前后：当代新儒家哲学思想史论》，第十四章，如前揭书。

② 此乃王船山自书之堂联，见《王船山诗文集·序言》，汉京文化事业公司1984年版。

③ 关于“内圣”、“外王”之论，请参见《从“外王”到“内圣”：后新儒学的新思考》，第二届台湾儒学国际学术研讨会，1999年12月18—19日，成功大学中文系，台南。该文曾引来陈立襄、李宗立、王季香等年轻学者等写了几篇文章加以讨论，后来我又将此文刊于《鹅湖》第30卷第2期，总号350，2004年8月，再度引来了周群振教授的批判，之后，谭宇权又对此提出再批判与再讨论。

④ 林安梧，2011年3月，《关于〈大学〉“身”“心”问题之哲学省察——以〈大学〉经一章为核心的诠释兼及于程朱与陆王的讨论（上）》，《鹅湖》第36卷第9期，总号429，第4—13页，台北。

“仁”，由“血缘性纵贯轴”迈向“人际性互动轴”的建立①。我认为，这是一“柔性的颠覆”与“自然的生长”，这是有别于以前之以“心性修养论”为核心的哲学思考，改之以“社会公义论”为核心的哲学思考。

依此，我们可以对原先之“由内圣推向外王”的思考，做一修正②。“内圣”作为“外王”之本体根源，由此内圣通向外王，这是将此内圣之学经由一具体化、实存化而彰显形著的过程，“内圣”作为“外王”形而上之宅第，“外王”藏于此“内圣”之宅第之中。同时，“外王”之作为“内圣”落实体现之根本，由此外王而使内圣得以安顿，这是将此外王之学经由一调适而上遂于道的过程，得以存聚于内圣之源中，“外王”之作为“内圣”形着为器的宅第，内圣藏于此外王之宅第之中。如此说来，“内圣”之作为“外王”之本体根源，这时“心性修养”之为外王之学的首出本源；相对言之，“外王”之作为“内圣”之具体根本，这时“社会公义”之为内圣之学的落实依据。

如此说来，“内圣”、“外王”并不是“由内而外”的单向过程，而是“内外通贯为一”的过程。所谓的“内外通贯为一”，是“由内圣通向外王”以及“由外王而回向内圣”的双向互动。“内圣”、“外王”之关系如此，“心”、“身”之关系亦如此，并不是单向的“正心”而“修身”，而是“内外通贯为一”的过程；是由“正心”通向“修身”，“心”为“身”之形上之根源；既而“修身”回向“正心”，“身”为“心”形着之根本，身心通贯为一。

由传统走向现代，由内圣走向外王，这不只是旧内圣、旧外王，也不是旧内圣走向新外王，而是新内圣、新外王。这是一个“学习”的过程，此与一“理论的追溯”不同，与由此理论的追溯进而转为理论的开出亦不同；再者，此与“发生的次序”亦不相同。今人有“外在超越说”、“内在超越说”对比以为论，此亦可有所见，但以为“外在超越说”与现代之民主自由有必然关系则谬矣！甚至有以为西方基督宗教传统之“幽暗意识”与民主自由有必然关系，此说大谬不然也。马基维利、霍布斯

---

① 请参见林安梧《儒学与中国传统社会之哲学省察》第九章“‘从血缘性纵贯轴’到‘人际性互动轴’”，第157—176页，台湾（台北）幼狮文化事业公司1996年版。

② 此段所论，以及本节所述，请参见《心性修养与社会公义》（生命伦理学国际学术会议，中央大学哲学研究所，南华学院哲学研究所，1998年6月，台湾中坜）。又见《从“外王”到“内圣”：后新儒学的新思考》，如前揭文。

之支援专制即可见其反例。①

如上所述，可知就实来说“心性修养”不必为“社会公义”的先决条件，反而是“社会公义”可能成为“心性修养”的基础；而且这样的基础将使心性修养更为平坦自然，人人可致，是在一新的伦常日用间显现。显然地，“心性修养”与“社会公义”对举的说，前者指向“内圣”，而后者指向“外王”。我想经由此彰明此两者的关系，显示其吊诡相，并明白标出此两者并非如昔所为的“内圣”而“外王”；相反地，“外王”反而是“内圣”之所以可能的先决条件。

这些年来，我一直以为中国文化传统的资源是多元的，是融通的；但在两千年帝制压迫下，使它有着严重的一元化、封闭化的倾向，如何去开掘出一条道路来，这是许多当代知识分子所关切的志业。我深切同意须得应用韦伯式的理想类型分析（Ideal typical analysis）对传统的质素有所定位，再展开进一步的改造与重组。② 问题是如何深入中国文化传统中，恰当地理解、诠释，然后有所定位，才有进一步发展的可能。否则，只是片面性地定位，或者将表象点出，便予以定位，虽欲有所转化、创造，甚至是革命，但往往难以成功。当然，我这么说，并不意味片面的定位就没价值，而是要呼吁，不要把片面的定位当成全体，片面如果是“开放性的片面”，那是好的，不要落入“封闭性的片面”就可以了。③

我仍想强调“道德”是一不离生活世界总体本源的思考与实践，在不同的传统、不同的文化、不同的族群、不同的情境，展现着不同的丰姿。如今，进入现代化的社会之中，契约性的社会连结是优先于血缘性的自然连结的，原先生长自血缘性的自然连结的“仁爱之道”，现在当长成一“社会公义”。真切地涉入公共领域中，经由“交谈”互动，凝成共识，上契于社会之道，在这样的社会公义下，才有真正的“心性修养”，才有真正的内圣。

如上所述，后新儒学意在跨出“内圣—外王”的格局囿限，而改以

---

① 持此说者，可以张灏为代表，请参见张灏《幽暗意识与民主传统》，联经出版社 1989 年版。关于张灏之说，钱永祥曾有所论评。

② 请参见林毓生《政治秩序与多元社会》，联经文化事业公司 1989 年版，第 349 页。

③ 此段所论，以及以下两段所论，多取自《后新儒学的社会哲学：契约、责任与“一体之仁”——迈向以社会正义论为核心的儒学思考》一文，刊于《思与言》第 39 卷第 4 期，第 57—82 页，台北。

“外王—内圣”为思考模型，强调“人际性的互动轴”，以契约、责任为思考的基底，以“一体之仁”为调节的向度，尊重多元与差异，化解单线性的对象定位，摆脱工具性理性的专制，但求一更宽广的公共论述空间，让天地间物各付物，乾道变化，各正性命，虽殊途而不妨碍其同归也，虽百虑而可能一致也。当然问题的焦点，不是如何由道德形而上学式的“一体之仁”转为“自由与民主”，而是在现代性的社会里，以契约性的政治连结为构造，以责任伦理为规则，重新来审视如何发展“一体之仁”；不是如何由旧内圣开出新外王，而是在新外王的格局下如何调理出一新的内圣之学来。

如上所述，显然地，从“内圣—外王”到“外王—内圣”的结构性转换，是伴随着儒学的现代性与后现代性而开启的，这是儒学不得不经历的转化与创造。

五 结语：解开“道的错置”，建立“公民社会”

如上所论，其实对于中国传统儒学知之越多，也就爱之越深；但连带地，爱之深，责之切。我越发体会到“儒学”在中国文化传统中所沾染的习气，以及所形成的业力，这要是不经一番洗脱，不经一番澄澈，儒学是很难大有所为的。

儒学之难不在儒学本身，而是在与儒学绾结在一起的父权传统、帝制传统，以及男性中心主义传统；总的来说，我将此名为一“血缘性纵贯轴”的思考。这是以“君、父、圣”三者为顶点而构成的传统，而且“君”是绝对的管控者。正因这“君”是唯一的、绝对的、至高无上的管控者，也因而使儒家所强调的“道”（道德理想），因之转为倒反的错置。本来儒家强调的是“圣者当为王”、“有德者居之”；倒反错置为“只要是拥有现实权力的王，他就宣称自己是圣者”，“只要居于其位就为有德”。我将这种现象称为“道的错置”（misplaced Tao）[①]。

在“道的错置”下，往往有权力者就误认为自己是“道”的化身，

① 请参见林安梧，1997年6月，《“道德与思想之意图”的背景理解：以“血缘性纵贯轴”为核心的展开》，《本土心理学研究》第7期，第126—164页，台北。

认为其所行所事，莫非良知；如此一来，成了“良知的专制”、“专制的良知”，“良知”与“专制”就连在一块，难解难分。世间多少“以理杀人”的事，就这样做成了。就另一面来说，那没权力者，又被有权力者要求命令“行有不得，反求诸己”；如此一来，成了“良知的自虐”、“自虐的良知”，“良知”与“自虐”成了不可分的整体。如上所述，有权力的时候，“良知”不觉就“专制”起来了；而没权力的时候，“良知”不觉就“自虐”起来了。或者是对那更高的权力，回头来自虐；对那权力比你低的人，你却专制起来；而这往往是与“上下长幼尊卑”的伦理连在一起说的。①

每读旧史掌故，印证今人今事，莫不见此所谓“良知”就落到“专制”与“自虐”两端。还得进一步分疏的是，在强大的历史业力与习气的摧迫下，人们将这与那冥冥不可知的造化之源又连在一起，说这是“命”，是“天命”；这么一来，原先儒学所强调的宇宙造化、生生之德，说的道德实践的创造力，现转而成了一种宿命般的不可自已的被决定状况。更有趣的是，相信我们若拥有一独特神奇像咒术般的力量，我们就可以入此造化之源，轻轻拨动，乾坤自可定位，万物自可生长。

就在这“道的错置”下，吊诡的事出现了，原先强调“自由的意志”以及“意志的自由”，扭曲错置成“无自由的意志”与“无意志的自由”。我固然知道儒学所强调的明明不是这“无自由的意志”，明明不是“无意志的自由”；但我们却不得不问，是什么因素使儒学在中国历史上会落到这地步，中国民族是在什么样的历史业力习气下会扭曲异化成这等状况。这是值得注意，而且亟待厘清的事②。

随着公民社会的建立，公共论述的发展，我认为儒学该从原先的业力习气解脱出来，以多元而包容的论述，参与天地人我之间，谦怀虚心，彼此倾听，而不是自居于“主流”，或者攀附权力者作为主流；认为自己是良知，是道的化身，继续行那自虐而虐人的事来。须知“道的错置”不解开，儒学是没希望的。

---

① 请参见林安梧《良知、良知学及其所衍生之道德自虐问题之哲学省察》，收入林安梧《儒学转向：从“新儒学”到“后新儒学”的过渡》第四章，台湾学生书局 2006 年版。

② 关于“无自由的意志”与“无意志的自由”原在第二次中西马论坛中为邓晓芒所提出，我有分辩，请参见林安梧、郭齐勇、邓晓芒、欧阳康《中国哲学的未来：中国哲学、西方哲学、马克思主义哲学的交流与互动》，《学术月刊》2007 年 4 月总第 454 期。

什么是“公民社会”？显然地，这不同于“家族社会”，不同于以血缘亲情为主导所构成的社会。“公民社会”是由“公民”所构成之社会，是公民经由社会契约为主导所构成的社会。当然，这经由社会契约所构成的社会仍然不免要在他原先所处的传统里，受到传统文化氛围的影响与作用。若以华人社会来说，传统社会的教养可以说是“君子教养”，但公民社会则是一“公民教养”①。在公民教养下的公民伦理，自不同于原先君子教养下的“君子伦理”。

或有人说：君子伦理是八九十分的伦理，但公民伦理则是六七十分的伦理。这说法有些趣味，但并不准确，因为重点不在几分，而是两者形态不同，方式不同，养成也不太相同。

君子伦理是由家庭、由家族所养成的，他是由血缘亲情的“孝悌人伦”养成的。公民伦理虽亦要有这样的孝悌人伦作基础会更好些，但他的养成主要是在社会人群、公共领域中养成的。

血缘亲情所构成的天地，自也有其公共领域，但其公共性是不同于公民社会义下的公共性。公民社会的公共性是建立在每一公民的个体性及由以此个体性为出发点来思考那公共的总体性所形成的。血缘亲情的公共性则是由孝悌人伦之血缘的连续性所构成的总体性而形成的。

用费孝通的话来说，传统社会是一“波纹型的社会”，是由亲及疏，是一差序格局所构成的社会。这样的社会是要由私及公，并且要“公而忘私”，甚至是“大公无私”。相对来说，现代公民社会则是一“捆材型的社会”，是由公民，经由一宪治格局所构成的社会。这样的社会是不忘个体性之私所成之社会，是一“大公有私”的社会，是一可以“公私分明”的社会②。

华人的传统社会要的是经由家庭教养的孝悌人伦，来长养仁义道德，从好子弟、好子民，到善人，到士人、君子、贤者、大丈夫，乃至最高理想人格的圣者。这是一从血缘亲情，推而扩充之，以及于天下，所谓“四海之内皆兄弟也”③。或者从血缘亲情，而上溯至宇宙造化之源，进而

① 关于此，我曾将在湖南中南大学伦理学研究所讲述的讲稿，结集成《儒家伦理与社会正义》一书，言实出版社 2005 年版。

② 以上所论大体是我在《儒学与中国传统社会哲学之省察》一书之综括，该书请参见台北幼狮文化事业公司 1996 年版。

③ 见《论语·颜渊》篇。

“范围天地之化而不过，曲成万物而不遗”。或者顺此而说“中也者，天下之大本也，和也者，天下之达道也，致中和，天地位焉，万物育焉”。[①]这样的教养是由以血缘亲情为基底而构成的伦理教养。

这样一套伦理教养可说是由“血缘性纵贯轴”的宗族社会所导生的。血缘性的纵贯轴是由“血缘性的自然连结、人格性的自然连结、宰制性的政治连结”所构成的。“血缘性的自然连结”强调“孝悌”，“人格性的自然连结”强调“仁义”，而“宰制性的政治连结”则强调“忠君”。这三者，又以宰制性的政治连结作核心，忠君作为最优先的位置。

我曾在《儒学与中国传统社会的哲学省察》一书对此做过较为深入的阐析，并指出现代的公民社会应该由此“血缘性的纵贯轴”转化为一“人际性的互动轴”。这并不是要全然地瓦解，而是要顺当地转化与调解。应该瓦解的是“宰制性的政治连结”（帝皇专制），而代之以“委托性的政治连结”（民主宪政）。“血缘性的自然连结”仍须保存，但随顺世局而应有所转化，这转化是由原先的基底再转而为一“契约性的社会连结”，去构成一公民社会。至于“人格性的道德连结”仍宜保留，只是他必然在总体结构的调整下，有一新的构成方式，这虽亦可以由原先的结构长养转化而出，但却与其原先的方式与型态已有所不同。[②]

公民社会重视每一公民的个体性，进而关注由此个体性所映照而对比的公共性。它不讳言作为一具有个体性的公民应有其个体效益与功利的考虑，从而要有一公共性所成之总体的效益与功利的考虑，因为唯有如此才能公私两得，不会“以私害公”，也不会“以公害私”。

这两端效益与功利均衡的考虑，正是一公民理性的思考。这是建立在每一个具有自由意志的公民，所拢总而形成的公民社会总体的思考。这样的思考可以被称为一公民社会义下的公共性思考，关联这样的公共性思考，我们愿意说这样所形成的是一公民伦理的教养。他是以公民意识为基本而导生的教养，是建立在具有个体性的公民，以及映照对比那总体性、公共性的社会，而同时衡量其效益及功利的伦理教养。

公民社会义下的伦理教养，无遮无掩地、无挂无碍地，明明白白地说

① 语出《中庸》，见朱熹《四书章句集注》，鹅湖出版社 1988 年版。

② 请参看林安梧前揭书，第九章。又有关公民社会及所涉契约论之诸多理解，多得力于在台湾大学求学时郭博文、林正弘两位老师之启发也。又友人庄文瑞所译 Karl Popper《开放社会及其敌人》，及相与之论谈，亦多所助益也。

要维护“我”作为一个公民的效益与功利，并从而要维护这公民社会的效益与功利。人权是重要的，自由是重要的，安全是重要的，幸福是重要的。这些都是公民意识所该涉及的内涵，基于这样的公民意识我们当有着重效益、重功利，但又不外于社会公共理性的伦理教养。

举例来说，当我们去公共停车场停车时，一定得索取停车费的发票或收据，如果他告诉你发票机坏了，那你无论如何得要他开收据，并且询问何时可以修好，有无公共事务，是可以帮忙的。不能因为不好意思，不闻不问，更不可以说他免了你的停车费或减收，你就了事了。又或者你去寺庙捐款，你这时要脱去以前为善不欲人知的观念，而转成“为善可以为人所知”，而且为人所知，将可以传递更多善事善举。捐款一定要开列捐款的收据，这样才明明白白，免去从中可动手脚的可能，免了别人堕入恶业的可能，这便是大功德。

如上所说，这样的“功德”可以说是一社会伦理教养下的“公德”。这是基于每一公民的个体性都得受到保护的公德，是一“大公有私”之德。“私”不再只是偏私，“私”其实指的是“个体性”。公共性建立在个体性上，诸多个体性成就了公共性，真正的公共性成就了诸多的个体性。让个体性与公共性调节和谐，这样所成的伦理教养是公民社会最重要的伦理教养。须知：这公民社会的伦理教养并不同于君子社会的伦理教养。它是最为基本的。有了它，才能进一步谈公民社会下的知识分子，公民社会下的君子圣贤。

——辛卯 2011 秋暮，11 月 6 日晨曦已启，成稿于台湾花莲太平洋滨慈济大学之元亨居

参考文献

王夫之：《王船山诗文集》，汉京文化事业公司 1984 年版。

朱熹：《四书章句集注》，鹅湖出版社 1988 年版。

牟宗三：《政道与治道》，广文书局 1974 年版。

牟宗三：《中国哲学十九讲：中国哲学之简述及其所涵蕴之问题》，学生书局 1983 年版。

牟宗三：《康得的道德哲学》，学生书局 1983 年版。

牟宗三：《圆善论》，学生书局 1985 年版。

李泽厚：《中国近代思想史论》，人民出版社 1979 年版。

李泽厚：《中国现代思想史论》，东方出版社 1987 年版。

李明辉：《儒家视野下的政治思想》，台大出版中心 2005 年版。

杜维明：《儒家自我意识的反思》，联经出版事业公司 1990 年版。

杜维明：《儒学第三期发展的前景问题》，联经出版事业公司 1989 年版，

何信全：《儒学与现代民主》，“中研院”中国文哲研究所 1996 年版。

林安梧：《存有·意识与实践：熊十力体用哲学之诠释与重建》，东大图书公司 1993 年版。

林安梧：《儒学与中国传统社会之哲学省察》，幼狮文化事业公司 1996 年版。

林安梧：《“道德与思想之意图”的背景理解：以“血缘性纵贯轴”为核心的展开》，《本土心理学研究》1997 年第 7 期。

林安梧：《契约、自由与历史性思维》，幼狮文化事业公司 1997 年版。

林安梧：《心性修养与社会公义》，生命伦理学国际学术会议，中央大学哲学研究所，南华学院哲学研究所 1998 年版。

林安梧：《儒学革命论：后新儒家哲学的问题向度》，台湾学生书局 1998 年版。

林安梧：《解开“道的错置”——兼及于“良知的自我坎陷”的一些思考》，《孔子研究季刊》总第 53 期，齐鲁书社 1999 年版。

林安梧：《后新儒学的社会哲学：契约、责任与“一体之仁”——迈向以社会正义论为核心的儒学思考》，《思与言》2001 年第 39 卷第 4 期。

林安梧：《从“以心控身”到“身心一如”：以王夫之哲学为核心兼及于程朱、陆王的讨论》，《国文学报》2001 年第 30 期。

林安梧：《迎接“后牟宗三时代”的来临——〈牟宗三先生全集〉出版纪感》，《鹅湖》2003 年第 28 卷第 9 期。

林安梧：《道的错置：中国政治传统的根本困结》，台湾学生书局 2003 年版。

林安梧：《从“外王”到“内圣”：后新儒学的新思考》，《鹅湖》2004 年第 30 卷第 2 期。

林安梧：《儒家伦理与现代社会》，言实出版社 2005 年版。

林安梧：《“新儒学”、“后新儒学”、“现代”与“后现代”——最近十年来的省察与思考之一斑》，《鹅湖》2005 年第 30 卷第 12 期。

林安梧：《牟宗三的康得学与中国哲学之前瞻——格义、融通、转化与创造》，《鹅湖》2005 年第 31 卷第 2 期。

林安梧：《儒学转向：从“新儒学”到“后新儒学”的过渡》，台湾学生书局 2006 年版。

林安梧：《牟宗三前后：当代新儒学哲学思想史论》，台湾学生书局 2011 年版。

林安梧：《关于〈大学〉“身”“心”问题之哲学省察——以〈大学〉经一章为核心的诠释兼及于程朱与陆王的讨论（上）》，《鹅湖》2011 年第 36 卷第 9 期。

林安梧、郭齐勇、邓晓芒、欧阳康：《中国哲学的未来：中国哲学、西方哲学、

马克思主义哲学的交流与互动》，《学术月刊》2007年总第454期。

林毓生：《政治秩序与多元社会》，联经文化事业公司印行。

金观涛、刘青峰：《兴盛与危机：论中国社会超稳定结构》，香港中文大学出版社1992年版。

金观涛：《在历史的表像背后：对中国封建社会超稳定结构的探索》，谷风出版社1988年版。

徐复观著，萧欣义编：《儒家政治思想与民主自由人权》，八十年代出版社1991年版。

张灏：《幽暗意识与民主传统》，联经出版事业公司1989年版。

费孝通、吴辰伯等著：《皇权与绅权》，观察社1948年版。

费孝通：《乡土中国》、《乡土重建》，台湾影印本1985年版。

黄进兴：《清初政权意识形态之探讨：政治化的道统观》，“中研院”历史语言研究所集刊1987年版，第58本。

凯西尔（Ernst Cassier）：《卢梭、康得与歌德》，孟祥森译，龙田出版社1978年版。

傅伟勋：《从西方哲学到禅佛教：“哲学”与“宗教”》，东大图书公司1986年版。

韦伯（Max Weber）：《学术与政治》（新桥译丛），钱永祥编译，允晨出版社1985年版。

韦伯（Max Weber）：《支配的类型》（新桥译丛），康乐编译，允晨出版社1985年版。

唐君毅：《中国文化之精神价值》，正中书局1987年版。

唐君毅：《中国人文精神之发展》，人生出版社1958年版。

顾忠华：《韦伯学说新探》，唐山出版社1992年版。

顾昕：《中国启蒙之历史图景》，牛津大学出版社1992年版。

萧公权：《中国政治思想史》，中国文化大学出版1980年版。

魏晋南北朝社会礼俗之儒学风貌述论

林登顺
台南大学

一 前 言

魏晋南北朝是中国历史上社会动乱、政治黑暗的一个时期，同时它又是在精神上极为自由、极富艺术气质的时代。而一般学者，总把这种精神上的进步归因于儒学的衰败，其说固然多有所据，但一代思想之转变，岂能因一时思想之转变而绝然变化，其中必涉及内在与外在的渐变，再加上时间的酝酿才能毕其功。如文章著作自两汉以来即已渐富，诗、赋、碑、箴、颂、诔各有发展，所以范蔚宗修史创有《文苑传》以纪其事，岂有因两汉儒学独尊而有稍歇？

至于有人谓此时为自觉时期，但个人内心的自觉，或文人意识的扬伸，就能表示主导一般大众的思维就此脱离传统精神，进入完全自我的世界吗？事实上，这是不可能的，即使个人有内在的神游天地，但一回到现实生活，即要受着大多数人的思想制约，而一起生活。而主导大多数人的思想，即是儒家精神，虽然它在此时已非一家独尊，但毕竟仍是最适合大多数人的需求，一切的生活习俗，几乎都与它发生密切关系，从日常生活的礼法制度，到生死大事的婚姻、葬祀及生命过程的教育礼教，还有愉情悦性的文学生活，都显示出其与儒学的紧密结合。

而透过这一层的认识，使我们得以从不同的角度，来检视儒学在此时的流传情形，也得以还其应有的面貌。

二　法制中呈现的儒学风貌

（一）儒家法制观探源

长期以来，学术界多以为儒家只重礼治、德治，似乎完全排斥法治。[①] 事实上，儒家最高理想即是要社会和谐安定，而为达此目的，除了教化外，刑罚惩治亦是不可能完全排斥。儒家不排斥法治之言论最早见于《论语·颜渊》，子曰："听讼吾犹人也，必也使无讼乎。"无讼是其理想，但决不是绝对排斥刑法。所以，孔子说："名不正则言不顺，言不顺则事不成，事不成则礼乐不兴，礼乐不兴则刑罚不中，刑罚不中则民无所措手足。"（《论语·子路》）孔子所反对的只是刑罚不中，如果刑罚得当，并无非议。

因此，他认为尧舜时殛鲧、流共工、放驩兜、迁三苗、四苗（见《尚书》、《大禹谟》、《皋陶谟》，《史记·五帝本纪》）是执法之楷模；舜命人制定五刑、鞭扑之刑、赎刑（同上），周公作《誓命》（《史记·周本纪》、《左传·文公十八年》注）是立法典范。而子路"片言可折狱"（《论语·颜渊》）是可称赞的。当然，若是能"导之以德，齐之以礼"是最好，若不得已只好"导之以政，齐之以刑"（《论语·为政》），使人民畏惧而不敢犯法。

孔子后，孟子更提出"徒善不足以为政，徒法不能以自行"（《孟子·离娄上》），认为有仁心外，还要有法加以辅助，表明礼、法不可偏废。至于荀子则以为刑法之功能，不是礼义教化可以取代的。所以，《荀子·王制》曰："以善至者待之以礼，以不善至者待之以刑。"荀子反对不教而诛，或教而不诛，因此，《荀子·富国》云："不教而诛，则刑繁而邪不胜，教而不诛，则奸民不惩；诛而不赏，则勤属之民不劝；诛赏而不类，则下疑俗俭而百姓不一。"强调刑威、礼义皆不可偏执。

---

① 据瞿同祖《中国法律与中国社会》（台北里仁书局1982年版）第371页所述：儒家的哲学并不是纯哲理的，更不是出世的，一切理论都是实践的，以维持社会政治秩序为最后目的。所谓仁义道德并不是独善其身的个人主义，而是社会化的，修身只是个人修养的基础，以之达到齐家、治国、平天下的目的。

即至汉代，叔孙通制礼，萧何作《九章律》，张苍立章程，使汉初法典即趋完备，因此，汉武帝时，据《汉书·刑法志》言，已有“律令凡三百五十九章，大辟四百条，千八百八十二事。死罪决事比万三千四百七十二事”。律法已成国家不容论辩的必备之实，所以，汉儒对法的态度更为明朗，如董仲舒在《春秋繁露·四时之制》言：

> 庆赏罚刑与春夏秋冬以类相应也，如合符，故曰王者配天，谓其道。天有四时，王有四政，四政若四时，通类也，天人所同有也。庆为春，赏为夏，罚为秋，刑为冬，庆赏刑罚之不可不具也，如春夏秋冬之不可不备也。

重申法律功能非教化所能兼有，不过，礼、法是主从关系，以德主刑从为要，所以，在《春秋繁露·精华》中，专列以《春秋》经义折狱之听讼之节，正是德教与刑罚相结合之表现。而刘向也说：“教化所恃以为治也，刑法所以助治也”（见《汉书·礼乐志》），同样主张法有辅助教化功能，不可偏废。后来在《盐铁论·刑德》中主张重法严刑，认为“令严而民慎，法设而奸禁”，但贤良文学则主张先礼后刑，认为用刑如锄草，应辨别良莠，以免苗尽、民欺，所以说：“圣人假法以成教，教成而刑不施。”（《盐铁论·后刑》）

可见，执法之目的在教化，但教化目的未达成，刑法即不可废。这种主张影响到东汉，即如王符那样强调“德化”（见《潜夫论·德化》）的儒者，也认为法律可使“善人劝其德而乐其政，邪人痛其祸而悔其行。”（《潜夫论·断讼》）“法令赏罚者，诚治乱之枢机也，不可不严行也。”（《潜夫论·三式》）这种礼、法分治思想，乃成为先秦以下儒者治政的重点之一。

而儒家所言之法，其内容乃是礼的体现。虽然“法出于礼”之言，是出于《管子·枢言》，但孔子早就实践其中，把“君君、臣臣、父父、子子”（《论语·颜渊》）视为礼治的核心。认为一切法必须以此为取舍。至于《左传·昭公二十九年》所载，晋国赵鞅、荀寅把范宣子之刑书铸于刑鼎，孔子表示不能苟同，但孔子并非要取消法律，而是反对于法律中淡化贵贱、尊卑、上下的伦序。此外，孔子反对季孙“以田赋”，也是因为其违反周公之典（见《左传·哀公十一年》）。孔子任鲁司寇时诛少正卯，也是因少正卯非礼而得法罪（见《荀子·宥坐》）。另在《论语·子路》中言，父为子隐、子为父隐的孝悌原则，即是要求亲亲之间不可诉之法律。

所以《周礼》、《仪礼》、《礼记》所规定之服饰、宫室、车马、婚姻、丧葬、祭祀等不同等级的制度，多被体现在法律中。这种以礼来引导法、以法来辅助礼的观念，充分表现出儒家追求合情合理的礼法观，而有稳定社会的作用。

可知儒家这种礼法观，自两汉开始具体成文后，就展开法律儒家化的趋势，直到魏晋南北朝时，则达到较完善的阶段。

（二）法制中呈现的儒学风貌

由于长期以来，人们接受儒家思想的指导，一切生活习俗，大多以儒学精神为主要依据，渐渐地这种道德礼俗的约束力，被统治者不断地吸收而成为正式的法律。尤其汉朝儒家独尊后，读书人应试为官后，自须调适需要，留意律学，在礼治德治为主、法治为辅原则下，礼治德治与法治的思想，趋于折中调和。而孔子事实上也说，“名不正则言不顺，言不顺则事不成，事不成则礼乐不兴，礼乐不兴则刑罚不中，刑罚不中则民无所措手足”。他只是反对刑罚不中罢了。而孟子也说过，“徒善不能以为政，徒法不能以自行”，表示二者不可偏废。所以，在两汉时，已开始儒学思想法律化的契机，到了魏晋南北朝其发展则趋于完善。

在三国时期的律法，要以《魏律》最为重要，它是由陈群、刘劭、韩逊、庾嶷等人所撰。在魏明帝太和三年（公元229年），由于承袭的秦汉旧律，从萧何制定《九章》汉律以降，历经430年，其间各家诸儒的注释说解，使律文可用为断罪依据的达26000余条，723万余言，篇幅浩繁，部分条文已陈旧，不符社会所需，所以魏明帝下令修订，命陈群、刘劭、庾嶷、荀诜等人，“删约旧科，旁采汉律，定为魏法，制新律十八篇”（《晋律·刑法志》）。而这些人大多是尊崇儒学之士，如陈群在奏议时，经常援引经义，以为论据；刘劭曾执经讲学，又以为“宜制礼作乐以移风易俗，著《乐论》等四十篇”（《三国志·魏书·刘劭传》）。因此，这部书自然吸收了许多儒家思想。

据《晋书·刑法志》言，魏改定律制，多依古义。而古义，即是前代儒家的理想制度。至于《魏律》呈现了多少古义呢？

首先即是八议入于法。八议思想在东汉末期就受到宣扬，到了曹魏改律，即纳入此一思想，它是以《周礼·秋官·小司寇》的八辟为依据，制定八议制度，就是：议亲、议故、议贤、议能、议功、议贵、议勤、议宾，只要以上八类人物犯罪，不危害到社稷安全，皆可享有宽宥或减刑，这是对有功于国家者的特殊待遇。

其次，是除异子之科。儒家提倡孝道，父母在时，为了仍能保持家族成员的团结不分裂，所以《礼记·坊记》曰："父母在……不敢私其财也。"两汉时期，由于儒家思想的传播及大家族的发展，同财共居的家族受到普遍称誉，而到东汉则有"察孝廉，父别居"讥讽之语，为此，《魏律》规定，除异子之科，使父子无异财也。

在同财共居的基础上，促成了大家族的进一步发展，后代沿用此一法令，因此，如晋代汜稚春有七代同堂，北魏冀州刘氏，清河张氏、宋氏，并州王氏，濮阳侯氏等大族，一宗将近万室，烟火连接，比屋而居。除了其他原因外，可说受到曹魏此条法极大的影响。①

此外，《魏律》呈现儒学风貌的还有，重士亡法，罪及妻子之议，认为刑之为可，杀之为重，颇符《尚书》言，与其杀不辜，宁失不经，恐过重也。据《三国志·魏书·卢毓传》所言，当时天下草创，多逋逃，故重士亡法，罪及妻子，但，往往罪及无辜。如亡士妻白等，始适夫家数日，未与夫相见，即因此法，被大理奏弃市。所以卢毓就驳之曰：

> 夫女子之情，以接见而恩生，成妇而义重，故《诗》云：未见君子，我心伤悲，亦即见止，我心则夷。又《礼》未庙见之妇而死，归葬女氏之党，以未成妇也。今白等生有未见之悲，死有非妇之痛，而吏议欲肆之大辟，则若同牢合卺之后，罪何所加？且《记》曰：附从轻，言附人之罪，以轻者为比也。又《书》云：与其杀不辜，宁失不轻，恐过重也。苟以白等皆受礼聘，已入门庭，刑之则可，杀之为重。
>
> 太祖曰：毓执之是也。

可见，此时认为法律条文合不合理、合情，其主要依据，仍以儒家礼

① 参见《中华文明史·魏晋南北朝》，河北教育出版社 1992 年版，第 115 页。

法、经典为准。而且有绝对的影响力。

再次，不孝罪，乃五刑中之最重者。据《三国志·魏书·三少帝纪》载，甘露五年，太后诏曰："夫五刑之罪，莫大于不孝。夫人有子不孝，尚告治之。"而嵇康也曾义不负心，挺身为东平吕昭子安出面作证，澄清其被弟巽诬为不孝的大罪，可见不孝罪之大、可畏。《孝经》也说，五刑之属三千，罪莫大于不孝。于是，法律中不孝特大。以至隋唐以后，律例十恶，都标在篇首。

至于以《春秋》决狱，则是自董仲舒以降，把儒家经书法典化的具体呈现。据《三国志·魏书·武帝纪》注引《曹瞒传》曰：

> 常出军，行经麦中，令士卒无败麦，犯者死。骑下皆下马，付麦以相持，于是太祖马腾入麦中，敕主簿议罪。主簿对以《春秋》之义，罚不加于尊。太祖曰：制法而自犯之，何以帅下？然孤为军帅，不可自杀，请自刑。因援剑割发以置地。

其他以《春秋》之义决狱者，如何晏等下狱，会公卿朝臣，廷议以为《春秋》之义，君亲无将，将而必诛。（《三国志·魏书·曹爽传》）"会兄毓以四年冬薨，会竟未知问，会子邕随会与俱死，会兄所养兄子毅及峻辿等下狱，当伏诛。"后司马文王引"昔楚思子文之治，不灭斗氏之祀；晋录成宣之忠，用存赵氏之后"，所以峻辿兄弟，原有官爵者如故，惟毅及邕伏法（《三国志·魏书·钟会传》）。

另如《三国志·魏书·王凌传》所言："朝议咸以为《春秋》之义，齐崔杼、郑归生皆加追戮，陈尸斲棺，载在方策。凌、愚罪宜如旧典。乃发凌、愚冢，剖棺暴尸于所近市三日。"而另据《三国志·魏书·贾逵传》言："逵尝坐人为罪。王曰：叔向犹十世宥之，况逵功德亲在其身乎？"都是以《春秋》决狱的例子，即是儒学的具体呈现，可见，儒学对《魏律》影响之深远。

两晋时期，司马氏在夺权时，为取得世家大族的支持，以儒家传统代表自居，并大力提倡儒家礼教。所以，选用制定《晋律》者，如郑冲、荀凯、杜预等，皆为儒学大家，因此，《晋律》的儒化色彩是相当浓厚的。陈寅恪《隋唐制度渊源略论稿》言：

> 古代礼律关系密切，司马氏以东汉末年之儒学大族创造晋室，统制中国，其所制定之刑律尤为儒家化。既为南朝历代所因袭，北魏改律，复采用之，辗转嬗蜕，经由齐、隋，以至于唐，实为华夏刑律不祧之正统。

晋代法律，不只沿用汉魏以来儒化的律令，并且又有创新与发展。而其中最突出的就是礼、律并重，这在曹魏时刘廙与丁仪已有共论刑礼，丁仪并著有《刑礼论》，到了西晋发展成凡断正臧否，宜先稽之礼、律。（《晋书·庾纯传》）。这显示出人们把礼看得比法律重要，而且并不只是口头顺序之争，此时，儒家经典与律令，同具法律效力。此原则影响所及，除了为南北朝所承袭，并为唐律提供理论依据。

由于司马氏强调“以孝治天下”，所以对父母之死，都要依礼居丧。《仪礼·丧服》言，父母死，当行三年。虽然汉文帝及东汉末曾有变通方式，但西晋后，守三年之丧成了法定制度。晋武帝曾令，诸将吏居三年丧者，遣宁终丧，百姓复其徭役。违反此礼者，均遭处罚。如郤诜因家贫无法回家葬母，于城外为母置空棺假葬，三年服丧期满，继续留京为官，但仍被弹劾，经人说情，降官一等；虞浚居兄弟丧一年，而娶妻嫁女，违背礼、律故遭致处治。至《唐律》则规定，闻祖父母，父母丧，匿不举哀，流二千里，丧制未终，释服从吉，徒三年，均归入十恶不孝罪。可谓《晋律》的延续。

此外，汉魏时为强化家族的上下伦常，汉规定殴父母者处死，曹魏规定殴兄姊加至五岁刑，到了晋代，又准五服以治罪。《仪礼·丧服》载，亲属服丧，依血缘远近，分斩衰、齐衰、大功、小功、缌麻五等。《晋律》除规定，不孝罪弃市，奸伯叔母弃市，还明确提出，峻礼教之防，准五服以治罪，强化家庭社会的伦常纲纪。此后历朝法律均以此作为量刑的重要参考。

其他如八议的实施，虽有古礼遗风，但情节重大者仍不全适用。当时羊聃迁庐陵太守，刚克粗暴，恃国戚，纵恣尤甚，疑郡人简良等为贼，杀190人，徙谪百有余人，有司奏死罪，因景献皇后为其祖姑，属八议；但成帝则诏曰，此事古今所无，何八议之有？但犹未忍肆之市朝，其赐命狱所（《晋书·羊曼传》）。此外，“石鉴奏预擅饰城门官舍，稽乏军兴。遣御史槛车征诣廷尉，以预尚主，在八议，以候赎论”（《晋书·杜预传》），亦因杜预有功于国，故在八议之内。余如华廙的世袭问题（《晋书·华廙传》），赵王伦同坐罪问题，都有八议之论，可知《晋律》中是有儒学遗风留存。

至于以春秋决狱者，仍是最崇严的法制，所以《晋书·刑法志》言："凡为驳议者，若违律令节度，当合经传及前比故事，不得任情以破成法。"其实际展现以《春秋》决狱者，如"王浑表濬违诏不受节度，诬罪状之有司，遂按濬槛车征"。而王濬则上书自理曰："案《春秋》之义，大夫出疆，由有专辄，臣虽愚蠢，以为事君之道，当竭节尽忠，奋不避身，苟利社稷，死生以之。"（《晋书·王濬传》）而在《晋书·武悼杨皇后传》中，则举昔文姜与乱，《春秋》所贬，宜废皇太后为峻阳庶人。

至于在《晋书·宣五王传》所言，"蕤密表冏专权，与左卫将军王舆谋共废冏，事觉，免为庶人。寻诏曰：前表冏所言深重，虽管蔡失道，牙庆乱宗，不复过也。《春秋》之典，大义灭亲，其徙蕤上庸"。其他可见以《春秋》决狱者，散见史籍，如《晋书》温羡传、褚裒传、王彬传、刁协传、刘隗传，都有以《春秋》经义论断是非的事例，而其效力常在一般法律之上。可见儒学对法制的影响程度。

到了南朝各代，宋、齐均沿用《晋律》，梁、陈二代，其有所增补处，还是以儒家思想为依据。如，为了家族内部秩序，以法律以制之。子女在家善事父母、媳妇孝敬公婆、弟尊兄长，这是儒家所提倡。汉、魏、晋皆有处罚规定；到了南朝，则更为加重，据《宋书·孔季恭传》言，"伤殴父母枭首；骂詈，弃市；谋杀夫之父母，亦弃市"。《宋书·何承天传》载，违犯教令，敬恭有亏，父母欲杀，皆许之。子杀父母，孙杀祖父母，弟杀兄，除重刑治罪外，皆不在赦列。此外，蔡廓认为，不宜令子孙下辞，明言父祖之罪，亏教伤情，莫此为大。所以，朝议咸允之废除。（《宋书·蔡廓传》）

而在萧梁以前，子孙犯罪，父祖等同籍期亲要连坐，梁武帝认为，子弟无赖，不遵王法，触犯刑律，而伤及老人，与儒家精神相违，因此下诏："自今有犯罪者，父母、祖父母勿坐，唯大逆不预今恩。"（《梁书·武帝纪》）由于梁武帝锐意儒雅，疏简刑法，当时旧法规定，夫有罪，逮妻子，子有罪，逮父母。一人有罪，缘作老幼，不合常情，因此下诏"自今捕谪之家，及罪应质作，若年有老小者，可停将送"。

以上这些律令，对家庭伦常皆起了积极稳定的作用。可说把儒家精神予以制度化。

此外，为了严明孔子认为之贵贱、尊卑、上下的差别，汉、魏各代虽有多次出现以官爵抵罪的事例，但并没有给予制度化，入于法律中，直到北魏及南朝时，才正式入律。据《陈律》规定："处以五岁或四岁刑者，若有官，准当二年，余并居作。其三岁刑，若有官，准当二年，余一年赎……其二岁刑，有官者，赎论。"（《隋书·刑法志》）此后隋、唐、宋等各代法律都有徙、流罪可以用官爵抵刑，皆渊源于此。

再者，陈朝特重清议禁锢之科。"若缙绅之族，犯亏名教，不孝及内乱者，发诏弃之，终身不齿。"（《隋书·刑法志》）[①] 这可说是重名教、崇儒学的具体呈现。

北朝各代的儒化律令，除了八议、不道、不孝、大不敬等罪罚，及当官外[②]，又创留养制度，即罪犯的父祖年老，又无其他亲属侍养，可容缓、免刑。东晋曾有个例，咸和二年（公元327年）勾容令孔恢罪至弃市，成帝下诏，以其父年老而有一子，以为恻然，可悯之。[③] 而到了北魏正式入律，据《魏书·刑罚志》载，高宗十二年诏，"犯死罪，若父母、祖父母年老，更无成人子孙又无期亲者，仰案居列奏以待报，著之令格。……《法例律》：诸犯死罪，若祖父母、父母年七十以上，无成人子孙，旁无期亲者，具状上请，流者鞭笞留养其亲，终则从流，不在原赦之例"。以后，从唐至清皆有此律。

到了北齐，则总结前代危害政权、礼教的十大重罪，并予确立，以维儒家提倡之纲常伦理，并巩固君权和父权的社会。据《隋书·刑法志》载，危害政权、礼教的十大重罪，一曰反逆，二曰大逆，三曰叛，四曰降，五曰恶逆，六曰不道，七曰不敬，八曰不孝，九曰不义，十曰内乱。

---

① 据程树德《九朝律考》（中华书局1988年版，第331页）言：按南朝诸律，率重清议，不自陈始。《隋志》梁制士人有禁锢之科，其犯清议则终身不齿，是梁律已如是。《日知录》，宋武帝篡位诏有犯乡论清议赃汙淫盗，一皆荡涤洗除，与之更始。自后凡遇非常之恩，赦文并有此语。是宋齐以来，虽未明著律条，而犯清议者，非有赦书，皆终身禁锢，久已著为成例。《晋书·卞壶传》，小中正王式付清议，废弃终身。《晋书·陈寿传》，居父丧有疾，使婢丸药，客往见之，乡党以为贬议，坐是沉滞者累年。知此例实始于晋，亦不自刘宋始也。

② 据《魏书·刑罚志》载：《法例律》"五等列爵及在官品令从第五，以阶当刑二岁，免官者，三之后听仕，降先阶一等。"

③ 见《太平御览·刑法部》卷646，中华书局1992年版，第2894页，引臧荣绪《晋书》言。

其犯此十者，不在八议论赎之限。可谓极为刚性，也可看出，其维护纲纪的用心。

由以上所述，我们可以看出，在魏晋南北朝法律的制定中，充满着浓厚的儒家精神，而呈现出儒家化的律令，如瞿同祖在《中国法律与中国社会》一书所言，前一朝法律的儒家因素多为后一朝所吸收，而每一朝又加入若干新的因素，所以内容越积越富而体系亦越精密。他又说，中国法律可说全为儒家的伦理思想和礼治主义所支配。而魏晋南北朝即是这种典型的时期，虽然很多人认为，在此时期，儒学已不具影响力，但从其在法律中所展现的风貌，似乎更深入地影响到任何人的生活。

三 婚、丧礼俗

婚姻者人伦之始，中国历代传统之婚姻观念，从人类自然之情性言，“情性之大，莫若男女，男女之交，人情之始，莫若夫妇”（《白虎通·嫁娶》）。若从社会伦理而言，“礼之大体，而所以成男女之别，而立夫妇之义也，男女有别，而夫妇有义，夫妇有义，而后父子有亲，父子有亲，而后君臣有正。故曰，昏礼者，礼之本也”（《礼记·昏义》）。绎言之，婚姻是基于天地阴阳之理，顺男女自然之情，为国家社会之渊源，因此，自周以降，历朝多立定制，用以道民婚媾，使无旷怨。所以，《周礼·地官·大司徒》：“以阴礼教亲，则民不怨。”郑康成曰：“阴礼谓男女之礼，昏姻以时，则无旷怨。”

因此，到了魏晋南北朝，在婚姻制度上，随着思想的多元化，及胡、汉交融的结果，而有较开放的行为，但基本上仍受到儒家传统的制约。魏晋以还，中原鼎沸，嫁娶不易，晋武帝曾下令：“女年十七，父母不嫁者，使长吏配之。……以将士应已娶者多，家有五女者给复。”（《晋书·武帝纪》）除了要求适时婚嫁，更奖励生女，为使军民可得妻。

此外，刘宋世祖、南齐海陵王、南齐明帝，都有奖励，令男女合婚之举；北魏时，高祖“行幸代之汤泉，所过问民间疾苦，以宫人赐贫民无妻者。……诏夫妇之道，生民所先，仲春奔会，礼有达式，男女失时，以礼会之”（《魏书·高祖纪》）。又《魏书·世宗纪》诏：“男女旷怨，务令媾会”，《魏书·肃宗纪》诏：“男女怨旷，务令合偶”，鼓励结婚，勿令男女怨旷，务令合偶。北齐、北周亦同有诏令，尤其北周武帝，更爰及鳏寡，勿为财币稽留。

至于迎娶习俗，除了六礼仪制定于官方外，在一般庶民中，亦依此精神衍出相似之婚俗，如问卜合婚，原为六礼之卜筮以定婚姻之遗，南北朝时，此俗尤盛，《宋书・后废帝江皇后传》："太宗访求太子妃，而雅信小数，名家女多不合，后弱小，门无强荫，以卜筮最吉，故为太子纳之。"择日，嫁娶择日，自古已然，《礼记・曲礼》："日月以告君，斋戒以告鬼神……以厚别也。"除了有上告鬼神的作用外，并有趋吉避凶之义，所以，晋张华《感婚赋》言："方今岁在己巳，将次四仲婚姻之日，竟赴良时，粲丽之观，相继于路，嫁娶之会，不乏乎日，乃作《感婚赋》曰：彼婚姻之俗忌兮，恶当梁之在斯，逼季年之且至，迨星纪之未移。……婚姻及良时，嫁娶避当梁。"①

而《晋书・乐志》也云："穆帝纳后，欲用九月，九月是忌月，范汪问王彪之，答云：'礼无忌月，不敢以所不见，便谓无之。'"虽然，礼无明定，但在习俗及古礼遗风的影响下，总必要谨慎行事。催妆，即是出于古六礼亲迎，亲迎时，婿至女家，以诗词催请新人妆饰上车，此俗兴于北朝，而盛于唐代。合卺，这种礼仪含有双方敬爱、同体为一之意，由来已久。《南齐书・礼志上》曰："又连卺以锁，盖出近俗。复别有牢烛，雕费采饰，亦号囊制……谓自今王侯已下冠毕一酌醴，以遵古之义。"虽然对古礼有所创新，但其意义仍存。

由以上可见，在结婚的政策、条件、礼俗习惯上，仍多存着儒家古礼的传统精神。即使在思想开放，妇女地位相对提高的时代，其婚姻礼俗仍得配合当时精神主流儒家精神而行。也可看出，传统儒学影响当时日常生活习俗的风貌。

至于丧葬者，乃人事之终，对其行事更为崇谨，即使生外族治下，仍有"生降死不降"之想。所以，《南齐书・王融传》言："中原士庶，虽沦慑殊俗，至于婚、葬之晨，犹巾帻为礼。"因此，从丧葬礼俗中，更能看出此时对传统礼教的尊崇。

魏晋南北朝由于朝代更迭频繁，所以世人多不敢言忠，而是倡导以孝治天下。如《晋书・孝友传序》言："孝是道贯三灵和功苞万象的大

① 见严可均校辑《全上古三代秦汉三国六朝文》，第 1789 页。

礼……用之于国，动天地而降休征；行之于家，感鬼神而昭景福。”所以，像王祥剖冰求鲤、王延以身温被、李密抗表陈情等孝行，便传为美谈，连带友悌之情也非常重视，如王徽之愿以余年代弟献之死，谢安自其弟谢万丧后十年不听音乐的友悌，亦深受时人赞叹。这大多是对生人的孝悌表现，至于人死后的葬礼祭祀呢？据《晋书·礼志中》云：

> 五礼之别，二曰凶。自天子至于庶人，身体发肤，受之父母，其理既均，其情亦等，生则养，死则哀，故曰三年之丧，天下之达礼者也。

所以，虽然魏武以下，因时制宜，改变礼制，但到了晋武帝时，即引起朝臣反对，而复古之三年之礼。可见时人对丧礼的敬重。也能看出儒家之礼，并非一成不变，可因时制宜，以适合时代需求。至于厚葬之礼，本非儒家所要强调，就如孟子所言，是要防狐狸食之，蝇蚋茹之罢了（见《孟子·滕文公上》）。所以，魏武帝豫自制送终衣服四箧，题识其上，春秋冬夏，日有不讳，随时以敛，金珥珠玉铜铁之物，一不得送。文帝遵奉，无所增加。以后诸帝亦遵行此制，可谓遵行祖训的孝道表现，及至两晋南朝亦多行俭。

司马懿豫自于首阳山为土葬，不坟不树，作《顾命终制》，敛以时服，不设明器。以后晋世多遵祖训，省约备矣（见《晋书·礼志中》）。由此丧葬情形，除了可看出其简约不浮华情形，最重要的是展现遵行祖训的孝道风范。

至南朝，如宋明帝移宣太后陵，但给葬直，蠲复家丁，仍以简约为要。事实上，从考古资料也显示，中原地区的魏晋墓，随葬的遗物很少，除了铜镜、铜铃和少数的铜钱外，均为陶器；或常常仅有一两件陶器。①

此外，墓祭情形，据《晋书·礼志中》云：

> 古无墓祭之礼。汉承秦，皆有园寝。……魏武葬高陵，有司依汉立陵上祭殿。至文帝黄初三年，乃诏曰：先帝躬履节俭，遗诏省约。

① 参见中国社会科学院考古研究所编《新中国的考古发现和研究》，文物出版社 1984 年版，第 526 页。

子以述父为孝，臣以系事为忠。古不墓祭，皆设于庙。高陵上殿皆毁坏，车马还厩，衣服藏府，以从先帝俭德之志。自后园邑寝殿遂绝。齐王芳在位九年，始一谒高平陵而曹爽诛，其后遂废，终于魏世。

由此可见，魏从俭约原则，不制园寝，有遵古训意味，祭祖于庙，乃礼之所在。事实上，魏世之后，墓祭之俗并无终止，而且已成一新礼，也是表达孝思的方式之一。其实，从《孟子·离娄篇·齐人骄其妻》可知，在战国时代，民间已有上墓祭祀的习俗，到了汉光武帝刘秀，以孝为本，提倡扫墓，并鼓励臣下衣锦还乡，拜祭祖坟，令拜扫以为荣（见《后汉书·光武帝纪》）。到了汉明帝，则改革创了上陵之礼。所以顾炎武说："汉人以宗庙之礼移于陵墓……有庶民而祭古贤人之墓者……人情所趋，遂成习俗。"（见《日知录》卷十五）可见，墓祭也是表达孝思、追远先贤的表现，因此，晋世帝王时有谒陵之举，逮于江左，渐成定制。

至于北朝情形，据《魏书·高阳王传》言，北朝官吏经常告假回乡扫墓，动辄历十旬，在他们看来，祭扫祖坟比参政还重要。这是否亦能视为儒学孝思的另一风貌表现？

除了以上的墓葬、墓祭情形，可以感受儒学的气氛外，从其墓志、铭文的内容，更可看出儒学的影响程度，及呈现的风貌。如：

西晋：《待诏中郎将见徐君夫人菅氏之墓碑》铭文：出于督孝之门，而志存礼让……其谦让之节，柔顺之行，曾无片言违慢之失。

《夫人宜成君郭氏之柩》铭文：亲秉国政，敦风教，明褒贬，道德齐礼。

《武威将军魏君柩铭》铭文：世以仁勇积脩□为称愿闲文武军旅名奋尚忠信行履笃□色养□润入孝出弟敦世骨肉。

《故沛国相张君之碑》铭文：家教脩明，示道出处，三纲有成。

东晋：《建威将军张镇碑》志阴：世为冠族，仁德隆茂。

宋：《故员外散骑侍郎明府君墓志铭》铭文：学究经史，思流渊岳。

齐：《故监馀杭县刘府君墓志铭》铭文：弱岁明通，孝敬笃友。

梁：《萧融墓志铭》铭文：友于惟孝，闲言无际。

《永阳昭王墓志铭》铭文：积德景仁之基，配天经营之业……履信基仁，自家形国。

《永阳敬太妃墓志铭》铭文：体中和之气，禀华宗之烈，蹈此温恭，表兹淑慎，孝敬资于宾发，仁爱□于自然。至于四教六训之闲，工言贞婉之德，无待教成，罔不该备……礼数有殊，德行惟光……以隆嘉谥，礼也。

陈：《故卫将军墓志铭》铭文：黄土无情，常埋忠孝。树兹硕德，终焉食□。

北魏：《南安王桢》铭文：性孝谌越，是使庶族归仁。《汾州刺史彬》铭盖：温仁著于弱龄，宽恭形于立载。

《穆文献公亮墓志铭》铭文：神清气邈，志和虑正，体仁为心，秉义为性。敦诗悦礼，恩恭能敬，内殖德本，外延衮命。

《昌国子封使君墓志铭》铭文：内尽孝思，外竭忠诚。

《故先生寇君墓志》：信能敬友，孝能安亲。

东魏：《故信都县令张君墓志铭》铭文：义烈因心……忠良天纵……生而明悟，孝悌著自间阎；幼怀贞敏，敬让行于邦里。

《太中大夫元君墓志铭》铭文：资生鹰积德之门，立身禀为善之教……毗宣五教，雅爱四民……任重名扬，德尊身润。

《开国公公孙公墓志铭》铭文：综意儒术，贯五经之异馔，讨六艺之喉襟孝友基心，仁让成性，勇于行义，果于尚德，兼公达之师表，体叔则之清通。

西魏：《开国公李贤和妻吴氏墓志铭》铭文：家世豪赡，礼教相承……立身婉顺，少习女功，长成妇德，四行既充，六礼云暨。

《华山郡主元氏志铭》铭文：邦家斯庆，虽《夭桃》之赋其灼灼，《常棣》之叹其秾矣，论德比义，绰有裕焉。

北齐：《参军事崔府君墓志铭》铭文：文慧之志，著自弱年，孝友之情，表于冠岁。

《开国公武贞窦公墓志铭》铭文：历寻经史，不为章句之业……威而不猛，仁而能断。

《武贞窦公夫人娄氏墓志铭》铭文：祖平北府君，渔道猎德，望标衣冕。……太师……游息仁义，服膺孝谨，妇顺宣于苹藻，女业善于针纩。

北周：《开府仪同贺屯公之墓志》志文：孝敬基于自然，仁让发于天性。

《公讳通墓志》志文：养志中和，资灵上德，趋庭学礼，立身之道自宏……游艺衣仁，赏逸闲居，不希荣禄。

《谯国夫人墓志铭》铭文：友其琴瑟，逾恭节义之心……夫人奉上尽忠，事亲竭孝，进贤有序，逮下有恩。①

从以上所引述，我们可以很强烈地感受到儒学对此时期的影响力，绝大部分的人死后被表旌称许的，多是以儒学为依归，极少数才会提及宗教的影响。如此全面地展现儒学风貌，也可以看出其流传之深入，即使当时玄风、佛、道盛行，但要表彰人的功绩，仍要回归儒家思想，才能受到肯定。甚至其所居住的乡里名称，也充满着儒学意味，从这些墓志铭所记载之乡里名称，如南仁里、孝敬里、吉迁里、和风里、光睦里、穆族里、敷义里、笃恭里、崇仁里、修仁里、永康里、永乐里、孝悌里、静顺里、照乐里、嘉平里、恭里、崇恩里、照明里、崇让里、华风里、仁信里、孝亲里、宽仁里、孝义里、文华里、熙宁里、安义里、乡义里、允忠里、道政里、崇德乡、修政乡、崇仁乡、善正乡。可知，儒学对人们的影响，并不只在玄远的思想讨论，或训诂章句上，而是相当落实到人们的生活中，其所呈现的风貌，是如此密切地与社会需求结合。

四 官方对学校礼教之反应

据秦蕙田《五礼通考》言："古礼经有学礼一篇，见于《大戴记》，贾谊《新书》所引，惜其文不传。"（《五礼通考》卷一六九）可见学礼，自古即有，而三国之际至太学学礼之项有幸学养老之礼、释奠之礼。据《三国志·魏书·高贵乡公纪》云："甘露元年（公元256年）四月丙辰，幸太学，二年五月辛未，幸辟雍，会命群臣赋诗。"此外，到了甘露三年，行养老之礼于太学，命履仁秉义、雅志淳固的王祥为三老，温恭孝友、帅礼不忒的郑小同为五更。

至于释奠之礼，亦为古礼之一，据《礼记·文王世子》曰："凡立学

① 以上资料引自赵超《汉魏南北朝墓志汇编》，上海古籍出版社1992年版。

者，必先释奠于先圣先师……凡学，春官释奠于先师，秋冬亦如之。”所以，魏文帝曾于黄初二年（公元221年），诏以议郎孔羡为宗圣侯，邑百户，奉孔子祀，令鲁郡修旧庙，置百户吏卒以守卫之。

此外，魏齐王于正始二年（公元241年）临太学讲《论语》通，五年讲《尚书》通，七年讲《礼记》通，并使太常释奠，以太牢祠孔子于辟雍，并以颜回配。（《晋书·礼志上》）可见皇室对礼教的重视，并不因战乱而有所怠忽。

而为了表示对儒学的礼崇，两晋皇室在太学更亲行养老之礼、乡饮酒之礼、释奠之礼。如晋武帝泰始六年（公元270年）十二月，幸辟雍[①]，行乡饮酒之礼[②]，赐太常博士、学生帛牛酒各有差。乡饮酒礼，也是古礼之一，有尊贤养老之义。三国之际，虽然已无此礼。但是，据《晋书·礼志下》云：

> 武帝泰始六年（公元270年）十二月，帝临辟雍，行乡饮酒之礼。诏曰：“礼仪之废久矣，乃今复讲肄旧典。”赐太常绢百匹，丞、博士及学生牛酒。咸宁三年（公元277年），惠帝九年（公元299年），复行其礼。

晋人傅玄曾撰《辟雍乡饮酒赋》：

> 时皇帝亲枉万乘之尊号，以幸乎辟雍，卤簿齐列，官正其容，乃延卿士，乃命王公。定小会之常仪兮！享殊俗而见远邦。揖让而升，有主有宾。礼虽旧制，其教惟新。若其俎豆有数，威仪翼翼，宾主百拜，贵贱攸敕。酒清而不饮，肴干而不食。及至嘒嘒笙磬，喤喤钟鼓，琴瑟安歌，德音有叙，乐而不淫，好朴尚古，四座先迷而后悟，然后知礼教之弘普也。[③]

---

① 天子幸太学皆有养老之义。参见《礼记·王制》，“养老”孔颖达正义。

② 《礼记·乡饮酒义》注疏，陆德明曰：“郑云，乡饮酒者，以其记乡大夫饮宾于庠序之礼，尊贤养老之义也。”

③ （清）秦蕙田：《五礼通考》，新兴书局1970年版，光绪九年九月江苏书局重刊，卷168引。

由此可见乡饮酒礼的礼节繁盛，但因其具有普弘教化之功，所以两晋君主特于太学复行其礼。以弘儒学之教化。因此，杜佑也说：

饮酒之义，君主所以相接。尊让洁敬之道行焉！是贵贱明隆杀辨，和乐而不流涕，长而无遗，安燕而不乱。此五者足以正身安国矣！①

至于祀孔释奠之礼，由于两晋制度多因袭魏制，再加上帝王的有心提倡；所以，也厚封孔子后代，以隆祀孔子。《晋书・礼志上》记载：

武帝泰始三年（公元 267 年）十一月，改封宗圣侯孔震为奉圣亭侯。又诏太学及鲁国，四时备三牲以祀孔子。明帝太宁三年（公元 325 年），诏给奉圣亭侯孔亭，四时祠孔子祭直，如泰始故事。

另外，在东晋孝武帝太元十年（公元 385 年），清河人李辽路经阙里，过覲孔庙，看到庭宇倾顿，轨式颓弛。感慨万世宗匠，忽焉沦废，不觉涕流。所以，上表求兴复圣祀，修建讲学。至太元十四年（公元 389 年），诏采李辽之议，敕下兖州鲁郡，准旧营饰。② 可见，若说儒学衰落，世人不重孔子，当只是某些短暂时期。

而在太学举行释奠礼，则可看作对至圣孔子、儒学教育的尊崇。释奠礼的进行，大多由君王或太子先行讲经，然后才行典礼。如：

礼，始立学必先释奠于先圣先师，及行事必用币……武帝泰始七年（公元 271 年），皇太子讲《孝经》通。咸宁三年（公元 277 年），讲《诗》通。太康三年（公元 288 年），讲《礼记》通。惠帝元康三年（公元 293 年），皇太子讲《语》。元帝太兴二年（公元 319 年），皇太子讲《论语》通。太子并亲释奠，以太牢祠孔子，以颜回配。成帝咸康元年（公元 335 年），帝讲《诗》通。穆帝升平元年（公元 357 年）三月，帝讲《经》。孝武帝宁康三年（公元 375 年）七月，

---

① 见《通典》卷 73，“乡饮酒礼”条。

② 《宋书・礼志一》，第 366 页。

帝讲《孝经》通。并释奠如故事，穆帝、孝武帝并权以中堂为太学。①

晋潘尼有《释奠颂》一文，对释奠时的盛况，叙述颇详。其辞曰：

元康元年（公元291年）冬十二月，上以皇太子富于春秋，而人道之始，莫先于孝悌。初命讲《孝经》于崇政殿……至三年春闰月，将有事于上庠，释奠于先师。礼也。越二十四日景申，侍祠者既齐，驾次于太学，太傅在前，少傅在后，宫臣毕从，三率备卫，济济乎肃翼赞之敬。乃埽坛为殿，悬幕为宫，夫子位于西序，颜回侍于北墉。宗伯掌礼，司仪辨位，二学儒官，缙绅先生之徒，垂缨佩玉，规行矩步者，皆端委而陪于堂下，以待执事之命，设樽篚于两楹之间，陈缶洗于阼阶之左。几筵既布，钟悬既列，我后乃躬拜之勤……真先王之徽典，不刊之美业，允不可替已。于是牲馈之事既终，享献之礼已毕；释玄衣，御春服，弛斋禁，反故式。天子乃命内外群司，百辟卿士，蕃王三事，至于学徒国子，咸来观礼，我后皆延而与之燕。金石箫管之音，八佾六代之舞，铿锵闉答辂。般辟俛仰，可以征神涤欲，移风易俗者，罔不毕奏。抑淫哇，屏郑卫，远佞邪，释巧辨。是日也，人无愚智，路无远迩，离乡越国，扶老携幼，不期而俱萃，皆延颈以视，倾耳以听，希道慕业，洗心革志，想洙泗之风，歌来苏之惠。②

由上文可见，释奠礼之举行，除了表彰劝学、尊崇孔圣之外，更重要的是，借此弘扬儒教、彰显儒学，以收砥励人心、普弘教化之功。

经以上种种的叙述，可以看出，两晋士人虽有谈玄风气，但在帝王的维护、提倡下，儒学依然有其一定的号召力，及具有崇高的地位。

至于时至南朝，对学校礼教之重视，仍不敢轻忽，如宋文帝元嘉二十二年（公元445年）四月，皇太子讲《孝经》通，释奠国子学，采晋故事，官有其注。祭毕，帝亲临学宴会，太子以下悉豫。（见《宋书·礼志

---

① 见《晋书·礼志上》，第599页。

②（清）严可均校辑：《全上古三代秦汉三国六朝文》，中华书局1987年版，第2001页。

一、四》）而对孔子之崇祀，宋文帝曾在元嘉十九年，“诏奉圣之胤，速议承袭；及令修庙，四时飨祀；并命蠲近墓五家供洒扫，栽松柏六百株”（《南史・宋文帝纪》）。到了孝武帝孝建元年（公元 454 年），“诏开仲尼庙，制同诸侯之礼，详择爽垲，厚给祭秩”（《南史・宋孝武帝纪》）。由以上可知，即使处于朝代更迭之际，对儒学礼教，仍相当注意。

到了南朝齐，荆湘刺史豫章王嶷，曾于高帝建元二年（公元 480 年）开馆立学，置生四十人，并行释菜礼。（《南齐书・豫章王传》）而在齐武帝永明三年（公元 485 年），诏立学，创立堂宇。而有司奏：“宋元嘉旧事，学生到，先释奠先圣先师，礼又有释菜，未详今当行何礼？用何乐及礼器?”尚书王俭则议曰：“《周礼》‘春入学，舍菜合舞’《记》云‘始教，皮弁祭菜，示敬道也’又云‘始入学，必祭先圣先师’中朝以来，释菜礼废，今之所行，释奠而已。”（《南齐书・礼志上》）其冬，皇太子讲《孝经》，亲临释奠，车驾幸听。

而到了永明七年，武帝下诏，“宣尼诞敷文德，峻极自天，非但洙泗湮沦，至乃飨尝乏主。今学校兴立，实禀洪规，可改筑宗祊，务在爽垲。量给祭秩，礼同诸侯”（《南齐书・武帝纪》）。接着齐明帝更在永泰元年（公元 498 年），诏增仲尼祭秩。

至于地方上，江祀为南东海太守，治下有宣尼庙，久废不修，祀更开扫构立。（《南齐书・江祀传》）可见，南齐官方对学校礼教是相当重视，而展现出对儒学之崇敬。

而据《梁书・儒林传序》言：“武帝亲屈舆驾，释奠于先师先圣。”此外，《梁书・昭明太子传》也言：“天监八年（公元 509 年）九月，太子于寿安殿讲《孝经》，讲毕，亲临释奠于国学。”而在大同七年（公元 541 年），皇太子释奠于国学。（《隋书・礼仪志四》）由以上诸条资料看来，梁朝对于儒学礼教是极为推崇。

因此，对于祠孔子也不遗余力，如武帝于天监四年（公元 505 年），立孔子庙。（《梁书・武帝纪》）而梁元帝也在其为荆州刺史时，起州学宣尼庙，自图宣尼像。（《南史・梁元帝纪》）至于梁敬帝，则于太平二年（公元 557 年），诏求鲁国孔氏族为奉圣侯，并缮庙堂，供备祀典。（《南史・梁敬帝》）充分展现梁朝对儒学礼教的配合与推崇。

进入陈朝，虽然时祚不长，但亦表现出相当重视儒学的一面，如宣帝太建三年（公元 571 年）八月，皇太子亲释奠于太学（《陈书・宣帝纪》)，而后主至德三年（公元585年）皇太子又释奠于先师(《陈书·后主本纪》)，百官陪列，国子祭酒徐孝克发《孝经》题（《陈书·徐孝克传》)。对于孔子祭祀方面，废帝光大元年（公元567年)，以兼从事中郎孔英哲为奉圣亭侯（《陈书·废帝纪》)。而后主至德三年，亦下诏修复仲尼庙，以表对先圣的一种礼敬。

北魏虽为胡人所建，但醉心汉文化，其学礼教亦仿我国古制行事。乡饮酒礼，世子齿胄之礼，北魏未曾在太学或国子学举行，然据《魏书·高祖纪》所载，北魏孝文帝鉴于乡饮酒礼废，曾于太和十一年（公元487年）诏诸州党里于民闲岁隙，导以德义，推贤而长者，教其里人。

至于释菜之礼，乃为大学始业重要礼节，且在习舞之前行释菜礼，周之时，天子是要率三公九卿诸侯亲往观视的，可见其崇隆程度。而由《礼记·三月》所言："仲春之月，命乐正习舞释菜。"《周礼·春官·宗伯》："大司乐掌成均之法，以治建国之学政，而合国之子弟焉!"得知，古以乐德、乐舞教国子。因此，北魏道武帝于天兴四年（公元401年）命乐师入学，习舞，释菜于先圣先师。

而自魏晋以来，对释奠之礼颇为隆重，四时祀孔子以三牲，并封孔子之后。到了北魏，亦于国学行释奠之礼。如太宗泰常三年（公元418年)，祀孔子于国学，以颜渊配（《魏书·礼志一》)；始光三年（公元426年)，起太学于城东，祀孔子，以颜渊配（《魏书·世祖纪》)；正光二年（公元521年)，肃宗幸国子学，祀孔子，以颜渊配（《魏书·肃宗纪》)；永熙三年（公元534年)，出帝亲释奠，礼先师（《魏书·出帝纪》)。

至于幸学与养老之礼，乃天子承师问道，以身作则，导引学子，相与勉贤之礼。魏晋以降，帝王幸学，或讲经、或释奠、或行养老之礼。而北魏则以孝文帝最为热忱。他曾于太和十五年（公元492年）八月，议养老。太和十六年四月，幸皇宗学，亲问博士经义。八月以尉元为三老，游明根为五更，又养国老庶老，行大射礼（《魏书·高祖纪》)。并于太和十七年，幸太学观石经。太和二十年，诏畿内七十以上，暮春赴京师将行养老之礼。

经由上述，北魏于国学行释菜、释奠与幸学养老之礼，乃承魏晋而遵周礼，可见，儒学已完全与胡人制度生活相契合，而为其重要精神指标。

五 生活习俗方面

至于其他食衣住行的生活习俗，在在都有儒学的精神浸润其间。如饮食上，南方多食稻，北方多食菽麦。所以，北方之人多以稻米为贵。因此，《宋书·何子平传》载，何子平事母至孝。扬州辟从事，月俸得白米，辄货市粟麦。人或问曰："所利无几，何足为烦？"子平曰："尊母在东（子平世居会稽），不办常得生米，何心独享白粲？"而《南史·徐孝克传》亦载，陈亡，孝克随例入长安。家道壁立。所生母患，欲粳为粥，不能常办。母亡后，孝克遂常啖麦，有遗粳米者，孝克对而悲泣，终身不复食焉。

《魏书·安同传》也载，同长子屈，大宗时典大仓事，盗官粳米数石，欲以养亲。同大怒，奏求戮屈。自劾不能训子请罪。大宗嘉而恕之。遂诏长给同粳米。这些都是在饮食上展现出儒家的忠君、孝亲的精神。其他如《魏书·卢玄传》、《周书·裴侠传》也都在饮食上，表现出清俭、爱民之风范。

而在居丧期间，对于饮食，则多能守礼不侈，连常食盐菜都不食①。如《魏书·房法寿传》载，法寿族子景伯，母亡居丧，不食盐菜。遂为水病，积年不愈。《周书·皇甫遐传》载，皇甫遐事母以孝闻，母丧，遐食粥枕块，栉风沐雨，远近闻其至孝，竟以米面遗之，皆受而不食。此外，于饮食方面，居丧守礼持之以久者，如何子平，母丧去官，哀毁逾礼，值大明末，东土饥荒，继以师旅，八年不得营葬，日以数合米为粥，不进盐菜。

其他如杨歆遭离家难，常以丧礼自居，所食惟盐菜是也（《北齐书·杨歆传》）。至于甄恬，数岁丧父，哀感有若成人，家人矜其小，以肉汁和饭饲之，不肯食（《梁书·甄恬传》）。

此外，古所贵者，老者肉食，在魏晋南北朝时，犹有其遗风。如《魏书·高宗纪》载，太安元年（公元455年），遣上尚书穆伏真等三十

① 盐菜为当时常食，可参见夏德仪校订，吕思勉著《两晋南北朝史》，开明书店1983年版，第1129页。

人，巡行州郡，观察风俗。入其境，农不垦殖，田亩多荒，则徭役不时，废于力也；耆老饭蔬食，少壮无衣褐，则聚敛烦数，匮于财也。这是昏政使然，应黜而戮之。认为使耆老无肉食，是为政者之失。而《魏书·杨椿传》也载，杨椿诫子孙，至于亲姻知故，吉凶之际，必厚加赠襚；来往宾僚，必以酒肉饮食，才能使亲姻朋友无憾焉。平时自己可以无肉食，但对亲朋宾故却必以肉食相待，以为礼之。这都是当时风气使然，而这风气则充满着儒学的气氛。

至于衣饰方面。据吕思勉所言，《周礼》王后六服，制度皆本深衣。深衣之制，连衣裳而一之。《通典》载宋制，大后、皇后入庙，服袿属大衣，谓之袆衣。公、特进、列侯夫人，卿、校世妇，二千石命妇年长者，入庙佐祭，帛绢上下；助蚕则青绢上下。自皇后至命妇二千石，皆以蚕衣为朝服。齐梁以后并同。即《续汉志》所云深衣制，徐广所云单衣也。其不殊衣裳，古今无异。①

至于当时之裤褶之服，其实即襦裤。据《宋书·礼志》云："裤褶之制，未详所起，近代车驾亲戎，中外戒严之服。"而《急就篇·注》云："褶，谓重衣之最在上者也。其形若袍，短身而广袖。"即行役服劳之短衣，方便使然，古今皆同。就如《礼记·曲礼》言，童子不衣裘裳。《礼记·内则》言，十年，衣不帛襦裤。而襦裤即是不裳。为何不裳？郑玄《注》载，为其便易，此服劳役者之短衣。这都与儒家经典主张有所契合。

其他如脱履、脱袜以表至敬之礼。据赵翼《陔余丛考》言："古人席地而坐，故登席必脱其履，《礼记》所谓户外有二履是也。然臣见君，则不惟脱履，兼脱其袜。《诗》：赤芾在股，邪幅在下，邪幅行縢，袜去，故行縢见也。《左传》：卫出公辄为灵台，与诸大夫饮酒褚师声子袜而登席，公怒，对曰：'臣有疾，若见之，君将嗀之，是以不敢。'公愈怒，欲断其足。杜《注》云：古者臣见君解袜，然则古人以跣足为至敬也。……《魏志》：曹操令曰：祠庙上殿当解履，吾受命剑履上殿，今有事于庙而解履，是尊先公而替王命也，故吾不敢解履。可见是时祭先祖，见长官，尚皆脱履。……梁天监中，尚书议云：礼跣袜登席，事由燕坐，今则极敬之所，莫不皆跣。"

① 参见吕思勉《两晋南北朝史》，开明书店 1983 年版，第 1148 页。

除了以上几例外，《宋书·龚颖传》也载，谯道福将杀龚颖，颖之姑即谯道福之母，跣出救之，才得免。又《南齐书·徐孝嗣传》载，孝嗣于泰始二年，西讨解严，车驾还宫，登殿不着袜，为治书侍御史蔡准所奏，罚金二两。可见，当时仍以跣足为礼，颇具儒风。

至于居住房舍方面，除了部分贵族多所奢侈外，一般民间屋宇则为草舍，尤其儒者传习之所，亦多简陋。如《南史·刘善明传》载，其所居茅斋，斧木而已。《南史·刘瓛传》言，兄弟三人共处，蓬室一间，为风所倒，无以葺之。怡然自乐，习业不废。《南史·贺琛传》也载，琛幼孤，伯父玚授其经业。初玚于乡里聚徒教授，四方受业者三千余人。玚天监中亡，至是复集，琛乃筑室郊郭之际，茅茨数间。年将三十，便事讲授。《梁书·陆倕传》亦言，陆倕于宅内起两间茅屋，杜绝往来，昼夜读书，如此数载。而据《晋书·儒林传》亦载范宣家于豫章，太守殷羡见宣茅茨不完，欲为改宅，宣固辞之。甚至士大夫家如《魏书·高允传》所言，高宗幸允第，惟草屋数间。《魏书·胡叟传》言，叟家于密云，蓬室草筵。

可见，保有儒学精神者，其居于陋巷，仍不改其乐。此外，亦有为表孝思，而自愿居陋室者。如《宋书·孝义传》载何子平，所居屋败，不蔽雨日。兄子伯兴，采伐茅竹，欲为葺治。但因其母未葬，所以不肯，曰："我情事未申，天地一罪人耳，屋何宜覆？"以上，皆可看出对住屋的要求，一般儒者，皆保有居陋巷而不改其乐的精神。

关于行的方面，一般皆以牛车为主，但对于德高望重者，则礼以步挽车（即有轮而以人挽之步辇）。据《魏书·尉元传》载，在太和三年（公元479年），进爵淮阳王，以旧老见礼，听乘步挽，杖于朝。太和十六年（公元492年），孝文帝行三老五更之礼，以元为三老，游明根为五更，礼毕，乃各赐步挽一乘。此外，据《晋书·孝友传》载孙晷，吴国富春人，恭孝清约，富春车道既少，动经江川，父南于风波，每行乘篮舆，晷躬自扶侍，展现孝亲之风，而为人所称道。

此外，士大夫拘于体制，多以徒行为耻。但如《晋书·孝友传》载夏方，吴时拜仁义都尉，累迁五官中郎将。朝会未尝乘车，行必让路。表现出恭俭之行。而《南齐书·孝义传》亦载江泌，尝乘车至染乌头，途中见一老翁步行，下车载之，躬自步去，而为史所美称。而体现儒学之尊老之行。

诸如上类例子，不胜枚举，也可见儒学在当时已深入人心，并在生活中随时体现，而成为日常习俗之一部分。

六　结语

经由以上所述可知，我们可以发现，儒学在此时与人文紧密地契合。如法律的制定中，就充满着浓厚的儒家精神，而呈现出儒家化的律令。中国法律可说全为儒家的伦理思想和礼治主义所支配，而魏晋南北朝即是这种典型的时期，虽然很多人认为，在此时期，儒学已不具影响力，但从其在法律中所展现的风貌，似乎更深入地影响到任何人的生活。

至于在婚姻的政策、条件、礼俗习惯上，仍多存着儒家古礼的传统精神。即使在思想开放、妇女地位相对提高的时代，其婚姻礼俗仍得配合当时精神主流儒家精神而行。也可看出，传统儒学影响当时日常生活习俗的风貌，而且从生到死都在儒学精神的隐然制约中。所以，在葬俗上，我们也可以很强烈地感受到儒学对此时期的影响力，绝大部分的人在死后，被表旌称许的，多是以儒学为依归，极少数才会提及宗教的影响。如此全面地展现儒学风貌，也可以看出其流传之深入与契合人心，即使当时玄风、佛、道盛行，但要表彰人的功绩，仍要回归儒家思想，才能受到肯定。甚至其所居住的乡里名称，也充满着儒学意味，这绝非偶然或是个别情形，而是整体上的风行。它并不只在玄远的思想讨论，或训诂章句上，而是相当落实到人们的生活中所呈现的风貌，是如此密切的与社会需求结合。

民间日常生活、生死大事都与儒学发生密切的关系，至于官方的反应呢？表现在主导教育的立场，不只全力地推展儒学，对于学校崇敬的礼教，如释菜、释奠、幸学养老等表彰教育，影响人心的礼教，都极为崇隆地举行，而对至圣先师的奉祀，更是怀着延续圣道之心，特封圣裔为专门奉祀之官，以作为学子、人民相与勉贤之对象。

至于一般之食衣住行表现，在在充满着儒学精神，或形式上、或实际生活及行为举止言谈中，都有很深厚的儒家思想贯串其中。

儒学在魏晋南北朝时期的存在与发展，并不只是表象的传承，或尽是形上思维与各种思想的融合，也在具体生活上，以更多重的方式，深入人们的心灵，而与人民的生活结合在一起，成为他们生活的一部分。而呈现出儒学的普遍性及其深化影响。

参考文献

中国魏晋南北朝史学会：《魏晋南北朝史论文集》，齐鲁书社1991年版。

毛汉光：《两晋南北朝主要文官士族成分的统计分析与比较》，《中研院史语所集刊》1966年版。

王仲荦：《魏晋南北朝史》，上海人民出版社1981年版。

王瑶：《中古文学史论》，长安出版社1986年版。

皮锡瑞：《经学历史》，汉京文化事业公司1983年版。

任继愈主编：《中国哲学发展史·魏晋南北朝》，人民出版社1988年版。

吴先宁：《北朝文学研究》，文津出版社1993年版。

吕思勉：《两晋南北朝史》，开明书局1983年版。

宋仲福等：《儒学在现代中国》，中州古籍出版社1991年版。

李延寿：《北史》，中华书局1987年版。

李则芬：《两晋南北朝历史论文集上中下》，台湾商务印书馆1987年版。

李威熊：《中国经学发展史论上》，文史哲出版社1988年版。

李书有主编：《中国儒家伦理思想发展史》，江苏古籍出版社1992年版。

周一良：《魏晋南北朝史札记和研究》，中华书局1985年版。

周一良：《魏晋南北朝史论集续编》，北京大学出版社1991年版。

林庆彰：《中国经学史论文选集上》，文史哲出版社1992年版。

林庆彰：《中国经学史论文选集下》，文史哲出版社1993年版。

崔鸿：《十六国春秋》，中华书局1965年版。

郭湛波：《中国中古思想史》，龙门书店1967年版。

杨吉仁：《北魏汉化教育制度之研究》，正中书局1973年版。

熊承涤：《中国古代教育史料系年》，人民教育出版社1991年版。

赵吉惠等主编：《中国儒学史》，中州古籍出版社1991年版。

刘振东：《中国儒学史——魏晋南北朝卷》，广东教育出版社1996年版。

简博贤：《今存南北朝经学遗籍考》，黎明文化事业公司1975年版。

（北齐）魏收：《魏书》，中华书局1987年版。

（唐）魏征等：《隋书》，中华书局1987年版。

罗宏曾：《魏晋南北朝文化史》，四川人民出版社1989年版。

吴先宁：《南北朝经学异同与社会政治》，《中国哲学史》1991年第8期。

杨希珍：《北魏的察贡推举制度》，《文史哲》1989年第5期。

杨家骆：《南北朝遗籍辑存》，《学粹》1966年第3期。

严耀中：《北魏前期的宗教特色与政治》，《上海师范大学学报》1989年第3期。

儒家伦理学的挺立：儒家核心价值中的义利之辨与仁义之道

成中英
美国夏威夷大学

摘　要　本文将针对下列五个重要课题进行理论讨论与实践分析，以说明儒家的核心价值系统中义利之辨与仁义之道的重要性。我之所以把义利之辨与仁义之道联系起来，是因为没有前者后者无以理性地推行，没有后者前者将丧失其内在的目标，故两者不可不联系起来在一个对人的存在结构中发挥相互助益的作用。人的存在结构不外乎整体中的个体与群体之分，个体中的大体与小体之分，于此方可说明义利之辨之所由来。故我本文首章即在分析的回答何为利以及何为义，并及何以义的认识却往往晚于利的认识。其次我将探索义利的关系结构，说明三大类的区别。显然人类的行为不是单一的形态，如何从只为己私自利发展到兼及他利与群利是一大文明进步。此处当指出儒家的社会与政府起源论实大不同于其他西方理论，但却显出儒家理论虽有难行之处，却隐藏着极大的人性真理。如果人类未能认真对待，人类也将永远挣扎在义与利之间而不得自拔。在此基础上我们才能正确有效地分析孔子所说“古之学者为己，今之学者为人”（《论语》14—24）中为己与为人的含义。本文第三部分将论述儒学中人心与道心的问题，对人的存在结构与状态进行更深入的也将是更现代的分析。其中当涉及 Heidegger 的人存结构与决意理论，以及当代达尔文进化论观察中的“群爱”与“种爱”本能的认识，与儒家中孟子、荀子、朱熹、王阳明与刘宗周等的情意、心志、性理之说的对比，同时也透露出中西文化的根本上的差异，能否弥补此一差异，使其殊途而同归，正是吾人必须要面对的问题。第四部分当分析 Adam Smith 的自由市场理论以及其具体实施过程的变革，我将强调我曾提出的一只无形的手、一只有形的手、一颗兼有无的道德的心的理论认识与具体实行的重要性，也就体现了儒家核心价值之说的精神所在，同时也对 Adam Smith 前后学说的整合性作出一个合理的说明。最后我以中国哲学中的儒学的义利之辨与仁义之道的发展为标准评论先秦诸子百家的义利思想与行为政策，以见儒学智慧弥久而长新的光辉。

Abstract What is li and what is yi may not quite coincide with the distinction between self - interest and public - interest. Hence we have a problem of separating rational egoism based on rational calculation and altruism based on feeling of others - regarding. There is also the question of self - identity issue which may lead to distinction of levels and scopes of identity in a holistic theory of life - tree. When Mencius speaks of li as benefit, not as exactly as modern idea of profit, he is not to reject self - interest and yet he wants the person in power to care for his client group or people. He is not exactly thinking in terms of stakeholders interests, but rather what an equitable and fair - and - just and thus a harmonious society is to be. In this sense he would reject li which excludes yi, without however reject yi without li because yi is seen as greater li, as this has to do with the principle of being a human being. There is a non - metaphysical metaphysics of self - inclusion in Mencius as in Confucius, that is, if we act according to our morality of moral feelings, we shall naturally come to take beneficial measures for myself and people altogether. If they cannot go together, I have to reject my limited li in favor of yi which is unlimited li. This I shall take to be a form of altruism, which is required for moderating and edifying modernized forms of rational egoism, such as individual legal investors or social rational group egoism, or even realistic national states at power play in the world. But such a moderating and yet harmonizing altruism requires deep understanding of human nature and the actions which bring this understanding to the surface, so that it would function properly and more or less without being subject to influences of short term profits or narrow regional self - interests in the global development of global economy and global self - governance of nation - states.

1. 我将先行分析说明义利两词意蕴之所在，并进行三项义利关系逻辑的分类，何为利？何为义？利为人之所需亦为人之所喜，为有益于自身的权与财的取得与占有者，许多利往往具有排他性与自私性，是以一个人或一群人为主体的。利于己是利，利于他就不是利。义则是对自私的批判而产生的概念，涉及利他的需要以及利益合理分配的问题。义是合法合理合情的利益，是价值的承认，也是地位的承认，更是一个整体性的群体生活合理化理想制度的认知。儒家的义同于现在所称正义，指的是客观的正确（rightness），具体的适当（appropriateness）以及合乎道义之情（righteousness）三者的混合体。三者各有社会的标准。但从孟子来说，更重要的是具有人之情性与理性的基础，故曰恻隐之心人皆有之，是非之心人皆有之，恭敬之心人皆有之，谦让之心人皆有之。据此等人心的道德情感，就能发展为道德的认知，凝聚成道德的价值，修养成行为的准则，进而形成正义的良知，而为义之为义、正之为正、正义之为正义，定下标准，做出判断，建立楷模的道德行为。在阐述孟子的观点时我将论及休谟（David Hume）与康德（Immanuel Kant）以为比较地说明。

2. 义利的关系可分三类：第一类是义利兼容，利己就是利人，利人就是利己，是从具体的实质的结果来说的，但为利的动机与为义的动机却仍可以是不同的，不可不辨。义应该是维护生命之为生命、人之为人的价值与尊严的道德感情、认识与意志，具有本体性的认同，故在本质上是与以个体利益的出发点不一样的。这又涉及目的论（teleology）与责任论（deontology）中两个层次的区分，即个体、群体与整体的区分。易传说“义者利之和”（《周易·乾·文言》）可解释为各种人类实际利益的总和而不相矛盾。也就是合于所有人类及相关群体深刻与长远的利益。但义仍有更为深刻的善的含义，亦即大利，应是精神的提升与人类的生存的价值目标的所在，因之具有理想性与不断的进取与扩大的能力与需要。第二类是利义不相容，不但出发点不一样，就是结果也是相反的。有义不可化约为利，乃有所谓舍身取义、杀身成仁的英烈事迹。所谓义可以不利于个人的现实利益，但却有利于精神价值如人性尊严及族群或人类持久的生存繁荣之道。孟子劝梁惠王重视仁义，不要讲有利于一己之私的利或权就显示了义利本质的分别。义利不相容表现在义而不利或利而不义的实际情况中。第三类也就是最后一类是无义也无利的行为，此类行为其实也很复杂，可以是中立的非道德行为，或是违背道德或毫无道德意义的行为，包含人类基于自私动机对自然或环境的破坏，可以是一种自欺或无知的表现。因为有自以为是的自觉或不自觉的理由成分，必须有一番批判的分析来显示其定性或定位。基于此，我们应有一套经济发展的策略理论，必须以知识为基础来探讨价值的形成以及实现价值的方法问题。

3. 本节要说明儒家对道德的理解何以要有此等分辨与分类。这是因为人的存在结构具有整体、群体与个体的差别，又在个体中有大体与小体的差别，也就是必然条件与充足条件的差异。满足小体只是必然条件，孟子所谓命，但往往人们以满足小体为充足条件，孟子所谓性，不断扩充小体之利，成为小体的集合体，置大体而不顾，因之就陷于非义。《尚书》本有人心与道心的差别，所谓道心惟微，人心惟危，也就说明了孟子小体与大体的差别。了解此一差别并非要否认小体与人心，而是要转变小体为大体之用，人心为道心之用，这就走上了仁义理智信的儒学伦理学的道路。我们应对此进行清晰而系统地分析与整合，我在此强调儒学有了义利之辩，方可有仁义之道，不然儒家的提倡仁义会流入空谈。仁义之道是要以仁为动力以及理想目标，以义为方法及道路来发挥仁爱的精神，同时促进及带动社会大利及和谐社会的实现。仁就是发挥大体与道心精神，义就是实现大体与道心精神，也就是把目的论中的最高的善与责任论中最高的责任，亦即善与义（是非）联系起来，相互促进，统合实现。

4. 此处有一个理论问题需要解决：此即亚当・斯密（Adam Smith）提倡的自由市场买卖的经济发展理论。此一理论的核心在一个理性设计的制度中转化个人的自私自利之心为群体功利之用。利用竞争的机制，鼓励因私利的推动而创造有利文明进步的器物，在自由市场中获取购买者的支取，赢得利益，并以交税与捐献方式进行分配，利益社会，同时又促进了器物文明及科学知识与技术的进步，促进文明进步，也就间接促进公众利益。这也就是无形之手的作用。但我要指出，此一理想的市场的无形之手不能不用有形的政府之手来加规范，来进行监督，来进行重新分配，才较能保护弱者的基本利益，才能维护社会的基本正义，才能阻止富者愈富而穷者愈穷。为了对此有保证，就不能不对政府的组织以及其与社会人民的关系加以探讨，显然必须认识到采行民主制度以利监督政府机制与进行法律更新的重要。从 18 世纪亚当・斯密提出自由市场到今天的 21 世纪初出现的经济与金融危机，有许多重要的话题可以提出来讨论。就以当今全球化经济的发展所面临的问题仍然离不开义利的辨析问题。我们在此显然可以将美国的实用主义的手段与霸权主义的目标两个概念来说明国际上义利问题的复杂性，但却不能不因此更深地思考此一问题，为人类经济社会及政治的发展提出更深厚的宏图大计。儒学的义利之辩与仁义之道在此一历史处境应可突出其理论的前瞻性以及实践的警觉性。其重要性于此可知。也可以看出所谓仁义之道不可须臾离也。

5. 在中国哲学中孟子首从仁与不仁来分析义利，仁者重人民之利，不求一己之利，或营私以损民，是为公利。与近代功利主义（utilitarianism）还不相同，不以大多数的利益为满足。也不同于墨子的兼相利、交相爱，因为更有一种效法天地、道济天下之意（老子看到天地以万物为刍狗，孔孟却强调天地有好生之德，如易传所表明）。因为所着重在不从一己出发，只从全体出发，然后与民同乐。这里有动机主义及后果主义问题。孟子显然是兼两者同时思考，既反对出发点的不正，因无恻隐之心者非人也，又重视制度规划的有效成果问题。故古典儒家走的是义利兼含、动机与成果并重的路线，所谓仁居义行即是。以孟子为标准，可见墨家以公利为重，似乎更着重群体功利成果与效率，但也不排除理性的兼爱动机，但却未能重视个体的心性修养以加强仁民爱物的主动情操。也可见道家并不重视利益也不重视道义，是属于义利俱斥之类。以孟子来衡量法家，法家显然只是以利为重，以统治者的利益为重，着重成果，而不那样重视动机，然而却仍然相信动机与成果的因果关系。总之，义利的分配比例，动机主义与结果主义的比重可以有多样的表达，反映出人类社会与政治的处境。也反映出历史思考必须用哲学思考来分析与理解即评价的重要。

6. 结论：以上五项分析，可说是为儒家伦理学的定位确立，涉及儒家伦理学的本体结构，儒家伦理学的动机与动力结构以及儒家伦理学的规范结构。本文也为儒家伦理学的核心命题与价值进行了一个哲学的论证、规划与建造。用之于当今的个人、群体、社会、国家与世界的诸多纷争以及明显的生态危机、经济危机、价值危机等方面，都能提出一针见血的解破，更能提出相应可行的改革方案，为人类现实的困境提出了一条朗明的道路。从理论层面来说，本文把传统的从利义之辩与仁爱之道在本体与规范基础上赋予了现代伦理学的含义而又超越了现代伦理学。这在两方面透露出来：一是综合机制的提出。儒家伦理学在德性与德行的基础上同时建立责任与权利（what is right to claim and what is right to do）又在责任与权利的基础上建立功利，融化小体之利于大体之义之中，也转化义为正义，为公义，为公利。

另外，本文也表达了儒家伦理学并非一般的普世伦理或普适伦理，乃是从内而外、由外而内，从下而上、由上而下的贯通伦理，涵摄普适性或普世性于具体的个体与群体或社会或国家的决策与实践之中。可名为“贯通伦理学”或“本体用伦理学”。

《论语·先进篇》“屡空”辨[①]

劳悦强
新加坡国立大学

摘　要　《论语·先进篇》的“屡空”一词，朱熹（1130—1200）《论语集注》解作“数至空匮”之意，此后八百多年来，几成定论。实则南宋以前，“屡空”别作“时或虚中”一解。又朱熹排斥“虚中”说，视为“老氏清净之学”。清陈澧（1810—1882）《东塾读书记》承之，更以“虚中”说为“何《注》始有玄虚之语”的著名例证。本文从《论语》原文的脉络缕析“屡空”章的本义，兼顾训诂、义理、辞章三方面，并且参照版本考证以及思想史的脉络，从而探索“屡空”章之本义、剖辨朱说的依据和内在困难，同时更切实缕述其中的问题。具体言之，朱熹对何晏（190—249）、王弼（226—249）的所谓玄学解读有欠公允甚至失实的批评，而朱说对《屡空》章所建立的理学的道德解读掩盖了孔门儒学原来所涵容的非道德的精神修养面貌。

关键词　论语　屡空　玄学　何晏　朱熹

Abstract　Confucius is recorded in *Analects* 12. 19 as having characterized his beloved disciple Yan Hui using the well - known expression *lükong* . In his *Collected Commentaries on the Analects*, *Zhu Xi* (1130—1200) *took this expression to mean "was often reduced to destitution," and this has been the standard reading ever since. To Zhu, Yan Hui was a virtual sage, as he was completely at ease with the Way in spite of his penury. Yet prior to the twelfth century, a competing interpretation of* lükong *as meaning "was empty within occasionally" was prevalent. According to this view, though Yan Hui was intellectually brilliant, he was nonetheless able to maintain an empty mind on occasion. Whether or not he was a virtual sage was not an issue*

① 原载于《汉学研究》32卷第2期，第265—291页。

in the passage. Zhu Xi, however, dismissed this alternative reading as he considered it characteristic of the Daoist doctrine of purity and tranquility. Endorsing Zhu's dismissal, Chen Li (1810—1882) further attributed the competing interpretation to He Yan (190—249), the Xuanxue *thinker whom he famously accused of introducing Daoist interpretations of the Confucian classic. On the basis of textual criticism, this paper examines* Analects *12. 19 in connection with* Analects *12. 18 and attempts to unpack its original meaning on philological, philosophical, and literary grounds, while at the same time tracing evolving interpretations before the twelfth century. Further, it explains the philo - sophical and literary underpinnings of Zhu Xi's influential interpretation and its inherent problems. Specifically, Zhu Xi failed to do justice to the perceived* Xuanxue *readings of* Analects *12. 19 suggested by He Yan and Wang Bi (226—249), and allowed his own moral interpretation to overshadow the non - moral dimension of early Confucian self - cultivation.*

Keywords *Analects* *Lükong* *Xuanxue* He Yan Zhu Xi

一 前 言

《论语·先进》载孔子论颜回曰："回也其庶乎，屡空。"这个介绍一直影响着后人对孔门高弟颜回的认识。由于介绍出自孔子之口而孔门中又有谁比夫子更了解自己的学生，因此，《先进篇》所描述的颜回更可谓是千古的定论了。根据朱熹（1130—1200）的解释："庶，近也，言近道也。屡空，数至空匮也。不以贫窭动心而求富，故屡至于空匮也。言其近道，又能安贫也。"所谓"庶乎"，即是"近道"之意。这是历代注家的公论。至于何谓"屡空"，则历来颇有争议，尽管朱熹的理解代表了主流的看法。颜回固然安贫乐道，但从章句、训诂和义理考虑，朱熹对"屡空"的解释似乎尚有商榷的余地。本文将分析南宋以前历代对"屡空"的说法以及朱熹的相关批评，从而论证"屡空"看似复杂却实际简单的读法。

二　分章问题

根据朱熹的分章，《先进篇》的有关章节列序十九，原文如下：

子曰：“回也其庶乎，屡空。赐不受命，而货殖焉，亿则屡中。”

朱注谓“庶乎”即是“近道”之意。这是历代注家的公论。[①] 至于何谓“屡空”的解读，历来颇有争议。[②] 朱熹的理解无疑代表了主流的看法。朱注云：“屡空，数至空匮也。不以贫窭动心而求富，故屡至于空匮也。”因为本章先述颜回，后言子贡。如果我们遵从朱熹的解释，则孔子似乎正在比较颜回和子贡，而他考虑的是两人如何面对外在物质需要。朱熹谓：“颜子不以贫乏改其乐而求其富。如此说，下文见得子贡有优劣。”[③] 颜回能够安贫乐道，所以“庶乎”；子贡不肯“受命”，似乎有所不如。[④] 正如朱熹所言，此章“言子贡不如颜子之安贫乐道，然其才识之明，亦能料事而多中也”。[⑤] 这个说法自然有其道理，但其中一个关键系乎《论语》的分章问题。

“屡空”章见于《论语·先进》，按照朱熹的章句，属于第19章。同篇的第18章则记：“柴也愚，参也鲁，师也辟，由也喭。”尽管原文并未

① 其实，“庶乎”未必解作“庶几近道”。（清）苏秉国《四书求是》云：“其庶乎，未明指其所庶若何。以下文‘不受命’对观之，盖即指受命而言。”见（清）程树德《论语集释》第3册，中华书局1997年版，第783页。无论苏说是否正确，可见“庶乎”之义仍然可以商榷，说详下文。

② 按：定州《论语》第282、283两简作：“孔子〔曰：回也其庶乎〕，【282】居空。赐〔不受命〕，○货殖焉，意则居中。【283】”见河北省文物研究所定州汉墓竹简整理小组《定州汉墓竹简：论语》，文物出版社1997年版，第51页。整理者谓“居”可能为“屡”之“省体”。见第54页。

③ （宋）黎靖德编、王星贤点校《朱子语类》，中华书局1999年版，第1019—1020页。朱熹又说过：“读书，须看他文势语脉。”见同书，卷10，第173页。

④ “受命”一语，历来也众说纷纭。何晏谓“赐不受教命，唯财货是殖，忆度是非”，即子贡不听孔子教诲，而专心于货殖。见（南朝·梁）皇侃《论语集解义疏》下册，广文书局1991年版，第384页。俞樾则认为：“若夫不受命于官而自以其财市贱鬻贵，逐十一之利，是谓不受命而货殖。”见（清）俞樾《群经平议》，收入《俞樾劄记五种》上册，世界书局1963年版，经三十一，第1b页。俞说似得之。

⑤ （宋）朱熹：《四书章句集注》，中华书局2001年版，第127页。

直接明言，但这一章大概是孔子本人分别对四个弟子性格的一种概括。由于第18章和第19章都是孔子评论弟子的记录，本来合成一章也未尝不可。毕竟，孔子对这两章中六个弟子的评论，原来是否分别在两个不同的场合所发表，我们今天已经无法得知了。然而，我们却不能绝对否定，孔子的有关评论可能同出一时一处。准此而言，我们便不能排除第18章和第19章本来实属一章的可能。

事实上，《论语》在汉代就有《齐论》、《鲁论》、《古论》以及张禹的《张侯论》四个不同的流传版本，而四个版本的分章各有不同。像朱子章句中《先进》第18章和第19章究竟原是一章抑或两章，相信四个版本便有可能出现分歧。司马迁写《史记·仲尼弟子列传》，开篇便云："孔子曰：'受业身通者，七十有七人，皆异能之士也。德行，颜渊、闵子骞、冉伯牛、仲弓。政事，冉有、季路。言语，宰我、子贡。文学，子游、子夏。师也辟，参也鲁，柴也愚，由也喭。回也屡空，赐不受命而货殖焉，亿则屡中。'"① 显然，太史公的写法是先把孔门几位高弟的一些性格和情况稍作基本的介绍和概括。传文稍后即比较详细地逐一叙述各位高弟的事迹。当然，太史公的主要根据就是《论语》，其中就包括朱熹所分的《先进篇》第18章和第19章。② 首先，必须指出，太史公对"屡空"的了解跟朱熹"屡至空匮"的说法完全一样。《伯夷列传》谓："回也屡空，糟糠不厌。"③ 唐司马贞《索隐》云："厌者，饫也。不厌，谓不饱也。糟糠，贫者之所餐也。"④ 不过，太史公删去"其庶乎"三字，显然他在此感兴趣的只是颜回贫困这一事实，至于颜回是否"庶乎近道"则并非他所关心。事实上，根据太史公在《史记》中的撰述，他对近道与否的问题似乎并不太感兴趣。比如说，他在《孟荀列传》中也只字不及两位大儒是否近道的修养问题。他甚至连孟子提倡性善都并未致意，但却为孟子的义利之辨而未尝不废书而叹。另外，他也没有提到荀子的性恶论。诚然，太史公撰史自有他的目的，但他如此利用《论语》入史，无疑也反映了他对相关《论语》章节的解读跟朱熹可能不同。

---

① ［日］泷川龟太郎：《史记会注考证》卷67，宏业书局1977年版，第854页。

② 必须指出，司马迁引用《先进篇》"柴也愚"章，四位弟子的先后次序不同。另外，朱子章句《先进》第19章原文"回也庶乎，屡空"一句也经过太史公删节。

③ ［日］泷川龟太郎：《史记会注考证》卷61，第826页。

④ 同上。

《论语》的四个汉代版本原貌如何，今不可知。汉末魏初，何晏（190—249）的《论语集解》就把朱注《先进篇》第18章和第19章合成一章。① 何本的根据大概就是《张侯论》本。何晏的《集解》本以《张侯论》为依据，而《张侯论》又以《鲁论》而兼采《齐论》而成。② 因此，《集解》大体上应该保留了汉人的章句原貌。换言之，汉儒大概并未以为夫子在《先进篇》比论颜回、子贡的优劣。③ 北宋太宗时，邢昺（932—1010）任国子祭酒，又以翰林侍讲学士身份，与诸儒遵从何晏的分章，编撰《论语注疏》，是为钦定本。邢昺年代跟朱熹相去仅一百多年，换言之，直到朱熹编订他的《论语》章句之前，诸儒对《先进篇》的分章基本上是遵从何晏《集解》的做法。④ 清中叶，刘宝楠（1791—1855）撰《论语正义》，可谓中国两千多年来《论语》研究的殿军，而刘氏一仍旧贯，依然恪守何说，因此，我们实在没有理由认为朱熹的分章必然正确，至少，两说应该并存。

另外，我们也应该考察一下朱熹分章的根据，以确定朱说是否更为适当。首先，第18章的排比文字结构也有异于第19章的散句形式。⑤ 同

---

① 按：定州《论语》乃鲁论本，其中第282、283两简所载即何晏《集解》本第18章和第19章，原文如下：“〔柴（待）也愚〕，参也鲁，师也辟，由〔也〕献。孔子〔曰：回也其庶乎〕，【282】居空。赐〔不受命〕，○货殖焉，意则居中。【283】”见《定州汉墓竹简：论语》，第51页。又20世纪朝鲜平壤市乐浪区域贞柏洞364号墓出土西汉《论语》竹简：“柴也愚，参也鲁，师也辟，由也献。孔子曰回也其□□，屡空。赐不受命，如□□焉，亿则居中。”同样没有分章。简文见单承彬《平壤出土西汉〈论语〉竹简校勘记》，“第四届中国经学国际学术研讨会”论文，台湾大学文学院，2011年3月。

② 朱维铮：《〈论语〉结集脞说》，收入氏著《中国经学史十讲》，复旦大学出版社2002年版，第97—124页。

③ 何晏《集解》引用马融和郑玄两家说法，并未比较六位弟子的优劣，何晏本人亦然。据现在所知，直接比较六子优劣的说法始见于皇侃的《论语集解义疏》。见下文。

④ 陆德明（约550—630）《经典释文》在“子曰回也其庶乎”章下指出：“或分为别章，今所不用。”见（唐）陆德明撰、黄焯汇校、黄延祖重辑《经典释文汇校》，中华书局2006年版，第707页。可见魏晋以后，由于何晏所举的以“虚中”释“屡空”说（详下文），研究《论语》者已经有何晏旧本《论语·先进》“柴也愚”章分成两章的先例。

⑤ 《先进》第18、19章在句法上颇有不同，无足深怪，因为我们没有理由要求在概括弟子性格或修养工夫时必须依照某一说法的方式，句法不同或恰好证明孔子概括弟子性格或修养工夫是在不同场合随机而发的。再者，第18章概括四位弟子性格与第19章评论颜回、子贡修养，性质原来不同，句法不一，正合情理。

时，由于第 18 章概括柴高、曾参、子张和子路四位弟子个别的性格，而概括本身又纯粹为客观描述，并不蕴含任何优劣的比较。反观第 19 章对颜回和子贡的讨论，却并非针对两人的性格而发，然朱熹认为，夫子在此存心比较颜回与子贡精神修养的优劣。①

由此观之，朱熹大概是根据孔子评论弟子的不同视角和考虑来分章的。这种判断自然有其道理，但毕竟只是一种推测，而关键在于朱熹肯定夫子的确存心比较颜回与子贡的优劣。夫子的用心是否如此，下文再述，但必须指出，即使孔子评论六个弟子事出一时，这也并不能决定他当时评论弟子的依据必然一致。再者，夫子对四位弟子的性格概括既然可以肯定无所谓优劣可言，则他对颜回、子贡的评论又何必以优劣定论。② 若果如此，则夫子对六位弟子的评论似乎只是随机而发，而朱熹的分章便完全缺乏理据了。朱熹料想已看出这一层关键，所以他必须分第 18 章和第 19 章为两章，以便支持他的颜回、子贡优劣论。换言之，朱熹分章的义理根据在于孔子存心比较颜回与子贡的优劣。

然而，颜回与子贡之间表面的可比性未必真能成立（详见下文）。不过，既然朱熹是从比较的角度解读第 19 章，那么，我们姑且分析一下他的立场是否可以成立。在第 19 章中，颜回和子贡对比最明显地就是两人一贫一富。相对于子贡“亿则屡中”而来的“货殖”，颜回“屡空”自然就是他穷困了。事实上，《论语》中也记载了颜回家贫的事实。《论语·雍也》载子曰：“贤哉，回也！一箪食，一瓢饮，在陋巷。人不堪其忧，回也不改其乐。贤哉，回也！”不过，朱熹说颜回与子贡的分别其实

① 班固《汉书·货殖传》曰：“子赣既学于仲尼，退而仕卫，发贮鬻财曹、鲁之间。七十子之徒，赐最为饶，而颜渊箪食瓢饮，在于陋巷。子赣结驷连骑，束帛之币聘享诸侯，所至，国君无不分庭与之抗礼。”然孔子贤颜渊而讥子赣，曰：“回也其庶乎，屡空。赐不受命，而货殖焉，意则屡中。”见（汉）班固《汉书·货殖列传》，中华书局 2002 年版，第 3684 页。可见班固早就指出孔子有意在此章“贤颜渊而讥子贡”，但班固的判断标准不必与朱熹相同。唐颜师古（581—645）注《汉书》此节曰：“颜回庶几圣道，虽数空匮而乐在其中。子赣不受教命，惟财是殖，亿度是非，幸而中耳。”班固：《汉书·货殖列传》，第 3684—3685 页。按：颜说也不必便是班固的看法，但与后来朱熹的说法大致相同。

② 根据《论语》所载，孔子从来没有直接比较门人弟子优劣的记录。孔子曾经主动问子贡与颜回相比如何，而子贡自认甘拜下风。孔子赞同，但有趣的是，他本人也自叹不如。见朱熹《四书章句集注·公冶长》，第 77 页。

在于“子贡不如颜子之安贫乐道”,[①] 而非在于他们之间的贫富悬殊。值得注意的是，孔子不但指出颜回穷困，而且他更欣赏自己的爱徒能够乐在其中，因此再三赞叹他“贤哉”。正如朱熹所言，“颜子之贫如此，而处之泰然，不以害其乐，故夫子再言‘贤哉回也’，以深叹美之”。[②] 由此看来，我们就可以理解朱熹为何说颜回“不以贫窭动心而求富”。也正因为这个看法，朱熹才会进一步认为子贡的“不受天命”,[③] 正表示他致意于货殖而不能够安贫而乐。颜回和子贡的对比因此也显得非常整齐和鲜明，所以，朱熹要一改汉儒传统，把《先进篇》第 19 章独立出来，以显示他看到的这个对比，同时也可以凸显颜回安贫乐道的修养。诚如朱熹所引程子曰：“箪瓢陋巷非可乐，盖自有其乐尔。‘其’字当玩味，自有深意。”[④] 颜回自得其乐，这种特立独行的人格，似乎在《论语》的编排上也应该要凸显出来。这样，读者也许就更能注意甚或领略到程子所提示的那个有关颜回自得其乐的“深意”。

然而，孔子本人在本章中并没指出子贡未能贫而乐道，因此，严格来说，朱熹的说法只能算是他的合理推测。如果朱熹的分章完全是根据他上述的推测，那么，即使这种分法能够言之成理，恐怕也只能姑备一说而已。换言之，朱熹对《先进篇》第 18 章和第 19 两章的分章并没有坚实的客观证据，而只是他个人的一家之言（正如上文所述，陆德明早已反对分章)。相反，汉代的《论语》版本更有可能代表《论语》原来编纂的情况。总而言之，朱子从弟子的优劣比较着眼，把汉儒原来的一章的《论语》分成两章，理由并不充分。

---

① 朱熹说法的根据来自《论语·学而篇》第 15 章载子贡曰：“贫而无谄，富而无骄，何如?”子曰:“可也。未若贫而乐，富而好礼者也。”朱注云：“子贡货殖，盖先贫后富，而尝用力于自守者，故以此为问。而夫子答之如此，盖许其所已能，而勉其所未至也。”见朱熹《四书章句集注》，第 52—53 页。子贡大概只能做到“富而无骄”，或者最多可达到“富而好礼”的境地而已，所以，朱熹推断他未能贫而乐道。另外，《雍也篇》载子曰：“贤哉，回也！一箪食，一瓢饮，在陋巷。人不堪其忧，回也不改其乐。贤哉，回也!”据此，颜回应该是安贫乐道的了。

② 朱熹:《四书章句集注·雍也》，第 87 页。颜师古早有此说，见注 16。

③ 朱注：“命谓天命。”见朱熹《四书章句集注》，第 127 页。

④ 同上。

三　孔子是否比较弟子

朱熹认为颜回、子贡的优劣在于能否安贫乐道，这一看法本身也值得检讨。先看孔子对颜回的评论。子曰："回也其庶乎，屡空。"如果"庶乎"指颜回庶几近道，则"屡空"应该是其能近道的原因。[①] 这不但是常理应有之事，而且更是孔子评论弟子的习惯。我们先看孔子如何评论闵子骞。子曰："孝哉，闵子骞！人不间于其父母昆弟之言。"[②] 孔子称赞闵子骞为孝，并说明他的理由。对于颜回，当哀公问："弟子孰为好学?"孔子对曰："有颜回者好学，不迁怒，不贰过。不幸短命死矣。今也则亡，未闻好学者也。"[③] 他同样交代何以颜回堪称好学。在另一个场合，孔子又说："回也，非助我者也，于吾言无所不说。"[④] 在此，孔子至少在表面上并非表扬颜回，但他仍然有所解释和补充，而非仅仅陈述而已。事实上，孔子评论先圣时贤，方式依然一致。下面的例子足以说明问题。

子曰："大哉尧之为君也！巍巍乎！唯天为大，唯尧则之，荡荡乎，民无能名焉。巍巍乎其有成功也，焕乎其有文章！"[⑤]

子曰："禹，吾无间然矣。非饮食而致孝乎鬼神，恶衣服而致美乎黻冕，卑宫室而尽力乎沟洫。禹，吾无间然矣。"[⑥]

子曰："巍巍乎，舜、禹之有天下也而不与焉！"[⑦]

子曰："泰伯，其可谓至德也已矣。三以天下让，民无得而称焉。"[⑧]

子曰："直哉史鱼！邦有道如矢，邦无道如矢。君子哉蘧伯玉！邦有

---

① 皇侃疏释"屡空"章"庶乎"之义曰："庶几之道深远也，欲知庶几者，虚心乃知其道也。"见皇侃《论语集解义疏》下册，第387页。显然，皇侃同样以"屡空"为颜回能够"庶乎"的原因。

② 朱熹：《四书章句集注·先进》，第124页。

③ 朱熹：《四书章句集注·雍也》，第87页。

④ 朱熹：《四书章句集注·先进》，第124页。

⑤ 朱熹：《四书章句集注·泰伯》，第107页。

⑥ 同上书，第108页。

⑦ 同上。

⑧ 同上书，第102页。

道则仕，邦无道则可卷而怀之。”①

孔子颂扬古人无不一一具体说明他的理由。即使孔子批评他人，他同样不会无的放矢。《宪问》篇载：“原壤夷俟。子曰：‘幼而不孙弟，长而无述焉，老而不死，是为贼。’”② 对于臧文仲，子曰：“臧文仲其窃位者与！知柳下惠之贤，而不与立也。”③ 根据《论语》所载，不管褒与贬，孔子未尝空言无实。明乎此，当孔子说：“吾之于人也，谁毁谁誉。如有所誉者，其有所试矣。”④ 我们就彻底知道他的确是夫子自道了。

根据上述的考察，孔子说“回也其庶乎”，如果“庶乎”确实如朱熹所言，指的是颜回近道，那么，到底颜回凭什么修养可以“庶乎”近道呢？孔子自然一定有他的看法，而依照他的论人习惯，他应该会把理由和盘托出；“屡空”必然就是他的解释了。假如我们接受朱熹的解释，“空”指“数至空匮”之意，那么，颜回能够“庶乎”近道就是因为他“数至空匮”。但是，一个人不幸常常“空匮”，就可以“庶乎”近道了吗？孔子的另一个弟子原宪，也是有名的穷困而且有德，甘于贫贱；司马迁在《货殖列传》说：“原宪不厌糟糠，匿于穷巷。”⑤ 值得注意的是，太史公形容颜回和原宪，都是说“不厌糟糠”，那么，为什么原宪在孔门中就不能算“庶乎”呢？可见“数至空匮”即可达“庶几”之境，这个说法无论如何都是可疑的。因此，朱熹又进一步阐释“数至空匮”的真意，他说：“不以贫窭动心而求富，故屡至于空匮也。言其近道，又能安贫也。”⑥ 据此，颜回“庶乎”的真正原因是他能够安贫。然而，我们仍然

---

① 朱熹：《四书章句集注·卫灵公》，第162—163页。

② 朱熹：《四书章句集注·宪问》，第160页。

③ 朱熹：《四书章句集注·卫灵公》，第164页。

④ 朱熹：《四书章句集注·卫灵公》，第166页。按：上文所举九个孔子论人的例子全都属于品评其人的修养而非概括其性格，《先进》第18章既是概括弟子性格，因此，孔子并无说明其概括的理由。我们或许可以说，至少根据今本《论语》所载，孔子在概括人物性格或品评其修养后，若尚有补述，目的则在于解释其理由。

⑤ ［日］泷川龟太郎：《史记会注考证》，第1322页。《仲尼弟子列传》说：“孔子卒，原宪遂亡在草泽中。”见第852页。又据《荀子·大略》所载：“子夏家贫，衣若县鹑。人曰：‘子何不仕？’曰：‘诸侯之骄我者，吾不为臣；大夫之骄我者，吾不复见。’”可见孔门弟子甘于贫困者并不少见。见（清）王先谦《荀子集解》下册，中华书局1988年版，第513页。

⑥ 朱熹：《四书章句集注·先进》，第127页。

要追问，安贫就能够“庶乎”近道了吗？君子固然不会“耻恶衣恶食”，[①] 但是，不以恶衣恶食为耻，恐怕就不能算“庶乎”近道。“不厌糟糠”的原宪同样也能安贫，但夫子也未许他以“庶乎”。朱熹似乎也察觉到他的说法有不稳当之处，所以，他又补充说：“言其近道，又能安贫也。”如此说来，安贫就不是近道的原因了；安贫只是颜回近道而外另一个可取的优点。至于颜回何以近道，朱子仍然没有解释。

另一方面，子贡“不受命而货殖焉，亿则屡中”，此话的前半是客观的陈述语而非孔子对子贡个人修养的褒贬，后半则是补充的说明。这仍然是孔子评论的习惯，唯一不同的是，“亿则屡中”这一补充目的并非在于解释“不受命而货殖焉”这一事实。因此，孔子在此对子贡的评论跟他对颜回的赞叹性质并不相同。换言之，他对两位弟子的评论其实并无可比性可言。[②] 如果“屡空”真如朱熹所言作“数至空匮”解，则孔子对颜回和子贡的评论的唯一相通之处就是两人的经济状况。客观经济状况的差异固然可以比较，但这种比较本身料非孔子所关心。然则经济状况的差异还可以说明什么问题呢？

要回答这个问题，我们可以从义理的角度来考察孔子是否以安贫乐道为准，比较颜回、子贡的优劣。颜回固然如朱熹所言，“不以贫窭动心而求富”，但这并不表示子贡货殖的动机即由于他不甘贫贱而求富。[③] 毕竟孔子尝言：“富与贵，是人之所欲也；不以其道得之，不处也。贫与贱，是人之所恶也；不以其道得之，不去也。”[④] 他甚至自言：“富而可求也，虽执鞭之士，吾亦为之。如不可求，从吾所好。”[⑤] 然则子贡求富，得之有道，比诸颜回安贫乐道，其间固有难易之别，但若据此而论定精神修养之优劣，则似未尽当。用《中庸》的话说，子贡“素富贵，行乎富贵”，而颜回则“素贫贱，行乎贫贱”，孔门两位高弟相信都能做到“君子素其位而行，不

① 朱熹：《四书章句集注·里仁》，第 71 页。

② 颜回的深湛修养在仁而子贡过人之处在智，本来难以相比。另外，当孔子问子贡自比颜回如何，子贡回答说他闻一知二而颜回则闻一知十。见《论语·公冶长》。子贡不可能不知道颜回的仁德远胜其他弟子，但他显然是以智作为比较的依准。这不但因为他本人的长处在智，更重要的是以智比智方能言优劣。

③ 黎靖德编、王星贤点校《朱子语类》，卷 39 第 3 册，第 1020 页。

④ 朱熹：《四书章句集注·里仁》，第 70 页。

⑤ 朱熹：《四书章句集注·述而》，第 96 页。

愿乎其外”，[①] 孔子在此未必存心有所轩轾。夫子谓子贡“不受命而货殖”，实指他不受君主之爵命，选择从商，夫子所言乃实事而非道德判断，但朱熹以为子贡不愿顺受“天命”，心中未忘“计较”之意，[②] 于是颜回、子贡之间便有道德修养之高下。朱熹释“命”为“天命”，未免难通，理由是子贡如何知道自己的“天命”不容许他从事货殖。[③] 事实上，即使指称“赐不受命”的孔子恐怕也无法肯定“天命”注定子贡不应从事货殖。

总而言之，若“屡空”如朱熹说作“数至空匮”解，则孔子说“回也其庶乎，屡空”，大概只是一番陈述语，并未存心褒贬，情况犹如他概括柴高、曾参、子张和子路四弟子的性格一般。事实上，孔子在同一章评论子贡，情况也一样。他说“赐不受命，而货殖焉，亿则屡中”，但他既没有解释为何子贡可以“亿则屡中”，也没有说明究竟子贡的修养工夫如何。如果子贡的精神境界不高，孔子在此也并没有具体说明原因。也许孔子认为“不受命”不是值得高尚其事之举，因此，他对子贡可能略有微词。但这只是完全没有根据的推测，即使果真如此，“不受命”也只能解释子贡为何从事货殖而已，却并不能说明子贡的修养境界为何不能跟颜回的“庶乎”和“屡空”相比。换言之，《先进篇》朱子章句中第 18 章和第 19 章其实都是孔子直陈他对六位弟子的个别了解，其中不涉褒贬。汉代《论语》中这两章原为一章，比较切合实情。[④] 司马迁《史记·仲尼弟子列传》中直谓“师也辟，参也鲁，柴也愚，由也喭。回也屡空，赐不受命而货殖焉，亿则屡中”，正可作为旁证。

最后，通观《论语》全书，孔子每每评论历史人物和时人弟子，但他作直接比较的时候，却从没有明显的厚此薄彼的情况。比如，他比较晋文公与齐桓公时说：“晋文公谲而不正，齐桓公正而不谲。”（《论语·卫灵公》）当子贡直截了当问他：“师与商也孰贤？”子曰：“师也过，商也不及。”曰：“然则师愈与？”子曰：“过犹不及。”（《论语·先进》）过犹不及，子张、子夏难分轩轾。有一次，孔子似乎说了一句批评子路瑟艺的

① 朱熹：《四书章句集注·中庸章句》第 14 章，第 24 页。

② 黎靖德编、王星贤点校《朱子语类》，卷 39 第 3 册，第 1020 页。

③ 孔子自言他本人“五十而知天命”，而子贡货殖之时大约四十岁（见下文），因此，即使子贡的学问进程与夫子同出一辙，夫子在评论他的修养的时候，不应如此欠公允。

④ 何晏《集解》本第 18 章之前的五章也都是关于孔门弟子的记载，我们有理由相信《论语》编纂者只是把几章内容相类的文字并列一起，其中并无任何深意。

话（“由之瑟，奚为于丘之门?”），门人听后因而不敬子路，终于，夫子对众人特别声明说：“由也升堂矣，未入于室也。”（《论语·先进》）尽管孔子的评论并非有意比较子路与其他弟子，但眼见门人的反应，他的澄清显然是要杜绝他们的误会。诚然，孔子无意避免比较弟子。事实上，他曾问子贡曰：“女与回也孰愈?”子贡对曰：“赐也何敢望回？回也闻一以知十，赐也闻一以知二。”子曰：“弗如也。吾与女弗如也。”（《论语·公冶长》）有趣的是，这才是真正的颜回、子贡之间的比较；比较的依据是双方的“知”而非道德修养。必须注意，比较的方式和表达都是子贡本人的意见，孔子只是和议者。但最重要的是孔子最终的补述，他说“吾与女弗如也”，不管他本人是否真的也不如颜回，他无疑也是希望子贡不必为此比较而介怀。由是观之，孔子实在不可能在“屡空”章直接甚至暗示颜回和子贡之间有何高下之分。

四 “屡空”是否“屡无”

自何晏以来，不少学者不以“空乏”解释“屡空”。何晏《论语集解》提出两个说法。他首先提出汉代以来的传统说法，以“空”作匮乏解，但他认为“空”也可是“虚中”之意，指的是精神修养和境界而非经济状况。何晏引述道：

> 一曰屡犹每也。空犹虚中也。以圣人之善道，教数子之庶几，犹不至于知道者，各内有此害。其于庶几，每能虚中者，唯回怀道深远。不虚心，不能知道。子贡无数子病，然亦不知道者，虽不穷理而幸中，虽非天命而偶富，亦所以不虚心也。①

他认为，“不虚心，不能知道”，子贡虽然亿则屡中，但由于他“不虚心”，所以，他并不知道。反观颜回能庶几近道，正因为他每每能“虚中”，能“穷理”而“怀道深远”。从训诂和义理看，这一新解都稳当有据。事实上，连朱熹本人也承认，这种“空”的解读未尝不可自圆其说

① 皇侃：《论语集解义疏》下册，第384页。

(详下文)。只是他认为按照这种解读，通观全章，则孔子讨论颜回、子贡便分成二事，各不相关，因而也就无所谓比较可言。但朱熹所遵从的传统说法并不能排除何晏引述的新颖解读（而这也是何晏为何两读并存的原因)，关键在于朱熹假定孔子在本章比较颜回和子贡两人的造诣。根据上文的分析，这个假定恐怕不能成立。

朱熹的解读另有一个疑点，关键就在于“屡空”的确实意义。显然，朱熹的说法要能成立，“屡空”必须如他所说是“数至空匮”的意思。上文提及，何晏集解《论语》的时候，虽然他也指出“回庶几圣道，虽数空匮而乐在其中也”，但他同时又提出“屡空”为“虚中”的看法。首先，必须指出，何晏在注文中其实解释了为什么他接受汉代经师的分章。朱熹认为第 18 章中有关柴高、曾参、子张和子路四个弟子的评论根本与“庶几”无关，但是，何晏所举的另一说却似乎认为孔子在此是以“知道”与否作为评论柴高、曾参、子张、子路、颜回和子贡六个弟子的准则,[①] 因此，第 18 章和第 19 章应该原属一章。其次，何晏认为“屡空”也可以作“虚中”解，可惜他并没有提出任何支持这个说法的证据。我们认为，何晏所需要的证据主要有两种，即训诂和义理。

我们先从训诂说起。“屡空”二字原来的古义并不作“数至空匮”解。首先，《说文解字》卷 7“穴部”：“空，窍也。从穴工声。”段玉裁(1735—1815）《注》：“今俗语所谓孔也。天地之闲亦一孔耳。”[②] 又同部：“窍，空也。从穴敫声。”[③] 空、窍互训。可见空字本身不必作空匮解。至于“屡空”，根据俞樾（1821—1907）的说法：

> “屡空”本作“娄空”，而“娄空”乃古语也。《说文》“女部”：“娄，空也。从毌、中、女，娄空之意也。”凡物空者无不明，故以

---

① 何晏所引另说（即“虚中”说）的作者是最先直接提出此看法的人。对于此说的作者，孔子在“屡空”章对六位弟子的比较并无概括性格和评骘修养的区别。本文则尝试论证“屡空”章中孔子论颜回和子贡一节并无比较之意，情况犹如同章中前一节论其他四位弟子一般。尽管本文赞同“虚中”说，但同时却证明孔子只是概括六位弟子的性格和修养而并无评骘之意。“虚中”说之能够成立，关键也并不以孔子比较和评骘六位弟子为前提。

② （清）段玉裁:《说文解字注》，上海古籍出版社 2000 年版，第 344 页。按:《说文》:“穴，土室也。”段《注》:“引伸之，凡空窍皆为穴。”见同书，第 343 页。

③ 同上书，第 344 页。

人言则曰离娄，以屋言则曰丽廔。“离”与“丽”，皆娄字之双声也。《论语·先进篇》：“回也其庶几乎。娄空。”此言颜子之心，通达无滞，若窗牖之丽廔闿明也。①

按俞氏所言，实有确据。《说文》卷 12 下“女部”：“娄，空也，从毌、从中女。娄空之意也。……[illegible]，籀文娄，从人中女，臼声。”② 段《注》：“凡中空曰娄。今俗语尚如是。凡一实一虚、层见叠出曰娄。人曰离娄，窗牖曰丽娄，是其意也。故娄之义又为数也。此正如窗牖离娄之多孔也。而转其音为力住切。俗乃加尸旁为屡字。古有娄，无屡也。……按从毌，犹从无也。无者，空也。从中女，谓《离》卦，离，中虚也，皆会意也。娄空连读。”③ 《说文》又曰：“[illegible]，古文娄如此。”④ 段《注》曰：“按此上体当是从囧，即窗牖，丽廔闿明之意也。”⑤ 俞氏对娄字的阐释其实完全根据《说文》段《注》，他的贡献则在于他对《论语》中“屡空”一词的“虚中”之意提出一个确凿可靠的训诂证据。又《说文》卷 2 上“釆部”：“悉，详尽也。从心釆。[illegible]，古文悉。”段《注》曰：

① 见（清）俞樾等《古书疑义举例五种》卷 7（中华书局 1983 年版）第 136 页。按：《韩非子·喻老》：“空窍者，神明之户牖也。耳目竭于声色，精神竭于外貌，故中无主。中无主则祸福虽如丘山，无从识之，故曰：‘不出于户，可以知天下。不闚于牖，可以知天道。’此言神明之不离其实也。”见陈奇猷《韩非子集释》（中华书局 1974 年版），上册，第 409 页。贾谊《新书》《道德说》：“鉴生空窍，而通之以道。”见阎振益、钟夏《新书校注》，中华书局 2000 年版，第 324—325 页。两说都与“娄明”义在观念上相通。

② 段玉裁：《说文解字注》，第 624 页。

③ 同上书。又（清）陈启源（？—1689）《毛诗稽古编》卷 27 就指出：“《诗经》中‘屡’字，《释文》多云本又作‘娄’。《说文》屡注云：‘今之娄字本是屡字，此字后人所加。’唐初经文未改，故陆氏所见本犹存古体。”见《诗经要籍集成》，学苑出版社 2002 年版，第 23 册，第 154 页。由于陆德明为《论语》“屡空”作音释云：“力从反”，可见他也是把“屡”字看成“娄”字。见陆德明撰，黄焯汇校，黄延祖重辑，《经典释文汇校》，第 707 页。又按：《汉书·谷永列传》载谷永上疏曰：“……意岂陛下志在闺门，未卹政事，不慎举错，娄失中与？”颜师古注云：“娄，古屡字也。”班固：《汉书》，卷 85，第 3444 页、第 3445 页。又见《汉书·哀帝纪》元寿元年诏，曰：“娄敕公卿，庶几有望。”师古《注》云：“娄，古屡字。”见《汉书》卷 11《哀帝纪》，第 343 页。《哀帝纪》赞曰：“是故临朝娄诛大臣，欲彊主威，以则武、宣。”可见班固尚惯用“娄”作“屡”。见第 345 页。按：《汉书》中，娄、屡字常互用。

④ 段玉裁：《说文解字注》，第 624 页。

⑤ 同上。

“此亦会意。从心囧，囧者，窗牖，丽廔闿明也。”① 然则，屡空犹悉也，心中如窗牖，丽廔闿明也。综上所述，可见何晏所举的“虚中”说具有坚实的根据，而并非纯粹义理上的演绎而已。

上文提及，“屡空”章中“庶乎”一语未必作“庶几”解。按《说文解字》卷9下“广部”：“庶，屋下众也。从广炗。炗古文光字。”段《注》曰：“诸家皆曰庶，众也。许独云‘屋下众’者，以其字从广也。……光取众盛之意。”② 然则，“庶”字本义乃屋下生光之意，实即屋中之明亮也。换言之，“庶”之与“屡”犹如屋宇之与窗牖，而两者原来都与屋宇之内生光明亮有关。由此观之，“回也其庶乎，屡空”，从训诂上来说，其实可以解释为“回的精神境界就像一所屋子一般，里面大概是一片光明的吧，因为光线能够从窗牖投射进去”。《论语·先进》载子曰：“由之瑟，奚为于丘之门?”门人不敬子路。子曰：“由也升堂矣，未入于室也。”同篇又载子张问善人之道。子曰：“不践跡，亦不入于室。”孔安国曰：“善人不但循旧跡，亦少能创业，然亦不入于圣人之奥室。”③ 据此两章，则孔子论人之修养而以屋室为喻，似乎是常有之事。事实上，屡释作娄，本身就隐含屋室的比喻，因为娄原指窗牖丽廔开明，而窗牖则由屋而设。《说文解字》卷6上“木部”：“楼，重屋也。从木娄声。”段《注》引《释名》曰：“楼谓牖户之闲诸射孔楼楼然也。楼楼当作娄娄。”④ 由段《注》可见娄与楼之间的密切关系。按：“不践跡”章，韩愈（768—824）《论语笔解》曰：“孔说非也。吾谓善人即圣人异名尔，岂不循旧跡而又不入圣人之室哉? 盖仲尼诲子张，言善人不可循跡而至于心室也。圣人心室，惟奥惟微，无形可观，无跡可践，非子张所能至尔。”⑤ 韩文公的“心室说”无疑是从孔子屋室之喻启发而来的。关于“屡空”章，韩愈则曰：“一说屡犹每也。空犹虚中也。此近之矣。谓富不虚心，此说非也。吾谓回则坐忘遗照，是其空也。赐未若回每空而能中其空也。”⑥ 文公以“屡

① 段玉裁：《说文解字注》，第50页。

② 同上书，第445页。

③ 皇侃：《论语集解义疏》下册，第388页。

④ 段玉裁：《说文解字注》，第255—256页。

⑤ （唐）韩愈、李翱：《论语笔解》卷下，《丛书集成新编》第17册，新文丰出版公司1985年版，第573页。按：李翱（774—836）也主张“心室”说。李曰：“仲尼言由也升堂，未入于室。室是心地也。圣人有心有跡，有造形，有无形。堂堂乎子张，诚未至此。”

⑥ 同上。

空”作“虚中”也许并不奇怪，但有趣的是，他认为颜回之“屡空”实指其能“坐忘遗照”。① 尽管文公并未提出任何证据，但他的说法显然跟本文的论证相符。

上文提及，朱熹本人也同意，孤立来看，“屡空”的确也可以理解为“虚中”之意。《朱子语类》卷 39 记载了以下一段问答：

> 问：“‘屡空’，前辈及南轩皆作空无说，以为‘无意、必、固、我’之‘无’，但颜子屡空，未至于圣人之皆无而纯然天理也。及先生所解，却作屡空乏而自乐，何也?”曰：“经意当如此，不然，则连下文子贡作二段事。空无之说，盖自何晏有此解。晏老氏清净之学也，因其有此说，后来诸公见其说得新好，遂发明之。若颜子固是意、必、固、我之屡无，只是此经意不然。颜子不以贫乏改其乐而求其富。如此说，下文见得子贡有优劣。”②

最值得注意的是，朱子承认“颜子固是意、必、固、我之屡无”，也就是他同意“屡空”即是“屡无”之意，而所谓“无”即孔子之四绝，“无意、无必、无固、无我”。③ 朱子又说“只是此经意不然”。换言之，根据《论语》其他章节的形容，颜回的确已达“屡无”亦即“屡空”的境界，唯独《先进》第 19 章不可如此读法而已。这一分辨极其重要，因为对朱子而言，《先进》中此章的读法关键在于全章上下文的脉络。他认为，此章所说乃“颜子不以贫乏改其乐而求其富。如此说，下文见得子贡有优劣”。但正如上文所分析，本章原非以优劣比论颜回与子贡，因此，朱子辩护他的解读的唯一根据也就不能成立了。

事实上，俞樾的说法训诂证据充分，可征可信。颜回“屡空”，实则其心“通达无滞”。从义理上考虑，《论语》中尚有一证可以支援俞樾的训诂考证。孔子本人自言“空空如也”,④ 这是夫子自道，这是孔子自觉的一种自我认同，也是他对自己修养境界的真切描述。所谓“空空如也”应该与

① 若执着名相，则韩愈“坐忘遗照”之说当出自《庄子·大宗师》所载颜回自悟所得之“坐忘”工夫。(清) 郭庆藩:《庄子集释》第 1 册，中华书局 1985 年版，第 282—284 页。

② 黎靖德编、王星贤点校:《朱子语类》第 3 册，卷 39，第 1019 页。

③ 朱熹:《四书章句集注·子罕》，第 109 页。

④ 同上书，第 110 页。

孔子的“无意、无必、无固、无我”有关，四无即是“空空如也”。正因为“空空如也”，所以孔子尝言：“不降其志，不辱其身，伯夷、叔齐与!”谓：“柳下惠、少连，降志辱身矣。言中伦，行中虑，其斯而已矣。”谓：“虞仲、夷逸，隐居放言，身中清，废中权。我则异于是，无可无不可。”[①]“无可无不可”无疑与四无的修养相通互贯。孔子又说：“君子之于天下也，无适也，无莫也，义之与比。”[②] 无适无莫仍然是“空空如也”的精神。

《论语》中“空”字仅见于《子罕》和《先进》两篇中这两章，而这两章又分别牵涉孔子本人和他最心爱的高弟，孔子说颜回“庶乎”，显然意在称赞颜回，而若“庶乎”解作庶乎近道，则这可以说是无以尚之的称赞了，因此，这个“空”字必然内藏深意。颜回“其心三月不违仁”,[③] 就是说他在体仁的功夫方面仍然时有间断，不像圣人般“浑然无间断”。“屡空”即是“常空”而不是无时无刻皆空，所以，“屡空”可以说是有间断的“空”。故此，“屡空”其实不就正是“三月不违仁”的境界了吗?[④] 孔子是“空空如也”，颜回在孔门中最为高弟，其心能够“三月不违仁”而有时不免间断，因此他只能够算作“屡空”。曾子曰：“以能问于不能，以多问于寡；有若无，实若虚，犯而不校。昔者吾友尝

---

① 朱熹:《四书章句集注·微子》，第185—186页。

② 朱熹:《四书章句集注·里仁》，第71页。

③ 朱熹:《四书章句集注·雍也》，第86页。

④ 朱熹反对如此解说“屡空”。他在《答潘恭叔》说：“只是空乏之空，古人有‘箪瓢屡空’之语是也。但言颜子数数空匮而不改其乐耳。下文以子贡货殖为言，正对此相反而言，以深明颜子之贤也。若曰心空，则圣人平日之言无若此者。且数数而空，亦不胜其间断矣。此本何晏祖述老庄之言，诸先生盖失不之正耳。”见（宋）朱熹《晦庵先生朱文公集》卷50，收入朱杰人、严佐之、刘永翔主编《朱子全书》，上海古籍出版社、安徽教育出版社2002年版，第22册，第2301页。此说朱熹一再言之，比如，在《论语或问》中，他回答“屡空”之问，曰：“空为匮乏，其说旧矣。何晏始以为虚中受道。盖出老庄之说，非圣言本意也。诸先生亦或从之，误矣。惟范氏不从而胡氏亦论之曰：‘以屡空为虚中受道，圣人之言未尝如是之僻而晦也。屡而有间，是频复耳。方其不空之时，与庸人亦奚远哉?’此得之矣。且下文以子贡货殖方之，尤见旧说之不可易也。然考程子之说，则但为去夫利欲之私耳。虽非文义，然理则不差。”见朱熹《论语或问》卷16上，收入《朱子全书》第6册，第791—792页。然而，《论语》所记，孔子是否平日言及“心空”（亦即何晏所说的“虚中”），此事本身不足以否定“屡空”能否解作“心空”。另一方面，“空空如也”的说法的确可以支持“心空”的诠释。至于“且数数而空，亦不胜其间断矣”，这是工夫所至，实在无可如何。事实上，孔门多数弟子对于仁的修养，不过“日月至焉而已矣”。见朱熹《四书章句集注·泰伯》，第86页。

从事于斯矣。”[①] 从汉代马融（79—166）开始，历代注家都公认曾子所讲的“吾友”就是颜回。曾子作为第三者，他看出颜回“有若无，实若虚”，这自然是他的卓识。所谓“有若无，实若虚”，也就是颜回尚未真正能“无”、能“虚”，而这两句话所形容的境界大概就是孔子称赞颜回所达致的“屡空”。[②] 由于颜回只能够做到“其心三月不违仁”，于圣人境界，尚未达一间，因此，他只是“屡空”而不是孔子的“空空如也”，也正因为这个缘故，颜回只是“庶乎”近道。从颜回的例子，我们可以反证孔子所体验的最高境界应该就是“空空如也”，[③] 而因为孔子的“空空如也”是“无终食间违仁”的境界，“颠沛必于是，造次必于是”，[④] 所以从来就没有间断，因而孔子体验的境界实“一以贯之”的道。这大概也可以说是老子所讲，不落言诠，不可道的“常道”吧。

自从何晏《论语集解》提出“空”作“虚中”一说，一直到北宋初年，似乎罕闻反对之声，也许我们至少可以说，“空匮”与“虚中”两说并行不悖。邢昺于公元999年成书的《论语注疏》，以何晏《集解》为本，“空匮”与“虚中”两说兼取。正如程颐（1033—1107）所言：“屡

---

① 朱熹：《四书章句集注·泰伯》，第104页。

② 孔子回答鄙夫时，能从两端叩鄙夫之问而知所竭止，此即夫子之“有”与“实”，但夫子止于叩问而别无他言，此即其“无”与“虚”。或许我们可以说孔子是“无若有，虚若实”。一言蔽之，孔子“无”与“虚”，即他自己所说的“空空如也”的表现。孔门弟子问仁者甚多，但能够向夫子请教用力于仁的具体手段者则只有颜回一人（《论语·颜渊》）。同时，孔门弟子中能够做到三月不违仁者也只有颜回一人。换言之，颜回克己复礼，其仁德相当具体实在，平平无奇，因此，他表面看来似乎修养最浅，难怪孔子说他看似愚钝（《论语·为政》）。此即曾子所指颜回“有若无”、“实若虚”的表现，根本原因就是他能够“屡空”。按：《论语集注》引谢良佐解释“有若无，实若虚”曰：“不知有馀在己，不足在人；不必得为在己，失为在人，非几于无我者不能也。”见朱熹《四书章句集注》，第104页。谢说可作本文说法的佐证。

③ 朱熹认为：“颜子屡空，说作‘空中’，不是。《论语》中只有空空如也，是说无所得，别不见说虚空处。”见黎靖德编、王星贤点校《朱子语类》卷39第3册，第1019页。朱熹的证据是《论语》书中并无他处说“空”作“虚空”解，但这并不足以否定“空空如也”和“屡空”之“空”都不能作“虚空”解，否则他便不免犯上循环论证的谬误。事实上，“空空如也”和“屡空”之“空”如果都解作“虚空”，我们也可以说《论语》书中不见“空”字不作“虚空”解的例子。问题的关键在于“空空如也”和“屡空”之“空”的确可以解作“虚空”。证据和分析都见于上文。朱熹又说“空空如也”指的是求教于孔子的鄙夫，而非孔子本人。

④ 朱熹，《四书章句集注·里仁》，第70页。

空兼两意，唯其能虚中，所以能屡空。”① 事实上，北宋初年，“虚中”说甚至可谓成为主流。朱熹四十三岁时所编纂的《论语精义》，其中“屡空”一章收录程颢（1032—1085）、程颐、范祖禹（1041—1098）、吕大临（1044—1091）、谢良佐（1050—1103）、杨时（1053—1135）、尹焞（1061—1132）七家解说，而除范说以外，其余六家都主“虚中”说（程颐两说并存）。由朱熹的选录看，中年的他至少也能两说兼容，晚年完成《论语集注》以后，意见才开始改变，而正如上文所言，关键之一正在于他对“屡空”章原文“文势”的理解。《朱子语类》卷39载：

敬之问：“回也其庶乎，屡空。大意谓颜子不以贫窭动其心，故圣人见其于道庶几。子贡不知贫富之定命，而于贫富之间不能无留情，故圣人见其平日所讲论者，多出亿度而中。”曰：“据文势也是如此。但颜子于道庶几，却不在此。圣人谓其如此，益见其好。子贡不受命，也在平日，圣人亦不因其货殖而言。”②

此条为叶贺孙所记，为1191年以后事，其时《论语集注》早已成书。在此再次强调，朱熹是据“文势”论义理，而非以义理论义理。从义理而言，正如上文所言，朱熹也承认“屡空”亦可理解作“屡无”。这也是《论语精义》所引诸家（范祖禹除外）的共同说法。除上文已经征引的程颐说以外，其他有关言论如下：

程颢曰：“颜子屡空，空心受道。”

吕曰：“空空无知，未始有已，所以应物如响，一受于天而已，吾何与乎？然屡空而未能常空，所以几圣而未至。”又曰：“货殖之学不殖则穷，空空无知，则道所由出。虽屡而未久，亦庶乎前定而不穷矣。”

杨曰：“大而化之，则形色天性，无二致也。无物不空矣。颜渊大而未化而其复不远，则其空也屡而已，故止于殆庶几也。……”或问：“何谓屡空？”曰：“此颜子所以殆庶几也。学至于圣人，则一

① 朱熹：《论语精义》卷6上，收入《朱子全书》第7册，第396页。

② 黎靖德编、王星贤点校《朱子语类》卷39第3册，第1019页。

物不留于胸次，乃其常也，回未至此，屡空而已。谓之屡空，则有时乎不空。”或问：“空必谓之屡，何如?”曰：“其心三月不违仁，则盖有时而违也。然而其复不远，则其空也屡矣。空也者，不以一物置其胸中也。”

尹曰：“颜子箪食瓢饮，不以累其心，空心而受其道也。”①

朱熹反对“虚中”说的另一原因是“空无之说，盖自何晏有此解。晏老氏清净之学也。② 因其有此说，后来诸公见其说得新好，遂发明之。”夷考其实，并非如此。何晏《集解》“屡空”章下先述己说，曰：“言回庶几圣道，虽数空匮而乐在其中矣。赐不受教命，唯财货是殖，忆度是非，盖美回所以励赐也。”③ 可见何晏本人主张汉儒的“空匮”旧解。在旧解之下，他接着举出“虚中”说作另解。换言之，新说并非出自何晏，但他认为可以兼存。何晏是否如朱熹所指责为“老氏清净之学”，姑且不论，但他并非“虚中”说的始作俑者。再者，朱熹所谓的“老氏清净之学”其实乃指魏晋玄学。一般以王弼（226—249）为魏晋玄学另一主要代表，但对于“屡空”章，王弼云：“庶几慕圣，忽忘财业而数空匮也。”④ 可见他仍然遵守汉儒旧解，因此，朱熹反对“虚中”说的第二个理由也不能成立。

尽管“虚中”说不出于何晏，但是否仍然可算作“老氏清净之学”呢？我们再细看何晏所举的另一说，其主旨在于“其于庶几，每能虚中者，唯回怀道深远。不虚心，不能知道”数语。平心而论，我们实在很难说其中有多少“老氏清净之学”。南朝梁皇侃（488—545）疏释何晏所举另说如下：

又一通云空犹虚也。言圣人体寂而心恒虚无累，故几动即见，而贤人不能体无，故不见几，但庶几慕圣而心或时而虚，故曰屡空。其

---

① 朱熹：《论语精义》卷6上，《朱子全书》第7册，第396—398页。

② 他也称之为“老庄之言”，见《朱子语类》卷39，第1019页。朱熹的说法相仍不绝，陈澧（1810—1882）亦以屡空章为证，谓“何《注》始有园（玄）虚之语”，（清）陈澧：《东塾读书记》，台湾商务印书馆1968年版，第17页。

③ 皇侃：《论语集解义疏》下册，第383—384页。

④ 同上书，第385页。

虚非一，故屡名生焉。故颜特进云：“空非回所体，故庶而数得。”故顾欢云：“夫无欲于无欲者，圣人之常也。有欲于无欲者，圣人之分也。二欲同无，故全空以目圣。一有一无，故每虚以称贤。贤人自有观之，则无欲于有欲。自无观之，则有欲于无欲。虚而未尽，非屡如何？”大史叔明申之云：“颜子上贤，体具而微则精也，故无进退之事，就义上以立屡名。按其遗仁义、忘礼乐、隳支体、黜聪明，坐忘大通，此忘有之义也。忘有顿尽，非空如何？若以圣人验之，圣人忘忘，大贤不能忘忘，不能忘忘，心复为未尽。一未一空，故屡名生也焉。”①

皇侃所征引诸家说法无疑都充满玄学色彩，但这些说法与何晏所举的另说大不相同，虽然别有玄趣，但不能跟原来的说法混作一谈。皇侃本人对何晏的又一说的解释同样平实，不沾半点玄学色彩。他说：

“一曰屡犹每也，空犹虚中也者”，此以下并是后解也。中犹心也，谓虚心也。《礼》曰：“虚中以治之。”云“以圣人之善道者”，谓孔子也。云“教数子定庶几者”，柴、参之属也，并被孔子教于庶几之事也。云“犹不云云此害者”，道谓庶几之道也。缘其各有愚、鲁、僻、喭之害，故不能至知庶几之事。云“其于云云深远者”，唯回一人能怀道深远，故庶几虚心。云“不虚心，不能知道者”，更明所以须虚心之义也。庶几之道深远也，欲知庶几者，虚心乃知其道也。云“子贡无数子病者”，无愚、鲁、僻、喭之病也。云“然亦不知道者”，既无病，应能庶几，何亦不能乎？云“虽不穷理而幸中者”，解其不知之由也。申先解忆则屡中也。言子贡不能虚心，心好忆度，虽不能穷理如颜而有时幸中，幸中故不能知大道也。云“虽非天命而偶富者”，此释不受命而货殖焉也。虽非天命者，谓虽非受当时天子之命也。偶富者，谓家自偶富，非禄位所得也。然虽非时禄而富之，亦非清虚之士，故亦不知大道。云亦所以不虚心也者，忆事幸中，及家富荣心，所以并不虚心也。②

① 皇侃：《论语集解义疏》下册，第385—386页。

② 同上书，第387—388页。

皇疏以“心”释“中”，谓“虚中”即“虚心”。孔子谓颜回“其心三月不违仁”，皇说有理据。此外，皇侃又引《礼记·祭义》“虚中以治之”一语作证，更见语出有本。①至于所谓“虚心”，皇侃仅谓知道而已，此即“庶几”之意（此即何晏所引汉儒的说法，见上文）。反观朱熹以四无释“空”，其实更富玄味，然而《论语》明言“子绝四”，朱说自有理据。准此而论，指责何晏所举的另说为“老氏清净之学”，既不符合事实，也有失于公允。②

五、结　语

“屡空”一语，尽管汉儒一致解作“空匮”，但何晏兼采新说，释为“虚中”，可谓别开生面。依皇侃的疏释，“虚中”说义理、训诂兼备，而且与《论语》本义可谓融合无间。晚清段玉裁和俞樾纯粹从文字训诂着眼，谓“屡”即“娄”，“屡空”即明莹透澈之意。“回也屡空”乃指“颜子之心，通达无滞，若窗牖之丽廔闿明也”。段氏又曰：“凡一实一虚、层见叠出曰娄……故娄之义又为数也。”然则“屡”字更可存其“数”义。清儒同样有理有据，亦未与《论语》本文互成凿枘。尽管“虚”、“空”等概念常常见于道家文献，但上述各种说法都没有老庄玄学内容。在此意义下，若谓“虚中”说本为儒家义，亦合情理。魏晋以来，直到北宋，“虚中”说风行不衰，即使道学兴起，情况未变，虽然“虚中”之义已有附和佛老思想的情形。③比附者也许别有用心，或者郢书燕说，但得当与否却跟“虚中”说本身能否成立无关。这一层必须分辨清楚。南宋朱熹反对“虚中”说最力，他的消极理由在于他认为“虚中”说乃“老氏清净之学”，所以竭力排斥，严分儒、道两家之泾渭。然而，

① 按：《祭义》原文曰：“孝子将祭，虑事不可以不豫，比时具物，不可以不备。虚中以治之。”郑《注》云：“比时，犹先时也。虚中，言不兼念馀事。”见（唐）孔颖达《礼记注疏》，收入阮元《十三经注疏》第5册，艺文印书馆1976年版，第810页。尽管“虚中”在此意义不同，但仍然与“屡空”之“虚中”相通。毕竟，两处的“中”字都是指“心”而言。

② 必须指出，皇侃的《义疏》在北宋已经在中国逸失，朱熹无缘寓目，因此，他也不可能张冠李戴，以皇侃所引诸家玄学解读归属于何晏。

③ 比附老庄的例子唐代已经出现。上文所引述的韩愈对“屡空”的解说便是一例。

上文已经澄清了朱熹的误会。另外，所谓儒、道泾渭，其根本在于朱熹力主的颜回安贫乐道说。此说道德意味浓厚，正因为如此，不沾道德意味的解释便很容易受到质疑，甚至排斥。[①] 但这种质疑和排斥的根据其实未必能够成立。以"虚中"说为例，情况恰好如此。

事实上，《论语》中无关道德的言论甚多，如果我们只有道德的诠释标准，则阅读《论语》时往往龃龉横生，曲解自然难免。即使遇到类似道家的概念，我们也未可轻易看作道家言。比如，《论语·卫灵公》载子曰："无为而治者，其舜也与？夫何为哉？恭己正南面而已矣。"[②] "无为"之义，孔子也许已经亲自解释了。《论语·为政》载子曰："为政以德，譬如北辰，居其所而众星共之。"为政以德，在其位，谋其政，君其君，自然臣其臣，犹如众星之拱北辰，是之谓"无为"。至于孔子所说的"无为"义是否可与道家的无为义互相融通或者牵引附会，那跟孔子原来自己的"无为"义并无关系。再如本文所论"庶乎"、"屡空"之义，若果作阎明通达、内外无间之意，则孔子论心，以屋舍为喻，原属儒门宗旨。后来战国时代出现的《管子》亦有类似比喻。《管子·心术上》云："心之在体，君之位也。九窍之有职，官之分也。心处其道，九窍循理……虚其欲，神将入舍。"[③] 又曰："洁其宫，阙其门。宫者，谓心也。心也者，智之舍也，故曰宫。洁之者，去好过也。门者，谓耳目也。耳目者，所以闻见也。"[④] 但虽以心喻舍，而心之体在于"智"，故谓之智之舍。求智之工夫则在于洁，亦即涤除欲望，道神入舍。至于光明生于心室之说，则至《庄子》乃见。《庄子·人间世》有"瞻彼阕者，虚室生白"之说。[⑤] 陆德明《经典释文》引司马彪《注》曰："〔阙者〕，空也。……室以喻心，心能空虚，则纯白独生也。"[⑥] 所谓"心能空虚"实即《人间

---

① 子夏有言，"富贵在天"（《论语·颜渊》），因此以人力强求富贵，自然不合儒义。由是而言，朱熹的安贫乐道说无疑充满道德意味，因为颜回知命服义。相对而言，子贡不甘贫贱而货殖求财，显然不顺受命。朱熹本人极重视义利之辨，颜回与子贡的优劣之间，恐怕隐隐然也存在着义利之别。

② 朱熹：《四书章句集注》，第162页。

③ （清）黎翔凤：《管子校注》中册，中华书局2004年版，第759页。

④ （清）黎翔凤：《管子校注》中册，第770—771页。

⑤ 《庄子·大宗师》又有"朝彻"之说，与心斋说互通。见郭庆藩《庄子集释》第1册，第252—253页。

⑥ 郭庆藩：《庄子集释》第1册，第151页。

世》篇中孔子口授颜回的“心斋”工夫。《庄子》又说虚室生白，则“吉祥止止。夫且不止，是之谓坐驰。夫徇耳目内通而外于心知，鬼神将来舍，而况人乎！”① 可见尽管同样以室喻心，《庄子》强调心之屡明而摒除心知，与《心术》篇之意旨不同。《管子·心术》与《庄子》后世归属道家，但以时间先后论，孔门的心室说无疑更早，因此，何晏所兼采之屡空为“虚中”的新说，未可视为玄学解释《论语》的证据。本文重新疏释“屡空”章，根本意义在此，而非存心以朱熹的旧诠为敌。儒道两家固然有其分际，但不宜限以门户，先入为主，以为《论语》中貌似道家的说法，必然为其影响。要之，以《论语》读《论语》应该是认识《论语》的起步功夫。

最后，以《论语》读《论语》，对于孔子评论颜回和子贡，我们还有一点可以补充。孔子曾经主动问子贡曰：“女与回也孰愈?”对曰：“赐也何敢望回？回也闻一以知十，赐也闻一以知二。”子曰：“弗如也。吾与女弗如也。”② 可见子贡自知不如颜回，而孔子又同时认许他的看法。由是观之，颜回、子贡的高下似乎无庸多辩，但正如上文所言，知二知十乃指闻见之知而言，两者之差只是智之区别，并未牵涉道德修养。当然，我们还可以从孔子发问的时间再进一步探讨。我们无从知晓子贡何时自叹不如颜回，但他却也曾感叹道：“夫子之文章，可得而闻也；夫子之言性与天道，不可得而闻也。”③ 尽管我们同样不清楚子贡何时有此怅触，但他此时无疑已经知道有所谓“性与天道”以及两者可能存在的关系，并且渴望从夫子口中明了其中道理。从前孔子询问子贡如何自比颜回，当时子贡心中似乎仅知有见闻之知，及至感叹“夫子之文章，可得而闻也；夫子之言性与天道，不可得而闻也”之时，他的见识和修养似乎已经迈进了一新境界，与前此的旧我应该判若两人了。程颢曰：“颜子屡空，空心受道。子贡不受天命而货殖，亿则屡中，役聪明，亿度而知。此子贡始时事，至于言性与天道不可得而闻，乃后来事。其言如此，则必不至于不受命而货殖也。”④ 然则我们须问，孔子在《先进篇》比论颜回和子贡究在

---

① 郭庆藩：《庄子集释》第 1 册，第 150 页。

② 朱熹：《四书章句集注·公冶长》，第 77 页。

③ 同上书，第 79 页。

④ 朱熹：《论语精义》卷 6 上，《朱子全书》第 7 册，第 396 页。

何时。钱穆推测子贡"鬻财曹鲁之间，或在其仕鲁之际"，[①] 也就是公元前488—前480年，其时他年仅33—41岁，而孔子本人则64岁，早已到达"耳顺"之境界。又子贡少颜回一岁，换言之，子贡货殖之年，颜回应为34—42岁。[②] 可见颜回、子贡不愧都是孔门高弟，两人年未四十而个人修养都早已臻至甚高的境界了。[③] 即使孔子对两位弟子的比论是他本人已经从心所欲以后的回忆之言，也不会改变这个毋庸置疑的事实。

参考文献

（一）传统文献

（汉）班固：《汉书》，中华书局2002年版。

（南朝·梁）皇侃：《论语集解义疏》，广文书局1991年版。

（唐）孔颖达：《礼记注疏》，阮元《十三经注疏》第5册，艺文印书馆1976年版。

（唐）韩愈、李翱：《论语笔解》，收入《丛书集成新编》第17册，新文丰出版公司1985年版。

（唐）陆德明撰、黄焯汇校、黄延祖重辑《经典释文汇校》，中华书局2006年版。

（宋）朱熹：《晦庵先生朱文公集》，收入朱杰人、严佐之、刘永翔主编《朱子全书》第20—25册，上海古籍出版社、安徽教育出版社2002年版。

（宋）朱熹：《四书或问》，《朱子全书》第6册，上海古籍出版社、安徽教育出版社2002年版。

（宋）朱熹：《论语精义》，《朱子全书》第7册，上海古籍出版社、安徽教育出版社2002年版。

（宋）朱熹：《四书章句集注》，中华书局2001年版。

（宋）黎靖德编、王星贤点校《朱子语类》，中华书局1999年版。

（清）段玉裁：《说文解字注》，上海古籍出版社2000年版。

（清）郭庆藩：《庄子集释》，中华书局1985年版。

（清）俞樾：《群经平议》，收入《俞樾劄记五种》，世界书局1963年版。

（清）俞樾等：《古书疑义举例五种》，中华书局1983年版。

（清）黎翔凤：《管子校注》，中华书局2004年版。

---

① 钱穆：《先秦诸子系年》，香港大学出版社1956年版，第71页。

② 钱穆考证颜回卒年为41岁。见氏著《先秦诸子系年》，第51—53页。

③ 颜回年或尚未及不惑而已臻"屡空"之境，难怪他早逝让孔子恸哭不已。《论语·子罕》载子曰："苗而不秀者有矣夫！秀而不实者有矣夫！"

（清）程树德：《论语集释》，中华书局 1997 年版。

（清）陈启源：《毛诗稽古编》，收入《诗经要籍集成》第 22—23 册，学苑出版社 2002 年版。

（清）陈澧：《东塾读书记》，台湾商务印书馆 1968 年版。

（清）王先谦点校：《荀子集解》，中华书局 1988 年版。

河北省文物研究所定州汉墓竹简整理小组：《定州汉墓竹简：论语》，文物出版社 1997 年版。

［日］泷川龟太郎：《史记会注考证》，宏业书局 1977 年版。

（二）近人论著

朱维铮：《〈论语〉结集脞说》，收入氏著《中国经学史十讲》，复旦大学出版社 2002 年版。

陈奇猷：《韩非子集释》，中华书局 1974 年版。

单承彬：《平壤出土西汉〈论语〉竹简校勘记》，第四届中国经学国际学术研讨会论文，台湾大学文学院，2011 年。

阎振益、钟夏：《新书校注》，中华书局 2000 年版。

钱穆：《先秦诸子系年》，香港大学出版社 1956 年版。

《荀子》《礼记》互见文辞考辨[①]

何志华
香港中文大学

一 前 言

先秦礼论研究，向重孔、孟、荀三家之学，而《荀子》一书又多与《礼记》相关，举例而言，《荀子·礼论》重见于《礼记·三年问》，《荀子·乐论》又重见于《礼记》《乐记》《乡饮酒义》，《荀子·法行》重见于《礼记·聘义》，由此而观，《荀子》及小戴《礼记》二书关系密切。

二 《荀子》《礼记》成书先后旧说举隅

前贤于《荀子》《礼记》相合内容，早有论说。汪中《荀卿子通论》云：

> 荀卿所学本长于《礼》，《儒林传》云："东海兰陵孟卿善为《礼》《春秋》，授后苍、疏广。"刘向《叙》云："兰陵多善为学，盖以荀卿也，长老至今称之，曰：兰陵人。喜字为'卿'，盖以法荀卿。"又《二戴礼》并传自孟卿，《大戴·曾子立事篇》，载《修身》《大略》二篇文；《小戴》《乐记》《三年问》《乡饮酒义篇》，载《礼论》《乐论》篇文。由是言之，《曲台》之礼，荀卿之支与馀

① 本论文为香港研究资助局资助之"古书训诂与古籍异文关系研究"部分研究成果，谨向该局致谢。

裔也。①

可见汪中强调大小二戴《礼记》，其实皆本荀卿。梁启超《要籍解题及其读法》亦以汪说为然，并进而探究《荀子》《礼记》二书之因袭关系。梁氏云：

大小戴两《礼记》，文多与《荀子》相同………凡此皆当认为《礼记》采《荀子》，不能谓《荀子》袭《礼记》，盖《礼记》本汉儒所裒集之丛编，杂采诸各家著述耳。然因此可推见两戴《记》中其摭拾荀卿绪论而不著其名者或尚不少，而《荀子》书中亦难保无荀卿以外之著作搀入。盖《荀子》书亦由汉儒各自编写，诸本共得三百馀篇，未必本本从同。刘向将诸本冶为一炉，但删其重复，其曾否悬何标准以鉴别真伪，则向所未言也。杨倞将《大略》《宥坐》《子道》《法行》《哀公》《尧问》六篇降附于末，似有特识。《宥坐》以下五篇，文义肤浅。《大略篇》虽间有精语，然皆断片。故此六篇宜认为汉儒所杂录，非荀子之旧。②

据此可知，梁启超以为《礼记》与《荀子》相合者，当为《礼记》采袭《荀子》。当然，梁氏乃从《礼记》成书年代在于西汉，因而推知其袭用战国晚期《荀子》相关内容。然而，梁氏亦以为《荀子》部分篇章或出自汉儒杂录，已非旧貌。至于从礼学思想传承考量，学者亦多以为《礼记》承自荀子学派，礼学内容亦居荀子之后，陆建华《荀子礼学研究》云：

就《礼记》与荀学的关系来说，《礼记》中有荀子学派的思想，且荀子学派的礼学思想是《礼记》中礼学的主要组成部分。这表明，作为儒家习礼记录汇编的《礼记》，其礼学也是不成熟的，且有些礼

---

① （清）汪中著，林庆彰、蒋秋华编审，王清君、叶纯芳点校：《汪中集》，中研院文哲所筹备处，2000年，第118页。

② 梁启超：《要籍解题及其读法》，收录于《梁启超讲国学》，华文出版社2009年版，第44页。

学内容还居荀子之后。①

诚然，学者以为《礼记》居《荀子》之后，此说尚非必然，近世亦有学者以为《礼记》成书虽在西汉，然其所载49篇，成篇年代不一，或有成书于战国前期者。王锷《礼记成书考》云：

> 通过考察，《礼记》四十九篇中，《哀公问》等十四篇是春秋末期至战国前期的文献，其中《仲尼燕居》等四篇是孔子之作，《曾子问》等二篇是曾子的著作，《坊记》等四篇是子思的著作，《乐记》是公孙尼子的著作；《奔丧》等十九篇是战国中期的文献；《深衣》等七篇是战国中晚期的文献；《文王世子》等三篇是战国晚期整理成的文献；《檀弓》等三篇是战国晚期的文献。西汉宣帝甘露三年（前51）至汉成帝阳朔四年（前21）之间，戴圣完成了《礼记》四十九篇的编选工作。②

倘以王锷之说为然，则《礼记》部分篇章容或成书于荀卿之前。然而，荀卿生当战国晚期，即使《礼记》篇章成书在先，荀卿或其后学取《礼记》相关篇章以为释读，其释读亦较为近古，实为先秦两汉经学研究之重要材料，弥足珍贵。姑勿论两书成书先后之争议，两书重文对读，将有助阐明经义，今就《荀子》《礼记》两书重合书证，举其重点，概述如下。

三　依据《荀子》阐明《礼记》经义例证举隅

荀子善为《礼》，书中内容多与《礼记》相合，为数极夥；比对两书相合内容，时有个别字词之差异，此或《荀子》作者所见《礼记》版本与今本不同，当中异文每能补充《礼记》相关内容义训，从而阐明《礼记》经义，举例如下。

---

① 陆建华：《荀子礼学研究》，安徽大学出版社2004年版，第151页。

② 王锷：《礼记成书考》，中华书局2007年版，第19页。

3.1《礼记·郊特牲》:“大夫之臣不稽首，非尊家臣，以辟君也。”[①] 按此文实见《荀子·大略》云:“大夫之臣拜不稽首，非尊家臣也，所以辟君也。”[②] 两文互斠，《礼记》作“不稽首”,《荀子》作“拜不稽首”，考孔颖达《礼记正义》云:“今大夫家臣于大夫之处拜时不为稽首，非是尊敬此家臣，不令稽首。所以不稽首者，以辟国之正君。”亦指明“不稽首”者，专指“拜时不为稽首”，是其经义，与《荀子》文义相合。

再考《荀子·大略》上文云:“平衡曰拜，下衡曰稽首，至地曰稽颡。”[③] 复再阐明“稽首”、“稽颡”之别;《礼记·问丧》亦云:“稽颡触地无容，哀之至也。”[④] 义训亦一致。

3.2《礼记·曲礼》:“贤者狎而敬之，畏而爱之。”[⑤] 郑玄注云:“狎，习也，近也，谓附而近之，习其所行也。”

案《荀子·臣道》云:“不肖者则畏而敬之;贤者则亲而敬之。”[⑥] 此与《礼记·曲礼》文义相互关涉，荀子谓贤者当“亲而敬之”,《礼记》谓“狎而敬之”,“狎”可训为“亲习”之义，《左传·襄公六年》:“宋华弱与乐辔少相狎。”杜预注:“狎，亲习也。”[⑦] 似较郑玄训“狎”为“习”、“近”之义更为圆通。

3.3《礼记·檀弓》:“孔子曰:是故竹不成用，瓦不成味，木不成斲，琴瑟张而不平，竽笙备而不和。”[⑧] 考《荀子·礼论》云:

> 木器不成斲，陶器不成物，薄器不成(内)〔用〕[⑨]。笙竽具而不和，琴瑟张而不均。[⑩]

---

① (汉)郑玄注、(唐)孔颖达疏、吕友仁整理:《礼记正义》，上海古籍出版社《十三经注疏》本，2008年版，第1050页。

② (清)王先谦:《荀子集解》，中华书局1988年版，第493页。

③ 同上。

④《礼记正义》，第2155页。

⑤ (汉)郑玄注、(唐)孔颖达疏、吕友仁整理:《礼记正义》，第8页。

⑥ (清)王先谦:《荀子集解》，第256页。

⑦ 十三经注疏整理委员会:《春秋左传正义》，北京大学出版社2000年版，第971页。

⑧《礼记正义》，第305页。

⑨ 王念孙以为《荀子·礼论》此文作“内”者，乃“用”字之讹，今据改。

⑩ (清)王先谦:《荀子集解》，第386页。

两文互斠，可证《礼记》“张而不平”，“平”当训“均”；又“备而不和”者，“备”当训“具”，并皆常训，据《荀子》互文可证。

惟《礼记》谓“竹不成用”者，郑玄《注》云：“成，犹善也。竹不可善用，谓边无縢。”[①] 孔颖达《正义》云：“成，善也。故为器用并不精善也。‘竹不善用’，谓竹器边无縢缘也。”[②] 今案《荀子·礼论》作“薄器不成（内）〔用〕”。则知《礼记》所谓“竹不成用”者，盖专指竹制之薄器，杨倞《注》：“薄器，竹苇之器。”盖谓器薄不厚，未算精善。

3.4《礼记·王制》：“八十者，一子不从政；九十者，其家不从政；废疾非人不养者，一人不从政；父母之丧，三年不从政。”[③]

孙希旦《礼记集解》谓：“此言复除老者之法，‘废疾’以下，又因不从政而类言之也。”[④] 所谓“不从政”者，王引之以为“政”读为“征”，姜义华《新译礼记读本》进一步训释其义云：

> 政，通“征”。徭役、兵役等的征召。[⑤]

今考《荀子·大略》云：“八十者一子不事，九十者举家不事，废疾非人不养者一人不事。父母之丧，三年不事。”[⑥] 可见《礼记》“不从政”，《荀子》皆作“不事”，杨倞《注》云：“事，谓力役。”可见姜义华说与杨倞相合，信而有征。

3.5《礼记·少仪》云：“为人臣下者，有谏而无讪，有亡而无疾，颂而无谄，谏而无骄，怠则张而相之，废则埽而更之，谓之社稷之役。”[⑦]

孔颖达《正义》于“有亡而无疾”下注云：“亡，犹去也。疾，谓憎恶也。君若有过，三谏不从，乃出境而去，不得强留而憎恶君也。”可见“有亡无疾”，谓臣下不得憎恶其君。然则谏而不从，又不得憎恶其上，

---

① 《礼记正义》，第 305 页。

② 同上书，第 306 页。

③ 同上书，第 576 页。

④ （清）孙希旦撰，沈啸寰、王星贤点校：《礼记集解》，中华书局 1989 年版，第 387 页。

⑤ 姜义华：《新译礼记读本》，三民书局 1997 年版，第 216 页。

⑥ （清）王先谦：《荀子集解》，第 500 页。

⑦ 《礼记正义》，第 1389 页。

为人臣下者，又当如何自遣？今考《荀子·大略》云：

为人臣下者，有谏而无讪，有亡而无疾，有怨而无怒。[①]

按杨倞《注》云："怨，谓若公弟叔肸，卫侯之弟鱄。怒，谓若庆郑也。"可见杨倞历举前人为臣下而怨怒其君者，以为佐证。又熊公哲云："怨，谓自怨自艾；怒，愤怒也。"[②] 意指臣下谏君，不获信任，仅可自怨自艾，而未许迁怒于君。"有亡而无疾"、"有怨而无怒"两句对文，文义方始圆足。由此可知，依据《荀子》相关互文内容实可发明《礼记》经义。

3.6《礼记·玉藻》云："庙中齐齐，朝廷济济翔翔。"[③] 孔《疏》云："庄敬貌也。"《礼记·少仪》又云："言语之美，穆穆皇皇；朝廷之美，济济翔翔。"[④] 孔《疏》又云："'济济翔翔'者，据在朝威仪，济济翔翔然。谓威仪厚重宽舒之貌。"可见孔《疏》两说不一，"济济"、"翔翔"，孰为"庄敬"之义？又"威仪厚重"、"宽舒"又何所指？

今考《荀子·大略》云："言语之美，穆穆皇皇。朝廷之美，济济鎗鎗。"[⑤] 与《少仪》相近。《礼记》"济济翔翔"，《荀子》作"济济鎗鎗"。又考《荀子》杨倞《注》云："'鎗'与'跄'同。'济济'，多士貌。'跄跄'，有行列貌。"可见"济济跄跄"乃专指朝廷济济多士，行列庄严，是为"朝廷之美"。此亦孔《疏》所谓"庄敬之貌"、"威仪厚重"之所指。至于孔《疏》谓"宽舒之貌"者，似与杨《注》未合。再考《毛诗·楚茨》："济济跄跄。"毛《传》云："济济跄跄，言有容也。"郑《笺》则云："有容，言威仪敬慎也。"[⑥] 与《荀子》杨倞《注》并合。由此亦可见，参诸《荀子》互见重文，实可发明《礼记》经义。

---

① （清）王先谦：《荀子集解》，第 494 页。

② 王天海：《荀子校释》，上海古籍出版社 2005 年版，第 1056 页。

③ 《礼记正义》，第 1245 页。

④ 同上书，第 1393 页。

⑤ （清）王先谦：《荀子集解》，第 494 页。

⑥ 十三经注疏整理委员会：《毛诗正义》，北京大学出版社 2000 年版，第 950 页。

四 依据《礼记》阐明《荀子》文义例证举隅

荀卿倡言性恶，与孟轲相违。汉世独尊儒术，列《孟子》于学官，专设博士，而荀学旁落。及至东汉，赵岐注《孟》，高诱注《吕》，而《荀》书弃置高阁，湮没无闻，九百余载，以迄于唐，方有杨倞为之注解。杨《注》书成于唐宪宗元和年间，去古已远，其《荀子序》云：

> 独《荀子》未有注解，亦复编简烂脱，传写谬误，虽好事者时亦览之，至于文义不通，屡掩卷焉。①

杨倞既称《荀》书"编简烂脱，传写谬误"，则书中文辞难解者，所在多有。惜乎今传世本《荀子》即为杨倞《注》本，加之杨《注》失误亦多，谢墉《荀子笺释序》云：

> 此书自来无解诂善本，唐大理评事杨倞所注已为最古，而亦颇有舛误。②

今既知《荀子》文辞多与《礼记》复重，而《礼记》成书年代又远较杨倞为近古，于《荀》书文辞难解者，实可借助《礼记》推本溯源，考得其实，今试论之如下。

4.1《礼记·王制》云："行伪而坚，言伪而辩，学非而博，顺非而泽，以疑众，杀。"③今考《荀子·宥坐》云：

> 人有恶者五，而盗窃不与焉：一曰心达而险，二曰行辟而坚，三曰言伪而辩，四曰记丑而博，五曰顺非而泽。④

① （清）王先谦：《荀子集解》，第51页。

② 同上书，第14页。

③ 《礼记正义》，第556页。

④ （清）王先谦：《荀子集解》，第520页。

两文对斠，则知《礼记》“行伪而坚”，《荀子》作“行辟而坚”；孔颖达《礼记正义》谓“行此诈伪，而守之坚固，不肯变改”。而《荀子》杨倞《注》则云：“辟读为僻。”意谓行为僻邪不正而固执之，据《礼记》可知“行僻”者，盖言其“诈伪”也。

再考《礼记》作“学非而博”，而《荀子》则作“记丑而博”；孔颖达《疏》谓“习学非违之书而又广博。”[①] 杨倞《注》则云：“丑，谓怪异之事。”王天海则云：“记者，识也，此谓见识；丑者陋也，浅陋也；博，众多也。此谓识见浅陋而貌似广博。”[②] 解说与杨倞有别，其谓“识见浅陋而貌似广博”，与《礼记》“学非而博”文义切近，较杨说可信。

4.2《荀子·君子》：“天子无妻，告人无匹也；四海之内无客礼，告无适也。”[③] 杨倞《注》云：“‘适’，读为‘敌’。”

按杨倞以为“告无适”，当读为“告无敌”，而与上文“告无匹”对举为义。北大哲学系《荀子新注》训解“告无适”云：

> “适”，往，指外出作客。一说，“适”通“敌”，指地位相等。[④]

按北京大学哲学系注释小组训“适”为“往”，似较从杨倞说读“适”为“敌”，更合文义。此因《荀子》此文又出《礼记·坊记》，《礼记·坊记》云：

> 故天子四海之内无客礼，莫敢为主焉。故君适其臣，升自阼阶，即位于堂，示民不敢有其室也。[⑤]

其谓“君适其臣，升自阼阶，即位于堂”，意指天子于四海之内皆无作客之礼，莫敢为天子之主；因之，国君往适臣下，亦当从主人阼阶登堂，并就坐于堂上主人之位，以示臣下于国君之前，不得视家室为其私有。《礼记·坊记》此文郑《注》云：“臣亦统于君”，是其义也。由此

---

① 《礼记正义》，第 561 页。

② 王天海：《荀子校释》，第 1109 页。

③ （清）王先谦：《荀子集解》，第 449 页。

④ 北京大学哲学系注释：《荀子新注》，里仁书局，第 484 页。

⑤ 《礼记正义》，第 1974 页。

推论，《礼记》谓“君适其臣”，君仍为“主”，臣下为客，是君无外出作客之意。《荀子·君子》谓之“告无适”，不亦宜乎。此“适”字尤可与《礼记》“君适其臣”一语相关，以明其“外出作客”之意。又《荀子·君子》此文下，刘师培云：

> “适”字，当读如本字。《荀子》一书多采《左传》之说。《左传·成十二年》：“周公出奔晋。”又言：“凡自周无［出］①。”《僖二十四年传》：“天王出居于郑。”杜注云：“天子以天下为家，故天下无外。”盖天子无外，故其臣出奔者，亦不书国境。以彼证此，则此文之无“适”，适，即训“往”。然天子以天下为一家，所经之境，所往之国，均不得谓之“适”。故曰：“告无适也。”又《礼记·郊特牲》云：“天子无客礼，莫敢为主也。君适其臣，升自阼阶，不敢有其室也。”所谓不敢有其室者，即表明天子无适之义。②

按刘师培据《左传》、《礼记·郊特牲》论证《荀子·君子》“告无适”之义，所言极是。惜乎刘氏未有言明《荀子·君子》此文内容实与《礼记·坊记》相关，而仅举《郊特牲》为证，仍有未足，今谨列出《坊记》相关内容以证成刘说。由此可见，比对《礼记》经文，实能有助阐明《荀子》文辞训诂。

4.3《荀子·仲尼》：“持宠处位终身不厌之术：主尊贵之，则恭敬而僔；……可贵可贱也，可富可贫也，可杀而不可使为奸也。是持宠处位终身不厌之术也。”③ 杨倞《注》云：“君虽宠荣屈辱之，终不可使为奸也。”

按杨倞以为此文所言乃为君主待臣之道，意谓君主可使臣下宠荣，又或可以屈辱臣下，惟不能使臣下为“奸”。今考《荀子》此文又见《礼记·表记》云：

---

① 据《左传·成公十二年》当有“出”字，今补正。见十三经注疏整理委员会《春秋左传正义》，第859页。

② 董治安、郑杰文汇撰：《荀子汇校汇注》，收入《齐文化丛书·文献集成》，齐鲁书社1997年版，第826页。

③ （清）王先谦：《荀子集解》，第110页。

> 事君可贵可贱，可富可贫，可生可杀，而不可使为乱。①

郑玄《注》云："乱，谓违废事君之礼。"孔《疏》又云："言事君可使之贵，可使之贱，可使之富，可使之贫，可使之生，可使之死，但不可使为乱也。乱，谓废事君之礼也。"② 由此可见，《荀子》此文实言臣下理应自省，深悟"事君"之道，即使自我杀身，亦不愿废弃事君之礼；而非如杨倞注解所谓君主不可使臣下为奸，杨说实可商榷。再考北大哲学系《荀子新注》训解"可杀而不可使为奸"亦云：

> 奸：处伪狡诈。可杀而不可使为奸也：宁可杀身而不能使自己去做奸诈的事。③

可见北大哲学系注释小组亦以为此乃臣下事君之道，意谓臣下"宁可杀身"，而不能自为"奸诈的事"，是为持宠处位、终身不厌之术。蒋南华、罗书勤、杨寒清《荀子全译》理解相同，因而翻译原文云：

> 可以贵，可以贱，可以富，可以穷，可以被杀，却不可以让自己去做坏事。这就是保持宠信、保持职位、终身不被君主厌弃的办法。④

说解亦与《礼记》及北大哲学系注释小组相合，所言皆是。又《荀子》原文作"奸"，当按《礼记》互见文献训为"乱"，《左传·成公十七年》："臣闻乱在外为奸，在内为轨。"⑤ 可见"奸"义可训为"乱"。《礼记·表记》郑《注》云："乱，谓违废事君之礼。"是其义。《荀子》谓"可杀而不可使为奸"，乃指臣下宁可杀身，亦不可自为违废事君之礼之乱事，而非谓君主不可使臣为奸诈之事，两义有别，不宜混同。可见比对《礼记》经义，亦可阐明《荀子》文义训解。

---

① 《礼记正义》，第 2089 页。

② 同上。

③ 北京大学哲学系注释：《荀子新注》，第 99 页。

④ 蒋南华、罗书勤、杨寒清注译：《荀子全译》，贵州人民出版社 1995 年版，第 105 页。

⑤ 十三经注疏整理委员会：《春秋左传正义》，第 916 页。

4.4《礼记·丧大记》："既葬，若君食之，则食之；大夫、父之友食之，则食之矣。不辟粱肉，若有酒醴则辞。"

按孔颖达《疏》云："大夫，谓士大夫食士也。父友，谓父同志者也。其人并尊，若命食，孝子则可从之食也。"[①] 可见此章经义明晰，旨在说明尊者赐食之礼。意谓既葬以后，假若君有食之，又或大夫、父之友食之，则皆可食之，以示尊者之命，所不敢辞也。孔《疏》以"若命食"训解原文"若君食之"，可见"若"字当作"假若"解。今考《荀子·大略》云：

> 既葬，君若父之友，食之则食矣，不辟粱肉，有酒醴则辞。[②]

按梁启雄《荀子简释》云："《释词》七：'若、犹及也，与也。'"[③] 似亦可通。蒋南华、罗书勤、杨寒清《荀子全译》理解相同，因而翻译原文云：

> 父母安葬之后，君主与父亲的朋友用食物来款待自己，是可以吃的。[④]

然对比《礼记》原文，则知"若"倘如梁启雄说及蒋南华等解译为"与"，则与《礼记》"假若命食"之义相乖，已非其旧。疑今本《荀子》或有讹误，其"君若"二字或因历代传钞而误导，当据《礼记》乙正。又今本《荀子》此文标点亦可商榷，各本读"食之则食矣"为句，其实不辞，原文当作"既葬，若君、父之友食之，则食矣。"文理方为通顺。

4.5《荀子·大略》："言而不称师谓之畔，教而不称师谓之倍。倍畔之人，明君不内，朝士大夫遇诸涂不与言。"[⑤]

按《大略》此文痛诋不称师者为"倍畔之人"，"倍畔"犹言背叛也。荀卿以为背叛师门者，明君不纳于朝，大夫不与之言。荀卿此文与

---

① 《礼记正义》，第1731页。
② （清）王先谦：《荀子集解》，第495页。
③ 梁启雄：《荀子简释》，中华书局1983年版，第370页。
④ 蒋南华、罗书勤、杨寒清注译：《荀子全译》，第557页。
⑤ （清）王先谦：《荀子集解》，第506页。

《礼记》相合，《礼记·王制》云："刑人于市，与众弃之。是故公家不畜刑人，大夫弗养，士遇之涂，弗与言也。"[①] 孙希旦《礼记集解》云："弗与言者，以其为刑余凶恶之人，贱而远之也。"[②] 由此可见，荀卿以为背叛师门者，有似于《礼记》所言刑余之人，所以朝士大夫遇之于涂，亦不与之言也。

及后《吕氏春秋》又本荀卿为说，《吕氏春秋·尊师》谓："君子之学也，说义必称师以论道，听从必尽力以光明。听从不尽力，命之曰背；说义不称师，命之曰叛；背叛之人，贤主弗内之于朝，君子不与交友。"[③] 将《荀子》原文"朝士大夫遇诸涂不与言"诠释为"君子不与交友"，其实有违荀卿原意，盖不知《荀子》此文与《礼记》相合，旨在以背叛师门者比附"刑人"而痛加诋訾故也。

4.6《荀子·大略》："五十不成丧，七十唯衰存。"[④]

《荀子》所谓"七十唯衰存"之义，杨倞以为"衰存，但服缞麻而已。其礼皆可略也。"杨说其实依据《礼记》为说，《礼记·丧大记》云："五十不成丧，七十唯衰麻在身。"[⑤] 可证"衰存"即为"衰麻在身"之义，杨说解作"服缞麻"，自亦可从。

4.7《荀子·法行》云：子贡问于孔子曰："君子之所以贵玉而贱珉者何也？为夫玉之少而珉之多邪？"孔子曰："恶！赐，是何言也？夫君子岂多而贱之，少而贵之哉！夫玉者，君子比德焉。温润而泽，仁也；栗而理，知也；坚刚而不屈，义也；廉而不刿，行也；折而不桡，勇也；瑕适并见，情也；扣之，其声清扬而远闻，其止辍然，辞也。故虽有珉之雕雕，不若玉之章章。《诗》曰：'言念君子，温其如玉。'此之谓也。"[⑥]

按《荀子》此文又见《礼记》，《礼记·聘义》云：

子贡问于孔子曰："敢问君子贵玉而贱珉者何也？为玉之寡而珉

① 《礼记正义》，第486页。

② （清）孙希旦撰，沈啸寰、王星贤点校：《礼记集解》，第325页。

③ 张双棣、张万彬、殷国光等注译：《吕氏春秋译注》，北京大学出版社2000年版，第87页。

④ （清）王先谦：《荀子集解》，第489页。

⑤ 《礼记正义》，第1730页。

⑥ （清）王先谦：《荀子集解》，第535页。

之多与?"孔子曰:"非为珉之多故贱之也,玉之寡故贵之也。夫昔者君子比德于玉焉。温润而泽,仁也;缜密以栗,知也;廉而不刿,义也;垂之如队,礼也;叩之,其声清越以长,其终诎然,乐也;瑕不掩瑜,瑜不掩瑕,忠也;孚尹旁达,信也;气如白虹,天也;精神见于山川,地也;圭璋特达,德也;天下莫不贵者,道也。《诗》云:'言念君子,温其如玉。'故君子贵之也。"①

两文互斠,《荀子·法行》:"栗而理,知也。"杨倞《注》云:"理,有文理也。似智者处事坚固又有文理。"《礼记·聘义》作:"缜密以栗,知也。"郑玄《注》云:"缜,致也。栗,坚貌。"是以"缜密"为"密致"之义,孔颖达《疏》云:"言玉体密致而坚刚,人有智者性亦密致坚刚,故云:'知也'"。② 郑《注》、孔《疏》两解皆得其实,唯既知《荀子》互见文献此句作"栗而理",则"密致坚刚"如何推衍而得"文理"之义?孙希旦《礼记集解》云:"玉理密致而坚实,如君子之知,密而不疏则中理。"③ 其谓"玉理密致",乃与杨倞所言玉有文理者相合;又谓"密而不疏则中理",则又与杨倞谓"智者处事坚固又有文理"相合。其实,孙希旦旨在牵合《荀子》互见文献作"栗而理"者为说,既有《荀子》为据,孙希旦解说亦较郑玄、孔颖达更为详审,后出转精,尽得其义。

又《荀子·法行》云:"瑕适并见,情也。"《礼记·聘义》则云:"瑕不掩瑜,瑜不掩瑕,忠也。"两文互斠,《礼记》作"瑕不掩瑜,瑜不掩瑕",是"瑕瑜并见"之义,是则《礼记》之"瑕瑜",《荀子》作"瑕适";《礼记》郑玄《注》云:"瑕,玉之病也。瑜,其中间美者。玉之性,善恶不相掩,似忠也。④"杨倞云:"瑕,玉之病也。适,玉之美泽调适之处也。"⑤ 两注义近。王念孙云:

适读为谪。谪,亦瑕也。《老子》曰"善言无瑕谪"是也。《管

① 《礼记正义》,第2346页。

② 同上书,第2348页。

③ (清)孙希旦撰,沈啸寰、王星贤点校:《礼记集解》,第1467页。

④ 《礼记正义》,第2347页。

⑤ (清)王先谦:《荀子集解》,第535页。

子·水地篇》："瑕适皆见，精也。"（精与情同，说见《管子》）尹知章曰："瑕适，玉病也。"（《吕氏春秋·举难篇》："寸之玉，必有瑕适。"）《说苑》曰："玉有瑕，必见之于外，故君子比情焉。"此言"瑕适"，而《说苑》但言"瑕"，是"适"即"瑕"也。情之言诚也。玉不自掩其瑕适，故曰情。《春秋繁露·仁义法篇》云："自称其恶谓之情"，义与此同。杨读适为"调适"之适，失之。①

今按杨倞训"适"为"玉之美泽调适"，实与《礼记》"瑕瑜并见"之旨相合。"瑜"者，玉之光彩也，杨倞以"适"为"玉之美泽调适"，实欲与郑玄《注》"瑜，其中间美者"相合。另郝懿行亦云："适者，善也，凡物调适谓之适，得意便安亦谓之适，皆善之意。"② 郝懿行训"适"为"善"，其实亦欲与《礼记》互见文献作"瑜"者相合，而贴近《礼记》郑玄《注》"善恶不相掩"之旨，并皆依据《礼记》互见文献为说。王念孙读"适"为"谪"而训为"瑕"，是将《荀子》"瑕适并见"，理解为"瑕瑕并见"，既感迂曲难通，亦与《礼记》互文悬隔不合，未敢遽信。至于王念孙训"情"为"诚"，则与《礼记》作"忠"者相合，"忠"亦"诚"也。王天海《荀子校释》谓："情者，诚实也。"③ 北京大学哲学系《荀子新注》白话翻译此句为："玉上的斑点和美好的地方，都是同时表现出来，好比君子的诚实。"④ 乃与《礼记》郑玄《注》："瑕，玉之病也。瑜，其中间美者。玉之性，善恶不相掩，似忠也。"全然相合，可谓信而有征。

4.8《荀子·大略》："寝不踰庙，设衣不踰祭服，礼也。"⑤

按杨倞《注》曰："谓制度精粗。设，宴也。"考"设"无训"宴"者，杨倞大抵亦本《礼记·王制》互见文献为训，《礼记·王制》云："燕衣不踰祭服，寝不踰庙。"⑥《荀子》作"设"，《礼记》作"燕"，"燕"当读为"讌"，"讌"与"宴"相通，因之，杨倞依据《礼记》异

① （清）王念孙：《读书杂志》，江苏古籍出版社 1985 年版，第 746 页。

② （清）王先谦：《荀子集解》，第 535 页。

③ 王天海：《荀子校释》，第 1142 页。

④ 北京大学哲学系注释：《荀子新注》，第 589 页。

⑤ （清）王先谦：《荀子集解》，第 495 页。

⑥ 《礼记正义》，第 530 页。

文作“燕”，强将《荀子》“设衣”训为“宴衣”以与《礼记》相合。王念孙《读书杂志》亦云：“设，当为讌，字之误也。……《王制》：‘燕衣不踰祭服，寝不踰庙。’是其证。”① 其实亦欲与《礼记·王制》作“燕”者相合而已。

五 《礼记》《荀子》文辞相近而论说有异

诚如上文所论，《荀子》《礼记》二书文辞每多相近，取二书相互对斠，参伍比度，或可得其训诂。然二书相合内容，其文辞虽称相类，惟旨义亦有迥异不同者，今试举例言之如下。

5.1《礼记·三年问》云：“三年者，称情而立文，所以为至痛极也。斩衰、苴杖、居倚庐、食粥、寝苫枕块，所以为至痛饰也。三年之丧，二十五月而毕，哀痛未尽，思慕未忘，然而服以是断之者，岂不送死有已，复生有节也哉?”② 再考《荀子·礼论》又云：

> 三年之丧，何也？三年之丧，称情而立文，所以为至痛极也；齐衰、苴杖、居庐、食粥、席薪、枕块，所以为至痛饰也。三年之丧，二十五月而毕；哀痛未尽，思慕未忘，然而礼以是断之者，岂不以送死有已，复生有节也哉！③

两文互斠，可见《礼记》“斩衰、苴杖”，《荀子》作“齐衰、苴杖”，王天海《荀子校释》谓“齐衰，当作斩衰”，是从《礼记》之说也。王锷：《〈礼记〉成书考》云：

> 《礼记》将“斩衰”改为“齐衰”，“齐衰”虽有服丧三年者，但将“斩衰”排除在外，不仅与上下文不一致，更无问“三年丧”舍“斩衰”而专举“齐衰”者，于礼非甚。④

① （清）王念孙：《读书杂志》，第739页。

② 《礼记正义》，第2185页。

③ 王天海：《荀子校释》，第795页。

④ 王锷：《〈礼记〉成书考》，第152页。

按王说可商，王氏所据《礼记》乃《十三经注疏》本，实作“斩衰”而非“齐衰”。[①] 王氏谓《礼记》作“齐衰”，当为笔误，又据此推论《礼记》依据《荀子》而改作，更属曲说，未足取信。至于《荀子·礼论》“斩衰”作“齐衰”，与《礼论》上文亦相应，《礼论》上文云：

> 𩜾鬻，……，是吉凶忧愉之情发于食饮者也。……资麤、衰绖……，是吉凶忧愉之情发于衣服者也。……倚庐、席薪、枕块，是吉凶忧愉之情发于居处者也。[②]

其谓“𩜾鬻”者，北京大学哲学系注释小组云：“𩜾，同饘，稠粥。鬻：同粥，稀粥。”[③] 可见《礼论》上文“𩜾鬻”义同下文“食粥”，盖用以阐明“吉凶忧愉之情发于食饮者”；至于其谓“资麤、衰绖”者，则又可与下文“齐衰”之义相关涉，杨倞《注》云：“资与齐同，即齐衰也。”盖用以阐明“吉凶忧愉之情发于衣服者”；至于其谓“倚庐、席薪、枕块”，则有似下文“居庐、席薪、枕块”，盖用以阐明“吉凶忧愉之情发于居处者”；凡此皆可与《礼论》下文“所以为至痛饰也”相互发明，盖以“饮食”、“衣服”、“居处”三者分言“至痛之饰”而已。

《荀子·礼论》作“齐衰”，《礼记·三年问》作“斩衰”，“斩衰”乃丧服之最重者，而与齐衰、大功、小功、缌麻有别，《礼记·间传》云：

> 斩衰何以服苴？苴，恶貌也，所以首其内而见诸外也。斩衰貌若苴，齐衰貌若枲，大功貌若止，小功、缌麻容貌可也，此哀之发于容体者也。[④]

《礼记·间传》郑《注》云：“名曰《间传》者，以其记丧服之间轻重所宜。”由此而观，斩衰服苴，齐衰服枲。孙希旦《礼记集解》引吴澄

---

① 《十三经注疏》（附校勘记）下册，中华书局 1980 年版，第 1663 页。

② （清）王先谦：《荀子集解》，第 364 页。

③ 北京大学哲学系注释：《荀子新注》，第 385 页。

④ 《礼记正义》，第 2172 页。

云："齐衰稍轻于斩，衰绖不用苴而用枲。"[①] 可见《礼记·三年问》作"斩衰"，以为"至痛之饰"；《荀子·礼论》此文作"齐衰"，丧服程度稍次，其虽与《礼记·三年问》有别，惟与《荀子·礼论》上文"资麤、衰绖"措辞一致，盖泛指丧服而已，非谓至痛之丧也。此亦可与《荀子·乐论》并读，《乐论》云："故齐衰之服、哭泣之声，使人之心悲。"[②] 可作并观。

又《礼记·三年问》作"寝苫枕块"，而《荀子·礼论》作"席薪枕块"；"寝苫"谓睡于草垫，"席薪"谓以柴薪为席，文义微有分别。再考《礼记·间传》亦云：

> 父母之丧，居倚庐，寝苫枕块。[③]

亦作"寝苫枕块"，可见措辞前后一致。又《礼记·问丧》亦云："居于倚庐，哀亲之在外也；寝苫枕块，哀亲之在土也。"[④] 措辞皆同。又《礼记·三年问》作"哀痛未尽，思慕未忘，然而服以是断之者。"《荀子》则作"哀痛未尽，思慕未忘，然而礼以是断之者。"《礼记》孔颖达《疏》云："忧思悲慕犹未能忘，故心之哀慕于时未尽，而外貌丧服以是断割者。"[⑤] 则读"服"为"外貌丧服"之义；又《荀子》谓"礼以是断之者"，杨倞《注》云："断，决也。"则谓丧礼至此为决，非仅限于除服一义，两书经义实有不同。王锷：《〈礼记〉成书考》云：

> 《荀子·礼论》将"服以是断之者"改为"礼以是断之者"，虽"服"、"礼"一字之差，但至关重要，《三年问》主要论三年服丧事，《礼论》主要论礼之起源、意义及作用，显系《荀子》承《三年问》而据改，以符合己意。[⑥]

---

① （清）孙希旦撰，沈啸寰、王星贤点校：《礼记集解》，第1364页。

② （清）王先谦：《荀子集解》，第381页。

③ 《礼记正义》，第2173页。

④ 同上书，第2154页。

⑤ 同上书，第2186页。

⑥ 王锷：《〈礼记〉成书考》，第152页。

按王说亦以为“服”、“礼”一字之差，至关重要，其说良是；至于王氏据此论断《荀子》抄袭《礼记》，论据仍有未足，似可再商。

5.2《礼记·檀弓》引子思曰：“故君子有终身之忧，而无一朝之患。”① 郑玄于“终身之忧”句下注云：“念其亲”，又于“一朝之患”句下注云：“毁不灭性”。再考孔颖达《正义》云：“君子有终竟己身，恒惨念亲，此则是不忘之事。虽终身念亲，而不得有一朝之闲，有灭性祸患。”② 由此可见郑玄、孔颖达皆以“终身之忧”为念亲尽孝之义。案《荀子·子道》云：

> 君子，其未得也，则乐其意；既已得之，又乐其治；是以有终身之乐，无一日之忧。小人者，其未得也，则忧不得；既已得之，又恐失之。是以有终身之忧，无一日之乐也。③

上文曾引梁启超《要籍解题及其读法》以为《荀子》“《大略篇》虽间有精语，然皆断片”。并以为乃属“汉儒所杂录，非荀子之旧”。倘以梁说为然，则汉世荀学后人杂录荀语以为《大略篇》时，明显取子思学说“君子有终身之忧，而无一朝之患”，改以诠释君子未得志之时乐于其意，既已得志入仕，又乐于为治；其谓：“其未得也，则乐其意；既已得之，又乐其治；”王先谦云：

> 乐其为治之意；得，谓得位也。④

《礼记》《荀子》两书此文所论虽未相关，而用词相近，此或荀卿后学意在反驳思孟学派，因取用其文词而别赋新义。

---

① 《礼记正义》，第234页。

② 同上。

③ （清）王先谦：《荀子集解》，第533页。

④ 同上书，第533页。

结　语

先秦礼经研究，向重《礼记》，而《礼记》一书文辞多与《荀子》相合，学者于《荀子》《礼记》相合内容，孰者为先？仍有争议，迄今未有定论。今既知《荀子》《礼记》两书成书年代相近，则比对两书相合内容，考其同异，当能有助于两书之通读，或能厘清两书相关旧注之误说，于两书文辞训诂之考释，提供新证。杨天宇《郑玄校〈礼记〉不从或本异文的五原则》云：

> 《礼记》的初本，自西汉宣帝时期由戴圣编纂成书之后，在其流传过程中，衍生出了许多不同的本子。这些本子见诸文献而可考者，在西汉有刘向《别录》本、东汉有桥仁季卿本、杨荣子孙本、曹褒传本、马融校注本、卢植校注本等等，而流传于当时今已不可考者，尚不知几倍于此。①

可见《礼记》于东汉流传版本众多，文献内容异文多见，相关版本今多散佚不存，学者倘能借助《荀子》互见文献，详加考析，或能勾勒其中义理关键，亦可臂助学者推敲《礼记》原貌，于秦汉经学研究而言，亦不无裨益。

---

① 杨天宇：《郑玄校〈礼记〉不从或本异文的五原则》，收入浙江大学古籍研究编《礼学与中国传统文化》，中华书局 2006 年版，第 251 页。

读钱宾四先生《驳胡适之说儒》札记

何广棪
香港树仁大学

前　言

清末民初国学大师章太炎先生（1869—1936），著作赡富，尤长儒学。于宣统元年（1909）曾撰《原儒》一文，分“达名”、“类名”、“私名”三科以考察儒之变迁，甚具创意。民国二十三年（1934），胡适之先生（1891—1962）则撰《说儒》，针对章氏所考论而多所商榷。其后，钱宾四先生（1895—1990）不以胡氏之说为然，于民国三十一年（1942）撰成《驳胡适之说儒》，初刊成都《学思杂志》一卷一期；1954 年 1 月，钱文又由香港大学《东方文化》一卷一期转载。章、胡、钱三氏先后为文，辗转驳论达数十年，实构成一深具学术研究价值之公案。

2009 年，余授“儒学现代化问题讨论”课程于台湾华梵大学东方人文思想研究所博士班，因所讲授内容兼及章太炎先生之儒学及其所撰《原儒》，乃深入钻研其文，参阅群籍，并兼研治胡氏《说儒》、钱氏《驳胡适之说儒》，窃幸颇有所悟。用是撰成《读章太炎先生原儒札记》，2011 年 3 月刊于香港新亚研究所主编之《新亚学报》第二十九卷。兹又不揣疏漏，拟就胡、钱学术公案，撰成札记数则，略申鄙见。其意盖欲保存胡、钱间一段儒学史资料，故本文撰写方法，乃以“述而不作”，铺陈史事与材料为主。

一　钱氏撰文驳胡氏之因由

章太炎先生撰《原儒》，胡适之先生撰《说儒》与之商榷。据胡氏文末自署撰年为："二十三，三，十五开始写此文。二十三，五，十九夜写成初稿。"胡文乃以民国署年，盖始撰于1934年3月15日，而同年5月19日夜成初稿；[①] 至《说儒》撰就，最初实刊见《中央研究院历史语言研究所集刊》第四本第三分（1934）。[②] 胡文刊行后，傅斯年（1895—1950）于所撰《周东封与殷遗民·前记》上誉胡文为"丰伟之论文"，[③] 而胡氏亦自诩其所撰"可以使中国古史研究起一个革命"；[④] 然其时读胡文后不以为然者大有人在，如孟森（1868—1938）、冯友兰（1895—1990）、江绍源（1898—1963）、郭沫若（1892—1978）诸氏，均深表质疑，[⑤] 而钱穆先生延至抗日期间，亦撰文与胡氏商榷，钱文今收入《中国学术思想史论丛》（二）。[⑥]

钱文开宗明义述说其驳胡之因由，曰：

---

① 考安徽教育出版社所编《胡适全集》第32卷《日记》（1934—1937），其"廿三，三，十五"记："动手做一文——《说儒》。""廿三，三，十七"记："下午续作《说儒》一文，未完。""廿三，三，二十"记："孟真来谈。他昨晚送来他的旧稿《周东封与殷遗民》诸文，于我作《说儒》之文甚有益。已充分采用。今天我们仍谈此题。""廿三，四，十□"记："续写《说儒》，因引《左传》昭七年'孟僖子病不能相礼'一段，检《史记·孔子世家》对看，偶得一解，既可证《史记》引《左传》，又可证《左传》古本已分年编制，略与今本相同。""廿三，四，十五"："晚上作《说儒》仍未完。""廿三，四，廿八"记："写《说儒》，未完。""廿三，四，廿九"记："续写《说儒》。""廿三，五，七"记："今天可以不为《独立》作文，所以偷闲续作《说儒》文，写了几千字。""廿三，五，十九"记："晚归，完《说儒》，约有四万六千字，为近年最长的文字。检日记，此稿开始在三月十五日，中间稍有间断，共费时两个月。今晚写完时，已三点钟了。"胡氏《日记》所记撰文起讫与此处署年同，读之并可详悉《说儒》撰写之实况，特移录以资参照。

② 今人讨论胡适《说儒》，多引自《胡适论学近著》第一辑，惟该书由上海商务印书馆出版已在民国二十五年（1936），距初刊隔二年矣！钱文所引胡文亦同出此书。而拙文征引《说儒》，则均以《集刊》所载为本。

③ 傅文附见《胡适论学近著》第一辑，卷一、附录一，第82—89页。

④ 见胡适著、曹伯言整理：《胡适日记全编》第六册，安徽教育出版社2001年版，第424页。

⑤ 参见陈勇《国学宗师钱穆》第五章"北平八年师与友"，北京大学出版社2007年版，第117页。而胡氏《胡适论学近著·自序》亦曰："《说儒》一篇提出中国古代学术文化史的一个新鲜的看法，我自信这个看法，将来大概可以渐渐得着史学家的承认，虽然眼前还有不少怀疑的评论。"胡氏《自序》撰成于民国二十四年（1935）10月29日。（见胡书书首第2页）可见反对胡说之人实亦不少。

⑥ 钱氏此书，东大图书有限公司1977年9月初版，钱文见该书（二）第373—382页。

> 余旧撰《国学概论》，已著墨家得名乃由刑徒劳役取义，而于“儒”字尚无确诂。及著《先秦诸子系年》，乃知许叔重《说文》儒为“术士”之称，“术”指术艺，“术士”即娴习六艺之士，而“六艺”即礼、乐、射、御、书、数。因知儒、墨皆当时社会生活职业一流品。此乃自来论先秦学派所未道。越数载，胡适之先生有《说儒》篇，（刊于《论学近著》第一辑），亦以生活职业释“儒”字，而持论与余说大异。因撰此文，借以请胡先生及读者之教正。[①]

按：钱氏撰《国学概论》在民国十五年（1926）夏、十七年（1928）春间。[②] 其书第二章为“先秦诸子”，于论墨家则曰：“墨家始于墨翟，亦学儒者之业，而变其道。……墨非姓也，墨盖刑徒役夫之称。……故‘儒’者，譬之今之所谓绅士；‘墨’者，譬今之所谓劳工也。”[③] 据是，则《国学概论》“墨盖刑徒役夫之称”，亦即钱驳胡文“墨家得名乃由刑徒劳役取义”之意；至《国学概论》又谓“‘儒’者，譬之今之所谓绅士”，观是，则足证钱氏撰《国学概论》时，仅以“今之所谓绅士”以譬儒，则其“于‘儒’字尚无确诂”之说，确的然也。钱氏撰成《先秦诸子系年》则在民国二十四年（1935）十二月，[④] 其书谓“知许叔重《说文》儒为‘术士’之称”，又谓“知儒、墨皆当时社会生活职业一流品”，此二说则见《先秦诸子系年》卷二“三二、墨翟非姓墨、墨为刑徒之称考”条。[⑤] 而钱氏所以撰文驳胡者，盖以胡氏“以生活职业释‘儒’字”之说，既似暗袭其说而未明言；且胡氏其后撰文谈儒，所持论之六点则又与其论儒大异其趋。斯乃钱氏不

---

① 钱氏此书，东大图书有限公司 1977 年 9 月初版，钱文见该书（二）第373 页。

② 见钱穆《国学概论·弁言》，商务印书馆 1997 年版，第 1 页。

③ 同上书，第 43—45 页。

④ 钱穆此书，上海商务印书馆初版，其署年为“中华民国二十四年十二月”；其后钱氏撰《先秦诸子系年·新版增订本识语》亦云：“本书初版付印，在民国二十四年之冬。”与前说合。所载见其书第 27 页，中华书局 1985 年版。

⑤ 钱穆此书，上海商务印书馆初版，其署年为“中华民国二十四年十二月”，中华书局版，第 91—93 页。

得不有所驳辨，并为文就教于适之先生者也。[①]

二 钱氏驳胡文及两文内容之相对应

胡氏撰《说儒》，于文首列示其内容大纲，凡六点，即：

（1）问题的提出。

（2）论儒是殷民族的教士；他们的衣服是殷服，他们的宗教是殷礼，他们的人生观是亡国遗民的柔逊的人生观。

（3）论儒的生活：他们的治丧相礼的职业。

（4）论殷商民族亡国后有一个“五百年必有王者兴”的预言；孔子在当时被人认为应运而生的圣者。

（5）论孔子的大贡献：①把殷商民族的部落性的儒扩大到“仁以为己任”的儒；②把柔懦的儒改变到刚毅进取的儒。

（6）论孔子与老子的关系：论老子是正宗的儒。附论儒与墨者的关系。[②]

而钱氏《驳胡适之说儒》则分五点与胡文相对应，其内容之五点为：

（1）驳最初儒皆殷人，皆殷遗民之说。

（2）驳儒是柔懦之人，为亡国遗民忍辱负重的柔道观说。

（3）驳儒为殷遗民穿戴殷代古衣冠，习行殷代古礼说。

（4）驳儒以相丧为本业，及孔门师弟子皆为殷儒商祝之说。

（5）驳老子是一个老儒，是一个殷商老儒之说。[③]

按：就以上排列胡、钱两文之大纲，吾人不难发现钱文之第一、二、三点，大抵均针对胡文第二点而相驳难；钱文之第四点，乃驳胡文第三点；钱文第五点，乃驳胡文第六点。钱、胡两文内容相对应、相驳难，有如上述。

---

① 今人郭伟川（1948—）撰《古“儒”新说——胡适之、傅斯年二先生论说考正》有云：“钱氏在此之前撰著《先秦诸子系年》，对孔、老儒道诸学有所研究，而见胡适如此说儒，与己所论以及传统之认知，相去何止十万八千里！所以撰文分五部份驳《说儒》。”所见与余暗合。郭文收入其著《中国历史若干重要学术问题考论》，国家图书馆出版社 2009 年版，第 26 页。

② 见《中央研究院历史语言研究所集刊》第四本第三分（1934 年），第 233 页。

③ 钱氏此书，东大图书有限公司 1977 年 9 月初版，钱文见该书（二）第 373 页。

三　驳胡氏“最初儒皆殷人、皆殷遗民之说”

胡氏《说儒》，文中有“最初儒皆殷人、皆殷遗民之说”，兹略征引其说如下：

> 孔子的祖先是宋人，是殷王室的后裔，所以他临死时还自称为“殷人”。（见《檀弓》）……他是有历史眼光的人，他懂得当时所谓“儒服”，其实不过是他的民族和他的故国的服制。儒服只是殷服，所以他只承认那是他的“乡”服，而不是什么特别的儒服。
>
> 从儒服是殷服的线索上，我们可以大胆的推想，最初的儒都是殷人，都是殷的遗民。①

而宾四先生驳斥其说，所持理据有二：

（1）“孔子殷人，不能即证儒者之皆殷遗民。孔子弟子分布，鲁为多，卫次之，齐又次之，而籍宋者特少。”宋既为殷后，其国儒者特少，正反证胡说不成立。

（2）“胡文引傅孟真说，鲁为殷遗民之国。然孔门鲁国弟子，固有确知其非殷遗民者。”钱氏并于其文中，力举颜氏为例，所征引证据有：

> 1.《左传》襄公十九年：“齐侯娶于鲁，曰颜懿姬，其姪鬷声姬。”注：“颜鬷皆姬母姓。”（当曰“母氏”）
>
> 2.《姓谱》：“颜姓本自鲁伯禽支子有食采颜邑者，因以为族。”
>
> 3.《仲尼弟子传》，颜氏居其八，颜路、颜回、颜幸、颜高、颜祖、颜之仆、颜韩、颜何，皆鲁人。
>
> 4. 颜之推云：“仲尼母族。”孔庙韩敕修《礼器碑》：“颜氏圣舅，家居鲁亲里。”鲁亲里在尼山，汉为昌平亭。此孔门弟子颜氏为鲁人，决非殷民之确证。②

---

① 见《中央研究院历史语言研究所集刊》第四本第三分（1934年），第237页。

② 钱氏此书，台北东大图书有限公司1977年9月初版，钱文见该书（二）第373—374页。

钱氏以上所持理据，凡所征引，均足以推翻胡氏儒为“殷的遗民”之说。钱文于后续补曰：

> 其他孔子弟子稍著者，其籍贯皆已考详于《系年》。岂得因鲁地有殷遗民，遂轻谓鲁儒皆殷遗哉！①

今检钱氏《先秦诸子系年》卷一“二九·孔子弟子通考”条，谓孔子弟子言成数者七十人，《史记·孔子世家》谓七十二人；《仲尼弟子列传》谓七十有七人。而钱氏《系年》考得者为四十九人，其弟子鲁人为多，宋人仅得司马耕一人，钱文谓：

> 司马耕，宋人。《集解》引孔安国。②

又谓：

> 孔子弟子，多起微贱。……其以贵族来学者，鲁惟南宫敬叔，宋惟司马牛，他无闻焉。③

是就钱氏所考得者，孔子儒门弟子而属殷遗民者，仅司马牛字子耕者一人而已。不知胡氏如何能说“最初的儒都是殷人，都是殷的遗民”，所言盖臆说耳。

四　驳胡氏“儒是柔懦之人，为亡国遗民忍辱负重的柔道观说”

胡氏《说儒》，谓“儒是柔懦之人，为亡国遗民忍辱负重的柔道观”，

---

① 钱氏此书，台北东大图书有限公司1977年9月初版，钱文见该书（二）第374页。

② 钱穆此书，上海商务印书馆初版，其署年为“中华民国二十四年十二月”；其后钱氏撰《先秦诸子系年·新版增订本识语》亦云：“本书初版付印，在民国二十四年之冬。”与前说合。所载见其书，中华书局1985年10月第1版，第67页。

③ 同上书，第83页。

其观点之体现，主要有以下两点，兹节引胡文如次：

（1）胡氏首先从文字学、声韵学入手，旁征古籍、古注，欲以证明“儒，柔也”，而“需字古与耎相通”，“凡从需之字，大都有柔弱或濡滞之义”。①

（2）柔逊为殷人在亡国状态下养成的一种遗风，孔子的远祖正考父的《鼎铭》，虽然是宋国三朝佐命大臣的话，已是很可惊异的柔道的人生观了。他的《鼎铭》说：“一命而偻，再命而伛，三命而俯，循墙而走，亦莫余敢侮。饘于是，鬻于是，以糊余口。”这是殷民族的一个伟大领袖的教训。儒之古训为柔，岂是偶然的吗？②

钱氏针对上述两点，驳之曰：

儒术尚柔，僢矣。即谓儒道尚柔，亦未必与亡国遗民相涉。胡文举“正考父佐戴、武、宣而《鼎铭》”云云。考宋戴公元当周宣王二十九年，上距殷灭已三百二十五年。正考父《鼎铭》，特其私人之处世格言云然耳，岂得谓是“殷民族一个伟大领袖之教训”？又岂得据以谓“柔逊乃殷人亡国状态下之遗风”？③

按：钱氏谓：“儒术尚柔，僢矣。”僢即舛字。对于此点，钱氏又举孔子及《论语》与《周易》论事为据，以辨其舛，曰：

孔子为殷遗而居鲁邦，为东周文献渊薮，其所崇重向往者，曰文王、周公；盖孔子乃绾合中国往古传统殷、周两族一偏理想、一重实际之两端，而创为儒道之中庸。据《论语》与《周易》，儒家论人事皆尚刚，不尚柔。④

至钱氏驳“柔逊乃殷人亡国状态下之遗风”之非，则谓：

① 见《中央研究院历史语言研究所集刊》第四本第三分（1934年），第236页。

② 同上书，第243—244页。

③ 钱氏此书，台北东大图书有限公司1977年9月初版，钱文见该书（二），第374页。

④ 同上书，第375页。

春秋以下之宋人，大率偏骛理论，不顾事实，有一往无前之概，盖犹不失古先遗风。[1]

钱氏为证明其所说之确凿，其下且历举宋人史实为据。其第一例曰：

宋襄公谓："寡人虽亡国之馀，不重伤，不禽二毛，不鼓不成列。"此谓之狂骛于想象而不顾事实可也，谓是亡国遗风之柔逊则不可。[2]

钱文所引宋襄公语，见《左传》僖公二十二年"冬，十一月己巳朔，宋公及楚人战于泓"条。

钱文第二例曰：

华元之杀楚使者申舟，曰："过我而不假道，鄙我也。鄙我，亡也。杀其使者，必伐我。伐我亦亡。亡一也。"乃杀之。此谓之偏守理论而轻视事实可也，谓是亡国遗风之柔逊又不可。[3]

钱文所载华元事，见《左传》宣公十四年"夏，楚子使申舟聘于齐"条。

钱文第三例曰：

楚既围宋，华元夜入楚师，登子反之床，曰："敝邑易子而食，析骸以爨。虽然，城下之盟，有以国毙，不能从也。"楚卒为退师三十里而与之平。此岂所谓亡国遗风之柔逊者耶？[4]

钱文所载华元夜登子反之床事，见《左传》宣公十五年"夏五月，楚师将去宋"条，子反，楚司马侧也。

综合以上所驳论，钱氏乃下结语曰：

---

① 钱氏此书，台北东大图书有限公司 1977 年 9 月初版，钱文见该书（二），第 375 页。

② 同上书，第 374—375 页。

③ 同上书，第 375 页。

④ 同上。

> 质之东周殷族风尚，既无柔懦之征；求之儒家经典明训，亦无主柔之说。胡文所举，全无实际，臆测之词，不攻自破矣。[①]

是则，胡氏所树之义，经钱氏举例一一作反驳，均不能成立，殆皆落空矣！

五　驳胡氏“儒为殷遗民穿戴殷代古衣服，习行殷代古礼说”

适之先生《说儒》中有以下一段话：

> 从儒服是殷服的线索上，我们可以大胆的推想，最初的儒都是殷人，都是殷的遗民，他们穿戴殷的古衣服，习行殷的古礼。这是儒的第二个古义。[②]

而钱先生之驳论，即就胡氏此说而发。

考胡氏此说所持论，有以下四点：

(1)“殷商的文化的中心虽在今之河南，——周之宋卫——而东部的齐鲁皆是殷文化所被，殷民族所居。”胡氏并征引傅斯年《周东封与殷遗民》一文，证明鲁“为殷遗民之国”。[③]

(2)“从周初到春秋时代，都是殷文化与周文化对峙而没有完全同化的时代。最初是殷民族仇视那新平定殷朝的西来民族，所以有武庚的事件，在那事件之中，东部的薄姑与商奄都加入合作。”[④]

(3)“以文化论，那新起的周民族自然比不上那东方文化久远的殷民族，所以周室的领袖在那开国的时候也不能不尊重那殷商文化。”[⑤]“几百

---

① 钱氏此书，台北东大图书有限公司 1977 年 9 月初版，钱文见该书（二），第 375 页。

② 见《中央研究院历史语言研究所集刊》第四本第三分（1934 年），第 237 页。

③ 同上书，第 237—238 页。

④ 同上书，第 238 页。

⑤ 同上书，第 239 页。

年之中，殷商民族文化终久逐渐征服了那人数较少的西土民族。”①

（4）“在那新得政的西周民族之下，过的生活虽然是惨痛的奴虏的生活，然而有一件事是殷民族的团结力的中心，也就是他们后来终久征服那战胜者的武器——那就是殷人的宗教。”②

综合胡氏以上四点之说，则胡氏认为西周虽灭亡殷商，而商之势力仍在，殷之遗民遍及宋、卫、齐、鲁等国；殷文化起初虽与周文化对峙，实则远胜周文化；数百年之后，周文化终被殷文化所征服，而其持以征服之武器，则为殷人之宗教。斯乃胡氏所推论儒为殷遗民穿戴殷之古衣服，习行殷古礼之根据。

然钱先生固不以胡说为是。至钱氏所为驳论，则集中于胡氏所云“儒家习行殷之古礼”及“儒家穿戴殷之古衣服”两点。

对于第一点之驳论，钱氏提出以下三点。

（1）钱氏力证儒家所言“礼”皆周礼。其征引《论语》记孔子之言曰：“周监于二代，郁郁乎文哉！吾从周。”又曰：“文王既没，文不在兹乎？”意谓孔门言礼直承周代，非殷礼也。③

（2）钱氏推论孔子所以能言周礼，乃以西周礼书犹存于鲁之故，文中除旁征博引《论语》、《左传》、《庄子》、《礼记》外，并征引《礼记·明堂位》曰：“凡四代之服、器、官，鲁兼用之，是故鲁，王礼也。天下传之久矣，礼乐、刑法、正俗，未尝相变也。天下以为有道之国，是故天下资礼乐焉。”用以证明儒业独盛于鲁。④

（3）钱文又征引《左传》哀公十七年、二十一年所载，谓鲁侯据周室相传古礼书，不肯稽首而拜齐侯；⑤又引《论语》及刘宝楠《论语正义》所据凌廷堪《礼经释例》，谓春秋之时如燕礼、士相见礼、公食大夫礼、聘礼，凡应于堂下拜者，时人有不循臣礼之正而拜乎堂上，孔子皆非之。以证明孔子所躬行之礼乃周礼，非殷礼。⑥

至于论说儒服为殷服，适之先生于《说儒》先引《礼记·儒行篇》

---

① 见《中央研究院历史语言研究所集刊》第四本第三分（1934 年），第 240 页。

② 同上书，第 241 页。

③ 钱氏此书，台北东大图书有限公司 1977 年 9 月初版，钱文见该书（二），第 375 页。

④ 同上书，第 375—376 页。

⑤ 同上书，第 376 页。

⑥ 同上书，第 376—377 页。

记孔子对鲁哀公说之一段话，曰：

丘少居鲁，衣逢掖之衣；长居宋，冠章甫之冠。丘闻之也：君子之学也博，其服也乡。丘不知儒服。

然后胡氏推论说：

孔子的祖先是宋人，是殷王室的后裔，所以他临死时还自称为“殷人”（见《檀弓》）。他生在鲁国，生于殷人的家庭，长大时还回到他的故国去住过一个时期。……他是有历史眼光的人，他懂得当时所谓“儒服”，其实不过是他的民族和他的故国的服制。儒服只是殷服，所以他只承认那是他的“乡”服，而不是什么特别的儒服。①

从以上之述说，胡氏说“儒服只是殷服”，其根据仅为《礼记·儒行篇》一段话，而并无其他更强有力之文献依据。就上引孔子对鲁哀公所说，孔子仅说“其服也乡”，亦即指其少居鲁，所穿者为“逢掖之衣”而已，孔子从未明指此即为殷服。是故钱先生驳斥胡氏此说，先从旁征博引入手，阐释“逢掖之衣”为何物，最后得出结论，所谓“逢掖之衣”，在礼家谓之“侈袂”之衣。钱文并引《周礼·司服》郑注解释“侈袂”曰：

士之衣袂皆二尺二寸而属幅，其袪尺二寸。大夫以上侈之。侈之者，盖半而益一焉。半而益一，则其袂三尺三寸，袪尺八寸。②

钱氏既证明“逢掖之衣”即“侈袂”，又引郑玄说以考出“侈袂”之服制，最后则下结论以否定胡氏之说，曰：

其制，乌有所谓穿殷代之古衣？儒服既盛行于鲁，及于战国，而春秋封建衣冠之制渐坏，《儒行》作者遂以缝衣为鲁之乡服焉。然要

① 见《中央研究院历史语言研究所集刊》第四本第三分（1934 年），第 237 页。

② 钱氏此书，台北东大图书有限公司 1977 年 9 月初版，钱文见该书（二），第 377 页。

之古无以逢衣为殷制者。[1]

钱氏上述所考，持论有据，应足以将胡氏“儒服只是殷服”之说推翻。

至三年之丧，孔子对宰予尝道及之，孔子并有“夫三年之丧，天下之通丧也”之说。适之先生《说儒》亦论及之，并说：

不但柔道的人生观是殷士的遗风，儒的宗教也全是“殷礼”。试举三年之丧的制度作一个重要的例证。[2]

是则胡氏乃以三年之丧为殷礼。

其后，胡氏征引傅斯年《周东封与殷遗民》一文所述为理据，以说明三年之丧为天下通丧之含义。傅文曰：

孔子之“天下”，大约即是齐鲁宋卫，不能甚大。……三年之丧，在东国，在民间，有相当之通行性，盖殷之遗礼，而非周之制度。当时的“君子（即统治者）三年不为礼，礼必坏；三年不为乐，乐必崩”，而士及其相近之阶级则渊源有自，“齐以殷政”者也。试看关于大孝，三年之丧，及丧后三年不做事之代表人物，如太甲、高宗、孝己，皆是殷人。而“君薨，百官总己以听于冢宰者三年”，全不见于周人之记载。[3]

是傅氏所论，乃将齐鲁宋卫视为“天下”；又视三年之丧为殷礼，非周制，乃周时流行于齐鲁宋卫等东国，尤其在民间有相当通行性。傅氏之说法，胡氏表示完全可以接受。其后胡氏于《说儒》并有补充，曰：

周王朝不行此礼，鲁滕诸国也不行此礼，而孔子偏大胆的说，“三年之丧，天下之通丧也”。《论语》记子张问：“《书》云，‘高宗

---

① 钱氏此书，台北东大图书有限公司 1977 年 9 月初版，钱文见该书（二），第377 页。

② 见《中央研究院历史语言研究所集刊》第四本第三分（1934 年），第 244 页。

③ 同上。

谅阴，三年不言。’何谓也?”孔子直对他说；“何必高宗？古之人皆然。君薨，百官总己以听于冢宰，三年。”……孔子、子张都是殷人，在他们的眼里嘴里，“天下”只是那大多数的殷商民众，“古之人”也只是殷商的先王。这是他们的民族心理的自然表现，其中自然也不免带一点殷人自尊其宗教礼法的宣传意味。到了孟子，他竟说三年丧是“自天子达于庶人，三代共之”的了。到《礼记·三年问》的作者，他竟说三年丧“是百王之所同，古今之所壹也，未有知其所由来者也”！果然，越到了后来，越“未有知其所由来者也”，直到傅斯年先生方才揭破了这一个历史的谜！①

然适之先生之论，宾四先生于其文中，提出反驳意见甚详，兹归纳其言曰：

胡文谓儒礼为殷礼者，特举三年之丧以为说。胡文既谓儒衣冠乃殷民族之乡服，又以三年之丧为殷民族之丧礼。……高宗谅阴，见于《尚书·说命》之佚文，又见于《无逸》，又见于《楚语》与《吕览》，此非儒家一家之言也。然仅据此文，谓殷高宗曾行三年之丧则可，谓三年之丧即为殷礼则不可。考之《孟子》，舜相尧二十八载，尧崩，三年之丧毕，舜避尧之子于南河之南。舜荐禹于天，十有七载，舜崩，三年之丧毕，禹避舜之子于阳城。禹荐益于天，七年禹崩，三年之丧毕，益避禹之子于箕山之阴。(《万章篇》)称三年之丧者，以此为最古。……此制在殷世已不常行。而后之儒家乃以三年之丧说之。此虽有所本，而亦有所饰。今谓其原本殷礼，斯失之矣。且三年之丧，本贵族礼，庶民非所能遵。……礼不下庶人，所谓“天下之通丧”者，在当时固不赅庶人言。至孟子乃谓：“天子达于庶人，三代共之。”此在战国，乃有此语。春秋以前，封建井田之制未坏，贵族、平民之阶级尚存，平民岂得亦守三年之丧礼？至胡文引傅孟真说，谓三年之丧，在东国，在民间，有相当之通行性；(《周东封与殷遗民》)试问此语何据？胡文遂谓此礼行于绝大多数之民众。则稍治古史，知封建社会中绝大多数民众之生活情况者，皆知其不可

① 见《中央研究院历史语言研究所集刊》第四本第三分（1934年），第245—246页。

能，更不烦于详辨矣。①

是钱氏力举众证加以阐释，并予驳论，殆不以适之先生说为然也。

六 驳胡氏“儒以相丧为本业”及“孔门师弟子皆殷儒商祝说”

适之先生“儒以相丧为本业”，及“孔门师弟子皆殷儒商祝”二说，其立论证据皆采用《礼记·檀弓》。《檀弓》记载孔子在卫，曾为其大夫司徒敬子相丧，胡先生据是乃大胆假设而作推论说：

> 我们可以推想他（指孔子）在鲁国也常有为人家相丧礼的事。②

惟胡氏此说所征引者亦仅得《檀弓》所记孔子于故人原壤母死，助为沐椁一事。

《檀弓》另载有孔子丧，公西赤为志；子张丧，公明仪为志；又载有若丧，悼公吊，子游摈。胡氏总结上述《檀弓》所记，乃颇坐实曰：

> 他（指孔子）和他的大弟子的生活，都是靠授徒与相礼两种职业。③

钱先生对适之先生“儒以相丧为本业”之说，绝不赞同。故其于文章第四点开始即曰：

> 儒家崇仁，而本原之于孝。儒家尚孝，而推极之于丧祭，故儒家

① 钱氏此书，台北东大图书有限公司1977年9月初版，钱文见该书（二），第378—379页。

② 见《中央研究院历史语言研究所集刊》第四本第三分（1934年），第250页。

③ 同上书，有关胡氏“儒以相丧为本业”说，可详参胡文。

言礼特重丧祭。故胡文遂谓儒以相丧为本业，则又大谬不然。①

钱氏其后仍沿其反对胡文之说，继续作分析曰：

儒为术士之称，其所习曰礼乐射御书数，古称六艺。艺即术也。娴是艺者，小则为委吏，为乘田。大则宰一邑，道千乘，相宗庙会同。乌见有以相丧为本业之说？胡文所据在《墨子》之《非儒》，其说曰："富人有丧，乃大说喜曰，此衣食之端也。"然此特战国后人语耳。春秋之际，礼不下庶人，若君卿大夫之丧葬，固有为之宰为之相者，不烦于外求。尚不致俗儒闻丧而集其门，仰以为衣食之端也。春秋之时，尚未有士丧礼。《小戴礼·杂记》："恤由之丧，哀公使孺悲之孔子学士丧礼，士丧礼于是乎书。"是士丧礼乃孔门创制。其先特有国君卿大夫之丧礼，未必有士丧礼也。若《墨子》所谓富人有丧，皆大说喜，又曰："恃人之野以为尊。"人之有富而野者，此正战国以下，封建井田既废，社会兼并，乃始有之。相丧为食，下至项梁、陈平之时犹然。然岂得以《墨子》书中语证孔子以前已如此。②

钱氏根据历史事实以作分析，明辨士丧礼战国以下始行，春秋时代儒者焉能以相丧为业。所论鞭辟入里，证据确凿，钱文针对胡氏说，尚作详细之讨论，其文俱在，不烦征引。

至胡氏"孔门师弟子皆殷儒商祝说"，其所依据仍为《礼记·檀弓》所载孔子丧，公西赤为志；子张丧，公明仪为志事。胡氏所下结论曰：

按《士丧礼》的既夕礼，饰柩，设披，都用"商祝"为之。可见公西华与公明仪为"志"，乃是执行《士丧礼》所说的"商祝"的职务。（郑玄注，"志谓章志"。当参考《既夕礼》，可见郑注不确。）

---

① 钱氏此书，台北东大图书有限公司1977年9月初版，钱文见该书（二），第380页。另参见第381页。郭伟川《古儒新说——胡适之、傅斯年二先生论说考正》曰："胡适如此说'儒'，将'儒'论证为殷民族的宗教。到了孔子的时代，'儒'的职业为'治丧相礼'。等如说儒以'食死人饭'为营生，类如现今殡仪馆司仪的工作。而孔子就是这一教派的教主。"（见郭书第23—24页）揣郭氏所述，认为胡氏过度贬抑儒家，固亦不以胡说为然。

② 钱氏此书，台北东大图书有限公司1977年9月初版，钱文见该书（二），第380页。

从此点上，可以推知当时的“儒”不但是“殷士”，其实又都是“商祝”。①

钱氏不以胡说为然。钱氏驳之曰：

至谓士丧礼根本是殷礼，故丧礼之祝人，当然以殷礼为主。又谓儒不但是殷士，其实又都是商祝。则更为荒谬不经。②

其后，钱氏揭示五证以驳胡氏之论。以下三证即扣紧胡论以为发挥。钱氏曰：

《檀弓》：“孔子之丧，公西华为志焉。饰棺墙，置翣设披，周也。设崇，殷也。绸练设旐，夏也。”又：“子张之丧，公明仪为志焉。褚幕丹质，蚁结于四隅，殷士也。”胡文据以为说，谓按《士丧礼》既夕礼，饰柩设披，皆用商祝为之。可证公西华与公明仪为志，乃执行士丧礼商祝之职务。夫《檀弓》明曰：“孔子、子张之丧”云云，斯见孔子、子张外之丧者并不然。不得据此推论儒家丧礼，谓必尽如孔子、子张之丧也。③

此第一证。钱氏再曰：

《家语》，孔子之丧，公西华掌殡葬焉，是为志，此犹《史记》吴中有丧，项梁为之主办之义。孔子之丧，其弟子为之盛礼，备三代之饰，而公西华主其事。至于饰棺设披，则由商祝为之，岂可即以证公西华之为商祝乎？即近时社会丧礼，亦有主办者，亦有吊祭者，非其家之至戚，即其家之大宾。至于棺敛衣衾，则匠人为之。祈祷拜忏，则僧道为之。相丧者虽曰执绋躬挽，未闻亲以相丧者而执饰棺设披之事也。子张之丧，公明仪为之主办，乃追效殷礼以饰子张之终。

① 见《中央研究院历史语言研究所集刊》第四本第三分（1934年），第251页。其详请参胡文。

② 钱氏此书，台北东大图书有限公司1977年9月初版，钱文见该书（二），第380页。

③ 同上。

非可谓子张与公明仪皆殷士，又以公明仪为商祝也。①

此第二证。钱氏又曰：

且《士丧》、《既夕》二篇，有明言商祝（凡 10 次）、夏祝（凡 5 次）者。有次称祝（凡 22 次）者。旧注："泛称祝者皆周祝。"胡文独谓泛称祝者皆指商祝，此已强说。旧注曰："商祝，祝习商礼者。夏祝，祝习夏礼者。夏祝、商祝，总是周人。"是祝皆周人。惟其习夏礼、习商礼，乃谓之夏祝、商祝，旧注辨析甚明。今胡文乃以商祝为商人。然则今世延僧人以佛事葬亲，岂此辈皆出印度五天竺乎?②

此第三证。钱氏最后并下结论曰：

我闻古之称鲁国儒生矣，未闻有殷儒之称也。我闻儒者之相丧矣，未闻儒者之为祝也。胡文乃谓孔子和那辈大弟子，都是殷儒商祝，又称之曰职业的相礼人，真不知其说之何从也。③

是钱氏此处对胡适两点之说已作全面驳斥与推翻。

七　驳胡氏"老子是一个老儒，是一个殷商老儒之说"

胡、钱二氏讨论老子问题由来已久，今人陈勇《国学宗师钱穆》书中第五章"北平八年师与友"之"不要亲老子——钱穆与胡适"载：

钱穆在燕京大学任教时，与胡适的交往颇为频繁。据《胡适日记》记载，1931 年 3 月 17 日，胡适写了一封长信给钱穆，讨论《老

---

① 钱氏此书，台北东大图书有限公司 1977 年 9 月初版，钱文见该书（二），第 380—381 页。

② 同上书，第 381 页。

③ 同上书，第 381—382 页。

子》的成书年代。[①]

见胡适著、曹伯言整理《胡适全集·日记》，第32卷，第94页载：

> 廿，三，十七读《燕京学报》第八期中钱穆先生的《关于〈老子〉成书年代之一种考察》，写一长信给他。留稿。[②]

《日记》正记此事。其后胡氏所撰《与钱穆先生论老子问题书》，收入《胡适论学近著》第一集，卷一，第128—130页，署年正作“廿，三，十七”。至钱氏致函与胡适切磋学术，《钱宾四先生全集·素书楼馀渖》犹收有民国二十一年（1932）钱氏“致胡适书”四通，不转录。[③]

至适之先生于其文第六点“论孔子与老子的关系：论老子是正宗的儒”，要点皆归纳于文后之总结。胡氏曰：

> 总之，依我们的新看法，老子出生在那个前六世纪，毫不觉得奇怪。他不过是代表那六百年来以柔道取容于世的一个正统老儒；他的职业正是殷儒相礼助葬的职业，他的教义也正是《论语》里说的“犯而不校”、“以德报怨”的柔道人生观。古传说里记载孔子曾问礼于老子，这个传说在我们看来，丝毫没有可怪可疑之点。儒家的书记载孔子“从老聃助葬于巷党”，这正是最重要的历史证据，和我们上文说的儒的历史丝毫没有矛盾冲突。孔子和老子本是一家，本无可疑。后来孔老的分家，也丝毫不足奇怪。老子代表儒的正统，而孔子早已超过了那正统的儒。老子仍旧代表那随顺取容的亡国遗民的心理，孔子早已怀抱著“天下宗予”的东周建国的大雄心了。老子的人生哲学乃是千百年的世故的结晶，其中含有绝大的宗教信心——“常有司杀者杀”，“天网恢恢，疏而不失”——所以不是平常一般有血肉骨干的人所能完全接受的。孔子也从这种教义里出来。他的性情

① 参见陈勇《国学宗师钱穆》第五章“北平八年师与友”，北京大学出版社2007年版，第110页。

② 胡适著、曹伯言整理：《胡适全集》第32卷，安徽教育出版社2003年版，第94页。

③ 见钱宾四先生全集编委会编《钱宾四先生全集》，联经出版事业公司1988年版，第189—193页。

人格不容许他走这条极端的路，所以他渐渐回到他所谓“中庸”的路上去，要从刚毅进取的方面造成一种能负荷全人类担子的人格。这个根本上有了不同，其他教义自然都跟着大歧异了。①

平情而论，胡氏上述所作总结，即以其所谓老子之职业“正是殷儒相礼助葬的职业”，已不符合历史上曾出任东周史官之老子生平事实；又其谓“儒家的书记载孔子‘从老聃助葬于巷党’”，儒书中即有所记载，亦属孤证；如欲以此而坐实孔子亦以助葬为职业，则更属匪夷所思矣！是故钱氏乃不得不驳斥之。

钱文第五点“驳老子是一个老儒，是一个殷商老儒之说”，曰：

胡文谓老子居周，成周本殷商旧地，遗民所居。夫孔子居鲁，不害孔子之为商遗，则老子虽居周，无害老子之为苦县陈人也。岂得以成周本殷商旧地，遂谓凡居成周者皆商人。此亦犹如因鲁分商民，遂谓凡鲁人皆殷族耳。至谓老子为史官知礼，又岂得谓春秋时凡知礼者皆殷人乎？以老子为殷商老儒，显属无据。且老子既为周室之史官，又何必再业相丧助葬以自活？胡文不啻谓凡言礼皆丧礼，凡丧礼皆为殷礼，而相丧助葬者皆为衣食谋生，其说之无稽，稍具常识，皆可辨之。②

宾四先生采用针锋相对之讨论法，与适之先生展开辨析，胡文中有难以成立者，钱氏庶几皆驳倒之。

至胡文中仍有其他论述而钱氏未予以驳正者，宾四先生于文末作结曰：

粗列五事，聊发其绪。其他游辞曲说，本之而引申者，可不烦再及也。③

---

① 见《中央研究院历史语言研究所集刊》第四本第三分（1934年），第280页。欲知其详，可参见第275—280页。

② 钱氏此书，台北东大图书有限公司1977年9月初版，钱文见该书（二），第382页。

③ 同上。

盖钱氏于胡文馀事隶属“游辞曲说”之类者，乃一笔带过，不愿再多所论述矣！

结　语

以上乃本人读钱氏《驳胡适之说儒》，并旁参钱氏《先秦诸子系年》、《国学概论》、《素书楼馀渖》，及胡氏《说儒》、《胡适论学近著》、《胡适全集·日记》，傅斯年《周东封与殷遗民》，陈勇《国学宗师钱穆》、郭伟川《古“儒”新说——胡适之、傅斯年二先生论说考正》等论著，遂就胡、钱二氏相驳难各点均略事考述，而草成札记七则。本人撰作此文目的，仅在揭示近数十年来胡、钱两人儒学史上一段学术公案，以求保存相关史料。故全篇用“述而不作”之法，将资料平平道来，了无新意。拙文如有疏漏、错误之处，尚祈座上诸君子谅旃。

2012 年复活节，撰于香港树仁大学中国语言文学系

儒学之阶段性演变及其现代意义

施仲谋　杜若鸿
香港大学

摘　要　今日社会，国与国之间满布战争疑云、全球恐怖袭击的气氛逐步升级，在人们大力提高物质生活的同时，我们的文化是否缺乏了什么元素？本文将焦点投向中国儒家思想的人文价值，认为儒家所强调的仁礼观念，可以匡正当今社会发展的一些偏向。论文首先探讨儒学的核心价值，然后以宏观视野，从儒学发展流程中，梳理其阶段性演变。汉代罢黜百家，独尊儒术；宋代崇尚道统，高振儒风；明清宗经崇儒，彰显教化；现当代梳源活流，复兴儒学。关于儒学的现代意义，论文提出由“儒化”而“中华”的理念，指出中国内地、港台地区、东南亚以及东北亚各国华人聚居地区、世界各国华侨社区，有着共同的儒学血脉，超越了地理、社会、政治、经济以及习俗的隔阂。由“儒化”而“中华”的包容意义和凝聚力，对于海内外华人地区来说，具有深一层的“文化无疆界”意义。此外，论文指出任何一种学说都难免有其时代的局限性，儒学在传统中国社会曾发挥过巨大的影响力，然而，历史的车轮是永远不会停下的，只有不断更新和演变，多元共创，和谐并存，才能在新时代发挥新活力，为全人类的未来福祉做出更大的贡献。

一　引　言

建立一个安定繁荣的社会是人们所共同期盼的，尤其是在今天的社会，当我们看到国与国之间满布战争疑云、全球恐怖袭击的气氛逐步升级等问题时，我们不期然地会追问，在人们大力提高物质生活的同时，我们的文化是否欠缺了什么？有很多学者将眼光投向中国儒家思想的人文价值，认为儒家所强调的仁礼观念，可以匡正当今社会发展的一些偏向。本文首先探讨儒学的核心价值，然后以宏观视野，从儒学发展流程中，梳理其阶段性演变，并发掘其当下意义。

二　儒学的核心人文价值

（一）泛爱众而亲仁

中国文化精神以儒家思想为主干，儒家思想的最重要特色是对人文的重视。了解人文精神的渊源，得先从“仁”和“礼”说起。

以孔子为代表的儒家思想体系，形成于春秋战国之际。当时，社会剧烈动荡，维护宗法等级制度的周礼已显得无力。孔子有感于礼崩乐坏，痛心于社会混乱，为了恢复社会秩序，提出以“仁”为核心的学说。“仁”作为孔子思想体系的核心，成为各个范畴的总纲和言行的准则。

“仁”是什么意思呢？简单来说，即是“爱人”的意思，由爱自己的亲人开始，“老吾老以及人之老，幼吾幼以及人之幼”，推己及人，由亲及疏，由家庭扩充至社会，最终达到“博施于民而能济众”[①]的普遍之爱。

至于“礼”的意思，是指通过礼制，对行为进行规范，作用是调整人与人之间的关系，使社会和谐有序，即所谓“礼之用，和为贵”。

仁与礼的关系，一为内在的内容，一为外在的形式，用礼加以规范行为，“克己复礼”，最终能使“天下归仁”[②]。也就是说，只要把爱人之心透过礼表现出来，人人如此，社会秩序就会井井有条。

（二）追求理想人格

要使社会达到和谐的局面，儒家思想首先着眼于提升个人的情操。

儒家的学者，十分强调在现世生活中追求理想人格的完成，而并不向往一个超越的永生乐土，或只沉溺于优裕的物质生活。其由正心、修身、

① 《论语·学而》。

② 《论语·颜渊》。

齐家而治国、平天下的理想人格追求，敦促人们加强个人的道德修养，以实现作为“人”的价值与尊严。

孔孟思想把“内圣”摆在首要的位置，以提升为人的道德品质作为人生在世首要考虑的问题。这一点在今天仍可作为人们立身处世的座右铭。《论语·里仁》这样写道：“不患无位，患所以立。”认为一个有修养的人要担心的是在立德方面的功夫做得不足。一位有修养的人“不学礼，无以立”，克己复礼才能成为真正的彬彬君子。孔子提出凡事律己以严，人人都有能力通过修养或学习而提高情操，所以他又说 ：“我欲仁，斯仁至矣！”就是这个意思。

孟子进一步指出人类一切高尚的价值取向和道德行为都是发源于心灵所固有的善良本质，这种道德的心性，是普遍存在的，所以他指出“人皆有不忍人之心”，人人都具有“恻隐”、“羞恶”、“辞让”和“是非”之心。

（三）人文精神

儒家学说作为中国人文精神的渊源，以“仁”为核心，以“礼”为行为规范，着重人的道德修养，以求达到人际间的真诚相待、互相包容，是人类文化中弥足珍贵的精神遗产。

人文即以“人”为核心的精神，亦即以人为主体的精神，重视内在生命的道德主体性，追求一个人的道德修养和人格完善。理想的人文世界始于由个人的修养做起。

人人都可透过对人文价值的重视，在自己的岗位上发挥一己之力，待人以诚，合力为社会营造出优越的人文环境，最终达致人与人之间的和谐共处。

人类文明不断进步，历史长河后浪推前浪。中华民族经过了数千年的兴革洗礼，而儒家思想仍然闪烁生辉，这人文精神底蕴是至关重要的。

三　儒学阶段性演变

儒家的思想，奠定了中国传统文化的主旋律，在思想文化的历史长河中处于中心地位，影响直到今天。从孔子整理六经，创建儒学，到今天人们所说的“新儒学”，儒学的内涵正在不断丰富和更新，继续散发思想的活力。追源溯流，儒学的现代化历经汉代确立、宋代弘扬、明清巩固和现代更变四个重要的阶段性演变。

（一）罢黜百家，独尊儒术

汉初，在奉行黄老之学七十余年之后，经董仲舒的建议，从汉武帝开始，实行了“罢黜百家，独尊儒术”的国策，儒家的经典《诗》、《书》、《礼》、《易》、《春秋》一跃而成为政教经典。这一举措，实际上是为此后中国传统社会树立了思想坐标。儒学在取得独尊地位之后，由私学一跃而成为官学，由本来只是一派之学而成为社会政治之学。

当时，研治《春秋》“公羊学”的董仲舒针对局势，继承并改造先秦儒家的思想，以及吸收汉初政客的治国主张，建立了一套严密的社会教化伦理体系。董仲舒提出“天人感应”的观念，认为天具有道德意志，能透过各种异象指导人们的善恶，这是把伦理道德神圣化、绝对化。同时，认为君主的重要职责是“承天意以成民之性”①，即秉承天意，教化万民，使其遵循纲常伦理，最终成为善民。此外，董仲舒认为要施行社会教化，必须依赖那些既掌握儒家治道，又具备道德修养的“经明行修”之士，把儒家的经学和道德观念作为做官的标准。董仲舒的思想主张，不仅促进了儒家独尊地位的确立，而且有助于社会教化政策的推行。

在汉代，中央政府正式设置五经博士，经学家皓首穷经，解经读经，成为社会一种普遍风气，真正形成了经学的时代。这是儒学社会地位的一次历史性转变，从此确立了它的发展方向，在政治杠杆的作用下，占据了中国思想领域的主导地位。儒学亦因为得到经学之士的捍卫而进一步巩固其思想地位，儒家的仁礼观念、纲常名教，逐步深入并根植于传统文化之中，为两千年来中国社会的发展奠定了基本导向。

唐朝建立以后，儒家教化传统得到进一步的发展。唐太宗确立“以文治国”的政策取向，崇儒学，施德治，行仁政，施教化，务使风俗淳厚。太宗令国子祭酒孔颖达负责编撰《五经正义》，作为各级官学的教科书，以及科举考试的范本；又命人刻印《开成石经》，总计儒学经典 12 部，扩大了儒经的范围，提高了儒学的地位。随后，唐玄宗曾两度亲注

---

① 董仲舒：《春秋繁露·深察名号》。

《孝经》，并为其作序，强调“以孝治天下”的主旨，颁行天下。自太宗至玄宗期间，又根据儒家“三礼”制定《贞观礼》、《显庆礼》、《开元礼》等“唐礼”，从社会生活礼仪上规范人们的思想和行为。

（二）崇尚道统，高振儒风

及至宋代，儒家思想真正广被于社会。

“学而优则仕。”尽管读书人最终目的在于入仕，熟读儒家经典却成为必经之道。据统计，整个宋代进士登科人数就接近十万人之多，庞大的数字说明宋代社会的学风极盛。

反映于社会精英的士阶层，表现出崇尚道统的风气。受儒家思想浸霪的宋代士大夫，普遍存有“为往圣继绝学”的自觉精神。北宋中期的古文运动领袖欧阳修就以儒家道统的继承人自居。苏轼曾称道：“（韩）愈之后而有欧阳子，其学推韩愈、孟子以达于孔氏、著礼乐仁义之实，以合于大道。”①

宋人写诗作文，往往离不开担负传承道德教化的使命，对孔子、孟子之文推崇备至，所谓“吾之文，孔子、孟轲、扬雄、韩愈之文”②、“他日若能窥孟子，终身何敢望韩公（愈）”③，这些都是宋代士大夫思想渊源的最佳注脚，反映了宋代士人特有的价值观。尤其是北宋中叶，范仲淹、欧阳修等一大批君子之臣的涌现，既是文坛，也是政坛的盛事，其政绩与文学成就都是卓越不群的，而这与儒家文化是息息相关的。

这个时期，儒学发展的新形式是“理学”，它是儒学吸收和消化佛道两家思想的思辨哲学。宋儒的治学精神，不再局限于文字上的考订和训释，转而着重思想上的探讨，发挥义理，因而有“理学”之称。当时出现了一大批理学家，以周敦颐、二程（程颢、程颐）、张载、邵雍、朱熹等为代表的学派，各自对传统儒学作出阐释，从不同方面做出了理论贡献。一时儒家学派争鸣，激活了思想学术氛围，于是，一种以儒家思想为主调的知识型文化出现于赵宋之世，推动了儒学的进一步发展。

宋代可以说是中国文化史上继战国之后另一个思潮腾涌的时代，这既

① 苏轼：《六一居士集叙》。

② 柳开：《应责》。

③ 王安石：《奉酬永叔见赠》。

表现在儒释道三教合流而衍生的“新儒学”体系，亦表现在学派林立的争鸣局面上。宋代理学理性精神彰显的深层原因，与当时哲学思辨风气的渗透息息相关。

就新儒学派别而言，北宋就有以周敦颐为代表的濂学派，程颢、程颐兄弟为代表的洛阳学派，邵雍为代表的象数学派，张载为代表的关中学派。以上五人，合称“北宋五子”，他们各自直承儒学，作出阐释。当时，甚至对作为文学体裁的诗歌也提出应该具有“载道”的思想，创作时得做到“以诗人比兴之体，发圣人义理之秘”。北宋中后期，理学思潮已在学术思想领域中蔚为风气。

理学的内容，以儒家孔孟的心性哲学为本，而糅合佛、道思想，可说是儒家思想的新发展，是一种“天理性命”之学，又有“新儒学”之称。

理学是传统儒家思想本身演变的结果，乃三教思想合流之大成。魏晋以来，儒、佛、道三家的思想互相渗透，早有趋向合流之势。及至唐宋时期，儒家受到佛教与道家思想的影响日深，宋儒阐释经义，一反汉儒章句训诂，而从事思想上的探讨，将儒学的研究方向转为修身之道，引入佛教禅宗明心见性之说与道家哲学，注重阐发孔孟性命之道。

援佛入儒，以儒证道，使理学的内涵不断丰富。然而理学家最初的目的，却是志在振兴儒家思想。盖自唐末五代以来，武人专横，社会道德败坏，纲常名教沦丧。北宋立国后，太祖为了扭转不良的社会风气，于是推行“重文轻武”的政策，提倡文教，表彰节义。学者应时而起，致力于阐发儒学。但是，在论及心性玄理和宇宙本体论时，儒家哲学本身显出有所缺憾，所以便不得不借助于佛、道的学说，使解释更加圆融。

借助书院讲学风气的兴盛，当时主持书院者又多为硕学鸿儒，培养出不少人才，成为理学繁荣的重要资源。北宋中叶以后，又有活字印刷术的发明，从而使书籍流布日广，既开扩了学者的眼界，又刺激学人著书立说的欲望，促进理学的兴盛。

宋儒治经，不囿于汉唐儒者的章句学问，提倡独立思考，专注于心性修养的问题，阐发儒学义理，“为天地立心，为生民立命”，对弘扬儒家思想功不可没。尤其是理学家一致推崇纲常名教，发挥了儒家的仁礼思想，一扫五代以来鲜廉寡耻的社会风气，士风一转而为讲求名节修养，这种注重道德修养的精神，弥足珍贵。

（三）宗经崇儒，彰显教化

迨至明朝，明太祖朱元璋虽然出身卑微，于马上得天下，但他并没有忽略社会教化的作用，登基后，即多番诏举儒士，建立儒学正统的管治形象；又于地方上恢复乡饮酒礼，以昭示贵贱尊卑的伦理道德。同时，太祖任命诸儒制定了《大明集礼》、《洪武礼制》、《礼仪定制》等十余种礼书，对当时社会礼仪的宣传和实施都起了很大的作用。他又集合儒臣编纂了《五经大全》、《四书大全》、《性理大全》几种儒家学说经籍，作为各级学校的教材。

到了清初，统治者进一步彰显儒家教化的传统。顺治十四年（1657年），正式确立孔子“至圣先师”的尊称。康熙二十三年（1684年），康熙亲祭孔庙，行三跪九叩礼，自制祝文和《过阙里诗》，亲书“万世师表”匾额，命悬挂在大成殿上，定八月二十七日（阴历）为孔子诞辰，以阐扬圣教，垂示后世。

明清时期，最能体现崇儒宗经的措施，莫过于科举考试制度。考试以“四书”、“五经”的内容命题，并要求考生以宋儒理学家的注释为依据，采用八股文的形式，代圣人立言。此举虽然争议颇多，但如此一来，读书人为了登上仕途，都埋首儒家典籍，“日以义理浸灌其心”[①]，也对儒家道德伦理的传播有促动的作用。

（四）梳源活流，复兴儒学

两汉经学，宋代理学，适应时代的变迁，调整了儒学的重心与方向。这一传统一直延续到20世纪的“五四”时期，在西方文化思潮的冲击下，新一代的饱学之士，力求创新儒学，以使儒家思想裨益于现代社会。有别于汉唐经学家和宋明理学家，现代新儒家锐意发掘儒家思想的优秀成分，希望补救当今世界科技与人文发展的不平衡。20世纪20年代前后，东西方文化的激烈论战，为现代新儒家的崛起提供了契机。

现代新儒家在恪守儒学本位的立场上，肯定传统文化的价值，阐发其精粹，同时也客观承认西方文化的长处。以熊十力、梁漱溟、冯友兰、唐君毅、牟宗三、张君劢、徐复观等为代表，新儒家表现了自觉的文化续统

① 方苞：《钦定四书文·奏折》（《四库全书》），集部，总集类，第1页。

意识，承续先秦原始儒家以来的学术传统。他们梳源活流，以儒家思想为中华文化的主干，强调其独创性，充分肯定“道德主体性”作为复兴儒学的核心价值所在，以期建立新的价值观念和道德观念。唐、牟、张、徐等人，在强调儒学本位之外，也倡导吸收西方科学、民主的精华，以补儒学之不足。

1958 年，牟宗三、徐复观、张君劢、唐君毅发表《为中国文化敬告世界人士宣言——我们对中国学术研究及中国文化与世界文化前途之共同认识》，指出中华文化的不足之处，并展望未来谓：要使中国人不仅由心性之学，以自觉其自我之为一“道德实践的主体”，同时当求在政治上，能自觉为一“政治的主体”，在自然界知识界成为“认识的主体”及“实用技术的活动之主体”。[①]指出中华文化既需要道德实践的主体内涵，也需要民主、科学和实用技术相辅相成，以使其发展更为全面。

四　儒学的现代意义

（一）由“儒化”而“中华”

在中华文化圈内，中国文化是一种优势的文化，扮演着文化输出多于接收的角色。日本的儒化，在中华文化圈表现是最突出的。至于朝鲜半岛儒化的情形，亦不遑多让。成宗时代的重臣崔承志上疏云：“华夏之制，不可不遵……君臣父子之道，宜法中华，以革卑陋。”[②] 当时的朝鲜，儒学乃是其学习的内容。

在交互影响的过程中，儒学表现出极大的涵括性，以及价值指向的多元化，并没有左右东亚国家主体文化的选择性。这些国家经过咀嚼、消化，再创造出本土文化。因此，中华文化圈，从具体内涵上言之，又“不是一个单一的文化体，而是一个多样统一的生气勃勃的文化

---

① 牟宗三、徐复观、张君劢、唐君毅：《为中国文化敬告世界人士宣言——我们对中国学术研究及中国文化与世界文化前途之共同认识》（1958 年），载张君劢《新儒家思想史》，人民出版社 2006 年版，第 576 页。

② 《高丽史·崔承志传》。

有机体”。①

中华文化圈正逐步扩大，为更切合文化发展的视野，我们在前哲时贤的论述基础上，拈用“新儒学文化圈”一词。这是一个抛弃了地理的狭猛性，从中华儒学精神来阐释的概念。就世界华人文化的地区性而言，则可划分为五个层次。

1. 中国大陆地区；
2. 台、港、澳地区；
3. 东南亚以及东北亚各国华人聚居地区；
4. 世界各国华侨地区；
5. 热爱儒学文化的外国人地区。

这五个不同层次的地区，有着共同的儒学血脉，超越了地理、社会、政治、经济以及习俗的隔阂。正因为如此，由“儒化”而“中华”的包容意义和凝聚力，对于海内外的华人地区来说，具有深一层的“文化无疆界”意义，对世界文化也有一种特殊的借鉴意义。

（二）和谐并存，多元共创

儒家思想尤其重视一个“和”字。古语云：“万物各得其和以生。”（《荀子》）“天地和合，生之大经也。”（《吕氏春秋》）“和者，天地之正也。”（《春秋繁露》）“和合”的意思也就是和衷共济、兼容并包、协调万物的意思，在人类走向全球化的今天，益显其重要的时代意义。

“和合”的前提，是有容乃大的胸襟。能接受对事物的不同看法，使对立的事物从矛盾走向统一，达致平衡协调的推动力。

人类社会的进步，往往是建基于相互制约、相辅相成、平衡协调的状态，实现多元并存，前提就必须有和谐的社会基础。当然，古人所说的“和合”，并不否认矛盾的存在，所谓“君子和而不同”，本就不必强求一致，而是通过克服矛盾，以形成总体上的和谐状态。求同存异，首先就得承认差异，在不同的基础上形成和合。换个角度说，和谐是目的，没有差异，没有多元化，就难言真正的和谐。

在经济全球化的时代，文明碰撞，是当代文化发展不可避免的课题，

① 冯天瑜、何晓明、周积明：《中华文化史》，上海人民出版社 2005 年版，第 499 页。

它“包含着统一与多元，整合与分化、世界化与本土化等各种矛盾”[①]，然而，与其他民族交流，相互激荡，取长补短，乃文明发展的方向，任何一个国家的发展都不能再像过往闭关自守，拒绝与外界接触。和合思想，在这关节上，就仿如一轮润滑的齿轮，在国与国的冲突中，虽然不一定可完全化干戈为玉帛，但却尽可能消弥烽烟于无形。

从文化传统来看，儒学既有落后的一面，也积淀了优秀的恒久价值，虽经历史的洗礼而不减其光泽。比如和而不同的包容胸襟、自强不息的文化精神、仁义礼智的道德理想、追求和平的淑世精神等，这既是中华民族的财富，也是倾向于工具理性、科技主道、经济实利的西方文化较欠缺的，正可弥补西方文化的不足；而西方文化如重视民主、自由、科学、法治之精神，极具时代意义，是过去伦理型的中国社会较忽略的，则可通过转化和吸收，成为刷新中华文化的宝贵资源。

五 结 语

任何一种学说都难免有其时代的局限性，儒学在传统中国社会曾发挥过巨大的时代影响力；然而，历史的车轮是永远不会停下的，儒学只有一如既往，不断更新和演变，在新时代才能发挥新的活力，为全人类的未来福祉继续做出贡献。

参考文献

蔡方鹿：《朱熹与中国文化》，贵州人民出版社 2000 年第 1 版。

蔡尚思：《中国思想研究法》，复旦大学出版社 2001 年第 1 版。

冯天瑜、何晓明、周积明：《中华文化史》，上海人民出版社 2005 年第 1 版。

高晨阳：《中国传统思维方式研究》，山东大学出版社 1994 年第 1 版。

葛兆光：《中国思想史》，复旦大学出版社 2001 年第 1 版。

梁启超：《中国近三百年学术史》，上海三联书店 2006 年第 1 版。

梁启超：《论中国学术变迁之大势》，上海古籍出版社 2006 年第 1 版。

梁漱溟：《东西文化及其哲学》，商务印书馆 1999 年第 2 版。

李学勤、朱大渭等主编：《中国古代思想史》，广西人民出版社 2006 年第 1 版。

① 裔昭印主编：《世界文化史》，华东师范大学出版社 2000 年版，第 579 页。

李宗桂：《中国文化道论》，广东人民出版社 2002 年第 1 版。

钱穆：《中国文化精神》，兰台出版社 2001 年第 1 版。

钱穆：《世界局势与中国文化》，兰台出版社 2001 年第 1 版。

唐君毅：《人文精神之重建》，广西师范大学出版社 2005 年第 1 版。

唐君毅：《中国文化之精神价值》，广西师范大学出版社 2005 年第 1 版。

余英时：《文化评论与中国情怀》，广西师范大学出版社 2006 年第 1 版。

裔昭印主编：《世界文化史》，华东师范大学出版社 2000 年第 1 版。

张岱年、张克立主编：《中国文化概论》，北京师范大学出版社 2004 年第 2 版。

中国叶圣陶研究会：《和合文化传统与现代化》，人民教育出版社 2006 年第 1 版。

张君劢：《新儒家思想史》，中国人民大学出版社 2006 年第 1 版。

赵毅衡：《礼教下延之后：中国文化批判诸问题》，上海文艺出版社 2001 年第 1 版。

从程伊川对《中庸》及《周易》“时中”的阐释论中庸之道

周国良
香港树仁大学

摘　要　中国传统思想以“中庸”为言行的主要原则，可谓深入人心。“中庸”最早乃由孔子提出，子曰：“中庸之为德也，其至矣乎！民鲜久矣！”，可见为孔子对中庸之赞美，然而中庸具体何指，则言简意赅，未有详述。而中庸到了宋代，尤其朱子把《中庸》一篇从《礼记》中抽出，施以章句，独立成书后，更成为儒学的重要观念。宋儒研究《中庸》者，当以二程兄弟开其端，尤以伊川对中庸之义理颇多发明。从义理进路言，中庸可从“本体”及“功夫”两面切入，“本体”一路着重探研心性“已发未发”的义理；而“功夫”一路，则从《中庸》第二章切入，此章云：“君子中庸，小人反中庸，君子之中庸也，君子而时中，小人之反中庸也，小人而无忌惮也”。于此，“时中”表示君子随时都应表现中庸之道，处事不偏不倚，无过无不及，显见乃从功夫方面论述中庸之道。而除《中庸》外，《周易》亦有“时中”观念，从义理互通言，《中庸》与《周易》之“时中”应可比对考量，以凸显其中义蕴。本文所论即以伊川《易程传》为本，结合语录中之相关讨论，透过伊川对《周易》“时中”之阐述，以会通《中庸》有关“时中”之讨论，从而进一步探讨“中庸之道”之实义。

关键词　时中　适时　时用　处中　得中　权变

一　引　言

中国传统思想以“中庸”为言行的主要原则，可谓深入人心。知识分子每以中庸之道自勉及勉励他人，而一般人即使未必完全明白，亦在心内常存此观念。“中庸”在儒学思想中，最早乃孔子提出。“子曰：‘中庸之为德也，其至矣乎！民鲜久矣！’”（《论语·雍也》）。此乃孔子对中庸之赞美，至于中庸具体何指，则言简意赅，未有详述。及后，《中庸》复见于儒门后学的思想汇编《礼记》，自古相传其作者乃孔子的孙子子思。而中庸到了宋代，更成为儒学思想的重要观念，尤其朱子把《中庸》一篇从《礼记》中抽出，施以章句，独立成书，与《大学》、《论语》、《孟子》合为《四书》，其地位就更为显要。宋儒研究《中庸》者，前期濂溪著重阐释“诚”之义理，而直接对“中庸”之道有所阐发，当以二程兄弟开其端。据语录所载，二程与弟子的论学，对中庸之义理颇多发明，而继二人之后，接续的讨论探研就更趋普遍了。

从义理进路言，中庸之道的探究可从“本体”及“功夫”两方面入手，朱子对中庸的研究就是侧重从“本体”一路切入，几经苦参《中庸》首章之“中和”问题，着重探研本体心性“已发未发”的义理。至于“功夫”一路，则可从《中庸》第二章切入，此章云：“君子中庸，小人反中庸，君子之中庸也，君子而时中，小人之反中庸也，小人而无忌惮也。”此章提出“时中”，表示君子随时都应表现中庸之道，处事不偏不倚，无过无不及，显见乃侧重从功夫方面论述中庸之道。析言之，中庸之道乃吾人言行的主要原则，在日常生活中如何落实，其不偏不倚在道德实践中如何可能，若不扣紧功夫践履立论，实难说得明白。而中庸之“中”可包含时间及空间两个向度，从时间向度看，中为事件之中段，重历程义；从空间向度看，中为事态之中央，重位置义。是以，中庸之道，所表示的处事态度或行事方式，要落实在时空格度中，才可说得透澈。

在儒家经典中，除《中庸》外，《周易》亦有“时中”观念，盖《易》主要探讨吾人在时空变化转换中如何自处之道，而易道本身的义蕴需要落实在卦体，从初至上，由六爻所构成的时空格度中，方可彰显明白。是以，从义理互通言，《中庸》的“时中”与《周易》的“时中”在思想理路上应可施以比对考量，互相发明，此实有助于了解中庸之道的义蕴。

宋儒普遍对易学探研均极有兴趣，各大家均有论《易》的著述，唯对《易》及《中庸》均有所论述而为大家者，当首推伊川，其思想除见于与门人论学的语录外，则以《易程传》最为重要，乃有宋一代义理易之代表。故本文所论以《易程传》为本，结合语录中之相关讨论，透过伊川对《周易》，尤其在相关的卦中，“时中”如何在卦体的时空格度中体现之具体论述，以会通《中庸》“时中”所透显之侧重功夫实践的中庸之道，从而进一步探讨中庸在实践功夫上，如何能有效在时空的向度中，做到不偏不倚，无过无不及的义蕴。[①]

二　伊川论《中庸》之时中

在《中庸》书中，有关中庸之道的论述，首见第二章：仲尼曰：“君子中庸，小人反中庸，君子之中庸也，君子而时中，小人之反中庸也，小人而无忌惮也。”[②] 此处主要借君子与小人行事上的正反对比，指出君子由于能戒慎恐惧，不敢放失，故无论何时，行事都能合理；至于小人则因受私欲障蔽，自以为是，行事往往违反正道，故“君子中庸”而“小人反中庸”也。而君子之所以行事合理，能秉持“中庸”之道，关键在于“君子而时中”。故此，若要展开进一步讨论，以下两个问题必须先行处理：

（1）“中庸”是什么意思？

（2）“时中”有什么义蕴？

中庸的诠释，在宋代当以朱子的了解最有代表性，朱子云：“中者，不偏不倚，无过不及之名。庸，平常也”，表示“中”乃不偏不倚，无过无不及，而“庸”有平常之意。故“中庸”合称就是不偏不倚，无过无不及的平常之理，乃人生不可离的常道。[③] 其实朱子上述的了解，主要是继承二程的看法。

> 明道云：中则不偏，常则不易。[④]
>
> 伊川云：中者，只是不偏，偏则不是中。庸只是常。犹言中者是

① 本文所引二程之著述，参见《二程集》，王孝鱼点校，中华书局1981年版。

② 本文引自《中庸》，其分章依朱熹《中庸章句》，见朱著《四书章句集注》，中华书局1983年版，第18页。

③ 同上。

④ 见程颢、程颐《二程集》，王孝鱼点校，中华书局1981年版，第122页。

大中也，庸者是定理也。定理者，天下不易之理也。[①]

故朱子只是以“无过无不及”对二程的“不偏不倚”作补充的阐释而已，在义理上与二程，尤以伊川，并无分别。而“中”与“庸”除可连一起说外，亦可分解为两方面：“中”重视行事之原则；“庸”则强调对此行事原则之评说。进一步说，若要更具体了解作为行事准则的“中庸之道”，实有必要从“中”入手，从而探讨在日常生活或道德践履中，怎样才可以执“中”。

至于有关“时中”的阐述，伊川在论述中有相当扼要的说明：

此章言中庸之用，时中者，犹冬饮汤。夏饮水而已之谓。[②]

可以仕则仕，可以止则止，可以久则久，可以速则速，此皆时也，未尝不合中，故曰“君子而时中”。[③]

从上述两则话可见，伊川理解之“时中”强调合时、适时。无论冬天饮热汤、夏天饮凉水，又或可仕则仕、可止则止，俱表示行事适当与否，关键系于在适当的时段或时机，做出最适合该时段或因应该时机的行动及抉择。

再次，看看语录另一节，伊川与弟子就“时中”的讨论：

季明问：“‘君子时中’，莫是随时否?”曰：“是也。中字最难识，须是默识心通。且试言一厅则中央为中，一家则厅中非中而堂为中，言一国则堂非中而国之中为中，推此类可见矣。且如初寒时，则薄裘为中，如在盛寒而用初寒之裘，则非中也。更如三过其门不入，在禹、稷之世为中，若居陋巷，则不中矣。居陋巷，在颜子之时为中，若三过其门不入，则非中也。”或曰：“男女不授受之类皆然。”

---

① 见程颢、程颐《二程集》，王孝鱼点校，中华书局1981年版，第160页。

② 此段话出自《河南程氏经说》卷八《中庸解》，见《二程集》，第1153页。唯文后按语称此解非伊川所著。据庞万里考证，《中庸解》非伊川所著，作者实为伊川门人吕大临，而其观点颇受伊川影响。有见其论“时中”之说浅白易解，故兼采之。参见庞著《二程哲学体系》，北京航空航天大学出版社1992年版，第415—420页。

③ 同上书，第319页。

曰：“是也。男女不授受中也，在丧祭则不如此矣。”①

此段对话所揭示的义理远较前文两节丰富，除从时间角度言何谓“时中”外，更从“空间”角度切入。首先伊川指中字甚难了解，并随即透过一系列之场所：一厅之中、一堂之中、一家之中、一国之中等，指出若单从空间角度了解“中”，此“中”实为相对之“中”而已，每每随观察之角度而改变。相近的观点亦可见于语录的另一段话：

> 中无定方，故不可执一。今以四方之中为中，则一方无中乎？以中外之中为中，当外无中乎？故自室而观之，有室之中，而自堂观之，则室非中矣。自堂而观之，有堂之中，而自庭观之，则堂非中矣。②

是以，据伊川所论，“中”从空间言，并非固定的，其“中”乃相对而言，不可执实。然则，是否有绝对之“中”，又或者，若要掌握实际可行之中道，应从何处入手？回看上文伊川与季明的对话，则发现伊川以空间角度论“中”后，随即从时间角度进一步阐释“中”之实义。

于此，伊川认为大禹治水三过其门不入，颜渊守节穷居陋巷，俱是合乎“中”的行为；反之，大禹居陋巷，颜子三过其门不入，则非中也。关于这段话，语录另有一段更细致的解释：

> 犹之过门不入，在禹稷之世，为中也；时而居陋巷，则过门不入，则非中矣。居于陋巷，在颜子之时为中也。时而当过门不入，则居于陋巷非中矣。盖以事言之，有时而中，以道言之，何时不中也。③

故此，伊川强调吾人之行为能否合乎中，关键在于行事能否应时和适时。即“居于陋巷，在颜子之时为中也。时而当过门不入，则居于陋巷

---

① 见程颢、程颐《二程集》，王孝鱼点校，中华书局1981年版，第214页。

② 同上书，第1178页。

③ 同上书，第1177页。

非中矣”。析言之，“中”按不同情境、不同场合、不同时间，可有不同的表现，非一成不变；重点在于能否依据情境、场合、时机，做最恰当的决定。故“盖以事言之，有时而中，以道言之，何时不中也”，正好说明行事若只就事情之性质考量，未必可以合乎中道；反之，若能因应情境、场合及时机，再结合事情之性质，施以比量参照，然后作决定便可合乎中道，而且在任何情况下，都能体现中道。换言之，这就是“以道言之，何时不中也”之义蕴。同样道理，伊川与季明在讨论之最后阶段论及“男女授受不亲”亦可证成上述的观点。“男女授受不亲”本属儒家礼教对男女如何接触和如何相处之基本立场；然而，“男女大防”在丧祭这些强调孝思及体现正常人伦关系的重要场合中，便需要因时制宜，调整变通，对有需要作较亲近或近距离的接触不必避忌，这样才不会僵化，滞碍不灵，处事才能合乎中道。

论述至此，就伊川对时中的阐释，可初步稍作整理。首先，时中之“时”有时常和随时的意思，而“中”则强调合时、适时，故时中意谓吾人行事要时常合时和适时。原初，中庸之中表示“不偏不倚，无过无不及”，空间意味较重，尤其不偏不倚，更使人有折中调和，行事采取中间落墨的印象。但经伊川在语录多番的阐释，则可见他更侧重从时间角度言“中”，而“中”之实义亦需要透过时间向度的阐释，方能“默识心通”。故弟子季明问伊川：“‘君子时中’，莫是随时否?”伊川即以“是也”回应之。事实上，“君子时中，莫是随时”之义，伊川在《易程传》亦有相近的看法，《无妄》六二爻：

> 圣人随时制作，合乎风气之宜，未尝先时而开之也。……时乃事之端，圣人随时而为也。①

于此，“时乃事之端，圣人随时而为”，强调适时和合时乃行事的入手处，其关键乃系于能否因时制宜。这种看法与《中庸》第二十五章论“时措之宜也”的道理正相合。其实，伊川在语录中就更言明“时措之宜，言随时之义，若溥溥渊泉而时出之”②，足证伊川认为中庸的实义，

① 见程颢、程颐《二程集》，王孝鱼点校，中华书局1981年版，第825页。

② 同上书，第226页。

必须扣紧时间，以应时和适时的原则来了解；而体会中庸之道，时间向度比空间向度更为根本。

三　伊川论《蒙彖传》之时中

除《中庸》外，《易传》亦有时中观念。盖《易经》含六十四卦，而各卦之卦体从初至上，由六爻所构成的时空框架，其中蕴含了吾人在时空变化转换中如何自处之道。各卦之二、五爻乃其中位，此既表示位置之中，又可表示时段之中。然则，《易传》之时中究竟表示什么？同样着眼于时空，其义理与《中庸》之时中有没有区别？而《易传》之时中，是否有助于对中庸之道的了解？以下试释之。

首先，时中观念之提出，见于《蒙彖传》：

> 蒙，山下有险，险而止，蒙。蒙亨，以亨行，时中也。①

蒙卦本身由上卦《艮》及下卦《坎》构成，依其自然象征看，《艮》为山，《坎》为水。《坎》除可表示水之外，亦象征危险，故《彖传》言“蒙，山下有险”，乃从卦体之象征切入立论。而“险而止，蒙”乃由于山下有险阻，前途暗昧不清，故名蒙，蒙有蒙昧的意思，而吾人遇险而止，实为十分自然的做法，此主要就《蒙》卦之卦德而立说。至于“蒙亨，以亨行，时中也”则指出在蒙昧不明之际，之所以能亨通前行，就是基于能持守时中之道。初步看来，“时”表示知时、适时；“中”表示适中及中度。

其实，时中乃了解《蒙》卦之关键，伊川注解《蒙》卦卦辞，便引用了时中，对《蒙》卦之卦才作解，他在《易程传》云：

> 蒙有关开发之理，亨之义也。卦才时中，乃致亨之道。②

① 见程颢、程颐《二程集》，王孝鱼点校，中华书局1981年版，第719页。

② 同上。

卦才指一卦之性质，卦才时中就是指时中之道乃《蒙》卦之主要特点，而蒙之所以能致亨，能起启蒙开发之功者，乃在于能对时中有恰当的体会。那么，究竟时中实际表示什么义理，接着看看伊川对《易程传》《蒙彖传》的阐释：

> 山下有险，内险不可处，外止莫能进，未知所为，故为昏蒙之义，蒙亨以亨行，时中也，蒙之能亨，以亨道行也，所谓亨道，时中也。时谓得君之应。中谓处得其中。得中则时也。①

伊川指出蒙之所以有昏蒙的表现，皆因内卦的《坎》，险不可处，而外卦的《艮》山阻于前，不能前进，以致有进退失据之虞；但幸好能执持时中，才能亨通前行脱险。具体而言，时中之道在《蒙》卦中体现的就是“时谓得君之应。中谓处得其中。得中则时也”之道理。“时谓得君之应”所指乃九二与六五之互应，君指九五，为《蒙》卦之主；而“中谓处得其中”，则指九二、六五分别处于上卦及下卦之中位，至于“得中则时”乃表示在《蒙》卦中，九二、六五二爻居中有应，正能体现适时及适中之道。

故分析至此，伊川就《蒙彖传》所了解之时中，“时”有当其可之意，“中”则表示恰如其分，是总合时间及空间格度的阐释。而有关时中之具体义理，更可透过《蒙》卦各爻的实际情状，施以进一步疏解。

> 初六：发蒙，利用刑人，用说桎梏，以往吝。
>
> 伊川云：初以阴暗居下，下民之蒙也。
>
> 九二：包蒙吉，纳妇吉，子克家。
>
> 伊川云：二居蒙之世，有刚明之才，而与六五之君相应，中德又同，当时之任者也……唯九二有刚中之德，而应于五，用于时而独明者也。
>
> 六三：勿用居女，见金夫不有躬，无攸利。
>
> 伊川云：三以阴柔处蒙暗，不中不正……近见九二为群蒙所归，得时之盛。

① 见程颢、程颐《二程集》，王孝鱼点校，中华书局 1981 年版，第 719 页。

六四：困蒙之吝。小象传：困蒙之吝，独远实也。

伊川云：蒙之时，阳刚为发蒙者。四，阴柔而最远于刚……故困于蒙。

六五：童蒙吉。

伊川云：五以柔顺居位，下应于二。

上九：击蒙，不利为寇；利御寇。

伊川云：九居蒙之终，是当蒙极之时。①

从初爻至上爻，伊川主要是透过各爻在卦体之时空格度中，紧扣各爻所处的时与位，分别从时间及空间两方面阐释。首先，在时间向度，以适时的观点，扣紧《蒙》卦之卦德，如六二“当时之任者……用于时而独明者也”、上九“当蒙极之时”以诠释上述两爻在不同时段应有之处事方式。其次，在空间向度，就各爻之位置，以及初、三、四、上爻与中爻（二与五）之相距关系：如初六“以阴暗居下”、六三“处蒙暗，不中不正”、六四“最远于刚（指九二）”、上九“居蒙之终”；以及各爻相互之间是否有应之空间关系，如九二“有刚中之德，而应于五”及六五“柔顺居位，下应于二”，从而结合时与位，以诠释各爻之吉凶悔吝，并指出在各爻之时与位，所应有之自处之道。

时中虽然只见于《蒙彖传》，但其实时中所包含之“时”与“中”，两者对理解《周易》之义理至关重要，尤其卦体六爻所展开之时空格度，离开时与中，实难以对卦体中各爻之义蕴有谛当的了解。事实在《易传》，从时间角度出发的诠释概念，分别有时用、时行、时发、时变、时成、失时等。而着眼于《易经》门户之《乾》卦，《乾彖传》便有“大明终始，六位时成”的说法。对于六位时成，伊川解云：

大明天道之终始，则见卦之六位，各以时成。卦之初终，乃天道终始，乘此六爻之时，乃天运也。②

可见一卦之初始乃上应天道之始终，而天道主宰之变化，乃透过时

① 见程颢、程颐《二程集》，王孝鱼点校，中华书局1981年版，第720—722页。

② 同上书，第697页。

间、空间相结合之六个位置及由此所表示之六个时段所体现，而吾人行事之所以能上应天道，皆因能配合时位，做相应之决定。是以，《文言传》论《乾》卦九三爻辞“居上位而不骄，在下位而不忧，乾乾因时而惕，虽危无咎矣”，便更直接点出在九三多凶的爻位，君子要因时而惕，与时阶行，小心谨慎，方可无咎的道理。

除《乾》卦外，在《坤文言》，亦有“坤道其顺乎，承天而时行。”的说法。对此，伊川释曰：

> 承天之施，行不违时，赞坤道之顺也。①

点出“柔顺含容”乃《坤》卦之德，坤只有配合承受干道创生之大用，这才是《坤》卦行事不违时和应有之义，可见无论《乾》与《坤》，皆各自有其时义。故此，《彖传》在阐释各卦之义蕴时，往往运用“时义大矣哉”以强调适时、应时对以下各卦的重要性，如《随》、《遁》、《豫》、《旅》、《姤》五卦；“时用大矣哉”侧重时用的有《坎》、《睽》、《蹇》三卦；至于“时大矣哉”的则有《颐》、《大过》、《解》及《革》四卦。

以上各卦由于卦体中阴阳爻之不同结构所展现之阴阳消长关系有异，自然会展现不同之时义。如《遁》卦之时义在于认识卦中阴气之消长和上进之困难；《旅》卦之时义便在于“柔得中乎外而顺乎刚”。简言之，这是强调能把握每一卦之时，做出恰当的反应，就是“顺时而行”。至于“时用大矣哉”所言之时用与“时义大矣哉”所言之时，并无太大的区别，只是较强调在该卦之情境中，要认识其呈现的变化之用而已。换句话说，“时义”与“时用”俱是要吾人洞悉在某情境，必须依据该情境或跟随该情境之变化，做出最适切的行为，以达致与该情境和协谐合的智慧。

以下再以伊川对《随》卦之《彖传》及《小象传》，就时间向度所作之论述，对“时”在《易传》之功用作更进一步的阐释。首先，伊川论《随彖传》“随，刚来而下柔；动而说，随。大亨贞，无咎，而天下随时，随时之义大矣哉”云：

> 天下所随者时也，故云“天下随时”……君子之道，随时而动，

① 见程颢、程颐《二程集》，王孝鱼点校，中华书局 1981 年版，第 711 页。

从宜适变。[①]

其次，伊川论《随大象传》“君子以向晦入宴息”云：

> 君子观象，以随时而动。随时之宜，万事皆然，取其最明且近者言之。君子以向晦入宴息：君子昼则自强不息，及向昏晦，则入居于内，宴息以安其身，起居随时，适其宜也。[②]

随有随从之意，而言及随从，则必包括随者与被随者双方，并隐含双方之合作与尊重的问题。《随》卦之卦体由上《兑》下《震》构成，下卦《震》一阳在二阴之下；上卦《兑》二阳在一阴之下，俱有以阳下阴之象。而《彖传》“刚来而下柔，动而说。”则表示刚爻随顺居柔爻之下，乃刚动从柔而悦，因彼此相互顺随之故。再据《说卦传》，《震》为长男，《兑》为少女之观点；引而伸之，作丈夫的，能尊重妻子，自然有夫唱妇随之乐；再推而广之，则天子之于庶民，政府之于民众，相互顺随之道，莫不皆然。而其中之所以能相互顺随，不生隔阂者，皆因能顺应彼此之关系“随时而动，从宜适变”。至于伊川对《小象传》之诠释，从君子日常起居宴息应有之道立论，就更能体现君子日间自强不息，晚上休息安身，起居随时的义蕴。

四 伊川论《易传》之中

《易传》除“时”外，对“中”亦有相当多的讨论。事实《易传》以中为贵，中可说是诠释卦体的基本原则，特别在对各卦二、五两爻位之解释，更离不开中。盖易道尚中，只要得中，虽《否》、《剥》亦吉；若失其中，则虽《泰》、《复》亦凶。观诸《易传》，例子甚多，如《干文言》论九二爻辞：“龙德而正中者也”、《坤》六五；《小象传》：“黄裳元吉，文在中也”；《解彖传》：“窒惕中吉，刚来而得中也”均是，不烦逐

① 见程颢、程颐《二程集》，王孝鱼点校，中华书局1981年版，第784页。

② 同上。

一细表。

据前文有关中庸之“中”的论述中除表示“不偏不倚”外，亦有“无过无不及”之意。因此，下文有关《易传》对“中”之论释亦由“无过无不及”入手，而《周易》各卦中，《小过》及《大过》对吾人处事“过犹不及”之景况，有颇深入的讨论。故由此入手，可借此与“中庸”之“无过无不及”对照，以凸显“中”之义蕴。以下为伊川就《小过象传》“小过，小者过而亨也”的阐释：

> 阳大阴小，阴得位，刚失位而不中，是小者过也，故为小事过，过之小。小者与小事，有时而当过，过之亦小，故为小过。事固有待过而后能亨者，过之所以能亨也。①

伊川点出在《小过》卦体中，六二之阴爻居中得位，而九四阳爻失位而不中，此属小过耳。要知道吾人行事难免有过失，往往有过于常之决定，但切记不可过甚，此为小过。凡事当过而过，才是适宜和恰当的做法，假若“不当过而过”，便干犯过失了。而过之所以为小，乃因为行事过常，而常之准则就是中。是以，伊川在《大象传》再补充云：

> 君子观小过之象，事之宜过者则勉之，行过乎恭，丧过乎哀，用过乎俭是也。当过而过，乃其宜也，不当过而过，则过矣。②

接续再看伊川对《大过》卦的阐释：

> 所谓大过者，常事之大者耳，非有过于理也。惟其大，故不常见，以其比常所见者大，故谓之大过。如尧、舜之禅让，汤、武之放伐，皆由道也。道无不中，无不常，以世人所不常见，故谓之大过于常也。③

① 见程颢、程颐《二程集》，王孝鱼点校，中华书局 1981 年版，第 1013 页。

② 同上书，第 1014 页。

③ 同上书，第 838 页。

于此，伊川指出大过之过，并非有违于理，而乃在于比常所见者为大。圣人以天下之正理或正道，矫天下之时弊，不免会稍过于常，然而稍过于常而能合乎正，则并无大差错或过失可言。而正如伊川所言“皆由道也，道无不中”，故合乎正道与否之准则，就是“中”。然则，究竟“中”如何在《大过》卦中体现，以下看伊川对《大过》卦之爻辞的论述：

> 九二，枯杨生稊，老夫得其女妻，无不利。
>
> 九二当大过之初，得中而居柔，与初密比而相与。初既切比于二，二复无应于上，其相与可知。是刚过之人，而能以中自处，用柔相济者也。过刚则不能有所为，九三是也。得中用柔，则能成大过之功，九二是也。①

按大过之卦体，四阳二阴，居中之二、三、四、五俱为阳爻，只余本、末为阴爻，卦象有过刚之嫌。而九二爻意谓刚过之人若能以中自处，用柔相济，则是知以中为用，故能成大过之功，有所作为。反之，九三爻过刚而不能用中，便只会招致凶危。再看伊川如何论《大过》九三爻的情况：

> 九三，栋桡凶
>
> 九三以大过之阳，复以刚自居而不得中，刚过之甚者也。以过甚之刚，动则违于中和而拂于众心，安能当大过之任乎?②

可见九三刚过而不能用中，行事刚愎自用，有违中道，又岂能不与人违逆。故综合两爻而论，九二、九三同属阳爻，九二能成大过之业，皆因得中，刚柔相济。九三反是，关键系于能否用中及得中，若行事能得中及用中如九二的话，则自然“无过无不及”，合乎中庸之道。

关于《易传》论中之义蕴，尚可借中与正之比对，得以进一步展示。伊川认为中、正二者有别，中着重于中，正侧重于位，而论一爻之德，居

---

① 见程颢、程颐《二程集》，王孝鱼点校，中华书局1981年版，第840—841页。

② 同上书，第841页。

中比正位更为重要。对二者关系之辨析，伊川释《震》六五爻及《恒》九二爻云：

> 六五虽以阴居阳，不当位为不正，然以柔居刚，又得中，乃有中德者也。不失中，则不违于正矣，所以中为贵也。诸卦：二五虽不当位，多以中为美，三四虽当位，或以不中为过，中常重于正也。盖中则不违于正，正不必中也。天下之理，莫善于中，于六二、六五可见。①
>
> 在恒之义，居得其正，则常道也　九二以中德而应于五，五复居中，以中而应中，其处与动，皆得中也，是能恒久于中也。能恒久于中，则不失正矣。中重于正，中则正矣，正不必中也。②

于此，《震》六五与《恒》九二虽不当位，然二者居中，具有中德。《震》六五虽以柔居刚，但由于不失中，便具有中德，不违于正；至于《恒》九二虽以刚居柔，惟具中德且上应于五，能恒久持守于中，故亦不失正矣。此外，伊川统论其他各卦，更明白指出二、五爻即使不当位，但由于居中之故，比不居中但当位之三、四爻更为可贵，故“中重于正，正不必中也”。当然，若二、五爻居中且当位，则自然不比居中而不当位者更佳。如《需》九五爻及《离》六二爻，伊川云：

> 五以阳刚居中，得正位乎天位，克尽其道矣……可谓吉矣。③
>
> 二居中得正，丽于中正也。黄，中之色，文之美也。文明中正，美之盛也。④

可见九五、六二中正之德，实为大中至正之道，盖中则不偏，正则不邪，天下之正道，中德乃至善无疑，而不偏之中道，与中庸之道亦正相吻合。

---

① 见程颢、程颐《二程集》，王孝鱼点校，中华书局 1981 年版，第 966 页。

② 同上书，第 863 页。

③ 同上书，第 726 页。

④ 同上书，第 851 页。

五 结 论

通过前文就伊川在《中庸》及《周易》的论释，“时中”的性格及义理分际大抵已明白透显。在《中庸》，“时中”之义可有两层说：第一层侧重就时中之“时”立说，“时”有时常、经常、随时之意，“时中”即表示能时常执中或居中之意。至于第二层则落于“时中”之“中”立论，而“中”可从两方面了解：一方面从时间向度，指出吾人行事要合时和适时；另一方面则从空间向度，指出吾人要持中，意谓行事必须不偏不倚，无过无不及。换言之，“时中”所蕴含之时义乃有两层：第一层之“时”即时中之时，具时常、经常之意；第二层之“时”则统摄于“中”内，表示合时和适时。

至于《周易》之“时中”，则只为一层，可分解为“时”与“中”两端。“时”着眼于吾人在行事之际，要察识该情境之契机及变化，以顺时与适时为处事原则，作出最适切的抉择，亦即“因时而惕，与时阶行”的道理。至于“中”则落实于行事须居中守正，表明行事只要能用中及得中，不违中道，则自然“无过无不及”，合乎中庸之道。故综合而论，《周易》与《中庸》之“时中”，二者之义理性格，可谓异曲同工，其核心义蕴若合符节。能透过会通比对二者之理趣，对了解中庸之道，实大有裨益。

“时中”既然乃体会及实践中庸之道之要紧关键。那么，在吾人日常的功夫践履中，如何才可落实中庸之道？以下看看伊川的看法：

> 中无定体，惟达权然后能执之。①

此处“中无定体”之“中”，乃涵盖时间及空间两方面说，意谓中无定所，不可胶着于某定点，可因人、物、时、地而有异；若只执着于某点为中，便不得为中了。是以用中必须施以“权变”，能权量事情之轻重，行事之权宜，知所变通，方才可得中。故伊川对此再施解说：

① 见程颢、程颐《二程集》，王孝鱼点校，中华书局 1981 年版，第 1182 页。

欲知中庸，无如权，须是时而为中。若以手足胼胝，闭户不出，二者之间取中，便不是中。若当手足胼胝，则于此为中；当闭户不出，则于此为中。权之为言，秤锤之义也。[①]

舜执两端，是执持而不用，汤执中而不失，将以用之也。若子莫执中，子莫见杨墨之过不及，遂于过不及二者之间执之，郤不知有当摩顶放踵利天下时；有当拔一毛利天下不为时，执中而不通变，与执一无异。[②]

可见能行时中之道固然重要，但若不能持权衡而酌轻重，则君子不贵也。而观诸手足胼胝及闭门不出，若强于二者之间取中，便不是中；反之，以“当行则行”为原则，方合中道。又如观诸杨、墨之所为，只见二人行事过犹不及，便折中二者为中；而不理解无论“摩顶放踵”或“拔一毛”，俱有其应行或不应行之时，便只是执一端为中而已。是以，吾人行事能否落实时中，其关键乃在权变。至于汤之所以能执中而不失，因能以权为用；而舜执持而不用，乃因徒执两端所致。

论述至此，“时中”实为一涵摄时间与空间经验的概念，而时中之所以同时能就时与空有所言说；从认识论来看，乃基于吾人之经验，时不离空，空不离时，二者实难以分割，此亦即康德所说“时空为吾人感知之直觉形式”之故[③]。然则，合时、适时是否就等于适中、持中？

由于时间纯粹属主体的感觉，其经验较难外在化，而且时间不断向未来延伸，实难以确指在变动不居的时间之流中，那一时为中。简言之，在事情尚在发展之际，实无法确指何时为中，必须要在一件事结束之后，透过回顾整件事之始末，方可指出何时为中。反之，空间则并不纯粹是主体的个人感觉，可作较客观之表述；而且在经验中，空间是静态的，吾人处身之空间在某时点，可以获得整全的摄取，而时间却不可能。换句话说，时间经验必须透过空间化，才可获得外在和客观的理解；而本身属于时间

① 见程颢、程颐《二程集》，王孝鱼点校，中华书局 1981 年版，第 164 页。

② 同上书，第 213 页。

③ 康德把空间与时间内化为主体感性直观的先天形式，时间是内直观的形式，一切表象、观念、思想……，皆以时间为存在方式，它们都存在于时间之中，而时间亦相应成为一切外部直观的间接形式。一切杂多表象在时间中被综合为经验对象，因而时间也被看成主体的认识形式或结构。见康德《纯粹理性批判》。

观念之适时和合时，乃有必要透过空间观念之适中、持中，才较易为人领悟和掌握。

周易各卦卦体所展示之卦爻结构，就是一个把时间经验空间化的上佳示例，六爻从初至上，把事情由始至末，分为六个阶段。潜存的是由初始到终末的时间历程，而外显的则表现为由初爻到上爻的空间框架。二者互为表里，而内里的时间历程要倚赖外在的空间框架方能有效彰显。

然则，一卦之内，究竟何时为中？以空间框架言，六爻结构分别由内卦三爻及外卦三爻组成，自然会视内卦之二爻及外卦之五爻为中，但注意这只是相对于这固定的结构所理解之“中”而已。若着眼于下互之二、三、四爻，则以三爻为中，着眼于上互之三、四、五爻，则以四爻为中；若再着眼于初至上六爻，则更可以视三、四爻之间为中。换言之，以空间向度言之“中”，可参照卦爻结构本身，获得相对稳定的定位；而潜存在背后的时间向度之“中”，亦可借着空间向度的卦爻结构得以彰显。是以，适时和合时其实亦相当于适中和持中。而基于时中兼具时间及空间义，吾人若能恰当体会时中之道，则行事当能兼顾时与空，做到不偏不倚，无过无不及。

朱熹视《东坡易传》“杂”之商榷

林翼勋
香港树仁大学

绪　论

儒家经典《周易》之原始素材出于占筮记录。其推测吉凶所依据之卦象是八卦，云是伏羲所画。文王演出六十四卦。《周礼》称前者为经卦，后者别卦。由于卦爻奇偶排列所生之象，隐然具逻辑思维。昔人以卦象之交互对立关系去释述事物之变化。遂产生易学。后逐渐由推断人事吉凶转引为述人文经验与道德修养之典籍。

司马迁谓“孔子晚而喜易”，甚至“读易韦编三绝”（《史记·孔子世家》）儒家解易，始于孔子，所注重者，卦爻辞之教育意义。自战国以来，系统诠释《周易》之作，共七种十篇，通称《易传》。计为《彖》上下、《象》上下、《系辞》上下、《文言》、《说卦》、《序卦》、《杂卦》。东汉经师称“十翼”，意为辅助以释《易经》也。此类著作既为释经，故称《易传》。《太史公自序》将《春秋》与《易传》并举，司马父子似以《易传》乃孔子所作。今传孔子注《十翼》，真伪存而不论。盖非本文讨论者。

《易传》解经，将古之卜筮哲理化，综儒家伦理，道家以至阴阳五行之天道观解易。故传《易传》者虽儒家，其思致却非纯粹孔孟正统。今全归之于孔子，乃汉儒尊孔也。①

质言之，易有象数之学与义理之学。两汉易学可谓全以“天道”为主之象数之学。后且为阴阳五行及灾异术数等所攀附，寖假至末流，几沦为神秘杂学。迨乎魏晋，王弼②乘其敝而排斥汉儒，挺然标新，“援老入

---

① 详可参朱伯昆《易学哲学史》，北京大学出版社 1986 年版。

② 《三国志·魏》卷二十八《锺会》：“初，（锺）会弱冠，与山阳王弼并知名。弼好论儒道，辞才逸辩，注《易》及《老子》。为尚书郎，年二十馀卒。”

儒”而树义理之学。[①]

大体而言，王弼之易学至唐初，由孔颖达补疏，遂使义理之学取代象数之学，下及宋、明均主宗王易。二程子即为宋易义理派代表。程颐作《易传》，主张由“象”以通“意”而得其“理”。朱熹继以阐发，综象数与义理之学而一之。朱氏重义理却不废象数。其解易著述丰富，以《周易本义》影响最大。东坡“作易传，自恨不知数学”。[②] 其易自属义理派，旨趣近王弼。然“弼之说唯畅玄风，轼之说多切人事”（《四库提要》评）。其解易采意而不拘于传统，朱熹视作“杂”。今试就所阐事义观之，或可摭寻所异于儒学之正统诠释，及所以致此之由，以见蜀学之本色也。

一　宋代蜀学与眉山之学

（一）蜀学

蜀学是指蜀郡特有环境所孕育发展自具特色之学。此可追溯至汉之文翁治蜀兴学，首创蜀郡学堂。后历朝准此建成都官学，早有“蜀学”之称。盖蜀地“北控剑栈，西南接蛮夷，土植宜柘，茧丝织文纤丽者穷于天下。地狭而腴，民勤耕作，无寸土之旷。岁三四收，其所获多为遨游之费，踏青药市之集尤盛焉，动至连月。好音乐，少愁苦，尚奢靡，性轻扬，喜虚称。庠塾聚学者众。（略）孟氏既平，声教攸暨，文学之士，彬彬辈出焉”[③]。

此缘蜀地属川峡四路，淹有梁、雍、荆三州之广，地腴民勤，物产丰饶。富盛之家尚奢靡，不吝遨游之费，多作娱赏之集。要之，士秉性轻扬逐虚、浪漫放旷。复嗜音乐忘愁苦，竞趋于学，故文风特盛焉。虽中原丧乱，得剑阁天险足以固守。巴蜀独能割据偏安，广纳入蜀避难之士，文化

① 《四库总目·经部·易类》：“易本卜筮之书，故末流寖流于谶纬。王弼乘其极敝而攻之，遂能排斥汉儒，自标新学。（略）至颖达等奉诏作疏，始专崇王注，而众说皆废。故隋志易类称，郑学寖微，今殆绝矣。”

② 见胡一桂引晁说之语。

③ 《宋史》卷八十九《地理志》，上海书店。

益形蓬勃。宋平后蜀，太祖大倡文教，更是人才鼎盛矣。

由于斯民而处斯境，所形成之自由通脱风气，自不愿专守一家一派之说，此蜀学本色，实难以作整一之概括，唯有以散漫芜杂名之。钱宾四先生述曰：

> 他们会合著老庄佛学和战国策士乃及贾谊、陆贽，长于就事论事，而卒无所指归；长于和会融通，而卒无所宗主。他们推崇老释，但非隐沦；喜言经世，又不尊儒术。他们都长于史学，但只可说是策论派的史学吧！他们姿性各异，轼恣放，辙淡泊。皆擅文章，学术路径亦相似。他们在学术上，严格言之，似无准绳，而在当时及后世之影响则甚大。好像仅恃聪明，凭常识。仅可称之曰俗学，而却是俗学中之无上高明者。他们并不发怪论，但亦不板着面孔作庄论。他们决不发高论，但亦不喜卑之毋甚高论之庸论。他们像并不想要自成一学派，而实际则确已自成一学派。（中略）他们是儒门中之苏张，又是庙堂中之老庄。非纵横，非清谈，非禅学；而亦纵横，亦清谈，亦禅学。实在不可以一格绳，而自成为一格。①

准钱氏所言，蜀学之驳杂多端可知矣。然斯派所发之“言论思想，如珠玑杂呈，缨络纷披，但无系统，无组织”。②抑有进者，蜀学之论形而上道理，根本不重根本之清晰甄别，而喜混融。往往以“一”与“中”等笼统概念，去阐析儒释道之理。此亦蜀学与其他学派相异之思想基调。③

（二）眉山之学

1. 东坡之家世

苏轼家世，据父洵言：“其先出于高阳，至周，有忿生为司寇。”“至唐武后之世有苏味道，圣历初为凤阁侍郎，后贬为眉州刺史，迁为益州刺史，未行而卒，有子一人不能归，遂家焉，自是蜀始有苏。”④ 证之史籍，确有

① 钱穆：《宋明理学概述》，学生书局 1977 年版，第 29 页。

② 同上。

③ 卢国光：《宋儒微言》，第 371—377 页。

④ 苏洵：《嘉祐集》卷十三《苏氏族谱》。

“苏味道，赵州栾城人（略）延载初，历迁凤阁舍人、检校凤阁侍郎（略）。神龙初，以亲附张易之、昌宗贬授郿州刺史，俄而复为益州大都督府长史，未行而卒。”①综此二说，知宗族源于高阳而及乎周。至唐，味道遭贬眉，有一子不归，遂为苏氏之祖。此所以东坡以“赵郡苏轼”自称，而弟辙之著述，则名《栾城集》（赵郡为古栾城，乃晋栾氏别邑）也。

至于祖父序，父洵颇详述其为人：

> 先子少孤，喜为善而不好读书，晚乃为诗，能白道，敏捷立成。凡数十年得数千篇，上自朝廷郡邑事，皆见于诗。（略）表里洞达豁然伟人也。性简易，无威仪，薄于为己而厚于为人。与人交，无贫贱，皆得其欢心。……②

读此知为简易豁达君子，乐行善不好读书，却能诗。东坡印象中，其祖父“甚英伟，才气过人，虽不读书，而气量甚伟”。③

有关父洵，人生经历亦奇。早年喜游历，尝赋“落拓鞍马间，纵目视天下，爱此宇宙宽。山川浩然遂忘还”之句④，由于畅游名山，故其文富奇气而深刻。他直至“年二十七，始大发愤，谢其素所往来少年闭户读书……”⑤

睹此，其性格浪漫可见。

黄宗羲述洵学曰：

> 苏洵，字明允，眉州眉山人。年二十七，始发奋为学。岁馀，举进士，又举茂才异，皆不中，悉焚常所为文，闭户益读书，遂通六经百家之说。（略）至京师，欧阳兖公得其所著书二十二篇，大爱文辞，以为贾谊、刘向不过也。（略）召试不就，除试校书郎。（下略）⑥

---

① 《旧唐书》卷九十四《苏味道》。

② 苏洵：《嘉祐集》卷十三。

③ 李廌：《济南先生师友谈记》引轼语。

④ 苏洵：《嘉祐集》卷十五《忆山送人》。

⑤ 欧阳修：《欧阳文忠公集·居士集》卷三十四《故霸州文安县主簿苏君墓志铭并序》。

⑥ 黄宗羲：《宋元学案·苏氏蜀学略》。

东坡长弟辙三岁。昆仲幼年，父洵宦学四方，乃由母程氏亲授书。东坡自言“七八岁时，始知读书”。① 彼时入小学，师事道士张易简。至十四岁，父洵谕二子随刘巨：

> 眉山刘微之巨，教授郡城之西寿昌院，从游至百人。苏明允命东坡兄弟师之。②

稍后则从学于乡贤史清卿：

> 史清卿，眉山人。东坡兄弟皆师事之。子炤，字见可，官宣义郎，博古能文，尝作《通鉴释文》三十卷。③

此外，当祖父之逝，二伯父涣自京师返蜀奔丧。他乃天圣二年进士，于学问颇有所启发两侄者。弟辙记二人侍伯父闻教言曰：

> 辙生九年，始识公于乡。（涣曰）“予少而读书师不烦。少长为文日有程，不中程不止。出游于途，行中规矩。入居室，无惰容。（略）尔曹才不逮人，姑亦师吾之寡过焉可也。”④

然而，对东坡兄弟之教育影响最深巨者，莫过于洵。辙述往事曰：

> 父洵以家艰闭户读书，因以学行授二子曰：“是庶几能明吾学者。”⑤

苏洵尝闭户发愤攻读，却应举屡未中。父序卒居丧，用心培植其二子。彼自述施教之过程曰：

---

① 苏轼：《苏轼文集》卷四十八《上梅直讲》，孔凡礼点校，中华书局本。以下简称《文集》。

② 叶寘：《爱日斋丛钞》集成本。

③ 王梓材：《宋元学案补遗》卷九十九《识语》，四明丛书五集本。

④ 苏辙：《栾城集》卷二十五《伯父墓表》。

⑤ 同上书，《栾城后集》卷十二《颍滨遗老传》上。

轼、辙龆龀授经，不知他习，进趋拜跪，仪状甚野，而独于文字有可观者。始学声律，既成，以为不足尽力于其间。读孟、韩文，以为可作，引笔书纸，日数千言（下略）。①

欧阳修尤深知其学之所本：

大究六经百家之说，以考质古今治乱成败，圣贤穷达出处得其精粹，涵蓄充溢。抑而不发者久之。慨然曰：“可矣!”由是下笔顷刻数千言，其纵横上下，出入驰骤，必造于深微而后止。②

于此见其所修习涵盖之广，所著如《六经论》、《史论》、《权书》、《衡论》、《几策》等，可谓出入经史，别探百家矣。故为文“有纵横家气习”（章学诚语）。洵授二子，当亦依此而行。以致王梓材谓“眉山苏氏之学不与伊川合，（略）谢山先生为补学略，亦不曰案，以其杂于禅云”。③

2. 东坡为学之传承

苏洵乃眉山学之开创者。东坡尝述故乡眉州之风气曰：

其士大夫贵经术而重氏族，其民尊吏而畏法，其农夫合耦以相助。盖有三代汉唐之遗风。而他郡之所莫及也。始朝廷以声律取士，而天圣以前，学者犹袭五代之弊，独吾州之士，通经学古，以西汉人词为宗师。④

“三苏”即在此文风丕盛之环境生长。父洵少虽不好读书，自27岁遂发愤攻习经史，翌年受挫场屋，“益闭户读书，绝笔不为文辞五六年，乃大究六经百家之说”。⑤其二子亦由父洵所亲授，而熟诵儒家经典。老

① 苏洵：《嘉祐集》卷十四《上张侍郎第一书》。

② 欧阳修：《苏明允墓志铭》。

③ 按眉山原称学略。全祖望详为增损，易旧所题《苏氏蜀学略》为《眉山学案》此乃王梓材案语。

④ 《经进东坡文集事略》卷五十一《远景楼记》。

⑤ 《欧阳文忠公集·居士集》卷三十四《故霸州文安县主簿苏君墓志铭并序》。

苏于六经深探之余，将心得撰成《六经论》。《易论》即其一也。

苏洵自以文章有成，遂携二子至京师谒欧阳修。欧公对“三苏”之文大为叹赏曰：

> 予阅文士多矣，独喜尹师鲁、石守道，然意常有所未足。今见君（洵）之文，予意足矣。①

由于欧公之品题，使“一日父子隐然名动京师，而苏氏文章遂擅天下”。②

苏洵之学，颇见心性义理与正统儒学之异，在于不讳言权变：

> 圣人之道，有经有权有机。③

他认为孔子所教，自是经典之纯粹者：

> 仲尼之说，纯乎经者也。④

洵且冀加入权变去丰富儒学：

> 吾之说，参乎权而归乎经者也。⑤

当时理学初兴，高举礼法。苏氏认为彼等所倡“存天理、灭人欲”乃未达权变，亦有违人情：

> 夫圣人之道，自本而观之，皆出于人情。⑥

---

① 苏辙：《栾城后集》卷十二《颍滨遗老传》上。

② 《欧阳文忠公集·居士集》卷三十四《故霸州文安县主簿苏君墓志铭并序》。

③ 苏洵：《嘉祐集》卷四《论衡》上。

④ 同上书，卷九《谏论》。

⑤ 同上。

⑥ 苏轼：《文集》卷二《中庸论》。

既合乎人情，始能传之久远：

夫六经之道，惟其近乎人情，是以久传而不废。①

苏洵重视权变与人情，在其眼中，“礼者，亦理也”。② 苏辙视“礼者，器也”。③ 苏轼亦承家学而发挥云：

性之于情，非有善恶之别也。方其散而有为，则谓之情耳。④

他认为情是人性之多种表达形式之一，非必作绝对善恶之划分。此种出于蜀地之学，儒家正统意识偏弱。在往昔儒宗传授之固有经义与诚敬严谨之涵养功夫之外，尝试融合佛老，另辟领域以作新研究，可谓苏轼易学之独特处。

东坡承父洵《六经论》倡权变之术，亦以利害得失论事。

朱子抨击曰：

东坡平时为文论利害，如主意在那一边利处，只管说那利。其间有害处，亦都知，只藏匿不肯说，欲其说之必行。⑤

此朱子视眉山学纵横功利。

3.《东坡易传》概述

东坡于易，承父洵论易之言曰：

利在则义存，利亡则义丧。⑥

东坡引申而谓：

① 苏轼：《文集》卷二《诗论》。

② 《河南程氏遗书》卷三。

③ 苏辙：《栾城后集》卷九《历史论・王衍》。

④ 苏轼：《东坡易传》卷一。

⑤ 《朱子语类》卷一三〇。

⑥ 《周易・乾卦・文言》：“利者义之利”、“利物足以和义”。

义非利，则惨洌而不和。①

此点与儒家传统“重义轻利”迥别，朱子斥为“胡说”曰：

苏文害正道甚于佛老（略）失圣言之本指，又且陷溺其心。②

然而东坡讲利，亦有说：“不专利而争民也。民不从吾，而从吾所建（侯），犹从吾耳。”（《易传》卷一解“（上略）以贵下贱，大得民也”。卷三解“六二颠颐拂经于丘颐”。）由于非专擅利而民争，则究其实民终从之也。抑有进者，东坡以为当知临利守分持义：

由颐者，利之所在也；丘颐者，位之所在也。见利而蔑其位，君子以为不义也。③

盖君子不宜见利以轻视居其位者。守其分际，合礼固其宜也。

由此复可见《易传》与他家之说之特别处。盖有父洵重国财利与民乐利之心意在也。

（1）称名

《东坡易传》由老苏轫发，而建构思想体系，东坡总成之。弟辙则有辅助促成之功。故是作可谓凝聚父子三人之心血。根据各种著录，此书有十数称名：

苏氏毗陵易传、毗陵易传、苏文忠易传、东坡易传、苏氏易传、苏轼易传、苏东坡易解、东坡易解、大易疏解、苏氏易解、东坡先生易传、东坡先生易解、易传、苏长公易解等。④

东坡书成，生前并未发表，但托之钱世雄，称“三十年后，会有知者”。其书称谓在宋代已不一致。至《四库全书总目》著录，以《易传》

① 《易传》卷一。

② 《朱子语类》卷一三九。

③ 详可参清儒胡渭《易图明辨》之精审剖析。

④ 此书称名与不同年代版本有关，详可参金生杨《苏氏易传研究》，第 67—70 页所载。

乃三苏合力之撰，而东坡总其成，当“题为轼撰”遂保留《东坡易传》之名称。

（2）继作抑独力完成

老苏精研六经诸学，将心得撰成《六经论》，《易论》即其一。他提出：“圣人之道，所以不废者，《礼》为之明，而《易》为之幽。”①

他以“十年读《易》费膏火之功夫”“作易传百余篇”。自信“此书若成，则自有易以来，未始有也”。② 他晚年尤好易，陈叔谅曰：

> 先生晚而好易，曰：“易之道深矣，汩而不明者诸儒以附会之说乱之；去之。则圣人之旨见矣。”作易传未成。③

洵以为易理不彰，乃历来附会者所乱也。他发愤著述，惜未就而卒。

可见《易传》乃父洵所发轫，未竟而卒，命二子继述。据苏籀云：

> 公言先曾祖晚岁读《易》，玩其爻象，得其刚柔远近喜怒逆顺之情，以观其词，皆迎刃而解。作《易传》未完，疾革，命二公述其志，东坡受命卒以成书。（略）东坡独得文王伏羲超然之旨。公乃送所解于坡。④

读此知坡公乃承父遗志继作，然彼经历忧患，身世之感体认必深。颇于文王伏羲超然之旨，有独到之感悟也。

东坡受命继作，书撰初成，已是“乌台诗案”发，宦途大挫时矣。东坡贬黄后，撰成易传与论语，有献文彦博书曰：

> 到黄州，无所用心，辄复覃思于易、论语。端居深念，若有所得，遂因先子之学，作《易传》九卷（下略）⑤

---

① 苏洵：《嘉祐集》，《送蜀僧去尘》。

② 同上书，《上韩丞相书》。

③ 陈叔谅等编：《重编宋元学案》卷十四《眉山学案·苏老泉先生洵》。

④ 苏籀：《栾城先生遗言》，中华书局 1985 年版，第 2 页。

⑤ 苏轼：《文集》。

阅此知东坡于坎坷之时，致力于易，颇有推明上古绝学，表先儒未及之意。今就弟辙三篇易说对校，显然与东坡易颇有异。① 可见辙曾以所解易致兄，东坡或参酌采用。

虽云东坡在黄州已撰写《易传》九卷，却非最后定稿。据邵博云：

晁以道为予言：尝亲问东坡曰："先生《易传》当传万世。"曰："尚恨某不知数学耳。"②

按晁、苏交往，此段所载当是《易传》初撰成，与最后定稿之前。彼钻研过程，颇以数学不精为憾，即知勤于用功矣。东坡最后贬至儋州，生涯极艰辛，然"独与幼子过处，著书以为乐"（见《宋史·本传》）。所著书即有《易传》。东坡致端叔书云：

所喜者，海南了得《易》《书》《论语》传数十卷，似有益于骨朽后人耳目也。③

吾人读其诗，有"弃书事君四十年，仕不顾留书绕缠。自视汝与丘孰贤?《易》韦三绝丘犹然，如我当以犀革编"之句。④ 则其研易功深，犹过孔子读易"韦编三绝"也。故弟辙为道乃兄书成之自负（轼）既成三书，抚之叹曰："今世要未能信，后有君子，当知我矣。"⑤

总之，是书为老苏创始，构成思想体系，弟辙亦于其兄乌台诗案遭贬而受牵连，而注经不辍，颇能激励东坡于逆境，将易传再三订正。则《易传》凝聚父子三人之心血，乃可肯定者也。

---

① 同苏籀上书云："公乃送所解予坡，今蒙卦独是公解。"可见弟辙《蒙》卦精辟，故舍己而用彼。

② 邵博：《邵氏闻见后录》卷二十。

③ 苏轼：《文集》卷五十二《与李端叔十首》第三简。

④ 《诗集》卷四十一《夜梦》。

⑤ 苏辙：《亡兄子瞻端明墓志铭》。

二　朱子驳《苏氏易传》为杂学之辨

据韩非云：

> 今兼听杂学缪行同异之辞，安得无乱乎?①

此指各杂乱之说混而言之。

又《尉缭子》谓：

> 野物不为牺牲，杂学不为通儒。②

则是儒者本色欠鲜明而乏体系者。至班固论学术源流曰：

> 杂家者流，盖出于议官，兼儒、墨，合名、法。③

班氏所指已为糅合、折衷各家流派之学说矣。后世则概以“杂学”指称科举文章以外之种种学问，甚至《四库全书》分类法之中，某一子目，亦自“杂学”之基本义生出也。

朱熹所称之“杂学”，除沿前人驳杂不驯之特征与贬义，又有时代之内容。

虽内涵难确指。就其《杂学辨》观之，“杂学”乃杂糅儒释道之苏学也。④

（一）新儒学与苏学体用之异

宋儒为复兴儒学，力排佛教以申昔圣之教。唯儒学重伦理之教，少哲理之辨。故如何纳融佛老有关性命之理，使儒学发展为既重伦理、礼法，

---

① 《韩非·显学》。

② 《尉缭子·治本》。

③ 班固：《汉书·艺文志》。

④ 可参阅粟品孝《朱熹与宋代蜀学》，高等教育出版社 1998 年版，第 61—64 页。

复富哲理思辨之新学，诚宋儒重大之使命也。故此，深究论孟，竞谈周易，成宋初之风尚。作为理学重镇之朱熹，与苏氏昆仲以至门学士，均致力于此。

三苏既为蜀学之领袖人物，自成一之思想。尤以东坡为古文大家，其一以贯之之“道”，与当时二程洛学、王安石新学分庭抗礼。“道”之弘扬，见于苏氏及其门人之词章多矣。苏氏父子于《周易》《尚书》《诗经》《春秋》亦大有所得。秦观评其师曰：

> 苏氏之道，最深于性命自得之际。[①]

其哲思可于易传见之。

据《四库提要》评骘，谓“《东坡易传》九卷，宋苏轼撰（略）是书一名《毗陵易传》。陆游《老学庵笔记》谓其书初遭元祐党禁，不敢显题轼名”。[②] 至于苏氏易学，大致近王弼之说，却以人事义理为主：

> 推阐理势，言简意明，往往足以达难显之情，而深得曲譬之旨。盖大体近于王弼，而弼之说，惟畅元风。轼之说多切人事。其文词博辨，足资启发。（略）解乾卦彖传性命之理诸条，诚不免杳冥恍惚，沦于异学。[③]

晁说之亦有“其学杂以禅”。究竟此书掺杂何家何派？所“杂”之成分又若干？但就理学之哲思为梳理与之比对，则根本异同显然可见也。

朱熹之学承二程子之说，乃集理学之大成者。他论性命义理，自是本乎理学，认为道与性皆可见。而东坡则视道与性乃纯然之本体概念，非有善与仁义礼智等伦理属性。其言曰：

> 阴阳交而生物，道与物接而生善。物生而阴阳隐，善立而道不见矣。故曰：继之者善矣，成之者性也。仁者见道而谓仁，智者见道而谓之智。夫仁智，圣人之所谓善也。善者道之继，而指以为道则不

---

① 《易传》卷一。

② 《易传》卷七《系辞传》上。

③ 同上。

可。(略)昔者孟子以为性善，以至矣。读《易》而后知其未至也。孟子之于性，盖见其继者而已。[①]

他以为孟子“未及见性”，从而否定纲常之基石——性善论。朱子视孟子“道性善，盖探其本而言”，使仁义礼皆“根于性”。换言之本体与伦理乃统一者，即体用一源。若按东坡之说，本体与伦理分离，亦体用分离，无怪乎朱子谓已沦于“异端”，与佛老无别。

此实则未引全东坡之说。苏续曰：

死生祸福莫非命者，虽有圣智莫知其所以然而然。君子之于道，至于一而不二，如手之自用，则亦莫知所以然而然矣。此所以寄之命也。

情者，性之动也，泝而上至于命，沿而下至于情，无非性者。性之与情，非有善恶之别也。方其散而有为，则谓之情耳。命之与性，非有天人之辨也。至其一而无我，则谓之命耳。[②]

东坡以为古人言性，其法未当。以物状理不足令人辨识事物，其要在践行交接，否则只能得其似耳。“死生祸福”之“莫知其所以然而然”亦犹体道之秘奥，莫知“所以然而然”，但能“超然与如来同”。毕竟器之于手，不“如手之自用”之谐顺也。至于情、性、命，均相通者也。唯基本之异，在道性不蕴含伦理。

盖理学纳礼法于性理，且将伦理道德提升至宇宙本体。使伦理观与本体论结合以达体用一源。显与不含礼法之佛老性命论有别。朱子云圣人之学所以异乎老释之徒者，以其精粗隐显，体用浑然。[③]

其意分明标出儒家讲体用一源，与佛老体用分离异。此可视作崇儒反佛之宣言。朱子且将儒释之辨作为理学之要务：

---

① 《易传》卷九《说卦》。

② 秦观：《淮海集·答傅彬老简》。

③ 《朱子大全》卷三十八《答江元适》。

程氏之门千言万语，只要见儒者与释氏不同处。①

反观苏学，其性命概念则是较纯粹之哲学范畴，虽与伦理有关，唯本身却不具伦理属性，且本质与伦理、礼法分离而非一体。如此一来，苏学之性命哲思在本体论上未与佛老作根本之区别，反成沟通三教之基础。苏辙尝言：

"东汉以来，佛法始入中国，其道与老子相出入，皆《易》所谓形而上者。"亦即"老、佛之道与吾道同"。②

既然"道"此一性命论之核心与本体概念，并不包括礼法，非但失去佛老之哲学基础，且为佛老之存在提供合理之依据。子由且强调：

"老佛之道非一人之私说也，自有天地而有是道矣"。有"不可去之理"，有"不去而无害于世者"。③

职是之故，苏子匪但不排佛老，反力倡三教融三苏既为蜀学之领袖人物，自有一家之思想。

且最终于《老子解》完成其理论构建。东坡评此书曰：

使战国时有此书，则无商鞅、韩非；使汉初有此书，则孔老为一；晋宋间有此书，则佛老不为二。④

苏学既与佛老之性命理论同属体用分离，则佛老之徒与好佛老之儒遂引苏氏为同道，浸然助长老佛之发展。反之，奉理学为正宗者，则以其学渊源佛老，既儒、释、道混和，乃是"杂学"。寻且视苏学为佛老"异端"，是"邪学"。朱熹既取用释家之思辨手法，复以正统纯粹之新儒学宗师自居，自于儒释严其分际。既苏氏公开援佛老以糅合三教，且其学与佛老思

① 《朱子大全》卷四十三《答林择之》。

② 《栾城后集》卷十《历代论·梁武帝》。

③ 《栾城三集》卷六《策问》。

④ 苏轼：《文集》卷六十六《跋子由老子解后》。

想之结构近似，不啻助长佛老势力，而有威胁儒学正统之虞。遂宣称其“乱吾学之传而失人心之正”,[①] 而将苏氏之说定为“杂学”而斥之。

其次，朱子为树理学之一统，自于与此有异之学说加以排斥。新儒学兴起于学派林立之间，加以三教之争正交错进行。先是二程子以不“杂”佛老之纯儒自居。[②] 意者唯理学一派始是纯儒之学，乃上接孔孟，为儒学之正统。余者如王安石、苏轼等，均“杂糅”佛老，不得为纯儒。然当时却是王安石“新学”成为官学，以“一道德”、“同天下”自命，俨然儒学正统。迨乎朱熹出，承二程以标举理学一统，而反王、苏之学，乃极自然者也。

（二）朱子《杂学辨》驳《苏氏易传》按说

东坡文学之外，经学之三大著作，今传世者有《易传》九卷，《书传》十三卷。《论语说》则已亡佚。其《易传》自《易》以发挥宇宙人生哲学。

朱子《杂学辨》由何镐刊行于乾道二年（1166）冬。朱子隆兴二年（1164）秋，曾列举东坡易中性命“阴阳”之语，学者一般遂定此文完成时间在隆兴与乾道之间。[③]

朱子检视《东坡易传》，谓东坡只是“气习之弊”，评其“学儒不至而流于诐淫邪遁之域，（略）病其学佛未精，而滞于智虑言语之间”。有关“性命诸说，多出私意，杂佛老而言之，性命说尤可笑”。

他进而指《易传》“惟发明爱恶相攻，情伪相感之义，显得粗疎”。[④] 故此，朱氏拈出十九条以驳之。其中辨文义四条。一条未尽其说，却无病。如此说来，朱子不认可者仅十四条，占全书百分之一而已。何况朱子亦同意“其于物理上亦有看得著处”。应有存在价值。[⑤]

事实上，后来李衡《周易义海撮要》、丁易东《周易象义》、董真卿《周易会通》皆有采录其说。

朱熹于辨之起首，即强调《易》发明昔圣性命之理，而苏氏只凭臆测：

---

① 朱熹：《朱子大全》卷七十二《杂著·杂学辨·苏氏易解》（以下简称《易解》）。

② 《河南程氏遗书》卷二上云：“某接人多矣，不杂者三人：张子厚（载）、邵尧夫（雍）、司马君实。”

③ 可参考粟品孝《朱熹与宋代蜀学》所考证，第51—52页。

④ 《朱子大全》卷七十二《杂学辨》。《苏氏易解》（以下简称《易解》）。

⑤ 同上。

乾之彖辞发明性命之理，与《诗（经）》、《中庸》、《孟子》相表里；而《大传》之言，亦若符契。苏氏不知其说，而欲以其所臆度者言之；又畏人之指其失也。故每为不可言、不可见之说以先后之，务为闪倏滉漾。不可捕捉之形，使读者茫然。虽欲攻之，而无所措其辨。①

朱子云东坡不懂性命之理，但凭臆说，言辞闪烁，令人不可捉摸，以掩饰一己之无知。已非论学而入于人身攻击。实则苏氏所体认如是。观乎所首驳“大哉乾元！万物资始乃统天”条。苏氏曰：

此论元也。元之为德，不可见也。其可见者，万物资始而已。天之德不可胜言也。惟是为能统之，此所以为元也。②

朱子于此彖辞辨曰：

四德之元，犹四时之春，五常之仁，乃天地造化发育之端，万物之所从出。故曰“万物资始”。言取其始于是也。存而察之，心目之间，体段昭然，未尝不可见也。惟知道者乃能识之。是以苏氏未之见耳。不知病此，顾以已之不见为当然，而谓真无可见之理，不亦惑之甚与？③

朱子斥东坡说“惑之甚”者，乃朱子以天德为可体现者。东坡则以

① 《朱子大全》卷七十二《杂学辨》。《苏氏易解》（以下简称《易解》）。

② 苏轼：《易传》卷一（以下简称《易传》）。

③ 朱子全书，《易解》卷七十二。

勋按：亨乃见于《周易》首句：“《乾》：元亨利贞”。有三解：

一、唐李鼎祚《周易集解》：i）“元，始也。亨，通也。利，和也。贞，正也”（出子夏传）。ii）《文言》曰：元者，善之长也。亨者，嘉之会也。利者，义之和也。贞者，事之干也。

此两说均视为四德。

二、《彖传》：“大哉乾元，万物资始（略）乃利贞。”此释亨为“通”，即化生万物。利贞合言，作通顺解。并元亨释为三德。

三、李镜池《周易通义》：“元亨约同于大吉。”“利贞，利于贞问。”即占问有利，乃言占卦；非讲德性。则东坡此处言“亨”宜作通顺解。

为“不可见”、“不可胜言”。盖朱子将天道观与伦理观合而言之，认定宇宙之最高本体亦即道德之本源。故此视《易》乾之元亨利贞四德，即四季之春天，属于伦常关系之“仁”。乃生物之源，万物从此生出，只要存养省察，自是“心目之间，体段昭然”显然可见者，此凡求道者即能切实把握领受之道理。东坡却说“不可见”。盖东坡所体认之天道，是超言绝象、统万有于一，却非伦理道德之根源。故朱子认为东坡肤浅得不识天道，自不能于生命中体验天道。甚至是缺失。

其实，朱子所驳，乃本乎传统之说（五常之仁），若与之持论有异即是“病”，可谓牵强专断也。况论天地本源化生之奥秘，恐其详非《易》能尽窥。东坡谓“不可见”，是出乎对天理高深之感。他以“能统”来认定天德之性质，可谓以简御繁。盖天之德岂可胜言哉！

> 东坡于“云行雨施品物流形”，但云“此所以为亨也”，[①] 至于“大明终始，六位时成，时乘六龙以御天”句，则谓“此所以为利也”。[②]

朱子即驳曰：

> 愚谓此言圣人体元亨之用，非言利也。[③]

朱子前段谓“四德之元”乃“万物所从”。故“万物资始”乃无可置疑。今朱子既云“元”（始也）统天（属天），天之元气化生万物。“万国咸宁”，非“和”莫属矣。却又斥东坡之解“言利”（和）之非。

> 至于“乾道变化，各正性命，保合大和”。东坡谓“此所以为贞也”。

① 苏轼：《易传》卷一。

② 朱熹：《易解》。

③ 同上。

朱子却认为乃“兼言利贞，而下句结之也”。即“利”与“贞”合之，且以之作下句之结。故东坡于“乃利贞”一语，评断为“并言之也”。朱子却指“利贞”，仅结上“乾道变化”句，却与上句“大明终始，六位时成，时乘六龙以御天。不相蒙。苏氏之说亦误矣”。朱子以为此两段文字，并不相遭（蒙），即彼此无必然联系成上下句，故“利贞”并结两句，是东坡之误也。东坡紧接释曰：

正，直也。（东坡原作“贞，正也。”）方其变化，各之于情，无所不至。反而循之，各直其性，以至于命，此所以为贞也。[①]

朱子驳曰：

品物流形，莫非乾道之变化，而于其中，物各正其性命以保合其大和焉。此干之所以为利且贞也。此乃天地化育之源。不知更欲反之于何地？而又何性之可直？何命之可至乎？若如其说，则“保合大和”一句无所用矣。[②]

朱子强调万物皆乾所变化而出，万物各得此生物之理，成为自己之性命。万物成形之后，各自保合此生理，方能自全。物自正其命以保合之即利贞。[③] 亦天地化育之本源。却不满东坡所云“各直其性，以至于命”。盖朱子自理学上道体所确认之内涵言之。东坡则正反以论，而又情、性、命分言之。东坡于《说卦》尝言：“君子贵性与命之。欲至于性命，必自其所以然者”，察饥食渴饮之不待学而能非自外入，即此是性矣。既“有性者，有见者，孰能一是二者，则至于命矣。此之谓逆”。他倡为“逆”，以上溯本初之体而至于命。既本得理顺，始能据本以辨没，理一以治众。从而使性发为情，则“邪正吉凶悔吝忧虞进退得失之情，不可胜穷也”。[④] 亦即“各之其情，无所不至”矣。《易传》卷九《说卦》朱子既本《中庸》“天命之谓性，率性之谓道”之教，而谓“命犹令也；性即理也。天

① 《易传》。

② 同上。

③ 《易解》卷七十二。

④ 东坡：《易传》卷一。

以阴阳五行化生万物，气以成形而理亦赋焉。犹命令也。于是人物之生，因各得其所赋之理，以为健顺五常之德，所谓性也。率，循也，犹路也。人物各循其性之自然，则其日用事物之间莫不有当行之路。是则所谓道也”。[①]故此，他反诘东坡推演性命之语悖乎先哲之旨，以致“保大和”句落空。

东坡曰：

> 古之君子，患性之难见也，故以可见者言性。以可见者言性，皆性之似也。[②]

朱子驳曰：

> 古之君子，尽其心则知其性矣，未尝患其难见也其言性也，亦未尝不指而言之，非但言其似而已也，且夫性者，又岂有一物似之而可取此况彼耶？然则苏氏所见，殆徒见其似者，而未知夫性之未尝有所似也。[③]

此缘苏氏以告瞽者物形，患其不识，又以一物状之，多物眩之而惑生为知“性”之喻。

朱子引《孟子》“尽其心者知其性”谓性非持似者比况以见。乃存在于己，自求即得之。

当东坡继续述修养性之所在曰：

> 君子日修其善，以消其不善。不善日消，有不可得而消者焉。小人日修其不善，以消其善，善者日消，有不得而消者焉。夫不可得而消者，尧舜不能加焉，桀纣不能逃焉。是则性之所在也。又曰：性之所在，庶几知之，而性卒不可得而言也。[④]

---

① 朱子：《四书集注·中庸》章句注。

② 《易传》卷一。

③ 《易解》。

④ 《易传》。

朱子于此，颇致赏会曰：

> 苏氏此言，最近于理。前章所谓性之所似，殆谓是耶？夫谓不善日消而有不可得而消者，则疑若谓夫本然之至善矣。谓善日消，而有不可得而消者，则疑若谓夫良心之萌糵矣。以是为性之所在则似矣。①

朱子以东坡之言与孟子性善近。彼善日消者，即孟子“牛山之木尝美矣，以其郊于大国也。斧斤伐之，（略）其日夜之所息，雨露之所润，非无萌糵之生焉。牛羊又从而牧之，是以若彼濯濯也。人见其濯濯也，以为未尝有材焉。此岂山之性也哉”。② 故许为道性之所在似孟子。实则东坡既视性得自天道，则具一定之质，无论人如何修为，终不得去人性。君子不可尽去其恶，小人不能尽去其善。亦即尧、舜有其恶，桀、纣有其善。此性之定分，本于自然也。自是否定性本身分善恶，不信孟子性善。

东坡复有非难孟子性善之论曰：

> 昔者孟子以善为性，以为至矣。读《易》而后知其非也。孟子之于性，盖见其继者而已。夫善，性之效也。孟子不及见性，而见夫性之效，因以所见者为性。性之于善，犹火之能熟物也。吾未尝见火，而指天下之熟物以为火，可乎？夫熟物则火之效也。③

于此，东坡以“火之能熟物”乃明显不过之事，是火之“效”，即可见者。他指出孟子“以所见者为性”，所以有善恶之别，在于对性之反观而作出之判断。而“善”则其“继（道）者而已”，亦即性从天道所得之某种德性。性与道之概念同级，则天道无善恶，性亦如是。要之，善恶之论于原本并不存在，乃出于昔圣之断定。众所共安者为善，人所独乐者为恶。善恶之生发当在人性存在之后。东坡既否定性具有可见之征，复以性本身不分善恶，是不信孟子“性善”，遂使儒家赖以入圣之基础动摇。

---

① 《易解》。

② 《孟子》卷六《告子上》。

③ 《易传》卷七。

此不无佛道色彩也。

朱子因是复曰：

> 而苏氏初不知性之所自来，善之所从立，则其意似不谓是也。特假于浮屠“非幻不灭，得无所还”者，而为是说，以幸其万一之或中耳，是将不察乎继善成性之所由，梏亡反覆之所害，而谓人与犬羊之性无以异也。而可乎？夫其所以重叹性之不可言。盖未尝见所谓性者。是以不得而言之也。[①]

朱子驳东坡“不知性之所自来，善之所从立”，终是不能指明“性”果为何物，亦无从说明人之善德善行何由生发与证成。故论性流于无根空泛，岂异释氏“非幻不灭，得无所还”乎？遂不得以儒家所倡导之心性修养，去证成圣人工夫。且使人之性同于犬羊之性，则几沦人于禽兽矣。

东坡又曰：

> 圣人以为独有性者存乎吾心，则是犹有是心也。有是心也，伪之始也。于是又推其至者，而假之曰命。命，令也。君之命曰令，天之令曰命。性之至者非命也。无以名之而寄之命耳。[②]

东坡承上指出所谓性所表现的善恶，只能是社会共同行为规则与价值衡量，却不可根据某个人（圣人）之是非观或自以为是之体认去作判断。故此，他指有此种成心（“有是心”）就是伪之始，即人为之判断。东坡曰：若依照如此推论至一地步：“假之曰命”，即人性之内涵亦可借“命”去理解。命即命令，其中包含“使然”（命）与“必然”（令）。要之，东坡以性为人之所以为人之内在规定，乃必然而不可逃者，但没有使然者（“性之至者非命也”）。因以是，必然之实质含义，乃是自然而然者。东坡以“无以名之而寄之命”，实即谓人自然而然地发挥人性之作用，既不企羡而高骛，亦不锢封以贬抑，唯顺其自性而发之耳。可见性与命亦犹性与情，既可置于相对之关系去理解，复在根本之意义统一也。

---

① 《易解》。

② 《易传》卷一。

朱子指其谬曰：

> 苏氏以性存于吾心，则为伪之始，是不知性之真也。以性之至者非命，而假名之，是不知命之实也。如此则是人生而无故，有此大伪之本。圣人又为之计度隐讳，伪立名字以弥缝之。此何理哉！此盖未尝深考夫《大传》《诗》《书》《中庸》《孟子》之说，以明此章之义，而溺于释氏“未有天地，已有此性”之言。欲语性于天地生物之前，而患夫命者之无所寄。于是为此说以处之。使两不相病焉耳。①

朱子对于东坡论性不本《诗》《书》《庸》《孟》，与其所倡性理之学自“性善”切入，全无契合之处，遂以“溺于释氏”斥之。且谓其不知性命之说——“性即理”说，故所言“支离淫遁”。

至于宇宙本体之“道”，东坡视为“无”，乃超言绝象者，故不可名状与言说。盖可见可述乃有形之物，却非“道”。其言曰：

> 圣人知道之难言也，故借阴阳以言之，曰：“一阴一阳之谓道。”一阴一阳者，阴阳未交而物未生之谓也。喻道之似，莫密于此者矣。阴阳一交而生物，其始为水，水者无有之际也。始离于无而入于有矣。老子识之，故其言曰：“上善若水。”又曰：“水几于道。”圣人之德，虽可以名而不囿于一物，若水之无常形。此善之上者，几于道矣，而非道也。若夫水之未生，阴阳之未交，廓然无一物，而不可谓之无有，真道之似也。②

东坡之论阴阳，乃道体之“一”起始运作所表现之两变化，介乎道与物之间，有衍生万物之潜能，却超越物象见闻，且以水为喻，可谓“生生之祖”。非可限，亦非可感知察识。故以“似”“难言”表之。颇见神秘玄虚。

朱子于焉斥曰：

---

① 《易解》。

② 《易传》卷七。

一阴一阳往来不息，举道之全体而言，莫著于此者矣。而以为借阴阳以喻道之似，则是道与阴阳各为一物，借此而况彼也。阴阳之端，动静之机而已。动极而静，静极而动，故阴中有阳，阳中有阴，未有独立而孤居者。此一阴一阳所以为道也。今曰“一阴一阳者，阴阳未交而物未生，廓然无一物，不可谓之无有者，道之似也”。然则道果何物乎？此皆不知道之所以为道，而欲以虚无寂灭之学，揣摩而言之，故其说如此。①

朱子指东坡不明“道”与“阴阳”之相依不离，故互为比况，似“道”与“阴阳”各为一物。复将阴阳“独立孤居”，则是不知阴阳动静变化之机。甚至昧于“道”实挂搭于“阴阳”之上以见，则匪但不识“阴阳”，亦不识“道”。所说虚无寂灭矣。

东坡曰：

死生寿夭，无非命者，未尝去我也。而我未尝觉知焉。圣人之于性也至焉。则亦不自觉知而已矣。此以为命也。又曰命之与性，非有天人之辨也。于其不自觉知，则谓之命。②

朱子以其说附会，非经之本旨：

如苏氏之说，则命无所容；命无所容，则圣人所谓至命者，益无地以处之。故为是说以自迷罔，又以罔夫世之不知者而已。岂有命在我而不自觉知，而可谓之圣人哉！苏氏又引文言利贞性情之文附会其说，皆非经之本旨，今不复辨。③

朱子于此，根本不辨，但搪塞一句“命无所容，则圣人所谓至命者，益无地以处”耳。实则东坡就《乾·文言》“保合大和乃利贞”尝有说曰：

---

① 《易解》。

② 《易传》。

③ 《易解》。

《易》曰："大哉乾乎，刚健中正，纯粹精也。"夫刚健中正，纯粹而精者，此《乾》之大全也，卦也。及其散而有为，分裂四出而各有得焉，则爻也。故曰："六爻发挥旁通，精也。"以爻为情，则卦之为性也明矣。"乾道变化，各正性命，保合大和，乃利贞。"以各正性命为贞，则情之利亦明矣。又曰："利贞者，性情也。"言其变而之乎情，反而直其性也。①

他以卦义"刚健中正"粹精，则卦是"性"，其"散而有为分裂四出"则是"爻"，"情"也。六爻变动，有：潜、见、惕、跃、飞、亢之别，可见情之变动。故"情者，性之动也"。东坡视"利贞者，性情也"之"利""性"二字为动词。② 程颐亦谓"性其情"皆源于王弼也。因是，东坡遂有"变而之乎情，反而直其性"之结。此自然而然，由变反定，由动而反静，本质上异乎理学"存天理、灭人欲"也。

东坡既以"死生寿夭"皆命，未尝觉知；性出于天，情有喜怒哀乐之发，彼此相通。一切出乎自然，"虽有圣智，莫知其所以然而然"，则命与性，"非有天人之辨"矣。

于"首出庶物，万国咸宁"并未列出东坡之说。朱子但曰：

此言圣人体利贞之德也。苏氏说无病，然其于章句，有未尽其说者。③

东坡云：

至于此，则无为而物自安矣。④

据刘瓛曰：

---

① 《易传》。

② 王应麟：《困学纪闻》卷一："利贞者，性情也。"王辅嗣注："不性其情，何能久行其正？"程子《颜子好学》论性情之语本此。

③ 《易解》。

④ 《易传》。

阳气为万物之所始，故曰“首出庶物”。立君而天下皆宁，故曰“万物咸宁”也。[①]

东坡视此化生万物者乃“无为”，亦足以安妥矣，仍是自然而然者。于“一阴一阳之谓道，继之者善也，成之者性也”。

东坡曰：

阴阳果何物哉？虽有娄、旷之聪明，未有能得其髣髴者也。阴阳交然后生物，物生然后有象，象立而阴阳隐。凡可见者，皆物也，非阴阳也。然谓阴阳为无有可乎？虽至愚知其不然也。物何自生哉？是故指生物而谓之阴阳，与不见阴阳之髣髴而谓之无有，皆惑也。[②]

东坡于此，论道本体（阴阳）之存在，乃由事物生成之现象推知，即“交然后生物，物生然后有象。象立而阴阳隐”物非阴阳，乃其生之物象（行为本体），亦即将本体与现象（道乃现象本体，人性则为行为本体）、人性与行为设定为二元，其间有必然之联系，又非绝对等同。既非否定阴阳谓“阴阳为无有”，则本体虽“隐”（不可见）却必然存在“可见者皆物也”。由于是高度抽象者，故曰“不见阴阳之髣髴而谓之无有，与指生物而谓之阴阳皆惑也”。

换言之，如何演绎此抽象之道，往往因人而异。同时道、性是纯然之本体概念，并无善与仁义礼智等伦理属性。

朱子则以阴阳触目可见曰：

阴阳盈天地之间，其消息阖辟终始万物，触目之间，有形无形，无非是也。而苏氏以为象立而阴阳隐，凡可见者皆物也，非阴阳也，失其理矣。达阴阳之本者，固不指生物，而谓之阴阳，亦不别求阴阳于物象见闻之外也。[③]

---

① （唐）李鼎祚：《周易集解》引刘瓛注语。

② 《易传》。

③ 《易解》。

朱子斥东坡“可见者皆物也，非阴阳也”为“失其理”。他强调“不别求阴阳于物象见闻之外”，乃反对将本体论与伦理观分割，即体用分离之说。朱子持定道、性本身蕴含美善与仁义之伦理属性。自本质言之，美善与仁义亦即道、性。一如他称扬孟子“道性善，盖探其本而言”。仁义礼智乃“根于性”者。如此，则本体论与伦理观始统一，体用乃一源矣。要之，将伦理观与宇宙本体等视，正是理学之特征也。

东坡继曰：

> 阴阳交而生物，道与物接而生善，物生而阴阳隐，善立而道不见矣。故曰继之者善也，成之者性也。仁者见道而谓之仁，智者见道而谓之智。夫仁智，圣人之所谓善也。善者道之继，而指以为道则不可。今不识其人而识其子，因之以见其人则可以，谓其人则不可。故曰：继之者善也。学道而自其继者始，则道不全。（略）未尝见火而指天下之熟物以为火，可乎？夫熟物则火之效也。①

东坡“阴阳交而生物，道与物接而生善，物生而阴阳隐，善立而道不见矣”。数句，乃就宇宙论以说人生将“性体”与“善德”分说，人类具先验之善遭否定。此道家之本体哲学也。

东坡复以性之于善，犹生子为人之继，熟物为火之效。故可谓之“道之效”，或“道之继”（性从道所获得之得），却非“道”之本身。若指“善”为“性”，为道，则是体用不分，本继无别，若学道自此始基，无从把握“道之全”矣。如是则人性本然，原无所谓善与恶，乃宇宙道以一种“不可得见”、“无以名之”之真实存在耳。

朱子续谓：

> 继之者善，言道之出无非善也。所谓元也。物得是而成之，则各正其生命矣。而所谓道者，固自若也。故率性而行，则无往而非道。此所以天人无二道，幽明无二理，而一以贯之也。②

① 《易传》。

② 《易解》。

朱子总据孟子性善、中庸之说，认定“性只是理，则无往而不善；发不中节，然后不善”。

由于天所禀赋在人者为性，故理未有不善，性亦如之。是并宇宙人生为一贯，即体即用，天人无二，形上形下交融。既性本善，则修善成圣为可能，此固守儒家主体道德之人本哲学也。《朱子语类》卷五十九唯于东坡“阴阳交生物”而“阴阳隐”“善立而道不见”驳斥为立“言之谬”。盖“道与物接则是道与物为二”而无法一以贯之。且于“善”之源起，无从以进探其本。朱子所殷殷着眼者，在“天人无二道，幽明无二理”也。

东坡曰：

> 敢问性与道之辨？曰：难言也。可言其似道之似，则声也。性之似，则闻也。有声而后闻耶？有闻而后声耶？是二者果一乎？孔子曰：“人能弘道，非道弘人。”[①] 又曰：“神而明之，存乎其人。”性者，所以为人者也。非是无以成道矣。[②]

东坡以性不能见，乃有如声（道）之得闻之有，亦犹道不可见，却可听闻，不能谓之无。究竟有声（道）而后闻（性）欤？

若性与道是同一级之概念，则二者应属同一本质者，则天道无善恶，性亦应无善恶。又或是不同级之概念，应作二类视之？

朱子谓：

> 子思子曰：率性之谓道。邵子曰：性者，道之形体也。与《大传》此章之旨相为终始，言性与道未有若此言之著者也。苏氏之言，曲譬巧喻，欲言其似而不可得，岂若圣贤之言，直示而无隐耶？昔孔子顺谓公孙龙之辨机，能令臧三耳矣。然谓两耳者甚易而实是也。谓三耳者甚难而实非也。将从其易而是者乎？将从其难而非者乎？此言似之矣。[③]

---

① 《论语·卫灵公》注曰：“才大者道随大，才小者道随小，故不能弘人。”《正义》曰：“道随才为大小，故人能自大其道，即可极仁圣之诣，而非道可以弘人。”

② 《易传》。

③ 《易解》。

朱子大致以理学传承自正统儒典之语为说，且以公孙龙子名学之说辨“三耳”，难而实非。东坡所论类此，不屑置辨。实则，无可辨也。

东坡于“仁者见之谓之仁，知者见之谓之智。百姓日用而不知。故君子之道鲜矣”句曰：

属目于无形者，或见其意之所存，故仁者以道为仁，意存乎仁也。知者以道为智，意存乎智也。贤者存意而妄见，愚者日用而不知，是以君子之道，成之以性者鲜矣。①

东坡以性“无形”不可见，异乎朱子言性乃实在可见，更以朱氏视性为入圣成道之用不合。

朱子指称：

苏氏不知仁智之根于性，顾以仁智为妄见，乃释老之说。圣人之言，岂尝有是哉。谓之不见其全则或可矣。又曰：君子之道，成之以性者鲜矣。”文义亦非。②

朱子以东坡视性为纯然本体概念，并无伦理属性（仁智），如此则本体论与伦理观分离，则是释老之说矣。

于“原始反终，故知死生之说”。东坡谓：

人所以不知死生之说者，骇之耳。原始反终，使之了然而不骇。③

朱子曰：

人不穷理，故不知死生之说，不知死生之说，故不能不骇于死生之变。苏氏反谓由骇之而不知其说。失其指矣。穷理者原其始之所自

---

① 《易传》。

② 《易解》。

③ 《易传》。

> 出，则知其所以生；反其终之所归，则知其所以死。夫如是，凡所以顺生而安死者，盖有道矣。岂徒以了然不骇为奇哉。苏氏于原始反终言之甚略，无以知其所谓然。以不骇云者验之，知其溺于坐亡立化，去来自在之说以为奇，而于圣人之意则昧矣。①

张载《西铭》有“生，吾事也；死，吾宁也”语，此朱子“顺生而安死”所本。东坡并非于死生有所惧，但谓人“不知”而骇耳。若得究明之，宜不骇也。却非骇而不知。东坡既言之“甚略”，故朱子视其“溺于坐亡立化”盖援释之说也。

于“精气为物，游魂为变，是故知鬼神之情状”句。

东坡曰：

> 物，鬼也；变，神也。鬼常与体魄俱，故谓之物。神无适而不可，故谓之变。精气为魄，魄为鬼。志气为魂，魂为神。故《礼》：体魄则降，志气在上。郑·子产曰：“其用物也弘矣。其取精也多矣。”古之达者，已知此矣。一人而有二知，无是道也。然而有魄者，有魂者，何也？众人之志，不出于饮食男女之间，与凡养生之资。其资厚者，其气强；其资约者，其气微。故气胜志而为魄。圣贤则不然，以志一气，清明在躬，志气如神，虽禄之天下，穷至匹夫，无所损益也。故志胜气而为魂。众人之死为鬼。而圣人为神，非有二致也，志之所在者异也。②

东坡认为精气为魄、为鬼、为物，原是有形可见者。至于志气之为魄、为神、为变，虽无适而不可，不拘一形，仍于变化功能中“可见”者。彼“精气”“游魂”既“可见”，当属形而下者，又焉能使万物生发，为吉凶变化之根源乎？

唯东坡特为指出，持“志”于圣人之重要，足以统御“气”，虽贵有天下，穷至匹夫，亦于人无所增损。此非《孟子》“持其志，毋暴其气”，乃大丈夫之存养欤？故与众人异者，“志一气”也，死后足为神矣。论者

① 《易解》。

② 《易传》。

或谓东坡以“众人之志，不出饮食男女”，死后为鬼。此似证明上智与下愚不移，与理学区分“天地之性”与“气质之性”无别矣。

朱子曰：

> 精聚则魄聚，气聚则魂聚，是以为人。物之体至于精竭魄降，则气散，魂游而无不之矣。降者，屈而无形，故谓之鬼；游者伸而不测，故谓之神。人、物皆然，非有圣愚之异也。孔子答宰我之问，言之详矣。苏氏盖不考诸此而失之。子产之言是，或一道而非。此之谓也。①

朱子谓孔子答宰我之问，已详人、鬼、神、魂。按查《论语》，有“子不语怪、力、乱、神”。至于答宰我有三：一为哀公问社于宰我，子以所对非而责之（见《八佾》）。二为宰予昼寝，子斥其“朽木不可雕”（见《公冶长》），三为守三年之丧。

子斥其不仁（见《阳货》），却并无答宰我论鬼、神、魂等事，或朱子误记。

孔子提及子产，曰“惠人也”（《宪问》）；又谓其有君子之道四：其行己也恭，其事上也敬，其养民也惠，其使民也义（见《公冶长》）。

三　苏氏易致杂之由

苏易风格特有之家学

朱子曾谓“老苏说《易》，专得于爱恶相攻而吉凶生以下三句，他把这六爻似那累世相雠相杀底人相似看，这一爻攻那一爻，这一画克那一画，全不近人情”。② 就方法言，老苏专事阐发《易》“爱恶相交而吉凶生”等相克相攻之理。即强调事物之矛盾对立。朱子于评东坡易学则云：“东坡见他（老苏）恁地太粗疏，却添得些佛老在里面，其书自做两样。

① 《易解》。

② 《朱子大全》卷六十七。

亦间有取王辅嗣之说，以补老苏之说。"又指"东坡易说六个物事，若相咬然，此恐是老苏意"。此谓东坡易之特色在援佛老以调和矛盾；王氏玄学，虚无为宗，柔顺以应，缩小差别，足以兼顾矛盾之对立与统一。质言之，老苏侧重矛盾刚柔关系，东坡则强调和谐统一。既二人易学哲思风格有异，亦方法不同，从而恰好构成苏氏易学之体系也。要之，东坡易本乎蜀学一贯崇尚自由之风，兼容并包，精华统摄，成就家传之学。求其意却不拘章句，唯阐新义。纵父洵先有说，虽承之而不泥，务推陈以自标异。

1. 射策式之纵横放论

历来评论多以苏轼学术本出《战国策》苏秦、张仪纵横揣摩之说。①朱子于此颇有同感曰：

> 老苏父子自史中《战国策》得，之故皆自小处起议论。②

今就苏氏《易传》所表见者，不难感受射策式之放论。其间包括整饬政治之殷切，以至己身历练变革之深慨。从而使内容充盈历史沧桑与人情之调侃。彼于注解爻卦，时有宏论，间出冷语。如于《涣》卦之"利涉大川"于水大加发挥曰：

> 世之方治也，如大川安流而就下；及其乱也，溃溢四出而不可止。水非乐为此，盖必有逆其性者，泛溢而不已。逆之者必衰，其性必复。水将自择其所安而归焉。古之善治者，未尝与民争，而听其自择，然后从而道之涣之为言，天下流离涣散而不安其居。（中略）王至于有庙，而后可以涉大川。于是涣始有所归矣。有所归，而后有川，有川而后可涉。（下略）③

东坡以洋洋二百余字阐释为政之理。即此可见其文笔之纵肆。然而于兑卦"兑亨利贞。彖曰：兑，说也，刚中而柔外。说以利贞，是以顺乎天而应乎人。说以先民，民忘其劳。说以犯难，民忘其死。说之大，民劝

---

① 李焘：《续资治通鉴长编》卷四〇七赵挺之语。

② 《朱子大全》卷一三九。

③ 《易传》卷六解《涣》。

矣哉”。但冷冷道一句：小惠不足以劝民。①

读此不有调侃之意味欤？

2. 人情深透权谋达变

东坡于家庭之相处，其体认曰：

> 家人之道，宽则伤义，猛则伤恩。（略）言之有物也，行之有恒也，虽有悍妇暴子弟莫敢不肃然而未尝废恩。②

他所着眼，如何在“义”与“恩”之间把握适当分寸，且以言智慧之与坚定之践行一己爱之信念，纵子暴妻悍，未有不受感化也。

东坡以为“人惟好同而恶异”，是以为睽而作如下之解曰：

> 美者未必婉，恶者未必狠，从我而来者未必忠，拒我而逸者未必贰，以其难致而舍之，则从我者皆吾疾也。是以相率入于咎尔。故见恶人所以辟咎也。

东坡以“革卦”有“二女同居，其志不相得”。而析曰：

> 既不相得，又不相违，则不能无相攻。攻而不已，必有一胜。胜者斯革之矣。（略）“故夫革，不信（伸）于革之日，而信（伸）于已革之日。”“革而人莫不说（悦），非有德者，其孰能之。”革有大人小人之别：“非大人而革者，皆毁人而自成，废人以自兴。（略）若大人之革也，则在我而已，炳然日新，天下之所谓文者自废矣。”至于小人则革面而已，“朝为寇雠，莫（暮）为腹心，无足怪者”。

此指出唯有德者之革能令人悦。且有大人、小人之别，前者炳然日新，后者出尔反尔。观此可不戒惧乎？

他能以脱俗眼光，以透视人情，深入人性，得知人流露格外与蕴藏于内之相异者，不致断人事之有乖也。

---

① 《易传》卷六解《兑》。

② 《易传》卷四《家人》。

东坡也知强弱非所以正确判断之准：

自以为不足，虽弱有余；自以为足，虽强有所止矣。故其所尚，乃所以穷也。

彼自恃强，有所穷：自知弱，却有余裕。暹己之所有以示强，宜有戒慎欤？

四 朱易与苏易比观

（一）朱子易学略考

1. 撷释氏之思致

朱熹（1130—1200）字元晦，号晦庵，祖籍徽州婺源，生于福建尤溪。为闽派之代表。其学术源于二程，乃有宋集大成之理学家。易学则以《易学启蒙》与《周易本义》二书最著。[①] 有大量论易文字散见，于《文公易说》。黎靖德编《朱子语类》，收置有关易学之语录于卷六十五至卷七十七中。若单按其理气相即之说，承自程子（颐）颇见沿袭华严宗之“理事无碍”说。然朱子之哲思，虽同伊川，却更进一步，倡“理一分殊”[②] 但于“一理”与“众理”二者之关系，看法却颇有别。朱子以为：基本之“一理”，与显于各物物之“众理”完全一致。此即其有名之“月印万川”说。其言曰：

> 人只有一太极，物物亦有一太极（略）本只是一太极，而万物各有禀受，又各自存一太极尔。如月在天，只一而已。及散在江湖，

① 按《易学启蒙》乃朱子与蔡元定所合编，专论象数起源与占筮之法。《周易本义》之述作逾十年，书未成已遭传出摹印。清人李光地《周易折中》称“《本义》之作，实参程、邵两家以成书也。后之学者，言义理、言象数，但折中于朱子可矣”。

② 伊川所倡者，乃有名之“理一、分殊”说。即万物根本同为“一理”，乃形上之本体；然此“一理”显于各物时，则分为各种不同之“众理”，而此“众理”之每一种理，与某一物相即不离。同时，此“众理”虽与基本之“一理”非同，但二者间，却密切联贯。故伊川以为“万理归于一理”。

则随处而见，不可谓已分也。（略）不是割成片去，只如月印万川相似。①

朱子之说，实出于唐永嘉大师证语：

一月普现一切水，一切水月一切摄；诸佛法身入我性，我性遂与如来合。②

观此，可见朱子于形而上之“本体”（理）之绝对性与不可分割，提示明白，出于释氏。且“月印万川”之解，与华严宗因陀罗网境界及天台宗所谓——事物是如来藏全体，其中有一切法性之说极相仿也。

东坡于《易系辞下》传注如是云：

天地与人，一理也。道者，器之上达者也；器者，道之下见者也。其本一也。③

于此，所体认者，乃道之超然绝对。又强调天、地以至人道，皆同本一理，共此一道。（“夫道，一而已，然易之作，必因其贰者。”④盖有别于“贰”也。）甚至道之形上与形下，其共相亦“一”而已。

他进而又谓：

天地一物也，阴阳一气也。或为象，或为形，所在不同。故“在”云者，明其一也。⑤

就上所见，东坡不无释氏“一摄一切，一切摄一”之思，亦与“月印万川”近同。则朱子辨斥东坡“溺于释氏”，本人亦不免于援引佛以释

① 《朱子大全》卷九十四。

② 永嘉大师：《证道歌》。按：大师俗姓戴，名玄觉，字明道，浙江永嘉人。为禅宗六祖之法嗣。

③ 《易传》卷七。

④ 《易传》卷八。

⑤ 《易传》卷七。

理矣。

其次，朱子论理、气存在之先后曰：

要之，也先有理，只不可说是今日有是理，明日却有是气，也须有先后。且如万一山河大地都陷了，毕竟理却只在这里。①

此言“理在气先”，是本，是永恒之本体，表明“理”乃先验，第一性者。他复谓“理”乃万物之主宰：

太极，理也；阴阳，气也。气之所以能动静者，理为之宰也。②

朱子谓气由理之动而生。实则可谓宇宙万物之基本是理、气二元之综合物。此论颇与法相宗唯识论所谓第八识——阿赖耶识，为化生万物之根源相类。盖其间一面包蕴“真如”与“无明”，一面以此为化生万物之根本。至于“道心”与“人心”，“本然之性”与“气质之性”，皆不无混合，不离唯识论之影响也。

朱子指“释氏作用在性。（略）在眼曰见，在耳曰闻，在鼻嗅香（略），遍现俱该法界，收摄在一微尘，识者知是佛性，不识唤作精魂。”他说得也好。③

然而朱子亦颇看佛家与儒言性有异：

佛氏则只认那能视、能听、能言、能动、能思底便是性。（略）他最怕人说理字，都要除掉了。④

照朱子看来，儒家将理（客观之理）看作是性，而佛家却把知觉运动（主观之心理上之人格）看作性。所异者，儒家所谓性，包含理；而

① 《朱子大全》卷一。

② 朱子：《太极图说章句》。

③ 《朱子大全》卷六十。

④ 《朱子大全》卷一百二十六。

释氏所谓性，却空无所有。

抑有进者，朱子以为佛家只知“居敬”，不知“穷理”：

> 释氏于敬以直内则有之，义以方外则未有也。（略）只无义以方外，则连敬以直内，也不是了。①

朱子结言之：

> 佛氏偏处，只是虚其理。理是实理，他却虚了，故大本未立。②

所谓“大本”，自是守吾华昔圣所传之道统，穷究以止于至善也。朱子最后于释氏总评曰：

> 佛学之与吾儒，虽有略相似处，然正所谓貌同心异，似是而非者。③

虽然，朱子本乎儒家存养省心居敬，期遵大道而登圣域。唯当时释教盈天下，以其“空寂”之说，而不累于物欲也，则世之所谓贤者好之矣。以其有玄妙之说，而不滞于形器也，则世之所谓智者悦之矣。以其有死生轮回之说，而自谓可以不沦于罪苦也，则天下之佣奴（略）归之矣。（略）幸而一有间世之杰（略），又不能究其实见之差，（略）不能正之于天理全体之大（略）。吾徒又未尝教之以内修自治之实，而徒骄之以中华列圣之可以为重。则吾恐其不唯无以坐收摧陷、廓清之功，或乃往遗之禽，而反为吾党之诟也。④

朱子出于时代之需要以重建儒学，不免于释氏之思辨方式与理论有所借鉴援引，冀变革与深化经学。终于建构出新儒学——理学之理论体系。唯仍未摒绝释氏空有之说，而有恐“吾党坐垢”之叹。可见辨儒佛之匪易易也。

---

① 《朱子大全》卷六十。

② 同上。

③ 《朱子大全》卷六十，《答吴斗南书》。

④ 同上。

(1) 纳道教之书、图

朱子除渗有释氏之思外，承受道教之影响亦匪浅。他早年企慕仙道，中岁孜矻以道教之典籍为事。虽于卅一龄再从学李侗，拟与道教决裂却未果，反更深究道藏，大肆汲取以充实，并融入一己之学术体系。

朱子推崇《河图》《洛书》，作为解易之依据，其言曰：

天地只是不会说，借他圣人出来说。若天地自会说话，想更说得好些。如《河图》、《洛书》，便是天地画出底。①

朱子似极相信，且置此二图于《易经》卷首，作为解易之依据。自谓：

世传《河图》、《洛书》之旧，所以不敢不信者，正以其义理不悖，而验证不差尔。②

吾人于此见他于图、书信仰甚笃。然此实出于道士陈抟，非羲文周孔所述，已成定论。③

此外，朱子之自然哲学理论，承自周敦颐《太极图说》与《通书》。《太极图说》云：

阴变阳合而生水、火、木、金、土。五气顺布，四时行焉。五行，一阴阳；阴阳，一太极也。太极本无极也。④

至于《通书》，则道出天地生物曰：

二气五行，化生万物。五殊二实，二本则一。是万为一，一实万分。⑤

---

① 《朱子大全》卷二十六。

② 同上《答袁机仲书》。

③ 详可参清儒胡渭《易图明辨》之精审剖析。

④ 周敦颐：《太极图说》。

⑤ 同上书，《通书·理性命》第二十二。

以上所引书，几足以该朱子形上学之基本要点。唯将其中所谓“一”，更而说作“理”而已。

> 考周子《太极图》，相传亦出于道士陈抟。而察其内容则似由魏伯阳周易《参同契》。①

至于邵雍依《先天象数图》推衍出之先天易学。为朱子推重与采用者，亦源于道教。朱震谓：

> 陈抟以《先天图》传种放，放传穆修，修传李之才，之才传邵雍。②

又邵子著《皇极经世》，推天道以明人事，于朱子论天地开阖，国家兴替，以至世道盛衰等均有影响。可见其间接受道教感染之深矣。

朱子赏爱《阴符经》时有精语，以为“非深于道者不能作”（《阴符经考异》语），作《考异》一卷，考定之。此经首句云“观天之道，执天之行，尽矣”。可谓与朱子天即理之哲思一致，启发朱子将天理客观化、外在化。其中既讲宇宙论，亦言心性。尤其以“至无为宗，以天地文理为数，谓天下之故，皆自无而生有。人能自有以返无，则宇宙在手矣”之旨，恰合朱子哲学整套架构。《阴符经》旧题黄帝撰，有诸葛亮等六家注。实则此书出于唐之道士李荃伪造。要之，朱子之理论，含道教思想不少。

梁任公尝评理学曰：

> 须知所谓“无极”“太极”，所谓《河图》《洛书》，实则组织“宋学”之主要根据。宋儒言理、言气、言数、言命、言心、言性，无不从此衍出。周敦颐自谓“得不传之学于遗经”。程朱辈祖述之，谓为道统所攸寄。（胡）渭之此书，以《易》还诸羲文周孔，以图还

① 评参魏伯阳《参同契》所述《水火匡廓图》、《三五至精图》。此组合究成于陈抟，抑周子，则尚无从定断。

② 《宋史·儒林传·朱震》引其所著《汉上易解》。

诸陈、邵。(略) 自此，学者乃知欲求孔子所谓真理，舍宋人所用方法外，尚有别途。不宁维是，我国人好以"阴阳五行"说经说理，不自宋始，盖汉以来已然。一切惑世、诬民、汩灵、窒智之邪说邪术皆缘附而起。①

总之，朱子对道教之汲取，非字抄句袭，乃在形而上之层次，将道教之典籍，以校正注释方式作改头换面之吸收。他因道教内丹而承周敦颐，进而涉及邵雍，以究《易经》，统之以太极图与先天学，渐形理论之核心框架。然后引张载之"气"一元论，与二程之"理"（本体论）相结合。既解决形而上、形而下之矛盾，最后融入儒家之人伦社会观念。

（2）抟道家之精义

朱熹推崇《老子》与《庄子》，视为上乘之道家经典。于老子体用之述加以肯定，尤指称《老子》"谷神不死"章②，盖程子"生生"之意所本也。唯于老子谓"有生于无"则斥之。且于道与德分离不以为然。却于老子之非难仁义礼乐为之回护曰："他晓得礼之曲折（略）一似圣人用礼时，反若多事（指《礼运》'谋用是作，而兵由此起'）。"

朱子深赏《庄子》，于《语类》中引庄言近三十次，而以庄子"说天"为识道体。③ 朱子道体论即由此启发也。他认为庄子之不足处，在欠格物功夫。实则，此亦儒道之别。朱子谓道家只有高处，却无低处，即但有形而上却无形而下。所谓有体无用者也。最妙者朱子谓释道互窃用对方之哲思。释教所窃，乃道家之精采而踵事增华；道家所窃，则为释氏糟粕，以致反自败坏。

朱子抨击最烈者，佛教之空观，源于老子。佛教将本有者说成无——纯全之空无。老子说无，骨子仍是有，唯强调清静无为，将有与无隔成两截耳。抑有进者，朱子谓道家不主张出世，亦管世事：

其学也要出来治天下降，清虚无为。所谓"因者君之纲"，事事只是因而为之。④

① 梁启超：《清代学术概论》评胡渭《易图明辨》。

② 《朱子大全》卷一三〇。

③ 《易传》卷七《易系辞》上。

④ 同上。

道家因循前人之规范，亦注重个人入世致用。[①] 由是观之，儒与道在社会之距离，远较儒与佛小多矣。

要之，朱子汲取精义道家以建构哲学体系，其宇宙论与心性论，既源于道家复使之儒家化矣。

（二）《东坡易传》之哲思

1. 融贯儒释道三教

东坡之学不拘一家，就以《易传》以观。可谓揉三教之思致而发挥之。

首先，于儒家传统之说，东坡提出以意求经之精义曰：

> 夫论经者，当以意得之，非于白义之间也。于向义之间，则破碎、牵蔓之说，反能害经之意。孔子之言《易》如此，学者可以求其端矣。[②]

意即直入昔贤之原始教训。不为历来章句训诂束缚之开放心态，以求真意之所蕴。此孔子解《易》之法也。东坡有崇尚自由，敢于破除传统言说之（勇气）。故此，他援老庄以重解儒学，却不似理学诸子，而攘斥异端但固守昔儒藩篱。因以是，东坡敢于指出孟子道性善之误曰：

> 昔者孟子以善为，以为至矣。读《易》而后知其非也。孟子之于性，盖见其继者而已。

东坡发孟子性善之非，朱子出于维护孟子即谓孟子道性是“探本之言”，而斥苏氏“其言之悖”。（可参二章《杂学辨》）

实则东坡否定孟子性，在归复子思以前之原儒也。至于释老，盖亦准此以求，于天地之本。东坡以“无”为宇宙本原。

东坡以“无”为宇宙之本原曰：

---

① 《易传》卷七《易系辞》上。

② 详可参朱伯崑《易学哲学史》，北京大学出版社 1986 年版。

上而为阳，其渐必虚；而下为阴，其渐必实，至虚极于无，至实极于有。无为大始，有为成物。

此指出“道”有阴阳两端，阳为上，阴为下。上端推至极处为“至虚”；下端推至极，则为有形万物。既“无为大始。有为成物”，则“有生于无。“无”，宇宙万物之本也。

东坡以道器一体，其言曰：

道者，器之上达者也；器者，道之下见者也，其本一也。化之者道，载之者器，一之也。

东坡解同人卦曰：

天非求同于物，非求不同于物也。立乎上，而天下之能同者自焉，其不能者不至也。至者非我援之不至者，非我拒之，不拒不援，是以得其诚同而可以涉川也。①

又于《说卦》曰：

循万物之理，无往而不自得，谓之顺。

执柔而不争，无往而不见纳，谓之入。②

东坡以纯任自然应物，即有庄子“依乎天理，因其固然”之妙会，况益以“得诚同”哉。至于“执柔”“不争”，老子不有“专气致柔”与“夫唯不争，故天下莫能与之争”乎？

东坡之注《谦》卦曰：

此最处下，是谦之过也。是道也，无所用之用，于涉川而已。有

① 《易传》卷二《同人》。

② 《易传》卷九《说卦》。

大难不深自屈折则不足以致其用。牧者养之以待用之尔。[①]

此特为指出“无所用之用”，不犹之乎《逍遥游》之樗“物无害者，无所可用，安所困苦哉”。

东坡析《噬嗑》卦之噬曰：

常有敌以致其噬，则可少安，苟敌亡矣，噬将无所施，不几于自噬乎？由是观之，无德而相噬者，以有敌为福矣。[②]

专自噬敌以论，“敌亡”将无所施，竟“有敌为福”则“他山之石，可以攻错”信然也。

东坡以上谓刚柔之相济，分势减害，小不正养大正数则，与《老子》“有无相生，难易相成，高下相倾”何其同调也。

刚不得柔以济之，则不能亨，柔不附刚，则不能有所往。

夫宠均则势分，势分则害浅矣。（略）圣人之教人也，容其或有，而去其太甚，庶几从之。如责之以必无，则彼有不从而已矣。[③]

有道不必乎其大小，而其大斯全矣。（略）大正之世，而未免乎小不正也。

天下有小不正，是养其大正也。[④]

此亦道体器用之哲思，所谓“其本一也”即形而上之道与形而下之器皆本于道也。体超言绝象，不可言说，可言说者，器耳。此即《老子》言道“无名天地之始”，“渊兮似万物之宗”。

东坡以水之性说曰：

水之所以至柔而能胜物者，维不以力争，而以心通也。不以力争，故柔外；以心通，故刚中。

① 《易传》卷二《谦》。

② 《易传》卷三《噬嗑》。

③ 《易传》卷三《无妄》。

④ 《易传》卷七《系辞》上。

此《老子》“天下之至柔，能驰骋至刚”者也。又曰：“唯不争，故无尤。”道之可名言者，皆非其至。而咸之可分别者，皆其粗也。

《老子》以为“道可道，非常道。名可名，非常名”。庄子以得鱼忘荃，得意忘言，名之可分别者，粗也，其言审矣。

东坡以鼎为用释曰：

大器非器也。大亨非亨也。取鼎之用而施之，天下得谓之大亨。（略）鼎之用极于亨帝而已，以其道养圣贤，则亨之大者也，治国者当深惟之也。

东坡以为：既济则当变而及其正。以此终焉，止而不变，则乱矣。

东坡特为并道出变化之必有，要在“反（返）其正，若停济不变则恐生乱也”。

东坡谓物于同中有异曰：

方本异也，而以类故类；此同之生于异也。物群则其势不得不分；此异生于同也，有成而后有毁，有废而后有兴，是以知吉凶生于相形也。①

颇于物之对立复互相催生发展道得者也。

东坡于“日新之谓盛德”曰：

富有者未尝有，日新者未尝新，吾心一也。新者物耳。

此别有体认，富，不觉拥有，新亦何尝新，心依然也。岂不禅味盎然，非幡之动，乃心动耳。

于井卦之解，别有见地，如今之言环保者：

① 《易传》卷七《系辞》上。

井未有在洁而不清，处秽而不浊者也，故即其所居，而邪正决矣。（略）“所以养井者，岂有他哉，得其所居则洁，洁则食，食则日新，日新故不穷。”①

东坡以养井喻君子之择居以养，重提孔子“君子恶居下流，天下之要皆归焉”。且指出养井即废井，“其始无人，其终无禽。无人犹可治，无禽不可治也”。若连禽鸟亦不愿到，可判定“井者亡矣”，唯有舍弃。吾人闻此，应知环境之保育焉。

东坡更进而诵择井之可用者，关键在于“唯器之洁，器洁则主之明者也。器洁王明，则受福者非独在我而已”。②

东坡所道之理，有近于基督教经义者也。③

总之，东坡吸纳融汇儒释道，故其学颇见复杂。朱熹立于儒家正统，以维护学之地位，视苏学为异端。实则“杂”，反显出与并世理学之“醇儒”，有别于自然与人事，往往深究之余，吹以闻幽微之情也。

蜀学之舛杂，在融汇三教，别构思理，自具风格，异乎当时不同学派。朱子批评其杂，似在思想之内在逻辑不一贯：

二苏所以主张个“一”与“中”者，只是要恁含糊不分别，所以横说竖说，善作恶作，都不会道理也。然当时又未有能如他之说者，所以都被他说动了。故某尝说，今人容易为异说引去者，只是见识低。④

朱子以为“含糊不分别”者，是指未将释老自儒家甄别出来。若如此，焉能以堂正之旗鼓为周孔立言乎？此所以朱子视之为“异说”，可谓自露端倪。——凡不能持守儒学纯净，概为立“异”之说也。

照朱子之意，道“一以贯之”，必是理学独特之解，有严防门户之作

---

① 卷五《井》。

② 卷五《井》。

③ 吴经熊译《新经全集·圣葆乐致蒂茂德书二》第二章 20/21：“虽然，同一大宅之中，因有金银之器，亦有木器、瓦器；或为贵器，或为贱器。人苟能涤垢莎瑕，澡身浴德，则必得成为高尚之器，既圣且洁，必蒙其主大用，以成善工。”

④ 《朱子语类》卷一百三十。

用。蜀学则将儒释道统贯为一。

东坡之易学体系，最根本之概念：“一”也。于解“易则易知，简则易从”句曰：

> 易简者，一之谓也。凡有心者，虽欲一不可得也。不一则无信矣。夫。无心而一，一而信，则物莫不尽其天理以生以死。(略)
>
> 乾坤惟无心，故一；一，故有信。信，故物知之也易，而从之也不难。①

东坡据此析“在天成象，在地成形，变化现矣”句曰：

> 天地一物也，阴阳一气也。或为象，或为形，所在不同。故“在”云者，明其一也。象者，形之精华发于上者也；形者，象之体质，留于下者也。人见其上下，直以为两矣。岂知其未尝不一邪！繇是观之，世之所谓变化者，未尝不出于一。②

此谓宇宙本体化生后，始有上下形象之别，若探源头本体，则天地未形之先，乃混同齐一者；天地既形之后，亦统摄于道体之“一”。故云“道一而者已”。

东坡于解“刚柔者，立本者也。变通者，趣时者也。吉凶者，贞胜者也”。曰：

> 贞，正也，一也。老子曰：“王侯得一，以为天下贞。”夫贞之于天下，岂求胜哉？故胜者，贞之衰也。有胜必有负，而吉凶生矣。③

东坡引老子之言，以“一”解贞、正；以“一”指道，乃超越胜负，在吉凶之先。则此“道一”“贞一”，亦老子所表述之“道”（自然），必

---

① 《易传》。

② 同上。

③ 同上。

游心于得失是非之外，心斋坐忘，臻无执、无累、无我，始能明白观照。由此所得之宇宙共相，其中并不含任何主观之道德意义与价值判断。即此遂与理学所肯定之“性”、“理”为价值根源者异。斯说显承道家之自然哲学。

抑有进者，东坡提出“无心”之圣人曰：

> 天生神物，圣人则之（略）其无心而知吉凶也。①
> 夫德业之名，圣人之所不能免（略）特以其无心尔。②
> 圣人者亦然，有恻隐之心，而未尝以为仁也。③

可见东坡心目中之理想人物，似极庄子《逍遥游》之“圣人无功，神人无名”。此分明是道家化之圣人，乃超然物外，无执无累，与道同游，而入于“与一同体”之化境。此又与理学“居敬涵养”以致知入圣功夫不同。

要之，东坡治儒学，出入释道，其鹄的在寻求超脱自在之人生，冀融通一切，以臻性灵之真正解放与自由。因此，并不把“帝”“气”或“理”等作为宇宙之根本，而别标举一具通、同、齐、大、全诸义。以及超然绝对义、自然无为义之“一”以成其特有之哲思。④

2. 建构政治哲学

东坡作为蜀学之健将，在《易传》接纳而发挥老庄论道自有其大全之意义在。且冀于研机之余构思一套平治天下之理想法则。然而，当时儒者拘牵昔人注疏之烦琐，僵化理解经典之典章制度，视礼为圣人特定之行为规范，举凡与之有毫发之差即惴然不安，道致说解纭，礼治不行。于此流弊，东坡复倡“反其本而思”，借考察礼之起源。由于古今异世，风俗变更，三代之礼，未必适于今。行变革者，宜得古人制礼之精意，庶不致悖乎人情也。

新学倡为革弊而任理，倾向于精英政治。东坡重民本，倡固俗而任情。处荆今教学求治操切，理学以程颐为代表。承儒家传统礼学意识形

① 《易传》。

② 同上。

③ 同上。

④ 详可参林丽真《东坡易传之思想及朱熹之评议》，第 636—643 页。

态化，恐亦不免有悖乎人情。此又东坡所以龁龁致办者也。以新学为例纵彼偏重自然之道而衍生法家刑名之术。在理学家之匡正则为扬弃道家之说。

东坡乃力图寻绎与新学异乎老庄论道之旨，使与儒术相融。此即“推阐理势”之运思，在未确立理势互动之思维模式。理者，指万殊一致之本体；势者，动静万殊之现象。今将本体与现象置于相对关系中，由理观势，洞悉事物自过往至未来之变化；复因势以明理，分析现象之内在本质。如此，则既不滞表象而为偏陋局限，又不致蹈虚而预设先验本体。

东坡据此剖析新学之“由是（天道天理）而之焉”（即由天而及于人），此“是”乃属预设性之本体独断。再由天道天理演绎其“九变而赏罚可言”（此天人之互动模式）之政治哲学体系，显见其偏失在于作为逻辑前提之天道天理，有未经理性批判，属一己之独断。故此，形似天下公论之体系，沦为一家之私言之厄矣。

东坡循此以求，认定道之。非何者能探知，而是何者不能探知。换言之，确定知之界限，则于所谓道不固执为必然之论，从而将道置于价值理念之层面，不致推至刑名律法之绝对依据。道作为价值理念，是否合理取决于势。势者，社会层面与历史现实之变化，乃百姓之生活所决定之历史总体趋势。“推阐理势”落实于政治哲学之层面，既根据势之本然确立道之价值，复据道之价值原则引导社会发展。

东坡解《系辞》于“一阴一阳之谓道”曰：

> 一阴一阳者，阴阳未交而物未生之谓也。喻道之似莫密于此矣。①

以一阴一阳喻道最贴切（密）者，乃其包容阴阳未交之意——现象未发生前之状，不可作进一步之推阐。故与道本体之存在状态最近似。

苏氏之学长于策论，注重事功之核心所在。东坡以水喻道曰：

> 阴阳一交而生物，其始为水。水者，有无之际也，始离于无而入

① 《易传》卷七。

于有矣。老子识之，故其言曰："上善若水。"又曰："水，几于道。"圣人之德，虽可以名，而不囿于一物，若水之无常形。此善之上者，几于道矣，而非道也。①

水者，道之近似，为政不必刻意追求形而上之道，当效法于水。东坡以水为喻，作为理念因水乃形而下者可见。且是最初显现。往往"随物赋形"。此意味政治不宜有先验之模式，而应依据政治对象之要求不断调整。他既引老子之言，自有道家不执不滞，以百姓为心之政治谋略。宜乎以此匡正当时新政责义太深而求治太切之弊也。

此种不同于老子之哲思，即"推阐理势"也。东坡以水喻政，道其窍曰：

循万物之理，无往而不自得，谓之顺。执柔而不争，无往而不见纳，谓之入。②

盖顺适百姓即循理无私，犹顺适水流动之本性。为政循无私，必宽容弘通，社会亲和凝聚矣。

至于实施之原则，就东坡之本体论，合理之政制应基于宽容，任民自择，诸侯分权：

天之造物也，岂物物造之，盖草略茫昧而已。圣人之求民也，岂人人而求之，亦付之诸侯而已。然以为安而易之，则不可。

且天下亦未有萃于一者。大人者惟能因其所萃而即以付之，故物有不萃于我。而天下之能萃物者，非我莫能容之，其为萃亦大矣。③

由此可见，最高之政治统一体（大人）乃因其宽容而具有存在之可能。此即一致之理，只能适应万殊之存在状态，不能成为某独夫之意志或是非准则，对万殊状态强行宰割而齐之。

① 《易传》卷七。

② 同上。

③ 同上。

抑有进者，宽容不等同黄老无为，不可“安而易之”，苟且偷惰：

> 天下久安无事而弊生之，谓之蛊。《易》曰：“蛊者事也。”夫蛊非事也，以天下为无事而不事事，则后将不胜事矣。（略）人之情，无大患难则日入于偷。天下既已治矣，而犹以涉川为事则畏其偷也。[①]

进一步言之，为政宽容与自强不息，互为体用。政治价值之实现，尤在于激发民气，使之有所作为去创造。即蛊卦解所谓“鼓之舞之之谓振，振民使不惰，育德使不竭”。[②] 唯有政治环境宽容，始能发挥下民之创新活力。而营造此愿景，首在站于本体论之高点，以确立政治原则。由于道本体并不能为现实政治提供直接保证，况以现实政治推源于道体，仍为不可知不可靠者。因以是，与道本体最近似且足效法者，水也。东坡倡为效法水曰：

> 万物皆有常形，唯水不然，因物以为形而已。（略）今夫水虽无常形，而因物以为形者，可以前定也。是故工取平焉，君子取法焉。惟无常形，是以迕物而无伤，唯莫之伤也，故行险而不失其信。[③]

东坡尝引老子“上善若水”，颇赏于水之顺任不争、善利万物，处卑守柔之性。是皆合理之政治象征也。故云水“几于道”。东坡更颂美水德“至信”。其与老子之旨趣迥异者，在于水在流动变化中，蕴含永恒与稳定——顺适而畅流，逆阻则激进。老子属静中求道，东坡则动中求理；前者政治谋略，后者政治智慧。

此外，为治者宜顺民之性而道之，民始乐而和性，则社会和谐。若迫使就范，反民性之本然，则势必激而生变。东坡复以“水心”喻曰：

> 所遇有难易，而未尝不志于行者，是水之心也。物之窒我者有

① 《易传》卷二蛊卦解。

② 同上。

③ 同上书，坎卦。

尽，而是心无已，则终必胜之。故水之所以至柔而能胜物者，维不以力争，而以心通也。不以力争，故柔外；以心通，故刚中。①

东坡孜孜以水为说，实亦“推阐理势”运思，示为政者当具理性，行王道。人民似水之弱者，唯其生存意欲，必如水之流行，生活亦必延续。纵阻遏，仅暂时耳。历史之兴衰足为殷鉴。得民心者兴，失民心者亡。此魏征所谓“民犹水也，既能载舟，亦能覆舟”。从此观之，非弱者对强者之乞求，乃弱者以历史事实向强者宣示之必然理势也。

蜀学于观察社会不同势力消长互动之种种现象之余，坚信天理即体现于情感之中。蜀学于事象判别利害、趋吉避凶，所注重者，致成核心事功之策略，而非定断道义之是非。诚此派易论之特色也。

3. 与王安石新学之关系

王安石颇致力于易，程朱等于安石《易义》亦有好评。② 盖王氏解易重视二体。③ 于注《系辞》：“天尊地卑，乾坤定矣”数句曰：

此言自然之易。“乾坤其易之蕴邪？乾坤成列而易立乎其中矣”，“此言自有天地已有易，易与天地因无穷”。④

此“自然之易”之概念，实即形而上之道或理也。原书今亡佚，其注《益卦》，见于黄震《日钞》曰：

取诸益之类，当时未有是卦，盖八卦成列，象在其中矣。且以益言之，虽未有益卦，而已有巽与震矣，合震巽则为益。“盖取”云者，夫子知前圣之心而言之也。⑤

① 《易传》卷二蛊卦解，坎卦。

② 程颐：《河南程氏文集》卷九《与金堂谢君书》：“若欲治《易》，先寻绎令熟，只看王弼、胡先生（瑗）、王介甫三家文字，令通贯。”又朱子《朱文公易说》卷二十：“《易》是荆公旧作却自好。”

③ 二体，指上下两卦。诸卦之体制不一，大致可分两大类，即取义与取象说。

④ 黄震：《黄氏日钞》卷六引王安石注。

⑤ 同上。

王氏门人龚原沿师说，认为六十四卦乃文王所重。在其前尚未有益卦等。虽彼时重卦未出，伏羲既作八卦，则自然之道，诸如罔罟、耒耜、舟楫、集市之道等，必为伏羲全拢于八卦。易言之，道亦存于前圣之心矣。

王安石序《字说》曰：

（文字之音形）皆本于自然，非人私智所能为也，与夫伏羲八卦、文王六十四卦，异用而同制，相待而成《易》。①

此谓伏羲、文王之卦，皆自然之道，借昔圣以发也。王氏又曰：

昔者道发乎伏羲，而成乎尧舜，继而大之于禹、汤文武。②

此且以文字亦借昔圣而出矣。

王安石于北宋倡性命之学者。蔡卞尝曰：

宋兴，文物盛矣，然不知道德性命之理。安石奋乎百世之下，追尧舜三代，通乎昼夜阴阳所不能测而入于神。初著《杂说》数万言，世谓其言与孟轲相上下。于是天下之士，始原道德之意，窥性命之端。③

虽云与北宋关、洛数子并驾可也。朱子似直承其说者。④

彼时有志复兴儒学者，皆有上追尧舜三代，以复古为革新之举。准是以观，王氏之学本就与所倡理学之天道性命同源。因新政之践行，新学以“一道德”“同天下”自命。内涵已由哲学而转成政治问题。由于守旧臣僚虽有所争，王安石仍坚持。如二程所谓，成“去人主心术处功”，意即对最高政治决策者之指导思想施加影响。二程

① 王安石：《临川先生文集》《熙宁字说序》。

② 同上书，卷六十七《夫子贤于尧舜》。

③ 晁公武：《郡斋读书志》卷十二《王氏杂说》条引《王安石传》。

④ 朱熹：《易学启蒙》序谓圣人画卦揲蓍“是岂圣人心思智虑之所得为也哉，特气数之自然形于法象，见于（河）图、（洛）书者，有以启于其心而假手焉耳”。

认为其危害较佛道为甚。①

盖二程所欲致者，在“格君心之非”——矫正君上政治观念，以臻改变政治宪纲之目的。换言之，王霸之辨耳。新法之推行，可谓以法把持天下，寻且令新学俨然成为儒学正统。即东坡亦以安石之统制思想为不可取：

荆公之学，未尝不善。患在于好使人同己。自孔子不能使人同，颜渊之仁，子路之勇，不能以相移。②

然而，朱子为理学一统，树立普世准绳之需要，当东坡对王氏作出“同己”批判时，朱子却曰：

若荆公之学是，使人人同己，俱入于是，何不可之有?③

实则何镐尝道之曰：

先王之世，一道德，同风俗。故天下之大，人无异言，家无异学。(略) 浮屠出于夷狄，流入中华。其始也，言语不通，人固未之惑也。晋宋而下，士大夫好奇嗜怪，取其侏离之言而文饰之，而人始大惑矣。非浮屠之能惑人也，道之者罪也。(略) 且有贵显名誉之士，亦从而效尤。则人皆眙愕改观，未论其事之是非，且以其人而信之矣。④

何氏直斥二苏等人，即是近世“贵显名誉之士”，“不知道德性命之根源，反引老庄浮屠不经之说，而紊乱先王之典”。

① 《二程集》页五十：“如介甫之学，他便只是去人主心术处加功，故今日靡然而同，无有异者，所谓一正君而国定也。此学极有害（略）今天下之新法害事处，但只消一日除了便没事。其学化革了人心，为害最甚。”

② 《苏轼文集》卷五十二《答张文潜书》。

③ 《朱子大全》卷一三〇。

④ 《朱子大全》卷七十二《杂学辨》何镐跋语。

往昔二程之所攘斥王安石新学者,[①] 今则由朱子高举新儒学之大纛,“破其(杂学)疵缪、铖其膏肓,使读者晓然知异端为非,而圣言之为正也(略)足以悟疑辨惑,亦由是而可以造道焉”(何跋语)。诚如是,则各学派一统于理学之轨矣。

王安石未相神宗之前,已聚徒讲学。他敦崇天道、天理,上书召对,即以“愿陛下以讲学为事,讲学既明,则设施之方不言而自喻矣”。[②] 彼强调讲学为先,乃视明理为立法之前提。

王氏新学所致意者,“帝王大略”也,即以之为帝王治理之最高宪纲。其具体内涵,可以“任理而不任情”括之。此渊源于《庄子·天道》。[③] 匪但见儒、道可兼通,亦在于阐发其推天道明人事之政治观,以自树为政之最高宪纲。由于新学弘扬儒术之余,并推阐道家之说,理学诸子于针对苏学之余,一并批判之。

结 论

有宋佛老盛行,各儒家学派思有以汲取佛老性命之理,以充实儒学而变化更新。朱子理学既纳礼法于性理之中,提升伦理道德为宇宙本体,因两者之合而臻体用一源。此有别于释老不含礼法之谈性说命。且进而严其限界,排斥异己,独标理学一统。苏氏糅合三教,却无佛老之防,故说本体与伦理分离。既儒释界限模糊,释老辈以至喜好因明玄理者,俱引为同调。且由于二苏影响士林,其说四方传诵,益助佛老之蔓延。故朱子乃有儒释邪正之辨,以驳《苏氏易解》。苏学之“杂”名,于焉定案矣。

实则朱子之斥苏为“杂”,出于树立理学正统之现实需要。即使存异之各派,亦以理学准绳鉴裁之。若否,便以“无家法”目之。[④]

① 《二程集》页三十八:“今异教之害,道家之说则更没石辟,唯释氏之说。”

② 阮元:《续资治通鉴》卷六十六。

③ 《庄子·天道》有“先明天道而道德次之”,为王氏所征引者。

④ 《朱子大全》卷一三〇。

朱子匪但指苏学“杂”，王安石“新学”同“杂”，并张九成、吕本中之学，甚至陆九渊心学，皆为“杂学”也。

反之，朱子于贬苏学“杂”之余，犹称其“学不正而言成理”。可见苏学自成体系，非杂乱空洞者也。

后有辨彰学术源流之《宋元学案》出，曾遭朱子斥为“杂学”之张九成、吕本中，却因曾从游理学家杨时，得以除去“杂学”之称，专立《横浦学案》与《紫微学案》，详其源流出处。而苏、王二家，“并为杂学”，列《学案》之后，且置于《学略》目次。盖此书体例，显见囿于理学之“正统”，以朱说定是非者也。今略为析述往事，以披其实。自兹以降，应不以“杂学”讥贬苏学欤？

参考文献

朱伯昆:《易学哲学史》(全三册)，北京大学出版社。

侯外庐等主编:《中国思想通史》，人民出版社1957年版。

苏洵:《嘉祐集》四部丛刊本。

苏轼:《东坡易传四章本》。

苏轼:《苏轼文集》，中华书局1986年版。

程颐:《二程集》，中华书局1981年版。

张载:《横渠易说》(四库本)。

司马光:《温公易说》(四库本)。

黎靖德编:《朱子语类》。

朱熹:《周易本义》，天津古籍出版社1986年版。

朱熹:《四书集注》。

王安石:《临川先生文集》。

李焘:《续资治通鉴长编》，上海古籍出版社1985年版。

王梓材、冯云濠:《宋元学案补遗》，中华书局1986年版。

丁寿昌:《读易会通》，中国书店1992年版。

杨树达:《周易古义　老子古义》，上海古籍出版社1991年版。

梁启超:《清代学术概论》。

钱穆:《朱子新学案》，巴蜀书社1986年版。

范寿康:《朱子及其哲学》，台湾开明书店1964年版。

陈鼓应:《易传与道家思想》，生活·读书·新知三联书店1996年版。

孔令:《朱熹哲学与道家道教》，河北大学出版社2001年版。

廖名春:《周易经传与易学史新编》，齐鲁书社2001年版。

孔令宏：《朱熹哲学与道家、道教》，河北大学出版社 2001 年版。

粟品孝：《朱熹与宋代蜀学》，高等教育出版社 1998 年版。

卢国龙：《宋儒微言》，华夏出版社 2001 年版。

金生杨：《苏氏易传研究》，巴蜀书社 2002 年版。

林丽真：《东坡易传之思想及朱熹之评议》，《宋代文学与思想》，台湾学生书局 1998 年版。

刘大钧：《周易概论》，齐鲁书社。

林翼勋：《苏轼诗研究》（全三册），中港语文教育学会 2007 年版。

《左传》"放经而拜"及相关纪事考释

许子滨
岭南大学

一 绪言

《左传》哀公十二年记：

> 夏五月，昭夫人孟子卒。昭公娶于吴，故不书姓。死不赴，故不称夫人。不反哭，故不言葬小君。孔子与吊，适季氏。季氏不絻，放经而拜。

这段《传》文，最引人注意的，除了解经之语外，便是有关孔子与季氏的纪事。对于"孔子与吊，适季氏。季氏不絻，放经而拜"，古今注家持说不一，迄无定论。综合各家所论，主要涉及以下四个问题。(1)"孔子与吊，适季氏"是吊于季氏家而就其哭位，还是吊公毕而适季氏家？(2)"放经而拜"者是孔子还是季氏？有说"放经而拜"接言"孔子与吊"，主语仍指孔子，只是承前省略，有说"季氏不绝，放经而拜"自为一句，"放经而拜"者是季氏；(3)"放经而拜"中"经"与"拜"属何类别？(4)"放经而拜"究竟是"礼从主人"，还是别有深意？本文所论，旨在结合相关礼仪，合理地解答上述问题。

二 "适季氏"解

杜预没有直接注释"适季氏"三字，只说："孔子以小君礼往吊。"对"适季氏"的解读，最早见于孔颖达《疏》，其文云：

> 孔子以季孙当服臣为小君之礼，故以小君礼往吊季氏。《传》言“适季氏”，谓适季氏哭位。故杜言往吊，谓就其哭位也。季孙既不服丧，孔子不得服吊服，故去绖，从主节制也。[①]

孔颖达谓季孙当服臣为小君（君妻）之礼，本《仪礼·丧服》立说，《丧服》订明为旧君、君之母妻服齐衰三月。季孙有丧，故孔子往吊季氏。《疏》言“适季氏哭位”，盖指就季氏居所之哭位。《礼记·檀弓上》云：

> 孔子哭子路于中庭，有人吊者，而夫子拜之。既哭，进使者而问故。使者曰：“醢之矣。”遂命覆醢。

“中庭”为寝中庭，孔子以此为哭位。[②] 以此例彼，季氏丧小君，亦有哭位，理所宜然。有人吊者，而孔子拜之，孔子是主人；孔子吊季氏，则主人是季氏。至于季氏以何处为哭位，孔氏并未明言。严格来说，“适季氏”不等于说“适季氏哭位”。“适某氏”，《左传》习见，如“出朝，则抱以适赵氏”（文公七年）、“公与夫人每日必适华氏，食公子而后归”（昭公二十年）、“而能以我适孟氏乎？”（定公八年）、“适赵氏”（定公九年）、“适伯姬氏”（哀公十五年），一概指往某氏之家或其居所。以某氏代称某家，见于同时期文献如《论语·宪问》记子路答“奚自”之问云：“自孔氏”，即指从孔家来。由是而知，“适季氏”只表示往某人之家或其居所，不包含哭位之意。再律以叙事惯例，就某人哭位，礼书也不用“适某氏”来表达。举《礼记·檀弓上》为例，走到某人哭位前，该说“趋而就某人于某处”，如檀弓“趋而就子服伯子于门右”、“趋而就诸臣之位”，足为明证。

杜预谓孔子往吊季氏，孔颖达申明杜意，说是就季氏哭位而吊之，在他们看来，“孔子与吊”与“适季氏”为一事，孔子之吊只为季氏，与哀公无涉。后代有注家将“孔子与吊”与“适季氏”分成前后接续的两件

---

① 《十三经注疏·左传注疏》，艺文印书馆 1989 年版，第 1025 页。

② 郑玄以为，孔子哭子路于中庭，“与哭师同，亲之”。《礼记·奔丧》云：“哭父之党于庙，母、妻之党于寝，师于庙门外，朋友于寝门外，所识于野张帷。”（吕友仁整理：《礼记正义》，上海古籍出版社 2008 年版，第 2145 页。）孔颖达据此，以为若不亲之，当与朋友同，哭于寝门外。

事，即孔子先吊于哀公，吊毕才适季氏，而适季氏并非吊季氏。持此说者如傅逊《左传注解辨误》云：

想孔子时以吊于朝矣，而后适季氏，岂向季氏吊乎！其交拜者，如常时相见而拜耳。①

安井衡也提出类似的看法。安井衡同样认为孔子先吊于哀公，吊毕才适季氏，跟傅说不同的是，他认为“适季氏”还是吊丧，就像“吊国丧”一样。《左传辑释》云：

孔子既老，而季氏为正卿。适季氏，盖亦吊国丧也。②

竹添光鸿《左传会笺》袭用其说云：“吊者吊于公也。吊毕而适季氏。季氏为上卿，适季氏亦吊国丧也。”③ 分开来说，“孔子与吊”指孔子无服，仅与吊公而已，而“适季氏”则指因国小君之丧而吊季氏。说适季氏是常时相见礼也好，是吊丧也好，都不成问题，但说先吊于公，则似有可商。鲁哀公为定公之子，定公盖昭公之弟④，若然，则昭公为哀公伯父，而孟子为昭公夫人，为哀公之伯母。哀公会否为孟子服丧颇成疑问。《仪礼·丧服》齐衰不杖期章云：“世父母，叔父母。”据《丧服传》的解释，伯母、叔母本无血亲关系，只因伯母、叔母与伯父、叔父“胖合”，故为其服期服。⑤ 然而，《仪礼·丧服》除了列明“君为姑、姊妹、女子子嫁于国君者”服大功，没有说国君于旁亲有服。《白虎通·丧服》明言“天子诸侯绝期”⑥，自此以降，形成了相沿既久的成说。所谓“诸侯绝旁期”，就是说诸侯一般只为高曾祖父母、父母及妻、世子等直系亲

① 傅逊：《左传注解辨误》，《续修四库全书》第119册，上海古籍出版社1995年版，第575页。

② 安井衡：《左传辑释》，《域外汉籍珍本文库》，西南师范大学出版社、人民出版社2008年版，第一辑，经部，第2—3册，第270页。

③ ［日］竹添光鸿：《左传会笺》，广文书局1963年版，卷二十九，第77页。

④ 杨伯峻《春秋左传注》（中华书局1990年版）云：“何休以为昭公子，恐不确。”（第1521页）

⑤ 详参丁鼎《〈仪礼·丧服〉考论》，社会科学文献出版社2003年版，第145页。

⑥ 陈立《白虎通疏证》（中华书局1994年版）对此考论极详（第505—506页）。

属有服，同士人；而于伯叔父母、兄弟、姑、姊妹及其他旁系亲属无服，与士人不同。[①] 在特定情况下，诸侯须为旁亲服丧，如姑、姊妹所嫁者为国君，其尊同，故为之服大功。君为姑、姊妹之嫁于国君者服大功，可以鲁庄公为齐襄公夫人（王姬）服大功之事为证。[②] 至于诸侯绝旁期，晋平公不为杞孝公服丧可充当例证。据杨伯峻《注》，晋悼公夫人为杞孝公幼妹，又为晋平公之母。悼夫人为兄服丧，所服丧服包括《左传》后文的“墨縗、冒、绖”。[③] 晋平公不彻乐，自亦不为舅服丧。“礼，为邻国阙”，阙即彻乐，意谓邻国有丧，诸侯亦彻乐。《左传》讥贬平公，只是针对他不彻乐，而不是因为他不为舅服丧，杨先生《注》揭橥《左传》之意云：“杞孝公于晋平公虽为舅甥，但于古礼，诸侯于期年之丧不服，故以邻国责之。”[④] 由是观之，在《左传》作者看来，诸侯于期年之丧不服。无可否认，孟子身为国小君，情况或有不同，但通览《左传》，始终找不到国君为先代旁系君夫人服丧的事例。哀公为孟子服丧，颇成疑问。若哀公于孟子果真无服，则说孔子吊于哀公，便是无的放矢。而且，哀公亦非丧主。《礼记·服问》云：“君所主：夫人妻、大子、适妇。”孔《疏》讲得很明白：“‘君所主：夫人妻、大子、适妇’者，此三人既正，虽国君之尊，犹主其丧也。非此则不主也。”[⑤] 国君主丧，对象有三：正室夫人、太子、太子正室，此外皆所不主。《礼记》所言虽不足以概括春秋时礼，《左传》确曾记录君为妾服丧之事，但君为丧主的对象毕竟有限。倒是季康子身为上卿，执持国政，说不定就由他来主孟子之丧。《左传》襄公四年记载定姒薨，定姒为襄公生母。季孙行父不以夫人之礼葬之，匠庆批评他说：“子为正卿，而小君之丧不成，不终君也。”[⑥] 可见小君之丧向由正

---

① 丁鼎：《〈仪礼·丧服〉考论》，第 273 页。在特定情况下，诸侯须为旁亲服丧，如姑、姊妹所嫁者为国君，其尊同，故为之服大功。

② 《礼记·檀弓下》云：“齐谷王姬之丧，鲁庄公为之大功。或曰：由鲁嫁，故为之服姊妹之服。或曰：外祖母也，故为之服。”郑玄《注》云：“谷当为告，声之误也。王姬，周女，齐襄公之夫人。春秋周女由鲁嫁，卒，服之如内女服姊妹是也。天子为之无服。嫁于王者之后，乃服之。庄公，齐襄公女弟文姜之子，当为舅之妻，非外祖母也。外祖母又小功也。”（吕友仁整理：《礼记正义》，第 358 页。）

③ 详杨伯峻《春秋左传注》所引沈钦韩之说（第 1075 页）。

④ 杨伯峻：《春秋左传注》，第 1072 页。

⑤ 吕友仁整理：《礼记正义》，第 2162 页。

⑥ 杨伯峻：《春秋左传注》，第 934 页。

卿主持。孔子与吊而适季氏也就顺理成章了。

三 “放绖而拜”谁属的问题

杜预《注》云：

> 孔子以小君礼往吊，季孙不服丧，故去绖，从主节制。

依杜意，“季氏不絻”与“放绖而拜”分属两句，“放绖而拜”接言“孔子与吊”，主语承前省略，仍是孔子。提出异议的后代注家不多，大概只有明代的陆粲和近人傅隶朴。现在先讨论陆粲的看法，《左氏春秋镌》云：

> 依此礼（引者按：指《曲礼》丧宾不答拜之礼），则言孔子拜者，误。

又云：

> 以季氏不絻，而放绖，则夫子贬礼以徇强臣乎！疑《传》文当以“不絻放绖而拜”为一句，盖言其不着丧服，又去绖而拜耳，非谓孔子去绖也。

“絻”，本作“免”。絻为遭丧之服，以免代冠。据郑玄《仪礼注》，具体做法是：去冠，括发，用布宽一寸，从项中而前，交于额上，又绕后系于发结。絻为始发丧之服，服成则衰绖。[①]《左传》哀公二年记“使太子絻，八人衰绖伪自卫逆者”。正以“絻”（初死之服）与“衰绖”（成服）对言。陆氏认为“季氏不絻”与“放绖而拜”为一句，同为季氏所为。陆氏的理据是，如果“季氏不絻”，孔子因而放绖，即除掉吊服，便是迁就强臣而贬弃正礼。既然孔子肯定不会这样做，那么，“放绖而拜”者就不是孔子了。可是，陆说的最大漏洞在于，正如陆氏所说，季氏不

---

① 详参郑玄《仪礼·士丧礼》“主人髻发袒，众主人免于房”下注文。

帨，即不着丧服，既如是，又怎会有“放绖”之举呢？傅逊《左传注解辨误》反驳说：“绖因丧服而有，季氏既不帨矣，又何绖之有？”针砭陆说，可谓一矢中的。安井衡《左传辑释》则说：

> 礼从主人，主人不以丧礼自处，而客独行之，非礼也。孔子放绖而拜，所以深喻季氏，非废礼以徇强臣也。

季氏不帨，孔子放绖，既合乎“礼从主人”的原则，又能晓之以礼，不存在陆粲说的废礼以徇强臣之事。

近人傅隶朴不约而同地提出与陆粲相近的看法，《春秋三传比义》说：

> 孔子在公吊之后，又往季氏家为私人之吊，季氏在家虽不帨不绖，然仍以受吊主人身份，向孔子为答谢之拜，杜注以“放绖而拜”，是指孔子言，乃完全错误，因吊无拜法，且季氏之家，非殡宫所在，孔子拜什么？惟受吊主人，对吊客则不问谁何？都必须下拜。①

“公吊”恐无其事，已辨如上。季氏不着丧服，“放绖”者只能是孔子。《孔子家语·曲礼子贡问第四十二》同记此事，有云：

> 季氏不绖，孔子投绖而不拜。

最明显不过的是，《孔子家语》在“投绖而不拜”前补上主语“孔子”。观乎此文，陆粲与傅隶朴二人之说不攻自破。季氏之家，当然不是孟子殡宫所在。季氏身为主人，不以丧礼自处，孔子自然不能依吊礼而行。季氏向孔子行拜礼，孔子只得答拜。

四 “放绖而拜”中“绖”与“拜”的类属问题

“帨”与“绖”同为遭丧之服。绖分葛绖与麻绖两种，麻重而葛轻。

---

① 傅隶朴：《春秋三传比义》，中国友谊出版公司1984年版，第561页。

戴于头者为首绖，系于腰者为腰绖，腰绖亦曰带。吊丧者所服之绖，除特殊情况外，一般都用葛绖。杨伯峻《注》云："孔丘去绖而答拜也。绖亦丧服，以葛麻为之。"笼统地说"以葛麻为之"，不予区分，稍欠严谨。孙希旦《礼记集解》辨析葛绖与麻绖之异云：

> 《丧服·记》云：朋友麻。《奔丧》："无服而为位者惟嫂叔，及妇人降而无服者麻。"此二者之麻，皆吊服也。而特言麻，可以见凡吊绖之非麻矣。《士虞礼》："祝免，澡葛绖带。"祝乃公有司，其所服固吊服也。而葛绖带，则吊服之绖带，于此可见矣。士为朋友麻，若吊于未成服，则亦葛绖带，盖未成服，则吊者犹玄冠，麻不加于采也。又《注》谓子游"所吊者朋友"，《疏》谓"吊服惟有绖，朋友乃加带"，非也。子游所吊，不言其为何人，安知其为朋友乎？《丧大记》："吊者加武，带绖"，则凡吊者皆带绖备有，不独朋友矣。[1]

据此，葛绖与麻绖分别甚明，凡吊绖不用麻，亦彰彰明矣。孔子"放绖而拜"，可从吊丧"礼从主人"、"随之而变"的制礼原则加以分析。杜预《注》云：

> 孔子始老，故与吊也。絻，丧冠也。孔子以小君礼往吊，季孙不服丧，故去绖，从主节制。

依杜说，孟子举丧之时，孔子已致仕，不复为臣[2]，故无须服齐衰三月之丧，只因小君之丧往吊季孙，却发现季孙不服丧服，因应主人这个举

---

① 孙希旦：《礼记集解》，中华书局 1989 年版，第 204 页。"吊服"，可参考《周礼·司服》郑《注》及孙诒让《正义》，见《周礼正义》，中华书局 1988 年版，第 1647 页；另可参看《礼记集解》，第 201 页。

② 杜预以为，孔子曾仕哀公，只是已去臣位，故与吊而不为小君服丧。刘炫则认为哀公不曾用孔子。孔颖达反驳刘说。详见《十三经注疏·左传疏》，第 1025 页。傅逊《左传注解辨误》又复质疑杜注，以为"孔子仕于定公十年，距此已远，而云始老，又云去绖从主节制。夫岂孔子吊季氏而云从主哉？"（第 575 页）

动，也只好除去绖带。[①]

如果引证《礼记》吊丧事例，孔子"放绖而拜"的举措就更容易理解。《礼记·檀弓上》云：

> 曾子袭裘而吊，子游裼裘而吊。曾子指子游而示人曰："大夫也。为习于礼者，如之何其裼裘而吊也?"主人既小敛，袒，括发，子游趋而出，袭裘，带，绖而入。曾子曰："我过矣！我过矣！大夫是也。"

孙希旦云：

> 始死，主人笄，纚，深衣，至小斂，乃袒，括发，始变服也。带绖，服吊服之葛带，绖也。出而带，绖者，死者之寝门外。盖张次以为吊者之所止息，而其绖带亦馔焉，故出而取服之也。凡吊者，主人未变，则吉服，羔裘，玄冠，缁衣，素裳，又裼而露其中衣；主人既变，则袭而加绖带，其冠与衣犹是也；主人既成服，则服吊衰。

又，《檀弓下》记：

> 卫司徒敬子死，子夏吊焉。主人未小敛，绖而往。子游吊焉。主人既小敛，子游出绖，反哭。子夏曰："闻之与?"曰："闻之夫子：主人未改服，则不绖。"

孙希旦云：

> 愚谓改服者，主人既小敛，始服未成服之麻也。凡吊者之服，随主而变；主人改服，则吊者加绖带；主人成服，则吊者服吊衰。[②]

---

① 沈钦韩曰："绖即齐衰三月之绖。《丧服》：'齐衰三月章：为旧君之母妻。'《传》曰：'君之母妻，则小君也。'孔子尝仕于昭公之世，又其本国。《疏》谓'大夫之吊服弁绖'，非也。"见《左传补注》，《清经解续编》第三册，上海书店 1988 年版，第 220 页。沈氏以为孔子着绖，是服齐衰三月丧的缘故。但《左传》明言"孔子与吊"，显然是着吊服。沈说站不住脚。

② 孙希旦：《礼记集解》，第 204、266 页。

归纳上述引吊丧事例及孙希旦的分析，可得出吊者之服随主而变的通例：凡吊者，主人未变，则吉服，主人既变，则袭而加绖带，主人成服，则服吊衰。想是当时孔子往吊季氏，以为季氏已改服，故穿吊服加绖[①]，岂料季氏并未服丧，即“主人未改服”，于是“礼从主人”，脱掉葛绖带。孔子不这样做，才是贬礼。杜预说：“季孙不服丧，故去绖，从主节制。”道出了个中的缘由。

尤可注意者，子游引述孔子说的“主人未改服，则不绖”，正是“季氏不㡅”、孔子“放绖”的最好注脚，两者恰恰构成凡例（理论）与事例（实践）的紧密关系。难怪在《孔子家语·曲礼子贡问第四十二》里，两者就拼凑在一起。其文云：

> 鲁昭公夫人吴孟子卒，不赴于诸侯，孔子既致仕，而往吊焉，适于季氏，季氏不绖，孔子投绖而不拜。子游问曰：“礼与?”孔子曰：“主人未成服，则吊者不绖焉，礼也。”

如果这段纪事确有依据，上引《檀弓下》子游复述孔子的话语，便是以此事为语境，也可用于补足《左传》的阙漏。这段纪事与《左传》文字略有出入：“不㡅”与“不绖”，问题不大，但“放绖而拜”与“投绖而不拜”两语，“放”与“投”义近，可置不论，“拜”与“不拜”截然相反，自然引起学者注意。黄以周《礼书通故》云：

> 孔颖达云：“昭夫人孟子卒，孔子与吊，适季氏，季氏不㡅，放绖而拜。据此《传》文，吊有拜法，《记》文不具尔。”或说《左传》之文，当依《家语》作“投绖而不拜”。以周案：《记》云“非吊丧，无不答拜者”，是吊丧不答拜，《记》有明文。孔子放绖，以季氏不成丧，己亦不成吊也，故得拜尔，如可成吊不拜，亦何容放绖矣。王肃私改《家语》，殊失《左传》之意，孔《疏》亦谬。但俗情以答拜为重，俨然以宾自处。司马《书仪》、朱子《家礼》亦有吊

① 孔颖达《疏》云：“大夫之吊服，弁绖。郑玄云：‘弁绖者，如爵弁而素，而加环绖，大如缌之绖，缠而不纠也。’”见《十三经注疏·左传注疏》，第 1025 页。林昌彝：《三礼通释》，北京图书馆出版社 2006 年版。《吊服》于吊服考论极详，大要云：“吊服锡衰缌衰，疑衰皆有绖带，吊者加绖与衰，咸视主人为节。”（第 343 页）

丧答拜之文，狥俗为之，非古也。[1]

案：《礼记·曲礼下》订明“凡非吊丧，非见国君，无不答拜者”，换言之，如非吊丧、见国君，都必须答拜。郑玄拈出“礼尚往来”作为制礼原则。丧宾不答拜，是因为此来全然为了帮忙办理丧事，而不是欲行宾主相见之礼。在主人对己行拜礼之时，要是答拜，就有违本意，相反，只有不答拜，则符合此来的目的。[2] 既有礼例可援，孔子此“拜”就只能是别种之拜。黄以周指出，《孔子家语》作“投绖而不拜”，“投绖”与“不拜”不相应，两者并存是误解《传》文所致。季氏如已改服，孔子成吊，依礼，自然不答拜，不可能投绖。事实是，季氏不成丧，孔子不成吊，自然要投绖而拜。迄今所见，最早探讨这个问题的是孔颖达，他说：

> 礼，吊无拜法。而此言孔子放绖而拜者，《记》言丧宾不答拜，谓丧主既拜宾，宾不答拜耳。其初见主人，或吊者先拜。据此《传》文，必有拜法。《记》无其事，《记》不具耳。[3]

孔颖达因确信“吊无拜法”，排除是丧宾答拜的可能，于是推想吊者初见主人，或会先拜，然后又据《左传》断言“必有拜法”，只是记礼者有所阙略而已。孔氏立说，“或”、“必”相杂，游移不定，淆乱不清。黄以周斥为“谬”说，不为无理。竹添光鸿《左传会笺》云：

> 拜者，宾主之拜也。古者吊无拜礼也。礼从主人，主人不以丧礼自处，而客独行之，非礼也。见季之不惋，则亦去其绖，礼之称也。[4]

竹添光鸿将孔子此“拜”视为宾主相见之拜，是已。孔子此“拜”只能属于相见礼类别，而相见礼有初见之拜与别离之拜。若是拜送，宾

---

① 黄以周：《礼书通故》，中华书局2007年版，第487页。

② 吕友仁整理：《礼记正义》。

③ 同上书，第1025—1026页。

④ 《左传会笺》卷二十九，第77页。

退，主人或送于门内，或送于门外[①]，再拜，而宾不答拜。[②]《论语·乡党》记录孔子行事，“君召使摈……宾退，必复命曰：‘宾不顾矣。’”然则，孔子此“拜”，盖为初见迎拜之礼。当时，孔子见季康子，季康子迎拜，故孔子答拜。孔子拜季康子，见于《论语·乡党》：“康子馈药，拜而受之。曰：‘丘未达，不敢尝。’”然此为拜受，与答迎拜之拜各不相同。

五　孔子“放绖而拜”是否别有深意？

有注家认为，针对季氏不晚，孔子“放绖而拜”，别有深意存焉。武亿《群经义证》云：

> “放绖而拜”《注》：“孔子以小君礼往吊，季氏不服丧，故去绖从主节制。”《疏》：“季孙既不服丧，孔子不得服吊服，故去绖从主节制也。”案：《礼记》：“公仪仲子之丧，檀弓免焉。”《注》：“故为非礼以非仲子也。”“司寇惠子之丧，子游为之麻衰牡麻绖。”《注》：“惠子废适立庶，为之重服以讥之。”盖君子救时之失有如此者。窃以放绖而拜，亦用此意以讥季氏，如杜所云从主节制，非也。[③]

杨伯峻《注》亦云：

> 古代丧礼，主人拜，宾不答拜。季氏既不行丧礼，孔丘亦拜。武亿《义证》引《礼记·檀弓上》“公仪仲子之丧，檀弓免焉”及“司寇惠子之丧，子游为之麻衰牡麻绖”。郑玄《注》皆以为讥主人，因云：“放绖而拜，亦用此意，以讥季氏。”[④]

---

① 凌廷堪：《礼经释例》（中研院中国文哲研究所2004年版）云：“凡送宾，主人敌者于大门外，主人尊者于大门内。”（第107页）

② 凌廷堪：《礼经释例》云：“凡拜送之礼，送者拜，去者不答拜。”（第101页）

③ 《清经解续编》卷二二一，上海书店1988年版，第1029页。

④ 杨伯峻：《春秋左传注》，第1670页。

杨先生注末介绍了武亿对这件事的看法，似乎代表了他的意思。武亿认为，孔子的做法原来寄寓褒贬之意。也就是说，孔子故意“放绖而拜”，就像檀弓之免及子游之麻衰牡麻绖一样。正如杨先生所说，檀弓及子游有意讥刺主人之说，是郑玄首先提出来的。对于檀弓之事，郑玄说：“檀弓故为非礼以讥仲子也。礼，朋友皆在他邦，乃袒免。仲子所立非也。”事实上，学者或对郑说抱持怀疑的态度，如孙希旦《礼记集解》就说：“檀弓于仲子，乃不当免者，未知其所以免之意。郑氏谓檀弓以仲子废适立庶，故为非礼之服以非之，盖以子游之吊司寇惠子者推之。然《记》文上言‘檀弓免焉’，下言‘仲子舍孙立子’，则似檀弓既吊，方见仲子立子而怪之，《注》说亦未知是否也。”[①] 孙氏之说是有道理的。司寇惠子之丧，子游以轻衰重绖服之，连带其余举动，似乎都在表示不满惠子之意。但个中因由是否就如郑玄所说，后人的看法并不一致。[②] 至于孔子因季孙不服丧而放绖，礼固宜然，容易理解，不必也不能说孔子故意用这种举措来讥刺季氏。武氏之说，未免求之太深。

除了武氏外，也有学者提出更迂曲的看法，如梁履绳《左传补释》载录黄震《读左日钞》云：

> 观季氏不服丧冠，则当时不以夫人礼待之可知，孔子去绖而拜，因不欲矫季氏之失，亦所以掩昭公之非礼也。[③④]

按照这种看法，孔子因应季氏的做法，放绖而拜，原意是为了避免因矫正季氏的过失，而暴露了“昭公之非礼”。昭公违反了“同姓不婚”的礼法，竟娶了同姓吴国的孟姬。现在季孙不以夫人礼葬孟姬，正好掩盖了昭公之非礼。这只能看作黄氏的揣测，孔子是否有这个意思就不得而知了。

其实，孔子放绖而拜，全因季氏不服丧，孔子的举动，本身就反映了季氏失礼。杜预《春秋释例》云：“若昭之孟子者，以同姓为阙，生革其

---

① 孙希旦：《礼记集解》，第164页。

② 赞同郑说者如孙希旦，详见《礼记集解》，第206页；反对郑说者如王梦鸥，详见《礼记今注今译》，天津古籍出版社1988年版，第91页。

③ 《读左日钞》十二。

④ 《清经解续编》第二册，第192页。

姓，过而知悔也。然吴之大伯，下及鲁昭，于亲远矣，所讳在于名义而已。居夫人之位，籍小君之尊，已三世矣。季氏当国，而不为之服，至令仲尼释己之绖，国朝不成其丧，以世适夫人不书于策，此季氏之咎也。"①孔子放绖而拜，暴露了季氏的罪咎。

六　结　语

综上所论，可以合理地解答绪言中提及的四个问题。（1）"孔子与吊，适季氏"，指吊于季氏家，季氏为主人，不㝃，故孔子亦放绖。《孔子家语·曲礼子贡问》于《左传》纪事之后补缀孔子语曰："主人未成服，则吊者不绖焉，礼也。"足为明证。"孔子与吊"与"适季氏"是一回事，往季氏家的目的就在于吊季氏，不涉及吊于哀公的问题。（2）"放绖而拜"者是孔子，而不是季氏。《孔子家语》"孔子投绖而不拜"，补出主语，可与《传》文互为参证。（3）吊服之"绖"实为葛绖，而非麻绖。孔子之拜，应属宾主相见礼之答拜，想是季氏迎拜，故孔子答拜。（4）孔子"放绖而拜"，是基于"礼从主人"的原则。季氏（主人）既不服丧，孔子（宾）不成其吊，无着绖之理，否则便是失礼。孔子放绖而拜，暴露了季氏不为小君服丧之罪。

① 《十三经注疏·左传注疏》，第 1025 页。

读王念孙《读书杂志·逸周书》劄记*

郭鹏飞
香港城市大学

前　言

《逸周书》这部重要著作，长期没有得到足够的重视。西晋孔晁为其作注后，直到清乾嘉时期（乾隆，1736—1795；嘉庆，1796—1820），卢文弨（1717—1796）、王念孙（1744—1832）等学者始对《逸周书》重新整理研究，是书才逐渐受到学界的关注。

《逸周书》文辞古奥，文字脱讹亦多，素称难读。自清以来，学者无不倾力校释书中疑难，其中尤以王念孙《读书杂志·逸周书》最受重视。王氏以其深湛的学养，从文字音韵、古籍文献等各个方面，解析《逸周书》中的种种问题，得出许多令人信服的意见。当然，王氏的工作并非十全十美，其中有些地方还待商榷。下文举数例，以明其中梗概。

一　《逸周书杂志·命训篇》：惠而不忍人

王念孙曰：

《命训篇》："惠而不忍人，人不胜害，害不如死。"念孙案："惠而不忍人"，当作"惠而忍人"。此反言之以申明上文也。上文言"惠不忍人"，故此言"惠而忍人"，则"人不胜害"。下文"均一则

---

* 本论文为"王念孙《读书杂志》斠正"研究计划阶段性成果，计划得到香港政府研究资助局优配研究金资助（编号：145010），谨此致谢。

不和”云云，皆是反言，以申明上文也。今本作“惠而不忍人”，“不”字即涉上文“惠不忍人”而衍。[①]

案：本篇原文为：

抚之以惠，和之以均，敛之以哀，娱之以乐，慎之以礼，教之以艺，震之以政，动之以事，劝之以赏，畏之以罚，临之以忠，行之以权。权不法，忠不忠，罚不服，赏不从劳，事不震，政不成，艺不淫，礼有时，乐不满，哀不至，均不壹，惠不忍人。凡此，物攘之属也。惠而不忍人，人不胜害，害不如死。均一则不和，哀至则匮，乐满则荒，礼无时则不贵，艺淫则害于才，政成则不长，事震则寡功。以赏从劳，劳而不至；以法从中则赏，赏不必中；以权从法则行，行不必以知权。权以知微，微以知始，始以知终。[②]

“惠而不忍人”一语众说纷纭，莫衷一是。清唐大沛（生卒年不详）曰：

“艺不淫”，不尚淫巧。“礼有时”，礼时为大，如冠婚丧祭行之有时。“乐不满”，乐不可极。“哀不至”，哀有节。“均不壹”，均有等差，各视其分次，不均而实均也，故不壹。“惠忍人”旧本作“惠不忍人”，沛案《宝典篇》言明刑曰“惠而能忍，尊天大经”，知正文“不”字是衍文。今据管见删“不”字，观下节“惠而不忍人”句，与此一正一反可见。陈《补注》乃谓下文“不”字衍，而训“惠而忍人”为假仁义，以济其凶，及训《宝典》“惠而能忍”，则云非妇人之仁，何前后之说相戾也。王《杂志》亦疑下文“不”字

① 王念孙：《读书杂志》，中华书局 1991 年影印〔清同治九年（1870）金陵书局刻本〕，上册，卷 1 之 1，第 1 页下。

② 黄怀信、张懋镕、田旭东撰，李学勤审定：《逸周书汇校集注》（修订本），上海古籍出版社 2007 年版，上册，第 35—40 页。案：“惠而不忍人，人不胜害”二语黄怀信校注本作“惠不忍人，人不胜害”，为方便讨论，今暂依《四部丛刊》本作“惠而不忍人”。详见孔晁注《汲冢周书》，王云五（1888—1979）主编：《四部丛刊正编》，台湾商务印书馆〔据阴缪氏艺风堂藏明嘉靖癸卯（1543）刊本影印〕1979 年版，第 14 册，第 5 页上。

衍，俱失其旨。惠者，爱利之意。唯仁人能爱人斯能恶人，恩不掩义也。放流进逐，锄恶所以安良，故仁慈当济以刚断。此与《孟子》言不忍人之政义迥别。……“惠而不忍人”，煦煦为妇人之仁，有罪不忍加诛。①

丁宗洛（？—1841）曰：

“赏不从劳，事不震，政不成，艺不淫，礼有时，乐不满，哀不至，均不壹，惠不忍人”，按忍谓隐忍，言姑息也，非残忍之谓。……“惠而忍人，人不胜害，害不如死”，“忍人”旧作“不忍人”。按此段乃反言以申明上段，此三句则言忍人之害，以见不忍人之善，故“不”字删。②

陈逢衡（1780—1858）曰：

“艺不淫，礼有时，乐不满，哀不至，均不壹，惠不忍人。凡此，物攘之属也。”孔注：“物，事。”补注：艺无取乎技巧，故不淫。礼以适用为贵，故有时。乐不满者，情不可极也。哀不至者，丧惟其称也。均有等差，故不壹。惠以爱为主，故不忍人。末句未详。“惠而不忍人，人不胜害，害不如死。”孔注：“害则死□而犹不如□。”补注：首句“不”字衍。惠而忍人者，假仁义以济其凶也，故恶害甚于恶死。③

朱右曾（1799—1858）曰：

淫，淫巧也。礼从宜，故以时为大。不忍人，姑息为爱，妇人之

① 唐大沛：《逸周书分编句释》，台湾学生书局据国立中央图书馆藏道光十六年（1836）著者手定底稿本影印，1969 年版，第 31—32 页。

② 丁宗洛：《逸周书管笺》〔清道光十年（1830）海康丁氏迂园刻本〕卷 1，《命训解第二》，第 6 页。

③ 陈逢衡：《逸周书补注》〔中国书店据道光乙酉年（1825）梅山馆藏版重印，1988 年版〕卷 1，《命训解第二》，第 18b—19a 页。

仁也。物，事也。成，盛也。《释名》文《易·系辞》“成象蜀才”作“盛象”。“惠不忍人”旧脱一“不”字，依陆麟书说增。“权之属”故书作“攘”，今从丁本。①

黄怀信曰：

“不”字当在“惠”上。胜，犹堪。②

黄氏又曰：

忍人，残忍于人。③

案：“忍”字有二说，一为容忍，一为残忍。观乎文意，无论“惠而忍人”或“惠而不忍人”，因下文有“人不胜害”之语，“忍”必不作容忍义。作“残忍”解则较为确切。下文检视王念孙之说。

王念孙认为下文“均一则不和”云云，皆是反言，故说第二句“惠而不忍人”应作“惠而忍人”，以“反言申明上文”。案：本文上言“权不法，忠不忠，罚不服，赏不从劳，事不震，政不成，艺不淫，礼有时，乐不满，哀不至，均不壹，惠不忍人”，是阐明为政之道。下文曰“惠而不忍人，人不胜害，害不如死。均一则不和，哀至则匮，乐满则荒，礼无时则不贵，艺淫则害于才，政成则不长，事震则寡功。以赏从劳，劳而不至；以法从中则赏，赏不必中”，是分析如若反前文治理之术而行，为政者必不能管治天下。王念孙认为“惠不忍人”与“惠而不忍人”乃相反关系，故以下文“不”字为衍，定作“惠而忍人”。然而，“惠而忍人”（惠爱而残忍于人），殊难理解。黄怀信主张“不”字当在“惠”上，作“不惠而忍人”，便通达明晰。

---

① 朱右曾：《逸周书集训校释》，收入《续经解尚书类汇编》（一），艺文印书馆 1986 年版，第 713 页下。

② 黄怀信：《逸周书校补注译》修订本，三秦出版社 2006 年版，第 16 页。

③ 同上。

二 《逸周书杂志·大武解》：有功无败

王念孙曰：

念孙案：《尔雅》："功，胜也。"《周官·大司马》："若师有功，若师不功。"《郑注》与《尔雅》同。《燕策》亦云："转祸而为福，因败而为功。"①

本篇原文为：

武有六制：政、攻、侵、伐、搏、战。善政不攻，善攻不侵，善侵不伐，善伐不搏，善搏不战。政有四戚五和，攻有四攻五良，侵有四聚三敛，伐有四时三与，搏有三哀四赦，战有六厉五卫，六庳五虞。四戚：一、内姓，二、外婚，三、友朋，四、同里。五和：一、有天无恶，二、有人无郄，三、同好相固，四、同恶相助，五、远宅不薄。此九者，政之因也。四政者，一攻天时、二攻地宜、三攻人德，四攻行利。五良：一、取仁，二、取智，三、取勇，四、取材，五、取艺。此九者，攻之开也。四聚：一、酌之以仁，二、怀之以乐，三、旁聚封人，四、设围以信。三敛：一、男女比，二、工次，三、只人死。此七者，侵之酌也。四时：一、春违其农，二、夏食其谷，三、秋取其割，四、冬冻其葆。三兴：一、政以和时，二、伐乱以治，三、伐饥以饱。此七者，伐之机也。三哀：一、要不羸，二、丧人，三、摈厥亲。四赦：一、胜人必羸，二、取威信复，三、人乐生身，四、赦民所恶。此七者，搏之来也。六厉：一、仁厉以行，二、智厉以道，三、武厉以勇；四、师厉以士，五、校正厉御，六、射师厉伍。五卫：一、明仁怀怒，二、明智辅谋，三、明武摄勇，四、明材摄士，五、明艺摄官。五虞：一、鼓生疑，二、备从来，三、佐车举旗，四、采

① 王念孙：《读书杂志》，上册，卷1之1，第5页上。

虞人谋，五、后动撚之。无竞惟害，有功无败。①

王念孙以“胜”释“功”，清潘振（生卒年不详）亦有相类解释，曰：

无竞，莫强也，指六制言。维，思维也。害，如舆尸之凶。有功，胜也。败，败绩。②

今检查王氏之证，《周礼·大司马》曰：

及战，巡陈，眂事而赏罚。若师有功，则左执律，右秉钺，以先恺乐献于社。若师不功，则厌而奉主车。③

郑玄（127—200）注：

功，胜也。④

《尔雅·释诂》曰：

犯、奢、果、毅、克、捷、功、肩、戡，胜也。⑤

《战国策·燕策》：

圣人之制事也，转祸而为福，因败而为功。故桓公负妇人而名益

① 黄怀信、张懋镕、田旭东撰，李学勤审定：《逸周书汇校集注》（修订本）上册，第104—121页。

② 潘振：《周书解义》，转引自黄怀信、张懋镕、田旭东撰，李学勤审定《逸周书汇校集注》（修订本）上册，第121页。

③ 郑玄注，［唐］贾公彦（生卒年不详）疏：《周礼注疏》，阮元（1764—1849）校：《十三经注疏：附校勘记》，中华书局1980年版，上册，卷29，第839页中。

④ 同上。

⑤ 郭璞（276—324）注，邢昺（932—1010）疏：《尔雅注疏》，阮元校：《十三经注疏：附校勘记》，下册，卷1，第2750页中。

尊，韩献开罪而交愈固。[1]

诸祖耿（1899—1989）曰：

金正炜曰：按《尔雅·释诂》：功，胜也。《周礼·大司马》“若师有功”注，功，胜也。祸福胜败，并相对为文。《后汉冯衍传》“圣人转祸而为福，因败以成胜”，即本此文。[2]

“功”为功业、事功，于特定语境意有专指，《大司马》、《燕策》等之“功”即专指胜败之“胜”。然本文将“有功无败”释作“有胜无败”，便觉不辞。黄怀信曰：

功，功绩。败，衰败。[3]

注文较为简略，黄氏另有专文讨论这个问题，曰：

“有胜无败”，与上句无应。“竞”，争也，谓竞争、力争。“维”，当训“有”，说见《文选·东京赋》薛综注。又《礼记·缁衣》：“自周有终，相亦惟终。”“惟”与“有”互文，“惟”亦“有”义。说见《经传释词》。“维害”，即有害。此无败与有害对文，“功”当训“劳”，用力之谓。《说文》：“功，以劳定国也。”是功有劳义。《汉书·高祖功臣年表》：“用力曰功。”是其证。“有功无败”，“有功”与“无竞”对文，二句谓无争则有害，有劳则无败（衰）。王释似非。[4]

“无竞惟害，有功无败”，“功”当为“功劳”、“功绩”，而非胜败之“胜”。

① 诸祖耿：《战国策集注汇考》增补本，凤凰出版社2008年版，下册，第1514页。

② 同上书，第1516页。

③ 黄怀信：《逸周书校补注译》（修订本），第55页。

④ 黄怀信：《〈逸周书〉各家旧校注勘误（之二）》，《古文献与古史考论》，齐鲁书社2003年版，第110—111页。

三 《逸周书杂志·寤儆篇》：天下不虞周

王念孙曰：

《寤儆篇》："天下不虞周，惊以寤王。"念孙案："下"与"不"字形相似，"不"字盖涉"下"字而误衍也。"天下虞周，惊以寤王"者，《孔注》曰："虞，度。"言唯天下度周，故惊以寤王也。上文曰"今朕寤有商惊予。"若作"天下不虞周"，则义不可通。①

王念孙释"虞"为"度"，指"不"为衍字，当作"天下虞周，惊以寤王"。

此说亦有不少论述，丁宗洛曰：

"不虞周"，"下"字似衍。②

潘振曰：

言受党之外，天下无有图度我周者，商王伐我可惊，以梦寤王耳，王其敬天命可也。③

陈逢衡曰：

补注：言天下三分有二，俱不虞度我周，而王乃寤有商惊予，是天启我王也，则王惟敬命以俟之。④

① 王念孙：《读书杂志》上册，卷1之1，第8页上。

② 丁宗洛：《逸周书管笺》卷3，《寤儆解第三十一》，第19页b。

③ 潘振：《周书解义》，转引自黄怀信、张懋镕、田旭东撰，李学勤审定《逸周书汇校集注》修订本，上册，第305页。

④ 陈逢衡：《逸周书补注》卷7，《寤儆解第三十一》，第13a页。

唐大沛曰：

“周公曰：‘天下不虞周，惊以寤王’”，孔注：“虞，度。”盖谓天下无有度周而图谋之者，今因梦而惊，天欲儆寤我王耳。王《杂志》谓正文“不”误衍，当作“天下虞周”，言唯天度周，故惊以寤王。沛案：王说亦甚晦。“王其敬命”，其惟敬顺天命以俟之。[①]

朱曾右曰：

虞，度也，言无叛意。[②]

各家所言，与王念孙说异，俱认为“不”字非衍。今考本篇原文，曰：

维四月朔，王告儆。召国公旦曰：“呜呼，谋泄哉！今朕寤，有商惊予。欲与无□则，欲攻无庸，以王不足。戒乃不兴，忧其深矣！”周公曰：“天下不虞周，惊以寤王，王其敬命！奉若稽古维王，克明三德维则，戚和远人维庸。攻王祷，赦有罪，怀庶有，兹封福。监戒善败，护守勿失。无虎傅翼！将飞入宫，择人而食。不骄不悋，时乃无敌。”王拜曰：“允哉！余闻曰：‘维乃予谋，谋时用臧。不泄不竭，维天而已。’余维与汝监旧之葆，咸只曰：后戒维宿！”[③]

章记武王因伐商事而惊醒，周公劝勉武王要敬顺天命。武王答之以“不泄不竭，维天而已”。语境显示，天命是从为是次讨论的主旨，非如王念孙所言“天下人之度周”。况且“王敬其命”一语明显回应“天下不虞周，惊以寤王”之语，此“命”当为“天命”。然则，“天下不虞周”实有问题。孙诒让（1848—1908）曰：

---

① 唐大沛：《逸周书分编句释》，第180页。

② 朱右曾：《逸周书集训校释》，收入《续经解尚书类汇编》（一），第729页上。

③ 黄怀信、张懋镕、田旭东撰，李学勤审定：《逸周书汇校集注》修订本，上册，第303—308页。

此当衍“下”字，“不”字非衍文也。天不虞周，谓天之命周不可测度，言无常也。《成开篇》云：“王其敬天命，无易天不虞”，是其证。《程典篇》云：“商王用崇谗，震怒无疆，诸侯不娱，逆诸文王文。”朱云：“娱，本或作虞，义同。”案：诸侯不虞，亦言纣之暴怒，诸侯不能测度其所极也。①

孙氏指此语“下”字衍而“不”字非衍，说是，然孙从旧注以“度”释“虞”，谓“天之命周不可测度”，则甚牵强。“虞”当解作“抚有”，《广雅・释诂》曰：

虞、抚，有也。②

《诗经・大雅・云汉》曰：

旱既大甚，黾勉畏去。胡宁瘨我以旱？憯不知其故！祈年孔夙，方社不莫。昊天上帝，则不我虞。敬恭明神，宜无悔怒。③

“昊天上帝，则不我虞，敬恭明神”与本文“天不虞周，惊以寤王，王其敬命”语义相近，足可互参。王引之（1766—1834）《经义述闻・毛诗・则不我闻　则不我虞》条曰：

家大人曰：《云汉》五章曰：“群公先正，则不我闻。”六章曰：“昊天上帝，则不我虞。”闻，犹恤问也。虞，犹抚有也。④

综上所言，本文应作“天不虞周”，言天不抚有我周。

---

① 孙诒让撰，雪克点校：《周书斠补》卷1，齐鲁书社1988年版，第81页。

② 王念孙：《广雅疏证》，江苏古籍出版社2000年版，第6页上。

③ （汉）毛亨（生卒年不详）传，郑玄笺，孔颖达（574—648）疏：《毛诗注疏》，阮元校：《十三经注疏：附校勘记》上册，卷18，第562页下。

④ 王引之：《经义述闻》，江苏古籍出版社2000年版，第168页上。

四 《逸周书杂志·祭公解》：免没我世

王念孙曰：

“昔在先王，我亦丕维，旧本‘丕维’二字倒，今依卢说乙正。以我辟险于难，不失于正，我亦以免没我世”。念孙案：“免没我世”，义不可通。“免”当为“克”字之误也。没，终也，言能终我世也。《孔注》云：“能以善没世”，“能”字正释“克”字。①

王念孙指“免”为“克”字之误，释作“能”。考本篇原文，曰：

公曰：“天子，自三公上下，辟于文、武，文、武之子孙，大开封方于下土。天之所锡，武王时疆土，丕维周之□□□后稷之受命，是永宅之。维我后嗣，旁建宗子，丕维周之始并。呜呼！天子、三公：监于夏商之既败，丕则无遗后难，至于万亿年，守序终之。既毕，丕乃有利宗，丕维文王由之。”公曰：“呜呼！天子，我不则寅哉寅哉！”汝无以戾□罪疾，丧时二王大功。汝无以嬖御固庄后，汝无以小谋败大作，汝无以嬖御士疾大夫卿士，汝无以家相乱王室而莫恤其外。尚皆以时中乂万国。呜呼三公，汝念哉！汝无泯泯芬芬，厚颜忍丑，时维大不吊哉。昔在先王，我亦维丕以我辟险于难，不失于正，我亦以免没我世。②

丁宗洛曰：

免没我世，犹言死无愧也。③

---

① 王念孙：《读书杂志》上册，卷1之4，第26页下。

② 黄怀信、张懋镕、田旭东撰，李学勤审定：《逸周书汇校集注》修订本，下册，第933—940页。

③ 丁宗洛：《逸周书管笺》卷8，《祭公解第六十》，第3b—4a页。

潘振曰：

先生，昭王也。亦维，语辞。丕，大也，指难而言。《竹书》："昭王十九年，祭公辛伯从王伐楚。天大曀，雉兔皆震，丧六师于汉，王陟。"险于难，我身徇之而不失其正道，惟其如是，我亦以免于死，善没我世。①

朱右曾曰：

免，免于罪。②

众家之说不同。黄怀信曰：

"丕"，当作"不"。辟，君也。我辟，谓昭王。"险"，同"陷"。"免"，同"勉"，尽力。没，终也。③

黄怀信则释"免"为"勉"，尽力之意。清华简《祭公之顾命》有相关文字，曰：

昔才（在）先王，我亦不以我辟窾（陷）于戁（难），弗逵（失）于政，我亦隹（惟）以没我殀（世）。④

沈建华曰：

---

① 潘振：《周书解义》，转引自黄怀信、张懋镕、田旭东撰，李学勤审定《逸周书汇校集注》修订本，下册，第 940 页。

② 朱右曾：《逸周书集训校释》，收入《续经解尚书类汇编》（一），第 761 页下。

③ 黄怀信：《逸周书校补注译》修订本，第 342 页。又黄氏于《清华简〈祭公〉篇校释》一文中，亦持相同看法。清华大学出土文献研究与保护中心编：《清华简研究》（第一辑），中西书局 2012 年版，第 237 页。

④ 清华大学出土文献研究与保护中心编，李学勤主编：《清华大学藏战国竹简》（一），中西书局 2010 年版，《释文》，第 175 页。

> “遾”读作“失”字。“殀”读“世”字，中山圆壶“殜”作“世”字。按今本作“不失于正，我亦以免没我世”，衍“免”字，脱“隹（维）”字。①

沈氏指今本“免”为衍字，与众说异。王念孙以“免”为“克”字之误，解作“能终我世”，稍觉牵强。黄怀信校《祭公》简之余，仍以今本《祭公解》之有“免”字为说，读作“勉”，其说较王念孙为佳。《祭公》简“昔才（在）先王，我亦不以我辟陷于难，弗失于政，我亦惟以没我世”，意谓“从前先王在位，我不让我王陷于危难，不使其失于正道，我是以此终我一生的”。无“免”字，而文意亦通，当以简文“我亦惟以没我世”为正。

五 《逸周书杂志·祭公解》：疾大夫卿士

王念孙曰：

> “女无以嬖御士疾大夫卿士”。念孙案：“大夫”上有“庄士”二字，而今本脱之。上文注曰：“庄，正也。”上文之庄后对嬖御而言，此文之庄士对嬖御士而言，大夫卿士又尊于庄士，故并及之。若无“庄士”二字则失其本旨矣。《缁衣》引此正作“毋以嬖御士疾庄士大夫卿士”。②

王念孙据刊本《缁衣》于“大夫卿士”上补“庄士”二字。考本篇原文，曰：

> 公曰：“呜呼！天子，我不则寅哉寅哉！汝无以戾□罪疾，丧时二王大功。汝无以嬖御固庄后，汝无以小谋败大作，汝无以嬖御士疾

① 沈建华：《清华简〈祭公之顾命〉与〈逸周书〉校记》，载中国文化遗产研究院编《出土文献研究》第十辑，中华书局2011年版，第33页。

② 王念孙：《读书杂志》上册，卷1之4，第26页下—第27页上。《礼记·缁衣》原文见郑玄注，孔颖达疏《礼记注疏》，阮元校《十三经注疏：附校勘记》下册，卷55，第1649页上。

大夫卿士，汝无以家相乱王室而莫恤其外。尚皆以时中乂万国。”[1]

庄述祖（1751—1816）曰：

疾，价。恤，忧也。庄士惟德是用，德尊者。大夫卿士位尊。[2]

潘振曰：

以嬖宠之御士疾恶大夫卿士。[3]

陈逢衡曰：

补注：《语》曰：“国君好艾，大夫殆。”此之谓也。《缁衣》“大夫”上多“庄士”二字，注云：“嬖御士，爱臣也。”庄士，亦谓士之齐庄得礼者，今为大夫卿士。[4]

各家受《缁衣》影响，多以该文原有“庄士”二字。然上文之“汝无以嬖御固庄后”，独立为句，文意自足，下文“汝无以嬖御士疾大夫卿士”，亦甚清晰，不必加“庄士”以对“庄后”。且“庄士”与“大夫卿士”有何分别，则众家无法解释，《缁衣》之言“庄士大夫卿士”，反觉曲折不明。今考《郭店楚墓竹简·缁衣》，作：

毋以卑（嬖）士息（塞）大夫、卿事（士）。[5]

---

① 黄怀信、张懋镕、田旭东撰，李学勤审定：《逸周书汇校集注》修订本，下册，第936—938页。

② 庄述祖：《尚书记》，《丛书集成续编》（上海书店据《云自在龛丛书》本影印，1994年版），《经部·尚书类》第5册，第18页上。

③ 潘振：《周书解义》，转引自黄怀信、张懋镕、田旭东撰，李学勤审定《逸周书汇校集注》修订本，下册，第938页。

④ 陈逢衡：《逸周书补注》卷18，《祭公解第六十》，第9a页。

⑤ 荆门市博物馆编：《郭店楚墓竹简》，文物出版社1998年版，第130页。

又考《上海博物馆藏战国楚竹书·紂衣》：

毋吕（以）辟（嬖）士𦔻夫=（大夫）向（卿）使（士）[①]

两简简文均无“庄士”二字。此事虞万里论之甚详，曰：

夫夫向使郭店简作“大夫卿事”，传本作“庄士大夫卿士”，宋本《记纂渊海》卷九五引同。《祭公解》作“大夫卿士”。王念孙《读逸周书杂志四·疾大夫卿士》云：“‘大夫’上有‘庄士’两字，而今本脱之。”其理由虽以上句“庄后”对“嬖御”，故下句亦当“庄士”对“嬖御士”，而实则即依传本《缁衣》为据。俞樾又据王氏之意，以为《礼记》原文当作“庄士”，而“大夫卿士”乃注文误入正文，复又改注文。郭店本与上博简虽非出一手，文字小异，而皆无“庄士”二字，与《祭公解》同，适可证明祭公《顾命》原无此二字，《逸周书》所载为原文。《缁衣》所引多“庄士”二字，是先秦时古本所有，抑或汉代礼家编集传授、讲解时所增，一时莫能质指，但至少郑注《缁衣》时已有，故其注云：“庄士，亦谓士之齐庄得礼者，今为大夫卿士”。大夫卿士中有庄士，亦有非庄士，此为两种不同概念之称谓相并列。郑意亦已觉“庄士”与“大夫卿士”并列为不辞，然一时又无异本可据改，只能以“今为大夫卿士”了之，揣其意，盖以大夫卿士释庄士。郑注《礼记》所据传本不止一种，其术语多曰“或作”、“或为”、“古字”、“今字”等等，而“今为”非表异文之术语，于是有俞氏改作“或为”之说，据简本，王、俞说皆非。[②]

虞氏之言甚确。观乎清华简《祭公之顾命》，其作：

① 马承源（1927—2004）主编：《上海博物馆藏战国楚竹书》（一），上海古籍出版社2001年版，第187页。

② 虞万里：《〈缁衣〉简本与传本、石经异同疏证（中）》，《上博馆藏楚竹书〈缁衣〉综合研究》，武汉大学出版社2009年版，第106—107页。

女（汝）毋（毋）以俾（嬖）士息（塞）夫=（大夫）卿李（士）。①

简文均无“庄士”二字，与今本《祭公解》同。“汝毋以嬖士塞大夫卿士”，文意清楚，加“庄士”于“大夫卿士”之上，则觉迂回。黄怀信《清华简〈祭公〉篇校释》亦以“庄士”为衍字。②

六 《逸周书杂志·周祝解》：时之还

王念孙曰：

“故时之还也无私貌，日之出也无私照”。《孔注》曰：“还，谓至也。”念孙案：诸书无训还为至者，“还”当为“遝”，“遝”与“逮”同。《尔雅》：“逮，及也。”及亦至也，故孔云：“遝，谓至也。”又云：“时至并应，日出普照。”以日出比时至，则当言时之逮，不当言时之还也。古字多以“遝”为“逮”，与“还”字相似，故诸书“遝”字多误作“还”。说见《汉书·天文志》“大白还之”下。③

本篇原文为：

曰：维哉！其时告汝：□□道，恐为身灾。欢哉民乎！朕则生汝，朕则刑汝，朕则经汝，朕则亡汝，朕则寿汝，朕则名汝。故曰文之美而以身剥，自谓智也者故不足。角之美杀其牛，荣华之言后有茅。石有玉而伤其山，万民之患在口言。时之行也勤以徙，不知道者福为祸。时之徒也勤以行，不知道者以福亡。故曰：肥豕必烹，甘泉

---

① 清华大学出土文献研究与保护中心编，李学勤主编：《清华大学藏战国竹简》（壹），第174—175页。

② 黄怀信：《清华简〈祭公〉篇校释》，见清华大学出土文献研究与保护中心编《清华简研究》（第一辑），第236页。

③ 王念孙：《读书杂志》上册，卷1之4，第32页上。

必竭，直木必伐。地出物而圣人是时，鸡鸣而人为时，观彼万且何为求。故天有时，人以为正，地出利而民是争。人出谋，圣人是经。陈五刑，民乃敬。教之以礼，民不争，被之以刑，民始听，因其能，民乃静。故狐有牙而不敢以噬，獂有蚤而不敢以撅，势居小者不能为大。特欲正中，不贪其害。凡势道者，不可以不大。故木之伐也而木为斧，贼难而起者自近者。二人同术，谁昭谁瞑？二虎同穴，谁死谁生？故虎之猛也而陷于获，人之智也而陷于诈。叶之美也解柯，柯之美也离其枝，枝之美也拔其本。俨矢将至，不可以无盾。故泽有兽而焚其草木，大威将至不可为巧；焚其草木则无种，大威将至不可以为勇。故天之生也固有度，国家之患离之以故；地之生也固有植，国家之患离之以谋。故时之还也无私貌，日之出也无私照。①

王念孙认为“还”是“逻”的误书，解作“及”、“至”。王氏据孔晁《注》而作推论，但对“貌”字则无释。其实，《孔注》有释“貌”字，曰：“貌谓无实”，并谓“时至并应，日出普照也”。② “无实”与“无私貌”如何连贯，则颇为费解，王氏是以避而不谈。若以“还”为“逻”，“貌”作如字，“时之至也无私貌”，其义不明，亦难与下文“日之出也无私照”相接应。王说之外，其他学者亦各有论析，丁宗洛曰：

“还”如还相为宫之还。“无私貌”，谓荣枯之状适应四时之气耳。③

潘振曰：

“还”，转也。“貌”，容也。四时之容不同，有貌之者矣。④

陈逢衡曰：

① 黄怀信、张懋镕、田旭东撰，李学勤审定：《逸周书汇校集注》修订本，下册，第1049—1061页。

② 同上书，第1062页。

③ 丁宗洛：《逸周书管笺》卷9，第12a页。

④ 同上。

“还”如循环之环。“貌”，仪也。转训作“来”。无私谓寒暑迭来不有偏曲也。①

朱右曾曰：

还音旋，谓周而复始也。②

陈汉章（1864—1938）曰：

案：“貌”通“懇”。《说文》“貌”本“皃”，或作“貇”。“貇”声字有懇，美也。《广雅·释诂》：“貌，巧也”。“貌”为“懇”之假字。孔《注》以貌为无实，失之。王氏《杂志》谓“还”当为“還”，而未读“貌”为“懇”，亦失之。③

黄怀信曰：

还，同“旋”，转也。私，偏私。貌，当作“冒”，以音误。冒，覆也。④

各家之说，主要训“还”为“旋”、“循环”。至于“貌”字，众说均以“容貌”为基础而加以推演，但解释较为迂回，黄怀信指“貌”，当作“冒”，谓“四时回旋，没有偏私的覆盖”，是较为合理的说法。

七　《逸周书杂志·周书序》：序德

王念孙曰：

---

① 陈逢衡：《逸周书补注》，卷 21，第 14 页。

② 朱右曾：《逸周书集训校释》，收入《续经解尚书类汇编》（一），第 769 页下。

③ 陈汉章：《周书后案》（上海图书馆藏《缀学堂丛稿初集》本，出版时地不详），卷下，第 9a 页。

④ 黄怀信：《逸周书校补注译》，修订本，第 388 页。

《周书序》："文王告武王以序德之行，作《文传》"。念孙案：序德，顺德也。《文传》篇曰："厚德而广惠，忠信而志爱，人君之行"，即此所谓序德之行也。行，读言行之行。《尔雅》曰："顺，敘也"。敘与序同。《周语》曰："文章比象，周旋序顺"，序亦顺也。说见《经义述闻》。①

王念孙释"序"为"顺"，并举《文传》篇"厚德而广惠，忠信而志爱，人君之行"以证。考本篇原文，曰：

昔在文王、商纣并立，困于虐政，将弘道以弼无道，作《度训》。殷人作教，民不知极，将明道极以移其俗，作《命训》。纣作淫乱，民散无性习常，文王惠和化服之，作《常训》。上失其道，民散无纪，西伯脩仁明耻示教，作《文酌》。上失其道，民失其业，□□凶年，作《籴匡》。文王立，西距昆夷，北备猃狁，谋武以昭威怀，作《武称》。武以禁暴，文以绥德，大圣允兼，作《允文》。武有七德，文王作《大武》、《大明武》、《小明武》三篇。穆王遭大荒，谋救患分，□《大匡》。□□□□□□□□□□□□□□□□□□□□□□□□□□□□□□□作《九开》。文王唯庶邦之多难，论典以匡谬，作《刘法》。文王卿士谂发教禁戒，作《文开》。维美公命于文王，脩身观天以谋商难，作《保开》。文王训乎武王以繁害之戒，作《八繁》。文王在酆，命周公谋商难，作《酆保》。文启谋乎后嗣以脩身敬戒，作《大开》、《小开》二篇。文王有疾，告武王以民之多变，作《文儆》。文王告武王以序德之行，作《文传》。②

王说以外，其他学者亦有解释，潘振曰：

序德之行，次序君德之所行也。③

① 王念孙：《读书杂志》上册，卷1之4，第34页上。

② 黄怀信、张懋镕、田旭东撰，李学勤审定：《逸周书汇校集注》修订本，下册，第1117—1124页。

③ 潘振：《周书解义》，转引黄怀信、张懋镕、田旭东撰，李学勤审定《逸周书汇校集注》下册，第1125页。

陈逢衡曰：

文王自俭而富民，盖欲以家法裕后也。无食则亡，《夏箴》之言至矣，故深以为戒。①

朱右曾曰：

“序”当为“君”，古文形相近，以君德传之子孙。②

于鬯曰：

“序”盖读为“予”。“序”谐“予”声，故得假借。本篇云：“吾语汝我所保与我所守传之子孙。吾厚德而广惠，忠信而志爱，人君之行”。作序者即本此而言，故曰予德之行也。③

孙诒让曰：

“序”当为“厚”。本篇文王曰：“吾厚德而广惠，忠信而志爱，人君之行。”此檃栝其语，故曰厚德之行。“厚”与“序”字形相近而讹，王、朱说并非是。④

案：“序”之解说纷纭，或为“顺”、为“君”、为“予”、为“厚”。孙诒让反对王、朱之说，亦以《文传》篇作证，但以“序”为“厚”之误，“序德之行”实为“厚德之行”。刘师培（1884—1919）支持孙说，曰：

案：《斠补》云：“序”当为“厚”，其说是也。《史记·赵世家》：“而序往古之勋”，《正义》云：“厚，重也。”是唐本“序”作

① 陈逢衡：《逸周书补注》，卷22，第21b页。

② 朱右曾：《逸周书集训校释》，收入《续经解尚书类汇编》（一），第773页下。

③ 于鬯：《香草校书》上册，中华书局1984年版，第204页。

④ 孙诒让撰，雪克点校：《周书斠补》卷4，第165页。

"厚"，此"序"、"厚"互讹之例。①

黄怀信曰：

> "序"，"厚"字之误。厚，谓增厚。②

黄氏亦以"序"为"厚"字之误。"厚德之行"意义较王念孙"顺德之行"更为深远。

结　语

总缩前言，王念孙《逸周书杂志》一书精深卓绝，然亦不免失误，有不察文意者，如"惠而不忍人"，定作"惠而忍人"；"有功无败"，释"功"为"胜"；训"序德"为"顺德"，皆语意不通。亦有勇于改字者，如"免没我世"，改"免"为"克"；"时之还"，改"还"为"遝"；"疾大夫卿士"上加"庄士"二字；"天下不虞周"删"不"字等，删改之后却不符文意。然而，此皆大醇小疵，无损其书之崇高的学术地位。

① 刘师培：《周书补正》，见氏著《刘申叔遗书》上册，江苏古籍出版社据中华民国二十五年（1936）宁武南氏校印本影印，1977年版，第785页下。

② 黄怀信：《逸周书校补注译》修订本，第414页。

试谈徐复观《释气韵生动》中的“气”

陈慧宁
树仁大学

一 前 言

中国文化在哲学上的反映是道、气、无、理，这可说是中国哲学的核心，这四个概念本身又是相通的。“无”是中国哲学根本概念之一。可以说是“道”的同义词。“道之为物，惟恍惟惚”，这个恍惚之道就是无，“万物皆生于有，有生于无”。在魏晋玄学中，“无”堂皇地登上了哲学本体论的天座。但本文提出“无”，是以道气无理一体化的中国哲学的根本意义提出来的，“无”本身就包含着理和气。中国的“无”能生有，在于“无”乃是充满创造功能的气。

气韵的概念始于魏晋南北朝清谈和对人物及山水的品评，它主要是指对象所蕴含的意义深远、超越世俗的美。气韵是艺术作品中呈现出来的气势风韵，它产生于形神统一的基础上，又是主客观相互交融的结果。魏晋南北朝的谢赫，是较早在文艺领域中使用气韵这一概念的画论家。他把气韵作为绘画的六法之一，提倡“气韵生动”。

徐复观在《释气韵生动》文中，系统地论述了由魏晋开始展开的以艺术自觉为追求的具有整体功能的“气韵生动”。他从而以为中国的山水画是长期在专制政治的压迫下，及一般士大夫的利欲熏心的现实之下，想超越到自然中去，以获得精神的自由，保持精神的纯洁，恢复生命的疲困而成立的。[①] 这种“反省性的反映”（徐复观语）促成艺术精神的自觉，是艺术家体验过程中的条件。并且认为“气韵生动”一语的分析研究，应当重新把气、韵当作两个概念，分别加以处理。因此，本文建基于中国哲学意义上的“气”概念，以“文气”这独具生命力的表现进一步探察

① 参看《中国艺术精神》自叙，台湾学生书局1966年2月初版，第8页。

徐氏在《释气韵生动》中对于“气”功能的诠释。

二 中国哲学概念中的“气”

中国人认为“无”的广大无限的宇宙空间充满着气，气化流行，衍生万物。气凝聚而成实体，实体之气散而物亡又复归于宇宙流行之气。天上的日月星辰，地上的山河草木，飞禽走兽，悠悠万物，皆由气生。

人为万物之灵，亦享天地之气以生，“人者，其天地之德，阴阳之交，鬼神之念，五行之透气”。一言以蔽之，茫茫宇宙，无非一气。

气在先秦就是中国哲学的一个根本概念。孟、荀之后，或有“管子”①为主道。汉代学术，在“淮南子”、董仲舒、王充的理论里，气一直养尊处优。宋代理学，气与理是两个最重要的范畴，在王夫之和戴震的哲学里，气取得了独特的地位。

在气的宇宙中，无是有的本源，又是有的归宿。有是暂时的，有限的，人们对宇宙的认识首先是对无的认识，对气的认识。同样，要认识有，具体事物，最主要、最本质的，也是对有的认识。使人执有不忘无，观形而察气，形成整体性、系统性、综合性的认识（且在下一节以孔孟的本体观来省察这种认识）。它从理论上使对有的认识，具体为对有的整体功能的认识。这种对具体有的整体功能的认识，又反过来促进了对宇宙整体的功能性认识。气本为最能表现功能性的概念。中国人气的宇宙就是一个功能性的宇宙。气的宇宙及其由此而来的以无为本，虚实相生构成了

① 学者葛兆光根据郭沫若的研究，《管子》中的《心术》、《内业》、《白心》、《枢言》几篇是宋钘、尹文一系的著作，并以“初期的道家可能有一种合理的动态，便是站在黄老的立场以调合儒墨”之说而肯定宋钘、尹文的道者趋向是很清楚的，就是从这几篇中也可以看出，其中如“（圣人）上察于天，下察于地”，“（人）戴诸大圆，体乎大方，镜诸大清，视乎大明”，颇取自黄帝之学以天地为依据的学说，又如“凡道，无根无茎，无叶无荣，万物以生，万物以成，命之日道”，“精也者，气之精者也，气，道乃生，生乃思，思乃知，知则止矣”，则说的是宇宙本原“道”与人之本原“气”，这又与老子之学相近。葛氏从而认为如果这些文献真的是宋钘、尹文一系的作品，那么，他们除“禁攻寝兵”、“情欲寡浅”之外，还有其宇宙与人生理论的背景，即把宇宙、社会、人视为一体，以道为本原，以精气贯通一切，可能在他们思想深处，价值的本原与是非的依据是宇宙与人心，宇宙是天之无言运行，人心是心之宁静自化。参看《中国思想史》第一卷，《七世纪前中国的知识、思想与信仰世界》，复旦大学出版社 2001 年版，第 119 页。

中国文化的核心。整体功能在有限领域把握住了无限。其秘密就在以无为本的模糊性。中国文化在有后面的无、形深处的气是生命之根。

人的明晰认识之外的无限宇宙是模糊的。当把这种“视之不见其形，听之不闻其声，循之不得其身”的模糊的无限作为本体功能来把握时，就不仅把真的无限性变为能认识的熟悉的对象，也把恶的无限性化为能认识的熟悉的对象。正是这种“体无”哲学保持了人与自然的和谐。

整体功能的模糊性使中国人把握住了宇宙的整体性，也正是模糊性，避免了带有历史的阶段性的明晰攻击。由模糊性而来的轻工具思想，造就了中国人运用概念的灵活性、伸缩性、跳跃性。它使旧概念可以不断加进新内容、新经验，新的创造被认为是对旧的解释。新的见解被认为是对古人的的发掘，中国的观念体系没有攻击模糊性，而是保护了模糊性，同时也保护着人与宇宙的和谐。以无为本、气的宇宙、整体功能、模糊性这些内在紧密相连的中国文化基质一起，捍卫了中国文化与自然的和谐。

三　以孔孟本体观之“天”与“性”谈“元气”论的思想内涵

孔子“罕言利，与命，与仁”，“不语怪力乱神”、“敬鬼神而远之”，强调“天何言哉”，子贡亦曰“夫子之言性与天道，不可得而闻也”，换言之，孔子几乎尽量避免有关形而上问题的讨论。孟子对此，虽偶或有所触及，而实际所说亦不甚多，因此，后儒各种有关天道性命的说法，恐怕大都出自战国晚期下逮秦汉，一直传承不绝，至汉更发展为今文学及谶纬学说的原阴阳家之言。至于孔孟真正有关天道性命的主张，应以孟子的有关少数章句为准。

以“天”与万有本体而言，孔孟未必明确具有如今人之“宇宙本体”观念，但汉儒董仲舒“道之大原出于天，天不变，道亦不变”的观念则是先秦以来诸家大致认可的，当亦不失为孔孟基本观念之一。孔子曰“天生德于予”，“天何言哉？四时行焉，百物生焉”，“君子有三畏，畏天命……”孟子也就政权递嬗言天命，又云：“夫君子所过者化，所存者神，上下与天地同流”，可知在孔孟思想中，“天”既为宇宙万有之概括观念，又为宇宙与有秩序及社会政治秩序之最高维系者，同时复为生命及生命中各种价值理想之源。因此，孔孟之“天”，大致即相当于今人之“万有本体”，当然，这在孔孟思想中，最后仅能归于自证。

以“性”与自我本体而言，在孔孟明文所言之诸内容，在“人”的问题上则已作出极大的反省，获得透辟的认识。孔孟的哲学性思考，最初本皆出于对社会政治各种现实问题的关心，追求“拨乱反正”之道，然后，了解到一切现实问题的根本即是“人”的问题，因而必须追求对“人之本质”的理解，亦即对“人性”的了解。由此，孟子上承华夏上古人文精神的传承，尤其是三代之礼文，深察内心之仁慧的孔子，在其言行中表现出的思想精髓，再加上战国中期已甚繁密成熟的逻辑理路，特别是孟子本身的杰出人生体证与睿智思考，终于建立了宋儒盛称为“有大功于世”的“性善”说。

孟子省察到的是人的生命必须是基本统一的，而这种基本的统一便是“我”（“无尺寸之肤不爱，无尺寸之肤不养”，“是故理义之悦我心，犹刍豢之悦我口”，“人之有是四端也，犹其有四体也，有是四端而自谓不能者，自贼者也，谓人不能者，贼人者也”，“养其小体为小人，养其大体为大人”，等等）。因此，“性”的表现，无论是饮食男女、七情六欲，以至富贵名利的追求，再直到仁义道德的“贵于己者”之肯定，无论是何种层次何种方面，全“应该和谐一致，相辅相成，不矛盾，不割裂”，在每一层面都表现为“可欲”，亦即皆表现其为“善”的（“可欲之谓善”），如果不能和谐一致，反生矛盾冲突，则在“我的天性必须是统一的”的最高基础上，必须假定此种矛盾冲突（“恶”）乃是假象，乃是出于自我的糊涂，自我的统一自觉之丧失（“自丧其心”“放心”）。从人之本质来看，“我”必须统一，“性”必须统一，统一即和谐，和谐即尽是可欲，无所不善，故曰“性善”。

在这种“自我统一”“统一自我之所向的一切皆可欲，皆善”的体证下，孟子显然即以此为“我之本质”所在，亦即“我”所能当下亲自体证的“自我本体所在”，至于在此之上，是否尚有更深刻更基本的“本体”，则我们除了孟子多少有所透露的“圣而不可知之之谓神”“上下与天地同流”等片言只语，似在暗示孟子本人尚有更高体证而外，由于此处已涉及超现实的神秘境界，非人人当下皆可亲自体证。

在论述了“万有本体”与“自我本体”的实践理性观的建立后，我们回过头来谈“元气”的生成。“元气”是化生万物的泉源，“道”不能直接化生万物，必须借助于“元气”这一媒介。《淮南子·天文训》云：

> 道始于虚郭，虚郭生宇宙，宇宙生元气，元气有涯垠。清阳者薄靡而为天，重浊者凝滞而为地，……天地之袭精为阴阳，阴阳之抟精为四时，四时之散精为万物。

它基本上属于《老子》一类。老子说：“无，名天地之始，有，名万物之母。”（一章）“天下万物生于有，有生于无。”（四十章）无相当于道，有相当于“元气”。这“元气”与派生它的“道”一样是“万物之母”。

在董仲舒的思想中，万物是阴阳二气交合而成的，而在阴阳之气上面，又有一个人格神的“天”，所谓“天统气”（《三代改制质文》）、“天行气”（《阴阳义》）。

汉代的另外一些宇宙生成论，把“气”作为“天”生万物的中介，如王充：“天之动行也，施气也。体动气乃生，物乃生矣。物乃生矣。”（《论衡·自然》）“人未生在元气之中，既死复归元气。”（《论衡·论死》）。又如扬雄：“自今推古，至于元气始化。”（《檄灵赋》）等等，都有在“天→气→万物”图式中的规定，也基本说明“元气”是万物的泉源。

“元气”是一种生命力。有“元气”即生，无“元气”则死。王充说：“人之所以生者，精气也，死而精气灭。”（《论衡·论死》）葛洪也说：“自天地至于万物，无不须气以生者也。”（《抱朴子·至理》）。因此，“元气”是生命力，“保身全性”的人都重视“养气”“保精”的功夫。

“元气”具有流动性。而天地也是由“气”构成的，所谓“阳气清而上升为天，阴气浊而下降为地”。天地之所以永恒，是因为其“气”流转不息，“天地合气，万物自生；犹夫妇合气；子自生矣”（《论衡·自然》）。“气”如果停止了运动，“道生万物”就难以成立。因此，在“道→气→万物”的序列中，由于“气”为“道”所生，所以“气”即是“道”，二者的区别在于“道”为形而上，“气”为形而下。当“道”被汉儒改造为仁义道德，被宋儒改造为“理”以后，“气”则表现为一种“理气”“正气”而充塞于天地间，表现为“天地之仁气”“天地之义气”，而可以存在于人的主体之外。

人的生命，古人相信是由“气”产生并维持的，所谓“人之生，气之聚也，聚则为生，散则为死”（《庄子·知北游》）。人身上的“气”表现为“精气”与“神气”。由于人由元气之精者所生，所以得为“万物之中有智慧者”（王充《论衡·辨崇》）。不仅人的精神为气所生，人的形体亦为气所生，产生所谓的“骨气”或“气骨”。

四 “文气”与徐复观谈“气”的观点

气，在中国古代文献中有多种含义，最初的时候，它并不指文气，而是指充塞于天地间的元气。天地有阴阳二气，万物则由阴阳二气相互变化而成。①

透过元气生人，人气生文，有元气必有人气，有人气必有文气，文气是人气在文中的表现，人气是元气的表现。文气即文学生命力。徐复观在《释气韵生动》中说：“切就人身而言气，则自孟子养气章的气字开始，指的只是一个人的生理的综合作用；或可称之为‘生理的生命力’。”② 这基本说的是一种健旺的生命力。

魏晋南北朝的曹丕，提出了“文以气为主”，把气对文章的作用放到首要的位置。不同于孟子的是，他认为气是不可硬性灌注的，“不可力强而致”。③

由于文气是文章赖以生存的元气、生气，所以古代文气便是决定文章成功与否的试金石。从作品联系到作家，作家有无雄豪之气也成了文章能否成功的关键。有气文章则活，无气文章便死。文气具有两方面的内涵，就客体而言，即文章有无生气，就主体而言，即作家有无神气。

① “气本象形字，其本训为云气。云气嘘吸出入，虽无定形，但论其本义，并非绝对抽象的名词，其后一再引申，以指天地之元气，以指吐纳之气息，于是渐由具体而进入抽象。由是再辗转引申，以指个人之气禀，以指修养之气质，以指环境之气习，于是气复由述自然现象者一变而论及人事，成为伦理上的术语了。此后再进一步以指行之气势，于是始为文学批评上的术语。”参看郭绍虞撰《文气的辨析》，见《郭绍虞说文论》，上海古籍出版社 2000 年版，第 32 页。

② 参看《中国艺术精神》，第 163 页。

③ 《典论·论文》，引自郭绍虞主编《中国历代文论选》第一册，上海古籍出版社 2001 年版，第 158 页。

作为作家主体生命力的表现，真正能够给作品带来生气的创作气质是正气或真气。正气是善与气的统一，真气是真与气的统一。孟子说："我知言，我善养吾浩然之气。"这里的气，是正义所积累而成。文中的生气不仅是作家正气、真气的流动，也是作家对于艺术生命的创造，就是说文学作品的形式和结构也要有气的流动，如此才有生命。同时形成"气韵""气势""气骨"等有生命力的形象。由此看徐复观在《释气韵生动》中列出统摄于"气"的有关"韵""骨""势"的观点，实际就是接近孟子所说的涵养所致。

"气韵"一语见于画论，南齐谢赫"六法"论中有"气韵生动"之说，后来也用之于文论，所谓"气韵不足，虽有辞藻，要非佳作也"。"韵"从"音"，有音响的意思，是有规律的音响。《说文》释"和也"。《文心雕龙·声律》："同声相应谓之韵。"以"气"求"韵"，并不仅是要求文辞的声韵中有"气"，而是要求文章的结构、形式中体现出"生命的律动"。这种"生命的律动"就是阴阳二气的对立和谐造就大自然生命的规律。徐复观则认为"韵"是在当时人伦鉴识上所用的重要观念，指的是一个人的情调、个性，有清远、通达、放达、放旷之美……是神形合一的形相之美。而"气"与"韵"，都是神的分解性的说法，都是神的一面；所以"气"常称为"神气"，而"韵"亦常称为"神韵"①。这种神形合一的形相之美，也是造就艺术生命的规律，若按照儒家的观点，它必须展示在道德意识下人的理性生命（如孟子、荀子），而不能无端发泄不受理性控制的原始生命力。孟子说："夫志，气之帅也；气，体之充也。"孟子想象中的"气"是"集义而生者"的元气，这种"志气"是人的主观气质的表现，具有心理的、生理的，或者是伦理的性质。② 要是在古代的"道"（理）→气→物（人）的宇宙生成图式中，它被说成是先于人而存在的、至大至刚于天地之间的一种"浩然正气"，因而文中的这种充满道德理性的"志气"是"浩然正气"的流露。

至于"气骨"，按照《淮南子·精神训》的说法，天的轻清之气形成人的精神，地的重浊之气形成人的骨骸，这样便产生"气骨"，是"气"

---

① 参看郭绍虞撰《文气的辨析》，见《郭绍虞说文论》，上海古籍出版社 2000 年版，第 178 页。

② 参看［美］刘若愚《中国的文学理论》，中州古籍出版社 1986 年版，第 36 页。

与“形”结合的产物。如用于文论，便作为有“气力”的思想内容的象征。

徐复观在《释气韵生动》中谈“气韵之气”时，将“骨”说成是气的一体，即是从整全地气的观念中所分化出来的。[①] 又以“骨”的观念，都是形容某一人由一种清刚的性格，形成其清刚而力感的形相之美。魏晋时即把用在人伦鉴识上面的，转用到文学、艺术上面。并以《文心雕龙·风骨》篇的“骨”也是由此而来为说明。他说：

> ……由力感刚性之气所形成的骨，实有两个不同的层次。《文心雕龙·风骨》篇说“结言端直，则文骨成焉”；又说“捶字坚而难移”，这是指由字句凝练所形成的骨的形相；也是形成骨的具体地方法。但这是技巧性的骨，是局部性的骨。又说“昔潘勖锡魏，思摹经典，群才韬笔，乃其骨髓峻也”；这里的所谓骨髓峻，当然和“结言端直”有不可分的关系；不过此时的骨髓峻，已由技巧性进而为思想性，或精神性；由局部性进而为全体性，以形成为统一地文体（style）的骨，所以《风骨》篇中所说的骨，实含有两个层次。[②]

诚以“气”是儒家所说的主观气质的表现，那么落实在文章中的“骨”所要求于内容的，则是文章所敘之事所论之理要充实丰盈，足以支撑全篇，即思想或精神的。而“骨”所要求于形式的，则是文章语言要精练准确，条理清晰，结构严谨，即技巧或局部的。《文心雕龙·体性》篇：

---

① “刘勰《文心雕龙·明诗》篇说建安的诗是‘慷慨以任气’；而钟嵘《诗品》谓曹植的诗是‘骨气奇高’。钟嵘所说‘骨气’，实即刘勰所说的‘任气’的气。钟嵘说刘桢的诗是‘真骨凌云’，这是因为他‘仗气爱奇’，所以‘真骨’的骨，即‘仗气’的气。又说陆机的诗是：‘气少于公干（刘桢）’即是说陆机的诗，不能‘真骨凌云’。……这里所说的骨，都同于气韵的气。谢赫所谓‘观其风骨’的‘风骨’；‘颇得壮气’的‘壮气’；‘神韵气力’的‘气力’；‘力遒韵雅’的‘力遒’，也都说的是‘气韵’的‘气’……骨即是气，气即是骨，当然指的都是气韵之气。”参看郭绍虞撰《文气的辨析》，引自《郭绍虞说文论》，上海古籍出版社2000年版，第165页。

② 参看郭绍虞撰《文气的辨析》，见《郭绍虞说文论》，上海古籍出版社2000年版，第167页。

才有庸俊，气有刚柔，学有浅深，习有雅郑，并情性所铄，陶染所凝。①

才力居中，肇自血气，气以实志，志以定言，吐纳英华，莫非情性。②

从表现的意义上，“才”具有直觉能力，在刘勰看来，是受“气”与“志”的制约。显然，这一点似乎已受孟子的影向，主张“气”可以养。③ 如果按照徐复观的说法，将“骨”说成是“气”的一体，然后从上述刘勰在创作过程问题上的两段话来看，则“骨”也应和“气”一样是可以“养”的。

宋代苏辙发展了孟子的理论，他说：“以为文者，气之所形，然文不可以学而能，气可以养而致。”从作家修养入手，强调文气在文章中的地位，惠洪等人也依附于这种观点。④

“气势”是清人刘大櫆对文章的要求，他引用唐人李翰的话：“文章如千军万马，风恬雨霁，寂无人声”，并指出：“此语最形容得‘气’好。论‘气’不论‘势’，文法总不备。”⑤ 刘氏崇尚的“气势”是一种“奇气”：“奇者，于一气行走之中，时时提起。”⑥ 这种“奇气”是由“气”所凝聚的文中之势。

这与徐复观在《释气韵生动》中谈到的“气势”略有不同。文中谈到“气势”有两处，其一是认同明代唐志契的《绘事微言》中对“气

---

① 参看《文心雕龙·体性》，人民文学出版社 2001 年版，第 505 页。

② 同上书，第 506 页。

③ 《文心雕龙·养气》篇中告诫文人要注意“养气”，且不能“钻砺过分”，第 646 页，同注 8。

④ 宋代苏辙在《上枢密韩太尉书》时说的一段话，基本上认同“气”是可以“养”而致，他说：“辙生好为文，思之至深，以为文者气之所形。然文不可以学而能，气可以养而致。孟子曰：‘我善养吾浩然之气。’今观其文章，宽厚宏博，充乎天地之间，称其气之小大。太史公行天下，周览四海名山大川，与燕赵间豪俊交游，故其文疎荡，颇有奇气。此二子者，岂尝执笔学为如此之文哉？其气充乎其中，而溢乎其貌，动乎其言，而见乎其文，而不自知也。”参郭绍虞主编《中国历代文论选》第二册，上海古籍出版社 2001 年版，第 311 页。

⑤ 《论文偶记》，引自郭绍虞主编《中国历代文论选》第三册，上海古籍出版社 2001 年版，第 434 页。

⑥ 同上书，第 435 页。

势”中的“势”，约略同于“气韵”的“气”。[①] 其二是用于形容山水的气，他说：“山水虽然也重气韵，究因对象之不同，气韵的内容，也有一种自然而然的演变。……但若在山水画中单言气时，则多以“气势”一词代替气韵之气；……董其昌昼旨谓：‘远山一起一伏则有势，疏林或高或下则有情。’此处之势即是气，情即是韵。气势的内容，当然把原有骨气的意味也包含在里面；但比骨气一词的意味更为阔大了。”[②]如果按照徐氏所说，则“气势”就是“气韵”的代名词，它可以和“气韵”一样，“是就传神之神来说，则作人物画时特应注重一个人的精神所聚注的地方，亦即是一个人的性格上的特性所易于流露出来的地方，加以把握而用力将其表现出来”。[③] 这种精神聚注的地方无疑就是“气”的涵养，是养道德之气，即孟子说的气乃是“集义所生者”，而且受“志”的统帅，其实质也是一种表现主义。

“文气”说虽然宣扬的是一种健旺的生命力，是一种受道德规范制约的理性生命。诚以“文以气为主”，所以“为文须养气”。“养气”的途径之一，是“集义”。因为“文气”中的“正气”“其为气也，配义与道……是集义所生者。所以“养气之功，在于集义”。孟子认为仁义礼智之端为良知良能，以是而加“存养扩充”，则“可以保四海”，以至成为“塞乎天地之间”的“浩然之气”。徐复观则认为和心之善只是“端”，只是“几希”，但这是有无限生命的种子，只要能“养”，能“存”，它便会作无限的伸长，或者意识地使其伸长。[④] 正如“四体”一般，乃我所本然具有者；一切本然具有者，都是我的生命内容，都是我应加以珍惜重视的，故曰：“无尺寸之肤不爱焉，无尺寸之肤不养也。”如果仅养身体的一部分，“养其一指，而失其全身而不知也，则为狼疾人也”。因此，仁义礼智或曰人之道德生命，必须珍视，甚至应该比

① 明唐志契《绘事微言》曰：“盖气者有笔气，有墨气，有色气，俱谓之气；而又有气势，有气度，有气机，此间即谓之韵。”徐氏认为唐志契所犯的毛病，在于他把气与韵混淆了，而认同他把气分成两个层次，笔气、墨气、色气，是一个层次；气势、气度、气机，是另一个层次。见《中国艺术精神》，第168页。

② 同上书，第184页。

③ 同上书，第185页。

④ 徐复观认为从充实道德的主体性来说，这即是孟子以集义养气的工夫，使生理之气，变为理性的浩然之气，参看《从性到心——孟子以心善言性善》，《中国人性论史》，台湾商务印书馆1969年版，第185页。

“四体”还要珍视，因为这才是人之“大体”所在（“养其小体为小人，养其大体为大人”），甚至，这还不仅是所谓“大体”，这正是“全身”之所在，使我的生命不致分裂散解消灭而真正凝为一体。而孟子所说的“浩然之气”的“气”，基本即是天地的“气”所构成，且是流动性的。

五 儒家以“乐”论“气”表现的道德生命

谢赫把“气韵生动”看作是作画六法的第一条。后代画家大多遵循了他的观点。徐复观在《释气韵生动》中表述的“气”的整体功能，从组合性的部分，解释为定位的、实体性的功能。若说形式是实体世界的具体化、精确化与丰富化，而据徐氏所言“气韵生动”正是“神”的观念的具体化、精密化，则“气”凝聚而成实体。另一方面，以“气韵”为生命力的升华，就道家的思想说即是生命的本质。若通过功夫在现实人生中加以体认，则所谓的道，实际是一种最高的艺术精神。① 若以功能性的宇宙和功能性的实体来看，儒家认定良心更是藏在生命的深处，成为对生命更有决定性的根源。随情之向内沉潜，情便与此更根源之处的良心，于不知不觉之中，融合在一起。此良心与“情”融合在一起，通过音乐的形式，随同由音乐而来的“气盛”而气盛。于是此时的人生，是由音乐而艺术化了，同时也由音乐而道德化了。这种道德化，是直接由生命深处所透出的“艺术之情”，凑泊上良心而来，化得无形无迹，所以便可称之为“化神”。②

魏晋阮籍的《乐论》常说及“乐”与“气”的关系，他说雅正之乐“入于心，沦于气，心气和洽，则风俗齐一”。雅乐“使人无欲，心平气定”，而俗乐则使人“流涕感动，嘘唏伤气”。这是阐明“乐”对人体之气的作用。③ 诚然，徐复观认为儒家真正的艺术精神，必须从乐教的“为人生而艺术”的艺术而出。同时彰显仁的境界，有同于乐的境界。人的精神，是无限存在的。由乐器而来之声，虽由其性格上之“和”而可以

---

① 参见徐复观《中国艺术精神主体之呈现》，《中国艺术精神》，第48页。

② 《由音乐探索孔子的艺术精神》，《中国艺术精神》，第26页。

③ 参见王运熙、杨明《魏晋南北朝文学批评史》，上海古籍出版社1989年版，第71页。

通向此无限的境界；但凡属于“有”的性质的东西，其自身毕竟是一种限制……无声之乐，是在仁的最高境界中，突破了一般艺术性的有限性，而将生命沉浸于美与仁得到统一的无限艺术境界之中。①诚以“孔子曰，无声之乐，气志不违……无声之乐，气志既得……无声之乐，气志既从……无声之乐，日闻四方……无声之乐，志气既起……”②又马一浮在《复性书院讲录》中说：“气志不违，则持其志，无暴其气矣。气志既得，则志帅气，而气充乎体。气志既从，则养而无害。日闻四方，则塞乎天地之间矣。气志既起，则配义与道，合乎冲漠之气象矣。”③这里气是生理作用，志是道德作用。无志之气，只是一团幽暗的冲动。无气之志，乃是一种理想的虚无。④志与气二者皆具于人的现实生命之中，但二者若有“乐”以养此心，当然还要有礼以制外的修养功夫才能达到。因而，徐氏将其归结为生理的欲动，融入道德理性之中，生理与道德，在人的现实生活中，得到彻底的谐和统一与充实。⑤

如此，在孔孟思想中，人之道德生命之可贵，正是由于它比一般的生物生命乃至社会生命（权势名利之欲所在的生命层次）都更来得可贵和重要。孟子即在此揭示其“舍生取义”说：“鱼我所欲也，熊掌亦我所欲也，二者不可得兼，舍鱼而取熊掌者也。生我所欲也，义亦我所欲也，二者不可得兼，舍生而取义者也。生，我之所欲，所欲有甚于生者，故不为苟得也；死，我之所恶，所恶有甚于死者，故患有所不避也。”这样，道德生命所在的“德性我”，乃是人之更根本、更重要的“我”；“我”的一切内容无一不可欲，无一不善，而只有道德生命才是更大、更高、更全面的“善”。

---

① 参见王运熙、杨明《魏晋南北朝文学批评史》，上海古籍出版社1989年版，第31页。

② 见《礼记正义·孔子闲居第二十九》，北京大学出版社1999年版，第1394页。

③ 转引自《中国艺术精神》，第32页。

④ 《由音乐探索孔子的艺术精神》，《中国艺术精神》，第32页。

⑤ 由于音乐毕竟不是唯一的人生修养过程之一，《中庸》的“慎独”、“诚明”；《孟子》的“知言”、“养气”；《大学》的“正心”、“诚意”，宋明儒者的“主静”、“主敬”、“存天理”、“致良知”等，都是人格修养，人格完成的直接通路，无须乎取途于乐。《中国艺术精神》，第36页。

六 结 论

“志气”是人的主观气质的表现，具有心理的、生理的，或者是伦理的性质。是要透过存养扩充，以使其形成一种道德与艺术人格世界的、一种具有儒家功夫的功能。无可否认，徐复观在《释气韵生动》中标举以庄子所显出的典型，即纯艺术精神的性格，而结合在魏晋的绘画上面，甚至涉及其他艺术部门。并就“气”在文学艺术的表现指的只是一个人的生理地综合作用所及于作品上的影响，而否定了“气”的形而上观念，他说：

> 许多人一提到气，便联想到从宇宙到人生的形而上的一套观念。其实，切就人身而言气，则自孟子养气章的气字开始，……凡是一切形而上性的观念，在此等地方是完全用不上的。[1]

诚然，徐氏在《释气韵生动》文中也并没有对“气”的诠释采纳形而上的看法，在其以“气”为形塑人个性的内涵，表现于文学艺术时，这功能性的载体，依徐氏之言是“一个人的观念，感情，想象力，必须通过他的气而始能表现于其作品之上。……支配气的是观念、感情、想象力，所以在文学艺术中所说的气，实际是已经装载了观念、感情、想象力的气，否则不可能有创造的功能。但观念、感情、想象力，被气装载上去，以倾卸于文学艺术所用的媒材的，气便成为有力的塑造者”。[2] 文中说的“气”根源于何处，论述上自然还不完善，徐氏又接着表述“所以一个人的个性，乃由个性所形成的艺术性，都是由气所决定的”。[3] 言论在文气的角度看相形也显得模糊。因此，以按照前文论述“元气”中的“气”如果具有生命力和流动性的话，则徐氏提及的“气”明显应该兼有形而上的立论，方为完整。并且这具有决定性而汇聚着天地中的“气”，

① 《中国艺术精神》，第 163 页。

② 同上书，第 164 页。

③ 同上。

在表现为人身上的“精气”与“神气”时，才赋予文学创作气质以“正气”或“真气”，是需要存养扩充方能开展的话，则本文在“气”形上方面所作的补充，才能有其折衷的价值。

孔子孝道之价值与意义

单周尧
香港大学

我国传统，向来重视孝道。什么是孝？《说文》说："孝，善事父母者。从老省，从子，子承老也。"①

孝道在中国产生得很早，西周铜器铭文就已经有孝的观念，《三代吉金文存》中"孝"共一百零四见，《两周金文辞大系图录考释》中共三十六见，除去重复的，两书"孝"的铭文共一百一十二则②。至于《尚书》，除去伪古文，"孝"共四见③，其中《酒诰》有"用孝养厥父母"之语④。《诗经》中则有十二篇诗十八次出现"孝"字⑤。不过，西周孝的对象，主要是祖先，而不是生人⑥。《尚书·酒诰》的"用孝养厥父母"，是西周史料提到孝养父母的唯一例子。⑦

到了春秋时代，孔子以匡时救世为己任，有感于礼崩乐坏，亲亲之情沦丧，孔子创建了一个以"仁"为核心、仁礼结合的伦理体系，希望礼乐之教，能从"典章规范"的外在形式，转化为内在"生命的自觉实践"。

孔子以"仁"为做人的最高准则。"仁"之含义为何？孔子自己解释"仁"的话很多。其中，以"爱人"释"仁"，最为简要贴切。孝弟行为，就是一种爱，孝是对父母的爱敬，弟是对自己兄弟的友爱。显然，孝

---

① 《说文解字》，太平书局 1969 年版，第 173 页。

② 参查昌国《先秦"孝"、"友"观念研究——兼汉宋儒学探索》，安徽大学出版社 2006 年版，第 10 页。

③ 同上书，第 17 页。

④ 《尚书注疏》，艺文印书馆 1973 年景印清嘉庆二十年（1815）《重刊十三经注疏附校勘记》，第 208 页。

⑤ 参查昌国《先秦"孝"、"友"观念研究——兼汉宋儒学探索》，第 23 页。

⑥ 同上书，第 11—29 页。

⑦ 参巴新生《西周伦理形态研究》，天津古籍出版社 1997 年版，第 45 页。

弟为一种内发的爱，这种爱是仁心自觉的呈现，最初呈现于最亲近的父母兄弟身上，因此，有子说："孝弟也者，其为仁之本与！"①

孔子论孝道，特别强调"敬"。子游问孝，孔子回答说："今之孝者，是谓能养。至于犬马，皆能有养，不敬，何以别乎？"② 可见孔子认为赡养父母，须与敬结合，使父母得到人格的尊重。当子夏问孝，子曰："色难。有事，弟子服其劳，有酒食，先生馔。曾是以为孝乎？"③ 提醒人子要内存恭敬之心，外现和悦之色，使父母精神得到慰藉。父母有事，要主动"服其劳"。孔子的孝道思想，强调发自内心的仁爱，强调发自内心的敬意，这些都是孝道的光辉精神。④

不过，如果我们回顾孝道在中国发展的历史，就知道孝道跟宗法制度有密切的关系。在中国古代，子女出生后，往往不是独立的人，而是宗族的一员，附属于父母，附属于宗族。宗族里头有人犯了大罪，要诛九族，个别的宗族成员不能幸免。

事实上，孝道在中国，很早就跟政治挂上钩。古代的国君，要人民移孝作忠，人民既要对父母尽孝，他是人民的大家长、大族长，所以人民也要向他尽忠。《礼记·坊记》引孔子的话说："孝以事君"⑤；《孝经·广扬名章》也引孔子的话说："君子之事亲孝，故忠可移于君"⑥，《士章》说："以孝事君则忠"⑦，都教人移孝作忠。

汉代的国君即以孝治天下，把孝纳入"三纲五常"之中，使本来基于人类自然亲情的孝道变为尊卑有等，强调"父为子纲"，即父尊子卑，

---

① 《论语·学而》篇，见《论语注疏》，艺文印书馆 1973 年景印清嘉庆二十年（1815）《重刊十三经注疏附校勘记》，第 5 页。

② 《论语·为政》篇，见《论语注疏》，第 17 页。

③ 同上。

④ 有关孔子的孝道思想，详参林安弘《儒家孝道思想研究》，文津出版社 1992 年版，第 119—147 页；康学伟《先秦孝道研究》，文津出版社 1992 年版，第 177—187 页；朱岚《中国传统孝道的历史考察》，兰台出版社 2003 年版，第 64—82 页。

⑤ 见《礼记注疏》，艺文印书馆 1973 年景印清嘉庆二十年（1815）《重刊十三经注疏附校勘记》，第 870 页。

⑥ 见《孝经注疏》，艺文印书馆 1973 年景印清嘉庆二十年（1815）《重刊十三经注疏附校勘记》，第 47 页。

⑦ 同上书，第 24 页。

子须顺从父命①。

为了给孝道纲常化提供有力论证，西汉中期董仲舒（公元前 176—前 104）将父子相承的家庭关系纳入五行相生的构架，将血缘直系的父子之序比拟天次系列，将父子相依喻为五行授受，最后归结认为父为子纲，乃天道之常②。

为了垂范天下，汉代君主除高祖及光武帝外，皆以“孝”为谥。此外，汉代有不少奖励孝道的政策，如举孝廉，设孝悌、三老等乡官，屡次褒奖孝弟，免除孝子徭役，实行养老政策，以法律维护父母之特权，并严惩不孝行为③。

在先秦时期，父慈子孝是父子双方双向对应的平等义务；但自从汉代将孝道纳入三纲五常后，即片面地、绝对地强调了子对父的义务，强化了父对子的权利。父亲有权支配家庭财产，有权支配子女婚姻，有权支配子女行为，甚而拥有子女人身支配权，可以随意殴打、虐待子女，可以卖子女，甚至操子女生杀之权；而为人子者则要片面绝对地奉行孝道，有牺牲身体健康以行孝者，有牺牲妻子儿女以行孝者，有牺牲个人生命以行孝者，造成不少人间悲剧④。

如果将汉儒政治化的孝道理论跟孔子的孝道思想互相比对，就会明显知道汉儒说孝，绝非先秦之旧。

自汉以后，由于国君重视孝道，中国古代法律，极力维护父母、祖父母的绝对权威。就以现存最古的唐律来说，不孝要付出极大的代价。根据唐律，詈祖父母、父母，绞；殴打祖父母、父母，斩；对祖父母、父母供养有阙，徒二年。居父母丧，嫁娶，杖一百；居父母丧，作乐，徒三年；居父母丧，生子，徒三年。⑤

严惩不孝子女的律例，一直延续至清代。根据清代的律例，殴、笃祖父母、父母者，斩。子孙奉养有缺者，杖一百；居父母丧嫁娶者，亦杖一

① 参萧群忠《孝与中国文化》，人民出版社 2001 年版，第 57—60 页。

② 同上书，第 60—62 页。

③ 同上书，第 63—68 页。

④ 同上书，第 70—74 页。

⑤ 参赵泽厚《孝学新论》，商务印书馆 1970 年版，第 168 页；及桑原骘藏著，宋念慈译《中国之孝道》，中华书局 1980 年版，第 28—72 页。

百①。父母的绝对权威建立起来了，于是就有天下无不是之父母、“父要子亡，子不亡，是为不孝”等说法。孝道处于极大的强势，缺少制衡，缺少反省，孝道的流弊也就出现了。由于父母有绝对的权威，他们往往管制了子女的一切行动，包括子女的婚姻和事业，造成种种不幸。到了清末民初，西风东渐，西方基督教认为人为上帝所造，在上帝面前，人人平等。受到西方文化的影响，中国人也讲求人格平等，青年人也追求独立自主，于是在“五四”时期，就有吴虞、胡适的非孝论。而“五四”时期的文学作品，如《家》、《春》、《秋》，也反映了孝道支持下祖父母、父母的权威与追求独立自主的青年人之间的冲突。在家庭里父母子女之间，缺乏互敬互爱，于是引起各种冲突。

在各种冲突中，婆媳间的冲突是一个相当严重的问题。婆婆与媳妇，背景本不相同，起居习惯、处事方法都不相同。从前，婆婆权威大，媳妇只好逆来顺受。

就以我所熟悉的香港来说，20 世纪 50 年代至 60 年代，香港仍然相当贫穷，婆媳同住相当普遍。当时香港拍摄的许多电影中，都有一个很凶的婆婆，和受尽婆婆欺负的媳妇。银幕下面，观众里头，有为数众多的受婆婆气的媳妇，她们看到电影中的女主角，受婆婆欺负比她们更厉害，在掬一把同情之泪之余，心里也就舒服一点。

如今当时演婆婆与演媳妇的演员大多已经去世。即使她们仍然健在，也不会再演从前的角色，因为现在媳妇再不受欺负，被欺负的变成了婆婆。

近二三十年，香港的年轻妇女，教育水平不断提高，就业机会大大增加。就 25—34 岁，处于适婚年龄的妇女来说，就业情况如下：

1961 年	33.9%
1971 年	39.6%
1981 年	56.8%
1986 年	64.8%
1991 年	68.4%
1996 年	74.8%
2001 年	81.3%
2006 年	82.8%
2011 年	83.5%

① 参赵泽厚《孝学新论》，第 174 页。

由于香港居所一般面积不大，一般由三百平方呎到六七百平方呎，所以当子女长大结婚，房子太小，不可能数代同堂。而且夫妇二人一同外出工作，有足够的经济条件独立生活。

而且年轻一代，越来越重视个人生活方式，不愿再受父母的约束，希望能自主独立，因此大多于婚后组成“小家庭”（核心家庭）。1981 年香港人口普查结果显示，当时香港 125 万户中，67 万户（约 54%）为“非扩大核心家庭”，只有 17 万户（约 17%）为“直线扩大核心家庭”，那就是一般称为三代同堂的家庭。到了 1996 年，“非扩大核心家庭”所占比率更高，共 118 万户（约 63%），三代同堂的家庭所占比率更低，约 18 万户（约 10%）。到了 2011 年，“非扩大核心家庭”所占比率又更高，共 157 万户（约 66%），三代同堂的家庭所占比率又更低，约 8.8 万户（约 3.7%）。

由于香港交通和通讯十分方便，子女婚后即使不跟父母同住，也可以经常往访，经常打电话表示关心与爱心，使父母得到安慰。

另外，子女婚后与父母同住，如果两代投契，经常共叙天伦，固然幸福无比。但是，“相见好，同住难”，两代同住，容易发生纠纷、摩擦和冲突。从前是婆婆欺负媳妇，现在倒过来，教育、知识、经济能力都比较强的媳妇，往往虐待年老体衰、需要家人照顾的婆婆。

20 世纪 80 年代中期，当时的香港理工学院社会工作学系暨香港社会服务联会安老服务部，用了三年时间，研究老人被虐待的问题。研究者把虐待分为四大类：（1）肉体虐待，例如老人经常遭家人殴打；（2）生活起居上的虐待，例如故意跟老人作对，使老人产生不便，如淋湿老人的床；（3）精神虐待；（4）强夺、偷取、欺骗、勒索老人的财物。前三种虐待可能涉及 25000 个老人，占当时全港老人人口的 5%。至于财物被拿走的老人，为数约 6 万，约占当时全港老人人口的 10%。此外，被当作“人球”的老人达 10 万之多，约占老人人口 20%。

1994 年，当时的城市理工学院应用社会科学系完成了一项有关老人的研究，发现每 10 万个 70 岁或以上的老人，就有 50 个自杀，那就是平均差不多每天有一个老人自杀。

近年来，由于医药、科技、卫生、营养各方面的进步，香港市民普遍长寿。1961 年，65 岁及以上的老人，不过 88000 千人，占总人口 2.8%；1971 年，增加一倍到 17.7 万人，占总人口 4.5%；1981 年，增加到差不多33万人，占总人口6.5%；1986年，为42万，占总人口7.8%；1996年，为64万，占总人口10%；2001年，为67万，占总人口11%；2006年，为68.6万，占总人口12.4%；2011年，为71万，占总人口13.2%。如何“安老”？如何使“老有所终”？实在是一个迫切的问题。

香港情况如此，中国其他地区情况又如何？台湾的《时报杂志》在20世纪80年代曾刊登了一项有关台湾家庭状况的统计，可以作为一张家庭变化的晴雨表：

（1）以夫妻及未婚子女组成之家庭增多，传统式大家庭相对减少。

（2）长辈权威趋于低落。

（3）传统家庭伦理发生变化，祖先崇拜不如过去受重视。

（4）传统孝道日趋淡薄，家庭不像以往以父母为中心，而以子女为中心。

（5）年老父母乏人奉养，孤单寂寞。

（6）老人问题趋于严重。①

此外，《家庭》杂志社家庭研究中心在1991年4月进行了一项题为“家庭代际和观念”的调查，调查的对象是《家庭》杂志的读者。调查结果显示，多数人（55%）认为“孝”能够作为当代家庭的道德规范（另有22.2%的人表示“不能够”，21.8%的人感到“说不清”）。那些对孝持肯定态度的主要理由是：“孝是子女的义务和本分”（38.3%），“提倡孝会促进两代人之间的和谐相处”（32.2%），“孝是对养育自己父母的报答”（15.9%），“孝是子女有道德的表现”（12.3%）和“孝顺是百行之本”（1.3%）。此外，该次调查发现，在日常生活中，大多数接受调查者能够做到关心父母尊重父母，不使父母感到为难。其中“不做对不起父母事”的占87.3%；“关心父母的健康和起居”的占78.3%；“使父母保持愉快心情”的占77.9%；“体谅理解父母想法”的占73.4%；“尽管自己在家中有经济地位但仍视父母为一家之主”的占69.3%；“不顶撞父母”的占61.9%；“解决父母的生活困扰”的占61.5%；“出门进门或上下班向父母打招呼、问安”的占57.7%；“美食等好处父母先享用”的占56%；“尽可能顺从父母的意思”的占55.1%；“听取和接受父母的经验并作为自己为人处事的参考”的占52.3%；“家中大小不使父母操劳”的

① 参陈功《社会变迁中的养老和孝观念研究》，中国社会出版社2009年版，第25—26页。

占50.5%。但“经济上帮助父母”、“满足父母的期望”、“与父母沟通和行为方式与父母相一致”等方面，能做到的往往不到半数——回答“经常”“让父母过宽裕生活”的仅占48.3%；“满足父母对自己的期望”的仅占42.6%；“补贴父母收入的不足”的仅占39%；“陪伴父母和他们话家常”的仅占37.3%；“告诉父母工作中或所接触的人与事”的仅占35.8%；“以父母喜欢的方式从事娱乐、闲暇活动”的仅占26.1%。①

不过，请注意：该项调查的对象是《家庭》杂志的读者，阅读《家庭》杂志的人，当然重视家庭，比较敬重父母，这并不完全是整个社会的缩影。事实上，社会中有不少人视老年人为包袱，遗弃老人，不尽赡养义务，甚至虐待老人。

至于中国大陆，随着改革开放的深入，随着市场经济体制的发展，极端个人主义、享乐主义、拜金主义盛行，市场经济的利益原则被一些人泛化为处理一切社会关系的普遍原则，亲子关系被扭曲，家庭内部往往因利益关系引起矛盾纠纷。此外，由于目前我国正处于由主干家庭向核心家庭转变的过程中，家庭重心由父子关系向夫妻关系偏移，由此而造成家庭纵向伦理关系的移位，其直接结果就是亲子关系的疏远和孝亲观念的淡化。视老人为包袱的观念由是滋长，遗弃老人、强索老人财物住房、虐待殴打老人等现象日趋严重。②

在1992年中国老年科研中心进行的老年人供养状况调查中，9944名有子女的农村老年人里，3.8%的老年人认为子女不孝。比例尽管不大，但农村老年人多，3.8%的老年人代表的是一个相当惊人的数目。

如果说不孝尚不足以反映问题的严重性的话，那么，尤其值得注意的是遗弃老年人的现象。从20世纪80年代以来的部分地区的统计资料看，无论城市还是农村，子女不孝导致的赡养案件日渐增多。

《法制日报》1990年7月21日载：1989年天津市全市法院受理与赡养有关的案件1134件，比1988年增长5%。1989年上海市崇明区，老年人非正常死亡135人，其中一半以上是因为赡养问题无法落实而自杀身亡。

《中华老年报》1993年2月22日载：综合许多地区调查资料表明，

---

① 参萧群忠《中国孝文化研究》，五南图书出版公司2002年版，第363—364页。

② 参朱岚《中国传统孝道的历史考察》，兰台出版社2003年版，第344页。

在庞大的农村老年群体中，受到不孝子女虐待的占3%左右，接近200万人。①

据2004年10月6日四川新闻网所载成都晚报报讯，成都一位名叫李宗发的律师，向省人大提交了一份《四川省父母子女家庭关系规定》的立法草案建议稿，提议四川省为“孝”立法，让子女尽“社会主义亲情孝敬、奉养”义务，继续弘扬爱老敬老的传统美德，维护父母免受子女不敬的对待以及暴力行为的侵犯。李宗发律师在立法建议中提出：“父母年满60岁或病、残，无生活来源的，子女应负全部赡养义务，支付给父母的人均生活费不得低于当地政府规定的最低生活费用或子女自己生活费用。”共同生活的，子女提供给父母的饮食标准不应低于其自身。为了提倡孝道，李律师提议公务员录用以“孝”为先。李律师建议：“本省招收、聘用、晋升公务员、领导干部，必须审查其孝敬、赡养父母情况，并以此作为衡量审查其品行是否端正的第一前提。”对于谩骂、冻饿、凌辱、殴打、遗弃父母的，李律师建议终身不得录用和晋升。已改正并表现优秀的，则需父母推荐，方可予以考虑录用、晋升，但不得优先录用、晋升。李律师还表示，乡政府、村委会、街道办事处、居民委员会等对辖区内亲情文明建设负有不可推卸的责任，应将辖区范围内谩骂父母者记录在案，对谩骂父母两次以上或殴打、冻饿、凌辱父母者，应向有关部门报案并支持起诉。孝敬、赡养父母风气不好的，街道办事处等的基层领导干部不得连任、晋升或平调。报道该建议的记者张立认为：“尊老爱幼”是中国的传统美德。古往今来，子女对父母的“尊重孝敬”，已成为衡量个人道德品质高低的重要标准之一。但随着经济的不断发展，对利益的追求正不断地冲击着人们原有的道德观，包括“孝道”在内的传统美德也渐渐地遭到一部分人的“淡忘”——有道德的人不一定得到褒扬，而卑劣无德者也不一定受到应有的批评和否定。现在一名律师振臂而起，建议为“孝道”立法，试图让这一传统美德得到法律的保障。张立认为这无疑是一种新的探索，尝试建立一种“惩恶扬善”、行之有效的赏罚机制，使“孝道”这一美德能在社会上得到普遍的遵行。

为了加强孝文化研究，为了推进和谐社会建设，湖北省于2005年成立孝文化研究会，并在孝感市举办了一个中华孝文化研讨会，专题研究孝

① 参陈功《社会变迁中的养老和孝观念研究》，第15—17页。

文化与和谐社会建设。湖北省政协主席王生铁在研讨会中致辞时指出，父母不仅给儿女生命，而且为儿女的成人、成才付出了最艰辛、最忘我、最执着、最精细的劳动，付出了一辈子的苦与累，“羊有跪乳之恩，鸦有反哺之义”，因此，“孝”作为一种文化现象，具有自然性、人本性。王氏更进一步指出，孝文化在和谐社会建设中具有重要作用。由于家庭是社会的细胞，家庭和谐是社会和谐的基础。在家庭内部，善事父母是孝文化的起点，善事父母，善事长辈，尊老爱幼，修身齐家，和谐社会才有一个厚实的基础。最后，王氏指出，要加强相关法制建设，依法保护老年人的合法权益。对不行孝、不尽孝的，社会舆论应该予以谴责，基层组织应该对这样的人和事进行批评教育；对虐待老人的，应视情节追究法律责任。要加大养老保险和社会救助、保障体系的建设力度，更加关注和关心弱势群体，让孝文化在社会主义新农村建设、城市化进程、小康社会建设、和谐社会建设中发挥积极的作用。①

2007 年，“全国老龄工作委员会办公室”发表了《中国人口老龄化发展趋势预测研究报告》，指出 2001—2100 年，中国的人口老龄化发展趋势可划分为三个阶段：第一阶段，2001—2020 年，是快速老龄化阶段。在此阶段，中国平均每年将增加 596 万老年人，年均增长速度达到 3. 28%，大大超过总人口 0. 66% 的增长速度，人口老龄化进程明显加快。到 2020 年，老年人口将达到 2. 48 亿人，老龄化水平达到 17. 17%，其中，80 岁及以上老年人口将达到 3067 万人，占老年人口的 12. 37%。第二阶段，2021—2050 年，是加速老龄化阶段。中国老年人口数量开始加速增长，平均每年增加 620 万人。同时，由于总人口逐渐实现零增长并开始负增长，人口老龄化将进一步加速。到 2023 年，老年人口数量将增加到 2. 7 亿人，与 0—14 岁少儿人口数量相等。到 2050 年，老年人口总量将超过 4 亿人，老龄化水平推到 30% 以上，其中，80 岁以上老年人口将达到 9448 万人，占老年人口的 21. 78%。第三阶段，2051—2100 年，是稳定的重度老龄化阶段。2051 年，中国老年人口规模将达高峰——4. 37 亿人，约为少儿人口数量的 2 倍。这一阶段，老年人口规模将稳定在 3 亿—4 亿人，老龄化水平基本稳定在 31% 左右，80 岁及以上高龄老人占老年总人口的比重将保持在 25%—30%，进入一个高度老龄化平台期。

① 参李友清主编《中华孝文化研究》，湖北人民出版社 2007 年版，第 1—4 页。

与发达国家相比，中国人口老龄化发展异常迅速，大大超前于经济发展水平。中国的人口老龄化具有以下主要特征：老年人口规模大，老龄化发展迅速，地区发展不平衡，城乡倒置（农村老龄化程度高于城市），女性老年人口数量多于男性等。因此，中国人口老龄化将与21世纪相始终，2030—2050年是中国人口老龄化最严峻的时期，重度人口老龄化将日益突出，中国将面临人口老龄化和人口总量过多的双重压力①，养老问题的确是一个大问题，光靠政府发养老金还不能解决，最有效的办法是靠全民伦理道德的提高，靠人人讲孝道来解决。

外国固然不重视孝道，即使在中国，虽然大部分人都受传统孝道的影响，认为子女有照顾年老父母的责任，但是，许多老人的遭遇，却仍然惨不忍睹。在这个孝道弱势的时代，实在需要提高中华孝道之自觉，特别是孔子的孝道，增加子女对父母的关怀与照顾。

① 参陈功《社会变迁中的养老和孝观念研究》，第9—10页。

《礼运》新说

黄坤尧
香港中文大学

一 前言：礼与礼运

礼是人类社会规范行为的形式。一个人的世界，自由自在，想做就去做，除了自觉的慎独境界之外，根本就不会有任何的行为规范。但人与人相处，就算少至两个人，例如父子、君臣、夫妻、兄弟、朋友等，[①]都必然有一种相处相待、相辅相依的关系存在，相处得好，融洽和谐，如鱼得水，例如刘备和诸葛亮；[②]关系破裂了，睚眦以报，终身仇敌，例如张耳和陈馀。[③]进而至于面对家族宗亲、国家民族、国际社会，以至对待天地鬼神、自然世界及万物生态的存在，其实都有严格的制约和规范，可以是自然规律，也可以是约定俗成，甚至更被定为道德和法律，都不能有所违反，否则一定会招来内咎、自责、惩罚，甚至天谴。从小时候趋庭而过，

---

① 《孟子·滕文公上》："人之有道也，饱食煖衣，逸居而无教，则近于禽兽，圣人有忧之。使契为司徒，教以人伦：父子有亲，君臣有义，夫妇有别，长幼有序，朋友有信。"（98—5下—3b）《礼记·礼运》亦云："以正君臣，以笃父子，以睦兄弟，以齐上下，夫妇有所。是谓承天之祜。"（417—21—12a）或曰："以和夫妇。"（413—21—4b）诸经引文参《十三经注疏附校勘记》〔嘉庆二十年（1815）江西南昌府学开雕本，台北艺文印书馆，1955 年 4 月〕。注用三组数字，前者为总页码，中间为原刻卷次，末为页码（再分 a，b）。

② 参陈寿（233—297）撰、裴松之（372—451）注：《三国志·蜀书·诸葛亮传》引先主之言曰："孤之有孔明，犹鱼之有水也。"中华书局 1959 年版，第 913 页。

③ 参司马迁（前 145—前 86?）撰《史记·张耳陈馀列传》引太史公曰："张耳、陈馀，世传所称贤者；其宾客厮役，莫非天下俊桀，所居国无不取卿相者。然张耳、陈馀始居约时，相然信以死，岂顾问哉？及据国争权，卒相灭亡，何乡者相慕用之诚，后相倍之戾也，岂非以势利交哉？名誉虽高，宾客虽盛，所由殆与太伯、延陵季子异矣。"中华书局 1959 年版，第 2586 页。

“不学礼，无以立”，相对即“立于礼”；[①]到大学之道，所谓“修身、齐家、治国、平天下”的功夫，[②]都是礼的主要内容，终身学习，力行不殆，而特别注重实践了。礼是必然的存在，而《礼》自然也是孔门的教材六经之一。经过汉儒戴圣的整理，汇录为《礼记》一书。

《礼记》49 篇，根据刘向《别录》所载，分九大类：通论十六篇、制度六篇、明堂阴阳二篇、丧服十一篇、世子法二篇、祭祀四篇、吉礼一篇、吉事六篇、乐记一篇。[③]而《礼运》即在通论之内。[④]《礼记》的名篇有五，即《礼运》《学记》《乐记》《中庸》《大学》，也是礼学的重要教材，反映中华民族特有的思想文化，影响深远。[⑤]《礼运》开篇即揭示了大同世界的壮丽画面，历来传诵不绝，康有为《大同书》，以至孙中山的革命与建设学说，[⑥]其实都带有浓厚的大同色彩，憧憬着中华文化永恒的浪漫世界。《礼运》篇固以“大同与小康”一节精光四射，最负盛名；其实《礼运》全篇意在探讨礼制的起源和实践历程，慎终追远，祭祀祖先宗族，致敬于天地鬼神，充满感恩之情；关心人类的生态环境，保障生活资源，不断保持人与自然的对话；建构王道政治与和谐社会，以至大同理

---

① 《论语·季氏》云：“陈亢问于伯鱼曰：‘子亦有异闻乎？’对曰：‘未也。尝独立，鲤趋而过庭。曰：“学诗乎？”对曰：“未也。”“不学诗，无以言。”鲤退而学诗。他日又独立，鲤趋而过庭。曰：“学礼乎？”对曰：“未也。”“不学礼，无以立。”鲤退而学礼。闻斯二者。’陈亢退而喜曰：‘问一得三，闻诗，闻礼，又闻君子之远其子也。’”（150—16—9b）又《泰伯》云：“子曰：‘兴于诗，立于礼，成于乐。’”（71—8—4a）

② 参《礼记·大学》（983—60—1b）。

③ 《全汉文》，商务印书馆 1999 年版，第 390 页。参严可均（1762—1843）辑《全上古三代秦汉三国六朝文》。高明（1909—1992）《礼记概说》将其中两类釐为明堂阴阳记（《月令》）、明堂阴阳（《明堂位》）、世子法（《文王世子》）、子法（《内则》）四类，各一篇，则为十一类。《礼学新探》，台湾学生书局 1977 年版，第 71 页。

④ 孔颖达（574—648）《礼记正义》释礼运曰：“按郑目录云：名曰礼运者，以其记五帝三王相变易、阴阳转旋之道，此于《别录》属通论。不以子游为篇目者，以曾子所问事类既烦杂，不可以一理目篇；子游所问，唯论礼之运转之事，故以礼运为标目耳。”（412—21—1a）

⑤ 李曰刚（1906—1985）《礼记名实考述》指出这五篇是“精华所在”，参孔孟学会主编《三礼论文集》，黎明文化事业公司 1981 年版，第 9 页。陈克明（1918—1999）认为其是“对后世影响最大者”，参《群经要义》，中国人民大学出版社 2006 年版，第 153 页。

⑥ 康有为（1958—1927）《礼运注》、《大同书》；孙中山（孙文，1866—1925）《同盟会宣言》、《建国方略》、《三民主义》（民生主义）等，参中国社会科学院哲学研究所编《中国大同思想资料》，中华书局 1959 年版，第 60—88、90—98 页。

想的终极实现，都表现出严肃的现实意义，值得我们学习和思考。

关于“礼运”的含义，郑玄（127—200）云：“礼运者，以其记五帝三王相变易及阴阳转旋之道。”孙希旦释云：“礼运者，言礼之运行也。盖自礼之本于天地者言之，四时五行，亭毒流播，秩然灿然，而礼制已自然运行于两间矣。然必为人君者体信达顺，然后能则天道，治人情，而礼制达于天下，此又礼之待圣人而后运行者也。周衰礼坏，孔子感之而叹，因子游之问，而为极言礼之运行，圣人所恃以治天下国家者以告之。”① 王梦鸥解题亦云：“‘运’字可有二义，一为演变，一为旋转。演变者，是就时代生活的沿革而言；旋转者，是就五行四时之更迭而言。四时更迭，周而复始，礼治依此而行，故一年一周转。以此观察‘礼运’，则本篇有似《月令》的说明文。但是篇中既言大同小康乱世的演变，又言橧巢营窟的生活变为宫室台榭的生活等等，这都是随时沿革而非周而复始的。二者基本的观念不同，今混为一篇，乃不能不分割‘礼’为内容与形式，内容即礼之‘义’，形式即礼之‘数’，数是演变的，义是旋转的，所以在后起的礼数中，仍可找到原始的礼义。这种思想，好像是荀子学派和邹衍学派的调和，疑其写作时代当在西汉时代，古文学渐起而替代今文学，遂出现了这样不相干的调和论。”② 黄震云：“《礼运》记五帝三王相变易阴阳转移之道，故以运名，虽思太古而悲后世，其主意微近于老子，而终篇混混为一，极多精语。如论造化，谓天秉阳，垂日星，地秉阴，窍于山川。如论治，谓圣人耐以天下为一家，中国为一人。如论人，则谓人者天地之心，谓天地之德，阴阳之交，鬼神之会，五行之秀气。如论礼，则谓礼者固人肌肤之会，筋骸之束，皆千万世名言。”③ 王锷云：“以子游问孔子答的方式，主要论述周礼的起源、发展、演变及其运用，故名‘礼运’。”④

诸家各有所见，而“运”即有演变、旋转、运行、发展诸义。大抵

① 孙希旦（1736—1784）撰：《礼记集解》，中华书局 1989 年版，第 581 页。案“亭毒”意为化育、养育。《老子道德经·下篇第五十一章》：“故道生之，德畜之。长之育之。亭之毒之。养之覆之。”王弼（226—249）注云：“亭谓品其形，毒谓成其质，各得其庇荫，不伤其体矣。”楼宇烈（1934— ）校释：《王弼集校释》，中华书局 1980 年版，第 137 页。

② 王梦鸥（1907—2002）注译：《礼记今注今译》，台湾商务印书馆 1970 年版，第 289 页。

③ 黄震（1213—1280）撰：《黄氏日钞》卷十八，大化书局影乾隆三十三年（1768）刊本，日本立命馆大学图书馆藏本，1984 年版，第 262 页。

④ 王锷：《礼记成书考》，中华书局 2007 年版，第 239 页。

《礼运》是言偃（前506—前445）记录的，其中保留了孔子（前551—前479）论礼的基本看法，但在流传的过程中，又吸收了道、墨、孟、荀、易传及阴阳五行的一些观点，层层累积，融会扩充，而写成于战国晚期。皮锡瑞论云：“知《礼运》一篇皆无疵，而其精义益著。”[①] 推许极高。而任铭善则云：“惟五行相生之说，圣人所不言；且食有常味，孔子‘不彻姜食’也；衣有常制，‘皮弁素积、玄冕素裳’是也；五味六和十二食五色六章十二衣者，乃《明堂阴阳》之说，不得以混入礼义之大经。是知此非子游所记孔子之言，而后人窜入者是也。此不可以不辨。”此明显指出《礼运》在流传的过程中杂有其他各家的思想，不纯是儒家学说，则尤当注意也。[②]

总之，礼是个人的行为修养，孔子说的“三十而立”“己欲立而立人”，[③] 所谓“立”就是“立于礼”，而“不学礼，无以立”，通过正反的论述，表现一种自觉的精神。至于礼运则论述整个制度的运作，包括社会人事及天地万物，以至自然生态的平衡，彼此息息相关，意义重大。

二 礼治原论与感恩思维

《礼运》跟《礼记》其他大部分的篇章不同，罕谈具体的礼制内容，反而多谈礼的起源、礼的意义、礼的精神、礼的运行、礼的沿革及礼的效用等，综言之则是礼治原论。《礼运》篇大约分为23段，[④] 可以归纳为七章。

（1）大同、小康与理想社会的建立。（第1—2段）

（2）礼的起源和意义。（第3—8段）

（3）诸侯非礼之害。（第9—11段）

（4）论君道与礼治。（第12—13段）

（5）人与自然相处之道，五行之运，顺应自然。（第14—17段）

---

① 皮锡瑞（1850—1908）《论〈礼记〉义之精者本可单行，〈王制〉与〈礼运〉亦可分篇别出》，《经学通论》，中华书局1982年版，第79—80页。

② 任铭善（1913—1967）：《礼记目录后案》，齐鲁书社1982年版，第25页。

③ 《论语·为政》：“子曰：‘吾十有五而志于学，三十而立。’”（16—2—2a）又《雍也》：“仁者己欲立而立人，己欲达而达人，能近取譬，可谓仁之方也已。”（55—6—10b）

④ 参《礼记今注今译》，第289—311页。

（6）礼义的定位与实践。（第 18—22 段）

（7）大同世界与环保理念。（第 23 段）

第一章开宗明义，倡言礼运就是“大道之行”，这是孔子实现大同世界“天下为公”的终极理想。[①] 这个理想在中国历史上可能并没有出现过，甚至连三代之英“谨于礼者”的小康社会也不见得容易实现。孔子自叹“丘未之逮也，而有志焉”，他毕竟看到了礼的效用，也懂得了努力的方向，教育民众，促进大同。

第二章申论礼的起源和意义。当时言偃在孔子身边，与闻“大道”之论，即强烈感受到“礼之急”，要求孔子“极言礼”。孔子曰：“我欲观夏道，是故之杞，而不足征也；吾得夏时焉。我欲观殷道，是故之宋，而不足征也；吾得坤乾焉。坤乾之义，夏时之等，吾以是观之。”[②] 孔子认为夏、殷两代的文献不足，夏礼、商礼只能参考“坤乾之义，夏时之等”的具体表现来探讨圣人制礼的精义，但文化的发展源远流长，还是有迹可寻的。[③] 以至达到“故圣人以礼示之，故天下国家可得而正也”的境界，礼就是条理，天道人事都堂堂正正的，才能显出效用。接着就饮食、宫室、音乐与祭祀的相关问题展开讨论，养生送死，事奉鬼神上帝，承天之祜，表现礼之大成。

第三章由“鲁之郊禘，非礼也”说起，郊天祭祖乃天子之礼，在鲁国举行是极不恰当的，也就是非礼。其他非礼的事还有幽国、僭君、胁君、乱国，以至君臣为谑、疵国等诸般乱象，可见非礼之害。

第四章论君道与礼治，表现藏身之固，立于无过之地。所谓“故圣人耐以天下为一家，以中国为一人者，非意之也，必知其情，辟于其义，

---

① 陈澔（1260—1341）注：《礼记集说》云：“此篇记帝王礼乐之因革，及阴阳造化流通之理，疑出于子游门人之所记，闲有格言。而篇首大同小康之说，则非夫子之言也。闲（jiàn），去声。”《四书五经》，中国书店 1984 年版，第 120 页。

② 《礼记·礼运》（415—21—8a）。参《论语·八佾》：“子曰：‘夏礼吾能言之，杞不足征也。殷礼吾能言之，宋不足征也。文献不足也。足，则吾能征之矣。’”（27—3—5b）

③ 郭嵩焘（1818—1891）《礼记质疑》云：“玩其义，辨其等，而知其流传远也。下文‘皆从其初’，‘皆从其朔’，正以推见三代。圣人制礼之精意，皆有其本原，而以此节引起之，旧注似未达此意。”岳麓书社 1992 年版，第 250 页。又王锷引金景芳（1902—2001）说指“《连山》、《归藏》（或坤乾）遗说就保存在今《说卦传》中。这一论断，彻底揭开了《说卦传》的奥秘。”《礼记成书考》，第 242 页。

明于其利，达于其患，然后能为之”。① 为君之道就是说君主要了解百姓的需要，关心百姓的福祉，用人得宜，忧乐与共。

第五章解释人性的七情十义，其实都指向礼的问题。其他还有五行、五声、五味、五色等，各有所主，相互配合，丰富我们的生活资源。至于四灵以为畜，则饮食有所取材，供应不绝了。顺应自然，和谐相处。

第六章论治道，“王中心无为也，以守至正”，而祭礼“故自郊社祖庙山川五祀，义之修而礼之藏也”，身分不同，各有定位，一切都在制度之内，亦即礼治。跟着说明“是故夫礼，必本于大一”的观念，通于天地未分之前的元气，也就是礼的本源。礼义是人之大端，也是养生送死事鬼神之大端，以至达天道人情之大窦，“所以讲信修睦而固人之肌肤之会，筋骸之束也”。培养健康的体格，这是社会运作的基本原则。礼与义相辅而行，治国有礼，仁义为本，则可以分别见证人之肥，家之肥，国之肥，天下之肥，是谓大顺，建构和谐社会，自然也就是礼义的定位与实践。

第七章宣示大同世界的愿景与环保理念，不丰不杀，持情合危，合乎所需，理顺天理人情，恰如其分。“先王能脩礼以达义，体信以达顺故，此顺之实也。”落实大同世界，其实也就是礼运“顺”的具体表现。

《礼运》专论治道，普及教育，源自浓厚的感恩思维。天地有情，生养万物，与自然共存，有必要建立良好的王道政治，摆脱个人渺小的局限，追求人类可以持续发展的大生命。

礼的起源，最早可能是在祭礼中体现的。人必须靠饮食维持生命，因此对于先人，也必然要准备丰盛的祭礼，呼唤逝者的亡灵，使他们的魂魄有知，还可以分享到人间的饮食和福祉。《礼运》云：

> 夫礼之初，始诸饮食，其燔黍捭豚，汙尊而抔饮，蕢桴而土鼓，犹若可以致其敬于鬼神。及其死也，升屋而号，告曰：“皋！某复。”然后饭腥而苴孰。故天望而地藏也，体魄则降，知气在上，故死者北首，生者南乡，皆从其初。（第5段）②
>
> 昔者先王未有宫室，冬则居营窟，夏则居橧巢。未有火化，食草木之实、鸟兽之肉，饮其血，茹其毛。未有麻丝，衣其羽皮。后圣有

---

① 《礼记·礼运》(431—22—3a)。

② 《礼记·礼运》(416—21—9a)。

作，然后脩火之利，范金合土，以为台榭、宫室、牖户，以炮以燔，以亨以炙，以为醴酪；治其麻丝，以为布帛，以养生送死，以事鬼神上帝，皆从其朔。(第 6 段)①

故玄酒在室，醴盏在户，粢醍在堂，澄酒在下。陈其牺牲，备其鼎俎，列其琴瑟、管磬、钟鼓，修其祝嘏，以降上神与其先祖。以正君臣，以笃父子，以睦兄弟，以齐上下，夫妇有所。是谓承天之祜。(第 7 段)②

第 5 段主要表现“夫礼之初，始诸饮食”的观点。原始人沿用当时简陋的饮食模式致敬于鬼神，对于新死的亲友，先登上屋顶呼唤亡灵，然后举殡埋于土中。第 6 段说上古时代没有宫室，没有熟食，没有衣物，后来由于文明的发展，物质条件比较丰富，所以连祭祀祖先及上帝鬼神的礼品都跟我们日常生活差不多了。可以反映出祭祀除了奉献饮食之外，还有宫室、熟食、衣物、音乐等，与时俱进，养生送死无憾，其实感受最强烈的还是现世之人。第 7 段随着时代的发展，祭祀时还会献上各种酒类、牺牲、鼎俎，演奏音乐，写上祝辞，甚至因应各人不同的身分地位，在祭祀中建立了适当的礼制，人天的关系自然更和谐相待了。人类的祭祀行为其实就源自一种感恩的思维，感激先人，让他们可以继续分享现世生活的成果，与子孙同在。程发轫论礼云：“礼始诸饮食，起于男女居室，推而行于家庭社会之间，朝廷宗庙之上。因时而制宜，因地而备物，因人而异数。”③ 可见礼制的起源，以及治国安邦，促进社会和谐的效用。

推而广之，《礼运》对于自然天地也表现出感恩思维，呼吁大家保护环境，善用生态资源。所谓“四灵以为畜，故饮食有由也”，意即不忘根本。

何谓四灵？麟凤龟龙，谓之四灵。故龙以为畜，故鱼鲔不淰；凤以为畜，故鸟不獝；麟以为畜，故兽不狘；龟以为畜，故人情不失。故先王秉蓍龟，列祭祀，瘗缯，宣祝嘏辞说，设制度，故国有礼，官有御，事有职，礼有序。(第 17 段)④

---

① 《礼记·礼运》(417—21—11a)。

② 《礼记·礼运》(417—21—12a)。

③ 程发轫 (1894—1975)：《国学概论》，国立编译馆 1968 年版，第 85 页。

④ 《礼记·礼运》(436—22—14b)。

四灵指麟、凤、龟、龙，分别代表毛类、羽类、介类、鳞类的领袖，保障自然生态的健康发展，平衡保育，极具象征意义。“淰”训为惊骇闪动，潜伏泥淖；“獝”训为惊骇乱飞；“狘”训为惊骇窜走；四灵在位，则万物安顿，免于恐惧。其实也就是丰富人类的生活资源，保证供养的生物链，完全是建基于以礼治国，分工有责。《孟子·梁惠王上》云：“不违农时，谷不可胜食也；数罟不入洿池，鱼鳖不可胜食也；斧斤以时入山林，材木不可胜用也。谷与鱼鳖不可胜食，材木不可胜用，是使民养生丧死无憾也。养生丧死无憾，王道之始也。”① 所谓王道政治，就是让人民安养生息，而礼治所追求的，更是一个安顿的大环境。《孟子》偏重农业政策，而《礼运》更着重整体生态系统的考虑。

《礼运》的感恩思维有三个不同的层次，始于饮食资源的分配，其次提升到对生态环境的考虑，最终则是思考天地的本源所在，追寻终极的“大一”。其实这一切都是要在良好的政治体制内进行的，也就是礼治。《礼运》云：

> 是故夫礼，必本于大一，分而为天地，转而为阴阳，变而为四时，列而为鬼神。其降曰命，其官于天也。夫礼必本于天，动而之地，列而之事，变而从时，协于分艺，其居人也曰养，其行之以货力、辞让：饮食、冠昏、丧祭、射御（乡）、朝聘。（第19段）

《释文》曰：“大音泰。”孔颖达正义云：“必本于大一者，谓天地未分混沌之元气也。极大曰天，未分曰一，其气既极大而未分，故曰大一也。礼理既与大一而齐，故制礼者用至善之大理，以为教本，是本于大一也。”②

---

① 《孟子·梁惠王上》（12—1上—7a）。

② 《礼记·礼运》（438—22—18a）。第19段中的原文“御”字，当为“乡”字，指乡饮酒礼。参郭嵩焘引邵懿辰（1810—1861）《礼经通论》说。《礼记质疑》，第248页。又参《老子》下篇四十二章云：“道生一，一生二，二生三，三生万物。万物负阴而抱阳，冲气以为和。”王弼注云：“万物万形，其归一也。何由致一，由于无也。”《王弼集校释》，第117页。《周易·系辞上》云：“是故易有太极，是生两仪。两仪生四象，四象生八卦。”韩康伯（332—380）注云：“夫有必始于无，故太极生两仪也。太极者，无称之称，不可得而名，取有之所极，况之太极者也。”孔颖达正义曰：“太极谓天地未分之前，元气混而为一，即是太初太一也。故老子云道生一，即此太极是也。又谓混元既分，即有天地，故曰太极生两仪，即老子云一生二也。不言天地而言两仪者，即其物体，下与四象相对，故曰两仪，谓两体容仪也。”（156—7—28b）

又在全书开篇释《礼记》条云："正义曰：夫礼者，经天地，理人伦，本其所起，在天地未分之前，故《礼运》云：'夫礼必本于大一。'是天地未分之前已有礼也。礼者理也，其用以治，则与天地俱兴。"① 大一即太一，或指元气，或训为虚无的道。《淮南子·诠言训》云："洞同天地浑沌为朴，未造而成物，谓之太一。"高诱注云："太一元神，揔万物者。"②《庄子·天下》："建之以常无有，主之以太一。"③《吕氏春秋·大乐》："万物所出，造于太一，化于阴阳。"注："造，始也。太一，道也。阴阳，化成万物者也。"④《太一生水》亦云："太一生水，水反辅太一，是以成天；天反辅太一，是以成地。"⑤ 王锷云："《礼运》中讨论'太一'的文字，要晚于《系辞传》，与《太一生水》相关，至迟也在战国中晚期。"⑥ 追寻太一，其实也就是怀着感恩之心，探讨治道的本源和真相。

可见《礼运》的中心思想就是宣扬儒家的礼治学说及礼学精神，综言之则属礼治原论。《礼运》探索礼的起源，始于饮食，并透过祭礼呈现出来，养生送死，事奉上帝鬼神。至于礼的意义则重在说明圣人制礼的精义，重视条理及行为规范，做人做事得堂堂正正，反对僭越，指出非礼之害。礼的精神源于一种感恩思维，面对有情天地，保护环境，善待自然生态，一切都恰如其分，有理有节。礼的运行专论治道，提出"无为"与"至正"的主张，关心百姓福祉，忧乐与共。而礼的沿革则是顺应社会的发展和变化，知所因革，丰富生活资源，平等相待。礼的效用宣示大同世界的理念，向往大顺境界，建构和谐社会，追求人类持续发展的大生命。

三　论大同与小康

大同是孔子政治学说里的中心思想，也许纯属子虚乌有，根本从未在

① 《礼记·礼运》(10—1—1a)。

② 刘安（前180—前123）编撰，高诱注：《淮南鸿烈集解》，艺文印书馆1974年版，第409页。

③ 郭庆藩（1845—1891）：《庄子集释》，王孝鱼整理，中华书局1961年版，第1093页。

④ 吕不韦（前292—前235）编撰，高诱注：《吕氏春秋》，艺文印书馆1969年版，第118页。

⑤ 荆门市博物馆：《郭店楚墓竹简》，文物出版社1998年版，第125页。

⑥ 《礼记成书考》，第243页。

古史上出现过。但不能否认孔子曾有过这样伟大的思想。虽事隔二千五百多年，就算从今日的政治理论来说，对“天下为公”的期待，也未尝不是有抱负的政治家所津津乐道的。《礼运》末章描述大同世界的愿景和环保理念，天下大顺，令人向往。

故礼之不同也，不丰也，不杀也，所以持情而合危也。故圣王所以顺，山者不使居川，不使渚者居中原，而弗敝也。用水火金木，饮食必时。合男女，颁爵位，必当年德。用民必顺。故无水旱昆虫之灾，民无凶饥妖孽之疾。故天不爱其道，地不爱其宝，人不爱其情。故天降膏露，地出醴泉，山出器车，河出马图，凤凰麒麟皆在郊椒，龟龙在宫沼，其余鸟兽之卵胎，皆可俯而闚也。则是无故，先王能脩礼以达义，体信以达顺故，此顺之实也。(第 23 段)[①]

以上的描写看来不像是真实的世界，例如河图洛书、凤凰麒麟之类，反而多了些谶讳及神话的色彩，只能说是读书人的想象世界。但却给我们指示一个思想的路向，同时也是千古以来一个从未解决的大课题。至于小康社会，“天下为家”，禹汤文武成王周公六君子“谨于礼者”，算是努力践行了，也做出了很好的示范。郑玄认为《礼运》跟“五帝三王相变易”有关，后人通常会将五帝归属大同时代，夏、商、周三代之英则是小康时代。在价值判断上，大同高于小康。此外，通过小康的努力，实践礼治，可以达到大同的愿景吗？朱熹《答吕伯恭》云：

《礼运》以五帝之世为“大道之行”；三代以下为“小康之世”，亦略有些意思。此必粗有来历，而传者附益，失其正意耳。如程子论“尧舜事业，非圣人不能；三王之事，大贤可为也”，恐亦微有此意。但《记》中分裂太甚，几以二帝三王为有二道，此则有病耳。[②]

大抵朱熹认为尧舜大道之行的圣人事业与三代小康之世一以贯之，不

---

① 《礼记・礼运》(441—22—23b)。

② 朱熹（1130—1200）《答吕伯恭十七》，陈俊民（1939—）校编：《朱子文集》卷三十三，允晨文化实业股份有限公司 2000 年版，第 1293 页。案吕伯恭即吕祖谦（1137—1181），又称东莱先生。

当分裂为二道，则通过小康的努力可达大同之境。康有为《礼运注》云："大道者何？人理至公，太平世大同之道也。三代之英，升平世小康之道也。孔子生据乱世，而志则常在太平世，必进化至大同，乃孚素志，至不得已亦为小康而皆不逮，此所由顾生民而兴哀也。"① 史次耘《礼运大同小康笺释》结语云："大用之同，即是大道。大道必待人之行于其身，则微小康又安得大同哉？"② 那么大同、小康之间，表示的只是一个进程而已。

熊十力钻研孔学甚有创获，融和儒佛，宣扬众生平等的观念，反对小康学派，尤重大同思想。《六经是孔子晚年定论》云："孔子早年（五十岁以前）之学，确是'祖述尧舜，宪章文武'，即崇尚小康礼教，维护统治。其弟子守其早年之教而不变者，遂成为小康学派。孔子晚年（五十学《易》以后），其思想确突变。始作六经。发明'首出庶物'（《易》义），'贬天子、退诸侯、讨大夫'（《春秋》说，此即消灭统治）。乃至'天下之人人有士君子之行'（《春秋》说）。'群龙无首'（《易》义），'天下一家'（《礼运》说）。是谓'大道之行，天下为公'（《礼运》）。其弟子宗其晚年六经之学，而不从其早年旧说者，遂成大道学派。"③ 大同与小康两者公私有别，冰炭不容，白黑不混，要由私转为公，谈何容易。可见两者展示的不同的心态。大同思想"天下为公"，重视个人的自觉，万物相待以礼，没有统治与被统治的关系；而小康思想则属精英主义，通过三代之英的努力维护统治，道至"大道既隐，天下为家"、"故谋用是作，而兵由此起"的乱世，而广大的百姓就只能陷于被动的困境了。熊十力所论引申之则有"消灭统治"与"维护统治"的选择，大家未必同意这个观点，看来还有争论。

现在，我们大概可以这样理解："大道之行"就是"礼运"。"道"，理也；"礼"，亦理也，"大道"意即天理，"运"即运行、流行。"天下为公"的大同世界就是孔子所描述的愿景。尧舜时代人心淳朴，可能比较贴近这幅图象，毕竟还是从来没有出现过的。后来"大道既隐"，意指天理逐渐泯没，人性的私心作祟，功利为尚，也就引发很多的争端，彼此

---

① 康有为：《礼运注》，转引自《中国大同思想资料》，第 60 页。

② 史次耘（1907—1997）：《礼运大同小康笺释》，《三礼论文集》，第 163 页。

③ 熊十力（1885—1968）：《六经是孔子晚年定论》〔乙未（1955）夏随笔〕，参《原儒》附录，《熊十力卷》，河北教育出版社 1996 年版，第 512 页。

相互攻伐。六君子人中之杰，表现出高度的自觉，践行礼义，“以著其义，以考其信，著有过，刑仁，讲让，示民有常”，也就是人伦的表率，做了很好的示范，减少人与人之间的摩擦，获取天下短暂的安定，其实也只能达到小康的标准而已，“康”，安也。跟着孔子由原始时代的生活方式说起，参考夏、商政制，重新考察礼的精神、礼的意义，确定礼的效用，首先解决饮食问题，至于天下大顺。大抵孔子认为“礼运”可以改变世道人心，通过教育压抑人性的私念，期望公道，选贤与能，讲信修睦，稳定社会，追求平等的政制。甚至天人合一，尊重生态环境，与自然平等相待，讲求原则，所谓“故礼之不同也，不丰也，不杀也，所以持情而合危也”。饮食必时，用民必顺，四灵在位，生物繁衍，结云：“先王能脩礼以达义，体信以达顺故，此顺之实也。”《礼运》的末章展示大同世界的实现，一切都合乎情理的需要，对山河大地表现感恩之情，建构和谐社会的“顺”境。

过去大家读《礼运》，往往着眼于大同与小康的理想世界，甚至认为通过小康可以达至大同的愿景，这可能只是美丽的误会，泯除了孔子礼治思想中的反抗色彩。大同与小康本质不同，公私有别，不宜混为一谈。本文通读《礼运》全文，分段论述，可知大同就是大道，亦为“太一”的本源所在，通过礼治的运作，关心人类的生态环境，保障生活资源，向往天下大顺的境界。《礼运》从个人的自觉出发，着重德性发展，人人平等，众生平等，宣扬感恩思维，表现天地万物及社会整体的存在。因此，大同思想不单是一个政治的悬念，其实更是一种“立于礼”的礼治思想，一种德性自觉的陶冶，特别展示个人立足于天地之间所应有的取态，是为新说。

商殷文化与齐鲁之学

黄竞新
香港树仁大学

一 前 言

我在台大时，心仪于孔德成教授和屈万里教授的经学与小学才华。后来知道他们都是山东人，孔老师更是孔子的第77代孙，而黄姓亦为宋之附庸，源出子姓，于是更醉心于齐鲁之学。

我对经学与小学特别喜爱，常向两位老师执荆问难。当时选修了金祥恒教授的"甲骨学"与"说文研究"两课，对于子姓民族问题很有兴趣，于是选择了"从卜辞经史考殷商氏族源流"作为研究专题。

撰文过程中，对于甲骨文中的"齐""鲁""宋"三字颇为注意，但因这三国都建国较晚，没有详考。又因卜辞有"子宋"的人名，可与微子启的"宋"带上关系，只是都没有考虑到这三个国家在西周以后的微妙关系。

其后进入香港大学，师事李约瑟门人何丙郁教授，转向科技史的研究，也因教学两忙，加上服务研究事项繁重，一直无法重拾旧题。

而在成功大学任教时，又因甲骨学研究室的成立，专题计划接踵而来，更感忙碌。

1998年，指导彰化师范大学学生胡伯欣进行《帝辛行状考述》的研究，才重新思考商殷灭国原因与东征人方的关系，再一次探索齐、鲁、宋三者的地缘和夏、商、周三个民族崛起的时代，也开始关注到齐鲁之学的源头。周立国征东夷后，分封齐、鲁、宋三国，形成一个属于东方的学术氛围。而齐鲁之学实是中华文化的源头。

2011年我进入香港树仁大学任教，值学校举办儒学会议，特以

“商殷文化与齐鲁之学”为题，为中国学术溯源。其结论不敢谓之必然，加之客旅成文，资料、时间皆有不足，错误在所不免，尚祈方家赐正。

二　开拓中华文化的奠基者——子姓氏族

（一）甲骨文中所见的“子”

甲骨文中的“子”，除了干支之外，有姓氏、辈分、爵称和方国名四种解释。卜辞不见时王名号，更没有姓氏记录，但在王族诸子中常见“子某”之称。例如：2—1—1—1. 乙丑卜，□贞：出〼子异〼[①]。（《合集》3193）

2—1—2—（正）

-1. 癸卯卜，争贞：旬亡（无）囚（祸），甲辰〼大掫（骤）风，之夕䖝（亜）。乙巳〼𢍏〼五人，五月在敦[②]。

-2. 癸丑卜，争贞：旬亡（无）囚（祸），王固（占）曰：㞢（有）㚇（𠭯、祟），㞢（有）梦，甲寅允㞢（有）来媗（艰），左告曰：㞢

① “乙丑”，日名，殷人以十干、十二支组成60个日名，由甲子到癸亥，周而复始，计算日子，这是殷代历法的一大成就；“□”，代表缺一个字；“□□”，代表缺两个字；“〼”，表示缺字数不明；“贞”，贞卜，卜问；“出”，动辞，外出或出征；“子异”，王子名（详参见黄竞新《从卜辞经史考殷商氏族源流》，台湾大学博士论文，1982年，第403—405页）。

② “争”，第一期武丁时贞人名；“旬亡（无）囚（祸）”，“旬”，殷人以十日为一旬，由“甲日”至“癸日”，“亡”，即“无”字；“囚（祸）”，指灾祸；殷人有“卜旬”习惯，在每一旬的最后一天“癸日”，卜问下一旬的事。“旬亡（无）囚（祸）”，是问下一旬有没有灾祸；“大掫（骤）风”，突然而来的强风；“䖝（亜）”，表示天气阴暗、气压很低，风沙很大；“𢍏”，不知何义；“敦”，为地名，时王游乐之区，在他辞亦有攻击之意；“五月”，殷人以十二月为岁首，“五月”，即夏历四月。

(有)往芻自𡧊(益)十人㞢(又)二[1]。

-3. 癸丑卜,争贞:旬亡(无)𡆥(祸),三日乙卯,☐㞢(有)嬄(艰),单丁人丰𡰥(尿),于录,☐丁巳𡰥子丰𡰥(尿),☐鬼亦得疾[2]。

-4. ☐☐卜,☐贞:☐亡(无)𡆥(祸)。

-5. 上吉!

-6. 小吉!

(反)

-1. ☐四日庚申,亦㞢(有)来嬄(艰)自北,子𡿫告曰:昔甲辰方征于𡉚,俘人十㞢(又)五人,五日戊申方亦征,俘人十㞢(又)六人,六月,在☐[3]。

-2. 王固(占)曰:㞢(有)𠂤(𠂤、祟),㞢(有)梦,其㞢(有)来嬄(艰)。七日己丑,允㞢(有)来嬄(艰),自☐戈化乎(呼)☐,方征于我☐[4]。

---

① "王𡆥(占)曰",王亲视卜兆后说的话,"王",指时王;甲骨文"㞢(有)"有三个字形"㞢"、"𡕥"、"𠂇",这三字可隶定为"有"、"侑"、"又"、"左"、"佐"、"右"、"佑"、"祐"等字,使用方法须看辞例而定;"固(祟)",灾祸字,表示不吉祥,是一切祸患的总称;"梦",表示做梦。"允㞢(有)来𡚪(艰)","允",果然;"来",在甲骨文中有二用,一为动辞,"往来"之"来",又为诸侯来朝之专字;国君外出回京畿都用"入",外使、臣属与后妃回京多用"归"。二为时间用辞,甲骨文表示未来的日子有"翌"、"来"两字,皆指第二天以后的日子,"翌"多用于同旬,如属隔旬则用"来"表示(详参见黄竞新《甲骨文"翌"、"来"分用释例》,东吴大学《第七届中国文字学全国学术研讨会论文集》,1996年,第411—478页;"𡚪",灾祸字,隶定做"艰";"来𡚪"表示有不好的事降临;"左",官名,疑是"左史"、"右史"之"左";"往",动辞,前往之义;"芻",栽植牧草之区;"𠂤(益)",地名。

② "单",不知何义,当"干"字,干犯之义;"丁人丰","丁人",当是社会阶层的代称,又或为"兄"字,但因其后有"子丰"一字,"兄"与"子"辈分不同,此处仍当隶定为"丁人","丰",丁人名;"𡰥(尿)",疾病名,表示尿疾;"于",介辞;"录",地名;"子丰",王子名,与"丁人丰"当同一人;"嬄(鬼)亦得疾","嬄(鬼)",人名,"亦得疾","疾"字有三种字形:"𡧊"、"𡰥"、"𡰥",一般疾病的总名,表示人卧病在床,人旁的点可能是汗水可能是泪珠,可能是血液,也可能是呕吐物或排泄物,"亦得疾",也感染了疾病。

③ "自",介辞;"北",方位辞,指北方;"子𡿫",王子名;"昔",表示过往的日子;"𡉚",地名;"俘",俘虏。

④ "其",语辞,不具义;"东",方位辞,指东方;"我",第一人称,时王自谓之辞,与"余"、"朕"同义,而"我"多用于国家,如:"我受年"。

-3. ⍁甲子允㞢（有）来自东，⍁亡（无）于[illegible]（薛）[1]。

-4. ⍁𡆥（祸）！ （《合集》137）

第一片的“子异”和第二片“子丰”“子[illegible]”都是武丁时代的诸子名，这个“子”字，可有两种解释，一是姓氏，一是辈分辞，殷人称“子”都指时王子辈的人，称为“诸子”，也就是说凡是时王子辈的人，都在人名之前加上一个“子”字；第二片卜辞有两件重要的事，一子丰患了尿疾，而且传染给名“鬼”的人；第二件事则是两次敌人入侵被俘的记录，而“子[illegible]”是直接与事者。

以上卜辞中的“子异”“子丰”和“子[illegible]”的“子”字是代表“子”姓还是诸子辈分的总称？似乎不易确定。目前在卜辞中看到称“子某”的共有 130 人[2]。

另有一组甲骨是在人名之后附“子”字的，那应是爵位之称，现见甲骨称“某子”，而可确定为爵位者约有 40 片[3]，从第一期至第四期都有记录。下面选了两条称“某子”的卜辞：

2 -1 -3 - （正）

-1. 戊申卜，方（宾）贞：奏步于[illegible]⍁，上吉[4]！

-2. 贞：勿奏步于[illegible]，⍁其⍁，上吉！

-3. ⍁唐子[illegible]父乙[5]。

-4. ⍁唐子⍁[illegible]父乙。

-5. 贞：今日雨？

-6. 贞：今日不其雨？上吉！

-7. 贞：⍁。

-8. 贞：唐子伐[6]。

---

① “薛”，地名。

② 详参见姚孝遂《殷墟甲骨刻辞类纂》，中华书局 1989 年版，第 196—203 页。

③ 同上；又 1982 年黄竞新撰《从卜辞经史考殷商氏族源流》时，所见卜辞中称“子某”和“某子”的只有一百二十人（第 415 页），三十年来甲骨著录专书不断问世，人数激增。

④ “方（宾）”，第一期武丁时贞人名；“步”，步行，陆地运动。“[illegible]”，地名。

⑤ “唐子[illegible]”，“唐”，地名，“唐子”，唐地的子爵，“[illegible]”，祭名；殷人以“十日”之名为庙号，“父乙”，即武丁的父亲“小乙”。

⑥ “伐”，在甲骨文中有四义，一为征伐，二为用牲之法，三为步伐、舞伐之伐，也有星名，此处不知何义。

（反）

-1. □固（占）曰：吉！若①！

-2. 壬寅卜，㕚②： （《合集》973）

2-1-4-1. 丙寅卜，即贞：其𢾊（䟱）羊，盟子③。

-2. □寅卜，即贞：岁，叀（惟）今仲丁，酌④！

（《合集》22857）

第三片是第一期武丁时卜辞，"唐子"当指"唐"地的子爵，卜辞中的"父乙"是武丁的父亲小乙，此辞记录了"唐子"主持对"父乙"的祭祀，可见这位子爵与武丁的关系密切；第四片为第二期卜辞，"盟子"的"盟"可能指联盟的子爵，又或该子爵名"盟"，而"盟"也可能是地名。

殷时，已有公、侯、伯、子、男五等爵⑤，凡称"某子"的，"子"前的字，当为该子爵的名字或地名。

在甲骨文中能确定"子"作姓氏的字似乎不多，如"妇好"当是"妇子"⑥。这可从其他妇女名号中得知，如"妇井"又称"妇姘"。如：

2-1-5-1. 贞：𥄎（省）我羌，☐宜⑦！

① "若"，甲骨文中有两义，一为顺适之义，二为"承诺"之"诺"，此处两义皆通。

② "㕚"，第一期武丁时贞人名。

③ "即"，第二期祖庚、祖甲时贞人名；"其"，语辞，不具意；"𢾊（䟱）"，用牲之辞，有扑杀之意，常用于动物；"盟子"，"盟"子爵名。

④ "岁"，在卜辞中有多义：一为年岁字，如："今岁"、"来岁"，二为年祭，如：年终之祭，丰收之祭，也有生日、死日之祭，详参见黄竞新《甲骨文所见时序用语及时间限制辞研究》，育成文化事业公司1991年版，第2—8页；"隹"与"叀"同，即"惟"字，语辞，不具义；"仲丁"，先祖名；"酌"也可隶定做"酒"，是一种以酒为祭品的祭礼，殷人好酒，祭祀先人也常用酒。

⑤ 详参见董作宾《五等爵在殷商》，《中央研究院历史语言研究所集刊》第六本第三分册，第413—430页。

⑥ "妇好"，武丁之后，"子"姓，夫妇同族，为族内婚，殷时六世可婚，详参见《礼记·大传·丧服小记》，（清）阮元校勘，《十三经注疏》，台湾艺文印书馆重印嘉庆二十年江西南昌府学本，1976年第二版，第2B页；又黄竞新《从卜辞经史考殷商氏族源流·妇好之族姓》，台湾大学博士论文，1982年，第485—510页；又见孙茂荣、黄竞新《从甲骨文看殷后妇好的生育问题》，《甲骨文论集》，南大语言文化丛书2011年版，第154—182页。

⑦ "𥄎（省）"，视察；"羌"，殷敌国，其族人常入侵边界而被俘虏，成为王朝的劳动力和兵源，亦常用为人牲；"宜"，祭名，对地只之祭。

-2. ⧄妇井⧄[①]。 (《合集》476)

2-1-6-1. □丑卜，㱿贞：妇好⧄[②]。

-2. 妇姘示⧄[③]。 (《合集》2681)

第五辞的“井”没有“女”部，第六辞的“姘”加了“女”部，其实是同一人，卜辞中又有“井方”一辞，例如：

2-1-7-1. 癸卯卜，穷（宾）贞：井方于唐宗彘[④]。

(《合集》1339)

上辞的“井方”是方国名，“妇井”当是“井方”的女儿，嫁入王朝后，始加“女”部称“妇姘”，以确定她的后妃身份。故“妇好”应为“妇子”，是子姓的女儿，与武丁匹配，属于族内婚。

卜辞中又有“子方”，似是方国名，若然，则“子”当为姓氏或为殷分封之宗国。从以下卜辞看，“子方”与王室的关系良好。例如：

2-1-8-1. 丁未卜，争贞：令郭以㞢（有）族尹。[illegible]㞢（有）[illegible]，五月[⑤]。

-2. ⧄贞：翌⧄令[illegible]，⧄子方⧄，[illegible]甾（由）王事[⑥]。

-3. ⧄贞：⧄多⧄㞢（侑）⧄牛⧄宰（牢）[⑦]。

-4. ⧄亡（无）⧄王⧄。

2-1-9-1. 丁酉□，王⧄：于伊⧄[⑧]。

-2. 其一羌一牛？

---

① “妇井”，井方的女孩，进入宫廷后称“妇姘”，后加“女”部成为“姘”，表示姓氏。

② “㱿”，第一期武丁时贞人名。

③ “示”，表示致送。

④ “井方”，方国名；“唐宗”，“唐”，指成汤，“宗”宗庙，“唐宗”，即成汤立庙之所；“彘”，祭牲。

⑤ “令”，由上而下的指令；“郭”，人名；“族”，宗族、族群；“尹”，官名；“[illegible]”、“[illegible]”，不知何义。

⑥ “㱿”，人名；“子方”，“子”为商殷之国姓，“子方”，为王朝分封之宗国；“[illegible]”，不知何义；“[illegible]王事”，“[illegible]”，可隶定为“由”字，“[illegible]王事”，表示替王任事。

⑦ “侑”，祭名，劝食之祭；“[illegible]（牢）”，一头公羊加一头母羊称为“[illegible]”；一头公牛加一头母牛称“牢”；详参见黄竞新、梁文伟《集合与象征——从甲骨文看殷人的集合观念和构字法则》，香港大学饶宗颐教授九十华诞国际学术研讨会论文集《华学》，第9、10辑合刊本，上海古籍出版社2007年版，第74—105页。

⑧ “伊”，地名。

-3. 其三羌三牛?

-4. 癸丑卜，于丁巳征（延），多宁，[illegible]（昜）日①!

-5. 辛丑贞：王令[illegible]，以子方奠（郑）于并②。

（《合集》32107）

2-1-10-1. 酉贞：王令[illegible]，以子方奠（郑）于并③。

-2. 癸未贞：王其[illegible]，十人④。

-3. 于壬[illegible]十。

-4. □申贞：☐于☐三牛，☐[illegible]（勺、礿）三牛⑤。（《合集》32832）

2-1-11-1. ☐伐☐且（祖）☐，羌☐⑥。

-2. 己卯卜，取岳，雨⑦!

-3. 壬午卜，岳来于[illegible][illegible]⑧。

-4. □亥贞：王令[illegible]，以子方乃奠（郑）于并⑨。

-5. 岳于三户⑩。（《合集》32833）

2-1-12-1. □亥贞：☐以子方奠（郑）于并，在父丁宗[illegible]⑪。

（《南地》3723）

2-1-13-1. 辛亥贞：王令[illegible]，以子方奠（郑）并，在父丁宗[illegible]。

-2. ☐贞：多☐㞢（侑）☐父丁，☐牛。

-3. ☐卯征（延）多宁。☐蒸鬯，☐在父丁宗，启? 允启⑫!

（《南地》4366）

---

① "宰（延）"，与"延"同，延长，延误；"多宁"，官名；"征（[illegible]）日"，出太阳、好天气。

② "昜"，人名；"奠（郑）"，地名；"并"，地名。

③ "[illegible]"，人名。

④ "[illegible]"，不知何义，以辞例观之当属动辞。

⑤ "[illegible]（勺、[illegible]）"，祭名。

⑥ "且"，"祖"的本字，先祖。

⑦ "取"，或为祭名；"岳"，山岳，但从第三句看此当为人名。

⑧ "[illegible]"，地名；"[illegible]"地名。

⑨ "[illegible]"，人名；"乃"，语辞。

⑩ "三户"，地名。

⑪ "父丁"，先祖名，此为第四期卜辞，"父丁"当指第三期的康丁；"[illegible]"，祭名。

⑫ "蒸鬯"，蒸酒；"启"，云层散开，天气开始放晴。

第八片是第一期卜辞，辞中的“子方”曾参与“由王事”及“祭祀”，当是王朝宗族；第九、十、十一片是第四期卜辞，知“子方”从第一期至第四期仍在，并且亦参与王朝直系先祖祭祀，而“郑”为王朝重要的农牧之区，“子方”亦涉足该地，足见与王朝关系密切；第十二、十三两片，收在《南地》，辞例与前三片相同，事类亦近，而南地卜辞，亦为第四期之物，应视为同一组资料，辞中有“父丁宗”一辞，“父丁”当指第三期康丁，“父丁宗”即康丁立庙之所，因之为第四期物无误。

现见甲骨文中，系有“子方”一辞的共有六片，除第一片为第一期物之外，其余五片都是第四期的，足见“子方”活跃年代长久。上云为殷分封之宗国，于此可以确定无误。

（二）文献中所见的“子”

从文献中，去追溯“子”姓的源头，当从封地赐姓开始，《帝王世纪》说：

> 黄帝……葬于上郡阳周之桥山，子青阳代立，是为少皞……少皞之孙（虫乔）极之子代立，是为帝喾。

又说：

> 帝喾……元妃有邰氏曰姜原，生后稷，次妃有娀氏女曰简狄，生卨，次妃陈丰氏女曰庆都，生放勋，次妃娵訾氏女曰常仪，生帝挚。帝喾在位七十五年，年一百五岁而崩……子帝挚立……不肖而崩，弟放勋代立，是为帝尧[①]。

《世本》[②] 及《大戴礼·帝系》[③] 亦有同说。

---

① 详参见《帝王世纪（及其他一种）》，（西晋）皇甫谧编，（清）顾尚之辑录，上海商务印书馆 1936 年版，第 7—9 页。

② 《世本》，（清）王谟辑，《世本八种》，西南书局 1964 年版，第 6 页。

③ 《大戴礼记汇校集注·帝系第六十三》，黄怀信主撰，三秦出版社 2005 年版，第 777—802 页。

《史记·殷本纪》说：

殷契，母曰简狄，有娀氏之女，为帝喾次妃。三人行浴，见玄鸟堕其卵，简狄取吞之，因孕生契。契长而佐禹治水有功。帝舜乃命契曰："百姓不亲，五品不训，汝为司徒而敬敷五教，五教在宽。"封于商，赐姓子氏①。

自契封商赐姓之后，历十四世至成汤灭桀②，建立中国第二个王朝——商。

这种说法从裴骃开始就已有怀疑。《史记·殷本纪》的索隐说：

谯周云：契生尧代，舜始举之，必非喾子。以其父微，故不著名。其母娀氏女，与宗妇三人浴于川，玄鸟遗卵，简狄吞之，则简狄非帝喾次妃明也。尧封契于商，即《诗·商颂》云"有娀方将，帝立子生商"是也。③

史书记载三代的先祖都附有一个神话故事，而这些神话不免引人疑窦，梁玉绳《史记志疑》也说：

至史公信其说，而汉儒如康成，宋儒如朱子，并援以为据，遂有谓稷、契无父而生者，毋乃诞欤？行浴、出野，淫佚孰甚，稷、契之母，不宜若此；鸟卵、巨跡，惊避不遑，吞之践之，殊非情事。圣人之生，虽异于众庶，然不外气化形化之常，宁妖僻如是耶？前贤辟之详矣。甚至转相传述，《吕氏春秋·音初篇》以燕遗卵在简狄为处女时，《诗·疏》引王肃解以姜嫄寡居生子，尤属乖妄。盖史公作《史》，每采世俗不经之语，故于《殷纪》曰吞卵生契，于《周纪》

① 《史记·本纪·殷本纪第三》，（西汉）司马迁撰，（刘宋）裴骃集解，（唐）司马贞索隐，（唐）张守节正义，台湾商务印书馆影印宋庆元黄善夫刊本，卷3，第1页B。

② 详参见董作宾《殷代王室世系图》，《世本辑补》，（清）秦嘉谟辑，《世本八种》，西南书局1964年版，第19页。

③ 《史记·本纪·殷本纪第三》，（西汉）司马迁撰，（刘宋）裴骃集解，（唐）司马贞索隐，（唐）张守节正义，台湾商务印书馆影印宋庆元黄善夫刊本，第1页B。

曰践跡生契（弃）[1]，于《秦纪》又曰吞卵生大业，于《高纪》则曰梦神生季，一似帝王豪杰俱产于鬼神异类，有是理乎?[2]

日人泷川龟太郎的《考证》也用了梁玉绳的说法表示怀疑[3]。这些神话虽然都起得很晚，但在三代的时候，应仍有“母系社会”的遗留，人们但知有母，不知有父。后世婚姻制度完备，礼乐教化明确，以“不知其父”为耻，为了塑造领袖的形象，在阴阳五行盛传年代，便产生了这些神话故事，这是民俗学和宗教学结合而成的产物，并不奇怪。但这些故事对于商殷为“子”姓的事实已有甲骨为证，当可依顺。

五千年前是一家

从文献中整理出以下两图，当然这是阴阳五行和神话结合后的故事。

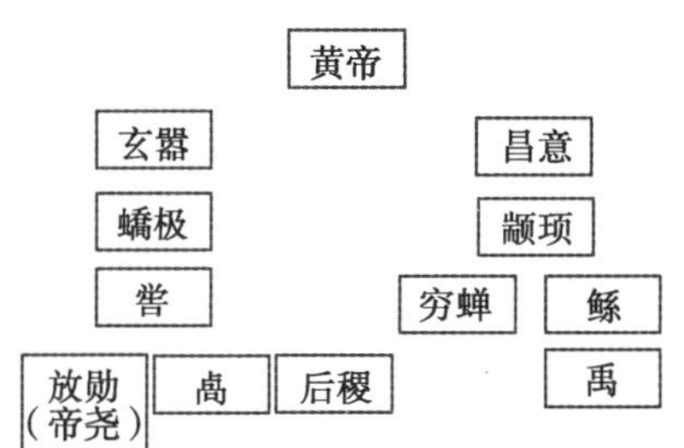

图一　上古帝王世系

（三）从甲骨文内涵看子姓民族的智慧

甲骨文记事虽然简略，而且多为贞卜文字，但内涵丰富，蕴藏了宇宙

① 据北京中华书局校本补“弃”字，《史记志疑》，（清）梁玉绳撰，中华书局1981年版，第45页。

② 《史记志疑》，（清）梁玉绳撰，中华书局1981年版，第45页；又云：案：《诗》曰：“天命玄鸟，降而生商，履帝武敏歆，攸介攸止。”《毛传》以元鸟降为祀高禖之候，履帝武为从高辛之行。当毛公作《传》时未有迁《史》也，迁《史》出而乃有吞、践之说。其说起于周、秦间好事者，是以屈原《天问》言“简狄在台，元鸟致贻”；《列子·天瑞》言“后稷生于巨跡”。夫毛公岂不知吞践之说哉，亦鄙弗道耳。详见第45页。

③ 《史记会注考证》卷3，（西汉）司马迁撰，（刘宋）裴骃集解，（唐）司马贞索隐，（唐）张守节正义，［日］泷川龟太郎，台北宏业书局1977年版，第2页。

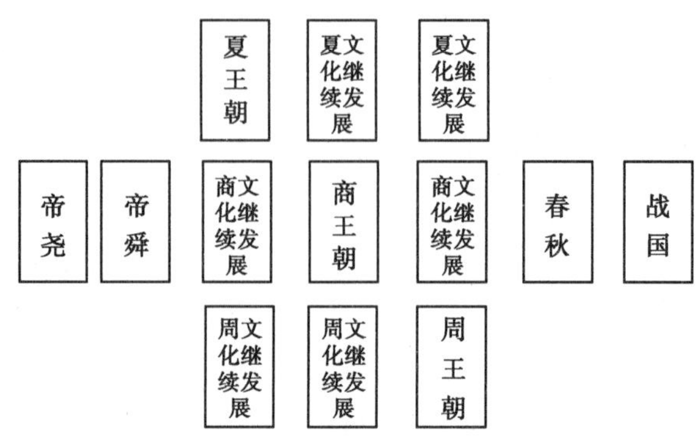

图二　夏、商、周关系图

万事万物，从下图可见一斑。

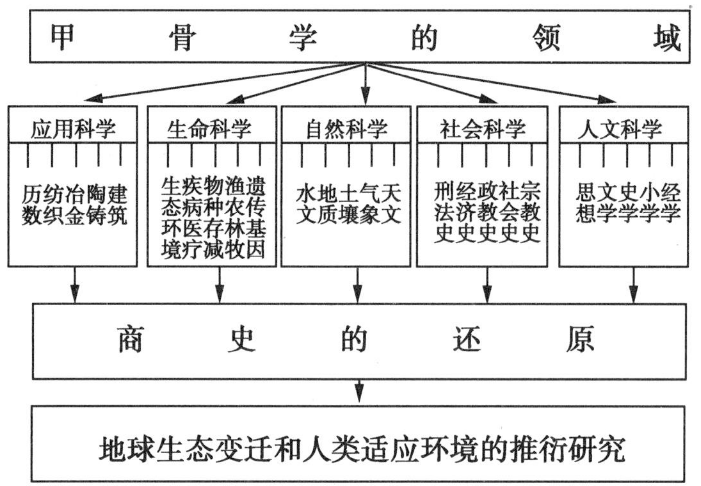

图三　甲骨学的领域

从上图看，甲骨文虽然是贞卜文字，但内涵综合了人文科学、社会科学、自然科学、生命科学、应用科学五个领域。

有关人文科学部分，如时间辞的使用，除了年岁字、季候字和以干支记日之外，一日之内的时段划分，也很明确精到。如代表较长时段的：

“昼”“夕”“夜”；

较短时段的有以下的分法，按太阳运行分：

“出日”，“入日”；

按“日”所在的方位分：

“日中”，“日西”，“郭兮”，“日昃”。

现代人把日出至日落的时间分为“上午”、“下午”两个时段，因为“中午”只是一个间划，没有时段。但在甲骨文中，却把日出至日落的时间用了不同的词汇来划分它的时序，可以分为旦、明、朝、日出、日中、日西、日昃、郭兮、日入、昏、暮等。下面且举一些例子来说明：

2-3-1-1. 惟[illegible]（岳）田☐[1]。

-2. ☐旦至于昏，不雨？大吉[2]！ （《合集》29272）

2-3-2（正）

-1. 丁亥卜，㱿贞：翌庚寅侑于大庚[3]？

-2. 贞：翌辛卯侑于祖辛[4]？

-3. 侑于上甲[5]？

-4. 丙申卜，㱿贞：来乙巳酌下乙。王固（占）曰：酌惟有祟，其有歙，乙巳酌，

明雨，伐既雨，咸伐亦雨[illegible]（䟔）卯鸟星[6]。

（反）

-1. 己丑侑匚（报），☐伐☐十[7]。

-2. 乙巳夕，有歙于西[8]。

-3. 丙午卜，争贞：来甲寅酌大甲[9]？ （《合集》11497）

---

① “[illegible]（征）”，地名；“田”，田游。

② “旦”，“日”出在地平线上，指清晨旦明的时候；“至于”，“至”，到达的意思；“于”，及物介辞；“昏”，指黄昏日落的时候。

③ “大庚”，即“太庚”，先祖名。

④ “祖辛”，先祖名。

⑤ “上甲”，先祖名。

⑥ “下乙”，殷之先祖以“乙”为庙号者有“报乙”、“太乙（成汤）”、“祖乙”、“小乙”、“武乙”、“帝乙”六人，此为第一期卜辞，“下乙”当指武丁之父小乙；“歙”，气象动辞，表示天虹从水边升起，像吸水之状，故称“歙”，即“饮”字；“既”，已经；“咸”，祭名；“卯”，祭名；“鸟星”，主雨之星。

⑦ “匚（报）”，祭名。

⑧ “夕”，指日落后，天色已暗的时间；“西”，方位辞，指西方。

⑨ “大甲”，先祖名。

2－3－3－1. 癸丑卜，行贞：翌甲寅，后祖乙岁，朝彭，兹用[①]!

－2. 贞：莫（暮）彭[②]?

－3. 癸丑卜，行贞：翌甲寅，后祖乙岁，二宰（牢）?

－4. 贞：三宰（牢）? 兹用!

－5. ☐用! （《合集》23148）

2－3－4－1. 戊子卜贞：今夕亡（无）□。

－2. 戊子卜，今夕有囚（祸）?

－3. 己丑卜，今夕亡（无）囚（祸）?

－4. 己丑卜，今夕有囚（祸）?

－5. 庚寅雨? 中日既[③]。

－6. ☐十☐☐[④]。

－7. ☐囚（祸）。 （《合集》21302）

2－3－5－1. 庚寅卜，黄贞：今日西☐☐[⑤]。 （《合集》26750）

2－3－6－1. ☐争贞：翌乙卯，其宜，晹日! 乙卯宜，允晹，日昃☐（☐）于西，六月。[⑥]

－2. 翌，☐不其☐?

－3. 贞：☐。 （《合集》13312）

2－3－7－1. 昃至☐兮，其雨?

－2. 郭兮至昏不雨。吉[⑦]!

－3. 郭兮至昏其雨? （《合集》29801）

2－3－8－1. 辛巳卜，争贞：☐方☐捍[⑧]。

---

① “行”，第二期贞人名，但第四期仍见此名，疑为贞人族；第二期卜辞能称“祖乙”都为“匚乙”、“太乙（成汤）”、“祖乙”、“小乙”四人，“匚乙”、“太乙（成汤）”、“小乙”都有专名，“后祖乙”当指“祖乙”；“岁”，祭名；“朝”，时间辞，指清晨；“兹用”，进行式动辞。

② “莫（暮）”，日落西山，暮色苍茫之时。

③ “中日”，时间辞，中午时间；“既”，持续的意思，此处或为祭名。

④ “☐”，不知其义，疑为动物名。

⑤ “黄”，第二期贞人名；“日西”，太阳西下的时候；“☐”，不知何义，疑为动辞。

⑥ “宜”，适宜；“晹”，太阳已出，天气晴朗；“日昃”，太阳西斜，人影躺在地上；“☐（☐）”，雾色迷蒙的时候。

⑦ “郭”，城堡，“郭兮”，时间辞，指太阳西斜落在城堡之上。

⑧ “☐方”，方国名；“捍”，捍卫。

-2. 癸未卜，内贞：子商𢦏（𢦔、灾）𡆥方，缶？上吉[①]！

-3. 癸未卜，内贞：子商弗其𢦏（𢦔、灾）𡆥方，缶？

-4. 癸未卜，贞：子商有保[②]？

-5. 癸未卜，贞：子商亡（无）其保？

-6. 戊戌卜，内：𢼸三牛[③]？

-7. 戊戌卜，内呼雀𢼸，一牛[④]？

-8. 戊戌卜，内呼雀𢼸，于出日？于入日？宰（牢）[⑤]？

（《合集》6572）

2-3-9-1. 其☐。

-2. 今日其雨。

-3. 今日庚，湄日至昏[⑥]。（《合集》29907）

甲骨文中的"旦"表示太阳冒出地平线之上，"昏"是日落时节，天色开始昏暗，第一片的"旦"字，表示清晨时间，卜问到"𡧊"地田游，是否由"旦"至"昏"全天不会下雨；第二片卜辞是记在旦明时，祭祀主雨的"鸟星"，同片中亦见夕间天虹出现的事，是一片记录了从晨至暮全天气象变化的卜辞。比较特殊的是——傍晚的天虹应在东方，但本辞的记录却在西方，这可能是因为太阳轨迹偏向东南而形成的自然现象，而卜辞说的"西"可能是西北方，而非正西。但因卜辞未记月份，无法确定；第三片甲骨中出现了两个时间用语，一是"朝"，二是"莫（暮）"，前者表示日出时分，后者表示日落时分，这卜辞是卜问"岁"祭"后祖乙"应该在早上还是傍晚，同时，也卜问用牲数量；第四片卜辞有"中日"一辞，表示正午的时分，这片卜辞主要是卜问祸福之事，所以在中午举行"既"祭，以求消灾；第五片只有一个句子，明显地记录了"日西"的时分；第六片的时间主要是"昃"字，"昃"是太阳偏西，还没落到城堡的

① "内"，第一期贞人名；"子商"，王子名；"𡆥（𢦏、即灾）"，祸害；"缶"，与"屠"同音，或为伤害字。

② "保"，保护。

③ "𢼸"，祭名。

④ "乎"，动辞，即"呼"字，使唤，多用于较下层人员；"雀"，武丁时诸侯，亦为名将；"𢼸"，祭名。

⑤ "出日"，指太阳出来的时间；"入日"指太阳落下的时间。

⑥ "湄"，时间辞，即"弥"的意思，表示全日，又"湄"与"妹"同，未爽时间。

时间；第七片陈述了三个时段的顺序，一是“昃”，二是“郭兮”，三是“昏”。“昃”是太阳西斜的时候，大约在未时——相当于“中原时间”下午一时至三时；“郭兮”是指太阳已落在城堡上，大约是申时——相当于“中原时间”下午三时至五时；“昏”是指黄昏时分，太阳应已下山，大约是酉时——相当于“中原时间”五时至七时。整片卜辞是卜问从“昃”至“昏”整个下午会不会降雨；甲骨文中，常用的时段用语有多种方式，如第八片卜辞中：“出日”，“入日”就是以太阳的活动范围设定，“出日”表示太阳从东方升起的时候，“入日”则表示太阳在西方下山了；第九片的“昏”是指黄昏时分，“湄日至昏”表示一整天，或由早至晚。

此外，还有按生活习惯划出的时段，如：“大采”，“小采”，“大食”，“小食”。

2－3－10－1. 今日方其征？不征？延雨自西北少[①]。

－2. 癸丑卜贞：旬甲寅，大食雨☐北。乙卯小食，大启，丙辰☐，日大雨自南[②]。

－3. 癸亥卜贞：旬一月，昃雨自东，九日辛未，大采各云自北，雷延，大风自西，刜云率雨，毋螽（瞿）日[③]。

－4. 癸酉卜贞：旬二月。

－5. 癸巳卜贞：旬二月，之日子，☐延雨少。

－6. ☐大采日，各云自北，雷，惟兹雨不延，惟毋。

（《合集》21021）

2－3－11－1. 癸亥卜贞：旬乙丑，夕雨？丁卯，夕雨？戊小采、日雨、风？己明启[④]？

－2. ☐大☐惟自北？ （《合集》21016）

① “今日”，今天；“其征”、“不征”为对贞之辞；“西北”，方位辞，殷代已有八方方位的观念。

② “大食”，吃大餐的时间，与“大采”同；“小食”，进食简单餐饮的时间；“大启”，表示天空开朗，太阳即将出来；“南”，方位辞，指南方。

③ “各云”，“各”，在甲骨文中有两种隶定，其一可隶定为“格”，到达的意思，其二可隶定为“瞿（[illegible]）”，“落”的本字，此处取第二义；“云”，即“云”字，“各云”，即“瞿（[illegible]）云”，形容云层厚密，即将下雨；“雷”，即行雷；“刜”，应与“弗”通，作否定辞用；“率”，“遂”的意思；“[illegible]”，祭名。

④ “小采”，时间用辞，指黄昏进食简餐的时候；“明”，时间辞，指天明的时候。

甲骨文中也把生活的时段纳入时间词，如“大采”，“小采”，“大食”，“小食”。而《国语·鲁语》也有同样的记载：

是故天子大采朝日，与三公、九卿祖识地德；日中考政，与百官之政事，师尹维旅、牧、相宣序民事；少采夕月，与大史、司载纠虔天刑；日入监九御，使洁奉禘、郊之粢盛，而后即安[①]。

如“大采”、“小采”等辞都曾见于甲骨文，殷时语汇存于文献者亦不少。甲骨文中“小”与“少”两字本同一义，如“小雨”，“少雨”，本为一义。甲骨文用“小采”，《鲁语》用“少采”，实为一义。上辞中，又有“大食”，“小食”两辞，“大食”应指上午较丰盛的餐食；“小食”当指黄昏时，较简约的餐食，据推测“大采”，“小采”当如《鲁语》般的饮宴规模；“大食”，“小食”应为一般日常生活方式，两者形式有别。

但在甲骨文中，“大采”，“小采”和“大食”，“小食”都是时间用语，如第十片的第二句，有“大食”，“小食”两辞，“大食”的时间下雨，而到黄昏“小食”时，天色已放晴，另外，此片中两次出现的“大采”都与“各云”连辞，表示“大采”时分云层极低，即将降雨，而且有风、雷伴随而来；第十一片也是记录气象的卜辞，辞中的“小采”与其他时间辞连接在一起，也是卜问风、云、雷、雨的事。

甲骨文中的纯文学资料不多，但在行文中已发现了不少文学成分的词汇，如虚词的使用就有：“[甲骨文]（隹、惟）”、“[甲骨文]（其）”；又如连接词的使用就有：“[甲骨文]（自）”、“[甲骨文]（至）”、“[甲骨文]（于）”；而疑问词的使用则有：“[甲骨文]（乎）”，这些字都是一直延伸至今的习用语汇。

2－3－12－1. 己未☒[甲骨文]☒不☒。

－2. ☒惟小宰（牢）[②]?　　（《合集》8581）

2－3－13（正）

－1. 贞：其不雨[③]?

（反）

① 《国语·鲁语下》卷13，上海古籍出版社1978年版，第205页。

② “惟”，甲骨文有“隹”、“叀”两个字形，都是“惟”字，语辞，不具义。

③ “其不雨”与“不其雨”同义。

-1. ☐申在并☐。 （《合集》8137）

2-3-14（正）

-1. 己丑卜：㞢（侑）于且（祖）☐。

-2. 己亥卜：自今己亥至于辛☐①。

（反）

-1. 甲寅☐。 （《合集》11667）

2-3-15-1. 甲子卜，王贞：土方其敦乎②？

（《合集》20392）

第十二、十三片所见的虚词使用，非常灵活，以上两词的“惟”和“其”卜辞最为习用；第十四片的连接词，也用得非常适当，最常见的是“自”、“至”和“于”三字。有些单独使用，有些“至于”连词，如上词则三个字一同出现，这些组合沿用至今，也是现代汉语的标准语法；第十五片中又见语尾疑问词，在许多卜辞中，都有疑问的含意，例如：对贞卜辞的“其雨？”“不其雨？”，语尾必须加“？”；又如“受有祐？”“不其受有祐？”也须在语尾加上“？”，但都看不到表示疑问的语尾助词，上词的“乎？”，完全与汉语用法相同。

甲骨文在状词使用上也很灵活，例如“下雨”是一种自然现象，甲骨文中对雨状的描写，却非常多样。例如：“丝雨”表示丝丝细雨；“从（纵）雨”表示伴随着强风而来的大雨；但在“从（纵）雨”之外，又有“疾雨”一词，也是表示急促而来的大雨。“𢆶”当然可以隶定为“兹”，表示“现在下雨”，但解释为丝丝细雨，也未尝不可。而“从（纵）雨”和“疾雨”的界限就不明显了，我们佩服于殷人的观察能力，也佩服于他们创造语汇的智慧，可以把“从（纵）雨”和“疾雨”两种情状分别出来，这是现代人无法做到的。下面且引一些卜辞说明：

2-3-16（正）

-1. 癸亥卜，永贞：兹雨，惟若③？

-2. 癸口卜，永☐其☐不𠧪黾④？

---

① “自”，于此作连接词用；亦为“鼻”的本字，在甲骨文中属“同形异字”。

② “土方”：方国名，殷之敌国；“敦”，在此词中有攻击之意；“乎”，语尾疑问词。

③ “永”，第一期贞人名，第五期亦有贞人“永”，疑为贞人族。

④ “不𠧪黾”，又可隶定为“不玄冥”或“不兹黽”，是卜辞中的一个片语，经常与本辞没有关连，至于是什么意思，则各家说法不一，有待详考。

-3. 贞：兹雨，不惟若？

-4. 贞：祀亦不以嬉（艰）？上吉！

-5. 告[①]。

-6. 不𡆥黾！

-7. 上吉！

-8. 不𡆥黾！

（反）

-1. 王固（占）曰：以嬉（艰）。 （《合集》12898）

2-3-17-1. 丁至庚不遘小雨？大吉[②]！

-2. 丁至庚其遘小雨？吉！兹用，小雨！

-3. ☐王其田，☐壬不☐。 （《合集》28546）

2-3-18-1. 丁☐。

-2. 贞：其疾，六月。

-3. 贞：其有大雨？

-4. 癸酉。 （《合集》12704）

2-3-19-（正）

-1. 辛巳卜，穷（宾）贞：呼舞，有从（纵）雨。贞：[③]

-2. 贞：呼舞，有从（纵）雨。

（反）

-1. 之夕☐雨。 （《合集》12831）

2-3-20-1. 贞：☐[illegible]（死）[④]。

-2. 贞：今夕其雨疾[⑤]。

-3. 贞：[illegible][⑥]。

-4. ☐雨。 （《合集》12670）

有关雨势的状词，在甲骨文中有五种不同的描写，第十六片卜辞的

① “告”，祭名，祷求之祭。

② “遘”，遇到。

③ “舞”，祭名，对雨神的祭祀；“从（纵）雨”，随着强风而来的豪雨。

④ “死”，死亡。

⑤ “雨疾”，应与“疾雨”意义相同，但因该片有一死字，则“雨疾”一词，亦可能是因为豪雨造成灾害。

⑥ “[illegible]”，不知何义。

“𢆶”可隶定作“兹”，表示现在下雨，但这字也可隶定为“丝”表示丝丝细雨；第十七片卜辞的“小雨”，当然是指雨量不大，甲骨文中又称“少雨”，也有同样意义，可能也指缺雨现象，但“小”和“少”两字经常混用；第十八片卜辞的“大雨”是指较大的雨势，可与“小雨”对辞，不过这种雨势还不足以造成灾害，卜辞中系有“六月”两字，正直安阳雨季，卜问“大雨”是正常现象；但辞中又有“其疾”一辞，单一“疾”字，一般以疾病为说，因本片是记录“大雨”之辞，怀疑这个“疾”字是指雨势而言，也就是说可能“大雨”有转剧的趋势；第十九片卜辞的“从”是“纵”的本字，“纵雨”，表示伴随强风而来可能造成灾害的豪雨，这片卜辞连反面也有卜语的记录，可见雨势不轻，所以必须进行“舞”祭，祭祀雨神希望豪雨不会造成灾害；第二十片卜辞有一“死”字，没有附人名，不知道卜问死亡者的身份，这种辞例一般都指时王，这是第一期卜辞，从辞例看应指武丁，当然武丁不会在这次豪雨中丧生。这片卜辞比较特别的是“雨疾”一辞，这个“疾”字，到底是指因豪雨造成的灾难还是指雨势而言，很难确定。

从这一组谈雨势的五片卜辞看，有“丝雨”，有“小雨”，有“大雨”，有“从（纵）雨”，有“雨疾”，这是现代人的智慧无法完全表现的语汇，当然不知道殷人把“从（纵）雨”和“疾雨”如何界分，但最低限度知道殷人已经可以把这两种情状用两种不同的状词表达出来。

又如：在晴雨之间，现代人在中间加上一个“阴”字，表示没有太阳也没有下雨。但在甲骨文中，由“晴”到“雨”之间就有了几个不同的情状描述。“阴”以“今”为基础，表示“现在”有“云”，掩盖了太阳；而甲骨文是用一个“启”字表示“云层”聚散的程度。

2-3-21-1. 戊申卜，翌己。

-2. 戊申卜贞：翌己酉大启？

-3. 戊申□：今□大□。

-4. 各云不其雨？允不启。

-5. 云？其雨？不雨？

-6. 己酉卜：[illegible]□其雨？印不雨？[illegible]（西）启①。

（《合集》21022）

① “[illegible]”，地名；“印”，地名。

2－3－22－1. 丁未𡆧（翟）。

－2. 戊申卜：己其雨？不雨？启少[①]。

－3. 戊申卜：己启？允启！（《合集》20990）

2－3－23－1. 乙未卜：翌丙申王田，只（获）？允获鹿九[②]。

－2. 乙未卜：翌丙申启？

－3. 己酉▨王往。（《合集》10309）

2－3－24（正）

－1. ▨彭，明雨伐，▨雨咸伐，亦▨𢼄（𢼄）卯鸟，大啓（启），昜□！

－2. 癸卯卜，争贞：下乙其有鼎，王固（占）曰：有鼎，惟大示王亥，亦▨𢑚[③]。

（反）

－1. 贞：亡（无）囚（祸）。

－2. 贞：乎（呼）□，俘于□。

－3. 翌其㞢（侑）▨。（《合集》11499）

以上四片卜辞都是描写阴天的景象，第二十一片记录了多项天气现象，主要是当时云层很低，期盼放晴，但一直没有好天气，从第五句卜辞看，这种解释更无可疑；第二十二片卜辞记录了天气非常阴暗，将会下雨，而卜问云层是否会逐渐散开；第二十三片是记录时王前往狩猎的卜辞，所以要卜问天气是否晴朗；第二十四片卜辞与第二十一片辞例相同，都是因雨水过多祭祀鸟星，辞中的"大启"表示天气晴朗而且将会出现阳光。

甲骨文中有"各云"一辞，"各"即"𩂣（零）"字，是"落"的本字，形容乌云满布，即将降雨的情境。以上是四种形容阴天的情状，比之现代单使用一个"阴"字来得活泼，也更形象化。

又如分别字的使用，"𠛬（刖）"是一个刑罚字，表示以武器断肢，但

① "启少"，甲骨文中"少"与"小"同字，"启少"，即"启小"，亦即"小启"的倒文，指云层渐渐散开。

② "获"，获得，以走兽为主的狩猎专用词。

③ "下乙其有鼎"，"鼎"，为宗庙重器，"下乙有鼎"，是否指替下乙铸鼎；"大示"，大宗；"王亥"，先祖名，上甲之父。详参见黄竞新《王亥卜辞之再探讨》，《成功大学学报第二十二卷人文·社会篇》，1987年，第129—226页。

甲骨文中用了几种不同的断肢武器来表示“”、“”、“”。

2－3－25（正）

－1. 勿㞢（侑）于多（尿）父，犬①。

－2. 戊寅卜，争贞：于羌甲𡆥小吉②！

－3. 乙酉卜，㱿贞：（刖）③。

（反）

－1. 王固（占）曰：　　（《合集》6002）

2－3－26（正）

－1. 贞：（刖）（寇）八十人，不（死）④。

（反）

－1. 示六⑤。　　（《合集》580）

2－3－27－1. 贞：（刖）（寇）不（死）⑥。

（《合集》581）

2－3－28－1. 辛卯卜，㱿贞：（刖）⑦。

－2. 丁酉卜，𠬝贞：𡆥王⑧？

－3. 贞：不𡆥？　　（《合集》6007）

第二十五至二十八片卜辞，全部是第一期的，每辞都有一个表示截肢的刑罚字，但截肢的武器不同，主要文字结构是一个“”，短脚的一边附有武器，隶定为“刖”，是一个非常残忍的刑罚字，卜辞中素见代表犯人的“（寇）”与“刖”字同板，足见这种截肢的刑罚是施与犯人的，由于用以截肢的武器不同，所以文字构形也有别。

又如“牝”“牡”两字是表示动物的雌雄两性，但甲骨文中，不同的动物有不同的字表示该动物的性别，如“（牡）、（牝）”、“

---

① “多（尿）父”，受祀对象，不知何人；“犬”，牲名。

② “羌甲”，先祖名。

③ “”，是一个刑罚字，表示以武器断肢，隶定作“刖”。

④ “”，与“（刖）”同，但表示以不同武器截肢；“（寇）”，犯人。

⑤ “”，祭名；“示”，先祖庙位，“示六”，六位先祖的庙位。

⑥ “”，与“（刖）”同，但表示以不同武器截肢。

⑦ “”，与“（刖）”同，但表示以不同武器截肢。

⑧ “𠬝”，第一期武丁时贞人名。“𡆥”，上从“止”，“趾”的本字，下从“它”，“蛇”的本字，表示被蛇咬伤脚趾，在卜辞中，是一切受伤害的总称。

（豭）、（豝）”、“（羝）、（羊匕）”，从这些字不只可以看到动物的种类，也看到了它们的性别，这是现代汉语中做不到的，也显示出殷人观察入微的文学素养。

2－3－29－1. 惟⧄。

－2. 乙酉卜：母己岁，（蓺）[①]？

－3. 弜（蓺）？

－4. 庚戌卜：其㞢（侑）岁于二祖辛，惟（牡）[②]。

－5. 惟牛。（《合集》27340）

2－3－30－1. ⧄ 㞢（侑）大母，（牝）？用[③]！

（《合集》19972）

2－3－31－1. 庚子卜：

－2. 庚子卜：

－3. 庚子卜：□豕于□乙？

－4. 惟羊于匕（妣）乙[④]？

－5. 庚子卜：豕？羊？惟妣乙。

－6. 庚子卜：惟（豭）？㞢（侑）牛？妣[⑤]。

（《合集》22073）

2－3－32（正）

－1. 翌癸卯其焚，⧄（毕）。癸卯允焚。获！⧄兕十一豕十五虎⧄兔二十[⑥]。

－2. 翌癸卯，勿焚？

－3. 贞：㞢（侑）于学戊[⑦]。

－4. 勿䍃（瞿）？㞢（侑）于学戊。

---

① “母己”，此为第三期卜辞，但祖甲之配，庙号为“戊”，此“母己”不知何人，或为“非王卜辞”；“（蓺）”，疑为植物性的祭品名。

② “二祖辛”，此为第三期卜辞，“二祖辛”，当指盘庚之弟，小辛；“（牡）”，雄性的牛。

③ “大母”，诸母之一，不知何人；（牝），雌性的牛。

④ “（妣）乙”，先妣庙号，不知何人。“妣”，祖母以上的女性，通称为“妣”。

⑤ “（豭）”，雄性的豬。

⑥ “焚”，焚烧，狩猎方式之一；“（毕）”，狩猎之辞，有网罗之义。“兕”，兽名。

⑦ “学戊”，旧臣名。

-5. 己未卜，穷（宾）贞：㞢（侑）𧰲（豝）[①]。

-6. 贞：于甲辰？

-7. 勿于甲？

-8. 于甲辰焚？

-9. ☐焚。

-10. 贞：㞢（侑）祖乙，十伐卯三牛　上吉[②]！

-11. ☐祖辛。

-12. ☐其☐祖辛。

-13. 戊午卜，穷（宾）贞：王梦惟妣戊[③]。

（反）

-1. 隹（惟）己☐其☐。

-2. 贮入。（《合集》10408 反）

2-3-33-1. 庚□贞：☐𠦪（求）☐庚☐在☐[④]。

-2. 辛巳贞：其𠦪（求）生于妣庚？妣丙？牡𦍩（羒）？白豕[⑤]？

-3. ☐贞：☐𠦪（求）生于□庚？妣丙？□𦍧（牝）？𧰲（豝）[⑥]？

（《合集》34081）

殷人祭祀先祖常用雄性的牲畜；祭祀先妣常用雌性的牲畜。而“求生”卜辞中，则多数向先妣求告，也许那是母系社会遗留的痕迹。在祭祀先妣的时候，一般会用雌性的动物，但因生育与雄性有关，所以在卜问用牲时，也会征求先妣的意见，到底要用雄性的牲畜还是雌性的牲畜。当然本节要说明的是殷代分别字的使用。

从甲骨文中的语言资料，可以看到殷人的语汇非常活泼，应是研究中国语言史的最佳资源，只可惜许多都流失了，追其源，可能因为甲骨文埋藏年代太久，形成了语言发展的断层。

① “𧰲（豝）”，雌性的猪。

② “十伐”，祭祀的舞阵；“卯”，用牲之法。

③ “妣戊”，太丁之妻。

④ “𠦪（求）”，求告之义。

⑤ “𠦪（求）生”，祈求生育；“妣庚”，先妣名，第一期卜辞可称妣庚者，有示壬之妻、祖辛之妻及祖丁之妻，此处不知为何祖之配“妣丙”，先妣名，成汤之妻。“𦍩（羒）”，雄性的羊。

⑥ “𧰲（豝）”，雌性的羊。

有关社会科学部分，从历史看，商不是一个最早的王朝，有夏代的经验和基础，尤其政治、经济和人事的架构上，不免会有前朝的遗留。但无法从实物——甲骨文，甚至文献得到合理的印证，连孔子也说：

夏礼，吾能言之，“杞”不足征也；殷礼，吾能言之，“宋”不足征也。文献不足故也，足，则吾能征之矣①。

目前在甲骨文和出土遗址中看到，殷王朝的完整政治架构，中心是领导阶层，有不同的内服外服百官、诸侯、臣属与群众②，巩固着王朝，社会阶级明显，分工细密。

在财经方面，出土民生用品齐备，也有流通货币，殷墟曾出土3枚铜贝，还有石贝、骨贝和真贝等③；妇好墓也出土6880枚货贝④，明显的已脱离物物交换时代。

甲骨文中自然科学的资料甚为丰富，最明显的是天文和气象。有关日食的记录，文献中最早在周幽王六年⑤，但甲骨文中已出现“日食”一辞。如：

2－3－34－1. 贞：日㞢（有）食。

－2. ☐于☐彭☐于☐。 （《合集》11480）

甲骨文中记录日食的仅此一片，没有干支、月份，也没有年号，但见于甲骨文，显比“周幽六年”为早，这是中国记录日食最早的资料。

记录月食⑥和星象的则比较多，目前所见，虽然二十八宿之名没法完全取得学者认同，但天狼星、鸟星等已有实证，尤其新星、大星、新大星

---

① 《论语正义·八佾》，（魏）何晏注，（宋）邢昺疏，（清）阮元校勘，《十三经注疏》，台湾艺文印书馆重印嘉庆二十年江西南昌府学本，1976年第二版，第5页B。

② 详参见曾德宜《商代职官考》，香港珠海大学，文学研究所博士论文，2005年。

③ 详参见马得志等《一九五三年安阳大司空村发掘报告》，《考古学报》1955年第9期，第25—128页。

④ 详参见中国社会科学院考古研究所《殷墟妇好墓》，文物出版社1980年版，第220页。

⑤ 详参见《诗经正义·小雅·十月之郊》，（汉）毛亨传，（汉）郑玄笺，（唐）孔颖达疏，（清）阮元校勘《十三经注疏》，台湾艺文印书馆重印嘉庆二十年江西南昌府学本，1976年第二版，卷12之2，第1—19页。

⑥ 详参见黄竞新《甲骨文癸酉月食考辨》，《义守大学人文与社会学报》第一期，2002年，第147—167页。

之称，则“超新星”的观念非常明确[①]。

2－3－35－1. 庚午畾（累），叀（惟）天犬（狼）𢓊（卸、御、御）[②]（《铁遗》5.14）

2－3－36（正）

－1. 翌乙未，㞢（侑）于下乙，一牛，□用！

－2. 𦫵（雩），庚子𦰩（蓺）鸟星，七月。

（反）

－1. □□卜：▨甲午▨。

－2. ▨十宰（牢）。（《合集》11500）

甲骨文中，记录月食和星象比较多，这是因为当时仍是“直观天文学”的时代，天文官在夜间直接观察星球、月亮的移位与变化。这些都须有专业的天文官才能记录得如此详尽，也证明了殷人的才能是多方面的。

有关气象方面，安阳滨临洹河，西北为太行山脉，东南是黄淮平原，天气因地貌影响，常有特殊变化[③]。而甲骨文中对这种特殊天气如：风、云、雷、雨、旱、涝等气象记录得非常清楚，尤其状词的使用极为细致。对“风”的记录，就有“小风”“大风”“掫（骤）风”“疾风”和“延风”等，一般风力和风级都可用现代科学数据推论[④]。

2－3－37－1. 其遘大风[⑤]。

－2. 不遘小风？

－3. □遘小风？

－4. 今日▨，其省丧田[⑥]？

---

① 详参见黄竞新《天犬、天狗、天狼；大星、新星、新大星——重辨一片午卩祭天犬卜辞》，台湾彰化师范大学《第八届中国文字学全国学术研讨会论文集》，1997年，第233—279页。

② “畾（累）”，疑为祭名，在此不知何义；“天犬（狼）”，星名。

③ 详参见黄竞新《从黄河流域之气象特征看殷代之风雷等现象》，台湾宏大出版社1989年版，第1—275页。

④ 详参见黄竞新、梁文伟《集合与象征——从甲骨文看殷人的集合观念和构字法则》，（香港大学饶宗颐教授九十华诞国际学术研讨会论文集《华学》，第9、10辑合刊本，上海古籍出版社2007年版，第79—111页。

⑤ “风”，“凤”的假借字。

⑥ “丧”，地名，殷代为农牧之区，“田”，农作，“省丧田”，巡视丧地的农作。

-5. 惟盂田省[①]? （《合集》28972）

2-3-38（正）

-1. 卯卜，㱿贞：☐王固（占）曰：有祟？☐骤风之夕，☐羌五[②]。

-2. 王固（占）☐。

-3. 癸未卜，㱿贞：旬亡（无）囚（祸），三月。

-4. 癸丑卜，㱿贞：旬亡（无）囚（祸）?

-5. ☐䨺（风）☐亡（无）☐。

-6. 贞：其有来𡟰（艰）?

（反）

-1. ☐固（占）曰：有祟？其有来☐，迄至五日，戊☐昔☐[③]。

-2. ☐乃兹有祟，其有来𡟰（艰）?

-3. 王固（占）曰：有☐?

-4. 王固（占）曰：有祟? （《合集》367）

2-3-39-1. 癸卯卜，穷（宾）贞：疾风敦于京[④]。

（前编 5.8.4）

2-3-40-1. 贞：今日其延风?

-2. ☐巳☐。

-3. ☐巳☐。 （《合集》13337）

第三十七片卜辞是记录时王需要往“丧”地省视农作，所以卜问会否遇上“小风”或“大风”；第三十八片卜辞多次由王观察卜兆，疑问是否“有祟”，显与突如其来的“骤风”有关，辞中有“三月”两字，即夏历二月，安阳地区仍在隆冬，此突如其来的“骤风”，应自太行山脉北端的缺口吹来；第三十九片卜辞的“疾风”与第三十七片的“骤风”应有区别，“骤风”是突如其来的强风，而“疾风”当指不断吹袭的强风，从“敦于京”三字看，则“疾风”已经达风灾程度；第四十片卜辞中的“延风”，表示风势持续。

综观以上四片卜辞，用了五种不同的状词，形容风势，除了从卜辞中可以理解当时气候外，对该地的地貌也有认知，这是殷人使用状辞灵活的表现。

① “盂”，地名。

② “骤风”，突然而来的强风。

③ “迄”，到达。

④ “京”，都邑。

甲骨文中也看到“旱”“涝”的记录，而从事类看更了解殷人对“云”与“雨”的关系，还有“雷”的记录，下面且收几条卜辞为证：

2－3－41－1. 贞：兹云（云），其雨[1]？

－2. 贞：不其受年[2]？　　（《合集》13385）

2－3－42－1. ⧄贞：雷不惟囚（祸）？　　（《合集》13415）

2－3－43－1. ⧄[illegible]（尞、燎），⧄[illegible]（[illegible]），丁十一月[3]。

－2. 王[illegible]（[illegible]）于[illegible]⧄受年[4]　　（《合集》9815）

2－3－44－1. ⧄陷⧄[5]。

－2. 辛巳卜：其燎于七月。

－3. 燎即。

－4. 其各？

－5. 大水不各（格）？

－6. 弜宁[6]？　　（《合集》10150）

从第四十一片卜辞中知道殷人已了解“云”与“雨”的关系，如第一句卜问现在有“云”，会不会下雨，第二句更直接关心到雨水与农作收成的关系；第四十二片是问“雷”会不会造成灾祸。以安阳地貌言，“雷”“电”几率甚高，常会为殷人造成灾害，而文献中也有武乙被“雷”击毙的记录，《竹书纪年》在武乙三十五年曾有记载。

> 周公季历伐西落鬼戎，俘二十翟王；王畋于河渭；大雷震死[7]。

第四十三片卜辞中的“十一月”，即夏历的十月，安阳雨季已过，属干旱气候，故以“燎祭”祭祀，祈求改善旱象，第二句的“王[illegible]（[illegible]）”应是祭祀的场所，但一般“燎祭”属户外之祭，第一、二句卜辞是否有关连性，

---

① “兹云（云）”，现在有云。

② “受年”，“年”，年成，“受年”，接受好年成。

③ “[illegible]（尞、燎）”，燔燎之祭，多用于天神或远祖；“[illegible]（[illegible]）”，表示雨水不足，气候干旱。

④ “[illegible]（[illegible]）”，祭祀的场所；“[illegible]”，建筑物名。

⑤ “陷”，一般用作狩猎之字，此处缺文太多，未知何义。

⑥ “宁”，平安、安宁之意。

⑦ 《竹书纪年》卷上，（梁）沈约注，（清）洪颐煊校，商务印书馆 1937 年版，第 33 页。

尚待详考；第四十四片是记录大水将至的卜辞，“各”即“格”字，表示来临，“大水不各?”是问“大水”会不会来临。文中有“七月”两字，夏历的六月，正值安阳雨季，水位高涨之时，故以“燎祭”祭祀。

有关气象辞的使用，以天虹和日晕最为形象化，从字形到叙事都有特别的描述，这些都表示观察者的细致入微和造字者的知识渊博，如：“[甲骨文]”表示日晕，在“日”旁边的横画，无论上下或左右都是对称的，充分表现出“幻日”的原始形状①。

2－3－45－1. ☐西[甲骨文]（晕），延雨②。

－2. ☐惟☐七月。 （《合集》13049）

第四十五片卜辞之七月（夏历的六月），是水气较盛的时候，尤其西北是太行山脉，水气容易凝聚，出现“幻日”的几率也高。《竹书纪年》在帝辛四十八年曾有记载：

夷羊见；二日并出③。

“夷羊”，有多种说法④。“二日并出”即指“幻日”，文献中所见是在帝辛四十八年，但事实上“[甲骨文]（晕）”字的出现是在第一期武丁卜辞。另一个与气象有关的字是“[甲骨文]（虹）”，卜辞说：

2－3－46－1. ☐庚，吉！其☐有㱃[甲骨文]（虹）于西☐⑤。

（《合集》13444）

第四十六片卜辞记录了天虹的出现，辞中虽没有指明天虹出现的时间，但因有“㱃[甲骨文]（虹）于西”则知必是太阳初升之时，那是地面水气较重的时段，经旭日的折射，彩虹现在西边，是一段非常合乎科学逻辑的记录。

---

① 详参见黄竞新《甲骨文中所见日晕与天虹》，南洋理工大学《语言文化学报》1998年第2期，第1—42页。

② “[甲骨文]”，日晕即幻日，气象用字。

③ 《竹书纪年》卷上，（梁）沈约注，（清）洪颐煊校，商务印书馆1937年版，第37页。

④ 详参见《国语·周语上》：“商之兴也，檮杌次于丕山；其亡也，夷羊在牧。”韦昭注：“夷羊，神兽。牧，商郊牧野。”《史记·周本纪》“麋鹿在牧”裴骃集解引晋徐广曰：“此事出《周书》及《随巢子》，云‘夷羊在牧’。牧，郊也。夷羊，怪物也。”一说为土神，《淮南子·本经训》：“江河三川，绝而不流，夷羊在牧，飞蛩满野。”高诱注：“夷羊，土神。殷之将亡，见于商郊牧野之地。”“夷羊”，与“二日”并见，在此疑为星名，尚须详考。

⑤ “[甲骨文]（虹）”，气象用字，指天虹。

甲骨文中，也记录了不少与生命科学有关的资料，较重要的，如：疾病的类别和妇女生育的记录。在疾病方面，现见的多半是四肢、五官等体外可见部位的病名，记录骨骼疾病的也不少①。

至于体内的疾病，与消化排泄系统有关的较易推测。而比较易见的是心脏疾病，如：心律不整。黄以文医师说那是精神反射，因为记录得病王子的工作非常繁忙，有导致精神疾病的诱因，而影响心律失衡②。但在甲骨文中，看不见真正用药和医疗记录，这是殷人平均寿命只有 34.6 岁的主要原因③。

妇女生育问题，目前所见卜问预产期的已达“三旬又一日”，也有新生儿夭亡和产妇罹难的记录④，非常真实而可贵，这是世界医学史上不可多得的资料。下面就是记录这些事的卜辞：

2 -3 -47（正）

-1. 甲申卜，㱿贞：妇好娩嘉？王固（占）曰：其惟丁娩嘉？其惟庚娩？大吉！三旬又一日甲寅娩，不嘉，惟女⑤！

-2. 甲申卜，㱿贞：妇好娩，不其嘉？三旬又一日。甲寅娩，允不嘉，惟女。

-3. 上吉！

-4. 上吉！

（反）

-1. 王固（占）曰：其惟丁娩嘉？庚☐，吉！

-2. 壬戌不吉不（否）⑥？

---

① 详参见云惟利、黄竞新主编《甲骨学论集》，南大语言文化丛书，2011 年 10 月初版，第 1—462 页诸篇。

② 详参见云惟利、王明诚、潘文惇、林兴中、孙茂荣、黄以文、黄以成、谭志基、蔡逸杰、黄竞新《读彭邦炯教授〈甲骨文医学资料释文考辨与研究〉书后》，《甲骨文论集》，南大语言文化丛书，2011 年 10 月初版，第 368—408 页。

③ 详参见潘文惇、黄竞新撰文，罗祥麟校订《从甲骨文“卩”部字看殷代的跪地民族与骨骼伤害》，《甲骨文论集》，南大语言文化丛书，2011 年 10 月初版，第 4—55 页。

④ 详参见孙茂荣、黄竞新《从甲骨文看殷后妇好的生育问题》，《甲骨文论集》，南大语言文化丛书，2011 年 10 月初版，第 154—182 页。

⑤ “娩”，分娩；“嘉”，表示美善，殷人称生男孩为“嘉”，生女孩为“不嘉”；“惟女”，新生儿为女孩。

⑥ “不吉不”，“不吉”，表示不吉利，第二个“不”，应读为“否”，属语尾疑问词。

-3. 〼其执[1]？

-4. 〼执臣[2]。

-5. 〼有□？ （《合集》14002）

2-3-48（正）

-1. 壬寅卜，㱿贞：妇□娩嘉？王固（占）曰：其惟〼。

-2. 申娩？吉！嘉？其惟甲寅娩？不吉！惟女[3]。

-3. 壬寅卜，㱿贞：妇好娩，不其嘉？王固（占）曰：（執）不嘉？其嘉？不吉！于若兹廼（死）[4]。

（反）

-1. 〼𠬝[5] （《合集》14001）

有关生育的卜辞以上述两片最具代表性，殷时已是父系社会，一般以生男为美事，称为“嘉”，生女则为“不嘉”，从这两片卜辞中，不但看到了殷人的重男思想，渴望生男孩，也是妇女生产过程的实录，片中看到了反覆卜问预产的日期，并记录了产妇生下的不是男孩，而是女孩。从卜辞中，也看到了妇女因生产而死亡的事，这些记录在世界医学史中非常珍贵。

有关应用科学方面，历法和数学较易取得结论。文献中，从“黄帝”开始就有观天文订年历的官员，叫作“羲”、“和”。《史记·本纪·五帝本纪》说：

> 乃命羲、和，敬顺昊天，数法日月星辰，敬授民时[6]。

三家注对这个问题，引用《尚书》、《周礼》解释得很清楚，主要是按照日月运行，定出四时，教导民众如何适应天时进行农植工作。

这些文献记载当然不能完全相信，但在甲骨文中却非常完整的记录了年岁、季候、月名并以干支记日。殷人以十干和十二支组成六十甲子，周

---

① “执”，有擒拿的意思，多用于俘虏。

② “臣”，臣属。

③ “”，不知何义。

④ “”，不知何义，疑是地名；“若兹”，现在；“”，死亡，此处应指妇好难产而死。

⑤ “𠬝”，不知何义，疑为祭名。

⑥ 《史记·本纪·五帝本纪第一》，（西汉）司马迁撰，（刘宋）裴骃集解，（唐）司马贞索隐，（唐）张守节正义，台湾商务印书馆影印宋庆元黄善夫刊本，卷1，第11页A。

而复始计算日子，这是殷代历法的一大成就。而且出现了两种置闰的方法，第一种是“归余于终”，每三年便把多出的一个月放在最后，所以卜辞有“十三月”[①]；另一种是闰于当闰的月份，会在闰月的月名之前加一“在”字，例如：闰二月会写成“在二月”，这两种置闰的方法，卜辞都有记录[②]。下面收录了两片系有“十三月”和“在二月”的卜辞：

2－3－49－1. 辛亥卜贞：⧄来甲，翌甲寅，〓用于〓（太）甲十三月[③]。

－2. 〓（光）羌[④] （《合集》227）

2－3－50－1. 癸丑卜，行贞：王其步，自良于〓，无灾[⑤]？

－2. 癸丑卜，行贞：今夕无𡆥（祸）？在〓。

－3. 甲寅卜，行贞：王其田，无灾？在二月，在〓[⑥]。

－4. 乙卯卜，行贞：今夕无𡆥（祸）？在二月。

－5. 乙卯卜，行贞：王其田，无灾？在□。 （《合集》24248）

第四十九片的“十三月”是“归余于终”的置闰方法；第五十片的“在二月”是闰于当闰的月份记录，使人不能不惊讶于殷人的智慧。

殷人的数学观念非常明确，数值、位值都很清楚，尤其“十千”和“一万”并见卜辞，证明了数名的过渡，更提升了中国数学史的地位[⑦]。以下是系有“十千”和“一万”的卜辞。

2－3－51－1. 壬寅卜，昜，牛五，〓十牛，示十千，⧄〓今⧄[⑧]。

（《合集》22349）

① 详参见金祥恒《甲骨文无十四月辨》，《金祥恒先生全集》第一册，台湾艺文印书馆1990年版，第105页。

② 详参见董作宾《殷历谱》，《董作宾先生全集》乙篇第一册，台湾艺文印书馆1978年版。

③ “〓”，祭名；“太甲”，先祖名。

④ “光”，应为人名。

⑤ “良”，地名；“〓”，地名。

⑥ “在二月”，“在”，有“再一次”的意思，殷代历法数变，置闰方法各期不同，有“年终置闰”、“归余于终”者，故有十三月；有“闰于当月”者，则在月名之前，加一“在”字，“在二月”，表示闰二月。

⑦ 详参见黄竞新《从甲骨文的记数系统看中国十进自然数的发展》，香港岭南学院《汉语数词现代化讨论集》，1996年，第79—126页。

⑧ “〓”，不知何义，疑为祭名或用牲之法；“十千”，数名，数值相当于“万”；“〓”，不知何义，疑为人名。

2－3－52－1. 癸卯卜：〓获鱼其三万，不⧄①。　　（《合集》10471）

第五十一片为第一期物，是甲骨文中唯一记录“十千”的卜辞，而“十千”的数值相当于（10^2）（10^2），殷时已开始用“万”表示，如第五十二片的“三万”。这两片卜辞都是第一期的，而“十千”和“万”并见，可见数名已开始过渡。但“万”是一个假借字，沿用至今。从这两片卜辞中，可以确知“万”字出现之前，确有“十千”的记数方式。

此外，“二进制”“三进制”的出现和正确的集合观念②，每一个环节都是殷民智慧的结晶。

从甲骨文的丰富内涵看，知道商殷时代是一个高文化、高文明的时代，流传的不止是丰富的语汇，也是人类从原始生活过渡至文明生活的历程。

三　从蛮夷之地到礼义之邦
——“子”姓氏族在东方的经营

（一）甲骨文中的齐、鲁

甲骨文中也见“齐”“鲁”两字，但与周初太公望的“齐”和伯禽的“鲁”应为两事，因为当时尚未建国。甲骨文中的“齐”，在殷时是一个战略地位极高的边陲地带，尤其第五期卜辞中，是出征“人方”的据点；至于“鲁”地则除了有年成、游乐记录之外，看不到其他与战争有关的痕迹，而从生育卜辞看，则知该地的妇女与王室成员有婚姻关系，显然与伯禽所封的“鲁”地缘不同。

甲骨文中系有“齐”字的卜辞共10片：

3－1－1－1. ⧄齐⧄〓⧄③。　　（《合集》18692）

---

① “〓”，疑为鱼猎之辞；“鱼”，水产动物，鱼类；“三万”，数辞。

② 详参见黄竞新、梁文伟《集合与象征——从甲骨文看殷人的集合观念和构字法则》，香港大学饶宗颐教授九十华诞国际学术研讨会论文集《华学》，第9、10辑合刊本，上海古籍出版社2007年版，第79—111页。

③ “〓”，不知何义。

3－1－2－1. 己亥卜，穷（宾）贞：不牛示齐，黄[①]。

（《合集》14356）

3－1－3－1. 壬申▨王▨往▨。

－2. 甲戌▨王▨往▨。

－3. 庚辰卜贞：王▨巛（灾）。

－4. 庚寅卜：在齐𠂤（𠂤），王[illegible]，往来亡（无）巛（灾）[②]？

－5. 乙巳□贞：▨。（《合集》36804）

3－1－4－1. □□卜：▨。

－2. 癸巳王□齐贞？□畎（畎）？大吉[③]！（《合集》36806）

3－1－5－1. 癸巳▨在齐▨亡（无）畎（畎）。

－2. □卯王卜：旬亡（无）畎（畎）。（《英藏》2537）

3－1－6－1. 癸巳王□贞：旬亡（无）□，在[illegible]，𠂤（𠂤）[④]。

－2. 癸卯王卜贞：旬亡（无）畎（畎），在[illegible]，𠂤（𠂤）[⑤]。

－3. 癸丑王卜贞：旬亡（无）畎（畎），在齐，𠂤（𠂤）。

（《合集》36821）

3－1－7－1. 癸巳王□贞：旬▨，在十月在▨[⑥]。

－2. 癸卯王卜贞：旬亡（无）畎（畎），在十月在[illegible]𠂤（𠂤）[⑦]。

－3. 癸丑王卜贞：旬亡（无）畎（畎），在十月又（又）一，在齐𠂤（𠂤）。

---

① “齐”，地名；“黄”，姓氏字。

② “在齐”，“齐”为地名，地名前的“在”与现代用法相同；“𠂤（𠂤）”，祭名；“巛”疑为狩猎字。

③ “齐”，应是地名，在此或有平“齐”之义；“畎（畎）”，灾祸。

④ “𠂤”，地名。

⑤ “[illegible]”，地名。

⑥ “在十月”的两辞，一辞卜于“癸巳”，一辞卜于“癸卯”，干支相隔十日，应在同一月内，下一辞卜于“癸丑”，与“癸卯”相隔十天，辞云“在十月又（又）一”，应在“癸卯”的下一月。董作宾先生认为，闰于当月的，都在月名前加“在”字，但这片卜辞连续有两次“在十月”和“在十月又（又）一”两辞——故然闰月不可能连续两月出现，而“癸卯”和“癸丑”之间也仅距离十天，证明“在十月”之后的“在十月又（又）一”仅是次月。而董先生认为“在”是闰月专辞之说也有“特例”。

⑦ “[illegible]𠂤”，地名。

-4. ☐卜贞：☐𡆥（𦉪），在十月☐齐𠂤（師）。

（《怀特》1886）

3-1-8-1. 癸巳卜贞：王旬亡（无）𡆥（𦉪）在二月，在齐，𠂤（師）。隹（惟）王来征人方[①]。

-2. 癸卯卜：☐，旬☐。（《合集》36493）

3-1-9-1. 癸巳☐在齐☐。

-2. 癸卯王卜贞：旬亡（无）𡆥（𦉪）？

-3. 癸丑王卜贞：旬亡（无）𡆥（𦉪）？

-4. 癸亥王卜贞：旬亡（无）𡆥（𦉪）？

-5. 癸酉王卜贞：旬亡（无）𡆥（𦉪）？

-6. 癸未王卜贞：旬亡（无）𡆥（𦉪）？（《合集》36803）

3-1-10-1. □巳王卜贞：旬亡（无）𡆥（𦉪）？王𡆥（祸）？☐夕在齐𠂤（師）。隹（惟）王十□/☐。（《合集》36805）

第一、二片是第一期卜辞，第一片因缺字太多，不知什么意思，但“齐”字明显可见，据李学勤的考证，当时的“齐”大约是淮河一带，如他的说法正确，商代的“齐”与后来太公望所封之地，可能是同一地，但证据并不充足[②]。不过，在甲骨文中，可以确定的——“齐”当是殷时王朝的东陲重镇，而从上列卜辞看，这种推测应是对的；第二片卜辞系有“齐”字，“示”表示致送，此片卜问是否以“牛”致送给“齐”。文献告诉我们“齐”是一个农牧较弱的地方[③]，所以王朝问是否需要把“牛”送给“齐”。第三片至第十片都是第五期卜辞，记录了时王帝辛在“齐”地的一切活动；从第三片卜辞看，当时帝辛已经常活动于东方边陲地带，这是帝辛在“齐”进行祭祀和狩猎活动的记录；第四片卜辞是指时王在“齐”进行贞卜，问会不会有灾祸；第五、六两片卜辞，干支事类相同，都是在“齐”进行卜旬活动的记录，第六片卜辞，是卜问在三个不同地方进行“𠂤（師）”祭的记录，“𠂤”、“𠂤”两地和“齐”应是非常接近的地方；第七片是“卜旬”卜辞，连续三个干支是“癸巳”、“癸卯”都“在十月”，第三个干支“癸丑”，旬中所系月份是“在十月又（又）一”。

---

① “人方”，东方方国名，从第一期到第五期都有征伐记录，是一个强悍的敌国，尤其在第五期，战事频繁；“在二月”，“在二月”的“在”也非闰二月之意。

② 详参见李学勤《商代夷方的名号和地望》，《中国史研究》2006年第4期。

③ 详见下文。

这里出现两个问题，一是置闰问题，二是帝辛停留在“齐”的时间问题，帝辛连续停留在“齐”两个月，除了祭祀外，亦一再卜问是否有祸，足见“齐”不是一个安全的地方。而停留两个月的时间，可能因为战略需要；第八片的时间是接着第七片的，第一句的干支是“癸巳”与第七片第一句的干支相同，第七片的“癸巳”是“在十月”一百二十天后的“癸巳”应是四个月后的“二月”，“二月”前的“在”字，也不可能是置闰专字——在干支推算故然不可能，若“在十月”为闰十月，则第二年也不可能有闰二月，该片记录了帝辛“在齐”“在二月”进行“[illegible](師)”祭，主要是问在“齐”这个地方出征“人方”是否适合；第九片卜辞连续六旬“在齐”卜问下旬是否有灾祸。从七、八、九三片卜辞得知，帝辛自“十月”开始至次年的“二月”仍留在“齐”，前后长达四个月之久，而在“齐”做的事，自然与筹备出征“人方”有密切关连。上文曾提到“齐”为王朝东陲重镇，于此可得证明；第十片卜辞与征“人方”事件有关，是唯一记有年份的卜辞。甲骨文自第五期开始，已有年份记录，会在卜辞的最后加上“惟王某祀”，“祀”即“年”，例如：“惟王十祀”即指时王的第十年，辞中在“隹（惟）王十”后有缺文，但缺文字数不明，可能只有一个“祀”字，也可能有“又□祀”三字，则年份会从“隹（惟）王十祀”至“隹（惟）王十又九祀”，因此征“人方”的年份，也可能是帝辛十年，十一年，十二年……十九年，如无其他证据，没法确定出征“人方”的确切年份。

甲骨文中记“齐”者共十片，除首两片为第一期卜辞外，其余八片皆为第五期帝辛卜辞，而系有“在齐”两字的占有七片，是一组非常完整的军事行动记录。从甲骨文看，“齐”应在“人方”附近，是王朝东陲重镇。帝辛在“齐”整兵待发，卜辞也记录了“来征人方”四字，更可证明推测无误。又第四至第十片皆干支相连，第七片的“癸巳”在“十月”，第八片也有“癸巳”，而那是一百二十天后的“癸巳”，所以是“二月”，七片的事类都相同，祭祀形式也一样，足证慎重处事，从第十片中，更可推测“征人方”事，在帝辛十年至十九年。

甲骨文中的“鲁”全部出现在第一期卜辞，既有地名，也有人名，比较特殊的是“鲁”竟然有分娩的记录，似是后妃。而甲骨文中的“鲁”，地近京畿，与伯禽采邑的“鲁”，并非同地。《汉书补注·地理志》并未提及商殷时的鲁在何处[①]，据近人傅斯年考证，殷时的“鲁”当指现在河南的鲁山，但不知据何资料而云[②]，而从甲骨文中看，“鲁”字全部见于第一期，则傅氏之说，似有可从。下面就是这些卜辞：

3－1－11－1. □辰卜，㱿贞：商鲁，上吉[③]！

－2. 上吉！（《合集》7823）

3－1－12－1. □□卜：王隹（惟）〼𤴓商，〼允鲁[④]。

（《合集》20274）

3－1－13－1. 贞：其雨？十月！在𤰈（甫）鲁[⑤]

（《合集》7894）

3－1－14－1. 贞：其雨？〼在𤰈（甫）鲁。（《合集》7895）

3－1－15－1. 贞：今〼其雨，在𤰈（甫）鲁。（《合集》7896）

3－1－16－1. 乙亥贞：其𦍒衣于亘，遘雨？十一月在𤰈（甫）鲁[⑥]。

（《合集》7897）

3－1－17（正）

－1. 〼其鲁〼。

（反）

－1. 〼入百二十[⑦]（《合集》9300）

3－1－18－1. 〼奠（郑）不其受年？

－2. 〼我受年？王固（占）曰：受□，隹（惟）不鲁？

－3. 〼奠（郑）受年？

---

① 详参见《汉书补注·志·地理志第八下》，（东汉）班固撰，（唐）颜师古注，（清）王先谦补注，中华书局影印光绪二十六年虚受堂刊本，1983年9月第1版，卷28上一，第1—91页，上二，第1—85页，上三，第1—98页，下一，第1—59页，下二，第1—68页。

② 详参见傅斯年《大东小东说》，《历史语言研究所集刊》第二本第一分，中央研究院历史语言研究所，1930年，第101—109页。

③ “商”，朝代之称，亦为地名；“鲁”，地名。

④ “𤴓”，可隶定为“正”，可隶定为“足”，可隶定为“征”，可隶定为“匹”，此处可取一或二之义。

⑤ “𤰈（甫）”，地名或人名。

⑥ “𦍒”，疑为祭品名；“衣”，祭名，祫祭；“亘”，地名。

⑦ “入”，动辞，指进入，在甲骨文中，国君出京而回用“入”，诸侯来朝用“来”，外使、臣属和后妃回京多用“归”，诸侯朝贡也在数字之前加“入”字，即“内（纳）”字，即纳贡之义。

-4. 〼其受年？　　（《合集》9768）

3-1-19-1. 〼鲁受黍囗，上吉[①]！　　（《合集》9979）

3-1-20-（正）

-1. 乙丑卜，㱿贞：帚（妇）姘鲁于黍年[②]？

-2. 自𠂤（𠂤）[③]。

-3. 〼，壬囗允雨。

-4. 小吉！

-5. 小吉！

（反）

-1. 丙寅卜，㱿贞：同（痛）多𠂤[④]。

-2. 〼同（痛）〼𠂤。　　（《合集》10132）

3-1-21（正）

-1. 𢀛（卬、御、御），王𡆥（祸）于匕（妣）癸[⑤]？

-2. 勿𢀛（卬、御、御），王𡆥（祸）于匕（妣）癸？

-3. 乙保黍年[⑥]？

-4. 乙弗保黍年？

-5. 丁巳卜，㱿贞：黍田年鲁？四月。

-6. 贞：取牛？

（反）

-1. 帚（妇）好入五十。

-2. 甲寅卜，㱿：

---

① “黍”，五谷类粮食。

② “帚（妇）姘”，武丁后妃，为有名的农官，管理后廷的主要人员，偶尔也会出征，年龄应较妇好为小，庙号“戊”；详参见金祥恒《后母戊大方鼎之后母戊为武丁后考》，《金祥恒先生全集》第一册，台湾艺文印书馆 1990 年版，第 229—252 页；“黍年”，指好成年。

③ “𠂤（𠂤）”，地名。

④ “𠀃（同）”通“恫”，痛的意思，姚孝遂《殷墟甲骨刻辞摹释总集》、《殷墟甲骨刻辞类纂》皆隶定为“凡”，有误；“𠂤”，疑为官名。

⑤ “卬”“御”有三义，一为抵御之义，二为祭名，禳灾之祭，三为官名，此处用第二义；“妣癸”，仲丁之妻和祖丁之妻庙号都是“癸”，此为第一期卜辞，两者皆可称“妣癸”，这里不知是指何人。

⑥ “乙”，先祖庙号，卜辞中名“乙”之先祖多人，此处或指武丁之父小乙；“保”，保护，保佑。

-3. 王固（占）曰：吉！鲁。

-4. 王固（占）曰：吉！保？ （《合集》10133）

3-1-22-1. ☐贞：今一月☐鲁于☐？ （《合集》10135）

3-1-23-1. 贞：☐亡（无）疾目[1]？

-2. 贞：今一月鲁于☐？

-3. ☐疾，二月。

-4. 贞：☐。 （《合集》13621）

3-1-24-1. ☐，帚（妇）娩？□嘉。

-2. ☐鲁☐。 （《合集》14025）

3-1-25-1. 壬午卜，鲁不其嘉？五月。

-2. 壬午卜，鲁嘉？

-3. 鲁不其嘉？

-4. 鲁嘉？允嘉。征（延），凶（死）！

-5. 壬午卜，舌子嘉[2]？

-6. 壬午卜，舌子不其嘉？允不。

-7. 舌子嘉？

-8. 舌子不其嘉？

-9. 弜入。 （《合集》22102）

第十一片卜辞“商”、“鲁”两字连词，得知“商”与“鲁”非常接近，“商”甲骨文称“大邑商”或“天邑商”，一般指国都[3]，“商”、“鲁”连词，则“鲁”应近王畿；第十二片甲骨中的“商”和“鲁”应与第十一片用法相同，都是地名；第十三、十四、十五三片的“甫鲁”也都是地名；第十六片的“衣”是祫祭，殷人常会把先祖、妣集合一起祭祀，用牲也较多，参与祭祀的人数也不会少，所以须在户外进行，所以需要卜问是否“遘雨”，而举行“衣”祭的是在“甫鲁”，则“甫鲁”必

---

① “疾目”，眼睛有疾病。

② “舌子”，妇名。

③ 此为第五期卜辞，称“大邑商”或“天邑商”者，即指王都。

“-1. ☐贞：今囚（祸）？巫九𠂤，隹（惟）余彭，☐奉（求）？☐戋人方，上下于𣎆，示受余 礻（祐）☐于大邑商亡（无）巷？在畎（畎）。” （《合集》36507）

“-1. □□卜贞：在☐天邑商☐宫衣兹☐无畎（畎），宁？

-2. ☐天邑☐衣兹☐” （《合集》36544）

近王畿；第十七片卜辞的反面是“记事刻辞”，记录了诸侯入贡的事，“记事刻辞”一般刻在五个部位[①]，这条刻辞应在甲桥上，记录的一般是龟甲、兽骨或牲口的数量，很少有物品名称，这里记录的应是牛、羊一类的牲口；第十八、十九片都是卜问年成的，“奠（郑）”是殷代农牧之区，所以一再卜问“受年”，卜辞中的“鲁”也是地名，殷王也关注于该地的年成；第二十片的“妇姘”，是武丁的后妃，庙号为“戊”，是当时的农官，也是内廷总管级的人物，协理王朝及后廷事务，尤其着力于贡物管理[②]；第二十一片正面有六条卜辞，反面有四条卜辞，主要是卜问“鲁”地的年成，辞中有“四月”一辞，正值农作物茁壮之期，时王一再卜问，足见王朝与“鲁”的关系密切；第二十二片系有“鲁”字，但因缺文过多，不知何义；第二十三片的“鲁”疑为人名，此片问“鲁”是否患有眼疾；第二十四、二十五两片都是卜问后妃生产之辞，第二十四片之“鲁”疑为妃名，第二十五片系有“鲁”和“㕭子”的名字，首先是问“鲁”会生男孩或女孩，结果生了男孩，但不幸的是产妇因产程长而逝世，第二位产妇是“㕭子”，也是问生男孩或生女孩的事，结果“㕭子”生了一个女孩。

综观以上系有“鲁”字的15片卜辞，除了两片是后妃名之外，其余13片都是地名，由于时王曾选该地为祫祭场所，知道该地与王都相近，可能是王都的郊野，有较大的地方可以聚集群众，又多次看到，卜问该地的成年，则知“鲁”也是重要的农植之区。比较使人费解的是——第二期以后，为什么全部没有看到“鲁”字?

在第一期卜辞中，有许多感性的记录，例如卜问亲子疾病、后妃生育、诸侯来朝、百官臣属生活点滴，乃至政教、祭祀活动，都见于卜辞，这是其他各期卜辞没有的，尤其有关妇女生育问题，记录最为详尽。

甲骨文中所见的“齐”，在殷时是一个战略地位极高的地方，尤其在第五期卜辞中，“齐”是出征“人方”的据点；至于“鲁”地则除了年成、游乐之外，看不到其他与战争有关的痕迹，而从生育卜辞看，则该地的妇女与王室有婚姻关系，显然与伯禽所封的“鲁”地缘不同。

---

① 详参见胡厚宣《武丁时五种记事刻辞考》，《甲骨学商史论丛初集》，上海书店1989年版。

② 详参见黄竞新《从甲骨文看殷人的贡物管理》，《中国文化与企业管理国际学术研讨会论文集》，第1—58页。

（二）帝辛征“人方”与中原文化东移

齐鲁之学实是中华文化的源头，而一般认为鲁学始于齐学，因《论语》曾说：

> 齐一变，至于鲁；鲁一变，至于道。

何晏注曰：

> 言齐、鲁有太公、周公之馀化，太公大贤，周公圣人，今其政教虽衰，若有明君兴之，齐可使如鲁，鲁可使如大道行之时。

邢昺疏则引申何说[①]。

如果严格地说，鲁学实沿于宋学，因孔子六世祖木金父迁鲁[②]，带动鲁学发展，因此，宋学与孔子的鲁学应是一脉相承；与孔氏迁鲁前的“子”姓民族思想应有一定距离。

而帝辛征人方把中原文化带到东夷，掩盖了人方本土文化。从甲骨文得知，帝辛（纣王）十年至十九年曾下令全国精锐大举东征，其地即周初姜尚与伯禽之采邑。

下面是一些“征人方”的卜辞：

3-2-1-1. □寅卜，〼令人方。（《合集》20249）

3-2-2-1. 弜〓〓（儿、倪），人方不出于之[③]。

-2. 弜〓涂人方，不出于之[④]？

-3. 王其乎（呼）〓（卫）于〓，方出于之，〓（有）〓（𢦏、灾）[⑤]？

---

① 详参见《论语正义·雍也》，（魏）何晏注，（宋）邢昺疏，（清）阮元校勘《十三经注疏》，台湾艺文印书馆重印嘉庆二十年江西南昌府学本，1976年第二版，卷6，第8页B。

② 详参见下文。

③ “〓〓（儿、倪）”，“〓”不知何义，“〓（儿、倪）”，第一期王子名，但本辞为第三期，“〓（儿、倪）”应是王子族的族称。

④ “涂”与“屠”同音，疑为伤害字。

⑤ “王”，此为第三期卜辞，“王”，指时王即“康丁”或“廪辛”；“卫”，保卫；“〓”，地名。

-4. ☐𢓊（卫）☐，出于☐？𢦔（𢦏、灾）。 （《合集》28012）

3-2-3-1. 癸卯卜，人方。 （《合集》33194）

3-2-4-1. ☐王其[古文字]（征）人方[1]。 （《南地》2038）

3-2-5-1. 乙卯卜贞：王其[古文字]（征）人方，亡（无）𢦔（𢦏、灾）？ （《南地》2370）

3-2-6-1. 庚午贞：翌甲☐彡，人方☐？人方于上甲☐[2]。

-2. 弜[古文字][3]？

-3. 其尞（燎）？

-4. ☐小宰（牢）？

-5. 庚午贞：上甲尞（燎），一小宰（牢）？

-6. ☐二牛？

-7. 庚午贞：上甲尞（燎），三小宰（牢）？

-8. 尞（燎），三小宰（牢）？ （《南地》4530）

3-2-7-1. 甲辰卜：在[古文字]牧，征（延）[古文字]㞢（有）☐邑☐在[古文字]。大吉[4]！

-2. 弜每（悔），吉！

-3. 癸酉卜：戍伐㞢（有）牧[古文字]（[古文字]）[古文字]人方，戍㞢（有）𢦔（𢦏、灾），大吉[5]！

-4. ☐𢦔（𢦏、灾），大吉！

-5. 中戍㞢（有）𢦔（𢦏、灾）[6]？

-6. [古文字]（左）戍㞢（有）𢦔（𢦏、灾）？吉！

-7. 亡（无）𢦔（𢦏、灾）？

-8. 㞢（右）戍不雉众（众）[7]？

-9. 中戍不雉众（众），吉！

---

① “[古文字]”，此字可定为“足”，有丰足之义；可隶定为“正”，“正中”、“正位”；亦可隶定为“征”，此处取第三义。

② “上甲”，先祖名。

③ “[古文字]”，祭名。

④ “[古文字]”，地名；“牧”，牧养，畜牧；“[古文字]”，不知何义；“[古文字]”，地名。

⑤ “[古文字]（[古文字]）”，第一期将领名，此为第四期卜辞，则“[古文字]（[古文字]）”可能是族称。

⑥ “中”，正中；“戍”，戍守。

⑦ “雉”，有伤害之义；“众”，众人，群众。

-10. （左）成不雉众（众），吉！ （《南地》2320）

3-2-8-1. 王族其敦人方邑，（旧）（右）（左）其[①]。

-2. 弜其？（旧）于之若？

-3. □（右）旅？□（雉）□众（众）[②]。 （《南地》2064

3-2-9-1. 丙戌伐人方于？吉[③]！

-2. 吉[④]！

-3. 大吉[⑤]！ （《英藏》2526）

第一片为第一期卜辞，从内容看因有“令”字，“人方”仍是臣服于中央的；第二片是第三期卜辞，“人方”已开始对王朝造成威胁，辞中的“（儿、倪）”字原为第一期的王子名，但因本片为第三期物，则“（儿、倪）”是“（儿、倪）”族王子的族称，本片记录了由“（儿、倪）”族的族人负责监视“人方”，保卫国家；第三片是第四期卜辞，只有“人方”两字，没有其他事类；第四至第八片卜辞都是南地出土的甲骨，属第四期物，从第四至第五片卜辞看“人方”已开始作乱，所以有征伐记录；第六片“人方”两字前后皆有缺文，而从祭祀“上甲”的卜辞看，可能向先祖卜问是否要对“人方”进行讨伐；第七片卜辞的“（）”是第一期将领名，直至第四期仍然存在，可能是军人家族，而从“中戍”、“左戍”、“右戍”的报阵看，则这位将领的军事才能甚高，这种报阵当是为了监视“人方”而设；第八片卜辞已开始对“人方”有敌对行动，记录了征集“王族”弟子兵和故旧臣属准备出击“人方”，而且也记录了把这些人组成军旅，卜问会否使众人受到伤害；第九片为英藏卜辞，以辞例判断也是第四期物。从第三至第九片卜辞看，“人方”已不断为王朝造成威胁。

此处收录了七片第四期与征讨“人方”有关的卜辞，辞中看到了防卫“人方”的布阵，也看到整合军旅准备出击“人方”的卜辞，但还没有具体的军事行动。

---

① “王族”，王室子弟兵；“敦”，有敌视攻击之意；“（旧）（右）（左）”，表示旧有臣下诸人；“”，疑有征集的意思。

② “旅”，军旅。

③ “”，地名。

④ “”，不知何义。

⑤ “”，不知何义。

3 -2 -10 -1. ☐今囚（祸）？巫九，☐人方[①]？　　（《合集》36503）

3 -2 -11 -1. 丁巳王卜：☐征人方，余受礻（祐）？不☐𠭰（戬）？曰：☐。[②]　　（《合集》36498）

3 -2 -12 -1. ☐☐王卜贞：旬亡（无）𠭰（戬）？王☐𠂤（𠂤）,隹（惟）王来征人方？　　（《合集》36488）

3 -2 -13 -1. 癸酉王卜贞：☐亡（无）𠭰（戬）？在十☐，征人方☐？　　（《合集》36504）

3 -2 -14 -1. 癸卯卜，黄贞：王旬亡（无）𠭰（戬）？☐来征人方？

-2. ☐☐卜，黄☐。　　（《合集》36505）

3 -2 -15 -1. 癸卯☐贞：旬☐，隹（惟）☐。

-2. 癸丑王卜贞：旬亡（无）𠭰（戬）？王来征人方？

-3. ☐☐王卜：☐亡（无）𠭰（戬）？☐征☐。

（《合集》36499）

3 -2 -16 -1. 癸酉☐贞：王旬☐𠭰（戬）？王☐征☐。

-2. 癸未卜，黄贞：王旬亡（无）𠭰（戬）？王来征人方？

-3. 癸巳卜，黄贞：王旬亡（无）𠭰（戬）？王来征人方？

-4. 癸☐卜，黄☐𠭰（戬）☐？　　（《合集》36496）

3 -2 -17 -1. 癸亥☐贞：旬☐，王来☐人☐？

-2. 癸酉王卜贞：旬亡（无）𠭰（戬）？王来征人方？

-3. 癸未王贞：旬亡（无）𠭰（戬）？王来征人方？

-4. 癸巳王卜贞：旬亡（无）𠭰（戬）？☐征☐？

-5. 癸卯王卜：☐旬亡（无）☐？　　（《合集》36497）

第十片开始是第五期帝辛卜辞，这片卜辞因有缺文，不知道对“人方”有何行动，但从“巫九”两字推测，可能对“人方”征讨事有非常慎重的考虑；第十一片从内容看有关征“人方”的事类不断增加，这一片是比较简单的，只问如征“人方”会不会有灾祸；第十二片卜辞是记录帝辛在出征“人方”之前进行“𠂤（𠂤）”祭的，第十一片干支是“丁巳”，而第十二片干支漫漶不清，但从“旬亡（无）𠭰（戬）”三字看，则贞卜的当日应为“癸”日，殷人尚鬼神，每事皆卜，遇有疑难，必以

① “巫”，巫师，主持祭祀的神职人员。

② “余”，第一人称，时王所习用，与“朕”、“我”同义，“余”与“朕”多用于个。

祭祀请示神明，如第十二片的"[oracle bone glyph]（𠂤）"，是征伐卜辞中习见的祭名，可能是一种"专祭"。第十三至第十七片都是"卜旬"卜辞，卜于当旬的最后一天"癸"日，而问下一旬的祸福行事，这几条都有"征人方"三字，而第十四至第十七片更于"征人方"前加一"来"字，表示"王"原非居于该地，"来"的原因是为了"征人方"，有确定行动的意思。

而在这一组卜问"征人方"的卜辞中，都用"卜旬"方式，但没有看到卜问出兵的日期，这种做法可从两方面进行思考，一方面是"征人方"之事不是急在眉睫，另一方面也表示慎重行事，而从这样的卜问方式看，当时的"人方"是在静止状态的，应无挑衅行动。

3－2－18－1. □丑▨，于商亡（无）□？征人方？

－2. ▨其▨往▨在十月，▨雨奉（求）？[1] （《合集》36506）

P3－2－19－1. 癸巳卜：在[oracle bone glyph][oracle bone glyph][oracle bone glyph]泳贞：旬亡（无）[oracle bone glyph]（畎）？佳（惟）来征人方[2]？

－2. 癸酉卜：在巳奠（郑）河邑泳贞：王旬亡（无）[oracle bone glyph]（畎）？佳（惟）来征人方[3]？

－3. 癸巳卜泳贞：旬亡（无）[oracle bone glyph]（畎）？

－4. 癸丑卜，在[oracle bone glyph]泳贞：王旬亡（无）[oracle bone glyph]（畎）[4]？

－5. □□卜，泳□：旬亡（无）□？ （《英藏》2525）

3－2－20－1. 旬亡（无）□？□十月□人方？▨。

－2. 癸卯王卜贞：旬亡（无）[oracle bone glyph]（畎）？在十月[oracle bone glyph]（又）一？王征人方在商。

－3. 癸丑王卜贞：旬亡（无）[oracle bone glyph]（畎）？在十月[oracle bone glyph]（又）一？王征人方在亳[5]。

－4. 癸亥王卜贞：旬亡（无）[oracle bone glyph]（畎）？在十月[oracle bone glyph]（又）一？王征人

---

① "往"，动辞，前往之义。

② "[oracle bone glyph]"，地名；"[oracle bone glyph]"，地名；"[oracle bone glyph]"，地名；"泳"，第五期贞人名，疑与"永"同族。

③ "巳"，地名；"奠（郑）"，地名；"河"，指一般河流，非黄河之专名，此处为地名；"邑"，都邑。

④ "[oracle bone glyph]"，地名。

⑤ "亳"，都邑名或王都。（详参见施永淳、甯静怡《从甲骨文"亳"字分析殷民族意识》，《甲骨文论集》，南大语言文化丛书，2011年10月初版，第337—366页。）

方在[illegible]①。

－5. 癸酉王卜在□贞：旬亡（无）[illegible]（畎）？在十月[illegible]（又）二王征人方？（《英藏》2524）

3－2－21－1. 癸⧄：亡（无）⧄？

－2. 癸巳王卜贞：旬亡（无）[illegible]（畎）？在十月[illegible]（又）二，隹（惟）征人方？在[illegible]②。（《合集》36491）

3－2－22－1. ⧄贞：今囚（祸）？巫九[illegible]，隹（惟）余彭，⧄奉（求）？⧄戋人方，上下于[illegible]，示受余[illegible]（祐）⧄于大邑商亡（无）巷？在[illegible]（畎）③。（《合集》36507）

3－2－23－1. 癸亥王卜贞：⧄[illegible]（畎）？在九月，王征人方？在[illegible]（雇）④。

（《合集》36485）

3－2－24－1. 癸亥卜，黄贞：王旬亡（无）[illegible]（畎）？在九月，征人方在[illegible]（雍）[illegible]（彝）⑤。

－2. □寅⧄：亡（无）[illegible]（畎）⧄？（《合集》36487）

3－2－25－1. 癸巳卜贞：王旬亡（无）[illegible]（畎）？在二月，在齐，[illegible]，隹（惟）王来征人方。

－2. 癸卯卜：⧄旬⧄？（《合集》36493）

3－2－26－1. 丙午卜，在攸贞：王其乎（呼）⧄，征（延）执[illegible]（胄），人方[illegible]焚⧄，弗每（悔）？在正月，隹（惟）来征⧄⑥？

（《合集》36492）

3－2－27－1. 癸酉卜，在攸永贞：王旬亡（无）[illegible]（畎）？王来征人方⑦？

---

① “[illegible]”，地名。

② “[illegible]”，地名。

③ “[illegible]”，不知何义，或为祭名；“戋”，伤害字，为“践”之初文；“上下”，指出征的军族；“[illegible]”，地名；“[illegible]（畎）”，本为祸患字，此为地名。

④ “[illegible]（雇）”，地名。

⑤ “[illegible]（雍）”，地名；“[illegible]（彝）”，彝平，此处当指征人方之事。

⑥ “攸”，地名；“执”，拘捕；“[illegible]（胄）”，指战衣，盔甲之类；“每（悔）”，表示有霉气，不顺利，其义如：《易经》“亢龙有悔”。

⑦ “永”，第五期贞人名。

－2. 癸巳☐：𥁕□（𠂤）☐王旬☐[①]？

－3. 癸☐：攸☐，旬☐？征☐？

－4. ☐王旬☐？王来□人方？ （《合集》36494）

第十八片甲骨卜于“商”——殷之京城，疑问征“人方”事，则当时仍在筹划阶段，尚未发兵；第十九、二十两片是著录于英藏，第十九片有贞人“泳”，应属第五期物；第二十片有“王卜贞”一辞，这是第五期辞例，时王习惯亲贞，知是第五期无异。第十九片附有四个地名，都无法隶定，不知地望，地名中有“□”字，似是“朝”字，若然，则当指朝歌。第二十片为第五期标准辞例，“商”、“亳”两字，当指王都，从第十九、二十两片看，似是卜于同时，而卜问之地当在尚未发兵之前的王都。第二十片为“卜旬”卜辞，第二、三、四句卜于十一月的三旬，而卜问地是在“商”、“亳”、“□”，第五句卜于第四旬，已是十二月，卜问地有缺文。从这两片卜辞的干支看，征“人方”的事筹备超过四个月，当时仍在京师，尚未发兵；第二十一片从日期看，应接着第二十片，都是卜问准备出兵征讨“人方”的事；第二十二片卜辞虽然只有一句，但记事详尽。记录了三件事，第一件事是巫师九人参与祭祀，第二件事是安置随征的军旅在“□”地，第三件事是要出征“人方”，这里用了“𢦏”字，有伤害“人方”之意，“示”指一般先祖，这片卜辞问的是进行这些事情，先祖会不会保佑；第二十三片是在“□（雇）”这个地方卜问出征“人方”的事；第二十四片卜辞卜于“□（雍）”地，问的也是征“人方”的事，第二十三片的“□（雇）”和第二十四片的“□（雍）”，地望待考；第二十五片的“齐”应是王朝东陲重镇，第五期卜辞中在“齐”卜问，整兵待发之事共有八片，上文以及，于此不再重赘；第二十六与第二十七片卜辞都有“攸”字，“攸”应为地名，据陈梦家的考证，认为“攸”在今永城之南，宿县之西北，应是《左传》定公四年伯禽带往鲁六族中的条氏[②]，而李学勤亦引此说[③]。

3－2－28－1. □□卜贞：今𡆥（祸），巫☐人方？☐□（率）□？☐□

① “𥁕”，此字从“皿”，疑为祭品名。

② 详参见陈梦家《殷虚卜辞综述》，中国科学院考古研究所编辑，科学出版社1956年版，第306页。

③ 详参见李学勤《商代夷方的名望和地望》，《中国史研究》2006年第4期。

☐☐（印）☐？从（从）侯（侯）☐[①]？　　（《合集》36508）

3－2－29－1. 癸☐王☐：☐（又）☐隹（惟）☐？

－2. 癸巳卜，黄贞：王旬亡（无）☐（☐、祸）？在十月☐（又）二，隹（惟）征人方，在☐[②]。

－3. 癸卯卜，黄贞：旬亡（无）☐（☐）？在正月，王来征人方？在☐（攸）侯（侯）喜，☐（鄙），永[③]。

－4. ☐☐（☐）？☐正月，王来人方？在攸。　　（《合集》36484）

第二十八片有“从侯”两字，则出征“人方”应有诸侯支援，又从“率”字看，则诸侯率领的，可能有“☐”、“☐”、“☐（印）”三地的族人，这些族人应都是“子”姓氏族；第二十九片卜辞详细地记录了“攸”地的诸侯“喜”在边陲地带支援讨伐“人方”的事。从第二十七、二十八、二十九片卜辞看，记录的应是同一事，而且干支时间连接，都是记录“攸”地的诸侯率领不同族人，在边陲地带作勤王之师，支援帝辛出讨“人方”，而这些参与战争的氏族，应该都为“子”姓的弟子兵。

在甲骨文中看到的战争卜辞，常有整合俘虏、囚犯或外族群众编修而成的军旅组织，但出征“人方”的，看不见这些成分，应该全是“子”姓的弟子兵，而从这种战争的规模看，则王朝对于该次战役非常重视，希望一举征服东夷，这样庞大的战役，《史记》、《世本》、《帝王世纪》均未记载，而《竹书纪年》太戊六十一年有“东九夷来宾”一条，帝辛元年又有“命九侯、周侯、邗侯”一语，显示商王朝晚期，势力已进一步向东方伸展[④]。从上列甲骨文看，王朝与东方的关系大致可以分为四个时期，第一、二期“人方”并无明显内侵倾向；第三期完全没有记录到“人方”的活动情形；第四期开始“人方”已经常干扰边陲地带，对王朝造成威胁，卜辞中也见防卫“人方”的规划，甚至有准备出击“人方”的记录；而到了第五期，才决定大举东征。

文献中虽然没有记录这件大事，但从卜辞中所见，帝辛征“人方”

---

① “☐（率）”，带领；“☐”，地名，或指该地的族人；“☐”，地名；“☐（印）”，地名；“从（从）”，跟从；“侯（侯）”，诸侯。

② “☐”，地名。

③ “攸侯（侯）喜”，“攸”地的诸侯，名“喜”；“☐（鄙）”，边陲地带。

④ 详见《竹书纪年》卷下，（梁）沈约注，（清）洪颐煊校，商务印书馆 1937 年版，第 23、35 页。

是不争的事实，而且早在四期开始，王朝与东方国家已不友善。而从帝辛长时期留在东陲看，则王朝的主力也已逐渐东移，战争故然是主要的活动，间接地也把中原文化东移，当征服“人方”后，东方沿海地带全部归入商殷版图，凯旋班师时，必须有守将留驻该地，以卜辞所见，出征者全为“子”姓弟子兵，则留驻该地者，也必为王朝信任的“子”姓族人。目前在文献中看不到帝辛如何管理臣服后的“人方”，但从出土遗址得见，该区之晚商贵族墓葬，全是商殷文化的遗留。则商殷文化在东夷扎根，应无可疑。

（三）周初殷民族的迁徙

1. “三监”之乱与淮夷叛周

晚商时，帝辛集中王朝兵力东征人方，平定后，留下王朝精英于当地稳定政局，使国力空虚，当时周只是处于西陲的诸侯，必须联合其他各国才有伐商力量，加之当时有可乘之机，始能灭商。

周立国之初，殷民族有两派不同反应，微子一系，本来就不满于帝辛统治，向心周室，反而成为周的支持力量，《史记·宋微子世家》说：

> 纣既立，不明，淫乱于政，微子数谏，纣不听……微子曰：“父子有骨肉，而臣主以义属。故父有过，子三谏不听，则随而号之；人臣三谏不听，则其义可以去矣。”于是太师、少师乃劝微子去，遂行。①

从这段记载可知微子对纣早有离心。

而帝辛一系包括东夷民族则仍负隅顽抗，为了管束叛民，特封帝辛之子禄父，接续殷祀，安抚殷遗民，并使管蔡二叔协助管束殷民，《史记·周本纪》说：

> （武王）封商纣子禄父殷之余民。武王为殷初定未集，乃使其弟

---

① 《史记·宋微子世家第八》，（西汉）司马迁撰，（刘宋）裴骃集解，（唐）司马贞索隐，（唐）张守节正义，台湾商务印书馆影印宋庆元黄善夫刊本，卷38，第1A—3B页。

管叔鲜、蔡叔度相禄父治殷。①

及武王崩，成王年少，周室顿失精神支柱，禄父联合东夷，乘机谋反，《竹书纪年·周·成王》说：

元年：……武庚以殷叛。……②

但是“三监”只能监管王畿附近的殷人，远在东陲的殷遗民与东夷民族，可说是鞭长莫及。武庚谋反次年，东夷民族已到王畿附近，成为强大的支援力量。《竹书纪年·周·成王》又说：

二年：奄人徐人及淮夷入于邶以叛。③

而帮助监管殷民的管叔和蔡叔，也加入战争，《史记·周本纪》说：

周公恐诸侯叛周，公乃摄行政当国。管叔、蔡叔群弟疑周公，与武庚作乱叛周。④

周旦以三年平定武庚之乱，《竹书纪年·周·成王》说：

三年：王师灭殷，杀武庚禄父，迁殷民于卫，遂伐奄，灭蒲姑。⑤

又乘胜东征，历五年政局始稳，遂建成周，《帝王世纪》说：

---

① 《史记·周本纪第四》，（西汉）司马迁撰，（刘宋）裴骃集解，（唐）司马贞索隐，（唐）张守节正义，台湾商务印书馆影印宋庆元黄善夫刊本，卷4，第12A页。

② 《竹书纪年》卷下，（梁）沈约注，（清）洪颐煊校，商务印书馆1937年版，第40页。

③ 同上。

④ 《史记·周本纪第四》，（西汉）司马迁撰，（刘宋）裴骃集解，（唐）司马贞索隐，（唐）张守节正义，台北商务印书馆影印宋庆元黄善夫刻本，卷4，第15页B。

⑤ 《竹书纪年》卷下，（梁）沈约注，（清）洪颐煊校，商务印书馆1937年版，第40页。

(成王)八年春正月……封伯禽于鲁，父子并命，周公拜于前，鲁公拜于后。[①]

周的统治权才真正扎根，同时也把周的礼乐教化带到东陲。

2. 姜尚弃殷与齐的建国

在古典文献中，帝辛是一个暴君，不只诸侯唾弃，名臣背离，民众怨道，以致亡国，《史记·殷本纪》说：

百姓怨望而诸侯有畔者。[②]

当然，这是汉儒媚周之说，而其他史籍也有相似的说法，如《竹书纪年》帝辛元年至五十一年，记录了出奔者有：大夫辛甲、内史向挚和王子微子[③]。《帝王世纪》也说帝辛挥霍无道：

纣果造倾宫，作琼室瑶台，饰以美玉，七年乃成。其大三里，其高千丈，其大宫百，其小宫七十三处。宫中九市，车[④]行酒，马行炙，以百二十日为一夜……[⑤]

当然，这些文献记载没法取信于人，许多叙述都是夸大其辞，与事实不符[⑥]，至于名臣弃纣，也有许多原因，姜尚曾事帝辛也是事实，因他是东夷人，可能是在帝辛克东夷后随王师回朝，其后转投周西伯，《史记·齐世家》也有记载：

太公博闻，尝事纣。纣无道，去之。游说诸侯，无所遇，而卒西

---

① 《帝王世纪（及其他一种）》，（西晋）皇甫谧编，（清）顾尚之辑录，商务印书馆 1936 年版，第 31—32 页。

② 《史记·殷本纪第三》，（西汉）司马迁撰，（刘宋）裴骃集解，（唐）司马贞索隐，（唐）张守节正义，台湾商务印书馆重印宋庆元黄善夫刊本，1967 年版，卷 3，第 11 页 A。

③ 详参见《竹书纪年》卷上《殷商·帝辛》，（梁）沈约注，商务印书馆 1937 年版，第 35—38 页。

④ “车”疑“舟”之误。

⑤ 《帝王世纪及其他一种》，商务印书馆 1936 年版，第 24 页。

⑥ 详参见胡伯欣《帝辛行状考述》，彰化师范大学国文教育研究所硕士论文，2001 年。

归西伯。[①]

《吕氏春秋·孝行览·首时》亦云：

太公望，东夷之士也，欲定一世而无其主，闻文王贤，故钓于渭以观之[②]。

《史记·齐世家》亦据以谓：

太公望吕尚者，东海上人。[③]

《史记集解》亦引《吕氏春秋》之说[④]。《史记·齐世家》、《索隐》对姜尚先世有详细叙述[⑤]。《史记》更说明他遇到周西伯时已届老年，后来助周灭商有功，获封于营丘，号“齐”。营丘与后来齐国国都临淄近在咫尺，《史记·周本纪》、《正义》说：

营丘在（临淄）县北百步外城中。[⑥]

《水经注》对营丘的地望有较详细的叙述[⑦]。

齐本为商时边陲战略重地，从第一期卜辞开始，王朝即与东方诸国有密切邦谊，第四期后才逐渐出现敌对状况，引发五期帝辛征人方的事，可见东夷是有活力而强悍的民族。

---

① 《史记·齐太公世家第二》，（西汉）司马迁撰，（刘宋）裴骃集解，（唐）司马贞索隐，（唐）张守节正义，台湾商务印书馆重印宋庆元黄善夫刊本，1367 年版，卷 32，第 1 页 A。

② 《吕氏春秋·孝行览·首时》，（战国）吕不韦撰，（东汉）高诱注，上海古籍出版社 1989 年版，第 105 页。

③ 《史记·齐太公世家第二》，（西汉）司马迁撰，（刘宋）裴骃集解，（唐）司马贞索隐，（唐）张守节正义，台湾商务印书馆重印宋庆元黄善夫刊本，1967 年版，卷 32，第 1 页 A。

④ 同上。

⑤ 同上。

⑥ 《史记·周本纪第四》，（西汉）司马迁撰，（刘宋）裴骃集解，（唐）司马贞索隐，（唐）张守节正义，台湾商务印书馆重印宋庆元黄善夫刊本，1967 年版，卷 4，第 12 页 B。

⑦ 《水经注》，（北魏）郦道元注，陈桥驿校，上海古籍出版社 1990 年版，卷 26，第 516 页。

从卜辞得知，帝辛克人方在十至十九年，与姜尚封齐相距约四十年，东夷民族接受商殷文化熏陶，而商王族也已在东方扎根，商夷之间已无隔阂。姜尚治齐必须有另一种政治手段，才能使当地民族归心，《史记·齐太公世家》记载：

> 太公至国，脩政，因其俗，简其礼，通商工之业，便鱼盐之利，而人民多归齐，齐为大国。①

《汉书·地理志》也说：

> 太公以齐地负海舄卤，少五谷而人民寡，乃劝以女工之业，通鱼盐之利，而人物辐凑。②

从以上两段资料中，可知太公望懂得因应实际环境，着重经济发展，再推行礼乐教化，齐国因此而逐渐壮大，直至战国不衰。

总括来说，姜尚本是东夷人，但从帝辛征服东夷到灭国已超过40年，华夏文化移植东方，已掩盖原住民文化；而民族交融，已是华夷一家，“子”姓势力已在东方建立起来，从山东晚商遗址有贵族墓葬③中更可证明，显然“子”姓民族已经成为东夷的统治阶层，而东夷已是商殷势力范围。至周时，太公望封齐，姜尚旧地重临已非当年面貌，周公之“以夷制夷”政策也难以奏效。因此，齐建国后，须在政教民生上下功夫，使原来叛周的民族，成为向心的顺民。

3. 伯禽封鲁与殷民族迁徙

伯禽的采邑——“鲁”与甲骨文中的“鲁”为二事。卜辞中的“鲁”应在傅斯年所说的河南鲁山④，而伯禽的“鲁”则位于曲阜，《史

---

① 《史记·齐太公世家第二》（西汉）司马迁撰，（刘宋）裴骃集解，（唐）司马贞索隐，（唐）张守节正义，台湾商务印书馆重印宋庆元黄善夫刊本，1967年版，卷32，第3B—4A页。

② 《汉书补注·地理志》，（东汉）班固撰，（唐）颜师古注，（清）王先谦补注，北京中华书局影印光绪二十六年虚受堂刊本，1983年版，卷28下，第62页A。

③ 详参见朱继平《从考古发现谈商代东土的人文地理格局》，《社会科学》2007年第11期。

④ 详见傅斯年《大东小东说——兼论鲁燕齐初封在成周东南后乃东迁》，中央研究院历史语言研究所集刊第2卷第1期，第102页。

记·周本纪》云：

> 封弟周公旦于曲阜，曰鲁。[①]

但三家注对此事并无详细记述[②]。

武王时已封周公于鲁，但为了辅政，没有立即就国，《史记·世家·鲁周公世家》说：

> 封周公旦于少昊之虚曲阜，是为鲁公。周公不就封，留佐武王。[③]

至武庚联合东夷谋反平定后，于成王初年再封伯禽于鲁，《帝王世纪》说：

> （成王）以周公为太师，封伯禽于鲁……王以周公有勋劳于天下，故加鲁四等之上，兼二十四附庸，地方七百里，革车千乘。[④]

并使带走殷民六族，《左传·定公四年》说：

> 殷民六族：条氏、徐氏、萧氏、索氏、长勺氏、尾勺氏，使帅其宗氏，辑其分族，将其类丑。以法则周公，用即命于周。是使之职事于鲁，以昭周公之明德。[⑤]

伯禽封鲁时声势非常浩大，这当然是为了使鲁凌驾于其他诸侯之上，

---

① 《史记·周本纪第四》，（西汉）司马迁撰，（刘宋）裴骃集解，（唐）司马贞索隐，（唐）张守节正义，台湾商务印书馆重印宋庆元黄善夫刊本，1967年版，卷4，第12B—13 A页。

② 同上。

③ 《史记·鲁周公世家第三》，（西汉）司马迁撰，（刘宋）裴骃集解，（唐）司马贞索隐，（唐）张守节正义，台湾商务印书馆重印宋庆元黄善夫刊本，1967年版，卷33，第1页B。

④ 《帝王世纪（及其他一种）》，（西晋）皇甫谧编，（清）顾尚之辑录，商务印书馆1936年版，第31页。

⑤ 《春秋左传正义》，（西晋）杜预注，（唐）孔颖达疏，（清）阮元校勘《十三经注疏》，台湾艺文印书馆重印嘉庆二十年江西南昌府学本，1976年版，卷54，第15页B。

同时也收阻吓的作用。另一方面周公又为鲁国制定了“怀柔政策”，主要目的是希望陶化殷民和东夷民族，使他们变为顺民，《汉书·地理志》说：

> 周公始封，太公问：“何以治鲁？”周公曰：“尊尊而亲亲。”太公曰：“后世寖弱矣。”①

但伯禽没有落实周公的政策，《史记·鲁周公世家》说：

> 鲁公伯禽之初受封之鲁，三年而后报政周公。周公曰：“何迟也？”伯禽曰：“变其俗，革其礼，丧三年然后除之，故迟……（周公）乃叹曰：“呜呼，鲁后世其北面事齐矣！夫政不简不易，民不有近；平易近民，民必归之。”②

于是，周的礼乐教化，在伯禽的统治下，实现了真正的礼义之邦。

（四）孔氏徙鲁与礼乐教化

孔子为孔嘉之七世孙，有才德，曾周游列国，失意而回。重订六经，设帐授徒，开平民教育之先河，门下弟子三千，成就了“万世师表”的伟业。③ 于是中华学术在孔子的推动下，到了升华境界。

---

① 《汉书补注·地理志》，（东汉）班固撰，（唐）颜师古注，（清）王先谦补注，中华书局影印光绪二十六年虚受堂刊本，1983年版，卷二十八下二，第63页A—B。

② 《史记·鲁周公世家第三》，（西汉）司马迁撰，（刘宋）裴骃集解，（唐）司马贞索隐，（唐）张守节正义，台湾商务印书馆重印宋庆元黄善夫刊本，1967年版，卷33，第7页A—B。

③ 详参见《春秋左传正义》，（西晋）杜预注，（唐）孔颖达疏，（清）阮元校勘《十三经注疏》，台湾艺文印书馆重印嘉庆二十年江西南昌府学本，1976年版，卷5，第5A—7A页；《春秋穀梁传注疏》，（东晋）范甯集解，（唐）杨士勋疏，（清）阮元校勘《十三经注疏》，卷3，第11页A—B；《春秋公羊传注疏》，（西汉）公羊寿传，（东汉）何休解诂，（唐）徐彦疏，（清）阮元校勘《十三经注疏》，卷4，第2B—3A页；《论语正义·微子》，（魏）何晏注，（宋）邢昺疏，（清）阮元校勘《十三经注疏》，台湾艺文印书馆重印嘉庆二十年江西南昌府学本，1976年版，卷18，第2B页；《史记》、《殷本纪第三》、《宋微子世家第八》、《孔子世家第十七》，（西汉）司马迁撰，（刘宋）裴骃集解，（唐）司马贞索隐，（唐）张守节正义，台湾商务印书馆影印宋庆元黄善夫刊本。

孔子原为宋人，宋自微子建国后，以礼乐教化存国，传五世六君至弗父何，让位给弟弟厉公；十二世十四君至穆公时，孔子七世祖——字孔嘉，当时是宋大司马，至殇公十年，在职十九载。孔嘉妻美，太宰华督杀嘉夺其妻，殇公知道这事很愤怒，于是华督把殇公杀了，另立穆公的儿子“冯”为庄公①，《春秋左氏传》说：

（桓公）二年，春，宋督攻孔氏，杀孔父而取其妻，公怒，督惧，遂弑殇公……召庄公于郑而立之，以亲郑……②

《春秋穀梁传》又说：

（桓公）二年春，王正月戊申，宋督弑其君与夷……孔父先死……督欲弑君而恐不立，于是乎先杀孔父……孔氏父字谥也。或曰其不称名，盖为祖讳也，孔子故宋也。③

《春秋公羊传》亦说：

（桓公）二年春，王正月戊申，宋督弑其君与夷及其大夫孔父……督将弑殇公，孔父生而存，则殇公不可得而弑也，故于是先攻孔父之家。殇公知孔父死，己必死，趋而救之，皆死焉……孔父可谓

① 详参见《世本稡集补注》，（清）张澍《稡集补注》，《世本八种》，台北西南书局，1974年版，第105页；《春秋左传正义》，（西晋）杜预注，（唐）孔颖达疏，（清）阮元校勘《十三经注疏》，台湾艺文印书馆重印嘉庆二十年江西南昌府学本，1976年版，卷5，第5A—7A页；《春秋穀梁传注疏》，（东晋）范甯集解，（唐）杨士勋疏，（清）阮元校勘《十三经注疏》，卷3，第11页A—B；《春秋公羊传注疏》，（西汉）公羊寿传，（东汉）何休解诂，（唐）徐彦疏，（清）阮元校勘《十三经注疏》，卷4，第2B—3A页；《论语正义·子罕》，（魏）何晏注，（宋）邢昺疏，（清）阮元校勘《十三经注疏》，卷9，第6B—7A页；《史记》《宋微子世家第八》《孔子世家第十七》，（西汉）司马迁撰，（刘宋）裴骃集解，（唐）司马贞索隐，（唐）张守节正义，台湾商务印书馆影印宋庆元黄善夫刊本。

② 详参见《春秋左传正义》，（西晋）杜预注，（唐）孔颖达疏，（清）阮元校勘《十三经注疏》，台湾艺文印书馆重印嘉庆二十年江西南昌府学本，1976年版，卷5，第5A—7A页。

③ 《春秋穀梁传注疏》，（东晋）范甯集解，（唐）杨士勋疏，（清）阮元校勘《十三经注疏》，台湾艺文印书馆重印嘉庆二十年江西南昌府学本，1976年版，卷3，第11页A—B。

义形于色矣[①]。

三《传》各说不一，但都说孔嘉比殇公早逝，《史记·宋微子世家》对此有更详尽之叙述。[②]

孔嘉子木金父——孔子六世祖避祸逃往鲁国，后代以父字为姓，世居鲁国，《春秋左氏传》杜预注据服虔之说：

> 孔子六代祖孔父嘉为宋督所杀，其子奔鲁。[③]

从孔父嘉任大司马的年份计算，他在穆公元年已为司马，历穆公之世，过渡至殇公时仍在原职，共十九年。被杀时年当已过五十，其子木金父至少三十开外，逃亡时应有家少，不只一人。

对孔嘉后人逃亡的事，《世本》又有另说：

> ……正考甫生孔父嘉，为宋司马，华督杀之而绝其世，其子木金父降为士，木金父生祁父，祁父生防叔，为华氏所偪奔鲁，为防大夫，故曰防叔。[④]

服虔谓木金父因华氏之逼而亡鲁，《世本》则说防叔时始奔鲁，两者显有不同。[⑤]

---

① 《春秋公羊传注疏》，（西汉）公羊寿传，（东汉）何休解诂，（唐）徐彦疏，（清）阮元校勘《十三经注疏》，台湾艺文印书馆重印嘉庆二十年江西南昌府学本，1976 年版，卷 4，第 2B—3A 页。

② 详参见《史记·宋微子世家第八》，（西汉）司马迁撰，（刘宋）裴骃集解，（唐）司马贞索隐，（唐）张守节正义，台湾商务印书馆重印宋庆元黄善夫刊本，1967 年版，卷 38，第 10 页 A—B。

③ 《春秋左传正义》，（西晋）杜预注，（唐）孔颖达疏，（清）阮元校勘《十三经注疏》，台湾艺文印书馆重印嘉庆二十年江西南昌府学本，1976 年版，卷 44，第 16 页 A—B。孔颖达疏引《家语》列世系如下：宋泯公，弗父何，宋父周，世父胜，正考父，孔父嘉，木金父，皋夷，防叔，伯夏，叔梁纥，孔子。

④ 《世本秤集补注》，（清）张澍《秤集补注》，《世本八种》，台北西南书局，1974 年版，第105 页。

⑤ 王树林《孔子先世自宋迁鲁考》一文，曾综合二说，细加分析，认为两者皆可，此说实不敢苟同；详见《黄淮学刊》（哲学社会科学版）1997 年第 1 期。

《世本》之说有可商，孔嘉至防叔已有四代，华督是否尚存？已有问题，若因华氏之逼而亡鲁，事隔四世，亦有乖常理。故当以木金父亡鲁为是。

从下页图推测，木金父奔鲁路线，可能先入“萧”始过鲁，此为最直接的路线。因萧与鲁之徐州接邻，《史记·项羽本纪》正义引《括地志》说：

> 徐州萧县，古萧叔之国，春秋时为宋附庸。①

《春秋左氏传》的正义说：

> 萧本宋邑。庄十二年宋万弑闽公，萧叔大心者宋萧邑之大夫也，……庄二十三年萧叔朝公是为附庸，故称朝附庸宋国，故云宋附庸也。②

木金父奔鲁时萧尚为宋邑，受中央管理。

孔父嘉任大司马19年，而边陲守将多为大司马之亲信，则木金父亡鲁除地缘关系外，亦有人缘，故奔鲁时迳萧可能性极高。又从国际形势看，鲁隐公于同年被弑。《春秋左氏传》记载：

> （隐公十一年）十一月，公祭锺巫，齐于社圃，馆于寪氏，壬辰，羽父使贼弑公于寪氏，立桓公。③

鲁国国情混乱，亦无暇注意奔鲁之木金父，使木金父能顺利偷渡鲁国，改姓隐居于鲁。另外，鲁国虽然国君被弑，但当时仍为一级大国，且为姬姓之后，宋当然不敢冒犯。而当时鲁宋两国邦谊密切，正与齐、卫、

---

① 详参见《史记·项羽本纪第七》，（西汉）司马迁撰，（刘宋）裴骃集解，（唐）司马贞索隐，（唐）张守节正义，台湾商务印书馆重印宋庆元黄善夫刊本，1967年版，卷7，第23页B。

② 详参见《春秋左传正义》，（西晋）杜预注，（唐）孔颖达疏，（清）阮元校勘《十三经注疏》，台湾艺文印书馆重印嘉庆二十年江西南昌府学本，1976年版，卷19下，第17页B。

③ 同上书，卷4，第27页A。

郑等国结盟，《春秋左氏传》说：

> （桓公）十一年，春，齐，卫，郑，宋，盟于恶曹。①

故宋不便因木金父亡鲁的事而伤害两国邦交。木金父能顺利奔鲁，可以说是天时地利人和。

从以上各节所述，东方文代基调来自中原，其后发展为中华学术，主要源头皆在商殷“子”姓，从齐鲁宋的建国，至孔氏徙鲁东迁，皆有理路可循，脉络分明。但严格地说应是两个不同体系，宋与鲁严守两朝的基本精神——礼乐教化，建立了儒学基础；而齐为原是东夷人的姜尚领道，加上地缘与民族成分，发展为多元的学术，不同领域人才如雨后春笋，春秋以还，百家争鸣，舍齐以外，其他国家寥寥可数。但这些成果都上承于“子”姓。

① 《春秋左传正义》，（西晋）杜预注，（唐）孔颖达疏，（清）阮元校勘《十三经注疏》，台湾艺文印书馆重印嘉庆二十年江西南昌府学本，1976年版，卷7，第8页A。

四　“齐”“鲁”“宋”的学术发展

周王朝建立后，东夷民族与商殷为盟，仍在东方抗周，周公旦举兵东征平伏后，将东夷分为齐、鲁两地，以太公望治齐，封旦子伯禽于鲁，建立了齐、鲁两个东方国家。该地早在帝辛时，已由殷王族监管，生活形态早有改变，齐、鲁建国后，更在商殷政、教基础上，施行王政，教化子民。于是齐鲁在太公望和伯禽的领导下，成为礼义文教之邦，日后带动中华学术发展。

“齐”和“鲁”在山东，山东在商时属东夷，帝辛即位后，一再东征人方，尤其最后一次战役，出动全国精锐，力克东夷后，须留王朝精英驻守该地，以维持当地的政局稳定。因而削弱了王朝力量，使周姬氏族有机可乘，一举灭商。

而东方民族，倾向商室，周公举兵东征，并以封建制度分散原地势力，压制商殷遗族。而周公旦在废“三监”、迁殷民后，特封微子于宋以安抚殷遗民，但宋地与齐鲁为邻，一举一动皆在齐鲁监视之下，与此同时，也营造了三国的邦谊。从此，经历了一段长时间的和平时期，为齐、鲁、宋三国发展文教提供了足够的时间和空间。

（一）齐的学术发展和成就

根据《汉书》的记载：

> 太公以齐地负海舄卤，少五谷而人民寡，迺劝以女工之业，通鱼盐之利。①

齐国的土地并不适合耕种，但由于濒临大海，鱼、盐、工、商等行业遂成为齐国的经济支柱，也由于地缘和民族成分关系，思想较内陆国家开放，领导者也必须有更宽广的心胸。

---

① 《汉书补注·地理志》下，（东汉）班固撰，（唐）颜师古注，（清）王先谦补注，中华书局影印光绪二十六年虚受堂刊本，1983 年版，卷 28 下，第 62 页 A。

前文已说，齐地民族结合了华夷民族的特征，因而产生对不同文化思想的接纳和包容，本为东夷人的姜尚，加上异姓功臣的个人经历，自然能接受这种现象。

《吕氏春秋·长见》有这样的记载：

> 吕太公望封于齐，周公旦封于鲁，二君者甚相善也。相谓曰："何以治国?"太公望曰："尊贤上功。"周公旦曰："亲亲上恩。"太公望曰："鲁自此削矣。"周公旦曰："鲁虽削，有齐者亦必非吕氏也。"其后齐日以大，至于霸，二十四世而田成子有齐国；鲁日以削，至于觐存，三十四世而亡。①

这是姜尚与不同民族相处的基本态度，也让贤能之士，在毫无压力的环境下，发挥所长。太公望的开放态度，在政治主导上可能会有阻力，但对中华学术发展却是居功至伟。

这种开放的风气，影响历代齐君，如齐桓公能"九合诸侯，一匡天下"，称霸于当世，完全是不计前嫌重用管仲的成果②，管仲不仅曾事公子纠，而且是姬姓之后，但齐恒公完全没有把这些放在考量范围之内，足见胸襟广阔。

至田齐时，曾设"稷下学宫"，不分门派，不论师承，鼓励学人研究，著书立说，带动学术发展。不少学者曾游学于齐，如《史记·孟子荀卿列传》记孟子与荀子皆曾游齐，而荀子其后更三为祭酒，文中说：

> 自驺衍与齐之稷下先生……各著书言治乱之事，以干世主，岂可胜道哉。③

又说：

---

① 《吕氏春秋·仲冬纪·长见》，（西汉）吕不韦著，上海古籍出版社1989年版，卷11，第83页。

② 详参见《史记·管晏列传第二》，（西汉）司马迁撰，（刘宋）裴骃集解，（唐）司马贞索隐，（唐）张守节正义，台湾商务印书馆重印宋庆元黄善夫刊本，1967年版，卷62，第1页B。

③ 《史记·孟子荀卿列传第十四》，卷14，第3页B。

孟轲，驺人也。受业子思之门人。道既通，游事齐宣王，宣王不能用。①

又说：

（荀卿）年五十始来游学于齐……襄王时，而荀卿最为老师。齐尚脩列大夫之缺，而荀卿三为祭酒焉。②

荀子本是赵人，儒学基础深厚，日人泷川龟太郎在《史记汇注考证》中引《风俗通》，认为荀卿游齐时年仅十五，泷川龟太郎反对此说，龙宇纯亦持相同说法，认为荀子游齐时年应五十③。以荀卿游齐三为祭酒观之，莅齐时当以名重士林。

荀子为稷下学宫祭酒，接触不同思想，融会各家特长，成为自己独特的学术风格，他的治国理念见于《荀子·富国》：

其耕者乐田，其战士安难，其百吏好法，其朝廷隆礼。④

又《王制》说：

仁眇天下，故天下莫不亲也。义眇天下，故天下莫不贵也。威眇天下，故天下莫敢敌也。故不战而胜，不攻而得，甲兵不劳而天下服。⑤

这就是他从学宫学术汇整而成的富国强兵方法。他的教育观念与儒家

---

① 《史记·孟子荀卿列传第十四》，（西汉）司马迁撰，（刘宋）裴骃集解，（唐）司马贞索隐，（唐）张守节正义，台湾商务印书馆影印宋庆元黄善夫刊本，卷 14，第 1 页 A。

② 同上书，第 5 页 A。

③ 详参见《史记汇注考证·孟子荀卿列传》，［日］泷川龟太郎考证，卷 74，第 13 页；龙宇纯：《荀卿后案》，《荀子论集》，台湾学生书屋 1982 年版，第 5—6 页。

④ 《荀子·富国》，（战国）荀况著，（唐）杨倞注，上海古籍出版社影印浙江书局本 1989 年版，卷 6，第 58 页。

⑤ 同上书，卷 5，第 46 页。

也有不同，他曾说：

青，取之于蓝，而青于蓝；冰，水为之，而寒于水。①

在教育理论来说，他认为学生应根据师承再发展所长，必能凌驾于老师之上。他的教育主张是全面的，从通识到专才；从学前到终老，都有一套完整的思想体系②。足见他虽出儒家，却不泥于儒家。这是多闻、多问、多接触的结果。

当时游齐之士不止荀孟二人，“稷下学宫”也延揽各国名家，《史记·田敬仲完世家》说：

宣王喜文学游说之士，自如驺衍、淳于髡、田骈、接予、慎到、环渊之徒七十六人，皆赐列第，为上大夫，不治而议论。是以齐稷下学士复盛，且数百千人。③

这些都是当时来自各国的著名学者，各有专精。如终身不仕的圣人淳于髡，《史记·孟子荀卿列传》说：

淳于髡，齐人也。博闻强记，学无所主。其谏说，慕晏婴之为人也，然而承意观色为务。……梁惠王曰：“嗟乎，淳于先生诚圣人也……惠王欲以卿相位待之，髡因谢去。于是送以安车驾驷，束帛加璧，黄金百镒。终身不仕。④

又如驺衍属阴阳家，对天文历数有独特研究，《史记·封禅书》说：

① 《荀子·劝学》，（战国）荀况著，（唐）杨倞注，上海古籍出版社影印浙江书局本1989年版，卷1，第5页。

② 详参见《荀子·劝学》，卷1，第5页。

③ 《史记·田敬仲完世家第十六》，（西汉）司马迁撰，（刘宋）裴骃集解，（唐）司马贞索隐，（唐）张守节正义，台湾商务印书馆影印宋庆元黄善夫刊本，1967年版，卷46，第13B—14A页。

④ 《史记·孟子荀卿列传第十四》，卷14，第4A—4B页。

自齐威、宣之时，驺子之徒论著终始五德之运，及秦帝而齐人奏之，故始皇采用之……驺衍以阴阳主运显于诸侯……①

春秋以还，黄老之学弥漫整个社会。慎到、田骈、接予、环渊等都是这一学派的精英。慎到其后更以法家理论著名，与商鞅、申不害齐名。《史记·孟子荀卿列传》说：

慎到，赵人。田骈、接予，齐人。环渊，楚人。皆学黄老道德之术，因发明序其指意。故慎到著十二论，环渊著上下篇，而田骈、接予皆有所论焉。②

稷下学宫在这些学者的推动下，吸引了不少好学之士，使齐的学术扬于国际。另外，这种开放自由的学术风气，也培育了不少“百家”专才。

（二）鲁的学术发展和成就

鲁国离海较远，农业较齐发达。孔子曾说：“知者乐水，仁者乐山”③，这正说明了因地缘不同而产生两种不同的文化基调，暗示着齐人比较聪明，鲁人更具爱心。为了监控殷遗民，于是利用天然资源，发展农业经济，让民众留在原地，适应农村生活。另外，也须推行礼乐教化，沟通人际关系，始如《鲁颂·泮水》所说：

明明鲁侯，克明其德。既作泮宫，淮夷攸服。

《孔疏》对于泮宫有以下的解释：

---

① 《史记·封禅书第六》，（西汉）司马迁撰，（刘宋）裴骃集解，（唐）司马贞索隐，（唐）张守节正义，台湾商务印书馆重印宋庆元黄善夫刊本，1967 年版，卷 28，第 10B—11B 页。

② 《史记·孟子荀卿列传第十四》，卷 14，第 4B—5A 页。

③ 《论语正义·雍也》，（魏）何晏注，（宋）邢昺疏，（清）阮元校勘《十三经注疏》，台湾艺文印书馆重印嘉庆二十年江西南昌府学本，1976 年版，卷 6，第 8 页 B。

泮宫，学名。能修其官，又修其化。①

这是鲁建国之初的基本精神，也是与殷民族相处的最好方法。

鲁自建国开始，即已背离周旦的政治理想，而推行一种属于伯禽式的政治手法——坚守仁义礼教，革除旧俗，使鲁成为具有周文化特色的传统国家，学术发展也是传统的儒家思想模式。

孔子的先世为向心于周室的宋人，在伯禽式的政治架构下，走的还是周室儒家路线。当然，这种传统模式无法适应多变的春秋国际社会，因此，孔子的政治理念在周游列国后才真正发现无所施展，在失意失望后，返回鲁国，设帐授徒，删定六经，过着一种与世无争，在自我思维空间下的生活，满足于三千弟子，成为儒家的典范，这是儒家学术的本质。

其实儒家思想从周公开始，周是天子之国，思想体系来自周旦，他在周建国之后，曾为周王朝定下了许多典章制度，为了巩固政权，安定民心，也构思了一系列的“德政”，主张以“德”治国，这些理想大部分是儒家思想的基础，《尚书·周书·召诰》说：

惟王其疾敬德，王其德之用，祈天永命。②

又《无逸》说：

君子所其无逸，先知稼穑之艰难，乃逸，则知小民之依。③

又《康诰》说：

---

① 《诗经正义》，（汉）毛亨传，（汉）郑玄笺，（唐）孔颖达疏，（清）阮元校勘《十三经注疏》，台湾艺文印书馆重印嘉庆二十年江西南昌府学本，1976 年版，卷 21，第 13 页 A。

② 《尚书·周书·召诰第十五》，（魏）何晏注，（宋）邢昺疏，（清）阮元校勘，《十三经注疏》，台湾艺文印书馆重印嘉庆二十年江西南昌府学本，1976 年版，卷 15，第 11A—11 B 页。

③ 《尚书·周书·无逸第十六》，（魏）何晏注，（宋）邢昺疏，（清）阮元校勘，《十三经注疏》，台湾艺文印书馆重印嘉庆二十年江西南昌府学本，1976 年版，卷 16，第 9 页 A。

丕则敏德，用康乃心，顾乃德，远乃猷，裕乃以；民宁，不汝瑕殄。①

又《酒诰》说：

古人有言曰：人无于水监，当于民监。②

又《康诰》说：

惟乃丕显考文王，克明德慎罚；不敢侮鳏寡，庸庸，只只，威威，显民，用肇造我区夏，越我一、二邦以修我西土。惟时怙冒，闻于上帝，帝休，天乃大命文王。③

《召诰》中，说明了以“德”治国，是周的基本理念，但须从了解民生安定，使全民能安居乐业为基础，这样，才可以取得民众归心，而在《康诰》中，更说明了殷纣灭国是因为失去了民心。

这里有两个问题，第一，这几篇文章是否都是周旦所撰，成书年代有疑问，尤其是《康诰》一篇；第二，对纣王的评价绝大部分都有可疑，当然，政治的成败是造成对历史人物褒贬的主要因素，但不能否定的是这些文章都具有一定的儒家思想，而且绝对不是孔子手撰，只要能证明儒家思想不是出于孔子一人，也就是说孔子并非唯一的儒学开拓者，而是一位集大成的承传人物。

许多儒家的名言，都在《论语》中看到，但事实上，这些名言各有源头，例如《论语·颜渊》说：

---

① 详参见《尚书·周书·康诰第十四》，（魏）何晏注，（宋）邢昺疏，（清）阮元校勘，《十三经注疏》，台湾艺文印书馆重印嘉庆二十年江西南昌府学本，1976年版，卷14，第11A—13B页。

② 详参见《尚书·周书·康诰第十四》，（魏）何晏注，（宋）邢昺疏，（清）阮元校勘，《十三经注疏》，台湾艺文印书馆重印嘉庆二十年江西南昌府学本，1976年版，卷14，第21页B。

③ 同上书，第3A—3B页。

君君、臣臣、父父、子子①。

这种观念的语源也出自《国语》,《国语·周语》说:

夫君臣无狱,今元咺虽直,不可听也。君臣皆狱,父子将狱,是无上下也。②

《晋语》又说:

事君不贰是谓臣,好恶不易是谓君。君君臣臣,是谓明训。明训能终,民之主也。③

又例如《论语·子罕》说:

子曰:知者不惑,仁者不忧,勇者不惧。④

“知”、“仁”、“勇”三字放在一起,是儒家的基本精神,但并非创自《论语》,那是在孔子之前即已存在,《国语》用得很多。如《国语·周语》说:

言敬必及天,言忠必及意,言信必及身,言仁必及人,言义必及利,言智必及事,言勇必及制,言教必及辩,言孝必及神,言惠必及和,言让必及敌。⑤

《晋语》也说:

---

① 《论语正义·颜渊》,(魏)何晏注,(宋)邢昺疏,(清)阮元校勘,《十三经注疏》,台湾艺文印书馆重印嘉庆二十年江西南昌府学本,1976年版,卷12,第6页B。

② 《国语·周语中》,上海古籍出版社1978年版,卷2,第59页。

③ 《国语·晋语四》,上海古籍出版社1978年版,卷10,第368页。

④ 《论语正义·子罕》,(魏)何晏注,(宋)邢昺疏,(清)阮元校勘,《十三经注疏》,台湾艺文印书馆重印嘉庆二十年江西南昌府学本,1976年版,卷9,第10页A。

⑤ 《国语·周语下》,上海古籍出版社1978年版,卷3,第94页。

武人不乱，智人不诈，仁人不党。①

《吴语》又说：

夫战，智为始，仁次之，勇次之。不智，则不知民之极，无以铨度天下之众寡；不仁，则不能与三军共饥劳之殃；不勇，则不能断疑以发大计②。

《国语·周语》的思想，可以说是儒家的源头；晋地殷时为唐子采邑，周公灭唐后，于成王十年，转封其弟叔虞，建立晋国，当地除有“子”姓民族的遗风外，也有姬姓的道德教化，儒学基础深厚；吴为太王长子封国③，三国皆为姬姓。综观周、晋、吴三国受周旦思想影响深远；孔子原为宋人，属“子”姓，归化于鲁，而认同于儒家思想，其后，设帐授徒，发展儒学，影响深远。

孔子门人中，有成就的很多，他在《先进》篇中亲自点名的有：

子曰：从我于陈、蔡者，皆不及门也。德行：颜渊、闵子骞、冉伯牛、仲弓。言语：宰我、子贡。政事：冉有、季路。文学：子游、子夏。

邢昺疏：

夫子门徒三千，达者七十有二，而此四科惟举十人者，但言其翘楚者耳。④

---

① 《国语·晋语六》，上海古籍出版社 1978 年版，卷 12，第 424 页。

② 《国语·吴语》，上海古籍出版社 1978 年版，卷 19，第 620 页。

③ 详参见《史记·吴太伯世家第一》，（西汉）司马迁撰，（刘宋）裴骃集解，（唐）司马贞索隐，（唐）张守节正义，台湾商务印书馆重印宋庆元黄善夫刊本，1967 年版，卷 1，第 1A—2A 页。

④ 《论语正义·先进》，（魏）何晏注，（宋）邢昺疏，（清）阮元校勘，《十三经注疏》，台湾艺文印书馆重印嘉庆二十年江西南昌府学本，1976 年版，卷 11，第 1 页 B。

而孔子在《雍也》篇、《公冶长》篇和《阳货》篇，也曾对颜回、子贡、季路和子游作了深入的介绍①，而从这些门徒中，也孕育出不少杰出的人才，鲁学除了以孔子为代表外，战国后，延续儒家思想的是孟、荀，孟子受业于孔子的孙子子思的门人，而荀子虽是赵人，但深受儒家思想之影响，成为儒家道统的接班人，《史记·孟子荀卿列传》说孟子：

> 受业于子思门人……乃述唐、虞、三代之德，是以所如者不合。退而与万章之徒序诗书，述仲尼之意，作孟子七篇 。

又说：

> 荀卿嫉浊世之政，亡国乱君相属，不遂大道而营于巫祝，信禨祥，鄙儒小拘，如庄周等又猾稽乱俗，于是推儒、墨、道德之行事兴坏，序列著数万言而卒。②

但在国际形势恶化的时候，亦无所施其技，不过很明显，他们的思维模式和施行方针，与孔子不同，孟子重理气，荀子谈性恶，在不同的理念下，各自有不同的教育主张。也就是说，鲁学的本身，应由周旦开始，透过孔子的发扬整合，才蔚成大观。但发展过程并非全在仁义礼智教化下成长，不同的时代背景，不同的国际形势，自然有不同的需要和价值观，这是可以理解的。

其实鲁国除了是儒学的堡垒外，另一成就是鲁班的科技，在文献中所见，记录鲁班的三个成就主要在战略器械，分别是钩强、云梯、木鸢，《战国策·宋策》：

---

① 详参见《论语正义·雍也》，（魏）何晏注，（宋）邢昺疏，（清）阮元校勘《十三经注疏》，台湾艺文印书馆重印嘉庆二十年江西南昌府学本，1976 年版，卷 6，第 1 页 B；《论语正义·雍也》，卷 6，第 5 页 A；《论语正义·公冶长》，卷 5，第 2 页 A；《论语正义·雍也》，卷 6，第 3 页 B；《论语正义·公冶长》，卷 5，第 3 页 B；《论语正义·阳货》，卷 17，第 2 页 A。

② 《史记·孟子荀卿列传第十四》，（西汉）司马迁撰，（刘宋）裴骃集解，（唐）司马贞索隐，（唐）张守节正义，台湾商务印书馆影印宋庆元黄善夫刊本，卷 74，第 1 页 A、5 页 A。

公输般为楚设机，将以攻宋。[①]

《墨子·鲁问》说：

公输子自鲁南游楚，焉始为舟战之器，作为钩强之备，退者钩之，进者强之，量其钩强之长，而制为之兵，楚之兵节，越之兵不节，楚人因此若執，亟败越人。[②]

“钩强”主要是针对水上战争而设的兵器，另外又设计了攻城之器——云梯，《墨子·公输》记载：

公输盘为楚造云梯之械，成，将以攻宋。[③]

另外，又记载了他制造木鸢一事，《墨子·鲁问》又说：

公输子削竹木以为鹊，成而飞之，三日不下，公输子自以为至巧[④]。

在唐人余知古的《渚宫旧事》中更引申其说：“尝为木鸢，乘之以窥宋城。”[⑤]

鲁学是儒家学说的基础，但相对地也发展了科学技术，像鲁班一样的人才，在当时的国际社会中，是享有盛名的，所以他也从鲁被延聘至楚，协助制造新武器，准备攻打宋国，可见他的技术相当高，虽然木鸢之说仍是存疑，不知道他用什么技术能使木鸢高飞，不过当时以人民学科为主的鲁国，能有这样的成就，也是一种可喜的现象。

---

① 《战国策·宋卫策》，（西汉）刘向集录，上海古籍出版社 1978 年版，卷 32，第1146 页。

② 《墨子间诂·鲁问第四十九》，（战国）墨翟撰，（清）孙诒让注，（民）李笠校补，台湾艺文印书馆 1981 年版，卷 13，第 11 页 A—B。

③ 《墨子间诂·公输第五十》，卷 13，第 12B—13A 页。

④ 《墨子间诂·鲁问第四十九》，卷 13，第 11B—12A 页。

⑤ 《渚宫旧事（附补遗）》，（唐）余知古，中华书局 1985 年版，卷 2，第 24 页。

（三）宋国的学术发展和成就

宋地与齐鲁为邻，商殷文化相互影响。齐、鲁、宋三国曾有联盟时期，固然有助邦谊的稳定，使政局偏安，另一方面，齐、鲁、宋的结盟，使三国自西周迄于春秋，都有共同的政教发展模式。尤其是宋与鲁在商周文化影响下，有一脉相承的基调。孔氏迁鲁后，宋的文化模式，移植到鲁，但学术发展则有不同。

宋鲁两国本来都是儒学基地，但因墨子的出现，有了明显的对立。从文献中得知，墨子与孔子曾有接触，《淮南子·要略》说：

> 墨子学儒者之业，受孔子之术，以为其礼烦扰而不说，厚葬靡财而贫民，服伤生而害事，故背周道而行夏政。①

据《淮南子》的说法，墨子曾受业于孔子，应有儒家基础，背弃周道，主要原因为“礼烦”，而改用较简约的“夏政”。

其实儒墨之间最大的歧点在于厚葬和节葬，这是由于价值观、道德观和宇宙观的不同，各有坚持。而在儒学中心的宋鲁来说，墨子是异军突起的另一派学说，也代表了有宋一国的学术思想。

墨家的主要思想体系在于政治观、经济观、天道观和社会观。《墨子·兼爱下》说：

> 故兼者圣王之道也，王公大人之所以安也，万民衣食之所以足也。②

《墨子·非攻中》说：

---

① 《淮南子·要略》，（西汉）刘安著，（刘宋）高诱注，上海古籍出版社 1989 年版，卷 21，第 235 页；《史记·礼书》有此说：“故儒者将使人两得之者也，墨者将使人两失之者也。是儒墨之分。”《史记·礼书第一》，（西汉）司马迁撰，（刘宋）裴骃集解，（唐）司马贞索隐，（唐）张守节正义，台湾商务印书馆重印宋庆元黄善夫刊本，1967 年版，卷 23，第 5B—6A 页。

② 《墨子间诂·兼爱下第十六》，（战国）墨翟撰，（清）孙诒让注，（民）李笠校补，台湾艺文印书馆 1981 年版，卷 4，第 21 页 A—B。

计其所自胜，无所可用也。计其所得，反不如所丧者多。①

《墨子·尚贤上》说：

故古者圣王之为政，列德而尚贤，虽在农与工肆之人，有能则举之，高予之爵，重予之禄，任之以事……②

《墨子·尚同中》说：

今天下之王公大人士君子，请将欲富其国家，众其人民，治其刑政，定其社稷，当若尚同之不可不察，此之本也。③

这是墨子的政治理想，也是治国的基础，主要在于统治者能照顾弱势族群，贤能之士无遗才之憾。虽然孟子曾说：“杨氏为我，是无君也，墨氏兼爱，是无父也。无父无君，是禽兽也”，④ 但是，仍然与儒家的理想非常接近，如《礼记·礼运篇》所说：

人不独亲其亲，不独子其子，使老有所终，壮有所用，幼有所长，矜寡孤独废疾者，皆有所养。⑤

到了汉代对于墨家的思想已有不同评价，如《史记·太史公自序》评价墨学说：

墨者亦尚尧舜道……夫世异时移，事业不必同，故曰“俭而难遵”。要曰彊本节用，则人给家足之道也。此墨子之所长，虽百长弗

---

① 《墨子间诂·非攻中第十八》，卷5，第3页B。

② 《墨子间诂·尚贤上第八》，卷2，第3页A。

③ 《墨子间诂·尚同中第十二》，卷3，第12B—13A页。

④ 《孟子正义·滕文公下》，（东汉）赵岐注，（宋）孙奭疏，（清）阮元校勘《十三经注疏》，台湾艺文印书馆重印嘉庆二十年江西南昌府学本，1976年版，卷6下，第4页B。

⑤ 《礼记·礼运第九》，（东汉）赵岐注，（宋）孙奭疏，（清）阮元校勘《十三经注疏》，台湾艺文印书馆重印嘉庆二十年江西南昌府学本，1976年版，卷21，第3页B。

能废也。①

墨子的经济思想也有他独到的地方，如《墨子·节用上》说：

圣人为政一国，国可倍也……其倍之，非外取地也，因其国家去其无用之费，足以倍之。②

又《节葬下》说：

棺三寸，足以朽体；衣衾三领，足以覆恶。以及其葬也，下毋及泉，上毋通臭，垄若参耕之亩，则止矣。死则既以葬矣，生者必无久哭，而疾而从事，人为其所能，以交相利也。此圣王之法也。③

节用之说儒家没有强烈反对，但节葬之事则意见分歧。《史记·列传·太史公自序》说：

其送死，桐棺三寸，举音不尽其哀。教丧礼，必以此为万民之率。使天下法若此，则尊卑无别也。④

春秋战国以还，阴阳五行观念甚盛，鬼神之说弥漫整个社会，墨子也利用这些学说，在他的“兼爱”实践理论上，发展成他的天道与鬼神观。《墨子·天志上》说：

顺天意者，兼相爱，交相利，必得赏。反天意者，别相恶，交相

① 《史记·太史公自序第七十》，（西汉）司马迁撰，（刘宋）裴骃集解，（唐）司马贞索隐，（唐）张守节正义，台湾商务印书馆重印宋庆元黄善夫刊本，1967 年版，卷 130，第 5 页 A—B。

② 《墨子间诂·节用上第二十》，（战国）墨翟撰，（清）孙诒让注，（民）李笠校补，台湾艺文印书馆 1981 年版，卷 6，第 1 页 A。

③ 《墨子间诂·节葬下第二十五》，卷 6，第 15 页 B。

④ 《史记·太史公自序第七十》，（西汉）司马迁撰，（刘宋）裴骃集解，（唐）司马贞索隐，（唐）张守节正义，台湾商务印书馆重印宋庆元黄善夫刊本，1967 年版，卷 130，第 5 页 A—B。

贼，必得罚。①

《墨子·明鬼下》又说：

今若使天下之人，偕若信鬼神之能赏贤而罚暴也，则夫天下岂乱哉！②

在道教观念风靡的时候，这种说法颇能震摄人心，收到一定的法政效果。

墨子对于民间的习俗，也有他的看法，他认为过度铺张，于实际无用，反而造成奢侈浪费，他在《墨子·非乐上》说：

非以大钟鸣鼓，琴瑟竽笙之声，以为不乐也，非以刻镂华文章之色，以为不美也……是故子墨子曰：为乐非也……③

这似乎是针对皇室贵族的靡烂生活发出的不平之鸣，也直接地批判了过于铺张的习俗。

讨论墨子的功过，一般都在人民思想的范围，却忽略了他在科技史上的贡献，下面就引一些例子谈谈，《墨子·经上》说：

久，弥异时也……宇，弥异所也……动，或徙也。④

这是关于时间、空间和物体运动的理论，是一个非常完整的时空哲学问题，在墨子之前提到这个问题的学者不多。

《墨子·经上》又说：

---

① 《墨子间诂·天志上第二十六》，（战国）墨翟撰，（清）孙诒让注，（民）李笠校补，台湾艺文印书馆 1981 年版，卷 7，第 3B—4A 页。

② 《墨子间诂·明鬼下第三十一》，卷 8，第 1B—2A 页。

③ 《墨子间诂·非乐上第三十二》，卷 8，第 21 页 A—B。

④ 《墨子间诂·经上第四十》，（战国）墨翟撰，（清）孙诒让注，（民）李笠校补，台湾艺文印书馆 1981 年版，卷 10，第 6 页 A—B。

力，刑之所以奋也。①

这是力学的基本原理；又如对光与影的看法，《墨子·经下》说：

景到在午有端，與景长。说在端……景不徒。说在改为。②

虽然，文献告诉我们夏禹时就懂得落杆见影的方法，所以有“惜分阴，惜寸阴”③ 的说法，但我们没法相信这是“史实”，也没法取得正确学理证明。因此，墨子的光易说法，仍弥足珍贵。墨子对于“点”、“线”、“体”的观念非常正确，他在《经上》说：

端，体之无厚而最前者也……厚，有所大也……圜，一中同长也……

方，柱隅四欢也。④

在出土器物中，我们看到了许多利用几何原理构成的美妙图案，例如下图：

① 《墨子间诂·经上第四十》，卷10，第4页B。

② 《墨子间诂·经下第四十一》，卷10，第13页A—B。

③ 《晋书·刘弘陶侃列传第三十六》，（唐）房玄龄等撰，中华书局1974年版，卷66，第1755页。

④ 《墨子间诂·经上第四十》，（战国）墨翟撰，（清）孙诒让注，（民）李笠校补，台湾艺文印书馆1981年版，卷10，第2页A—B。

这是上海青浦崧泽出土在陶器上的图案，年代在公元前 3900—前 2500 年。图中是一个多重同心圆的设计，中间是一个四边连接图案，只可惜无法从文字记载中看出它的构图考释。如墨子这样有系统有条理的陈述，文献中应是首见。

总括来说，墨子的思想体系，属于哲学性和科技性的部分，应是哲学史和科技史上珍贵的资料。

此外，墨子在辩才和攻守城池的理论上也有他的过人之处。① 因他与公输般的一番辩论，使宋国消弥了一场浩劫。② 虽然宋国没有什么人才，但是一个孔子和墨子，巩固了鲁宋两国的学术基础。

五 齐鲁之学对两汉的影响

项火之后，先秦典籍散逸殆尽，可用书籍不多，加之高祖不重文、学，民间即有藏书，亦不敢献出，及惠帝时始开挟书令，此事《史记》未载，《汉书·惠帝纪》说：

> 三月甲子，皇帝冠，赦天下。省法令妨吏民者，除挟书律。③

惠帝除“挟书律”，鼓励民间献书，推崇儒学，《汉书·艺文志》亦说：

> 汉兴，改秦之败，大收篇籍，广开献书之路。④

---

① 详参见《孟子正义·滕文公下》，（东汉）赵岐注，（宋）孙奭疏，（清）阮元校勘《十三经注疏》，台湾艺文印书馆重印嘉庆二十年江西南昌府学本，1976 年版，卷 6 下，第 4 页 B；《墨子间诂·耕柱第四十六》，（战国）墨翟撰，（清）孙诒让注，（民）李笠校补，台湾艺文印书馆 1981 年版，卷 11，第 17 页 B。

② 《墨子间诂·公输第五十》，（战国）墨翟撰，（清）孙诒让注，（民）李笠校补，台湾艺文印书馆 1981 年版，卷 13，第 16 页 A。

③ 《汉书补注·惠帝纪》，（东汉）班固撰，（唐）颜师古注，（清）王先谦补注，中华书局影印光绪二十六年虚受堂刊本，1983 年版，卷 2，第 5 页 A。

④ 《汉书补注·艺文志第十》，卷 30，第 1 页 A—B。

从惠帝开始，中国经学逐渐被重视，大量延览经学人才，经历景帝，至武帝时，已五经博士俱全，因以当时流通的隶书讲授，称为今文经。孔壁中书出土后，学界偏向古文，但今文学派系已成，力阻古文进入学官。自王莽开始，研究古文的学人才崭露头角，《汉书·王莽传》说：

> 征天下通一艺，教授十一人以上，及有逸礼、古书、毛诗、周官、尔雅、天文、图谶、钟律、月令、兵法、史篇文字，通知其意者，皆诣公车。①

虽然王莽重古，也只有古文《左传》得立。光武后政治中心东移，建都于洛阳，与东方文化较为接近，但一切政教皆沿西汉制度，《左传》亦同时被废。古文虽经学者研究有成，仍没法取得应有地位，只有在野的学者继续努力，形成有汉一代“今古文之争”，其实，各有成就，实不必相互抵牾。

（一）今文家的经学和石经镂刻

从汉初开始，逐渐设立经学博士，武帝时，已五经俱全，至成帝，齐《论》、鲁《论》并立，《汉书·艺文志》说：

> 传齐论者，昌邑中尉王吉、少府宋畸、御史大夫贡禹、尚书令五鹿充宗、胶东庸生，唯王阳名家。传鲁论语者，常山都尉龚奋、长信少府夏侯胜、丞相韦贤、鲁扶卿、前将军萧望之、安昌侯张禹，皆名家。②

到了这个时候，今文经学已全部立于学官。

有关《尚书》之学，以伏生为首，《史记·儒林列传》说：

> 伏生者，济南人也。故为秦博士。孝文帝时，欲求能治尚书

---

① 《汉书补注·王莽传》，卷99上，第19页A。

② 《汉书补注·艺文志第十》，（东汉）班固撰，（唐）颜师古注，（清）王先谦补注，中华书局影印光绪二十六年虚受堂刊本，1983年版，卷30，第9页B。

者……是时伏生年九十余，老不能行，于是乃诏太常使掌故晁错往受之。①

伏生为秦时博士，专治《尚书》，在齐、鲁间传学，当秦禁绝儒家经典时，伏生把《尚书》藏起来。《儒林列传》又说：

秦时焚书，伏生壁藏之。其后兵大起，流亡，汉定，伏生求其书，亡数十篇，独得二十九篇，即以教于齐鲁之间。学者由是颇能言尚书，诸山东大师无不涉尚书以教矣。②

晁错所受今文二十九篇《尚书》，收录在现行五十八篇《尚书》版本中，据清人阎若璩《尚书古文疏证》的考证，除今文本外，余皆伪作③。其实，伏生传的"二十九篇"，本来是古文尚书，但用当时流通的隶书传授，所以称为"今文经"，《汉书·儒林传》将《尚书》的体系胪列得很清楚④。从欧阳生开始，直到王莽，伏生一系人才辈出，带动有汉一代的《尚书》学⑤。

汉代的《尚书》学，异军突起的是孔安国，孔门一系有不少人才，《汉书·儒林传》也有详尽记录⑥。

《易》为卜筮之书，虽经秦百家浩劫，但仍得独存，自孔子六传至田何后，顺利过渡至汉，《汉书·儒林传》说：

自鲁商瞿子木受《易》孔子，以授鲁桥庇子庸。子庸授江东馯臂子弓。子弓授燕周丑子家。子家授东武孙虞子乘。子乘授齐田何子装。及秦禁学，《易》为筮卜之书，独不禁，故传受者不绝也。汉

---

① 《史记·儒林列传第六十一》，（西汉）司马迁撰，（刘宋）裴骃集解，（唐）司马贞索隐，（唐）张守节正义，台湾商务印书馆影印宋庆元黄善夫刊本，1967年版，卷121，第8页B。

② 同上书，第8B—9A页。

③ 详参见阎若璩《尚书古文疏证》卷1，上海古籍出版社1987年版，第1A—3A页。

④ 详参见《汉书补注·儒林传第五十八》，（东汉）班固撰，（唐）颜师古注，（清）王先谦补注，中华书局影印光绪二十六年虚受堂刊本，1983年版，卷88，第11页A—B。

⑤ 同上书，第11B—12A页。

⑥ 同上书，第14B—15A页。

> 兴，田何以齐田徙杜陵，号杜田生，授东武王同子中、雒阳周王孙、丁宽、齐服生，皆著《易传》数篇。[①]

这是六经中唯一能在毫无干扰的情况下发展的，由于一脉相承，学术渊源全来自齐鲁。

《易》自田何授王同、周王孙、丁宽、齐服生后，皆有个别发展，尤以王同、丁宽两系人才辈出，博士盈庭。王同授杨何至京房，而成京氏《易》；丁宽授施雠、孟喜、梁丘贺，而成施氏《易》、孟氏《易》与梁丘《易》；孟喜传至白光、翟牧，而有白氏《易》与翟氏《易》；士孙张、邓彭祖、衡咸受业于梁丘贺，而有士孙《易》、邓氏《易》和衡氏《易》；另外又有费氏《易》、高氏《易》和韩氏《易》[②]：是汉初发展最盛的经学。

汉初的《诗》学分为齐、鲁、韩三派，分别由齐人辕固，鲁人申培，燕人韩婴开创了三家《诗》学，《史记·儒林列传》说：

> 辕固生者，齐人也。以治诗，孝景时为博士……自是之后，齐言诗皆本辕固生也。诸齐人以诗显贵，皆固之弟子也。[③]

《汉书·儒林传》补充《史记》之说，将齐《诗》师承体系胪列分析[④]。

鲁《诗》本于浮丘伯，浮丘伯是荀子门人[⑤]，《前汉纪》亦有此说[⑥]，申培公与楚元王同受《诗》于浮丘伯，后为太子戊的老师，戊为王后，培公归鲁以《诗》学授徒，《汉书·儒林传》说：

---

① 详参见《汉书补注·儒林传第五十八》，（东汉）班固撰，（唐）颜师古注，（清）王先谦补注，中华书局影印光绪二十六年虚受堂刊本，1983年版，卷88，第6页A—B。

② 同上书，第6B—10B页。

③ 《史记·儒林列传第六十一》，（西汉）司马迁撰，（刘宋）裴骃集解，（唐）司马贞索隐，（唐）张守节正义，台湾商务印书馆影印宋庆元黄善夫刊本，1967年版，卷121，第7页A。

④ 详参见《汉书补注·传·儒林传第五十八》，（东汉）班固撰，（唐）颜师古注，（清）王先谦补注，中华书局影印光绪二十六年虚受堂刊本，1983年版，卷88，第18B—19B页。

⑤ 《汉书补注·楚元王传第六》，卷36，第1页A。

⑥ 《前汉纪·孝景皇帝纪第九》，（东汉）荀悦撰，台湾商务印书馆据梁溪孙氏小绿天藏明嘉靖本影印，1979年版，卷9，第6页B。

申公，鲁人也。少与楚元王交，俱事齐人浮丘伯受《诗》……元王薨，郢嗣立为楚王，令申公傅太子戊。戊不好学，病申公。及戊立为王，胥靡申公。申公愧之，归鲁退居家教，终身不出门……弟子自远方至受业者千余人。①

另有韩《诗》，《史记·儒林列传》说：

韩生者，燕人也。孝文帝时为博士，景帝时为常山王太傅。韩生推诗之意而为内外传数万言，其语颇与齐鲁间殊，然其归一也。淮南贲生受之。自是之后，而燕赵间言诗者由韩生。②

齐、鲁、韩三家诗本来各在自己的国家发展，汉兴之后，人才集中，三家皆立博士，蔚为大观。有汉一代推崇儒学，而孔门特重《诗》教，故三家得以并立。其后，三家渐衰，代之而兴的是毛《诗》，而毛《诗》与韩《诗》应是同一体系，但学风不同。《隋书·经籍志》说：

齐《诗》，魏代已亡；鲁《诗》亡于西晋；韩《诗》虽存，无传之者。唯《毛诗郑笺》，至今独立。③

现存《十三经》注疏本为毛《诗》，《汉书·儒林传》说：

毛公，赵人也。治诗，为河间献王博士，授同国贯长卿。长卿授解延年。延年为阿武令，授徐敖。敖授九江陈侠，为王莽讲学大夫。由是言毛诗者，本之徐敖。④

---

① 《汉书补注·儒林传第五十八》，（东汉）班固撰，（唐）颜师古注，（清）王先谦补注，北京中华书局影印光绪二十六年虚受堂刊本，1983 年版，卷 88，第 15 页 B。

② 《史记·儒林列传第六十一》，（西汉）司马迁撰，（刘宋）裴骃集解，（唐）司马贞索隐，（唐）张守节正义，台湾商务印书馆影印宋庆元黄善夫刊本，1967 年版，卷 121，第 8 页 B。

③ 《隋书·经籍志第二十七》，（唐）魏征等撰，中华书局 1974 年版，卷 32，第 918 页。

④ 《汉书补注·儒林传第五十八》，（东汉）班固撰，（唐）颜师古注，（清）王先谦补注，中华书局影印光绪二十六年虚受堂刊本，1983 年版，卷 88，第 20 页 B。

日人本田成之的《中国经学史》亦引用了《汉书》的资料，但加上不少个人评论，不知所据①。

《礼》学方面，汉初自鲁人高堂生传《士礼》十七篇开始，即世为礼官，至大小戴而立博士，其后传《礼》者多为博士，皆见典籍②，《汉书·儒林传》说：

> 大戴授琅邪徐良斿卿，为博士、州牧、郡守，家世传业。小戴授梁人桥仁季卿、杨荣子孙。仁为大鸿胪，家世传业，荣琅邪太守。由是大戴有徐氏，小戴有桥、杨氏之学。③

现存《十三经》注疏本为小戴《礼》。

《春秋》有《公羊》、《穀梁》之学，《公羊》至景帝时立博士，《穀梁》至宣帝时立博士，《汉书·儒林传》说：

> 胡毋生字子都，齐人也。治《公羊春秋》，为景帝博士。与董仲舒同业，仲舒著书称其德。年老，归教于齐，齐之言《春秋》者宗事之，公孙弘亦颇受焉。④

又说：

> 瑕丘江公，受《穀梁春秋》及《诗》于鲁申公，传子至孙为博士。⑤

纵观汉初经学，其源头皆来自齐、鲁，而且学风严谨，但因以今文传

① 详参见［日］本田成之《中国经学史》，上海书店 2001 年版，第 109—111 页；又见第 154 页。

② 详参见《汉书补注·儒林传第五十八》，（东汉）班固撰，（唐）颜师古注，（清）王先谦补注，中华书局影印光绪二十六年虚受堂刊本，1983 年版，卷 88，第 20B—21A 页。

③ 同上书，第 31 页 B。

④ 同上书，第 21B—22A 页。

⑤ 详参见《汉书补注·儒林传第五十八》，（东汉）班固撰，（唐）颜师古注，（清）王先谦补注，中华书局影印光绪二十六年虚受堂刊本，1983 年版，卷 88，第 23A—23B 页。

授，今文学派重家法，以师学传经，一再引申经义，为之“微言大义”，《汉书·儒林传》说：

自武帝立《五经》博士，开弟子员，设科射策，劝以官禄，讫于元始，百有馀年，传业者浸盛，支叶蕃滋，一经说至百余万言，大师众至千余人，盖禄利之路然也。①

桓谭《新论·正经》又说：

学者既多蔽暗，而师道又复缺然，此所以滋昏也。秦近君能说《尧典》，篇目两字之说，至十馀万言，但说“曰若稽古”，三万言②。

这是今文经走向末流的主要因素。

今文学家不只在经义上过度引申，而在文字的运用上也极为混乱，一般“俗儒”各凭己意解释文字形义，使后学者无所适从。其实，汉初对文字的要求非常严格，17 岁以上的青年要经过“八体”的试验才有机会进仕，许慎《说文解字·叙》说：

自尔秦书有八体，一曰大篆，二曰小篆，三曰刻符，四曰虫书，五曰摹印，六曰署书，七曰殳书，八曰隶书。汉兴有草书，尉律学僮十七已上始试，讽籀书九千字，乃得为吏，又以八体试之，郡移太史并课。最者，以为尚书史。书或不正，辄举劾之③。

后来，因经师经生过多，良莠不齐，除了曲解经义之外，对文字形义的解说谬误亦多，许慎又说：

诸生竞逐说字，解经谊，称秦之隶书为仓颉时书，云：“父子相

① 详参见《汉书补注·儒林传第五十八》，（东汉）班固撰，（唐）颜师古注，（清）王先谦补注，中华书局影印光绪二十六年虚受堂刊本，1983 年版，卷 88，第 25 页 B。

② （汉）桓谭：《新论·正经第九》，上海人民出版社 1977 年版，第 35 页。

③ （东汉）许慎撰：《说文解字·叙》，（清）段玉裁注，上海古籍出版社 2004 年影印经韵楼版，卷 15 上，第 11A—13B 页。

传，何得改易！”乃猥曰：“马头人为长，人持十为斗，虫者，屈中也。”廷尉说律，至以字断法：“苛人受钱，苛之字止句也。”若此者甚众，皆不合孔氏古文，谬于《史籀》。俗儒鄙夫，玩其所习，蔽所希闻。不见通学，未尝睹字例之条。①

由于当时的“俗儒鄙夫”造成了文字混乱，所以有蔡邕“熹平石经”的出现。《后汉书·孝灵帝纪》记载：

四年春三月，诏诸儒正《五经》文字，刻石立于太学门外。②

又《蔡邕列传》说：

邕以经籍去圣久远，文字多谬，俗儒穿凿，疑误后学，熹平四年，乃与五官中郎将堂谿典、光禄大夫杨赐、谏议大夫马日磾、议郎张驯、韩说、太史令单扬等，奏求正定六经文字。灵帝许之，邕乃自书册于碑，使工镌刻，立于太学门外。于是后儒晚学，咸取正焉。及碑始立，其观视及摹写者，车乘日千馀两，填塞街陌。③

“熹平石经”的书刻是今文家走向末流中的最大成就。

两汉的经学有今古文之争，其实汉初所读的都是古文经，但因当时没有原典，博士经师只以口述传经，经生则以当世流通的隶书记录，一再将经义演绎，所以称为“微言大义”，其实它的源头和古文学派是相同的。

至于古文经则从景帝时，孔壁中出土以“古文”书写的典籍开始。景帝封庶子刘馀为鲁恭王，馀为了扩建宫室而把原来的孔宅拆卸，在施工过程中，发现墙壁中有古文经书，《汉书·艺文志》说：

鲁恭王坏孔子宅，欲以广其宫，而得古文《尚书》及《礼》、

① （东汉）许慎撰：《说文解字·叙》，（清）段玉裁注，上海古籍出版社2004年影印经韵楼版，卷15上，第19A—20A页。

② （刘宋）范晔撰：《后汉书·孝灵帝纪第八》，台湾商务印书馆据上海涵芬楼宋绍庆本影印，1967年版，卷8，第7页B。

③ （刘宋）范晔撰：《后汉书·蔡邕列传第五十下》，卷60，第11页A—B。

《记》、《论语》、《孝经》凡数十篇，皆古字也。[①]

当时认识古文字的人不多，孔安国是其中一位，他是孔子的后人，《汉书·儒林传》说：

> 孔氏有古文《尚书》，孔安国以今文字读之，因以起其家，逸书得十余篇，盖尚书兹多于是矣。遭巫蛊，未立于学官。[②]

《儒林传》只说孔安国得书“数十篇”，而《艺文志》则明言除二十九篇外，多得十六篇[③]。虽然孔氏请立学官不成，但古文经在士人间已广为流传，研究风气极盛。

除孔安国外，刘歆也极力推崇古文，《汉书·楚元王传》说：

> 及歆校秘书，见古文春秋左氏传，歆大好之。时丞相史尹咸以能治左氏，与歆共校经传。歆略从咸及丞相翟方进受，质问大义。初左氏传多古字古言，学者传训故而已，及歆治左氏，引传文以解经，转相发明，由是章句义理备焉。[④]

刘歆请立古文学官，哀帝安排今文家与他对话，希望先了解古文经的内涵，但当时的博士不愿应对，《楚元王传》又说：

> 及歆亲近，欲建立左氏春秋及毛诗、逸礼、古文尚书皆列于学官。哀帝令歆与五经博士讲论其义，诸博士或不肯置对。[⑤]

---

① （东汉）班固撰：《汉书补注·艺文志第十》，（唐）颜师古注，（清）王先谦补注，中华书局影印光绪二十六年虚受堂刊本，1983 年版，卷 30，第 7 页 B。

② （东汉）班固撰：《汉书补注·儒林传第五十八》，（唐）颜师古注，（清）王先谦补注，中华书局影印光绪二十六年虚受堂刊本，1983 年版，卷 88，第 14 页 B。

③ 详参见（东汉）班固撰《汉书补注·艺文志第十》，（唐）颜师古注，（清）王先谦补注，中华书局影印光绪二十六年虚受堂刊本，1983 年版，卷 30，第 7 页 B。

④ （东汉）班固撰：《汉书补注·楚元王传第六》，卷 36，第 31 页 B。

⑤ 同上。

这种态度明显表示了今文学家对古文经学的排斥，许慎《说文解字·序》对于今文家批评古文家的话记得很清楚，许氏说：

而世人大共非訾，以为好奇者也，故诡更正文，乡壁虚造不可知之书，变乱常行，以耀于世①。

当时的今文学家把古文学家说成“俗儒鄙夫”，把古文经说成“乡壁虚造不可知之书”，因为害怕这样会“变乱常行”，所以不愿意跟古文学派对话。当然，这对古文学派来说是不公平的，只是社会风气已成，很难扭转世人的看法。

当时的古文学派成就最高的有郑众、贾逵、许慎、马融等人。

郑众②在汉明帝时为给事中，以治费氏《易》、毛《诗》和《周官》著名，《后汉书·儒林列传》说：

建武中，范升传孟氏易，以授杨政，而陈元、郑众皆传费氏易。③

又说：

中兴后，郑众、贾逵传毛诗，后马融作毛诗传。

毛《诗》是继齐、鲁、韩《诗》后，异军突起的一派，修正了今文家许多阴阳五行谶讳之说，有经书科学化的趋向，郑众传毛《诗》，也是为了修正今文学家的说法。光武中兴后，他又传授《周官》，《儒林列传》又说：

---

① （东汉）许慎撰，（清）段玉裁注，《说文解字注·注》，上海古籍出版社2004年据经韵楼藏版影印，卷15上，第19页A。

② 汉永平间，郑众者有二，一为宦官，字季产，为南阳犨县人，详参见《后汉书·宦者列传第六十八》，（刘宋）范晔撰，台湾商务印书馆据上海涵芬楼宋绍庆本影印，1967年版，卷78，第5B—6B页；一为古文学家，字仲师，河南开封人，即郑司农，世称先郑。

③ 陈元是中国第一位岭南古文学家，主治左传，与郑众同时，争立古文学官。详参见黄竞新《广东第一位博士候选人——东汉古文学家陈元》，《广东文献》1994年第100期。

> 中兴，郑众传周官经，后马融作周官传，授郑玄，玄作周官注①。

《周官》即当为孔壁中的《礼》，此外，郑众又曾传《左传》，但马融对他的评价说："郑君博而不精"。② 郑众著有《春秋左氏传条例》和《春秋删》，其他作注者有毛《诗》、《孝经》等③。

另一位古文学家是贾逵，他的父亲贾徽是刘歆的弟子，又受业于涂恽与谢曼卿，贾逵悉传父业，精通五经，《后汉书·郑范陈贾张列传》说：

> 贾逵字景伯，扶风平陵人也……父徽，从刘歆受左氏春秋，兼习国语、周官，又受古文尚书于涂恽，学毛诗于谢曼卿，作左氏条例二十一篇……逵悉传父业，弱冠能诵左氏传及五经本文，以大夏侯尚书教授，虽为古学，兼通五家谷梁之说……尤明左氏传、国语，为之解诂五十一篇。④

贾逵不只是古文学家，也精通《公羊》、《穀梁》，是博通古今的大儒。他著有《春秋左氏长经》、《春秋左氏解诂》、《春秋外传国语》、《春秋三家经本训诂》等⑤。

对今文学家抨击最烈的是许慎，许慎师承于贾逵，但却有青出于蓝之势，他撰了《五经异义》⑥，批评今文家对五经的解释，虽然该书已逸，但从书名已看出了作者的用心，《后汉书·儒林列传》说：

---

① 《后汉书·儒林列传第六十九下》，(刘宋) 范晔撰，台湾商务印书馆据上海涵芬楼宋绍庆本影印，1967 年版，卷 79，第 9 页 A。

② (刘宋) 范晔撰:《后汉书·马融列传第五十上》，台湾商务印书馆据上海涵芬楼宋绍庆本影印，1967 年版，卷 60，第 19 页 A。

③ 详参见《隋书·经籍志第二十七》，(唐) 魏征等撰，中华书局 1974 年版，卷 32，第 918、928、933 页。

④ (刘宋) 范晔撰:《后汉书·郑范陈贾张列传第二十六》，台湾商务印书馆据上海涵芬楼宋绍庆本影印，1967 年版，卷 36，第 19A—25B 页。

⑤ 详参见《隋书·经籍志第二十七》，(唐) 魏征等撰，中华书局 1974 年版，卷 32，第 918、928、933 页。

⑥ 郑玄有驳五经异义一书，虽然《五经异义》已逸，但从驳《五经异义》中，应可看到《五经异义》的基本精神。

许慎字叔重，汝南召陵人也。性淳笃，少博学经籍，马融常推敬之，时人为之语曰："五经无双许叔重。"为郡功曹，举孝廉，再迁除洨长。卒于家。初，慎以五经传说臧否不同，于是撰为五经异义，又作说文解字十四篇，皆传于世。①

许慎除了在经学的成就外，也开创了中国小学的先机，他的《说文解字》是为了整理自秦以来的文字变易过程和今文家对文字的误释。下文将详细说明。

古文学家中，声名最显赫的是马融，在郑众、贾逵和许慎之后长相英挺，有傲气，对郑众及贾逵皆有批评，自命博而且精，而他则兼有经史、文学的才华，是东汉的通儒，《后汉书·马融列传》说：

马融字季长，扶风茂陵人也，将作大匠严之子。为人美辞貌，有俊才……

融才高博洽，为世通儒尝欲训左氏春秋，及见贾逵、郑黼注，乃曰："贾君精而不博，郑君博而不精。既精既博，吾何加焉！"但著三传异同说。注孝经、论语、诗、易、三礼、尚书、列女传、老子、淮南子、离骚，所著赋、颂、碑、诔、书、记、表、奏、七言、琴歌、对策、遗令，凡二十一篇②。

他的作品涵盖了经、史、子、集。

有汉一代的经学，都从古文开始，也都从今文发展。汉兴，先秦典籍散逸殆尽，经师以口述传经，经生以隶书记录，虽谓"今文"，其实本于"古文"。自惠帝开始，除挟书令，民间献书渐多，景帝时孔宅壁中亦出土古文经典，自是有今文和古文之分，其实古文家也以"今文"传经，不同者是今文家凭"家法"将经义引译，古文家则依经直说，但所用文字亦为隶书，今古文相争的原因是在传经的方法，而非传经的文字。

① （刘宋）范晔撰：《后汉书·儒林列传第六十九下》，台湾商务印书馆据上海涵芬楼宋绍庆本影印，1967年版，卷79，第21B—22A页。

② 《后汉书·马融列传第五十上》，卷60，第1页A；第19页A。

（二）古文家的经学和文字之学

汉初，民间的书法老师将李斯的《苍颉篇》、赵高的《爰历篇》和胡毋敬的《博学篇》，合成《苍颉》一书，分为55章，每章60字，共收3300字。司马相如在“苍颉”的基础上，把它遗漏的字编成《凡将篇》，据《汉书·艺文志》说：

> 凡将一篇，司马相如作……汉时闾里书师，合仓颉、爰历、博学三篇，断六十字以为一章，凡五十五章，并为仓颉篇，武帝时司马相如作凡将篇，无复字。①

《凡将篇》已逸，现仅存14字，《文选·蜀都赋》有“黄润比筒，籝金所过”一句，刘逵的注说：

> 黄润，谓筒中细布也。司马相如凡将篇曰：黄润纤美宜制禅②。

又《艺文类聚·乐部四》说：

> 司马相如凡将篇曰：钟磬竽笙筑坎俟。③

段玉裁《说文解字注·序》也引了这两句。④ 从《凡将篇》的逸文14字看，司马相如已就文字含义，以类分部，为中国文字的部首开创了先例，只可惜《凡将篇》的字数和章数都找不到记录。

司马相如之后，又有张敞，他不只在小篆方面贡献甚大，对古文字也

---

① （东汉）班固撰：《汉书补注·艺文志第十》，（唐）颜师古注，（清）王先谦补注，北京中华书局影印光绪二十六年虚受堂刊本，1983年版，卷30，第23页B。

② （梁）萧统撰：《昭明文选·左太冲蜀都赋》，（唐）李善注，文友书店1968年版，卷1，第23页上。

③ （唐）欧阳询撰：《艺文类聚·乐部四》，汪绍楹校，上海古籍出版社1982年版，卷44，第787页。

④ 详参见《说文解字注·叙》，（东汉）许慎撰，（清）段玉裁注，上海古籍出版社据经韵楼藏版影印，2004年版，卷15上，第16页A。

极有研究，《汉书·儒林传》说：

汉兴，北平侯张苍及梁太傅贾谊、京兆尹张敞、太中大夫刘公子皆修春秋左氏传①。

张苍所献的《左传》是古文经，与今文家的口传经典不同，研读者都是当时的大儒。《艺文志》又说：

苍颉多古字，俗师失其读，宣帝时征齐人能正读者，张敞从受之，传至外孙之子杜林，为作训故，并列焉。②

《苍颉》是“闾里书师”整理“前三苍”而成，全是小篆，说明张敞不但精于古文，也精于小篆，此外对钟鼎文字也有特别研究。《汉书·郊祀志》记录宣帝时在美阳得鼎，内有铭文，张敞一一解说：

是时，美阳得鼎，献之……张敞好古文字，桉鼎铭勒而上议曰：“……今鼎出于廄东，中有刻书曰：‘王命尸臣：“官此栒邑，赐尔旂鸾黼黻雕戈。”尸臣拜手稽首曰：“敢对扬天子丕显休命。”’臣愚不足以迹古文，窃以传记言之，此鼎殆周之所以褒赐大臣，大臣子孙刻铭其先功，臧之于宫庙也。”③

从这段记载可知，张敞对古史与钟鼎文字都有研究，而段《注》亦引此事。④

有汉一代的文字专家，多半是赋家，从汉初开始赋学渐盛，一般赋家遣辞典雅，用字生涩，当时流通的文字不足以塑形表意，故除了深入探析古字古义外，也常会自创新字，如司马相如、扬雄、班固等都是赋家而钟

① （东汉）班固撰：《汉书补注·儒林传第五十八》，（唐）颜师古注，（清）王先谦补注，中华书局影印光绪二十六年虚受堂刊本，1983 年版，卷 88，第 25 页 A。

② （东汉）班固撰：《汉书补注·艺文志第十》，卷 30，第 26 页 B。

③ 《汉书补注·郊祀志第五》，卷 25，第 9B—10A 页。

④ （东汉）许慎撰：《说文解字注·叙》，（清）段玉裁注，上海古籍出版社据经韵楼藏版影印，2004 年版，卷 15 上，第 18 页 B。

于文字的。

扬雄除了赋学外，小学成就也很高，尤其《训纂篇》的文字整理，《汉书·扬雄传》说：

雄少而好学，不为章句，训诂通而已，博览无所不见。①

《艺文志》又说：

至元始中，征天下通小学者以百数，各令记字于庭中。扬雄取其有用者以作训纂篇，顺续苍颉，又易苍颉中重复之字，凡八十九章。②

《训纂篇》收字5340个，分为89章，每章60字，《说文解字·叙》也说：

孝平皇帝时，征礼等百余人，令说文字未央廷中，以礼为小学元士。黄门侍郎扬雄，采以作《训纂篇》。凡《仓颉》以下十四篇，凡五千三百四十字，群书所载，略存之矣。③

对于《训纂篇》所收文字，段《注》说：

武帝时司马相如作《凡将篇》，无复字；元帝时黄门令史游作《急就篇》；成帝时将作大匠李长作《元尚篇》，皆仓颉中正字也，凡将则颇有出矣。此谓三家所作，惟凡将之字有出《仓颉篇》外者也。④

---

① （东汉）班固撰：《汉书补注·扬雄传第五十七上》，（唐）颜师古注，（清）王先谦补注，北京中华书局影印光绪二十六年虚受堂刊本，1983年版，卷87上，第2页A。

② （东汉）班固撰：《汉书补注·艺文志第十》，卷30，第26页A—B。

③ （东汉）许慎撰：《说文解字注·叙》，（清）段玉裁注，上海古籍出版社2004年据经韵楼藏版影印，卷15上，第14页A—B。

④ 同上书，第14页B—15页B。

其实《训纂》所收仅《三苍》和《凡将篇》，其余都是未央廷现场所辑的文字，因《急就》、《元尚》都是《苍颉》旧文，有新字者仅《凡将》一篇，“十四篇”之说是否“四篇”之笔误，尚有可商——按《训纂》之前的字书，只有汉初的《苍颉》、司马相如的《凡将》、史游的《急就》和李长的《元尚》，段玉裁对此也有怀疑，他说：

然则何以云十四篇也。合李斯、赵高、胡毋敬、司马相如、史游、李长、扬雄所作而言之，计字则无复，计篇则必备也。本只有仓颉、爰历、博学、凡将、急就、元尚、训纂七目，又析之为十四，其详不可闻矣。①

根据这些资料，可以知道《训纂》的编成是自高祖至平帝历十四王，二百多年的文字成就。

扬雄的《训纂篇》之后，是班固和贾鲂的《滂喜篇》，班固收了780字，编为13章，没有立目；贾鲂继续收了1260字，共21章，二人合编了34章，2040字。《训纂篇》的最后两个字是“滂喜”，贾鲂因而用了这两字做篇名。

比较有争议的是班固的“十三章”，《汉书·艺文志》说：

臣复续扬雄作十三章。

韦昭的《注》说：

作十三章，后人不别，疑在苍颉下篇三十四章中。②

《说文解字·叙·注》也说：

自扬雄作《训纂》以后，班固作《十三章》，和帝永元中，郎中

① （东汉）许慎撰：《说文解字注·叙》，（清）段玉裁注，上海古籍出版社2004年据经韵楼藏版影印，卷15上，第15页A。

② （东汉）班固撰：《汉书补注·艺文志第十》，（唐）颜师古注，（清）王先谦补注，中华书局影印光绪二十六年虚受堂刊本，1983年版，卷30，第26页B。

贾鲂作《滂喜篇》，梁庾元威云：《仓颉》五十五章为上卷，扬雄作《训纂》记“滂喜”为中卷，贾升郎更续记“彦均”为下卷，人称“三仓”。①

从这些资料看，贾鲂的《滂喜篇》实包含了班固的“十三章”。

扬雄的《训纂篇》89 章，5340 字，加上班固和贾鲂《滂喜篇》的 34 章，2040 字，合共 7380 字，当中没有一字重复，这是许慎《说文解字》的基础。

许慎不只在经学上有杰出表现，最大贡献是《说文解字》的成书，它所使用的资料，据许慎的《叙》说：

今敘篆文，合以古、籒；博采通人，至于小大；信而有证，稽譔其说。②

《说文解字》新收 1973 字，加上《训纂篇》和《滂喜篇》共 9353 字，这些新字除了从文献所得小篆、大篆和古文外，还有出土器物的铭文，他的《叙》中也说：

郡国亦往往于山川得鼎彝，其铭即前代之古文，皆自相似。③

此外许慎又采集了先秦两汉饱学之士的文字理论——包括贾逵在内共 27 人。④

东汉从章帝开始重视古文经学，《后汉书·贾逵传》说：

肃宗立，降意儒术，特好古文尚书、左氏传。建初元年，诏逵入讲北宫白虎观、南宫云台……令逵自选公羊严、颜诸生高才者二十

① （东汉）许慎撰：《说文解字·叙·注》，（清）段玉裁注，上海古籍出版社 2004 年据经韵楼藏版影印，卷 15 上，第 14B—15B 页。

② （东汉）许慎撰：《说文解字·叙·注》，卷 15 上，第 21B—22B 页。

③ 同上书，第 18 页 B。

④ 详参见《说文解字·叙·注》，卷 15 上，第 22 页 A。

人，教以左氏与简纸经传各一通。①

在《贾逵传》中只记了章帝命贾逵亲自挑选“高才者”传授古文经学，并没有特别说明许慎在这二十人之内，但许慎之子许冲《上说文解字表》说：

臣父故大尉南合祭酒慎，本从逵受古学，盖圣人不妄作，皆有依据……自周礼、汉律，皆当学六书，贯通其意，恐巧说衺辞使学者疑，慎博问通人考之于逵，作说文解字。②

由此可见，许慎确曾从贾逵习古文经，同时开始编撰《说文解字》，《魏书·江式论书表》也说：

逵即汝南许慎古文学之师也。后慎嗟时人之好奇，叹儒俗之穿凿，惋文毁于誉，痛字败于訾，更诡任情，变乱于世，故撰说文解字十五篇，首一终亥，各有部属。③

至于《说文解字》的编撰年代则应从贾逵入阁召20位高才者开始，历经建初、元和、章和，至永元12年始脱稿，完成《后叙》④，前后24年，成书后也没有立即献书，据许冲说，许慎当时没有及时献书是因为：

以文字未定，未奉上，今慎已病，遣臣赍诣阙。

段玉裁亦同意此说法：

---

① （刘宋）范晔撰：《后汉书·贾逵列传第二十六》，台湾商务印书馆据上海涵芬楼宋绍庆本影印，1967年版，卷36，第20B—23B页。

② （东汉）许冲撰：《说文解字·上说文解字表·注》，（清）段玉裁注，上海古籍出版社2004年据经韵楼藏版影印，卷15下，第9A—10B页。

③ （北齐）魏收撰：《魏书·术艺第七十九》，（民）杨家骆校，鼎文书局1980年版，卷92，第1962页。

④ （东汉）许慎撰：《说文解字·后叙·注》，（清）段玉裁注，上海古籍出版社2004年据经韵楼藏版影印，卷15下，第2B—3A页。

> 冲言当其时未奏上者，以文字未定也。既云文九千三百五十三，重千一百六十三，解说十三万三千四百四十一字，则文字已定矣。何以云未定也？古人著书，不自谓是，时有增删改窜，故未死以前不自谓“成”。①

《说文解字》的成就主要从三方面来看：首先是六书的界义，许慎之前只有“六书”之名而无“六书”之义。从许慎开始，才把“六书”定义出来，有了这些标准，后人才有依据，了解文字的声读、形构和字义。

其次是“建类一首”的成就，许慎将 9353 字按类整合在 54 部部首之中，虽然按类分部始于司马相如的《凡将篇》，但当时文字简约，而到了许慎的时候，字数激增，分类就不易了，他应是中国部首学的先驱。

另外，《说文解字》收入异体字 1163 个，这些异体字除了有古、籀外，还有钟鼎文字，虽然认识古文字始于张敞，但将它们收入字书，许慎是第一人。

综观有汉一代的文字整理，自“闾里书师”的《苍颉》开始，经历了司马相如的《凡将篇》，扬雄的《训纂篇》，班固和贾鲂的《滂喜篇》，至《说文解字》始见大成，建立了完整的文字体例。

两汉传经，最早都来自古文，只是口耳相承，手民易误，加之师法严苛，以致讹误百出，这是今文经走向末流的主因。

古文学经的兴起，始自孔壁中书，虽历请立学不成，但士人仍坚持研习，古文学派最大的成就在于诠释经文本义，整理文字渊源两方面。其实两派学风各有短长，可惜到了魏晋之后全部式微。

两汉以后，齐鲁之学带动整个中华学术的发展。而今文家的成就，古文家的坚持，更直接影响有清一代乾嘉考据之学，学术有南移趋势。

著名的学者如雨后春笋在不同的时空领域中形成百家争鸣。这些学派虽茁壮于南方，但无可否认，是上承于齐鲁的基础，也就是“子”姓文化的影响。直到现代，汉学界仍以乾嘉之学为尚。

---

① （东汉）许冲撰：《说文解字·上说文解字表·注》，（清）段玉裁注，上海古籍出版社 2004 年据经韵楼藏版影印，卷 15 下，第 12 页 A。

六 结 语

文献所见，殷的先祖“契”在帝尧时助“禹”治水有功，封于商，赐“子”姓；帝舜时，加封其地而成大国。成汤灭桀得国后，建立中国第二个王朝，历十世十九王至盘庚迁殷而定都。

武丁时，始见甲骨文，虽文辞简略，但事类清晰，内涵丰富，充分显示商殷民族的智慧，也因甲骨文的出现，使商进入信史时代。卜辞中的“鲁”是第一期物，且有后妃名，疑为河南的鲁山；“齐”则是王朝东陲重镇，帝辛时曾在“齐”整兵准备出征人方。

文献中没有记载帝辛征“人方”的事，但甲骨文中有29片，而且干支齐全，年份事类清晰，内分五个时期：第一、二期的“人方”并无内侵倾向；第三期辞缺；第四期的“人方”开始有进犯边陲的意图，王朝已有设防，并准备出征；至五期才有出击“人方”的记录，其中还有诸侯和弟子兵的支援，这场战役发生在帝辛10—19年（前1088—前1079），这次出征“人方”不只把中原文化带到东夷，为了稳定政局，也留下不少王朝精英驻守当地，这可从山东晚商的贵族墓葬得知。

帝辛征“人方”后，国力削弱，周姬联合了各地诸侯举兵灭商，得国后封帝辛的儿子禄父于“邶”，并使管叔和蔡叔分居“鄘”、“卫”协助管束殷民。直到武王驾崩，武庚联合东夷民族谋反，周旦用了三年时间才平定了京畿殷乱，继续挥兵征服东夷后，开始建立“成周”，用以监视东方民族。接着封百禽于“鲁”，姜尚于“齐”，微子于“宋”，三国唇齿相依，互为影响，结成了一个东方特色的文化集团，基调全部来自“子”姓民族。

宋自微子建国后，传至殇公，太宰华督杀大司马孔嘉夺其妻，孔嘉的儿子木金父经萧逃亡到鲁国，同年鲁隐公遇刺，国情大乱，亦无暇注意木金父奔鲁的事，使孔氏家小顺利过境，易姓隐居鲁国。孔子出生于鲁，之后带动儒学发展，使鲁学成为儒家思想的主流。

宋鲁两国沿用商周礼教发展儒学，齐则因地缘关系建立了以渔盐为主的经济中心。齐在姜尚开放思想的带领下，影响于后世的执政者，都能用人为才，这种风气有助于学术的自由发展，“稷下学宫”的建立更使百家争鸣，蜚声国际，与鲁的儒学独尊不同。而异军突起的是——宋的墨翟，因为墨子的思想与儒学背离，成就了另外一种思维的文化，也开创了科技史的先机。

“文明”是物质进步的表征，“文化”是更为高层的精神生活。甲骨文中遗留的文化基调，由于“子”姓民族的东移，把中原文化带到东方，使蛮夷之地变化气质，但另一方面也掩盖了原住民的优美文化。每一次战争都是一次民族文化的交融，这可从帝辛征人方的事例得到印证。由于“子”姓民族的迁徙，带动齐鲁之学的发展，影响于两汉学术，也间接带动乾嘉学风，使中华文化由晚清上溯于商殷。一句主观的结语：“子”姓文化是齐鲁之学的基础，齐鲁之学是两汉学术的基础，两汉学术是乾嘉之学的基础，一脉相承。

论孔、孟的勇

杨永汉
香港树仁大学

一 前 言

我们为何要“勇”？自古以来，世界就有不平，社会就有不公义。人处身其中，一是同流合污，二是择善固执。君子可以亲，可以近，但不能劫，不能迫；可以杀，却不能辱。凡此种种行为，若没有了“勇”，是行不来的。具有寻求公义，勇往直前，择善而固执者，在先秦诸学说中，只有儒家思想有此气魄。

子曰：“知者不惑，仁者不忧，勇者不惧。”（《论语·子罕》）又曰：“非其鬼而祭之，谄也。见义不为，无勇也。”（《论语·八佾》）孔子在此处说明“勇”必须具有无惧的本质，见到合乎义理的事情而不去处理，就是无勇。可是，人生下来，如何培养这种见义而为的“勇”，人类又凭什么在面对强权与欺压时，能力争公平合理？孟子在《公孙丑》一章中阐述“勇”的层次，并引例说明。孟子认为北宫黝的“勇”是自尊的勇，受辱而必还击；孟施舍的“勇”是忘记生死胜负的勇，没有所谓害怕不害怕；最后是行为合乎义理，其德配于天地的“勇”，此勇是至大至刚，有“千万人而吾往矣”的气概。

众多儒家思想论文中，专论“勇”的似乎不是很多，本文就此题目，作出较深入的阐释，且着意于实践方面。本文所引多是原始资料，所用皆流行本，故引用《十三经》及《二十四史》原文，不书明出版项，只写篇目、卷数。

二 实践道德行为的支持力——勇

在《论语》各章中，很少直接解释什么叫“勇”？然而，孔子常在行为表现上解说勇。孔子认为君子道者三，“知者不惑，仁者不忧，勇者不惧”（《论语·子罕》）。匡亚明解释：

> 智者由于他们的智慧，认识到行仁有利，他便行仁。这与仁人的不行仁便不安比起来虽然略逊一筹，已属难能可贵。智者能知人，能知言，因而可以通权达变。要成为仁人，只有仁没有智是不行的。勇即果敢，主要指道德实践方面的勇气。①

匡氏以“利”去解释智者行仁的思想，当然有点俗，但亦是反映一种普遍思维。正与墨家的“兼爱”，因为我爱你，所以你也以爱我的回报式感情，毕竟较无私的爱低了一点。

当仁与智呈现，而面对公义时，如何能挺身维持义，就是勇的表现。子曰：“非其鬼而祭之，谄也。见义不为，无勇也。”（《论语·八佾》）前句写不应谄媚他鬼以求福，指出所得必须符合正道；后句“见义不为”写勇气的基本来源，要激起内心对不公义的那点“火”，即不满。当人们有足够的智慧判断事情的道德性，知其为“义”时，却又不敢去实践，孔子认为这就是无勇。我们无“勇”，很多时是考虑到后果，譬如在街上我们看见有老人家被欺凌，上前制止，绝对是义的行为。可惜，我们会考虑他们是否为一家人？别人的家事最好不管，或者欺凌者是谁？会不会惹上麻烦？等，我们考虑后果，从某程度上来说，都是智的表现，但行为呢？没有勇，就是不敢对不公义的事作出责难。有智了，有仁了，却没有勇，如此，则不能实践和发挥内在的道德，换句话说，亦可说知与行不合一。儒家尚义，合乎义者，是不计较个人得失。张岱年对儒家、墨家的义、利有如下的阐释：

① 匡亚明：《孔子评传》，南京大学出版社1995年版，第223页。

> 一说认为应当之表准即人民之大利或人群的公利。凡有利于大多数人民行为，即应当的；反之即不应当的。此墨家之学说。一说认为应当之表准在于人之所以为人者，即人之所以异于禽兽者，凡表现或发挥人之所以为人的行为者的行为，即应当；反之即不应当的。此是儒家学说。①

张岱年在评定义与利范畴时，指出墨家的着重公利，即大部人的利益；而儒家是考量自己的行为是否人类独有，有异于禽兽。大部分人的利益，是量化，我们容易理解，但有异于禽兽的行为，就要特别解释。

所谓“人”，基本上具有两种理解：一是生理人，即具有种种原始要求的身体的人，其行为乃随着身体的欲望而出发，即随感官觉受而行，没有思考伦理道理；二是仁人，即孔子所说“成人（仁）”，其行为本着爱人而出发，即所谓仁者爱人，此即与禽兽有别的心。孟子十分强调要发挥此“心”，才能成仁，成君子。修仁就是要发挥与生俱来的人（仁）性，生活中的一切活动乃可全依仁而出发。②

所谓“生理人”，即具有与禽兽无差别的欲望追求的生理人（动物性）。孔子、孟子从来没有否定此种生理需求的人，孔子说“饮食男女，人之大欲存焉”。孔子明确指出饮饮食食，即身体五官的享用，及男男女女，即男女之间的爱慕，其终极的追求是延续生命及繁殖。此两种欲望是人类最大的欲望，不可否认，此两种欲望是源于人类原始动物性，与禽兽共通。③ 若“饮食男女”附与人性，则有“闻其声不忍食其肉”的情操；男女肉体之爱可升华至亲人伦理的层面，家就成为终日忙碌后的安身处，因为中间有爱存在，继而孝、悌，道德伦理就在此处开展。“扬名声、显父母”，自己的成就，与整个家族结合，荣辱共存。

子曰：“君子不重则不威，学则不固。无友不如己者。过则勿惮改。”（《论语·学而》）在面对欲望时，我们会犹疑、犯错，可是，我们要重视自己的行为，认真思考，在不断改过的过程中，提升自己的道德境界。能有不断自我提升的力量，认认真真面对自己的过失，需要莫大的勇气。

---

① 张岱年：《中国哲学大纲》，江苏教育出版社 2005 年版，第 354 页。

② 参考杨永汉《论孟子“人”与“禽兽”之别》，收入《“第二届儒学国际学术研讨会”论文集》，孔教学院 2006 年。

③ 同上。

对勇作一简单的解说就是"胆量"与志气，要有勇气指正不正确的行为都包括在内，即自己的行为，过失；在外，即社会上种种不义的行为。如果勇得不到适当的发挥，反而有害于社会。

有勇，有胆量，却未能掌握就会造成混乱。大贼有胆量，劫匪有胆量，恶霸有胆量，这些都是为自身利益而出发的勇。这些勇，只会对社会造成混乱，而这种勇是会气馁的，因为有愧于心。

孔子批评子路"由也好勇过我，无所取材"，指出子路的勇较孔子还要高，可是子路不懂得去掌握，适当地显示自己的勇。[①] 不适当的勇会造成混乱的后果，如："恭而无礼则劳，慎而无礼则葸，勇而无礼则乱，直而无礼则绞。"（《论语·泰伯》）如果勇不受礼的约束，则容易产生乱。同样的，"好勇疾贫，乱也。人而不仁，疾之已甚，乱也"（《论语·泰伯》）。这句朱熹的解释是"好勇而不安分必作乱，恶不仁之人而使之无所容必致乱。二者之心善恶虽殊，然其生乱则一也"。[②] 我对朱熹的解释有所保留，勇而不安分，而是乱的源头，解释合理。但人而不仁，为何不能"疾之已甚"？如果解作人而不仁的行为，是施者的行为，似较合理，即此人的不仁太过份了，也是乱的根源。

> 好仁不好学，其蔽也愚；好知不好学，其蔽也荡；好信不好学，其蔽也贼；好直不好学，其蔽也绞；好勇不好学，其蔽也乱；好刚不好学，其蔽也狂。（《论语·阳货》）

如果勇缺乏"礼"的调和，会乱；如果勇，不能安贫，会乱；如果勇，没有学养，一样会乱。所谓"乱"，其小可令人不安，其极可致国家动乱，不可不慎。

又谓"有德者必有言，有言者不必有德；仁者必有勇，勇者不必有仁"。（《论语·宪问》）明显说出，仁者必然具备勇，反过来，勇者却未必有仁心。仁者有追求公义的心，也付诸实践，故不可能没有勇。乱世中，对着强权说公义，这"勇"，不可谓小。但我们会出现另一个问题，

---

① 子曰："道不行，乘桴浮于海。从我者其由与？"子路闻之喜。子曰："由也好勇过我，无所取材。"（《论语·八佾》）

② （宋）朱熹：《四书集注》卷四，大中图书（出版年缺），第52页。

就是：为何我要有勇去挑战不公义？即：为何是我？这个就是涉及悲天悯人的仁者之心，亦即道德的自觉，也可以说是不忍之心的呈现。这个“心”，这个“自觉”就是与禽兽有别的人类独有的自性。如果“人”，不从这心出发，去扩展对别人的善意，就浪费了人类独有的“性”。“勇”是一种力。他可以推动道德，可以惊天地，泣鬼神；另一方面，却可以是乱的根源。《红楼梦》的名句“拼着一身剐，敢把皇帝拉下马”，就是连死都不怕，任何事都“够胆量”去做，包括不公义的事，容易造成乱。如“勇”与“不忍”、“悲悯”同时呈现，就可以惊天动地，独对强权而自然，面对横逆而自省的行为。孔子面对横蛮的诸侯，耶稣面对传统势力，甘地面对英国政府，曼德拉面对南非白人政府，等等，身处的环境，包括威逼与引诱，“勇”这时必须成为道德最大的支持动力。

三 勇与志

“勇”该如何适当地呈现？勇必须有“志”，即目标或道德界限去维持。子曰：“三军可夺帅也，匹夫不可夺志也。”（《论语·子罕》）朱熹解说匹夫之志在己，故不能夺，可夺者则不是志。有这个“志”，勇就随之而来，因为要成就自己的志。

孟子亦有解释这个“志”：

> 曰：“敢问夫子之不动心，与告子之不动心，可得闻与？”“告子曰：‘不得于言，勿求于心；不得于心，勿求于气。’不得于心，勿求于气，可；不得于言，勿求于心，不可。夫志，气之帅也；气，体之充也。夫志至焉，气次焉。故曰：‘持其志，无暴其气。’”
>
> “既曰‘志至焉，气次焉’，又曰‘持其志无暴其气’者，何也？”曰：“志壹则动气，气壹则动志也。今夫蹶者趋者，是气也，而反动其心。”“敢问夫子恶乎长？”曰：“我知言，我善养吾浩然之气。”①

① 《孟子·公孙丑上》，见（宋）朱熹《四书集注》，大中图书（出版年缺），第38页。

孔孟所说的“不惑”和“不动心”是指不受外界功名利禄所引诱，亦不受媚辞谄语所迷惑。人生经验丰富，阅历足够，对自己的行事认真反省，相信已有能力和经验去判断是非黑白，亦能分辨出哪些说话是真？哪些是假？这个能判断的心，再进就是不动，自己成为自己“心”的主宰。

孟子为何说“告子先我不动心”。我想有两个理由，一是不动心很容易，连告子也可以，似有讽刺的意味；二是只要想达到，就能达到，告子也不动心。内文又说“先我”，孟子究竟这样说？真的要慢慢推敲。

对告子的“言、心、气”关系，朱子有这样的解释：

> 告子谓于言有所不达，则当舍置其言，而不必反求其理于心；于心有所不安，则当力制其心，而不必更求其助于气，此所以固守其心而不动之速也。

朱子认为告子的意思是语言不能表达的，就放弃用语言表达，也不必寻求于“心”的理解；心不能思虑完满的，不必求助于气。这样，就可以巩固心志不动心了。杨伯峻将言训为言语、心训为思想、气训为意气。①“气”，有两种理解，一是赵岐所解释的，是“直怒之气”，即为感情之情，动于五中而引起的情绪；二是体气，即人的气魄。杨伯峻认为，孟子本章的“气”具有这两种含义。②

孟子赞成“不得于心，勿求于气”，但反对“不得于言，勿求于心”的论点。孟子解释“志、气、心”的关系说，志是带动气的主体，气能充盈整个身体。故此，志要达到什么程度，气就能到达什么程度。所以，要有坚定的志，不随便暴露自己的气。志专一则能动气，气专一则能鼓志。倘若有气而没志，就会动了心。动了什么样的心，就是趋炎附势，向名向利不择手段的心。我们可以这样理解孟子，如果我们不能说服自己的行为是否正确，则不必坚持；但说服不了自己，就必须寻求思想上的理解，去判断是与非。

心受外缘影响，产生种种欲望，寻求欲望的力同样的大，倘若有志，去带领内在的气，则可化成浩然正气，至大至刚。用另一种方法解释，志

---

① 杨伯峻：《孟子译注》，中华书局 2003 年版，第 65 页。

② 同上书，第 70 页，注释 22。

就是目标，定立目标要有道德，即正心。心已正，所行虽不中，亦不远矣。气有正邪，立心坏则气邪，立心正则气正。但“心”经常受外缘引诱其离正道，故心要不动。

如何发挥勇。我们有志，这个志可以是公义。我们追求公义而不得，就力求，求之以道，求之以礼。合道合礼，则气魄自在。就算是君子，若果勇没有义在其中，亦是乱。义，简单理解是“公平合理”。匡亚明认为孔子论勇一般侧重道德方面，未能全面展示智勇的内容。[①] 义与利两者所产生的矛盾，就是孔子寄望能在伦理道德中得到平衡。《易·乾卦·文言》：“利者义之和也。”讲的就是义与利之间的和谐。孔子所处的时代，礼崩乐坏，篡弒频仍，公平合理很难出现。义利和谐是君子所追求的道义，故勇必然随之而至。我们会面对现实的不公世界，但精神上要追求合乎公义的社会。

若再深入阐释义，就要考虑孔子的思想及所处的环境。孔子的最高理想社会是大同社会，大同社会的结构型态是：

> 大道之行也，天下为公。选贤与能，讲信修睦，故人不独亲其亲，不独子其子，使老有所终，壮有所用，幼有所长，矜寡孤独废疾者，皆有所养。男有分，女有归。货恶其弃于地也，不必藏于己；力恶其不出于身也，不必为己。是故谋闭而不兴，盗窃乱贼而不作，故外户而不闭，是谓大同。(《礼记·礼运》)

两千多年以来，我们人类仍赞叹渴望这种社会的出现，寻求“选贤与能，讲信修睦”的公义社会，反过来说，不讲信，老无所终，壮无所用，矜寡孤独废疾而无所养者就是不公义。另外，孔子所处的年代战争频仍，统治者横征暴敛，过着奢豪的生活，而人民却很难得到饱足。故孔子提出“义然后取”、“见利思义”等行为，将其作为衡量他人利益的准则。《论语·阳货》：

> 子路曰：“君子尚勇乎?”子曰：“君子义以为上。君子有勇而无义为乱，小人有勇而无义为盗。”

① 匡亚明：《孔子评传》，南京大学出版社 1995 年版，第 223 页。

"有勇而无义为盗"，勇必须蕴涵"义"才是正道的勇。无论如何，人人饱足，贫富平均，人尽其力，在当时来说，只是理想。

当义利产生矛盾时，孔子必然是取义而舍利，如：

> 富与贵是人之所欲也，不以其道得之，不处也；贫与贱是人之所恶也，不以其道得之，不去也。君子去仁，恶乎成名？君子无终食之间违仁，造次必于是，颠沛必于是。（《论语·里仁》）

富与贵，是人人所期望的，但"不以其道"，即不合乎公义者，绝对不取，强调公义与合理。造次颠沛亦必然如此，当然，孔子指出，因为有仁者之心在，但在造次颠沛的环境中，依然故我，这是勇的表现。孔子更说出"不义而富且贵，于我如浮云"（《论语·述而》）的豪语。当公义与富贵在眼前时，应毫不考虑地取义。取义这一行为，不可能没有"勇"的支持。

子贡曰："君子亦有恶乎？"子曰："有恶：恶称人之恶者，恶居下流而讪上者，恶勇而无礼者，恶果敢而窒者。"曰："赐也亦有恶乎？""恶徼以为知者，恶不孙以为勇者，恶讦以为直者。"（《论语·阳货》）

此节经常发生在公事，不通情达理以为是行政，没有礼貌以为是勇敢率直。果然，这现象，仍然每日都见到。勇可见于日常人类的交往中，亦可见于国与国的交际中。

四　孔子的勇

> 子路问成人。子曰："若臧武仲之知，公绰之不欲，卞庄子之勇，冉求之艺，文之以礼乐，亦可以为成人矣。"曰："今之成人者何必然？见利思义，见危授命，久要不忘平生之言，亦可以为成人矣。"（《论语·宪问》）

孔子答子路"成人"，举出臧武仲、公绰、卞庄子、冉求等人，却进而解释，如果能"见利思义，见危授命"，亦可以为成人。"见利思义"，一定要思考自己取利的行为是否合乎义，义是志，志是勇的来源。

子曰："君子道者三，我无能焉：仁者不忧，知者不惑，勇者不惧。"子贡曰："夫子自道也。"（《论语·宪问》）所谓"夫子自道"，是孔子已具有仁、知、勇三种道德涵养。又说："有德者必有言。有言者不必有德。仁者必有勇。勇者不必有仁。"（《论语·宪问》）孔子反复地说，勇是一种动力的运用，这种勇气随着蕴涵者的内在意志而变动。所以，勇的运用是配合道德的运用方能成其大，反之，这种没有道德的勇，是乱的根源。

下列两则语录，表面与勇没有关系，其实内里必然有勇的存在：

> 司马牛问君子。子曰："君子不忧不惧。"曰："不忧不惧，斯谓之君子已乎？"子曰："内省不疚，夫何忧何惧？"（《论语·颜渊》）
>
> 在陈绝粮，从者病，莫能兴。子路愠见曰："君子亦有穷乎？"子曰："君子固穷，小人穷斯滥矣。"（《论语·卫灵公》）

我们对人对事，行为与态度，直接反映自我们的内心，我们因得罪了某些人而害怕，做错某些事而惊慌。但"内省不疚"，就不忧不惧。留意，孔子说"勇者无惧"，是任何行为，经过反复思量，而确定毫无私心，合乎公义，这样才能产生不忧不惧。如何肯定自己的行为，至纯至真，就是勇者气的根源处。此节所指出的气魄，是纯然的道德行为，试问，有几人能无私心？

绝粮而从者病，此环境若近绝境，子路生怨，而孔子说"君子固穷"。如此，则君子处于任何环境，必然有自己的精神世界，从精神高处看命，看环境，其心能处于适时顺世之境界。这种穷而坚守，穷而知命，不是勇，是什么？

孔子一生，从自己的行为表现去验证自己的境界。孔子的志是什么？继承尧、舜、汤、文、武传下来的文化道统。孔子困于匡，被误会是阳虎。弟子皆慌张，孔子却说出："文王既没，文不在兹乎？天之将丧斯文也，后死者不得与于斯文也；天之未丧斯文也，匡人其如予何？"（《论语·子罕》）。这个就是志，勇来自志，孔子的志继承文王道统，要发扬光大。笔者相信孔子认为这就是他来这世界的责任，故可以毫不畏惧地说"天之未丧斯文也，匡人其如予何"的豪言。

"夹谷之会"，孔子身为司寇，两度走上台阶，制止齐国的无礼。一是齐国地方舞的表演，拿了盾、枪、旗、棒等表演。孔子喝止，避免齐国阴谋得逞。再者是表演宫廷音乐，丝毫不合章法。孔子认为是戏弄诸侯，请斩表演者。[①] 最后，齐国觉得自己理亏，归还鲁国城池郓、灌及龟阴三地。在一个国际会议场合，其实一切都有所规定，孔子据礼而争，力挫齐国君臣，中间所显示的勇和气魄，震摄人魂。千秋以后，读之仍觉气魄充盈，合礼合节。

孔子对一个寻求完满生命的人的勇有如此的总结："志士仁人，无求生以害仁，有杀身以成仁。"（《论语·卫灵公》）

五　孟子的勇

孟子重要思想之一，是正气，这个"气"不得了，此亦是后世儒者所向慕的境界。要清楚这个气的养成，要先从"不动心"说起。《公孙丑上》：

> 公孙丑问曰："夫子加齐之卿相，得行道焉，虽由此霸王不异矣。如此，则动心否乎？"孟子曰："否。我四十不动心。"曰："若是，则夫子过孟贲远矣。"曰："是不难，告子先我不动心。"

"不动心"是什么？孔子说"四十而不惑"，孟子说"四十不动心"，又为什么是四十？上文已提及修养与阅历已达一定程度，便有此成就，此处不赘。《公孙丑上》又载：

> 曰："不动心有道乎？"曰："有。北宫黝之养勇也，不肤挠，不目逃，思以一毫挫于人，若挞之于市朝。不受于褐宽博，亦不受于万乘之君。视刺万乘之君，若刺褐夫。无严诸侯。恶声至，必反之。孟施舍之所养勇也，曰：'视不胜犹胜也。量敌而后进，虑胜而后会，是畏三军者也。舍岂能为必胜哉？能无惧而已矣。'孟施舍似曾子，北宫黝似子夏。夫二子之勇，未知其孰贤，然而孟施舍守约也。

① 事见《史记·孔子世家》。

昔者曾子谓子襄曰：‘子好勇乎？吾尝闻大勇于夫子矣：自反而不缩，虽褐宽博，吾不惴焉；自反而缩，虽千万人，吾往矣。’孟施舍之守气，又不如曾子之守约也。”

孟子首先指出三种不同的勇：北宫黝、孟施舍及曾子。此节要特别留意“养勇”的“养”字。养有培养、储藏的意思，即是我们的勇是一步一步的累积而成。譬如小时候，遭受欺凌，一般不敢作声，人渐长，越明白事理，越会据理力争。这是一般人成长的过程，当然，勇的程度，因人、因时、因境、因利而各有不同。普通人的勇大多是来自意气或是利益，当然亦有来自高尚的情操，笔者只指出普遍性的勇。记得很多报章报道血案时，都说是一时冲动，弄伤甚至杀死对方。很多抗争的口号，是为公义和公理而战，但当中又有几多是为利而来？

北宫黝的勇，我认为是来自“自尊”，当中记载“思以一毫挫于人，若挞之于市朝。不受于褐宽博，亦不受于万乘之君。视刺万乘之君，若刺褐夫。无严诸侯。恶声至，必反之”。自尊与耻辱，就成为勇的行为的推动者。明显指出北宫黝是不接受任何伤害其自尊的侮辱行为，包括微不足道的语言。一个人连自己都不尊重自己，别人会尊重吗？这就是自尊的问题，即北宫黝不会忍受任何的耻辱，其前题是北宫黝是不会做令自己受辱的事。人必须自重，别人才尊重你。

孟施舍的勇是不理会生死胜败，只一心一意完成任务。原文“视不胜犹胜也。量敌而后进，虑胜而后会，是畏三军者也”。视不胜犹胜，就是忘记失败后，可能会死亡这一节。这种忘却成败得失的勇，是目空一切，眼前只有如何去战的思维，已超越一切恐惧。所谓“除死无大碍”，连死亡都不怕，那还有什么好害怕的？

两者的勇，最后是成就曾子的勇，孟子说第三个勇的层次是经过深思熟虑的，知道自己的行为合乎义，合乎理，则“自反而缩，虽千万人，吾往矣”。孟子此语，真是石破天惊，气势澎湃。我们亦应思考，什么是正确，什么是不正确？这点非常重要，因为误判道德，其行为会适得其反。

然而，我相信能到达第三层次的勇者必然具有前两者的特质，即重视自己的尊严和忘记生死成败。《礼记·儒行篇》：“儒有可亲而不可劫也，可近而不可迫也，可杀而不可辱也。”这个自尊不比平常的面子问题，而是受辱。我在很多场合遇见营营役役，为利奔走的人常常受辱。谋生养家是天职，但如何能不受辱，这就是自己平日处事态度所致。可杀不可辱的勇、气魄，是自我道德的确定，道德行为的确立，认知此心，勇的来源才能出现。

这种具有浩然正气的勇是来自“不动心”，继而“持其志，无暴其气”，再而“养气”。这种“气”，必须配合义与道，倘若无义或无道，则会衰退，所以说“行有不慊于心，则馁矣”（《孟子·公孙丑上》）。孟子对慊有更深入的诠释：“曾子曰：‘晋楚之富，不可及也。彼以其富，我以吾仁；彼以其爵，我以吾义，吾何慊乎哉？’夫岂不义而曾子言之？是或一道也。”（《孟子·公孙丑下》）别人可夸富夸贵，而君子所持的就是仁和义。唐君毅先生说：

> 孟子以养气之道在集义，而配义与道。道者当然之理，义者知此当然之理而为之，即知理而行之，以合当然之理。故养气必先“志于道”。①

这种气是“至大至刚，以直养而无害，则塞于天地之闲”。冯友兰对浩然之气有这样的诠释：

> 如孟子哲学中果有神秘主义，则孟子所谓浩然之气，即个人在最高境界中的精神状态。……此所谓义，大概包括吾人性中所有善“端”。是在内本有，故曰：“告子未尝知义，以其外也。”此诸善“端”皆倾向于取消人我界限。即将此逐渐推扩，亦勿急躁求速，亦勿停止不进，……“集义”既久，行无“不慊于心”，而“塞乎天地之间”之精神状态，可得道矣。②

唐、冯两位先生都指出，要培养这种气，是要时时刻刻想着“义”和“道”，思考人类的善性，思考人类合乎道义的行为，久而久之，储养一定的气，当遇到事情时，思考其行为的合理性、公义性，如此，浩然之

① 唐君毅：《中国哲学原论——原教篇》，学生书局，第615页。

② 冯友兰：《中国哲学史》，华东师范大学出版社2003年版，第102—103页。

气自出，否则“馁”。能完善自己的道德行为，能合乎道义，则大勇之行为，将得到成就。

孟子是不重视主宰的天，而重视“义理之天”，认为人的心性觉悟是得之天理，故视仁义忠信，乃天爵。公卿大夫，乃人爵。他慨叹：“古之人修其天爵，而人爵从之。今之人修其天爵，以要人爵；既得人爵，而弃其天爵，则惑之甚者也，终亦必亡而已矣。”（《孟子·告子上》）今人只顾追逐名利爵禄，而忽略了上天赋予的道德良知，此道德良知包含仁义忠信。若仁义忠信蕴涵于内，则不能坐视不公义之事，此即“勇”的来源。

从《孟子》一书，我们可以窥见孟子的勇。孟子以继承孔子自居，力排当时流行的极端利己主义、不仁的法家思想和不分等差伦理的墨家。显示出“舍我其谁”的气魄，英气勃勃，刚气迫人，正如孟子自谓“吾善养吾浩然之气”。

《孟子·梁惠王上》：

> 王曰：“叟，不远千里而来，亦将有以利吾国乎?”孟子对曰：“王，何必曰利，亦有仁义而已矣。王曰何以利吾国，大夫曰何以利吾家，士庶人曰何以利吾身，上下交征利而国危矣。万乘之国，弑其君者，必千乘之家；千乘之国，弑其君者，必百乘之家。万取千焉，千取百焉，不为不多矣。苟为后义而先利，不多不餍。未有仁而遗其亲者也，未有义而后其君者也。王亦曰仁义而已矣，何必曰利!”

“叟”一词是否带有侮辱性，虽然未有定论，但也称不上是尊重。从惠王初见孟子的态度，我们可以想象，孟子谈仁义，惠王却不愿谈的矛盾状态。面对国君，处于征战连绵的时代，孟子却直接了当的说“何必曰利”。若以“识时务”来判断孟子，就是不识时务。可是，孟子坚持自己的理想，极力向惠王推广“亦有仁义而已矣”。这就是孟子的“义”，不能不说“仁义”。

下列数节，都是孟子面对国君，直接指出他们的错处，用辞不亢不卑，其中一些辞句，更是振聋发聩。

《孟子·离娄下》：

> 孟子告齐宣王曰：“君之视臣如手足；则臣视君如腹心；君之

视臣如犬马，则臣视君如国人；君之视臣如土芥，则臣视君如寇雠。”

虽然君主高高在上，但臣下不一定绝对服从。态度方面，君臣之间要互相尊重，视我如手足，则我视汝为腹心。若视我如土芥，则我亦不必尊重你，虽然你有君主的身份，但你不尊重人，人亦不必尊重。这与后皇朝常说“君要臣死，臣不死视为不忠”的荒谬理论，恰好相反。

《孟子·梁惠王下》：

王曰：“善哉言乎！”曰：“王如善之，则何为不行？”王曰：“寡人有疾，寡人好货云：‘乃积乃仓，乃裹餱粮，于橐于囊。思戢用光。弓矢斯张，干戈戚扬，爰方启行。’故居者有积仓，行者有裹粮也，然后可以爰方启行。王如好货，与百姓同之，于王何有？”

王曰：“寡人有疾，寡人好色。”对曰：“昔者大王好色，爱厥妃。诗云：‘古公亶甫，来朝走马，率西水浒，至于岐下。爰及姜女，聿来胥宇。’当是时也，内无怨女，外无旷夫。王如好色，与百姓同之，于王何有？”

孟子谓齐宣王曰：“王之臣有托其妻子于其友，而之楚游者。比其反也，则冻馁其妻子，则如之何？”王曰：“弃之。”曰：“士师不能治士，则如之何？”王曰：“已之。”曰：“四境之内不治，则如之何？”王顾左右而言他。

齐宣王不愿行仁政，因为自己好货好色，故不能行仁政。宣王认为仁政与好货好色相违背，但孟子举史例直斥其非。最后，更引用譬喻，说明宣王不行仁政而令致国家不定安，借题发挥，问宣王如何处理“四境之内不治”的责任，令宣王顾左右而言他。

《孟子·梁惠王下》：

齐宣王问曰：“汤放桀，武王伐纣，有诸？”孟子对曰：“于传有之。”曰：“臣弑其君可乎？”曰：“贼仁者谓之贼，贼义者谓之残，残贼之人谓之一夫。闻诛一夫纣矣，未闻弑君也。”

《孟子·万章下》：

齐宣王问卿。孟子曰："王何卿之问也？"王曰："卿不同乎？"曰："不同。有贵戚之卿，有异姓之卿。"王曰："请问贵戚之卿。"曰："君有大过则谏，反复之而不听，则易位。"王勃然变乎色。

《孟子·尽心下》：

民为贵，社稷次之，君为轻。是故得乎丘民为天子，得乎天子为诸侯，得乎诸侯为大夫。

上引两节，真是有惊天动地的气概，试想一个国家元首在你面前，你质问元首行暴政，是不是要推翻？有几多学者能人，能直接说身为元首国君，倘残害百姓，不能算是国君，就算杀了他，都只杀了一个满身私欲，害人无数的匹夫。从这角度去看，在孟子心目中，国君是一份职责，他必须为自己所处的地位而付出必要的心力，否则，这个人死不足惜。我们将此验证于后世君主，相信死后腐骨仍汗颜。

齐宣王再问卿，孟子的答案就是后世所指的"十恶不赦"的谋反罪。君主不能履行自己的职责，只顾享乐，就应该推翻这政权。所以，孟子的结论是民为贵，而君主最卑。不要小看这几节引文，千秋而下，仍感觉其凛凛风骨，真是唯大丈夫能本色。现代的中国人，或许与孟子有同样的理念，但对着高官权贵，能有足够的胆量这样表达自己的想法吗？若不是对自己所认知的道德与理念，有绝对的信心，根本说不出这些话来。可是，我们要留意的事，孟子没有用带有侮辱性的辞语责难，只希望国君从对话中，触动其怜悯他人的悲心，减少私欲。你有权，你有势，但我有的是公义。什么是勇？请看孟子的行为言论。

《孟子·公孙丑下》：

孟子去齐。充虞路问曰："夫子若有不豫色然。前日虞闻诸夫子曰：'君子不怨天，不尤人。'"曰："彼一时，此一时也。五百年必有王者兴，其间必有名世者。由周而来，七百有余岁矣。以其数则过矣，以其时考之则可矣。天，未欲平治天下也；如欲平治天下，当今之世，舍我其谁也？吾何为不豫哉？”

上节是孟子不豫时，去齐之语。虽然有客欲为齐王挽留孟子，但孟子告诉来者，来者游说的应是齐王。孟子不豫是因为五百年将有王者兴，现在过了五百年，尚未见王者。这里有两重意思，第一重为王者未兴，孟子推说是天不欲天下治，若“天”希望天下大治，能用的只有孟子。其第二重意思是自己是唯一儒家道统的继承人。

六 结 论

张岱年说：

> 所谓士节即坚持自己的主体意识。主体意识包括人格独立意识与社会责任心，乃是人格独立意识与社会责任心的统一。一方面要坚持独立人格，不随风摇摆，不屈服于权势；另一方面更要有社会责任心，不忘记自己对于社会应尽的义务。①

为坚持独立人格，为社会尽应尽的义务，背后要与很贪官污吏和既得利益者周旋。偶一失误，则自陷泥淖。“勇”，说来只一字，行来千万斤重。

我认为培养“勇”的第一步，是维持自尊，而生命所涉及的层面，必然包括物欲。所谓“饮食男女，人之大欲存焉”，饮食、男女这两种欲望，是人类最大的渴求，要进入忘记生死成败的阶段，必须将欲望降至最低，“无欲则刚”是一种气魄，亦是一种修炼，使之成无欲的气，行为则刚。古今中外学者都将男女饮食作为“人”第一步的追求，如马斯洛（Marslow，A. H.，1908—1970）提出人类需求的五个层次，“生理需求”就是要首先满足；弗洛伊德（Freud，Sigmund，1856—1939）亦认为人的“本我”（id）是饿、渴、睡、性等原始需求所推动。因此，我认为欲望是一切不道德行为的来源。降低欲望，或适当调节欲望，才可提升道德境

① 张岱年：《心灵与境界》，陕西师范大学出版社 2008 年版，第 300 页。

界。这样，我们才可以培养浩然之气，使之长，不使之馁，要经常提醒自己，生命的价值何在。

较高的层次，是超越生死，即有些东西令你愿意牺牲。蔡仁厚说：

> 孟子指出，人所愿欲的东西有超乎生命之上的，所以不愿意苟且偷生；人所憎恶的物事亦有甚于死亡的，所以人有时并不逃避死亡的祸患。……而是想成就生命的纯洁清白，以免陷于不义而受辱，故能毅然以有限的生命，换取无限的精神价值。①

即所谓所恶有甚于死者，中国史上，为天下公义，为推翻暴政，前仆后继。这不独是儒家的理论，也是普遍的真理。人类的悲悯之心开启，就愿意为其他人牺牲。但这牺牲，是否合乎仁义？另作别论。例如某人要“报仇”，仇超越了生命，但合乎义吗？

有了超越生死的勇，就要思考自己的行为是否合乎“义”？第三层次就是经反复思量，自觉行为与道德均合乎公义，寻求社会公义乃自我的责任，则自然产生杀身成仁，舍生取义的气魄。孔孟的理论，能贮大勇于后世士子，就在这节。颜杲卿痛骂安禄山，逼之以杀子，诱之以高禄，终不为所动，以致被节解断舌②，其情惨烈，但背后是大勇表现，持义以抗。张巡碎齿抗贼，被执神色若然，至死毫无惧色。③ 这些都是孔孟思想所蕴含的大勇，就是超越生死的大勇。大勇是集义而至，合乎一切的公义，就

---

① 蔡仁厚：《孔孟荀哲学》，台湾学生书局1999年版，第279—280页。

② （宋）欧阳修等：《新唐书·颜杲卿传》载：“贼胁使降，不应。取少子季明加刃颈上曰：‘降我，当活而子。’杲卿不答。遂并卢逖杀之。杲卿至洛阳，禄山怒曰：‘吾擢尔太守，何所负而反？’杲卿瞋目骂曰：‘汝营州牧羊羯奴耳，窃荷恩宠，天子负汝何事，而乃反乎？我世唐臣，守忠义，恨不斩汝以谢上，从尔反耶？’禄山不胜忿，缚之天津桥柱，节解以肉啖之，骂不绝，贼钩断其舌，曰：‘复能骂否？’杲卿含糊而绝，年六十五。”

③ 《新唐书·张巡传》载：“城遂陷，与远俱执。巡众见之，起且哭，巡曰：‘安之，勿怖，死乃命也。’众不能仰视。子琦谓巡曰：‘闻公督战，大呼辄眥裂血面，嚼齿皆碎，何至是？’答曰：‘吾欲气吞逆贼，顾力屈耳。’子琦怒，以刀抉其口，齿存者三四。巡笃曰：‘我为君父死，尔附贼，乃犬彘也，安得久！”子琦服其节，将释之。或曰：‘彼守义者，乌肯为我用？且得众心，不可留。’乃以刃胁降，巡不屈。又降霁云，未应。巡呼曰：“南八！男儿死尔，不可为不义屈！’霁云笑曰：‘欲将有为也，公知我者，敢不死！’亦不肯降。乃与姚訚、雷万春等三十六人遇害。巡年四十九。”

有此气度。

孔孟认为君子是“可以托六尺之孤，可以寄百里之命，临大节，而不可夺也。君子人与？君子人也”（《论语·泰伯》）。能够有这样气魄的人物，必然是大仁大勇者。我每每读到“士，不可以不弘毅，任重而道远。仁以为己任，不亦重乎？死而后已，不亦远乎”就觉有沉重感。当中的责任感，当中不放弃的勇，是仁者、勇者的路向，不得不礼敬孔孟。

儒家文化与近代中国企业管治

郑润培
澳门大学

一 前言

随着中国经济日益发展，企业规模不断扩大，经营者越来越重视企业管治的方法，这样一来，学者对企业管治的研究相应增加很多，一些颇具规模的成功企业，成为研究企业管治的学者所研究的对象。在研究企业管治时，企业管治文化是不可或缺的部分。而其中，儒家的管理思想更成为学者探讨企管精神的一个重要课题。不过，一般学者探讨的，多是儒家思想中有关管理的问题，例如刘云柏《中国儒家管理思想》（上海人民出版社，1990 年）、朱家桢《孔子思想与现代企业管理》（广西人民出版社，1999 年）、成中英《C 理论中国管理哲学》（学林出版社，1999 年）；或是儒家文化对现代经济的发展影响，如张鸿翼《侨家经济伦理及其时代命运》（北京大学出版社，2010 年）、周桂钿《儒家管理思想在 21 世纪的应用》、饶美姣《东南亚华人企业成功之道》。① 至于中国近代经济发展中，经营者如何运用传统的儒家思想作为其企业管治上的依据，则较少学者讨论。

晚清时期，西方列强向中国展开军事及经济侵略。为了抵抗西方的入侵，清政府推行一系列的自强措施，以求强求富的自强运动首先举行，新式机器及厂房先后在中国建立起来。随着官办企业的建立，民营企业亦日渐兴起。由于官办企业在经营上的局限与种种流弊，使经营日趋没落，由于民办企业经营方式相对灵活，而且得到政府在背后的支持和鼓励，规模日渐壮大。自清末至民国时期，民营企业在成长过程中，

① 见国际儒学联合学术委员会编《儒学与工商文明》，首都师范大学出版社 1999 年版。

逐渐形成一些具有特色的企管文化。通过了解这些企管文化，可以明了中国近代企业的经营变化及其成功之处，更明白中国近代经济发展情况。

在民办企业文化形成之前，最初出现的企业文化，便是官办企业的文化。在此之前，中国根本没有西方企业的概念，所以在没有先例的情况之下，官办企业的管理方式，就依衙门的方式来处理。主事者只求一份差事糊口便算，不但缺乏对办事机构的责任感，更缺乏对企业工作的基本认识，经常营私舞弊，安排亲友在内，做事因循推诿。[①] 例如张之洞筹建汉阳铁厂时，曾明言“员司虚浮、匠役懒惰，为中国向有之积习”，知道厂内的情况是：“厂中所用以少报多，以劣充优，烦琐难稽”“厂中员司离工游荡，匠役虚冒懒惰。百人得八十人之用，一日作半日之工”。[②] 这说出了官办企业管理文化陋规的重点。

官办企业成本高、效率低，使主持洋务的重要大臣有必要开拓其他经营模式的企业。官督商办及官商合办形式的企业出现时，企业的成败与主持者有较为紧密的利害关系，主持者对企业的经营运作较前留心，加上以轻工业为主，如棉纺织业，无论在规模上、员工人数还是生产设备上，都比不上官办时期的重工业，管理方面较容易控制。在企业生产、社会发展需要的情况下，一套以儒家思想为核心的近代企业管理文化渐渐孕育出来。例如以经营棉纺织业著名的大生企业，当时已懂得运用孔子管理思想中的“井然有序”精神[③]，把纱厂的组织规条公开罗列出来。大生企业管理的成功，是运用传统经验管理成功的例子。其后穆藕初经营德大纱厂，是标志西方科学管理成功的案例，而规模大、延续性长的荣家企业，可说是糅合中国传统与西方科学管理成功的例子，本文便试以此三个企业来探讨儒家文化与中国近代企业管治的糅合情况。

---

① 张国辉：《洋务运动与近代企业》，中国社会科学出版社1984年版，第74—75页。

② 《张文襄公全集》，收入《近代中国史料丛刊》，台北文海出版社1966年版，奏议卷29，第20—26页，《勘定炼铁厂基筹办厂工暨开采煤铁事宜折》光绪十六年十一月初六；卷135，电牍12，第3页，《致上海盛道台》，光绪十六年四月初八。

③ 吴照云：《中国管理思想》，高等教育出版社2010年版，第67页。

二 儒家思想与大生企业管理

自甲午战后，外人取得在华设立工厂的权利。国人为求维护权益，亦纷纷创设民营企业。在众多企业中，大生纱厂是当时经营成功的典范者。创办者张謇，不但把大生纱厂经营得有声有色，而且更借此创办了一系列包括垦牧、航运、盐业、榨油等企业，形成大生企业集团，把纱厂所在地南通营造成一个现代化的都市。

大生企业的成功，与张謇建立以儒家思想为核心的企业文化有莫大关系。张謇以晚清状元身份投身实业建设，创设纱厂，没有经商背景的他，要处理企业文化精神，就只有把过往在书本学到的儒家思想活用在经营企业上，而他本人，亦切实奉行这种儒家的价值观。张謇创设大生纱厂，既不为名，也不为利。根据他自己说，办厂是想通过实业发展教育，保障国家利权，使国家走向富强之路。“念书生之为世轻久矣，病在空言，在负气，故世轻书生，书生亦轻世。今求国之强，当先教育，先成养能通适当教育之才。”① “通州之设纱厂，为通州民生计，亦即为中国利源计……损我之产资人，人即用资于我之货以售我，无异沥血肥虎，而俎肉以继之。利之不保，我民日贫，国于何赖？”②

他创业的精神，秉承着传统儒家文化的义利观。“先义后利，以义制利”是孔子的义利精神，所谓“义”就是指群体利益。③ 他本着以社会国家的大众利益为先，以天下为己任的责任心，完全没有考虑个人的利益来办企业。虽然他没有营商经验，更缺乏领导新式工业的知识，他就是凭着“先义后利”的价值观，使跟随者信服，发挥出团队精神的力量而取得成功。各董事对他的认同，或多或少也受张謇筹厂的抱负和行动影响。例如光绪二十五年（1899）九月，纱厂成功建立时，张謇自言“先后五年生计，赖书院月俸百金，未支厂一钱”。④ 筹厂之旅费，全凭卖字维持，可

---

① 《啬翁自定年谱》光绪二十二年三月。

② 《实业录》卷一《厂约》，收入张怡祖编《张季子九录》，《近代中国史料丛刊续辑》，文海出版社，第 8 页。

③ 朱家桢：《孔子思想与现代企业管理》，广西人民出版社 1999 年版，第 196—197 页。

④ 《啬翁自定年谱》光绪二十五年九月。

见他刻苦情况。又当纱厂经营困难，计划出租时，对方提出把正价压低，而“愿别酬五千”，张謇断言拒绝。只有像他这样具气节、理想的人，行事不计个人得失的态度，才可“每夕徘徊于大马路泥城桥电光之下，仰天俛地，一筹莫展”[①]，仍然坚持下去。

他把儒家的义利观落实，除了个人的信念外，环境配合亦是一个重要因素。张謇带有状元名衔，又得到张之洞与刘坤一的支持，任“通官商之邮”，对厂务方面，有一定帮助。1895 年 12 月，他禀请张之洞核定筹厂办法，奏咨立案，并奏准免厘，[②] 亦有助于他建立企业文化的核心价值。因为当时兴办实业，免不了要跟官场打交道，否则办起事来处处困难，而为官者却常常恃势凌商，以致商人裹足不前。他居于官商之间，正好解决了商人的困扰，减少了官商之间的冲突，为厂方争取了良好的发展条件，被厂中各级人员认同。此外，一些官员希望筹办实业来抵抗西方经济侵略，但要找有抱负、不为私利的人极为困难。张謇完全以维护国家利益、保障地方利权为目标来办实业的精神，与儒家经济思想中一方面承认有追求富利的欲望，另一方面认为不是任何求利行为都是可取的，而且反对无限制追逐个人欲行的主张相吻合[③]，例如大生的股票上都明文规定：“本公司股东以本国人为限”、“此项股票不得售予及抵押于非中国人”。[④] 这些无私的核心价值精神，无疑是令官方、令董事们认同与信服的因素。

近人研究企业文化，把文化的表现分为两层，一是理念层，主要是领导者和核心成员共同相信的价值，另一是制度行为层，主要是指对组织及其成员的行为规范。[⑤] 要有高尚的价值观，企业文化才能建立和发展，但如果没有良好制度的配合，价值理想亦不能落实，经营运作不能维持。以状元身份投身实业建设的张謇，便从儒家的“和谐圆通”、“井然有序”精神中摸索出一套可行的管治模式。

所谓“和谐圆通”，就是在管理工作中，不仅要充分设定管理目标，

---

① 曹文麟编：《张啬庵实业文钞》卷一，《大生分厂第一次股东会报告》，第 1 页。收入《近代中国史料丛刊续辑》，文海出版社。

② 曹文麟编：《张啬庵实业文钞》卷一，《承办通州纱厂节略》，第 16 页。

③ 朱家桢：《孔子思想与现代企业管理》，广西人民出版社 1999 年版，第 195 页。

④ 见大生第三纺织有限公司股票、大丰盐垦公司股票。引自张寿彭《论张謇创办的大生纱厂的性质》，《兰州大学学报》1983 年第 4 期。

⑤ 张德主编：《企业文化建设》，清华大学出版社 2009 年版，第 2—3 页。

完成规定任务，取得预期效果，还要使整个管理过程进行得平稳、顺畅，人际关系和谐。而“井然有序”就是如孔子在“为政”中要做到“君君、臣臣、父父、子子”般恪守各自的职责范围①。张謇对大生的组织管理，主要见于《厂约》② 一文，文中有厂约十六条，清楚列出订立厂约的理由和纱厂的组织情形。厂约实行的时间由 1896 年张謇定约之时开始，至 1906 年改组为止，约中的内容，多采自上海各厂，再加斟酌，配合当地环境而成。这套制度，包括对管理层和工人方面的各种措施，就是把“和谐圆通”、“井然有序”落实到日常整体运作中。

例如：大生的股份中，虽有公款和以机器入股的“官股”，但实际负责厂务管理的人，都是商股的董事。初期，大生把董事分为六大部门，分别是出货、进货、厂工、杂务、银钱、账目。各部以董事为最高领导，其下设执事，负责日常事务。张謇只负责“通官商之邮”，作为官商之间的桥梁，并不参与实际厂务工作。后来，应发展需要，把账目与银钱董事合并，成立会计部。把进货与出货董事合并，成立营业部。将厂工部转为考工部，杂务部转为庶务部，仍由董事统领。为了协调庶务、营业、考工、会计各部的运作及方针，各部之上设立总账房，由各部董事及张謇任总经理组成。各部董事之下，分设执事，下有工头，分别领导学徒及工人。③

在多年来的实施过程中，《厂约》的内容因应情况而修改，例如：把董事制改为经理制；把银钱、账目董事二人合为一人；进货、出货董事合一；增设查账员等。但总体来说，纱厂仍以《厂约》中的规定为原则来处理管理事务。

大生纱厂的组织可说是采取了一种功能型的组织方式（functional organization）。这类组织以设置功能部门为组织原则，现代很多中小型企业也是采用这类组织型式，它最大的优点是把专门人才集中于一个部门统筹，有效率且合乎经济原则。④ 例如大生把账目与银钱两类董事合并后，厂中的开支账目便可更清晰及有系统，减省重复人员和开支运算。改组成会计部后，更有效率处理及更准确计算厂中开支，可说是“井然有序”

① 吴照云：《中国管理思想》，高等教育出版社 2010 年版，第 67 页。

② 见《实业录》卷一。

③ 《实业录》卷一《厂约》，卷四《大生纱厂股东会提议书》，卷八《大生纱厂股东会建议书》。

④ 香港管理专业发展中心：《管理学原理》，香港中文大学出版社 1999 年版，第 112 页。

的具体表现。

张謇注意到，组织方式对企业发展固然重要，但组织内的协调也是不可忽视的，对企业的发展都有极大的影响。① 大生纱厂在组织联系方面，也处理得很成功。厂方主要采用公开行政的方式。大生的董事与各执事所订之章程，规定“书揭于版，悬各处”。当时社会风气，聘用员工多要保荐，容易产生偏私的情况。大生便规定“某人经办某事，酌定后书于板，悬各处”，如果发生私弊亏空的事，保荐人要负责。各部门的开支，无论大小都要报告总账房，而总账房在每月和每年终结数时，把开支及盈亏报告各董事及股东。张謇一方面负责沟通官商，另一方面负责领导各部门董事，共同组成总账房，控制大生的一切事务。② 可说是“和谐圆通”的具体落实和表现。

儒家管理思想中有“人性可塑”观，以孟子的性善论与荀子的性恶论为中心，反映出人性是可以改变的，管理活动要以人性假设为前提。③ 简单来说，他以恩威并济的管理原则，一方面严格管束工人，使工人不敢怠慢工作，另一方面又表现出十分关心工人生活的态度，令工人安心为厂工作，有效地激励员工，达到强化员工的工作行为，提高工作表现的目的。

管束工人方面，当时一般工厂多是利用薪金和体罚来约束工人，张謇自不例外，工作犯错者，由工头报告执事后，可用戒尺责手心二十。不听调派或擅离职守者，初则罚款，二次倍罚，三次革换。轻微者则扣半天工资。工人上班时，必须报告司账，查点人数才开车。在上班和下班时，派巡丁搜检工人，查看有没有私自带走货品，凡有违者，会受革退或罚款。④ 除了《厂约》规定外，全厂各车间、各部门都订有详细的具体管理章程，共有 195 条之多。不少条文虽有学者视其为具“封建压迫性质”⑤，如厂方有权可以人身搜查工人，可以把偷窃的花纱挂在偷窃者身上游厂，还罚站在门口示众，但也是时代使然。

---

① 香港管理专业发展中心：《管理学原理》，第 126—128 页。

② 《实业录》卷一《厂约》。

③ 黎红雷：《管理哲学：儒家思想的现代诠释》，收入《儒学与工商文明》，首都师范大学出版社 1999 年版，第 388 页。

④ 汪敬虞：《中国近代工业史资料》，科学出版社 1957 年版，第 1217、1238 页。

⑤ 《大生系统企业史》，江苏古籍出版社 1990 年版，第 34 页。

对职员表示关心方面。例如职工杜黻60周岁生日，张謇亲往祝寿，并撰写祝贺对联，隆重其事。杜黻死后，张謇在大生纱厂的公司厅内为杜举行葬礼，亲临主祭。其他职工见到老同事受到的礼待，都深受感动，相互勉励，忠于大生，希望获得生荣死哀的对待，① 具体表现出以人为核心的伦理管理，以孔子的“仁”学说，“仁者，爱人”② 为管理原则。

恩威并济的管理原则亦用于生产上，大生一厂章程中规定：“凡十四号纱出至一百五十磅外者，工人有赏，不足一百四十磅者有罚。凡十二号纱出至一百八十磅外者，工人有赏，不足一百七十磅者有罚（皆一周一考）”。又：“每车三百锭，每班须做到十一点钟，落纱十次（指十二支纱，纺十四支纱落纱八次）。每次除净，十二支须得十九磅为合数。十四支须得十五磅半为合数。准此者平，过此者优，不及者劣。工价亦视此为则。”③

张謇是一个传统的文人，考取功名不久便投身实业建设，没有营商经验，自然更谈不上了解现代企业管理，但他考察上海企业的发展，参考同类工厂的管理手法，建立了自己的企业文化模式。从上述分析中可以看到，他对大生的管理，很多地方以儒家思想为管理原则和方向。大生企业的成功，与他建立合理的管理文化实有不可分割的关系。

三 引入科学管理文化与穆藕初

在科学管理介绍到中国之前，中国企业管理文化没有理论基础，只是凭着经营者的个别经验来施行。随着经验的积累，一些较为成功的经营者如大生纱厂的张謇，采用以儒家思想为管理核心，使企业走向成功的一面。穆藕初在1914年春翻译了泰罗写的《科学管理原理》（*The principles of Scientific Management*），译名《工厂适用的学理的管理法》，并以连载形式发表于中华书局发行的《中华实业界》1915年11月第2卷第12期至1916年3月第3卷第3期，题为《工厂适用原理的管理法》，加上他运用

① 洪维清：《张謇办实业概况》，《工商史料2》，文史资料出版社1981年版。

② 朱家桢：《孔子思想与现代企业管理》，广西人民出版社1999年版，第128页。

③ 《大生系统企业史》，第161页。

此管理方法使上海德大纱厂成功获利，很快就受到其他企业关注。

穆藕初创办的企业文化核心价值，可以从他分析中国实业失败之原因看出。他提出实业家最应注意的，便是管理方法。① 他归纳出三个国民生产力低下的原因，一是无国民教育，二是无时间研究，三是无管理方法，认为如果不对全国各厂/场的管理做出整顿，每年必定会引致大量的损失。② 他肯定实业的重要性，认为优先发展工业，可以起到促进农业和商业的作用，工业是“能增高农产之代价，助进商业之繁昌，实为惠农益商，裕民足国之枢纽”。③ 要发展工业，便需创设工厂，而组织工厂有九个要点，分别是：人才、母金、原料、机器、雇工、管理、交通、市场、金融。指出“苟主持得人，管理合法，公司之隆运可以立致”④，明确地凸显了管理的重要性。他把西方泰罗管理的原则，作为企业制度实施的依据和取向，成为企业管理的核心思想。

穆藕初处身的环境，正值第一次世界大战，经营纱厂大有可为，他成功建立的德大纱厂，其生产设施配置更成为业界的学习模范，出产的宝塔牌棉纱，在 1916 年北京商品陈列所举办的品质比赛中名列第一。他的成功，被认为是运用科学管理、建立完善企业文化制度的成果。

穆藕初受到西式管理的影响，对传统管理方式和师徒关系十分不满。当时，许多工厂在聘请员工时，不大理会应聘者的工作能力，而主要从员工之间的关系来做取舍标准，具有亲属、同乡等关系的便优先考虑。他认为这种做法有碍工厂的生产和技术提升，于是便在创建德大纱厂时开始进行改革。他以经理兼工程师的身份，深入生产各环节中，直接了解生产情况，掌握工头与工人在各生产部门的工作情形，了解工人所掌握的技术水平，进一步向他们提出技术水平的要求，从而提高生产质素。

当时，企业内的伦理关系特别复杂，亦很受重视。学徒与业师之间，一旦确立师徒关系，便产生从属企业内部的家族关系，学徒受封建名教束

---

① 赵靖主编:《穆藕初文集》,《中国实业失败之原因及补救方法》，北京大学出版社 1995 年版，第 144 页。

② 赵靖主编:《穆藕初文集》,《实业与教育之关系》，第 149 页。

③ 赵靖主编:《穆藕初文集》,《振兴实业之程序》，第 176 页。

④ 同上。

缚，要行拜师礼，收授保证金，每年春节或寿诞要以晚辈名义道贺。[①] 他对这种关系并不认同，觉得有碍企业之发展。他运用厂规、厂纪来改变工人对工头的人身依附关系，一定程度上冲淡了企业的伦理色彩。[②] 他亲自修订《德大厚生两厂服务约则》，包括总则、厂约，以及厂员、告假、账房、栈房、验花、物料、车务稽查等约则，共 29 项之多。厂约 5 条为："同事宜友爱。办公宜谨慎。交际宜谦和。治躬宜俭朴。宜力戒吃烟酗酒赌博冶游及一切不名誉之事。"对于各车间每个岗位都定有详细的要求和奖罚规定[③]。他对雇用工人作出了新的安排，虽然仍允许工头或工人推荐自己的亲友，但这些工人必须通过厂方的考核，合格者才可聘用。工头解雇工人的权力亦受限制，不得任意解雇工人。这样一来，能够进入厂中当工人的，都有一定的技术水平，而真正有能力的工人，可以避免受到工头的压迫，工头的管理权力受到抑制。

穆藕初认为工资的厘定一方面要配合社会生活水平，另一方面要反映工人的工作能力，他同意可以通过奖励来提高工人的生产效率，他主张通过特别工资来提升工人的生产力，估计只要增加十分之五的工资，工人便可出力一倍，可以花最少的费用而得到最大的生产效益。他以一间厂 600 工人来计算，一个月以工作 25 天计，如果工人生产力增加一倍，一月可多得 15000 额外工作单位，一年便有 180000 额外工作单位。[④]

他从科学管理的知识来分析纱厂工人的工作时间，说出纱厂工人以工作 12 小时为最合适。他指出主张工作 8 小时的人，是不明白纱厂的运作。纱机开车之后，除落纱时要停机外，一般是日夜运转不停，工人只是从旁监视，间中把断纱接上，休息时间多，并非 12 小时全数工作不停。如果限制工作时间，不但工人收入减少，整体棉纱的生产量减少，市场更易被英美等国的产品占据。[⑤]

---

① 沈祖炜：《近代中国企业：制度和发展》，上海社会科学院出版社 1999 年版，第 129—130 页。

② 赵靖编：《中国近代民族实业家的经营管理思想》，云南人民出版社 1988 年版，第 144 页。

③ 唐国良主编：《中国现代企业管理的先驱穆藕初》，上海社会科学院出版社 2006 年版，第 28 页。

④ 赵靖主编：《穆藕初文集》，《实业与教育之关系》，第 150 页。

⑤ 赵靖主编：《穆藕初文集》，《复讨论厚生纱厂招募湖南女工问题诸君》，第 260 页。

穆藕初指出办好工厂周边事业如银行、医院对生产有帮助。卫生方面，他主张工厂要做到空气流通，阳光充足，时常收拾洁净，不让尘垢堆积，而他的工厂亦能做到使参观者对卫生情况满意。医药方面，厂方能在每年夏秋时期向工人延医给药，并且联络同仁医院，如工人患病，随时送去诊治，医药费由厂方提供。此外，厂方还有一些政策配合。例如：工人如有不测，厂方定下抚恤的方法，工人储蓄奖励、工人子女义务教育、工人勤务奖金等①。这些政策，增加了工人对厂方的归属感，使他们更投入工作。

就生产而言，穆藕初对纱厂管理上自有一套方法：一是力求减少废花。他计算过，每担花市值银 30 两，而废花每担值钱四五两，换言之，每出废花一担，则厂中损失银二十五六两。一年来算，工作 300 天，便损失七千八百两之多。二是力求厂中各人都尽职。工厂生产是由很多环节联系起来的，各环节都有各自的任务，管理者要悉心研讨各种奖惩办法，使每一环节的工人都能尽职。三是力求全厂收拾洁净，以免令人精神废弛。指出纺织厂中大小机器日夜开动，尘屑漫空，稍不注意便不可收拾。四是力求工人自觉爱护机器设备，不会损坏浪费。②

财务管理方面，当时的民族企业财务管理水平不高，有些企业几乎没有什么账目可言。资金运用上往往是家、厂不分，厂的盈利可随意用作消费支出。厂与厂之间的资金也时常互相挪用，常将公积金当股息，红利分光吃净的现象。穆藕初在自已纱厂中进行财务管理的改革。一是引入西方的复式记账方式，以纠正传统单式记账之弊。不过，考虑到传统习惯，仍保留了单式记账方式作为补充。二是建立健全财务统计系统，为会计核算提供可靠而充足的原始资料。考虑到工头多为文盲，根本不会也没有习惯对日常生产状况进行分析，他亲自设计了许多有关生产进度、原料消耗及产品数量等方面的统计表格，并教会工头如何填写，要求工头逐日填报。③

穆藕初经营德大及厚生成功，成为当时同行的典范，标志着引入西方科学管理之可取，而他亦明白发展工厂周边事业以达到“安人”的效果，

---

① 赵靖主编：《穆藕初文集》，《复讨论厚生纱厂招募湖南女工问题诸君》，第 262 页。

② 赵靖主编：《穆藕初文集》，《纱厂组织法》，第 86—87 页。

③ 赵靖主编：《穆藕初文集》，《中国企业科学管理的先驱》，第 6431—6432 页。

不过，他在处理师徒关系、生产及财务的改革上，凸显他对与传统管理存在的“伦理色彩”和“中和”观念有矛盾之处。从1923年开始，他经营的几家纱厂相继陷入困境，1925年，德大也因亏损，出售给申新公司。有学者认为这是第一次世界大战结束后中国纺织业步入困境的一种体现，有多方面的因素影响。除了经济大环境转变、国内经济环境欠佳、棉花产量歉收等外在因素以外，与穆藕初个人处事失策也有关系。①

企业文化的核心理念，是推动企业持续发展的动力。穆氏兴办实业的理念是毋庸置疑的，问题是他忽略传统管理思想与西方管理之间的矛盾和分歧。人是企业的根本，儒家哲学用于人事协调、沟通，人力资源的发挥及企业文化、团队的建立有很大的作用，而穆氏过于看重西式管理的成效，忽视传统管治文化的功效，当企业一遇逆境，就很难维持。② 他在1916年创办厚生纱厂开始，六七年间，接连创办并参与创办五家纺织厂，在短时间内筹建太多的工厂，虽然显示出其创业的魄力和才能，但也显露了急于求成的缺点。急速扩张的结果，使穆氏感到精神困乏，难于照顾。③ 他亦承认“时间与精神，因一事业与他事业繁复关系上，逐日消耗者，亦不在少数”④。股东们对穆氏所做的并不理解，他们认为穆氏担任太多社会服务，前来厚生批发所找穆氏的人太多，有时厂内甚至出现吹笛拍曲的场面，感到穆氏不务正业⑤。在忽视上下沟通、缺乏团体支持的情况下，企业的发展自会停滞，甚至经营失败。

穆藕初只追求西方新式管理模式，虽有一定成效，但忽略传统人事管理问题，而当时社会上的主流管理意识，正是以人文为核心的儒家思想为主，带有浓厚的伦理色彩，讲究的是和谐人际关系⑥，他看轻了这方面的影响，最后引致失败。他承认股东之间经常因为经济问题、用人问题而发生冲突。例如：穆氏当时身为协理，股东江君与贝润生聘请李迪先为协理

① 高俊：《穆藕初评传》，上海世纪出版集团2007年版，第185—187页。

② 成中英：《C理论：中国管理哲学》，学林出版社1999年版，第118页。

③ 赵靖主编：《穆藕初文集》，《穆藕初与近代中国棉纺织业》，第683页。

④ 赵靖主编：《穆藕初文集》，《藕初五十自述》，第60页。

⑤ 唐国良主编：《中国现代企业管理的先驱穆藕初》，第31页。

⑥ 刘云柏：《中国儒家管理思想》，上海人民出版社1990年版，第9、171页。

取代他①，但事前并没有通知他，亦没有询问他的意见，两股东决定人选后才通知他。只因江君与贝润生两股东合共已占股份 3/4，穆氏无力反对，而且这位李迪先更在不久之前被穆氏开除，现在股东却重新聘请用来取代穆氏职位。股东这种行为，没有得到全体董事授权，也没有得到穆氏的同意②，可知股东对穆氏的支持有限，与穆氏的关系并不十分和谐。

又如他指出李迪先是由股东介绍来厂学习纺织，逐渐升至纱部主任，但对纺织工务“仍茫如也”。显然他明知李迪先的技术水平欠佳，只是为了股东情面，便让李迪先升至管理阶层。此外，有些股东对李迪先的工作不满意，经常在穆氏面前批评他，并要求开除李迪先。穆氏却不开除他，只把他的工作与布部主任对调。原意只是想保留李迪先的工作，可是却引起李迪先的误会，以为穆氏受了布部主任的挑拨，结果使两部门意见不合。这显然是穆氏犯了管理上沟通不足的毛病，才产生这种情况。而穆氏解决两部门的纷争，采用把两人辞退的方法，但两人既无工作上犯错，只因意见之争而被辞退，处理实有商榷之处。③ 科学管理的理论虽然合乎纱厂生产的安排，但除了机器生产外，人事的管理亦十分重要。由于中国传统人际关系复杂，所以处理人事问题时，比较处理生产问题更需要技巧，忽视传统管理文化，只会使人事纷争出现时更难处理。

四 儒家与西式结合的荣家管理文化

由张謇凭着传统思想加上自身经验而建立起一套企管文化，到穆藕初把美国科学管理引入中国，国人日渐认识现代管理的模式。不过，由于过分看重西式的管理文化，忽视传统办事人员的习性，结果企业经营出现问题。直到荣德生在 1902—1931 年创设的面粉事业及申新纱厂系列，取得“面粉大王”及“棉纱大王”的称号，建立了荣家企业系统。他把穆藕初引入的科学管理结合传统的管理模式，以一套合适的企业文化而做出成功的效果，成为一所规模大、延续性长的企业。

---

① 原文用“季君”代替李迪先，用“苏君”代替贝润生，见穆家修、柳和城、穆伟杰编著《穆藕初年谱》，上海古籍出版社 2006 年版，第 304 页。

② 赵靖主编：《穆藕初文集》，《藕初五十自述》，第 60—61 页。

③ 同上。

荣家企业核心理念，仍然是儒家文化的义利观，以“先义后利，以义制利”办实业为重心。与张謇及穆藕初不同之处，是荣氏企业的理念较多倾向实用性、盈利为主。这可说是受到无锡地域文化的影响，对工商业而言，无锡文化具有开拓、创业精神，注重实用性和功能性。但在经营企业成功之余，荣氏仍然保持一份对传统的尊重，着重回馈社会，例如荣氏企业发展到相当规模时，他发表了《无锡之将来》小册子，提出建设大无锡的构想。①

荣氏表现出把传统与现代管理结合的特点，以一求生存、二求发展的风格运作，注重制度创新和实用性。他把传统管理文化与科学管理方法相结合来推动生产。西式的科学方法上，荣氏多用在提升生产效率方面，例如：推行“标准工作法”。工程技术人员按照泰罗制的原则，仿照日本纱厂操作法制定了一套清花—钢丝—粗纱—细纱—络摇全过程的“标准工作法”，强制工人实行。为此，总工程师汪孚礼还亲自编写小册子，并授课讲解，对工人操作技术进行指导。严格劳动管理。制定严格的《工务规则》，对工人实行严格的管理。新职员一旦发现工人在工作时间休息或不在岗位上，就跑上去打骂或罚扣工资。此外，还减少一些工种的人员定额，提高工人的生产定额。“工人停歇后，并不添补足额，故现时每一工人所做之事，常兼旧时两人或三人之工作。”通过上述措施，大幅度提高工人的劳动强度。②

此外，荣氏也把会计制度改良，实行成本核算，天天结账。具体内容包括：（1）实行成本核算，加强企业内部管理。推行荣德生发明的成本核算法，天天结账。每日为日结，每星期为周结，每月为月结，如此一览即知盈亏多少。（2）划一记账方法，采用划一记账方法记账。会计科目绝对划一。对于损益计算方式，亦划一。将每期的销货、销货成本及毛利等数额，均在损益计算书内表现。传票格式和付款单据的保存也实行划一。厂中管理制度日臻完善，自经理、副经理、工程师、总管、副总管、双领班、单领班，以至各车间分班人员，一切分工负责，均有系统，收支

---

① 王赓唐、汤可可、钱江、蒋伟新：《荣氏家族与经营文化》，上海世界图书出版社 1999 年版，第 10—11、183 页。

② 上海大学、江南大学乐农史料整理研究小组选编：《纪念荣德生诞辰一百三十周年学术论文集》，上海古籍出版社 2005 年版，第 455 页。

皆有手续，有专人负责，使无流弊。①

至于传统管理方面，他运用儒家管理思想中的“修己以安百姓”、“义”、“实施仁政”② 的一面，即重视温情、精神管理，重视劳工福利，注意工人身心之安康，争取人心。例如：对工人进行严格管理的同时，适当提高工人工资；为提高工人出勤率和劳动积极性，对请假少、劳动态度好的工人，给予一定的物质奖励；每逢节假日，还给工人发放奖金、红包；在通货膨胀时，给工人加发米贴、布贴、膳贴等，用金钱补贴来支援工人。此外，还经常开展多种技术竞赛，给优胜者以物质奖励，最高奖励为一只金戒指，以此鼓励工人钻研技术。

又如荣氏1932年在申三首创的“劳工自治区”进一步扩大员工福利。申新三厂所有职工都住在工厂宿舍里，宿舍分单身女工、单身男工、小家庭三区。8—12人为一室，设室长；14室为一村，设村长；三个分区设区长；最高为自治区区长。自治区内设有食堂、消费合作社、储蓄所、浴室、医院、图书馆、电影院，为职工生活提供方便。厂方组织职工饲养家畜、种植蔬菜、花果，从事副业生产，以补贴膳食；建立工人自治法庭，调解职工之间的纠纷。③ “劳工自治区”的建立，一方面有利于资本家加强对工人的管理和控制，另一方面也使工人生活比较安定，有效地缓解了劳资间的对立和矛盾，提高了工人的生产积极性和企业的劳动生产率，成为轰动一时的新闻。

荣氏运用传统忠义文化来强化劳资关系，减少双方矛盾。例如设立“尊贤堂”，陈列戚继光、王其勤、岳飞等爱国英雄；设“功德祠”，祭祀“历年因公殒命”的职工，把传统忠君受国的精神转移至对雇主、对企业的忠诚。推动传统“义”的方面，如1931年，开办申新日校，免费训练本厂子弟；又设六年制申新小学校，收录本厂6岁以上职工的子弟。1932年开办申新男女工晨夜校，以普及工人教育，增加工人知识；后又开设刺绣、缝纫、造花等传习科，安排工人业余时间学习。1932年秋季创办医院，备有当时罕见的X光镜、治疗室、诊疗室、手术室、验血室等；病

① 上海大学、江南大学乐农史料整理研究小组选编：《纪念荣德生诞辰一百三十周年学术论文集》，上海古籍出版社2005年版，第470—475页。

② 吴照云：《中国管理思想史》，第68—69、81页。

③ 上海大学、江南大学乐农史料整理研究小组选编：《纪念荣德生诞辰一百三十周年学术论文集》，第456页。

房分男女调养室、传染病室、普通病室、外症室等，被称为全国劳工界独一无二之设备。医治科目包括内科、外科、咽喉科、口腔及齿科、眼科、耳科、鼻科等，该厂职工就诊免收药费，职工家属药费减半收取。[①] 成功、有效地强化了雇主与雇员关系。

荣氏在管理上最成功的地方，是处理工头制的问题。他把旧的工头制更新，虽然受到工头反对，但他采用“和谐圆通”的方法，运用管理技巧，引入现代管理技术，解决了工头的反对行动。

1924 年 1 月，荣宗敬聘请曾在日商纱厂工作的楼秋泉到申三任粗纱间领班。不久，杭州甲种工业学校纺织专科毕业生余钟祥到厂担任改良指导员。接着，又聘请留日归国的原上海大中华纱厂技师汪孚礼任总工程师，着手进行企业管理制度的改革。然而，改革刚开始，便遭到了工头的抵制和反对。为了减少阻力，荣德生把全厂 5 万纱锭中的 2 万旧式美机交给主张改革的新职员管理，3 万英式新机交给工头管理，一切行政、技术互不侵犯。新职员聘请了一批纺织和机械专科毕业生担任技术和管理工作，成立了“保全部”、“考工部”、“试验间”等部门，调整了设备布置，实行了较为科学而严格的管理制度，使车间面貌焕然一新，劳动生产率大大超过了工头管理的英式新机。

这一结果，使荣氏兄弟大为振奋。他们决定在申三取消原先文场、武场的管理体制，全面推行科学管理，以工程师、技术人员管理（当时叫做“学生制”）代替过去的“工头制”，原有的一些工头实行辞、歇、降、调。同时，实行类似“泰罗制”的生产定员制、劳动定额制、论货工资制、论工赏罚和标准工作法，重点整顿、改善车间一级的生产管理。[②]

这些改革措施大大触动了工头的既得利益，特别是调整劳动组合后，限制了他们克扣工人工资、吃空额的特权，因此他们竭力反对。一部分工人也因为管理力度的加强和劳动定额的提高而心怀不满，曾酿成了轰动一时的“申三（厂）打人风潮”。[③] 荣氏运用“和谐圆通”思想作为应付的

---

① 上海大学、江南大学乐农史料整理研究小组选编：《纪念荣德生诞辰一百三十周年学术论文集》，第 457 页。

② 同上书，第 449 页。

③ 上海社会科学院经济研究所编：《荣家企业史料》上册，上海人民出版社 1980 年版，第 162 页。

方法，放慢了改革步伐，措施谨慎缓和矛盾，避免新的冲突。对于一些性格急躁、方法简单的新职员，进行教育，劝其改进，或调离申三厂；对于那些工头，尽量使他们安心，强调雇主与雇员间的仁义关系，保留其某些权益，将他们调离岗位，削减特权，以减少他们对改革的阻力，或给予津贴，劝其退职养老，逐步淘汰。直到 1927 年，老工头基本上淘汰，生产管理权完全控制在新职员手里，改革得以顺利完成。①

荣氏确立了“以人为本，以德服人”的企业文化，基本管理思想是恩威并用，宽严适度。通过建立劳工自治区等一系列措施，关心职工（包括其子女）的生活和教育，注意理顺企业和职工的关系，提高职工的积极性，打好成就事业基础；同时，仿照西方新式管理方法，通过制定一系列的规章制度，使工作标准化，对员工进行考核做到有理有据，企业的管理模式成为当时其他各厂仿效的楷模，经营规模不断扩大，产量和销量不断增长。

五 结 语

兴办企业的成功，其背后必有一套理念制度来配合，这套理念制度，就是企业文化。近代中国企业发展经历困难重重，能够维持一定规模，持续兴旺一段时间的，其企业文化自有可贵之处，而其可贵之处，就是善用传统的儒学精神作为管理思想。以大生企业而言，创办者张謇以传统儒学文化作底稿，再参考其他同行的实务手则，建立起一套可行而有效的管理制度文化。穆藕初创办的企业，代表着时代的变化，传统的制度企业文化并不能满足发展需求。随着时代发展，西方科学管理文化亦有引入，并且备受关注，日渐流行。不过，穆氏一时的经营成功，忽略传统文化的特性，没有建立起一套融合传统与西方现代管理精神的企业文化，企业的运作终不能长久。到了荣氏企业，一切从实际出发，以企业盈利性为大方向，讲求经济效益，营商成功之道。荣氏从实务中发展出一套自己的制度理念。这套制度理念，一方面采用传统儒家文化中的可用之处，另一方面

① 上海大学、江南大学乐农史料整理研究小组选编：《纪念荣德生诞辰一百三十周年学术论文集》，第 450 页。

引进西方新式科学管理文化。荣氏把两者融合，建立起自己的企业文化，有力促使自身成为延续长久的大企业。其管理模式成为近代中国民族工业企业中最具有代表性的一种营理模式。在大力发展民营企业的今天，通过深入研究其经营管理理念，也可从中获得非常有益的经验。